Marcus Llanque, Daniel Schulz (Hrsg.)
Verfassungsidee und Verfassungspolitik

Marcus Llanque, Daniel Schulz (Hrsg.)

Verfassungsidee und Verfassungspolitik

DE GRUYTER
OLDENBOURG

ISBN 978-3-486-58808-8
e-ISBN (PDF) 978-3-486-84854-0
e-ISBN (EPUB) 978-3-11-039744-4

Library of Congress Cataloging-in-Publication Data
A CIP catalog record for this book has been applied for at the Library of Congress.

Bibliografische Information der Deutschen Nationalbibliothek
Die Deutsche Nationalbibliothek verzeichnet diese Publikation in der Deutschen
Nationalbibliografie; detaillierte bibliografische Daten sind im Internet über
http://dnb.dnb.de abrufbar.

© 2015 Walter de Gruyter GmbH, Berlin/München/Boston
Einbandabbildung: fuchs-photography/iStock/Thinkstock
Druck und Bindung: CPI books GmbH, Leck
♾ Gedruckt auf säurefreiem Papier
Printed in Germany

www.degruyter.com

Inhalt

Teil 2: **Felder der Verfassungspolitik**

Marcus Llanque und Daniel Schulz

Einleitung

Von den antiken Diskussionen um die Verfassung der Athener bis zu den Debatten um die Auslegung der Weimarer Verfassung gehörte die Verfassung stets zum Kernbereich politisch-theoretischer Forschung. Die Durchsetzung des modernen Verfassungsstaats samt Verfassungsgerichtsbarkeit, welche die verbindliche Auslegung der Verfassung vornimmt, hat den Schwerpunkt der Analyse von der Politikwissenschaft zur Rechtswissenschaft verschoben. Die politikwissenschaftliche Forschung zur Verfassung versiegte aber auch nach dem 2. Weltkrieg nie. An die Positionen von Smend, Heller und Schmitt aus der Weimarer Debatte schließen auch in der Bundesrepublik zahlreiche Versuche an, den Verfassungsbegriff nicht nur rein juristisch als höchste positiv geltende Norm, sondern auch in seiner politischen Dimension in den Blick zu nehmen: Wilhelm Hennis' Schrift über *Verfassung und Verfassungswirklichkeit* als Kritik eines rechtszentrierten Politik(miss)verständnisses der Bundesrepublik, Dolf Sternbergers Lehre von der lebenden Verfassung und dem Verfassungspatriotismus als Identitätsmodell, zudem Karl Löwensteins und Carl Joachim Friedrichs Auseinandersetzung mit dem demokratischen Verfassungsstaat, der die Erfahrungen der amerikanischen Emigration mit der deutschen Tradition des Konstitutionalismus verband – dies sind nur einige, wenngleich prominente Beispiele für die Beschäftigung mit einem politischen Verfassungsbegriff, der normativ weder an einer Verrechtlichung von Politik noch an einer primären Politisierung der Verfassung orientiert ist, sondern gerade das Wechselspiel und die Balance zwischen Politik und Recht ausleuchtet und darin die spezifisch politikwissenschaftliche Kompetenz der Verfassungstheorie und -analyse erkennen lässt (Hennis 1968; Sternberger 1956; Löwenstein 1969; Friederich 1953).

Auch heute finden sich zahlreiche politikwissenschaftliche Arbeiten, etwa zum Verfassungsleben auf der Länderebene (Lorenz 2013), zur Verfassungsgerichtsbarkeit (Vorländer 2006; Ooyen/Möllers 2006; Lembcke 2008; Brodocz 2009; Kranenpohl 2010) und zur Stellung der Verfassung im politischen System insgesamt (Brodocz 2003; Schaal 2004; Schulz 2004), sei es mit Überlegungen zur künftigen Verfassung von politischen Ordnungen, die erst im Entstehen begriffen sind, namentlich der Verfassung der Welt (Dobner/Loughlin 2012).

Die Konstitutionalismus-Forschung im weitesten Sinne ist heute weit mehr als eine Beschäftigung mit den rechtlichen Verfassungsdokumenten von Nationalstaaten. Sie umfasst historische, philosophische und politikwissenschaftliche Überlegungen, die sich mittlerweile auch mit rechtswissenschaftlichen Grundlagenüberlegungen zu den Bedingungen der Möglichkeit des Verfassungsstaates austauschen und nicht nur parallel zu ihnen verlaufen.

Der vorliegende Band verfolgt nicht das Ziel, eine geschlossene, systematische Verfassungstheorie zu entwerfen. Vielmehr liegt die Absicht der hier versammelten

Beiträge darin, die Breite und den Facettenreichtum des Begriffs in der politikwissenschaftlichen Forschung zu Verfassungsfragen zu dokumentieren und die unterschiedlichen Zugänge aufzuzeigen. Über die juristische Frage nach der Verfassung als Grundnorm oder höchste Norm des Rechtssystems hinausgehend, demonstrieren die Beiträge des Bandes somit, wie die Verfassung als ein Analysebegriff der Politikwissenschaft verstanden werden kann und welche unterschiedlichen Gegenstandsbereiche sich mit dem Verfassungsbegriff beschreiben und untersuchen lassen.

Die theoretischen und empirischen Beiträge wollen also die Pluralität der politikwissenschaftlichen Zugangsweisen zur Frage der Verfassung abbilden. Über das Format eines klassischen Sammelbandes hinausgehend wird den umfangreicheren Abhandlungen zu Einzelthemen eine Zahl von handbuchartigen Kurzbeiträgen an die Seite gestellt, die ein breites Themenspektrum durch pointierte Überblicksartikel behandeln.

Die überwiegende Mehrheit der in dem Band versammelten Beiträge beruht auf der Arbeit der Themengruppe „Verfassung und Politik", die seit 2003 im Rahmen der Deutschen Vereinigung für Politische Wissenschaft regelmäßige Arbeitstreffen und Workshops veranstaltet hat und damit auf das Fehlen eines Forums in der Politikwissenschaft zum Verfassungsthema reagierte.

Der Schwerpunkt der Beiträge liegt im Bereich der politischen Theorie und Ideengeschichte, dem auch die Herausgeber verpflichtet sind. Darüber hinaus finden sich aber auch Arbeiten aus dem Bereich der politischen Systemforschung, der vergleichenden Politikwissenschaft sowie den internationalen Beziehungen.

In allen Fällen wird die Spannweite des Verfassungsbegriffs immer auch in Abgrenzung zu den Rechtswissenschaften gesucht. Das hat mit dem im bundesdeutschen Kontext weiterhin dominierenden Einfluss des juristischen Verständnisses der Verfassung zu tun. In politischen Kulturen wie den USA findet sich dagegen eine Tradition, in welcher weitaus stärker disziplinübergreifend Rechtlichkeit und Gesetzlichkeit, Historizität und Diskursivität der geschriebenen Verfassung diskutiert wird. Das hat bereits mit dem Anspruch des dortigen Verfassungsgerichts zu tun, Urteile nicht nur für den engen Kreis ausgebildeter Verfassungsjuristen zu verfassen, sondern für die gesamte Öffentlichkeit der Nation. Das hat es immer wieder erlaubt, philosophische, historische und politikwissenschaftliche Überlegungen produktiv aufzunehmen.

Folgende inhaltliche Leitunterscheidungen des Verfassungsbegriffs, die auch in den Beiträgen des Bandes auftauchen, können für eine erste Orientierung genannt werden:

Zum einen ist da die Differenz zwischen einer instrumentellen und einer symbolischen Dimension der Verfassung: Bereits Walter Bagehot hatte in seiner klassischen Studie der konstitutionellen Ordnung Englands die *efficient parts* von den *dignified parts* der Verfassung unterschieden und damit auf eine Doppelfunktion der konstitutionellen Ordnung aufmerksam gemacht, die unabhängig von ihrer schriftlichen Form nicht nur die Bereitstellung effizienter Entscheidungsprozeduren beinhaltet, sondern eben auch eine wichtige symbolische Identitätsfunktion erfüllen muss, um ihre Geltung dauerhaft zu behaupten (Bagehot 2001, S. 5). Während die Staatsorganisation mit der Normierung der Gesetzgebung und der Regierung auf die instrumentelle Funktionalität der Verfassung abzielt und ihre Fähigkeit beschreibt, politische Prozesse institutionell zu gestalten und die Produktion von verbindlichen Entscheidungen auf Dauer zu stellen, so verweist die andere Dimension auf die symbolische Integrationsfunktion der Verfassung – im englischen Falle verkörpert von der Person des Monarchen, der die historische Tradition der Verfassungsgeschichte präsent hält und damit der politischen Ordnung jenseits des politischen Tagesgeschäfts eine symbolische Transzendenz verleiht, die von Jürgen Gebhardt als symbolische Dimension der Verfassung bezeichnet wurde, und die in den letzten Jahren vor allem in den Arbeiten von Hans Vorländer zu einem Forschungsprogramm ausgeweitet worden ist (Gebhardt 1995; Vorländer 2002; als Überblick über die Entwicklung dieses Ansatzes Brodocz/Herrmann/Schmidt/Schulz/Schulze Wessel: 2014).

Das englische Beispiel verweist zugleich auf eine weitere Unterscheidung des Verfassungsbegriffs: Während das juristisch geprägte deutsche Verfassungsverständnis die Verfassung wie selbstverständlich mit dem geschriebenen Verfassungstext identifiziert, so zeigt der englische Fall, dass neben geschriebenen ebenso auch ungeschriebene Teile der Verfassungsordnungen existieren können und dass mitunter auch im Falle einer geschriebenen Verfassung die Frage nach den ungeschriebenen institutionellen Praktiken, den Gewohnheiten und den Selbstverständnissen der Verfassungsakteure von entscheidender Bedeutung sind. Auch in historischer Perspektive zeigt sich, dass bereits vor den modernen Revolutionen und ihren Verfassungsurkunden ein Verfassungsdenken existierte, welches die ungeschriebenen Praktiken und Gebräuche als Verfasstheit des politischen Gemeinwesens beschrieb (vgl. nur McIlwain 2010; Mohnhaupt/Grimm 2002; Stollberg-Rilinger 2013).

Dies wiederum führt zu der Einsicht, dass die heutige Gleichsetzung von Verfassung und rechtlicher Verfassung nicht nur historisch zu kurz greift, sondern dass ein solch eng gefasstes Verfassungsverständnis auch die Fragen nach der politischen Ingeltungssetzung rechtlicher Verfassungsnormen nicht angemessen abbilden kann. Daher ist die Unterscheidung zwischen einer rechtlichen und einer politischen Verfassungsdimension sowie ihrer gegenseitigen Verflechtung analytisch sinnvoll. Der Begriff der politischen Verfasstheit des Gemeinwesens verweist zudem auch auf die ethisch-moralische, die kulturelle Verfasstheit, aber auch die rechtliche Regulierung bestimmter Funktionsbereiche, wie beispielsweise im Begriff der Wirtschaftsverfassung deutlich wird, der ebenso wie die Idee der Betriebsverfassung für die Bundesrepublik eine wichtige Rolle gespielt hat. Auch, und mit historisch sehr viel weiter zurückreichenden Wurzeln, das Beispiel der Kirchenverfassung kann hier genannt werden.

Schließlich können in der politischen Ideengeschichte und auch in der gegenwärtigen Theoriediskussion idealtypisch die liberale und die republikanische Verfassungstradition unterschieden werden, die einige Aspekte der anderen genannten

Unterscheidungen in sich aufnehmen: Während das liberale Verfassungsdenken stets die rechtliche Bindungs- und Begrenzungswirkung gegenüber dem politischen Souverän – sei es dem absolutistischen Fürstenstaat, sei es dem Demos angesichts der Möglichkeit einer Tyrannei der Mehrheit – geltend gemacht und dabei vor allem die Garantie der Grund- und Abwehrrechte und die Teilung der Gewalten hervorgehoben hat, so orientierte sich dagegen das republikanische Verfassungsdenken sehr viel stärker an der Frage der Konstitution des Gemeinwesens durch den Gründungsakt der Verfassungsgebung und der damit verbundenen identitätsstiftenden Bedeutung der Verfassung als einer Ordnung der bürgerlichen Tugendgemeinschaft (vgl. Bellamy 2007; Bellamy 2008; Gelderen/Skinner 2002). Beide Traditionen gehen daher in ihrem Verfassungsverständnis von ganz anderen Geltungsvoraussetzungen und Verhaltensdispositionen der Bürger aus, für die die Verfassung gemacht wurde, und die, im demokratischen Idealfall, die Verfassung selbst ins Werk setzten.

Eine letzte Unterscheidung greift schließlich die Entwicklung politischer Ordnung in einer zunehmend globalisierten Welt auf und differenziert zwischen nationalstaatlichen Verfassungsordnungen und transnationalen Verfassungsordnungen. Auch hier lassen sich wiederum einige der bereits genannten Differenzierungen heranziehen, wenn beispielsweise in der Diskussion über den transnationalen Konstitutionalismus das ungeschriebene Verfassungsrecht eine ganz neue Relevanz erhält, und ferner die Fragen aufkommen, wo eine solche Ordnung symbolisch verkörpert wird und auf welche soziomoralischen Geltungsvoraussetzungen sie angewiesen ist (am amerikanischen Beispiel Tribe 2008; am Beispiel der Europäischen Union Wiener 2012).

In der Politikwissenschaft dominierten lange Zeit Typologisierungen, die der vergleichenden Untersuchung der Regierungssysteme entlehnt waren und sich dementsprechend stark an die institutionelle Organisation der Gewalten anlehnten: Am bekanntesten ist sicherlich die Unterscheidung zwischen parlamentarischen und präsidentiellen Regierungssystemen, wie sie von Winfried Steffani eingeführt wurde (Steffani 1979). Mit der Analyse der politischen Verfassungspraxis wird der rechtliche Begriff der Verfassung hier an einer entscheidenden Stelle über seine institutionelle Engführung hinaus erweitert. Auch wenn in der vergleichenden Politikwissenschaft der Verfassungsbegriff inzwischen zu einem etablierten Analysebegriff neben dem Begriff des Regierungssystems aufgestiegen ist und hier aufschlussreiche Arbeiten zu Fragen nach den unterschiedlichen Formen der Verfassungsänderung oder auch der Verfassungsinterpretation entstanden sind (Lorenz 2008; Kneip 2009; Hönnige/Kneip/Lorenz 2011), so wird doch daneben die Frage nach dem Stellenwert der Verfassung im politischen Konflikt präsent bleiben müssen, um somit auch die Legitimationsfunktion der Verfassung für das politische Gemeinwesen und die symbolische Funktion bei der Konstruktion kollektiver politischer Identität analysieren zu können. Das sind Fragen, denen vor allem die kulturwissenschaftlich ausgewiesene Erforschung institutioneller Ordnung nachgeht. Ansätze hierzu finden sich beispielsweise schon bei Löwenstein, der unterschiedliche Verfassungsbegriffe anhand ihres Stellenwertes im politischen

Prozess unterscheidet (Löwenstein 1969, S. 127–166, zur Unterscheidung von normativer, nominalistischer und semantischer Verfassung S. 152 f). Weiterführende Typologisierungsversuche stammen aus dem von Hans Vorländer vorangetriebenen Projekt einer kulturwissenschaftlich-institutionalistischen Verfassungstheorie, welches Untersuchungen zur Integrationsfunktion der Verfassung, zur Verfassung als symbolischer Ordnung, zur vergleichenden Verfassungskultur, zur Deutungsmacht der Verfassungsgerichtsbarkeit hervorgebracht hat (Vgl. Vorländer 2009, S. 229–249, außerdem Vorländer 2002 und 2006, Brodocz 2004 und 2009, Schulz 2004, Schaal 2004, Brodocz u. a. 2014).

Der vorliegende Band will an einen solchen erweiterten Verfassungsbegriff anschließen und seinerseits die Dimension der Verfassungsidee und der Verfassungspolitik in den Mittelpunkt stellen: Damit wird beabsichtigt, das Zusammenspiel von Theorie und Praxis konstitutioneller Ordnung zu analysieren. Zum einen sollen daher im ersten Teil des Bandes exemplarisch an ausgewählten Beispielen die Entwicklungen verfassungstheoretischer Positionen dargestellt werden, die in der Folge für die Entwicklung des konstitutionellen Denkens von Bedeutung gewesen sind. Zum anderen aber sollen zugleich die verfassungspolitischen Kämpfe und Konflikte aufgezeigt werden, die häufig bereits in den verfassungstheoretischen Diskursen selbst präsent sind, die aber auch in den Fragen um die politische Aneignung, um die Deutungshoheit oder die Bestreitung von etablierten Verfassungsordnungen auftauchen. Darauf gehen die Beiträge des zweiten Teils ein.

Zu den einzelnen Beiträgen: Den Auftakt des ideengeschichtlichen Teils unternimmt *Daniel Schulz* mit einer Rekonstruktion der Verfassungstheorie von Condorcet, die den umfassenden politischen Gestaltungswillen des revolutionären Konstitutionalismus dokumentiert. Zugleich präsentiert sie institutionelle Lösungsvorschläge für Probleme demokratischer Ordnungsbildung, die auch in der gegenwärtigen politiktheoretischen Verfassungsdiskussion von Belang sind, zeigt sie doch, wie das Problem einer monistisch verstandenen Volkssouveränität und ihrer Autoritätspotenziale durch komplexe ausdifferenzierte institutionelle Gefüge gebändigt werden kann, ohne den mit dem demokratischen Verfassungsprojekt verbundenen Freiheitsgedanken aufzugeben. Im Mittelpunkt einer solchermaßen konstitutionell ausbuchstabierten „komplexen Souveränität" stehen die Primärversammlungen, die als Forum politischer Willensbildung und zugleich als limitierende Gegenmacht politischer Urteilskraft fungieren.

Aus demselben historischen Kontext stammend, jedoch eine andere Stoßrichtung verfolgend, wird Emmanuel Joseph Sieyès von *Florian Weber* und *Oliver Lembcke* als Verfassungstheoretiker präsentiert, der den politischen Willen zur Verrechtlichung in den Vordergrund stellt. Weber und Lembcke betonen im Anschluss an frühere Interpretationen von Pasquale Pasquino und Ernst-Wolfgang Böckenförde die Kontinuität des Sieyès'schen konstitutionellen Denkens. Die Menschenrechte erscheinen hier als Quelle der Verfassungsgebung, die nicht aus einem höheren Recht der Natur abgeleitet wird, sondern dem politischen Willen zur Einheit entspringen. Sie stehen als „Platzhalter für die Transzendenz des Rechts in der politischen Ordnung" – einerseits dem politischen Willen der verfassungsgebenden Gewalt entsprungen, bilden sie doch zugleich eine Grenze für den konstituierten politischen Willen des Gesetzgebers. Die späteren Überlegungen von Sieyès zur Kontrolle der Verfassungsmäßigkeit von Gesetzen bilden daher keinen Bruch, sondern setzen sein Denken von 1789 konsequent fort.

Eine gänzlich anders gelagerte Konstellation konstitutionellen Denkens im revolutionären Umbruch schildert *Karsten Malowitz*: Am Beispiel Otto von Gierkes und seiner Kritik am Verfassungsentwurf für die neugegründete Weimarer Republik seines Schülers Hugo Preuss zeigt der Beitrag, wie es angesichts der politischen, sozialen, kulturellen und ökonomischen Umbrüche nach der Revolution von 1918/19 zu einer Entwertung der deutschrechtlichen Tradition und der historisch-organischen Methode des Verfassungsdenkens kommt. Angesichts des Bruchs mit zentralen Ordnungselementen, die von Gierke als wesentlich für die deutsche Verfassungstradition erachtete, verliert auch das von ihm vertretene liberal-konservative Paradigma im Kampf um die Deutung der neuen Ordnung rapide an Einfluss und wird von einem radikalen, zunehmend völkisch und antisemitisch codierten Nationalismus verdrängt.

In zwei Beiträgen werden unterschiedliche Perspektiven auf das Werk von Hannah Arendt präsentiert: *Christian Volk* hebt die Vermittlung von Recht und Politik im Verfassungsdenken Arendts hervor und zeigt, wie ihre Position als Kritik an jeweils einseitigen Ordnungsverständnissen interpretiert werden kann: Weder einer radikaldemokratischen Volkssouveränität noch einer liberalen Rechts- und Verfassungssouveränität gelingt die notwendige Balance zwischen Recht und Politik, die Volk mit Arendt als Enthierarchisierung bezeichnet. Anknüpfend an Arendts wenig beachtete Rezeption von Max Webers Bürokratisierungsthese auf der einen Seite und an ihre Kritik der Rousseauschen Radikaldemokratie auf der anderen Seite wird gezeigt, wie beide Positionen als hierarchische Vereinseitigungen verstanden werden müssen, in denen entweder das Recht über die Politik oder die Politik über das Recht zu herrschen beansprucht. Mit Arendt kann jedoch nur ein enthierarchisiertes Verhältnis von Recht und Politik zu einer dauerhaft politischen Ordnung führen, die sich durch Stabilität und Freiheitsgarantien gleichermaßen auszeichnet. Jedoch bleibt eine konkrete institutionelle Ausbuchstabierung einer solchen Balance bei Arendt ein Desiderat, wie Volk abschließend feststellt.

Der Artikel von *Grit Straßenberger* hebt dagegen im Anschluss an Arendts Interpretation der Amerikanischen Revolution die Bedeutung des konstitutionellen Gründungsmoments für die Geltung der Verfassung hervor und betont, dass erst die Qualität eines gegenseitigen, gemeinsamen Versprechens der Bürger jene Macht der Verfassung hervorbringt, die eine dauerhafte Freiheit ermöglicht. Gegen den Vorwurf der Polis-Nostalgie verteidigt Straßenberger Arendt als eine Denkerin, mit der eine kulturalistische Wendung des Verfassungsbegriffs vollzogen werden kann und die mit Blick auf die Handlungsmotivation der Bürger entscheidende Einblicke in die performative Dimension konstitutioneller Ordnungsstiftung gewährt. Ähnlich wie bei Tocqueville liegt Arendt zufolge die Garantie der Verfassung nicht alleine in einer ausgefeilten Institutionenmechanik, sondern in den zivilgesellschaftlichen Assoziationsformen, die das Verfassungsversprechen performativ verstetigen.

Für eine ganz ähnliche kulturalistische Wendung des Verfassungsbegriffs plädiert auch *Rainer Schmidt*: Die klassische Verfassungssoziologie und ihre Frage nach den Grundlagen der konstitutionellen Ordnung konzentriert sich demnach zu sehr auf den Nexus von Staat und Gesellschaft, der jedoch, wie die neueren Entwicklungen der systemtheoretischen Verfassungstheorie bei Niklas Luhmann und bei Gunther Teubner zeigen, in dieser traditionellen Form nur unterkomplex beschrieben wird. Allerdings kann die Systemtheorie mit ihrer Entkopplung von Konstitutionalisierungsprozessen und Handlungsakteuren nur noch ein eingeschränktes Bild der Verfassung als Machtordnung liefern, wie es die ursprüngliche Intention verfassungssoziologischer Perspektiven gegenüber dem Rechtspositivismus gewesen ist. Die kulturwissenschaftlichen Verfassungstheorien von Vorländer und anderen dagegen erlauben es, die Produktion konstitutioneller Rechtsgeltung als Formen der Deutungsmacht neu zu fassen, und damit sowohl die Emergenz von Verfassungsordnungen als auch ihre Macht miteinander in Beziehung zu setzen.

Sabrina Zucca-Soest untersucht aus institutionentheoretischer Perspektive den Zusammenhang von Normativität und Funktionalität und fragt, wie Verfassungen diese beiden Dimensionen angemessen erfüllen, um auf diese Weise ihre eigene Verstetigung zu gewährleisten. Als soziale Institutionen schaffen Verfassungen daher ihre eigene Interpretationsgemeinschaft, die durch die aneignenden öffentlichen Deutungsprozesse zugleich die Legitimität der Verfassung stärken als auch die Identifizierung der Regeladressaten mit der rechtlichen Norm befördern. Neben einer deskriptiven Perspektive auf die Geltungserzeugung unternimmt der Beitrag auch den Versuch, im Anschluss an Hegel zu einer präskriptiven Anerkennungstheorie der Verfassung zu gelangen.

Als Abschluss des verfassungstheoretischen Abhandlungsteils liefert der Beitrag von *Petra Dobner* einen Überblick über die aktuelle Diskussionslage des transnationalen Konstitutionalismus und schlägt eine Systematik vor, um die verschiedenen Zweige der Konstitutionalisierungsdebatte zu ordnen. Jenseits eines normativen Verfassungsbegriffs, der die transnationalen Entwicklungen am Modell des nationalstaatlichen Konstitutionalismus misst, sieht Dobner die wichtigsten Gravitationszentren in der Debatte um die Europäische Verfassung, im Begriff eines europäischen Mehrebenenkonstitutionalismus, in der Konstitutionalisierung des Völkerrechts sowie in den Theorien des *legal pluralism* und des *societal constitutionalism*. Als problematisch wird in all diesen Debatten die Auflösung des Zusammenhangs von Verfassung und demokratischer Machtkontrolle konstatiert.

Oliviero Angeli konzentriert sich innerhalb der Frage nach der Verfassung jenseits der Staatlichkeit auf die Differenz zwischen freistehenden und eingebetteten Verfassungstheorien: Erstere ersetzt die enge, legitimitätsstiftende Beziehung von

Volkssouveränität und Verfassung durch moralische oder juristische Legitimations-
modelle und wird daher von den eingebetteten Verfassungstheorien als expertokra-
tisch kritisiert. Den Zusammenhang von Demokratie und Konstitutionalismus thematisiert auch der Beitrag von *Daniel Schulz* zum kosmopolitischen Universalismus: Am
Beispiel der Französischen Revolution und der Utopie der Weltrepublik von Anacharsis Cloots wird gezeigt, wie das Ideal der universalen Inklusion in ein hochgradig
exklusives Menschenrechtsimperium umzuschlagen droht. Der ebenfalls von *Daniel
Schulz* verfasste Beitrag zu Verfassungsbildern präsentiert einen verfassungstheoretischen Ansatz, mit dessen Hilfe die visuelle Inszenierung von konstitutionellen
Rechtsordnungen analysiert werden kann und skizziert exemplarisch-vergleichende
Fallbeispiele. *André Brodocz* beschließt den verfassungstheoretischen Teil mit Luhmanns konstitutioneller Entparadoxierung, die gerade für das Verständnis der transnationalen Verfassungstheorie Teubners die maßgebliche Grundlage liefert.

Der zweite Teil beginnt mit einer Studie zum Bundesverfassungsgericht, in der
Robert Chr. van Ooyen die Entscheidungen zur Außen und Sicherheitspolitik in den
Blick nimmt. Van Ooyen moniert dabei die im Vergleich zu anderen verfassungsge-
richtlich judizierten Politikfeldern geringe Regelungs- und Kontrolldichte im Bereich
militärischer Interventionen und rüstungspolitischer Entscheidungen. Die Gründe
für diese Zurückhaltung sieht der Beitrag in der problematischen staatstheoretischen
Traditionslinie, die auf Hegel, Hobbes und Locke zurückverfolgt wird und der zufolge
das Politikfeld staatlicher Außenbeziehungen allein den souveränen Regierungsent-
scheidungen unterworfen ist. Im zweiten Teil des Beitrages wird dann die europapo-
litische Entscheidungsreihe des Bundesverfassungsgerichts analysiert.

Marcus Llanque geht in der Abhandlung zu „Verfassungstreue und Verfassungsfeinden" der Frage nach, wie das Problem politischer Bindung im Allgemeinen und
der Loyalität im Besonderen in modernen Verfassungen aufgegriffen wird. Die heute
herrschende Auffassung, wonach die demokratische Verfassung als Teil der streitbaren Demokratie notfalls auch demokratische Prinzipien einschränken können muss,
thematisiert stärker den Verfassungsfeind und vernachlässigt dabei die Konzeption
des Verfassungsfreundes, der den Kampf für die Verfassung aufnimmt. Das sind
traditionell professionelle Verfassungsschützer wie das Berufsbeamtentum (samt der
von ihm erwarteten Verfassungstreue, welche die frühere Staatstreue ablöste), sollte
aber auch die Frage nach dem Bürger einbeziehen, von dem spätestens bei Staatsver-
sagen erwartet wird, für die Verfassung einzustehen.

Thorsten Thiel erörtert in seinem demokratietheoretisch ausgerichteten Beitrag,
wie sich Opposition verfassen lässt. Dabei zeigt er, dass sich der anti-institutionelle
Impetus der radikalen Demokratietheorie und der von ihr betonte außerinstitutionelle
Oppositionsbegriff auf ein Verfassungsverständnis bezieht, das in der konstitutionel-
len Ordnung nur einen limitierenden Faktor für die Entfaltung zivilgesellschaftlicher
Aktivitäten und sozialer Bewegungen erkennen kann. Mithilfe eines republikanischen
Verfassungsverständnisses wird dagegen deutlich, wie die Verfassungsordnung als
ermöglichende Bedingung von institutionellen und außerinstitutionellen Oppositi-

onsformen gefasst werden kann. Zentrales Element einer solchen Verfassungsordnung sind die Artikulationsräume von Macht und Gegenmacht, die sowohl durch eine Dezentralisierung und Föderalisierung geschaffen werden, aber auch durch deutungsmächtige Interpreten wie Gerichte und Parlamente, welche die politischen Spielräume der Konstitution sichtbar machen.

Der damit zusammenhängende Diskurs um eine Entzerrung des Souveränitätsbegriffs wird von *Steven Schäller* in der ideengeschichtlichen Dimension der Föderalismusdiskussion nachgezeichnet. In einem weiten Bogen von der Reichspublizistik von Althusius, Ludolf Hugo und Samuel Pufendorf und ihrer Auseinandersetzung mit der Souveränitätstheorie Jean Bodins, über die Federalist Papers bis hin zur Föderalismustheorie der deutschen Staatswissenschaft im Kaiserreich demonstriert Schäller, wie der Souveränitätsbegriff immer wieder als ein „Innovationshemmnis" für die konstitutionelle Entwicklung gewirkt hat. Im Vergleich mit der dogmatisch hochkomplexen deutschen Debatte zeigt er, wie die Federalists ein zwar begrifflich weit weniger ausdifferenziertes, aber eben gerade deshalb politisch handhabbares Souveränitätsverständnis entwickelt haben, und plädiert mit Hugo Preuß für eine Verabschiedung des Souveränitätsbegriffs im Verfassungsdenken.

Dass allerdings auch in der amerikanischen Föderalismusdiskussion hochgradig kontroverse Verfassungskonflikte verhandelt wurden, zeigt *Jörn Ketelhut* in seiner Analyse der sogenannten Nullifikationskrise: Auch wenn sich die Konfliktparteien weitgehend einig über das Prinzip der Volkssouveränität als Grundlage konstitutioneller Legitimität waren, so war damit der Streit über die institutionelle Verortung dieser Souveränität keineswegs entschieden. Die Auseinandersetzung über den Vorrang der Einzelstaaten oder der Zentralgewalt wurde durch das Aufeinanderprallen zweier konträrer konstitutioneller Ordnungsideen geprägt, das mit den innerhalb der Verfassung zur Verfügung stehenden Konfliktbearbeitungsinstrumenten nicht mehr bewältigt werden konnte und letztlich zum Bürgerkrieg führte.

Eine aktuelle verfassungspolitische Kontroverse stellt *Clemens Reichhold* mit seinem Beitrag zur Tea-Party-Bewegung vor: Die Verfassung wird hier in einer ursprünglichen, originalistischen Lesart zum politischen Kampfinstrument und gewinnt einen transzendenten, unverfügbaren Charakter. Die Tea Party und die ihr nahestehenden Verfassungsinterpreten versuchen auf diese Weise, eine politische Agenda als einzig mögliche Verfassungsauslegung zu präsentieren und damit den politischen Spielraum eines demokratisch legitimierten Gesetzgebers radikal zu beschränken. Damit wird eine Interpretationsmethode des Wortlauts und des historisch unverfügbaren Sinns der Gründerväter gegenüber konkurrierenden Lesarten der Verfassung stark gemacht, um sich eine autoritative Deutungsmacht anzueignen, die im institutionellen System der USA dem Supreme Court zugewiesen wurde und die zudem gerade durch den Wandel der Verfassungsauslegung geprägt wurde, wie er einer demokratisch lebendigen Verfassung angemessen ist.

Den Abschluss des zweiten, verfassungspolitischen Abhandlungsteils bildet *Maik Herolds* Studie der polnischen Verfassungsdiskussion nach 1989. Die Besonderheit der

Verfassungsgebung war durch eine enge Verknüpfung von Verfassungs- und Identitätsdiskurs geprägt. Im Moment der Verfassungsgebung nach 1989 konnte Polen auf eine revitalisierte Verfassungskultur zurückgreifen, die am dauerhaft hohen nationalen Stellenwert der Verfassung von 1791 zum Ausdruck kommt. Gleichzeitig aber wurde diese starke Verfassungskultur insofern zum Problem, als die mit der Verfassungsgebung verknüpften hohen symbolischen Erwartungen in der politischen Konfliktlage zwischen einem national-katholischen und einem bürgerlich-republikanisch gesinnten Lager nach 1989 kaum eingelöst werden konnten. Angesichts der mythischen Strahlkraft der Verfassung von 1791 blieb die erhoffte integrative Wirkung der neuen Verfassung schwach.

Den Abschluss des Bandes bilden eine Reihe von Kurzbeiträgen zu verfassungspolitischen Themen: *Daniel Schulz* rekapituliert die Entstehung, den Verlauf und die gegenwärtige Bedeutung der bundesrepublikanischen Diskussion zum Verfassungspatriotismus. *Siegfried Weichlein* skizziert eine Geschichte der Verfassungseide und zeigt die Bedeutung des Eides für die Geltungsstiftung konstitutioneller Ordnung auf. *Tine Stein* demonstriert mit dem Beispiel der römisch-katholischen Kirche, dass Verfassungen nicht auf staatliche Ordnungen beschränkt, sondern auch in anderen institutionellen Kontexten von Belang sind. In dem Kurzbeitrag zum „Verfassungskompromiss" erörtert *Marcus Llanque*, dass alle modernen Verfassungen Ergebnisse verfassungspolitischer Kompromisse sind, schildert einige davon und erörtert die Frage, anhand welcher Maßstäbe sie zu bewerten sind.

Die Herausgeber möchten besonders Frau Karin Tausend für ihre Unterstützung bei der Drucklegung dieses Bandes danken.

Literatur

Bagehot, Walter 2001: The English Constitution [1867]. Edited by Paul Smith, Cambridge.

Bellamy, Richard 2007: Political Constitutionalism. A Republican Defense of the Constitutionality of Democracy, Cambridge.

Bellamy, Richard 2008: Republicanism, Democracy, and Constitutionalism, in: Cécile Laborde, John Maynor (Eds.), Republicanism and Political Theory, Oxford, S. 159–189.

Brodocz, André/Dietrich Herrmann/Rainer Schmidt/Daniel Schulz/Julia Schulze Wessel 2014: Die Grundlegung politischer Ordnung, in: dies. (Hrsg.), Die Verfassung des Politischen. Festschrift für Hans Vorländer, Wiesbaden, S. 9–21.

Brodocz, André 2003: Die symbolische Dimension des Verfassung. Ein Beitrag zur Institutionentheorie, Wiesbaden.

Brodocz, André 2009: Die Macht der Judikative, Wiesbaden.

Dobner, Petra/Martin Loughlin 2012: (Eds.) The Twilight of Constitutionalism?, Oxford.

Friederich, Carl Joachim 1953: Der Verfassungsstaat der Neuzeit, Berlin u. a.

Gebhardt, Jürgen 1995: Die Idee der Verfassung: Symbol und Instrument, in: Adolf Kimmel (Hrsg.), Verfassungen als Fundament und Instrument der Politik, Baden-Baden, S. 9–24.

Gelderen, Martin van/Quentin Skinner 2002: (Eds.) Republicanism. A Shared European Heritage. Vol. 1: Republicanism and Constitutionalism in Early Modern Europe, Cambridge.

Hennis, Wilhelm 1968: Verfassung und Verfassungswirklichkeit. Ein deutsches Problem, Tübingen.

Hönnige, Christoph/Sascha Kneip/Astrid Lorenz 2011: (Hrsg.) Verfassungswandel im Mehrebenensystem, Wiesbaden.

Kneip, Sascha 2009: Verfassungsgerichte als demokratische Akteure. Der Beitrag des Bundesverfassungsgerichts zur Qualität der bundesdeutschen Demokratie, Baden-Baden.

Kranenpohl, Uwe 2010: Hinter dem Schleier des Beratungsgeheimnisses: Der Willensbildungs- und Entscheidungsprozess des Bundesverfassungsgerichts, Wiesbaden.

Lembcke, Oliver 2008: Hüter der Verfassung. Eine institutionentheoretische Studie zur Autorität des Bundesverfassungsgerichts, Tübingen.

Lorenz, Astrid 2008: Verfassungsänderungen in etablierten Demokratien. Motivlagen und Aushandlungsmuster, Wiesbaden.

Lorenz, Astrid 2013: Demokratisierung in Ostdeutschland. Verfassungspolitische Weichenstellungen in den neuen Ländern und Berlin, Wiesbaden.

Löwenstein, Karl 1969: Verfassungslehre, 2. Aufl., Tübingen.

McIlwain, Charles Howard 2010: Constitutionalism: Ancient and Modern [1940], Indianapolis.

Mohnhaupt, Heinz/Dieter Grimm 2002: Verfassung. Zur Geschichte des Begriffs von der Antike bis zur Gegenwart, Berlin.

Ooyen, Robert van/Martin H. W. Möllers 2006: (Hrsg.) Das Bundesverfassungsgericht im politischen System, Wiesbaden.

Schaal, Gary S. 2004: Vertrauen, Verfassung und Demokratie. Über den Einfluss konstitutioneller Prozesse und Prozeduren auf die Genese von Vertrauensbeziehungen in modernen Demokratien, Wiesbaden.

Schulz, Daniel 2004: Verfassung und Nation. Formen politischer Institutionalisierung in Deutschland und Frankreich, Wiesbaden.

Steffani, Winfried 1979: Parlamentarische und präsidentielle Demokratie. Strukturelle Aspekte westlicher Demokratien, Opladen.

Sternberger, Dolf 1956: Lebende Verfassung. Studien über Koalition und Opposition, Meisenheim.

Stollberg-Rilinger, Barbara 2013: Des Kaisers alte Kleider. Verfassungsgeschichte und Symbolsprache des Alten Reiches, München.

Tribe, Laurence H. 2008: The Invisible Constitution, Oxford.

Vorländer, Hans 2002: (Hrsg.) Integration durch Verfassung, Wiesbaden.

Vorländer, Hans 2006: (Hrsg.) Die Deutungsmacht der Verfassungsgerichtsbarkeit, Wiesbaden.

Vorländer, Hans 2009: Die Verfassung als symbolische Ordnung. Perspektiven einer kulturwissenschaftlich-institutionalistischen Verfassungstheorie. In: Recht und Politik. PVS-Sonderheft 36, hrsg. von Michael Becker und Ruth Zimmerling, Wiesbaden, S. 229–249.

Wiener, Antje 2012: The Invisible Constitution of Politics. Contested Norms and International Encouters, Cambridge.

Teil 1: **Theorien und Ideengeschichte der Verfassung**

Abhandlungen

Daniel Schulz
Zwischen Vernunft und Politik: Condorcets Verfassungstheorie und ihre Rezeption in der politischen Theorie der Gegenwart

1 Einleitung

Condorcets Verfassungstheorie stellt einen lange Zeit in Vergessenheit geratenen Aspekt der revolutionären Ordnungsdebatten Frankreichs dar. Sowohl Condorcets eigener Verfassungsentwurf von 1793 als auch seine im Umfeld der Revolution entstandenen Überlegungen zur konstitutionellen Ordnung der Demokratie bieten heute jedoch überraschende Einblicke in ein Verfassungslaboratorium, von dem man lange Zeit glaubte, es sei insbesondere am Vermittlungsproblem von Souveränität und Repräsentation gescheitert. Mit Condorcet lässt sich dagegen ein Ansatz rekonstruieren, der genau hier anzusetzen versuchte: Mit seinem Ordnungsentwurf der Primärversammlungen wird bei Condorcet die revolutionäre Leitidee der Volkssouveränität nicht über die jakobinische Verkörperungslogik gedacht, sondern als prozedurale Deliberation durch eine institutionelle Ausdifferenzierung politischer Partizipation der Bürger.

Im Anschluss an neuere Interpretationsversuche bei Pierre Rosanvallon, Lucien Jaume und bei Nadia Urbinati kann die Condorcet'sche Verfassungstheorie so als Theorie der demokratischen Repräsentation verstanden werden, die durch eine institutionelle Ordnung pluraler Zeitschichten und komplexer Räumlichkeit einen politischen Deliberationsprozess ermöglicht. Damit basiert Condorcets Verfassungsdenken auf der Idee einer komplexen Souveränität, in der die höchste Macht nur in den institutionellen Vermittlungsformen und in zahlreichen räumlichen und zeitlichprozeduralen Brechungen präsent ist. Jedoch steht Condorcets politisches Denken zugleich für ein problematisches Spannungsverhältnis zwischen dieser prozeduralisierten Souveränität und einem objektiv-rationalen Wahrheitsverständnis. Er kann damit stellvertretend für einen normativen Grundkonflikt moderner politischer Ordnung gelesen werden: Wie können demokratische Gemeinwesen legitime Geltungsgründe für sich beanspruchen, ohne weder in einen apolitischen Rationalismus oder einen irrationalen Voluntarismus zu verfallen?

2 Die Verfassungstheorie Condorcets

Condorcets Verfassungsdenken hat sich in der Zeit des *ancien régime* zunächst als Reformdenken entwickelt: Im intellektuellen und politischen Kontext der Aufklärung, der Enzyklopädisten und der Physiokraten entwirft Condorcet am Vorabend der Revolution einen Verfassungsplan, der nach dem Vorbild der Reformpläne Turgots eine Neustrukturierung der Verwaltung und gesteigerte Mitspracherechte der bürgerlichen Stände vorsieht (Condorcet 1788). Jedoch ist hier noch keine Nationalrepräsentation vorgesehen, zudem verbleibt die Bestimmung des Bürgerstatus in den klaren Grenzen des physiokratischen Theorierahmens. Bürgerrechte der politischen Teilhabe sind nur für diejenigen vorgesehen, die als Grundbesitzer die Bedingung für die politische Selbstständigkeit erfüllen. Gleichwohl besitzen die liberalen Abwehrrechte bereits jetzt schon für Condorcet einen universalen und allgemeinen Charakter, den er auch in seinem politischen Einsatz für die Verteidigung von diskriminierten Gruppen – Sklaven, Frauen, Protestanten, Juden – deutlich zum Ausdruck gebracht hat. Zum Zeitpunkt der Veröffentlichung aber ist der Entwurf bereits von den politischen Entwicklungen überholt: Neben die rechtsstaatliche Garantie von Menschen- und Bürgerrechten tritt die demokratische Frage nach der gesellschaftlichen Beteiligung an der politischen Willensbildung. Condorcets Überlegungen zu einem grundsätzlichen Neuansatz der Legitimation politischer Ordnung verlaufen damit parallel zu den Erfahrungen der Revolution: Seine ursprüngliche liberale Intention, die sich in einer Priorität unverfügbarer, individueller Rechte äußerte, wird nun nach und nach ergänzt durch eine demokratische Öffnung, die schließlich in seinem Verfassungsentwurf von 1793 neben der Garantie individueller Rechte zur zentralen Leitidee wurde (Condorcet 2010).

Die Grundzüge seines liberal-demokratischen Konstitutionalismus lassen sich mit drei Kriterien erläutern, die den Erfahrungen der Revolution selbst geschuldet sind und die Condorcet nach und nach in sein Verfassungsdenken integriert hat:

1. Die Erfahrung des revolutionären Moments selbst hat die Illusion einer dem geschichtlichen Wandel entzogenen politischen Ordnung zerstört und hinter dem Ewigkeitsanspruch monarchischer Ordnung die Kontingenz politischer Ordnungsbildung hervorscheinen lassen. Auch wenn die natur- und vernunftrechtliche Legitimationssemantik der Revolution diesen Bruch durch eine neue Entzeitlichung und Enthistorisierung wieder unsichtbar machen wollte, so kann sich dieser Ewigkeitsanspruch angesichts der ungeheuren revolutionären Diskontinuitätserfahrung doch nicht vollkommen gegen das neu entstandene politische Möglichkeitsbewusstsein durchsetzen – zumal ein Ewigkeitsanspruch doch auch dem demokratischen Autonomiegedanken zu widersprechen schien. Jegliche Ordnungsgebung muss vor dem Hintergrund der revolutionären Erfahrung daher zumindest in ihrem formalen Anspruch als eine Ordnungsgebung auf Zeit auftreten: Wenngleich also mit der Erklärung der Menschen- und Bürgerrechte eine Ewigkeitsbehauptung universaler Normen verbunden wurde, so muss doch nach Condorcet mindestens für die konstitutionelle Form dieser Rechte prinzipiell von einer Geltung auf Zeit ausgegangen werden.

2. Nicht nur die kontroversen Diskussionen der ersten konstituierenden Nationalversammlung und der langwierige Prozess bis zur ersten Verfassung von 1791 haben

gezeigt, dass die Rousseausche Idee des Gemeinwillens als eine intuitive Emanation die Bestimmung politischer Willensbildungsprozesse und damit auch die Bestimmung der Gesetzgebung verfehlt. Auch die revolutionäre Dynamik selbst, ihr
vielgestaltiges, kaum zu überschauendes Bild einer gesellschaftlichen Debatte
über die Grundlage des politischen Gemeinwesens in all seinen Ausprägungen haben lebhaft vor Augen geführt, dass sich eine solch komplexe Diskussion nicht in
einem unwahrscheinlichen Moment der Einigkeit abbilden lässt. Condorcet sucht
daher in seinem Verfassungsdenken nach einem Modell, wie sich diese Vielgestalt
selbst in eine institutionelle Form auf Dauer stellen ließe, um sie daher zur Grundlage der verfassungsmäßig organisierten Willensbildung zu machen. Die Verfassung ist für ihn damit ein Versuch, die Gesetzgebung als Deliberationsprozess konstitutionell zu organisieren.

3. Gleichwohl soll die politische Macht nicht lediglich in die Hände der Bürger
    selbst gelegt werden. Condorcet unternimmt den Versuch, den Repräsentanten
    und Abgeordneten zwar die wesentliche Entscheidungsmacht zuzuerkennen.
    Gleichzeitig aber müssen die Bürger in zweierlei Hinsicht an dieser Entschei-
    dungsmacht beteiligt werden: Zuerst vor der Entscheidung durch die Organisati-
    on eines umfassenden Deliberations- und Partizipationsprozesses, der sich nach
    und nach zu einem gemeinsamen Willen verdichtet und schließlich im Dialog
    mit den Repräsentanten artikuliert werden kann. Condorcet belässt es aber nicht
    bei dieser voluntaristischen Seite der politischen Entscheidung, sondern sieht
    auch nach der politischen Entscheidung eine wichtige Rolle für die Bürger vor:
    Die Primärversammlungen sind neben ihrer Funktion als Foren der Willensbil-
    dung zugleich auch eine institutionelle Form zivilgesellschaftlicher Vetomacht.
    Die Bürger müssen nach Condorcet schließlich auch die Gesetzgebungstätigkeit
    der Abgeordneten beurteilen können. Diese evaluative Dimension entwirft Con-
    dorcet als ein *judicial review* der Bürgergesellschaft, die in einem institutionali-
    sierten Verfahren selbst über die mögliche Verletzung ihrer Rechte urteilen
    kann.[1]

2.1 Geltung auf Zeit

Die Geltungsdauer der Verfassung wird bei Condorcet auf zwanzig Jahre beschränkt –
der konstitutionelle Entwurf bindet so aus normativer Sicht immer nur eine Generation, die an der Entstehung der Verfassung hat mitwirken können. Jede neue Generation muss die normative Geltungskraft der Verfassung erneuern, die aus diesem Grund

---

1 Damit nähert er sich einer Überlegung Alexander Hamiltons aus den Federalist Papers, Federalist
Nr. 78, der „the people themselves" als letzten Hüter der Verfassung versteht; vgl. dazu Kramer
2004.

einem regelmäßigen Revisionsprozess unterworfen wird. Condorcet ging jedoch nicht davon aus, dass nach dem Ablauf der Geltungsfrist stets ein radikaler Umbau der Verfassung auf der Tagesordnung stehen müsse. Stattdessen sah er den Prozess der Verfassungsreform als eine notwendige Gelegenheit zur Wiederholung und Aktualisierung des „konstitutionellen Momentes" (Bruce Ackerman), der ebenso gut in eine Bestätigung oder eine behutsame Reform der alten Verfassung münden kann. Damit unterscheidet sich diese Variante nur im Prinzip, weniger aber im Ergebnis von der üblichen Form der Verfassungsänderung durch qualifizierte Mehrheiten, die jederzeit eine Revision einleiten können, wenn verfassungspolitischer Bedarf vorliegt. Condorcet verbindet mit dieser zeitlichen Verdichtung der Verfassungsrevision die (Wieder-)Aneignung der Verfassung durch die Bürger, die somit in das institutionelle Design mit einbezogen werden und dadurch die Geltungschance der konstitutionellen Ordnung langfristig steigert. Die Verfassung darf also trotz ihrer Bedeutung als höchstes und geheiligtes Gesetz nicht zu einer unantastbaren Tradition erstarren, sondern bedarf regelmäßig wiederkehrender öffentlicher Debatten darüber, ob sie für die gegenwärtige politische Ordnung angemessen sei. Mit dieser institutionellen Simulation des verfassungsgebenden Moments, die aus seiner Bewunderung des amerikanischen Verfassungsexperiments hervorging und die er von Thomas Jefferson übernommen hat, macht Condorcet einen entscheidenden Schritt vom traditionellen Ordnungsdenken hin zu einem modernen Verständnis politischer Ordnung, das die Veränderbarkeit und den Wandel von Strukturen zu einem bewussten Moment der Ordnung selbst macht: Zum einen besteht diese Idee in der Umstellung des Legitimitätsverständnisses, das die Ausübung von Herrschaft an die Zustimmung der Herrschaftsunterworfenen koppelt und damit die Rechtfertigungsanforderungen politischer Macht deutlich erhöht. Zum anderen aber verliert die Verfassung des politischen Gemeinwesens ihren Anspruch auf ewige, überzeitliche Geltung: Anstelle eines statischen Ordnungsdenkens tritt die prinzipielle Wandlungsfähigkeit der politischen Konstitution, aus der auch institutionelle Konsequenzen gezogen werden müssen. Dieses Phänomen der Endlichkeit und Zeitlichkeit politischer Ordnung war zwar schon mit dem neuzeitlichen Umbruch der italienischen Städterenaissance in das Bewusstsein der politischen Theorie getreten und hatte bei Machiavelli, Hobbes, Locke und Rousseau deutliche Spuren hinterlassen – aber erst mit den modernen Revolutionen in Amerika und in Frankreich schlägt sich diese gewandelte Vorstellung von politischer Ordnung auch in der Gestaltung der politischen Institutionen nieder: Erst in diesen Ordnungen wird der Versuch unternommen, explizit die Änderbarkeit der Verfassung durch die Verfassung selbst zu regeln. Damit werden diese Ordnungen reflexiv erweitert und erhalten eine institutionell kontrollierte Regelungsmöglichkeit ihres Wandels. Zugleich entsteht damit jedoch das Problem, wie in der generalisierten Transformation politischer Ordnung der normative Geltungskern gewissermaßen unverfügbar gehalten, dem Wandel entzogen wird. Erst das neunzehnte und zwanzigste Jahrhundert sollte auf diese Paradoxie mit der Stärkung der Verfassungsgerichtsbarkeit antworten, die mit dieser neuen Deutungskompetenz über das Unverfügbare zu den Transzendenzagenturen der Moderne aufstiegen: Während die Verfassungen durch ihre prinzipielle Änderbarkeit einerseits die Verfügbarkeit politischer Ordnung sichtbar werden lassen, agieren die Verfassungsgerichte im Namen der konstitutionellen Unverfügbarkeit, also der – zumindest für den einfachen Gesetzgeber – unantastbaren Gehalte der Verfassung und arbeiten darüber hinaus auch an der Heiligung der konstitutionellen Ordnung als Ganzer (vgl. Vorländer 2006; 2013). Bei Condorcet wird diese Frage nach der Verankerung der konstitutionellen Ordnung über das demokratisch artikulierte Rechtsbewusstsein der Bürger gelöst: Über einen komplexen prozeduralen Apparat wird ihnen die Möglichkeit gegeben, die Verfassung und die Gesetze daraufhin zu begutachten, ob ihre individuellen Rechte verletzt werden oder nicht. Damit wird also bei Condorcet nicht das konstitutionelle Telos selbst – die individuellen Rechte der Bürger – zur Revision freigegeben. Dies muss auch für den verfassungsändernden Prozess unverfügbar bleiben – daher bemüht sich Condorcet, diese Transzendenz der liberalen Rechte in ein umfangreiches, quasi-geschichtsphilosophisches Fortschrittsnarrativ von der Perfektion des Menschengeschlechts einzubetten, welche unweigerlich die Realisierung der Menschen- und Bürgerrechte hervorbringt (Condorcet 1976). Nur die institutionelle Ausgestaltung dieser Rechte, die Konsequenzen für die Organisation der Gewalten sind es, die einer steten reformerischen Annäherung an das durch diese Rechte dargestellte Ordnungsideal notwendig machen.

Die Zeitlichkeit und Wandelbarkeit der Verfassung mündet daher nicht in eine totale Kontingenz der absoluten Verfügbarkeit, sondern postuliert ein in sich differenziertes Zeitregime unterschiedlicher Transformationsgeschwindigkeiten. Die konstitutionelle Ordnung umfasst somit den Bereich der normalen Gesetzgebung, der auf politische Herausforderungen relativ kurzfristige Antworten des einfachen Rechts erzeugen kann. Die Verfassung selbst bildet den Rahmen, der gegenüber der Reaktionsgeschwindigkeit des gesetzgeberischen Normalverfahrens deutlich verlangsamt wurde: Durch die erhöhten Anforderungen an eine verfassungsändernde Mehrheit ist er in einem erweiterten Zeithorizont angesiedelt und entzieht die mittel und langfristigen Strukturentscheidungen dem kurzfristigen politischen Zugriff. In seinem rechtlichen Kerngehalten der Menschen- und Bürgerrechte jedoch verweist die Verfassung noch einmal auf eine höhere Zeitebene, über die sie selbst nicht verfügt und der sie sich nur im Gestus des symbolischen Verweises nähern kann: Diese unverlierbaren Grundrechte werden als ewig deklariert und transzendieren damit den Zugriff auch des Verfassungsgesetzgebers.

2.2 Gesetzgebung als Deliberationsprozess

Dieser grundsätzliche Wandel des Ordnungsdenkens schlägt sich nicht nur in der Form der Verfassungsänderung nieder, sondern auch in der einfachen Gesetzgebung. Condorcets Verfassungsentwurf stellt den Versuch dar, die Frage die Gesetzgebung nicht als statischen Ausdruck des Gemeinwillens zu verstehen, sondern die Prozeduralität der Gesetzgebung in den Vordergrund zu rücken. Grundlegend für die legitimitätsstiftenden Potenziale der Gesetze ist ihr Zustandekommen: Nicht die punktuelle Entscheidung, sondern der vorangehende Prozess des Verhandelns und Abwägens unterschiedlicher Interpretationen des Gemeinwohls sind der legitimitätsstiftende Kern des Gesetzgebungsverfahrens. Damit befreit er den Begriff des Gemeinwillens von seiner Reduktion auf die Gesetzes*entscheidung* bei Rousseau, der den Zusammenhang von Gemeinwillen und Gesetz als eine unmittelbare Emanation gedeutet hatte (vgl. Manin 1985). Condorcets Vorstellung vom Gesetzgebungsverfahren ist daher notwendig zweistufig: Grundlegend ist zunächst der Beratungsprozess der bürgerlichen Öffentlichkeit. Erst wenn sich hier in einem Klärungsprozess bestimmte Themen und Aspekte herausgebildet haben, setzt der zweite Schritt ein: In der Nationalversammlung wird das Gesetz in mehreren Stufen debattiert – zentral sind auch hier die deliberativen Elemente (mehrere Lesungen, Beratungen über einzelne Artikel etc.), die jegliche Form von schlecht begründeten Ad-hoc-Entscheidungen verhindern sollen. Grundlage für diese institutionelle Struktur ist der spezifische Condorcet'sche Rationalismus, der sich auch in seiner theoretischen Überlegung zum „Jury-Theorem" ausdrückt und das besagt, dass ein Urteil eine höhere Chance auf Vernünftigkeit hat, je mehr Akteure daran beteiligt sind (Condorcet 1785).

Unabhängig von der rationalistischen Überhöhung dieses Zusammenhangs, der die epistemologischen und kognitiven Zusammenhänge dieser Überlegungen betont, weist Condorcets Verfassungstheorie auch konkrete institutionelle Vorschläge auf, wie die Verfassung den Prozess demokratischer Willensbildung so organisieren kann, dass schlechte oder schädliche Entscheidungen möglichst unwahrscheinlich gemacht werden. Condorcets Verfassung sieht daher für die höhere demokratische Transparenz des Gesetzgebungsprozesses ein Initiativrecht durch die Primärversammlungen vor, das zugleich als Garantie für die Verfassungsmäßigkeit von Gesetzen gedacht ist: Fünfzig Bürger können in ihrer lokalen Versammlung die Beratung über einen Gesetzesentwurf veranlassen, der dann in einem gestuften Verfahren in weiteren Versammlungen debattiert wird und schließlich die Nationalversammlung zu einer Beratung über den Entwurf veranlassen kann. Wird die Beratung über den Entwurf von der Nationalversammlung abgelehnt, so werden alle Primärversammlungen einberufen, um ihr Votum zu dem Entwurf einzuholen. Sollte es zu einem positiven Votum gegen die Entscheidung der Nationalversammlung kommen, so ist diese aufzulösen und eine Neuwahl anzusetzen. Die bisherigen Repräsentanten können, da sie das Vertrauen der Bürger verloren haben, in der betreffenden Legislaturperiode nicht wieder gewählt werden. Auch in den Primärversammlungen kommt das zweistufige Verfahren zum Einsatz, mit dem Diskussion und Entscheidung jeweils einen eigenen Modus zugewiesen bekommen. In erster Linie dienen die Primärversammlungen damit als pluralisierte Orte der politischen Diskussion, die zusammen einen in sich gegliederten Deliberationsraum bilden, in dem die Bürgergesellschaft ihre vielstimmige Debatte mit sich selbst führen kann. Die Entscheidungskompetenz soll zugleich sicherstellen, dass der Diskussion der Bürger eine echte Wirkungsmacht zukommt, die politische Agenda zu beeinflussen. Kommunikations- und Pressefreiheit sorgen dafür, dass sich der Diskussionsprozess möglichst frei und ungehindert entfalten kann, während die lokalen Räumlichkeiten es ermöglichen, dass die ansonsten schriftlich und zwischen Individuen geführte Debatte einen konkreten Charakter der physischen Präsenz gewinnt und zugleich die assoziativen Momente gestärkt werden.[2]

2.3 Primärversammlungen als institutionelle Form zivilgesellschaftlicher Vetomacht

Neben der Initiative von unten erlaubt diese komplexe institutionelle Form ebenso ein Vetorecht der Bürger gegen die Entscheidungen der Nationalversammlung von oben. Der Hüter der Verfassung ist demnach nicht die Judikative oder ein oberster Gerichtshof, sondern letzte Instanz sind bei Condorcet die Bürger selbst. Die Idee einer „negativen" Souveränität wird so in ein Netz lokaler Versammlungen überführt, welche zur Diskussion der Gesetzesbeschlüsse dienen und aus deren Kreis die Kritik an bestimmten Entscheidungen entwickelt werden kann. Sie sind für Condorcet der Garant dafür, dass Volkssouveränität und Repräsentation zusammen bestehen können und sowohl die permanente Präsenz des Volkes als auch die elitäre Abkoppelung der Repräsentanten vermieden wird. Es handelt sich also gewissermaßen um eine institutionalisierte Form zivilgesellschaftlich-assoziativer Strukturen, die ein Forum für die Debatte und den Austausch zwischen den Bürgern bieten soll. In dieser Struktur soll sich die bürgerschaftliche Kritik- und Urteilsfähigkeit entwickeln, denn sie ist es, die nach Condorcet den Legitimationskern der Verfassung ausmacht. Der leitende Maßstab wird dabei durch die Verfassung selbst gesetzt: Er besteht in den individuellen Grundrechten der Bürger, die von der Verfassung garantiert werden und die als Bewertungskriterium für die gesetzgeberische Aktivität dienen. Es sind damit nicht in erster Linie komplexe kognitive Kompetenzen, die den Bürgern hier zugemutet werden, sondern es sind die evaluativen Urteilskompetenzen, die zur Beantwortung der einfachen Frage notwendig sind, ob ein Gesetz die individuellen Rechte verletzt oder nicht.

Die verfassungsmäßige Kontrolle der Gesetze ist damit anders als im amerikanischen Fall noch nicht in der Judikative verankert, sondern verbleibt im demokratisch legitimierten Strang der Legislative. Condorcet war skeptisch gegenüber Montesquieus Idee der Gewaltenteilung, die er – erstaunlich für den Autor der mit fast 400 Artikeln längsten Verfassung der französischen Geschichte – als zu mechanisch kritisierte und vermied es daher, ein zu komplexes Gefüge von checks and balances zu errichten. Zwar unterscheidet sich Condorcets Verfassungsdenken in zentralen Punk-

---

2 Condorcet hat freilich nicht das Problem gesehen, dass Deliberation auch polarisierend und konfliktverstärkend anstatt integrativ wirken kann: vgl. Sunstein 2000.

ten diametral vom jakobinischen Demokratieverständnis. An dieser Stelle jedoch zeigt sich dennoch die Aporie der französischen Demokratieauffassung, die die Einheit des demokratischen Willens trotz aller in dem konstitutionellen Modell angelegten Pluralisierungen in letzter Instanz nicht brechen will. Ein möglicher Ausweg aus dieser Aporie demokratischer Souveränität wären Elemente der Mischverfassung gewesen, die bei Sieyès und Montesquieu stärker ausgeprägt sind als bei Condorcet (Dazu Nippel 1998; Ryklin 2006).

Condorcets Verfassungstheorie ist jedoch keine Theorie, die sich allein auf die Gestaltung der Gewaltenorganisation und der Willensbildung reduzieren ließe. Hinter der komplexen Organisation der Legislative und der verfassungsändernden Gewalt verbirgt sich ein liberales Souveränitätsverständnis, das mit den monistischen Vorstellungen der rousseauistischen Tradition bricht und eine plurale Artikulation des Bürgerwillens institutionell ermöglichen will. Zudem ist Condorcet bewusst, dass eine solche Verbindung von Repräsentation und Partizipation auf einer politischen Kultur des Vertrauens gegenüber den Repräsentanten ebenso beruhen muss wie auf der aufgeklärten politischen Urteilskraft der Bürger. Seine konstitutionelle Theorie lässt sich daher keineswegs auf einen rationalistischen Positivismus reduzieren, sondern bezieht die unverfügbaren soziomoralischen Geltungsvoraussetzungen einer liberalen Verfassung mit in die Überlegung ein und versucht, sie gestaltbar zu machen: Ausdruck findet diese Überlegung nicht zuletzt in Condorcets Entwurf für ein liberal-republikanisches Schulwesen, dessen erste Aufgabe es im Gegensatz zu den jakobinischen Überlegungen nicht ist, eine patriotische Tugendgesinnung doktrinär zu induzieren, sondern über die Vermittlung von Wissen die Entwicklung des freien Urteilsvermögens zu fördern (Condorcet 1966). Damit erkennt dieser Entwurf zugleich die Unverfügbarkeit dieser Geltungsressource an und versucht, sie politisch wenn nicht verfügbar, so doch gestaltbar zu machen.

3 Condorcets Rezeption in der zeitgenössischen Theoriedebatte

Die Bedeutung von Condorcets politischer Theorie hat sich zunächst im innerfranzösischen Diskurs um die Revision des jakobinischen Paradigmas neu gestellt. Daran anschließend jedoch hat sich um seine Positionen eine Debatte entfaltet, die das Verhältnis von Repräsentation und Volkssouveränität auch außerhalb des französischen Geltungsraums in ein neues Licht gerückt hat. Im Folgenden ist nicht die explizite Sekundärliteratur zu Condorcet gemeint (vgl. Dippel 1981; Baker 1975; Badinter/Badinter 1989), sondern die Bezugnahme innerhalb des demokratietheoretischen und demokratiehistorischen Diskurses, die anhand von drei Positionen kurz vorgestellt werden kann.

Unter Rückgriff auf eine Unterscheidung von Rainer Rochlitz kann dabei anhand der drei Positionen zwischen narrativer und normativer Theorie differenziert werden, um die Bedeutung der Neuentdeckung Condorcets zu erklären (Rochlitz 2003): Zunächst kann bei Lucien Jaume von einer Reartikulation und Transformation des französischen, republikanisch-jakobinischen Traditionszusammenhangs ausgegangen werden, dem aber bereits normative Aspekte eingeschrieben sind. Diese normativen Aspekte werden bei Pierre Rosanvallon im Dialog mit dem historischen Narrativ französischer Demokratieentwicklung weitergeführt und bei Nadia Urbinati in ein normatives Verständnis repräsentativer Demokratie eingegliedert. Es handelt sich daher bei der zeitgenössischen Condorcetrezeption um eine Liberalisierung des demokratischen Paradigmas, die über den engen Bereich französischer Selbstverständigung hinausgeht und unter dem normativen Aspekt der Freiheitsgarantien in nichthomogenen, transnationalen Gesellschaften das tradierte Souveränitätsverständnis republikanischer Demokratietheorie grundlegend infrage stellt.

1. In die innerfranzösische Selbstverständigung über das Verhältnis zur eigenen, republikanischen Tradition konfrontiert der Bezug zu Condorcet die hegemoniale Interpretation der Französischen Revolution durch den Jakobinismus mit einem liberalen Gegenentwurf: Lucien Jaume, Schüler von François Furet, legt so im Jubiläumsjahr 1989 eine Studie des Jakobinismus vor, in der Condorcets Position als systematische Kontrastfolie unterlegt wird, um die demokratietheoretischen Probleme des jakobinischen Republikanismus deutlich hervorzuheben (Jaume 1989). Condorcet bietet sich als Gegenspieler der Jakobiner zunächst einmal durch seine Verteidigung einer republikanischen Moral an, die nicht als tugendzentrierter Katechismus daherkommt, sondern mit ihrer Betonung der individuellen Urteilskraft den Vorläufer der laizistischen und republikanischen Schule in Frankreich bildete. Die Selbstbildung des Bürgers erfolgt nach Condorcet über drei Punkte: den öffentlichen Unterricht, die Entwicklung des gesellschaftlichen Vereinslebens sowie die Beteiligung an der Ausübung der Souveränität. Dabei soll im Gegensatz zu den jakobinischen Bildungskonzeptionen keine politische Indoktrinierung stattfinden, sondern eine „instruction civique", die sich mit ihrer philosophischen Perspektive auf die Politik dem jakobinischen Antiintellektualismus und dessen populistischen Angriffen auf die *philosophes* entgegenstellt (Jaume 1989, S. 228). 1792 schlägt Condorcet im Zusammenhang mit seinem Schulprojekt vor, eine Sonntagsschule einzurichten, die allen Bürgern offen steht und in der unter anderem die Prinzipien der Moral und des Naturrechts sowie die Verfassung und die Gesetze gelehrt werden (Condorcet 1966). Nicht die Tugend, sondern die politische Urteilskraft der Bürger steht im Mittelpunkt seines Projektes. Gleichwohl zeigt diese Idee, dass eine zivilreligiöse Vorstellung von der Verfassung auch Condorcet nicht sehr fernlag, wenn er den religiösen Kult des Sonntagsgottesdienstes durch bürgerliche, allerdings dem rationalistischen Paradigma verpflichteten Verfassungspredigten ersetzen will.

Besonders hervorgehoben wird schon bei Jaume der Versuch einer Rationalisierung der Volkssouveränität. Die Souveränität des Volkes liegt nicht im Wahlakt oder im Entzug delegierter Macht, sondern in der Macht, eine neue Verfassung zu geben. Gegen die Jakobiner wird die Beziehung zwischen Mehrheit und Souveränität gefestigt und deren Idee verworfen, das moralische Urteil einer tugendhaften Minderheit könne als Äquivalent des souveränen Willens gelten. Dabei kritisiert Jaume Condorcet zugleich dafür, den aus seiner Sicht problematischen Begriff der Volkssouveränität ebenfalls in Anspruch nehmen zu wollen, lobt aber ausdrücklich, das Konzept der Vernunft gegen das jakobinische Konzept des Volkswillens und dessen Aspekte der Unmittelbarkeit, der Transparenz und der moralischen Einheit des Souveräns zu setzen. Condorcet steht hier für eine zeitgenössische Kritik des Volkes als kollektive Einheit. Im Verfassungsentwurf werden Repräsentation und direkte Ausübung der Souveränität nicht als einander ausschießende Möglichkeiten begriffen, sondern zusammengedacht: Weder das Volk (Robespierre), noch die Repräsentanten (Sieyès) allein können den Gemeinwillen artikulieren. Vielmehr wird der Gemeinwillen aus dem konstanten Dialog mehrerer Instanzen abgeleitet, die zwischen Repräsentanten und Bürgern vermittelnd wirken. Die *volonté générale* wird so zum Prozess, nicht zur substanziellen Einheit. Bei Jaume artikuliert sich so in der historischen Kritik des jakobinischen Diskurses der ideengeschichtliche Kampf um Deutungsmacht über die republikanische Traditionslinie aus der Perspektive des Liberalismus.

2. Dagegen wird bei Pierre Rosanvallon der Bezug auf Condorcet und die Aufarbeitung der republikanischen Demokratiekonzeption in Frankreich genutzt, um sie mit einer eigenen demokratietheoretischen Position zu verbinden, die als „komplexe Souveränität" vorgestellt werden kann (Rosanvallon 2000). Auch er attestiert Condorcet das Ziel, eine Form der Repräsentativverfassung zu entwerfen, die nicht auf eine Beschränkung der Volkssouveränität gerichtet ist. Die große Idee dieses Entwurfs ist es nach Rosanvallon, die Ausübungsmodalitäten der Volkssouveränität zu pluralisieren und damit das Verhältnis von Demokratie und repräsentativer Regierungsform in ein Positivsummenspiel zu wenden. Der Raum für die politische Intervention des Volkes soll nicht durch eine Einschränkung der Repräsentation, sondern durch eine Steigerung der konstitutionellen Komplexität geschaffen werden. Damit erlaubt es Condorcet, den Konstitutionalismus auf eine neue Weise als eine Form der Demokratie zu denken, um Wege zu einer komplexen Souveränität zu eröffnen. Rosanvallon stuft diese Position daher als einen „liberalen Rousseauismus" ein, der in den unterschiedlichen demokratischen Eigenzeiten und den pluralisierten Ausdrucksformen der Souveränität eine Aktivierung politischer Selbstbestimmung ermöglicht (Rosanvallon 2000, S. 60 f.). Auch in der Zensur des Gesetzes ist das Individuum als Bürger mit der Bildung des Gemeinwillens verbunden. Die Innovation Condorcets liegt so für Rosanvallon nicht zuletzt in der Art und Weise, den Gemeinwillen zu denken – nicht als vorgefundenes Datum, sondern als Ergebnis eines Reflexions- und Aushandlungsprozesses zwischen Bürgern und Repräsentanten. Das einheitliche und monistisch-homogene Volk wird so zu einem „peuple complexe" (Rosanvallon 2000, S. 60 f.), welches den legitimatorischen Begründungsanforderungen des demokratischen Regimes genügt und zugleich dem modernen, individualistischen und pluralistischen Freiheitsverständnis entspricht.

Condorcets Verfassung wird von Rosanvallon daher als einer der wenigen Versuche in der französischen Tradition gewertet, die demokratische Ordnung als pluralistisches Modell zu denken. Damit kommt dieser Position eine zentrale Rolle bei dem Versuch zu, die französische Demokratietheorie aus der Sackgasse eines konzeptuellen Gegensatzes zu befreien, in welche das rousseauistisch geprägte Einheitsdenken sie geführt hatte. Zwar wurde, so das Ergebnis von Rosanvallons historischen Arbeiten, Demokratie im neunzehnten und zwanzigsten Jahrhundert ansatzweise als pluralistische Ordnung *praktiziert*, aber niemals als eine solche reflektiert. Gerade für die normative Bewertung demokratischer Praktiken und institutioneller Ordnungen resultierte daraus ein Spannungsverhältnis zwischen demokratischer Deutungskultur und demokratischer Praxis, welches immer wieder illiberale Aneignungs- und Wiederherstellungsversuche der verlorenen Einheit des Gemeinwillens hervorbrachte. Das Volk, so kann jedoch aus dem Condorcet'schen Versuch nach Rosanvallon gelernt werden, ist zugleich in seiner Vielheit der zentrale Akteur und in seiner Einheit der große Abwesende der demokratischen Ordnung.

3. Rosanvallons Entwurf einer komplexen Souveränität im Anschluss an Condorcet entfaltet so seinen Sinn im politisch-kulturellen Kontext des französischen Republikanismus und dessen Sinnkrise nach dem Verlust der als Einheit nationaler Staatlichkeit vorgestellten Souveränität. Zugleich weist die ideengeschichtliche Rekonstruktionsarbeit Rosanvallons über diesen engen Kontext hinaus, da in seine historischen Analysen eine politiktheoretische Begriffsarbeit eingeflochten ist, die für die Frage nach der demokratischen Repräsentation in der Moderne in höchstem Maße anschlussfähig ist. Diese Verbindung zieht insbesondere die Arbeit von Nadia Urbinati zur repräsentativen Demokratie (Urbinati 2006). Hier werden die bei Jaume und Rosanvallon verstreuten ideengeschichtlichen Anregungen zu einer systematischen Untersuchung gebündelt, die Condorcets „indirekte Demokratie" als ein für sich genommen unabhängiges Projekt demokratischer Regierung präsentiert (Urbinati 2006, S. 176 ff.). Dieses Projekt weist einen dritten Weg zwischen den radikalen Ansätzen direkter und repräsentativer Selbstregierung und bietet eine Alternative zu Montesquieus und Sieyès' Modell repräsentativer Regierung und Rousseaus unmittelbarer und nicht-repräsentativer Demokratie. Condorcets Beitrag zum modernen demokratischen Konstitutionalismus besteht so im Wandel des politischen Partizipationsverständnisses: Richtet sich die politische Beteiligung im rousseauistisch-jakobinischen Diskurs weitgehend auf die emotionale Tugenddimension, so verschiebt Condorcet dieses Verständnis zu einem auf diskursives Urteilen ausgerichteten Typ und bereitet so den Weg vom klassischen Republikanismus hin zu modernen Konzeptionen deliberativer Demokratie.

Der Kern dieser Verschiebung liegt in der Bedeutung, die Condorcet der öffentlichen Diskussion im Verhältnis zur politischen Entscheidung zugewiesen hat und die er, anders als Rousseau, als den besten Weg zur Versöhnung des Individuums mit den Zielen des Gemeinwesens betrachtete. Das von Urbinati mithilfe Condorcets identifizierte Hindernis für gerechte Gesetze und politische Stabilität ist so die Unmittelbarkeit der Entscheidung, nicht jedoch Demokratie oder Partizipation an sich. Anknüpfend an die Rosanvallon'sche Lesart begreift Urbinati die demokratische Ordnung als ein spezifisches Regime politischer Eigenzeit (Urbinati 2006, S. 184 ff.), das in der Lage ist, durch Differenzierung und Entzerrung der Ereignishaftigkeit des Politischen ein Regime der permanenten Innovation und der Entwicklung auf Dauer zu stellen.

Neben dieser Pluralisierung politischer Temporalität durch die Einführung vielfältiger Deliberationsstufen besteht die theoretische Leistung des Condorcet'schen Verfassungsplans zugleich in der Bedeutung, die der Interpretation und der Urteilskraft zugeschrieben werden. So kommt hier eine Einsicht zum Tragen, die in der Demokratiedebatte der Französischen Revolution nur schwach ausgebildet ist: Die Bürger können das allgemeine Wohl unterschiedlich interpretieren – erst die Möglichkeit eines formalisierten Austauschprozesses der unterschiedlichen Gemeinwohlinterpretationen bietet einen Schutz gegen die einseitige Durchsetzung partikularer Gemeinwohlinterpretationen. Ein solcher Prozess ist zwar keine Garantie für ein gemeinwohlorientiertes Ergebnis, jedoch macht es ein solches Ergebnis *wahrscheinlicher* als rein an der Entscheidung ausgerichtete Ordnungsmuster.

Damit ist zugleich ein Gewaltenteilungsaspekt angesprochen: Die Kontrolle der politischen Macht ist umso effizienter, wenn sie sich nicht nur auf eine Trennung oder Verschränkung der institutionalisierten Makro-Gewalten beschränkt, sondern zugleich die pluralen gesellschaftlichen Mächte einbezieht. Die Multiplikation der Orte und der Momente der Souveränitätsausübung produziert so eine raumzeitliche Entzerrung der politischen Macht. Die mehrstufigen Deliberationsprozesse innerhalb und außerhalb der Nationalversammlung bewirken ein komplexes System der Verzögerungen und bieten Schutz gegen die Imagination einer unvermittelten Präsenz des demokratischen Souveräns (Urbinati 2006, S. 196).

Das Konzept politischer Repräsentation bietet daher eine Lösung des demokratischen Unmittelbarkeitsproblems. Es stellt jedoch keine Antithese zur Demokratie dar. Die repräsentative Demokratie ist daher in diesem Verständnis keine Verfallsform der „wahren", unmittelbaren Demokratie, sondern muss mit Urbinati vielmehr als System räumlich und zeitlich mediatisierter Souveränität gedacht werden, mit denen die demokratische Handlungsermächtigung erst in eine politische Praxis übersetzt werden kann. Repräsentative Demokratie wird so zu einer Ordnung der aufgeschobenen, der verzögerten Präsenz des Souveräns (Urbinati 2007), wie Urbinati im Anschluss an Iris Marion Young festhält – ein Verweis, der übrigens auch bei Rosanvallon zu finden ist. Condorcet propagiert keinen Ausschluss des Volkes aus der Demokratie – die Verfassung ist vielmehr das institutionelle Medium, welche das Volk in Gestalt einer pluralistischen Bürgergesellschaft erst zum politischen Akteur ermächtigt.

4 Ausblick

In seiner bekannten Replik auf Jürgen Habermas stellte Wilhelm Hennis 1975 Condorcet in eine Reihe mit den szientifischen Versuchen der Annäherung wissenschaftlicher Wahrheit und Politik, nach der „wissenschaftlichen Begründung praktischer Wahrheit", von Descartes, Bacon über Condorcet bis Helvetius – und Habermas. Für Hennis müssen solche Versuche fehlschlagen, weil sie über der theoriefixierten, apriorischen und erfahrungsunabhängigen Wahrheitssuche die praktische Natur der Politik vergessen haben (Hennis 2000, S. 295).

Auch wenn grundsätzlich viel für die Position von Hennis spricht, kann diese Beobachtung mit Verweis auf Hannah Arendt[3] zugunsten Condorcets korrigiert werden, der durchaus ein Bewusstsein von der praktischen Dimension des Politischen besaß – vorzuwerfen bliebe ihm, dass er der vorreflexiven Praxis und den Traditionsgehalten nicht traute, aber in der Französischen Revolution auch nicht trauen konnte, da die dort verfestigten Ordnungsvorstellungen eben nicht an Freiheit und Selbstbestimmung ausgerichtet waren. Dennoch war ihm die Bedeutung von Vertrauen als wichtigste Ressource politischer Ordnung bewusst.[4] Sein – paradoxales – Ziel war es, mittels einer rational konstruierten Verfassung und dem Projekt einer republikanischen Bildungsanstalt genau die Bedingung langfristig entstehen zu lassen, auf die eine solchermaßen rationalisierte Ordnung eigentlich aufbauen müsste. Im Grunde arbeitet so auch Condorcet an dem Projekt, das Paradigma des Willens durch das Paradigma des Urteilens abzulösen (vgl. dazu Manin 1995, S. 245). Seine alternative Semantik ist zunächst die der Sozialmathematik, deren Beschränktheit er jedoch bald selbst erkennt und die er demnach nur auf einem eng umrissenen Feld für sinnvoll hält. Sowohl sein Verfassungsprojekt, als auch die an Freiheit und Selbstbestimmung orientierten politischen Schriften sowie sein Projekt republikanischer Schulbildung lassen aber die Herausbildung eines politischen Urteilsvermögens als notwendige Grundlage jeder politischer Ordnung erkennen.

Jedoch misstraut Condorcet einer Form der Bürgerbeteiligung, die mehr auf Tugenden als auf rechtlich implementierte Prozeduren setzt. An dieser Stelle unterscheidet sich Condorcet als Liberaler des achtzehnten Jahrhunderts von jenem großen französischen Liberalen des neunzehnten Jahrhunderts: Im Gegensatz zu Tocqueville vertraut Condorcet für die Geltungsbedingungen demokratischer Ordnung sehr viel mehr auf das konstitutionelle Korsett der Provinzialversammlungen anstelle der losen Assoziationen der Zivilgesellschaft, die für Tocqueville von so großer Bedeutung waren. Was bei Tocqueville also im Medium der sozio-moralischen

---

3 Für Arendt war Condorcet insbesondere der Denker der politischen Revolution und der transatlantischen politischen Gemeinschaft: Arendt 1968, S. 21; ebd., S. 24; ebd., S. 217 f.

4 Condorcet bezieht sich auf „jenes Vertrauen [zwischen Bürgern und Repräsentanten], das in wirklich freien Verfassungen die einzig echte Gewalt ist" (Condorcet 2010, S. 30).

Tugend und der republikanischen Leidenschaften gedacht wird, erhält bei Condorcet die weitaus rationalistischere Form einer rechtlich positivierten, konstitutionellen Ordnung, die im Medium des Rechts genau diese republikanischen Assoziations- und Deliberationsstrukturen auf Dauer stellen will. Damit ist Condorcet jedoch keineswegs ein bloß rechtsfixierter Liberaler: Sein Bewusstsein für die persönliche Bildung, verstanden als individuelle Disposition zur Teilhabe am Gemeinwesen und damit als Grundvoraussetzung für Freiheit, zeichnen ihn als liberalen Denker mit einer genuin republikanischen Überzeugung aus.

Die Besonderheit von Condorcets Ansatz besteht darin, die ermöglichende, die genuin konstituierende Dimension der Verfassung für die demokratische Freiheit des Gemeinwesens gesehen zu haben. Diese demokratische Leitidee ist es auch, die seinem hochkomplexen institutionellen und prozeduralen Verfassungsgefüge zugrunde liegt. Der genuine Kunstgriff Condorcets, mit dem er sich von der monistisch vorgestellten *volonté générale* Rousseaus absetzt, liegt in der kreativen Einbeziehung der Zeit- und Raumdimension in die politische Ordnungsbildung. Mit der Unterscheidung von Verfassung und Gesetz in Bezug auf ihre Dauerhaftigkeit und ihre Änderbarkeit pluralisiert sich die mit der Verfassung generierte Eigenzeit des Gemeinwesens, entzerrt den bei Rousseau und auch bei Sieyès als punktualistisch verdichteten Moment der Verfassungsgebung bzw. der Artikulation des Gemeinwillens, und verteilt die demokratische Willensbildung auf verschiedene Zeitschichten und Geschwindigkeiten. Dasselbe gilt für den deliberativen Prozess zwischen Primärversammlungen und Nationalversammlung, der die Gesetzgebung nicht mehr über das monistische Hier und Jetzt der Entscheidung definiert, sondern über den zeitlich verfassten Diskussionsprozess. Damit gewinnt die Demokratie eine plurale Zeitdimension, die sie abhebt von einem monistischen und absoluten Entscheidungsverständnis. Für Condorcet wird so gewährleistet, dass das Ergebnis des Gesetzgebungsprozesses tatsächlich im Interesse aller liegt. Auch die räumliche Verfasstheit der politischen Ordnung trägt zu dieser Entzerrung bei: Während bei Sieyès die Nationalversammlung der einzige Ort ist, an dem sich der Gemeinwille in seinen Repräsentanten verkörpert und damit anstelle des monarchischen Absolutismus die Gefahr eines gesetzeszentrierten Parlamentsabsolutismus tritt, konstruiert Condorcet das Gemeinwesen auch räumlich komplex durch seine pluralistische Gliederung in die Provinzversammlungen. Während also Repräsentation bei Sieyès die Tendenz besitzt, durch die symbolische Präsenz der Bürger in den Repräsentanten die Bürger selbst weitgehend von der demokratischen Willensbildung auszuschließen, so erscheinen bei Condorcet Bürger und Repräsentant zusammen in der Artikulation des Gemeinwohls. Was bei Sieyès ausgeschlossen ist – das gemeinsame Erscheinen von Repräsentant und Repräsentiertem – wird bei Condorcet zum Grundprinzip seiner demokratischen Ordnungsvorstellung. Wenn bei Sieyès der Repräsentant spricht, müssen die Bürger schweigen. Die Verfassung besitzt damit eine monologische Struktur. Condorcet hingegen stellt die nach wie vor moderne Frage nach den institutionellen Voraussetzungen für das Gespräch zwischen Repräsentanten und Bürgern. Sein Verfassungsdenken beruht auf einer dialogischen Struktur.

Condorcets Position steht einerseits beispielhaft für den rationalistischen Verfügbarkeitsglauben der Aufklärung und der Französischen Revolution, der die Machbarkeit der soziomoralischen Geltungsvoraussetzungen durch institutionelle Formung als Aufgabe vernünftiger Staatsordnung ansieht. Damit steht er Pate für das optimistische Fortschrittsparadigma, welches im neunzehnten Jahrhundert und darüber hinaus das politische Handeln in wissenschaftlichen und geschichtsphilosophisch determinierten Kausalitätsbeziehungen auflöst und damit den ursprünglichen Kern dieses Projekts – die Ermöglichung politischer Freiheit – langsam in den Hintergrund gedrängt hat. Zugleich aber steht Condorcet selbst noch in der Tradition des republikanischen Ordnungsdenkens, das die Möglichkeit von Freiheit stets an die gute Verfassung des Gemeinwesens geknüpft hatte: Kluge Institutionen sind seit Machiavelli die Voraussetzungen dafür, dass sich auch die Bürger zu politischen, am Gemeinwohl orientierten Akteuren entwickeln. Dabei nimmt die Bedeutung von Pluralismus und Konflikten in dieser Traditionslinie eine weitaus größere Rolle ein, als sie die Gleichsetzung republikanischen Denkens mit der Position Rousseaus für möglich halten würde. Diese freiheitsermöglichende Rolle der Verfassung ist es, die bei Condorcet im Zeichen der Aufklärung neu interpretiert wird. Unter den Bedingungen demokratischer Legitimitätsvorstellungen im Flächenstaat entwirft er die Verfassung als komplexen Mechanismus, der seine eigene Geltung durch die Multiplikation von Teilhabechancen und durch die Öffnung des politischen Willensbildungs- und Entscheidungsprozesses selbst generieren und stabilisieren will. Damit steht die Verfassung bei Condorcet zwischen Verfügbarkeit und Unverfügbarkeit zugleich: Als unverfügbar werden die Bürger- und Menschenrechte behauptet, die durch ihre transzendente Geltung als Normen der Natur und der Vernunft nicht mehr hinterfragbar sind und daher die unstrittige Grundlage der konstitutionellen Ordnung des Gemeinwesens bilden sollen. Damit jedoch die sozialen Strukturen und die Vorstellungen der Bürger diesen Rechten entsprechen, muss die konstitutionelle Ordnung einen Transformationsprozess in Gang setzen, der aus den Untertanen des *ancien régimes* Bürger eines demokratischen Gemeinwesens macht und zu diesem Zweck eine Reihe von Mobilisierungsformen einsetzt: von der Schulbildung über die politische Bildung bis hin zur Teilnahme an den lokalen Primärversammlungen und ihren Diskussionen. Was im amerikanischen, sehr viel später von Tocqueville beschriebenen Modell den zivilgesellschaftlichen, also vorstaatlichen Assoziationsformen, den Townhalls und den zahlreichen Vereinen zugeschrieben wird, dass sie die Bürger zusammenbringen und mit den Themen des Gemeinwesens verbinden, versucht Condorcet in der Verfassungsmatrix zu erfassen und damit verfassungsrechtlich zu konstruieren. Sein Verfassungsbegriff ist damit zum einen ein republikanischer Begriff der politischen Konstitution, der die Geltungsvoraussetzungen politischer Institutionen mit umfasst. Zum anderen aber ist er zugleich ein liberaler, rechtlich fixierter Verfassungsdenker, wenn er diese Voraussetzungen im rechtlichen Medium der Verfassung selbst abzubilden und zu integrieren versucht.

Literatur

Arendt, Hannah 1968: On Revolution, 5. Aufl. New York.

Badinter, Elisabeth/Badinter Robert 1989: Condorcet (1743–1794): un intellectuel en politique, Paris.

Baker, Keith Michael 1975: Condorcet: From Natural Philosophy to Social Mathematics, Chicago

Condorcet 1785: Essai sur l'application de l'analyse à la probabilité des décisions rendues à la pluralité des voix, Paris.

Condorcet 1788: Essai sur la constitution et les fonctions des Assemblées Provincales, in: ders., Oeuvres, hrsg. v. A. Condorcet O'Connor und F. Arago, 12 Bde, Paris 1847–1849 [Faksimile Stuttgart-Bad Cannstatt 1968], Bd. 8, S. 115–659.

Condorcet 1966: Bericht und Entwurf einer Verordnung über die allgemeine Organisation des öffentlichen Unterrichtswesens, Weinheim/Bergstraße.

Condorcet 1976: Entwurf einer historischen Darstellung der Fortschritte des menschlichen Geistes, hrsg. v. Wilhelm Alff, Frankfurt a. M.

Condorcet 2010: Verfassungsentwurf, der Nationalversammlung vorgeschlagen, in: ders., Freiheit, Revolution, Verfassung. Kleine politische Schriften, hrsg. und eingeleitet von Daniel Schulz, Berlin, S. 173–268.

Dippel, Horst 1981: Individuum und Gemeinschaft. Soziales Denken zwischen Tradition und Revolution. Smith, Condorcet, Franklin, Göttingen.

Hennis, Wilhelm 2000: Legitimität. Zu einer Kategorie der bürgerlichen Gesellschaft, in: ders., Politikwissenschaft und politisches Denken. Politikwissenschaftliche Abhandlungen II, Tübingen, S. 250–296.

Jaume, Lucien 1989: Le discours jacobin et la démocratie, Paris.

Kramer, Larry D. 2004: The People Themselves. Popular Constitutionalism and Judicial Review, New York.

Manin, Bernard 1985: Volonté générale ou délibération. Esquisse d'une théorie de la délibération politique, in: Le Debat 33, 1, S. 72–94.

Manin, Bernard 1995: Principes du gouvernement représentatif, Paris.

Nippel, Winfried 1998: Mischverfassungstheorie und Verfassungsrealität in Antike und früher Neuzeit, Stuttgart.

Rochlitz, Rainer 2003: Narrative versus normative Theorie. Demokratiediskurse in Frankreich. In: Blätter für deutsche und internationale Politik, 12, S. 1495–1507.

Rosanvallon, Pierre 2000: La démocratie inachevée. Histoire de la souveraineté du peuple en France, Paris.

Ryklin, Alois 2006: Machtteilung. Geschichte der Mischverfassung, Darmstadt.

Sunstein, Cass 2000: Deliberative Trouble? Why Grouos go to Extremes. In: Yale Law Journal 110, 1, S. 71–119.

Urbinati, Nadia 2006: Representative Democracy. Principles and Genealogy, Chicago u. a.

Urbinati, Nadia 2007: Politics as deferred presence, in: Constellations 14, 2, S. 266–272.

Vorländer, Hans 2006: (Hrsg.) Die Deutungsmacht der Verfassungsgerichtsbarkeit, Wiesbaden.

Vorländer, Hans 2013: (Hrsg.) Transzendenz und die Konstitution von Ordnungen, Berlin, Boston.

Oliver W. Lembcke und Florian Weber

Ruptur und Recht: zur Kontinuität des Konstitutionalismus im politischen Denken von Sieyès

1 Einleitung

Emmanuel Joseph Sieyès ist in der politischen Ideengeschichte als Denker der Revolution wahrgenommen worden, als Advokat eines Bruchs von Legalität im Namen
von Legitimität. Dieser Lesart zufolge hat Sieyès vorrangig als ein „Alleszermalmer"
(so Mendelssohn über Kant) institutioneller Ordnungen gewirkt. Kernstück seiner
politischen Theorie des revolutionären Bruchs sei die Lehre vom *pouvoir constituant*
als rechtlich ungebundener rechtsetzender Gewalt, die die Bodinsche Charakterisierung des Fürsten als *legibus solutus* in die Sprache der verfassunggebenden Volkssouveränität übersetzt habe. Durch seine Theorie der verfassunggebenden Gewalt
habe Sieyès dem politischen Voluntarismus Tür und Tor geöffnet und die Stabilität
einer rechtlich bewehrten Ordnung politischer Verfügungsgewalt anheimgegeben
(Baczko 1987, Baker 1996).

Wegweisend für diese Deutung ist die Interpretation Carl Schmitts (Schmitt 1993,
S. 77 ff.; vgl. Thiele 2003, S. 165 ff.), der unter Rekurs auf Sieyès einen vorpositiven
(politischen) gegen einen positiven (rechtlichen) Verfassungsbegriff ausspielt. Schmitt
begründet so eine „Theorie permanenter außer- und anti-konstitutioneller Revolution",
die auf einem „anarchistischen Existenzialismus" (Thiele 2003, S. 167 f.) beruht. Im
Rahmen dieser Theorie wird der politisch-konstituierende gegen den rechtlich-konsti-
tuierten Souverän, die Verfassung der (substanziell gedachten) politischen Einheit des
Volks gegen das Verfassungsgesetz und den aus ihr ableitbaren subjektiv-rechtlichen
Anspruchspositionen der individualisierten Bürger ausgespielt. Das Recht ist, Schmitts
Denken vom Ausnahmezustand folgend, in letzter Konsequenz nicht mehr als bloßes
Situationsrecht, eine Willensäußerung des politischen (Meta-)Subjekts, die dieses je-
derzeit und ohne Angabe von Gründen wieder zurücknehmen kann.

Wenn auch ohne expliziten Rekurs auf Carl Schmitt, erneuert eine mittlerweile
prominente Strömung innerhalb der zeitgenössischen Revolutionsgeschichtsschrei-
bung doch seine These, dass die Französische Revolution von einem rechtsdurchbre-
chenden politischen Voluntarismus geprägt ist, der das Revolutionsgeschehen von
Anbeginn bestimmt habe.[1] Gegen die in der liberalen Historiografie lange Zeit vor-

---

1 Die neue politische Kulturgeschichte der Französischen Revolution wendet sich mit drei Thesen
gegen die bis in die 1970er-Jahre hinein dominante strukturgeschichtliche Revolutionsdeutung:
Erstens wird die politische Dimension der Revolution als ein (semantischer) Kampf um Deutungshoheit betont. Damit rückt, zweitens, neben Institutionen und sozialstrukturellen Parametern, die

herrschende Auffassung gewendet, die liberalen Grundlagen der Revolution von 1789 würden ab 1792/1793 durch radikale Kräfte über Bord geworfen, stellt etwa Marcel Gauchet die Radikalität der Ursprünge heraus, die bereits in der Menschenrechtserklärung des Sommers 1789 nachweisbar sei:

> Die revolutionäre Ideologie ist in dem, was sie in der schwindelerregendsten Radikalisierung geworden ist, ihren Prämissen bemerkenswert treu geblieben. [...] Die Rechterklärung liefert ihre elliptische Kurzfassung (Gauchet 1991, S. 62).

Im Unterschied zur amerikanischen Tradition, in der die einzelstaatlichen Rechteerklärungen den Schutz individueller Verfügungsräume vor staatlichem Zugriff schützen sollen, sei die französische Menschenrechtserklärung nicht von diesem liberalen Geist inspiriert. Sie enthalte vielmehr eine politische Programmatik, in deren Mittelpunkt der „Kampf um den Urgrund der Autorität" (Gauchet 1991, S. 16) stehe – mithin die Legitimation und nicht die Limitation staatlicher Gewalt. Sieyès ist für Gauchet in dieser Hinsicht ein idealtypischer Vertreter des französischen Denkens. Menschenrechte konzipiere dieser nicht als Abwehrrechte, sondern als Prinzipien, deren Ausgestaltung und Optimierung staatlicher Verfügung aufgetragen sei:

> Jede Bekräftigung der Staatsbürgerqualität drückt sich aufgrund der spiegelbildlichen Verzahnung der Individualität mit der Staatsgewalt in einer virtuellen Erweiterung der Souveränität aus, gegen die es im Gegenzug keinen Schutz für den einzelnen Akteur, die Quelle der Souveränität, gibt. [...] Aus dem Inneren des Freiheitswillens der Modernen erstehen die Erscheinungen der Freiheit nach Art der Alten wieder auf (Gauchet 1991, S. 136 f.).

Gegen diese „jakobinische Lesart" (Pasquino 2008, S. 18) von Sieyès, für die der *pouvoir constituant* eine unbeschränkte Allmacht, die Inkarnation des Rousseauschen Gemeinwillens darstellt, der in der Sprache des Gesetzes spricht und keine rechtlichen Schranken kennt, sind in der jüngeren Forschung Einwände erhoben worden. Es lassen sich zwei revisionistische Sieyès-Lesarten unterscheiden: Die erste fußt auf der These einer liberalen Wende nach dem Terror, die zweite hingegen vertritt mit Blick auf das Werk von Sieyès eine Kontinuitätsthese. Die Lesart einer *liberalen Wende* stützt sich insbesondere auf Sieyès' Interventionen in den Verfassungsdiskurs des Jahres 1795, die als Revision seiner früheren radikal-revolutionären Theorie des *pouvoir constituant* verstanden wird. Besonderes Augenmerk gilt Sieyès' Vorschlag, eine Verfassungsjury mit der Dreifachfunktion der Moderation von Verfassungswandel,

---

symbolische Ebene (Bilder, Mythen, Zeremonien) in den Fokus der Analyse (hierzu Hunt 1989). Und drittens wird der klimaktische Verlauf der Revolution, den die marxistische Revolutionshistoriographie nur mit der Hilfsannahme einer aristokratischen Gegenrevolution erklären konnte, unter Rekurs auf die Radikalität der revolutionären politischen Ideologie verständlich gemacht. Die Radikalisierung der Revolution ist nicht als ein „Ausgleiten" (Furet) der gemäßigten Anfangsphase zu werten; vielmehr trägt die Revolution ihr radikales Potenzial von Anbeginn in sich.

der Schlichtung von Organstreitigkeiten sowie der Billigkeitsrechtsprechung einzuführen.[2]

Vertreter der *Kontinuitätsthese* wenden sich gegen diese Ausspielung des frühen gegen den späten Sieyès. Insbesondere Pasquale Pasquino hat betont, dass Sieyès' Ebenenunterscheidung zwischen konstituierender und verfasster Gewalt einer konstitutionalistischen Logik gehorcht. Vor diesem Hintergrund erklärt er bereits Sieyès' „Dritten Stand" als „un ouvrage de science politico-constitutionnelle attribuant un rôle central à la problématique de la limitation du pouvoir législatif" (Pasquino 1998, S. 78). In eine ähnliche Richtung weisen die Überlegungen von Ernst-Wolfgang Böckenförde (1986), der Sieyès' Unterscheidung zwischen *pouvoir constituant* und *pouvoir(s) constitué(s)* als konstitutionalistisches Prinzip der Begrenzung staatlicher Macht und somit als Geltungsgrundlage für die ausgezeichnete Normativität höheren (Verfassungs-)rechts interpretiert. Diese Lesart kann überdies an Sieyès' Selbstwahrnehmung anschließen, der seine Ausführungen zum Verfassungsschutz *expressis verbis* als Fortführung seiner Ebenenunterscheidung zwischen *pouvoir constituant* und *pouvoir constitué* (Sieyès, SM 1[3], S. 319) versteht.

Diese Kontinuitätsthese liegt den folgenden Ausführungen zugrunde, die nach der systematischen Bedeutung des Rechts in den Schriften des frühen Sieyès fragen, die dieser vor dem Terror verfasst hat. Es soll dabei deutlich werden, dass Sieyès von Anbeginn ein konstitutionalistisches Programm der Politik auf verschiedenen Ebenen entwirft, die er nach dem Terror – darin besteht das Novum der Schriften ab 1795 – auch institutionentheoretisch ausbuchstabiert. Die folgenden Ausführungen klammern diese innovativen Entwicklungen im Spätwerk jedoch aus, die in letzter Zeit einige Beachtung gefunden haben (Quiviger 2008; Quiviger u. a. 2008; Lembcke/ Weber 2010, S. 80 ff.). Stattdessen legen sie ihren Fokus auf die vermeintlich radikalen Schriften aus der Phase 1789–1793[4] sowie auf ausgewählte Manuskripte aus diesem Zeitraum, um deren rechts- und institutionentheoretische Valenz zu rekonstruieren.[5] Auf dieser Materialbasis ist den folgenden Fragen nachzugehen: Welche Rolle spielt das Recht für Sieyès' Überlegungen zum Prozess der Vergesellschaftung (1.)? Kennt die staatliche Ordnung in ihrer politischen Gestaltungskraft der Gesellschaft Grenzen, die sich auch rechtlich bestimmen und sichern lassen (2.)? Aus welchen Quellen speist sich die Normativität jener Maßstäbe, die in den von Sieyès den Pro-

---

2 Hierzu Thiele 2000; Robbers 2009; Goldoni 2012.
3 SM 1 steht als Sigle für Sieyès' „Erste Thermidorrede"; entsprechend SM 2 für die „Zweite Thermidorrede".
4 Im Einzelnen handelt es sich um die Schriften „Briefe an die Ökonomisten" (im Folgenden BÖ) von 1775, „Was ist der Dritte Stand?" (WDS), „Einige Ideen über die Verfassung, bezogen auf die Stadt Paris" (IVP), „Entwurf zur Menschenrechtserklärung (EzV), „Kurze Betrachtung über die kirchlichen Güter" (BkG), alle aus dem Jahr 1789, sowie seinen Aufsatz „Vom Zugewinn der Freiheit in der arbeitsteiligen Gesellschaft" (ZFG) aus dem Jahr 1793. – Die verwendeten Fragmente werden nicht mit Siglen zitiert, sondern unter Verweis auf die Edition.
5 Als Grundlage dienen die folgenden Materialsammlungen: Sieyès 1985, 1988 und 1999.

zess der Verfassunggebung anleiten sollen (3.)? Und welcher Art sind die Menschenrechte, auf die Sieyès rekurriert und an denen sich die Ausgestaltung der Ordnung sowie der politische Prozess ausrichten sollen (4.)? Das abschließende Fazit bündelt die Antworten auf diese Fragen, um dadurch die systematische Rolle des Rechts, die sich bei Sieyès bereits in den frühen Schriften ausweisen lässt, zu veranschaulichen.[6]

2 Recht im Prozess der Vergesellschaftung

Die Gesellschaft bildet sich für Sieyès nicht, um bestimmte Zwecke zu verfolgen, sie ist vielmehr insofern Selbstzweck, als sie den Mitgliedern die Verfolgung ihrer eigenen Interessen ermöglicht. Der Zugewinn durch Formen der arbeitsteiligen Kooperation, die den Einzelnen „freisetzt" vom Zwang, sich um alle Dinge des täglichen Lebens selbst kümmern zu müssen, ist jedoch nur durch freiwillige und wechselseitige Vereinbarungen möglich, d. h. durch Vertrag. Unbestritten bleibt dabei, dass das Prinzip des freien Marktes in der Regel zu einer Harmonisierung der Interessen führen kann, kommt in diesem Prinzip doch der Wille zum Ausdruck, sich „mit seinesgleichen [zu verbinden], wenn er sich einen Vorteil davon verspricht" (EzV, S. 203). Von einer rechtmäßigen, d. h. legitimen, weil freiheitsgemäßen Ordnung der Lebensbedingungen kann jedoch erst dann die Rede sein, wenn die Kooperationsverhältnisse in Rechtsverhältnissen qua Vertrag geregelt werden (vgl. Sewell 1994, S. 103). Arbeitsteilung und Vertrag verweisen mithin aufeinander; nur zusammen können sie die Grundlage einer gesellschaftlichen Ordnung bilden, die selbst keine eigene „Substanz" hat, so Sieyès, sondern nur den Raum bietet, in dem die Vielzahl der individuellen Bedürfnisse ihrer Mitglieder aufeinandertreffen. Um die Freiheit zu befördern, darf die Arbeitsteilung nicht in die Abhängigkeit von fremder Willkür führen – „repräsentative Arbeit" (Sieyès 1985, S. 62) beruht auf Delegation durch Beauftragung und nicht auf naturwüchsiger Differenzierung, auf „faire faire" und nicht auf „laisser faire".[7]

Dieser gesellschaftliche Raum ist selbst wiederum arbeitsteilig organisiert: erstens durch die Arbeitsteilung zwischen der effektivitätsverbürgenden Kooperation und der wechselseitig verpflichtenden Vertragsvereinbarung. Kein anderes Regelwerk ist der Komplexität und Kontingenz des Lebens besser gewachsen als das Recht, das überdies in hohem Maße selbstreflexiv operiert und zudem die eigenen

---

6 Die folgende Darstellung beruht auf Ausführungen in verschiedenen Abschnitten der Kommentierung des politischen Denkens von Emmanuel J. Sieyès (Lembcke/Weber 2010, S. 45–56), die für den vorliegenden Beitrag überarbeitet und ergänzt worden sind.
7 Auf diesen Gegensatz bringt Sieyès sein Verständnis von Arbeitsteilung durch das Marktprinzip allein und durch vertragliche Beauftragung (Sieyès 1999, S. 460–462). Vgl. hierzu Pasquino 1998, Kap. 6 und Sonenscher 2007, 12 ff.

Verfahren zur Setzung und Durchsetzung des Normanspruchs regelt.[8] Dazu bedarf es jedoch zweitens der Unterscheidung zwischen dem Vertragsrecht und dem Gesetzesrecht, weil andernfalls die Rechtsgeltung als Ordnungsprinzip der Gesellschaft nicht vom Recht, sondern vom Willen des Einzelnen abhinge. Dieser Einzelwille zählt zwar zu den Voraussetzungen freiheitlichen Rechts, er selbst begründet jedoch weder dessen Geltung noch Verbindlichkeit. Beides ergibt sich erst aus der Zustimmung, die gleichwohl aus Gründen der Freiheit keinen anderen Grund haben kann als den Willen zur Zustimmung selbst. Es ist daher nicht verwunderlich, dass Sieyès für seine Theorie der Verpflichtung auf diese verschlungene Zirkularität des selbstverpflichtenden Willens zurückgreift:

Der Gehorsam gegen das Gesetz ergibt sich aus der Theorie der Verpflichtungen. Beide sind notwendige Bedingungen des Zwecks der Freiheit. So weit so gut! Weit davon entfernt, die Freiheit anzugreifen oder zu beschränken, ist die Unterwerfung unter das Gesetz ihr mächtigstes Instrument und ihr sicherster Schutz (ZFG, S. 277).

Die Logik der Vergesellschaftung umfasst zwei Bewegungen, die Hegel später in dem Begriff „System der Bedürfnisse" zusammenbringen wird: In der einen Bewegung erscheint die Gesellschaft als eine „natürliche" Fortsetzung der individuellen Freiheit qua Arbeitsteilung. In der anderen Bewegung wird sie hingegen als eine positive Ordnung des Rechts dargestellt, in der die rechtlichen Vereinbarungen den individuellen Grund der Arbeitsteilung (den erhofften Nutzen) transformieren und die Willkür des Einzelnen in die Form einer beiderseitigen Verpflichtung bringen. Während im Sinne der ersten Bewegung nur von einer graduellen Differenz zwischen dem Naturzustand und dem Gesellschaftszustand die Rede sein kann, ist der Unterschied im Sinne der zweiten Bewegung kategorial – und hat zugleich eine überschießende Tendenz, die auf den Staat verweist.

Im Text *Was ist der Dritte Stand?* wird unter Rekurs auf die neuzeitliche Vertragslehre die Nation als eine willentliche Vereinigung von Gesellschaftern (*associés*) vorgestellt (WDS, S. 115). Diese dient Sieyès als Inklusionsformel: Es wird eine neue Allgemeinheit geschaffen, deren Basis rechtlicher Natur ist (vgl. Pasquino 1998, Kap. 5). Die Teilnahme am Gesellschaftsvertrag steht prinzipiell jedermann offen, der Franzose sein will und bereit ist, die Grundbedingung gleicher Freiheit unter dem Recht zu akzeptieren. Im Gegenzug erhält das Gesellschaftsmitglied den Rechtstitel des Bürgers, der ihn berechtigt, seine Interessen unter dem Schutz der Gesetze zu verfolgen. Die Nation ist damit ein Zustand der Rechtsgleichheit, für den sich die einzelnen Mitglieder „freiwillig und frei" (WDS, S. 151) entscheiden; in diesem Zustand gibt es hinsichtlich der individuellen Bedürfnisse keine Binnendifferenzierung mehr; der Bürgerstatus sichert allen Mitgliedern zu, dass ihre Bedürfnisse gleichermaßen legitim, d. h. rechtlich anerkannt sind, soweit die Befriedigung dieser Bedürf-

---

8 „Das Gesetz vermehrt die Fähigkeiten [force] eines jeden Individuums, es vermehrt folglich seine Macht [puissance] und seine Freiheit" (Sieyès 1999, S. 462).

nisse die Grenze zur Schädigung eines anderen nicht überschreitet. Der Begriff des
Volkes rückt dadurch in den Hintergrund (sofern es nicht als Synonym der Nation
dient); soziologisch wird es zur Bevölkerung. Der Einzelne hingegen erfährt durch
den Bürgerstatus eine rechtliche Aufwertung in der Gesellschaft.

3 Rechtliche Verfassung von Staat und Gesellschaft

Die politische Ordnung durch den Staat ist mithin für Sieyès der eigentliche Gegenstand des Gesellschaftsvertrages, weil nur durch die staatlichen Gesetze (und nicht
allein durch die Verträge der Individuen untereinander) die Gesellschaft als solche
dauerhaft bestehen kann. Allerdings unterscheidet sich sein Staatsverständnis maßgeblich von jenem seiner Vorgänger: Bei ihm soll der Staat weder als Verkörperung der
Gesellschaft (Rousseau) noch als Schutzinstanz für die Gesellschaft (Locke) gedacht
werden, sondern – arbeitsteilig – als Repräsentation der (gesellschaftlichen) Einheit,
die aber nur ein Moment der Gesellschaft ist, das zudem von der Gesellschaft aufgrund
ihrer Erscheinungsform als plurale Vielheit selbst nicht dargestellt werden kann.[9]

Zur Einheit, deren Repräsentation die Aufgabe des Staates ist, gehört die neu geschaffene Allgemeinheit der Bürgerschaft. Aber diese Allgemeinheit ist – das ist cha-
rakteristisch für Sieyès' Denken – intern gegliedert, nämlich in Aktiv- und Passivbür-
ger (EzV, S. 209). Alle Bürger gehören zur Gesellschaft und besitzen die damit
verbundenen Rechte (Nation als Gesellschaft); nur die Allgemeinheit der Aktivbürger
bildet die Basis für die politisch geordnete Gesellschaft (Nation als politische Ordnung), die ihre Handlungsfähigkeit durch die Einrichtung von Institutionen und
Bestellung von Repräsentanten organisiert. Während die natürlichen und gesellschaftlichen Rechte die Zwecke darstellen, um deren Realisierung willen die Gesellschaft gegründet wird, etablieren die politischen Rechte den künstlichen Körper des
Gemeinwesens. Dessen repräsentative Verfassung soll garantieren, dass die über
politische Rechte verfügende Elite der Fähigen an die egalitäre Basis der Bürgerschaft rückgekoppelt bleibt.

Sieyès' Schlüsselgedanke der Arbeitsteilung beschränkt sich mithin nicht auf die
sozialen Prozesse der Kooperation innerhalb der Gesellschaft, sondern erstreckt sich
in Form der politischen Repräsentation auch auf das Verhältnis von Staat und Gesellschaft und erweist sich zudem für das Verhältnis der staatlichen Institutionen
sowie im Binnenbereich der Institutionen als bestimmendes Prinzip. Es handelt sich
jedoch nicht allein um eine schlichte Erweiterung der Arbeitsteilung, sondern um

---

9 „Was ist die Aufgabe der Politik? Die Ordnung, die sich von allein einstellt, zu erhalten, die störenden Faktoren, die sie in Frage stellen, auszuschalten, die Übel zu beseitigen, falls man ihnen
nicht vorbeugen konnte und schließlich die Ordnung zu perfektionieren, d. h. das Wissen zu erweitern und die Mittel zu vervielfältigen, die Arbeit ersparen." (Sieyès 1999, S. 260).

eine Ausdifferenzierung, die im politischen Bereich für die Darstellung der Einheit selbst thematisch wird (Sonenscher 2003, S. xx). Denn zur Repräsentationsfunktion des Staates, in dem das Moment der gesellschaftlichen Einheit sichtbar wird (vornehmlich durch die Regierungsspitze), gehören zwei weitere Momente hinzu: die Binnenpluralität der Gesellschaft mit ihren vielfältigen Interessenlagen, die ihrerseits der politischen Repräsentation bedürfen (in Teilen durch das Parlament und die Minister), sowie die Verbindung von Einheit und Vielheit (z. B. durch das Kabinett), damit sich Staat und Gesellschaft nicht bloß gegenüberstehen, sondern durch eine eigene Dynamik des politischen Willensbildungsprozesses verbunden bleiben. Die Unterscheidung von Staat und Gesellschaft ist keine liberale Trennung, wonach der Staat treuhänderisch die vorstaatlichen Rechte der Gesellschaftsmitglieder beschützt (Locke); sie ist aber auch keine vollständige Vergemeinschaftung des sozialen Lebens, die von dem Bürger verlangt, seine eigenen Interessen der Allgemeinheit zu opfern (Rousseau). Vielmehr ist das Verhältnis zwischen Staat und Gesellschaft dann richtig bestimmt, wenn sie in einer Art Teilidentität zueinander stehen. Die öffentlichen Interessen, die den Gegenstand des legitimen staatlichen Handelns bilden, haben ihren Ursprung in der Gesellschaft: Die Bürger sollen Autoren ihrer gemeinsamen Interessenlagen sein; der Staat tritt als Akteur zur Durchsetzung dieser Interessen auf, sofern sie von öffentlichem Belang sind. Dieses Verhältnis bezeichnet Sieyès in republikanischer Tradition als *ré-publique* (SM 1, S. 317). Eine vollständige Identität zwischen Staat und Gesellschaft wäre hingegen entweder eine völlige Vereinnahmung des Bürgers, eine *ré-totale* (ebd.) oder eine Vereinnahmung des Staates zu privaten Zwecken, eine *ré-privée* (Sieyès 1999, S. 511). In diesen beiden Extremfällen verklumpt die Binnengliederung der Nation mit der Folge, dass das dynamische Prinzip der Arbeitsteilung vernichtet wird und das gesellschaftliche oder politische Leben zum Erliegen kommt.

Auf der Ebene der Bürgerschaft setzt sich das Prinzip der arbeitsteiligen Gliederung fort. Bezogen auf die Repräsentation der Einheit der Gesellschaft soll hier jedoch zunächst der Hinweis genügen, dass es sich im Falle der Aktivbürger um diejenige Gruppe an Bürgern handelt, die die ökonomischen Grundlagen der Nation erwirtschaften. Eine Nation ist in den Augen von Sieyès nur dann eine Nation, wenn sie dem eigenen Anspruch der politischen Autonomie durch ökonomische Autarkie gerecht werden kann (Sonenscher 2003, S. xxv). Sie muss über die Mittel verfügen, ihren Zweck der Vereinigung, den Selbsterhalt, erreichen zu können, dadurch unterscheidet sie sich von anderen Formen der Vergemeinschaftung. Aus dieser Verbindung von Zweck und Mitteln ergibt sich für Sieyès zugleich die Grenze der Inklusionsformel Nation: Aus der Allgemeinheit der Bürger wird derjenige ausgeschlossen, der aus Überzeugung auf Kosten der Gesellschaft lebt und dies für sein Recht hält. Sowohl in der *Abhandlung über die Privilegien* als auch im *Dritten Stand* zieht Sieyès mit unmissverständlichen Worten gegen den Adel und in Teilen auch gegen die Geistlichkeit zu Felde. Im Kern lautet sein Vorwurf, dass die ersten beiden Stände gegen den *neminem-laede*-Grundsatz verstoßen, der jedoch konstitutiv für die gesellschaftliche Vereinigung ist. Während die arbeitende Bevölkerung – der dritte Stand – die wirtschaftlichen Voraussetzungen für ein gelingendes Zusammenleben schafft, zehren die Privilegierten von dieser Substanz und führen im Grunde ein parasitäres Leben. Niemand aber, so Sieyès unter Berufung auf das Naturrecht, habe ein Recht dazu, den anderen vorsätzlich Schaden zuzufügen.

Durch den Eintritt in die Gesellschaft gibt der Mensch keinen Teil seiner Freiheit auf, denn auch im vorgesellschaftlichen Zustand besaß niemand das Recht, einem anderen zu schaden. Dieses Verbot gilt immer und unter allen Umständen. Weil die Freiheit, jemandem zu schaden, niemals ein Recht sein kann, verliert man es auch in einer Vereinigung unter dem Recht (EzV, S. 204; ZFG, S. 274).

Die behände Kraft ist das Produkt der Arbeit aller Bürger. Wenn ein Bürger seinen Anteil an Aktivität zurückzieht, verzichtet er damit auf seine Rechte. Kein Mensch darf aus der Arbeit anderer ohne Gegenleistung Vorteil ziehen (BÖ, S. 98).

Im Rahmen einer bürgerlichen Gesellschaft, die auf den Prinzipien des Gesellschaftsvertrages beruht, ist daher für eine ständische Gliederung kein Raum. Sowohl aus ökonomischen als auch aus rechtlichen Gründen setzt die Inklusion aller Gesellschafter in die Allgemeinheit der Bürger die Exklusion der Privilegierten und ihrer Privilegien voraus: Nation ist Volk minus Adel (vgl. de Baecque 1993, S. 103 ff.; Sewell 1994).

Die rhetorische Radikalität, mit der Sieyès den Adel aus der Gesellschaft auszuscheiden trachtet, lässt eine gewisse Nähe zur Freund-Feind-Unterscheidung bei Carl Schmitt aufblitzen (Breuer 1984). Bei näherer Betrachtung erweist sich jedoch, dass deren Politikbegriffe gegenläufige Richtungen verfolgen: Schmitts Begriff beruht bekanntlich auf der Einsicht, dass das Politische aus keinem Bereich der Gesellschaft von vornherein ausgeschlossen werden kann, weil es keine sachlichen Grenzen kennt, sondern sich vor allem in seiner Intensität, seiner trennenden Kraft erweist (Schmitt 1996, S. 26 f., S. 38). Alles kann zum Gegenstand der Politik werden, sofern der Streit einen tendenziell unversöhnlich-existenziellen Zug erhält und nicht mehr als Privatsache abgetan werden kann. Auch Sieyès gesteht der Politik eine eigene Logik zu; anders als bei Schmitt wird diese jedoch nicht vorrangig durch ihren Bezug zum Existenziellen charakterisiert, sondern in republikanischer Tradition durch das gemeinsame Interesse, das zum Anliegen aller Bürger wird. Ihr wahres Gesicht zeigt die Politik für Sieyès mithin nicht im Konflikt durch ihre trennende und dadurch zugleich Gruppen bildende Kraft, die den anderen, den Ausgeschlossenen zum öffentlichen Feind macht. Politik erweist sich vielmehr in der Kunst, aus der gesellschaftlichen Vielfalt eine Einheit zu schmieden – ohne die Vielfalt einzuebnen. Ähnlich wie bei Schmitts Freund-Feind-Kriterium ergeben zwar auch der Bezug zur Allgemeinheit und deren gemeinschaftliche Interessenlage keine inhaltliche Begrenzung der Politik. Aber daraus zieht Sieyès eben keinen Schluss der Grenzenlosigkeit des Politischen, sondern die Einsicht in die Notwendigkeit, die Politik durch das Recht einzuhegen, zum einen durch die Sphärenunterscheidung zwischen dem Staat und der Gesellschaft, zum anderen durch die Ebenendifferenzierung von Verfassungsrecht und Gesetz.

4 Verfassung als Prozess

Die Nation wird von Sieyès keineswegs nach dem – oder gar: durch den – Ausschluss des Adels bereits als eine einheitliche Gemeinschaft betrachtet. Sie bleibt eine Summe von Einzelwillen, die ihre gemeinsame Schnittmenge erst noch herausbilden müssen (Thiele 2003, S. 231). Das gilt auch und gerade für die Konstituierung der Nation selbst: Sieyès wehrt sich gegen die Vorstellung, dass eine gemeinschaftliche Verbindung (der Einzelwillen zu einem Gesamtwillen) die Voraussetzung für eine politische Repräsentation darstelle, vielmehr verhält es sich umgekehrt: Erst durch arbeitsteilige Verfahren kann eine Repräsentation ins Werk gesetzt werden. In einer pointierten Formulierung liest sich dieser Gedanke bei Sieyès wie folgt:

Das verstreute Volk kann nicht *gemeinschaftlich wollen*, folglich kann es keine Gesetze geben. Es kann nichts gemeinschaftlich tun, weil es nicht auf diese Weise existiert. Es besitzt nicht die Fähigkeit zu beraten, als ein Volk zu wollen, und es kann diese Fähigkeit auch nicht besitzen. Aus diesem Grund wird genau genommen die *Repräsentation* auch nicht vom *Volk* bestellt, sondern vielmehr von organisierten Einheiten [sections] des Volkes. Sie [sc. die Repräsentation] allein ist das vereinigte Volk, denn die Gesamtheit der Bürger [associés] kann sich nicht anders vereinigen. Die Einheit der Nation, die nationale *Integrität*, besteht nicht vor dem Willen des vereinigten Volkes, der nur durch Repräsentation besteht. Hier hat die Einheit ihren Anfang. Folglich besteht nichts oberhalb der Repräsentation. Sie ist der erste organisierte Körper; das zerstreute Volk bildet keinen organisierten Körper, es hat weder *einen* Willen noch *einen* Verstand und keine *Identität* (Sieyès 1999, S. 462).

Jede soziale Einheit ist arbeitsteilig organisiert und kann nur durch Repräsentation als Einheit wirken. Das gilt für den politischen und gesellschaftlichen Bereich gleichermaßen, ja auch für den vorgesellschaftlichen Zustand, der sich aus Sicht der Arbeitsteilung ohnehin nur graduell vom Gesellschaftszustand unterscheidet. Dadurch verliert der Gesellschaftsvertrag seinen Charakter eines historischen oder hypothetischen Aktes, eines Vertrags*schlusses*, aus dem die Verfassunggebung resultiert. Die Verfassunggebung wird stattdessen ihrerseits prozeduralisiert. Sie folgt nicht deduktiv aus den Prinzipien des Gesellschaftsvertrages, sondern stellt sich als ein Verfahren dar, in dem diese Prinzipien erst bestimmt werden. Als Reservoir zur Orientierung im Rahmen der Konstitutionalisierung, die es wiederum arbeitsteilig zu organisieren gilt, dient das Naturrecht. Auf diese Referenz kommt Sieyès selbst explizit zu sprechen, wenn er die Nation als Ursprung der politischen Ordnung beschreibt: „Ist die Nation doch zuerst da, ist sie doch der Ursprung von allem. Ihr Wille ist immer gesetzlich, denn er ist das Gesetz selbst. Vor und über ihr gibt es nur das *Naturrecht*" (WDS, S. 176). Die Nation ist danach oberste Instanz zur Bestimmung der Prinzipien, die für sich betrachtet jedoch zu unbestimmt sind, um Rechtsgeltung entfalten zu können. Zwischen dem Naturrecht und dem Voluntarismus der sich selbst konstituierenden politischen Gemeinschaft besteht daher kein Konkurrenzverhältnis über die Frage der Hierarchie, sondern ein Konkretisierungsverhältnis zur Bestimmung allgemeiner Rechtsgrundsätze. Sie sind das Material, mit dem diejenigen Repräsentanten, deren Aufgabe die Verfassunggebung ist, den Konsens untereinander über die neue politische Ordnung erzielen sollen. Sieyès hat das Verfahren der Verfassunggebung in unterschiedliche Phasen unterschieden, jeweils in der Absicht, dass von keiner Institution mehr politische Macht in Anspruch genommen werden kann, als ihr tatsächlich bereits in organisierter Form zukommt:

In der ersten Epoche erhält sie [die Nation] alle Rechte einer Nation. In der zweiten Epoche übt sie sie aus; in der dritten Epoche überträgt sie die Ausübung all dessen, was zur Aufrechterhaltung der guten Ordnung der Gemeinschaft erforderlich ist, ihren Vertretern. Wenn man sich nicht an diese einfachen Wahrheiten hält, fällt man notwendig von einem Widersinn in den anderen (WDS, S. 151).

Am Anfang steht der Wille Einzelner, sich zu einer Einheit zusammenzuschließen. Im Rahmen der Verfassunggebung bzw. Verfassungsreform wird Sieyès diese Übereinkunft an Willen – empirischen Willen, die daher Wirkung erzeugen – als *pouvoir commettant* bezeichnen (IVP, S. 180; EzV, S. 209). Dieser Auftraggeber ist selbst bereits als ein Zusammenschluss organisiert, aber nur um eine andere „Gewalt" ins Leben zu rufen, den *pouvoir constituant*, der „auftragsgemäß" über die Ausgestaltung der Verfassung berät und entscheidet. Die Legitimation dieses Moments der Verfassunggebung hängt von der Unterscheidung zwischen den außergewöhnlichen Lagen, zu der die Verfassunggebung zweifellos gehört, und den Normallagen einer konstitutionalisierten politischen Ordnung ab (WDS, S. 153). Die Normallage zeichnet sich dadurch aus, dass die verfassten staatlichen Gewalten, die *pouvoirs constitués*, den Willensbildungs- und Entscheidungsprozess der Politik innerhalb der gesatzten Verfassungsordnung steuern. Muten sie sich an, ihre Kompetenzen auch auf außergewöhnliche, von der Verfassung nicht vorhergesehene Lagen zu erweitern, handeln sie nicht nur rechtlich ohne entsprechende Kompetenz, also verfassungswidrig. Sie widersprechen überdies auch dem Grundprinzip, auf dem ihre Macht beruht, nämlich der Möglichkeit, sich auf eine vorhandene Zustimmung der Einzelwillen berufen zu können, der ihre Institution trägt und deren Einheit sie darstellen soll. Ebenso verhält es sich mit der Institutionalisierung des *pouvoir constituant*, dessen Repräsentation – etwa durch die Nationalversammlung – sich nicht auf bestimmte außergewöhnliche Lagen beschränken will. Die Möglichkeit der Verfassunggebung oder einer Verfassungsrevision ist allgegenwärtig; das Mandat dazu ist hingegen beschränkt und gilt nur für die wenigen *constitutional moments* (Ackerman 1989) in der Geschichte eines Landes.

4.1 Konstitutive Kraft der Menschenrechte

In der Prozeduralisierung des Gesellschaftsvertrags durch den Prozess der Verfassunggebung wird neuerlich deutlich, was Sieyès' Konzept der Gesellschaft auszeichnet. Sie ist eine Gemeinschaft, deren Vielfalt an Lebensverhältnissen den gemeinsamen Nenner des Rechts bildet. Das moderne positive Recht hat die Eigenschaft, selbst keine andere Eigenschaft zu haben, als sich auf das Leben beziehen zu können, ebenso umfassend wie flexibel. Sieyès' Hinweis auf das Naturrecht ist daher nicht nur als eine inhaltliche, sondern auch als eine modale Orientierung zu begreifen. Bezeichnenderweise gehören für ihn die Menschenrechte bereits zur Gesellschaft und nicht erst – als Abwehrrechte – zur politischen Verfassung, um (staatlicherseits gewährleistet) zur Abwehr gegen staatliches Handeln Einsatz zu finden. Die Einleitung zum *Entwurf der Menschenrechtserklärung* verdeutlicht, dass Sieyès die Menschenrechte als Strukturprinzipien menschlicher Sozialität begreift, die der Philosoph „auf analytische Weise" (Sieyès 1988, S. 406) aus der Praxis gesellschaftlichen Zusammenlebens herausliest. Alle Menschenrechte lassen sich auf das naturrechtliche Prinzip zurückführen, den anderen nicht zu zwingen und ihn nur durch freie Willensübereinkunft zu binden, sie artikulieren im Kern die „Gleichheit, die zwei Menschen in freier Übereinstimmung zusammenbringt" (Sieyès 1988b, S. 404). Sie bilden das Muster für ein gelingendes Zusammenleben, das sich an den Bedürfnissen des Einzelnen in der Gesellschaft orientiert. Die inhaltliche Ausgestaltung der Menschenrechtsidee ist dagegen vom Entwicklungsstand einer Gesellschaft und ihrer kulturellen Eigenart abhängig. Den ausdifferenzierten Menschenrechten wohnt ein irreduzibel historisches Moment inne, weil die konkreten Inhalte der Bedürfnisse sich nicht vollständig aus der Natur des Menschen deduzieren lassen.

Ihr vorstaatlicher Charakter bleibt davon unangetastet. Auch die individuierten Menschenrechte haben ihre Rechtsquelle nicht im Gesetz. Ihre positive Konkretisierung fügt dem naturrechtlichen Prinzip gleicher Freiheit nichts hinzu, „man erklärt lediglich die Konsequenzen, die aus ihnen [den naturrechtlichen Prinzipien] folgen, im Rahmen der neuen Beziehungen, in denen der vergesellschaftete Mensch sich wieder findet" (Sieyès 1999, S. 508). Dabei kommt es jedoch nicht nur – und nicht einmal in erster Linie – auf die inhaltliche Bestimmung dieser Bedürfnisse an, sondern auf den Modus des Zusammenlebens, der in einer modernen Gesellschaft nur das Recht sein kann. In diesem Modus zu leben, bedeutet Zivilität, die Fähigkeit also, das Recht um seiner selbst willen anzuerkennen. Diese Art des Umgangs zwingt die Gesellschaft nicht in die Zwecke eines guten Lebens, sondern begreift sie als einen zweckfreien Ort, in dem die individuellen Bedürfnisse ihr eigenes Recht haben. Die Verfassung der politischen Ordnung wird in dieser Sicht dann zum Instrument, diesen Zustand zu erreichen und zu erhalten. Das schließt staatliche Interventionen in den gesellschaftlichen Bereich keineswegs aus, sondern erfordert solche Eingriffe vielmehr – allerdings nicht aus eigener Machtvollkommenheit, sondern nur durch die glaubwürdige Repräsentation gemeinschaftlicher Interessen, die sich im politischen Willensbildungsprozess herausgeschält haben. Dazu gehört für Sieyès auch, die Mitgliedschaft in der Gesellschaft tatsächlich allen Bürgern zukommen zu lassen und nicht nur denjenigen, die es sich leisten können. Eine solche Rückkehr zu einer privilegierten Gesellschaft ist ihm ein Graus: weder Geburts- noch Geldadel, sondern gleiche Rechte für alle Bürger. Wer sich durch Leistungen auszeichnet, hat Anspruch

auf Auszeichnung; und wer seine Rechte als Bürger aufgrund von Armut nicht wahrnehmen kann, verdient die Solidarität der Gesellschaft, die ansonsten nicht von sich
behaupten könnte, dass sie die Bürger als Gleiche anerkennt.

Die Menschenrechtserklärung gibt dem Gesellschaftsvertrag Gestalt, in dem die
Menschenrechte „Grundlage" und „Ziel" (Sieyès 1999, S. 470) der Gesellschaft bilden. Damit sind Ort und Funktion der Menschenrechte in der politischen Theorie von
Sieyès beschrieben (vgl. Thiele 2009): Als *Grundlage* der Gesellschaft gehören sie
dem zivilen Bereich an, sie betreffen in erster Linie die (privatrechtlichen) Verhältnisse der Individuen untereinander. Erst in zweiter Linie sind sie – abwehrrechtlich –
auf das Verhältnis zwischen Individuum und Staat anzuwenden. Dass die Menschenrechte zugleich als *Ziel* angesprochen werden, bringt zum Ausdruck, dass sich ihr
normativer Gehalt nicht in der negativen Ausgrenzung von Freiheitsräumen erschöpft. Vielmehr stellen Menschenrechte Optimierungsgebote dar: Die Freiheits-
spielräume sollen durch die Politik nicht nur gesichert, sondern vergrößert werden.

Sieyès leitet die Menschenrechte aus dem naturrechtlichen Axiom gleicher Freiheit ab. Freiheit versteht Sieyès vor dem Hintergrund seiner Anthropologie als Recht
zur Bedürfnisbefriedigung, das die Grundlage des Strebens nach Wohlergehen und
Glück bildet (EzV, S. 211). Diese grundlegende Form der freiheitlichen Selbstbestimmung bringt er im Anschluss an Locke auf die Formel, jeder Mensch sei „Eigentümer
seiner Person" (EzV, S. 212). Der Begriff des Eigentums verdeutlicht noch einmal,
dass Freiheit für Sieyès schon zum zivilen Bereich gehört und nicht erst in der politischen Gemeinschaft geschaffen bzw. realisiert wird (vgl. BkG, S. 222, 225). Die zivile
Freiheit besitzt zwei analytisch zu unterscheidende Dimensionen: *Negative* Freiheit
bezeichnet die Unabhängigkeit von fremder Willkür. Sie drückt sich in der Freiheit
der Bedürfnisdefinition und der Mittelwahl aus. *Positive* Freiheit umfasst die (gesellschaftliche) Organisation des Mitteleinsatzes. Auch dies betrifft in erster Linie den
Bereich ziviler Koordination im vorstaatlichen Bereich und nur sekundär die politische Organisation. Positive Freiheit ist folglich für Sieyès im Unterschied zur republikanischen Tradition nicht mit der Teilhabe am Politischen identisch.

Die Grenze der Freiheit bildet die Freiheit des Anderen (EzV, S. 205). Allein aus
den Rechtsbeziehungen ergibt sich folglich der Begriff der Pflicht, das Recht des
Anderen zu achten (EzV, S. 206, 208). Allerdings wird diese rechtliche Gleichheit, die
ein begrifflicher Bestandteil der wohlverstandenen Freiheit ist, erst im Gesellschaftszustand verwirklicht. Insofern besteht eine einzige, diesem naturrechtlichen Gebot
korrespondierende vorpositive Pflicht, den Naturzustand zu verlassen, in dem das
Recht des Stärkeren gilt. Die Menschenrechte bilden die erste Konkretisierungsstufe
des Naturrechts, sie liegen normenlogisch der Verfassung und den einfachen Gesetzen voraus und nehmen den Staat auf dreifache Weise in die Pflicht:

(1) Limitative Funktion: Die erste Aufgabe des Staates im Hinblick auf die Menschenrechte als Grundlagen der Gesellschaft besteht im Schutz der symmetrischen Frei-
heitsräume der Bürger. Die Menschenrechte üben demgemäß eine herrschaftslimitie-

rende Funktion aus. Sieyès listet in seinem *Entwurf zur Menschenrechtserklärung* (außer der Religionsfreiheit) alle klassischen staatsbezogenen Abwehrrechte auf: die Garantie rechtsstaatlicher Verfahren (Art. 20–25), die Berufs- und Gewerbefreiheit (Art. 8), die Freizügigkeit (Art. 9), den Schutz des Privateigentums (Art. 10), die Meinungs- und Pressefreiheit (Art. 7). Zusätzlich nennt er ein Recht auf Widerstand gegen despotische Herrschaft (Art. 24) und ein Recht auf (periodische) Verfassungsrevision, das verhindern soll, dass die verfassunggebende Gewalt von den *pouvoirs constitués* (ohne Erteilung eines ausdrücklichen Mandats) absorbiert wird.[10]

(2) Kompensatorische Funktion: Allerdings erschöpft sich die politische Funktion von Menschenrechten für Sieyès nicht in liberalen Abwehrgarantien. Sie sollen dem hilfsbedürftigen Individuum darüber hinaus einen Anspruch auf kompensatorische Leistungen garantieren. Artikel 27 seines Entwurfs zur Menschenrechtserklärung lautet:

Jeder Bürger, der nicht in der Lage ist, seinen Lebensunterhalt zu bestreiten oder keine Arbeit findet, hat das Recht auf Unterstützung der Gesellschaft, indem er sich in ihre Obhut begibt (EzV, S. 214).

Soziale Grundrechte haben für Sieyès keinen abgeleiteten, sondern einen originären Status: Sie werden nicht auf indirektem Wege – als materielle Freiheitsfürsorge – begründet, sondern ergeben sich direkt aus dem Zweck des Gesellschaftsvertrags, der auf „das größtmögliche Wohlergehen aller" (Art. 3) zielt. Staatliche Sozialfürsorge soll nicht nur die Gleichheit des Rechts(-inhalts) gewährleisten, sondern auch die Gleichstellung der Bürger vorantreiben, die für Sieyès ein eigener Rechtszweck ist. Gleichwohl ist er sich der Gefahr einer Hypertrophie des Anspruchsdenkens im Wohlfahrtsstaat bewusst und fordert aus diesem Grund in seinem Artikel 41:

Fürsorgliche Zuwendungen sind ausschließlich Personen vorbehalten, die nicht in der Lage sind, für ihren Lebensunterhalt zu sorgen. Der Lebensunterhalt umfasst die natürlichen und nicht die eingebildeten Bedürfnisse, denn die Steuerzahler sollten niemals das Gefühl haben, etwas von dem ihnen Notwendigen abzugeben, um damit den Luxus eines Staatspensionärs zu finanzieren. Die Zuwendungen müssen in dem Moment eingestellt werden, in dem die Hilfsbedürftigkeit endet und mit ihr zugleich der Grund für die Zuwendung hinfällig wird (EzV, S. 216).

(3) Konstitutive Funktion: Über ihre limitative und kompensatorische Funktion hinaus kommt den Menschenrechten bei Sieyès noch eine dritte Funktion zu: Sie sollen die staatlichen Amtsträger zu einer Politik verpflichten, die die Menschenrechte als Ziel der Gesellschaft begreift. Es ist die Aufgabe einer politisch verfassten Gemeinschaft, die Menschenrechte nicht nur zu „garantieren [und] ihnen zu dienen", sondern sie auch zu „verwirklichen" (EzV, S. 201). Diese Forderung macht sich die schließlich verabschie-

---

10 Diesen Gedanken greift Sieyès in seiner *Zweiten Thermidorrede* (SM 2) wieder auf und spezifiziert die Prozeduren einer Verfassungsrevision.

dete französische Menschenrechtserklärung vom 26. August 1789 zu Eigen. Sie besitzt somit im Gegensatz zu ihrem amerikanischen Pendant in der Tat eine „ermächtigende" Funktion, die sich in der Zentralität des Gesetzesbegriffs im Text der Rechteerklärung spiegelt. Das Gesetz als konkretisierende Interpretation des in menschenrechtlichen Prinzipien umrissenen Gemeininteresses soll die Menschenrechte als Zwecke „optimieren". Im Gegensatz zur heutigen – teilweise extensiven – materialen Grundrechtsinterpretation durch die Verfassungsgerichte hat Sieyès weniger konkrete (gesellschafts-)politische Entscheidungen als vielmehr ihre konstitutionellen Rahmenbedingungen im Blick. So soll die Menschenrechtserklärung dem Verfassunggesetzgeber als normative Richtschnur bei der Organisation der politischen Gewalten dienen (EzV, S. 201) und zur Etablierung einer solchen Form der Gewaltenteilung motivieren, die das an der Nutzenmaximierung orientierte Prinzip der Arbeitsteilung zum Maßstab auch der politischen Organisation nimmt. Ein den menschenrechtlichen Prinzipien verbundener Konstitutionalismus muss dafür sorgen, dass politische Entscheidungen auf vernünftiger Grundlage getroffen (deliberatives Moment) und effizient um- und durchgesetzt werden können (dezisionistisches Moment).

4.2 Zur Kontinuität des Konstitutionalismus bei Sieyès

Inwiefern lassen sich die rekonstruierten Elemente aus Sieyès' Frühwerk als Grundlegung eines konstitutionalistischen Programms begreifen? Welchen Status besitzen darin die Menschenrechte und wie ist das Verhältnis zum Menschenrechtsverständnis auf der anderen Seite des Atlantiks zu bestimmen, das von Jellinek (1964) über Habermas (1993) bis hin zu Gauchet (1991) als Kontrastfolie zur Pointierung des französischen Diskurses dient? Im Lichte der vorangegangenen Exegese sollen dazu abschließend drei Thesen aufgestellt werden.

Erstens: Als rote Linie in Sieyès' Werk lässt sich das Programm einer funktionalen Differenzierung politischer Ebenen rekonstruieren, dessen Ziel die Verrechtlichung von Politik ist. Die Unterscheidung zwischen einer rechtskonstituierenden und einer rechtlich konstituierten Ebene steht – worauf Böckenförde und Pasquino bereits hingewiesen haben – selbst im Dienst einer Verrechtlichung des Politischen, indem sie die Legitimität der Legalität durch die prozedurale Verbindung demokratischer Allgemeinheit mit republikanischer Selbstorganisation erzeugt. Im Unterschied zur Naturrechtstradition beruht bei Sieyès die staatliche Ordnung nicht unmittelbar auf „höherem", weil gerechtem Recht, aus dem sich die konkrete Verfassungsordnung deduzieren ließe, sondern auf dem Willen zur politischen Einheit. Hier liegt das Rousseausche Moment seiner Theorie, das jedoch grundlegend verkannt wird, wenn es als Schwächung der Geltungskraft des Rechts und der Stabilität von Institutionen verstanden wird. Denn der politische Wille zur Einheit ist bei Sieyès zugleich ein Wille zur rechtlichen Verfassung der Ordnung.

Diesem Ziel dient die Differenzierung politischer Funktionen, die dem Primat des Willens gemäß als Ebenenhierarchie der Funktionen wirken soll und daher in Form einer Normenhierarchie von Sieyès verfasst wird. Entscheidend für Sieyès' *demokratischen* Konstitutionalismus ist dabei der Autorisierungsprozess „bottum up", in dem stufenweise von unten nach oben durch Konstituierung und Mandatierung die jeweils nächst höhere Ebene aus der unteren hervorgeht: Der *pouvoir commettant* (IVP, S. 180; EzV, S. 209) bringt den repräsentativ verfassten *pouvoir constituant* hervor, den er dazu mandatiert, die Verfassung der konstituierten Gewalten auszuarbeiten. In der konstituierten (Verfassungs-)Ordnung kommt das Primat dem *pouvoir législatif* zu, der wiederum die Regierung (*pouvoir exécutif*) autorisiert, Richtlinien für die Gesetzesausführung zu erlassen, die schließlich vom *pouvoir adminstratif* umgesetzt werden. Sämtliche Stufen stellen eine Konkretisierung des ursprünglichen politischen Willens zum (Leben im) Recht dar, dabei gehören die beiden ersten der konstituierenden, die letzten drei der konstituierten Ebene zu. Dieses Programm der Verrechtlichung besitzt eine gewisse Strukturähnlichkeit zum Stufenbau der Rechtsordnung, die Hans Kelsen von Adolf J. Merkl übernommen und in seine Theorie der Rechtsgeltung implementiert hat. Allerdings ist Sieyès' Denken nicht von der Idee einer sich selbst entfaltenden Normlogik bestimmt (grundlegend: Troper 2001, 2008), die ihre eigene Normativität in Form einer Grundnorm voraussetzen muss – und damit die „politische" Entscheidung über ihre Voraussetzung jedem Einzelnen überlässt. Eine solche Grundsatzentscheidung über den Charakter der politischen Ordnung ist für ihn weder in theoretischer Hinsicht eine Frage der Voraussetzungen – bei Kelsen die Verbindung von Idealität und Positivität – des Rechts noch in praktischer Hinsicht eine der subjektiven Präferenzen.[11] Außerhalb einer positiven Ordnung kann das Naturrecht eine Nation nur darüber belehren, dass alle Mitglieder über die gleiche Freiheit und mithin auch über dasselbe Recht verfügen, in einer politischen Ordnung zu leben, die eben diese gleiche Freiheit als Recht für seine Bürger gewährleistet und dafür staatlicherseits die Bedingungen schafft. Ansonsten aber ist die Nation frei, so Sieyès, sich die Form zu wählen, die sie dafür für angemessen hält. Darin folgt er Rousseau – ohne jedoch der *volonté générale* die Ordnungskraft aufbürden zu wollen. Für Sieyès formuliert sie die Herausforderung, nicht aber die Lösung, wie aus der Masse eine Nation wird – und die Formfreiheit nicht Formlosigkeit degeneriert. Die Möglichkeit der moralischen Vervollkommnung, die nach Rousseau den Bürger als Citoyen ausmacht, und von der er selbst sagt, man müsste sie voraussetzen können, um eine gute Ordnung einzurichten, ist Sieyès zu wenig robust, gerade in revolutionären Lagen. Er setzt, wie beschrieben, auf den Prozess der Arbeitsteilung, die in politischen Verhältnissen qua Autorisierung zur Repräsentation wird, und damit immer schon eine Verbindung zu den basalen Prinzipien des Rechts eingeht. So ist die Übersetzung der funktionalen Ausdifferenzierung in eine

---

[11] Hier endet die von Pasquino (1998) betonte Nähe zu Kelsen.

Normenordnung keine externe Rahmung eines politischen Prozesses, der sich auch außerhalb des Rechts vollziehen könnte, sondern einer, der im Prozess rechtliche Verfahren voraussetzt, beansprucht und selbst wieder erzeugt. Und auch die interne Hierarchisierung (Stufenbau der Rechtsordnung) ist keine Zugabe, sondern ergibt sich aus dem ursprünglichen Willen zur politischen Einheit, die im Gesetz den Ausdruck dieses Willens und im Gesetzgeber den (autorisierten) Repräsentanten sieht, für den es einen gleichrangigen Widerpart im Entscheidungsprozess nicht geben kann. Ein solcher Gegenspieler wäre eine dysfunktionale Beschränkung des Willens, weshalb sich Sieyès gegen Montesquieus „System des Gleichgewichts" mit sich gegenseitig blockierenden Institutionen wiederholt und nachhaltig ausspricht. Die geschaffene Hierarchie der Normen besitzt somit selbst eine Funktion bei der Durchsetzung des ursprünglichen Rechts.

Zweitens: *Menschenrechte bringen bei Sieyès das Moment der Unverfügbarkeit der Verrechtlichung des Politischen zum Ausdruck.* – Sie sind normativer Maßstab der Verfassung- und Gesetzgebung, insofern kommt ihnen eine konstitutive Funktion zu, die sich nicht auf eine politisch beliebig ausgestaltbare Programmatik reduzieren lässt. Menschenrechte sind bei Sieyès Platzhalter für die Transzendenz des Rechts in der politischen Ordnung, ein Versprechen, das der Staat durch die Gewährung individueller Abwehrrechte, gleichsam in einer Geste der Autolimitation, einzulösen hat. Im Unterschied zur naturrechtlich-liberalen Tradition ist aber der Geltungsgrund der Menschenrechte stärker politisch konnotiert und auf die Selbstbestimmung der Nation ausgerichtet. Dieser „objektive" Charakter hat in der Literatur den Eindruck verfestigt, dass es der französischen Tradition der Menschenrechte – vor allem im Vergleich zum amerikanischen Menschenrechtsverständnis – im Kern an einem juridischen Gehalt mangele.[12] So weit Sieyès zur französischen Tradition gerechnet wird – was angesichts seiner Autorenschaft der philosophischen Einführung in die Rechteerklärung von 1789 naheliegt –, so sind hier jedoch Korrekturen angezeigt: Denn der objektive Charakter der Menschenrechte bezieht sich nicht allein auf die Vorgaben für die Politik, sie gewinnen ihre rechtliche Bedeutung zudem durch den reflexiven Rückbezug auf die Grundlagen, die eine freiheitliche Ordnung ihrem eigenen Anspruch nach zu verbürgen hat, indem sie für die Struktur des politischen Prozesses einen normativen Maßstab bilden. Darüber hinaus sind die Menschenrechte bei Sieyès nicht als Programmsätze formuliert, sondern als individuelle Rechte, die das Rechtsverhältnis zwischen Staat und Individuum konkretisieren und nach Abwehr-, Teilhabe- und Leistungsansprüchen differenzieren. Die Ausgestaltung dieser Ansprüche ist Sache der politischen Gemeinschaft; mithin bleibt es auch für Sieyès eine Gretchenfrage, ob und inwieweit der einzelne Rechtsträger im Konfliktfall ein Recht auch gegen den Staat seine Ansprüche geltend machen und durchsetzen kann. Hinter dieser rechts-

---

12 Dieser Diskurs nimmt seinen Ausgangspunkt bei der sog. Jellinek-Boutmy-Kontroverse, vgl. die Edition der Kontroverse bei Schnur 1964.

praktisch relevanten Frage steht bei Sieyès jedoch die politiktheoretisch nicht minder bedeutsame Entscheidung einer grundrechtlichen Verankerung der Menschenrechte, die sich in Anlehnung an Arendts Wort vom „einzigen Menschenrecht", nämlich im Recht zu leben, fassen lässt. Mit anderen Worten: Die Gretchenfrage erhält ihre eigentliche Bedeutung erst durch Sieyès' Anliegen, die Wirksamkeit und Wirklichkeit der Menschenrechte durch deren Integration in die staatliche Rechtsordnung zu gewährleisten. Menschenrechte sind juridische Rechte, nicht nur moralische Imperative oder politische Programme. Und konsequenterweise drehen sich wenige Jahre nach der Rechteerklärung seine Gedanken um die Institutionalisierung der limitierenden, kompensierenden und konstitutiven Funktion der Menschenrechte durch ein *tribunal des droits de l'homme* als Kammer der Verfassungsjury, dem er die Effektuierung der Menschenrechte als Grundrechte zu überantworten beabsichtigt.

Drittens: Sieyès' Neuerungen in den späten Schriften stellen keinen Bruch in seinem Werk dar, sondern verschreiben sich dem Ziel einer institutionentheoretischen Konkretisierung des im Frühwerk angelegten konstitutionellen Programms. – Die Bausteine seines Konstitutionalismus werden bereits vollständig in den Schriften der Jahre 1789–1793 entfaltet: die Charakterisierung des politischen Willens als Willen zur Verrechtlichung; der Gedanke der Institutionalisierung von Ordnung durch Autorisierung und Mandatierung von unten nach oben; die Idee der Normativität der Verfassung als Grundlage einer differenzierten politischen Funktionenordnung; schließlich der Gedanke individueller Menschenrechte als Bauplan und Korrektiv der Ausgestaltung politischer Ordnung. Die neuen, 1795 in den Diskurs eingespeisten Aspekte einer Institutionalisierung des Verfassungswandels, der Etablierung eines Staatsgerichtshofs und einer Billigkeitsrechtsprechung liegen auf der Linie seines konstitutionalistischen Programms, das im Kern der Normativität der Verfassungsordnung und der Verrechtlichung der Politik verschrieben ist.

Literatur

Sieyès' Schriften

Sieyès' Schriften werden zitiert nach der deutschen Werkausgabe: Emmanuel Joseph Sieyès: Was ist der Dritte Stand? Ausgewählte Schriften, hrsg. von Oliver W. Lembcke und Florian Weber, Berlin 2010. Die im Folgenden genannten Seitenangaben beziehen sich auf diese Ausgabe:
BÖ = Briefe an die Ökonomisten über ihr politisches und moralisches System (1775), S. 91–108.
WDS = Was ist der Dritte Stand? (1789), S. 109–176.
IVP = Einige Ideen über die Verfassung, bezogen auf die Stadt Paris (1789), S. 177–194.
EzV = Einleitung zur Verfassung. Einleitung und Grundlegung der Rechte des Menschen und des Bürgers (1789), S. 195–218.
BkG = Kurze Betrachtung über die kirchlichen Güter (1789), S. 219–238.
IVP = Vom Zugewinn der Freiheit in der arbeitsteiligen Gesellschaft (1793), S. 268–278.

SM 1 = Sieyès' Meinung über mehrere Artikel der Abschnitte IV und IV des Verfassungsentwurfs, S. 311–330.

SM 2 = Sieyès' Meinung über die Zuständigkeit und den Aufbau der Verfassungsjury, S. 331–348.

Sieyès, Emmanuel Joseph 1985: Ecrits politiques, hrsg. und eingel. von Roberto Zapperi, Paris/
Montreux.

Sieyès, Emmanuel Joseph 1988: Manuscrit inédit de Sieyès sur les déclarations des droits de
l'homme, in: Les déclarations des droits de l'homme de 1789, hrsg. von Christine Fauré, Paris
1988, S. 403–408.

Sieyès, Emmanuel Joseph 1999: Des manuscrits de Sieyès. Bd. 1: 1773–1799, hrsg. von Christine
Fauré, Jacques Guilhaumou und Jacques Valier, Paris.

Sekundärliteratur

Baczko, Bronislaw 1987: Le contrat social des Français: Sieyès et Rousseau, in: The French Revolution and the Creation of Modern Political Culture, Bd. 1: The Political Culture of the Old Régime,
hrsg. von Keith M. Baker, Oxford u. a., S. 493–513.

Baecque, Antoine de 1993: Le corps de l'histoire. Métaphores et politique (1770–1800), Paris.

Baker, Keith M. 1996: Art. Sieyès, in: Kritisches Wörterbuch der Französischen Revolution, hrsg. von
François Furet und Mona Ozouf, Frankfurt a. M., Bd. 1, S. 528–545.

Böckenförde, Ernst-Wolfgang 1986: Die verfassunggebende Gewalt des Volkes. Ein Grenzbegriff des
Verfassungsrechts, Frankfurt a. M.

Breuer, Stefan 1984: Nationalstaat und pouvoir constituant bei Sieyès und Carl Schmitt, in: Archiv
für Rechts- und Sozialphilosophie 70, S. 495–517.

Gauchet, Marcel 1991: Die Erklärung der Menschenrechte. Die Debatte um die bürgerlichen Freiheiten 1789, übers. von Wolfgang Kaiser, Hamburg.

Habermas, Jürgen 1993: Naturrecht und Revolution, in: ders.: Theorie und Praxis. Sozialphilosophische Studien, 6. Aufl., Frankfurt a. M., S. 89–127.

Hunt, Lynn 1989: (Hrsg.) The New Cultural History, Berkeley.

Jellinek, Georg 1964: Die Erklärung der Menschen- und Bürgerrechte (1895), in: Schnur, Roman
(Hrsg.): Zur Geschichte der Erklärung der Menschenrechte, Darmstadt, S. 1–77.

Lembcke, Oliver W./Florian Weber 2010: Revolution und Konstitution: Zur politischen Theorie von
Sieyès, in: Emmanuel Joseph Sieyès: Was ist der Dritte Stand? Ausgewählte Schriften, hrsg.
von Oliver W. Lembcke und Florian Weber, Berlin, S. 13–89.

Pasquino, Pasquale 1998: Sieyès et l'invention de la constitution en France, Paris.

Pasquino, Pasquale 2008: Constitution et pouvoir constituant: le double corps du peuple, in: Pierr-
Yves Quiviger/Vincent Denis/Jean Salem (Hrsg.): Figures de Sieyès, Paris, S. 13–23.

Quiviger, Pierr-Yves/Vincent Denis/Jean Salem 2008: (Hrsg.) Figures de Sieyès. Actes du colloque
des 5 et 6 mars 2004 organisé à la Sorbonne par le Centre d'Histoire des Systèmes de Pensée
moderne et l'Institut d'Histoire de la Révolution Française (Université Paris I), Paris.

Quiviger, Pierre-Yves 2008: Le principe d'immanence. Métaphysique et droit administratif chez
Sieyès. Avec des textes inédits de Sieyès, Paris.

Schmitt, Carl 1993: Verfassungslehre, 8. Aufl., Berlin.

Schmitt, Carl 1996: Der Begriff des Politischen. Text von 1932 mit einem Vorwort und drei Corolla-
rien, 6. Aufl., Berlin.

Schnur, Roman 1964: (Hrsg.) Zur Geschichte der Erklärung der Menschenrechte, Darmstadt.

Sewell Jr., William H. 1994: A Rhetoric of Bourgeois Revolution. The Abbé Sieyès and ‚What is the
Third Estate?', Durham/London.

Sonenscher, Michael 2003: Introduction, in: Emmanuel Joseph Sieyès: Political Writings. Including the Debate between Sieyès and Tom Paine in 1791, hrsg. und eingel. von Michael Sonenscher, Indianapolis/Cambridge, vii–lxiv.

Sonenscher, Michael 2007: Before the Deluge. Public Debt, Inequality, and the Intellectual Origins of the French Revolution. Princeton/Oxford.

Thiele, Ulrich 2000: Volkssouveränität – Menschenrechte – Gewaltenteilung im Denken von Sieyès, in: Archiv für Rechts- und Sozialphilosophie 86, S. 48–69.

Thiele, Ulrich 2003: Advokative Volkssouveränität. Carl Schmitts Konstruktion einer ‚demokratischen' Diktaturtheorie im Kontext der Interpretation politischer Theorien der Aufklärung, Berlin.

Thiele, Ulrich 2009: Volkssouveränität und Freiheitsrechte. Sieyès' Versuch einer prozeduralen Vermittlung, in: ders., (Hrsg.): Volkssouveränität und Freiheitsrechte. Emmanuel Joseph Sieyès' Staatsverständnis, Baden-Baden, S. 13–40.

Troper, Michel 2001: Sieyès et le jury constitutionnaire, in: Mélanges en l'Honneur de Pierre Avril. La République, hrsg. von Michel Ameller, Paris, S. 265–282.

Troper, Michel 2008: Sieyès et la hiérarchie des normes, in: Quiviger, Pierre-Yves/Vincent Denis/ Jean Salem (Hrsg.): Figures de Sieyès, Paris, S. 25–42.

Karsten Malowitz

„... Wiederbesinnung auf unser Germanentum ..." – Otto von Gierke und der Kampf um die Deutung der Weimarer Republik und ihre Verfassung

In einem instruktiven Aufsatz (vgl. Kühne 1984) hat Jörg-Detlef Kühne vor einigen Jahren die Bedeutung herausgearbeitet, die den Vertretern der Genossenschaftslehre[1] – allen voran Georg Beseler,[2] Otto von Gierke[3] und Hugo Preuß[4] – in systematischer Hinsicht für die Entwicklung des modernen Verfassungsverständnisses zukommt. Ich möchte in diesem Beitrag einen anderen, stärker kontextualisierenden Ansatz verfolgen und untersuchen, auf welche Weise, mit welchen politischen Intentionen und Argumenten und mit welchem Erfolg sich der an der Berliner Friedrich-Wilhelms-Universität lehrende Staatsrechtler und Doyen der Genossenschaftslehre Otto von Gierke als Gelehrtenpolitiker an der Debatte um die Weimarer Verfassung beteiligte. Mein besonderes Interesse gilt in diesem Zusammenhang der Frage, wie Gierke verfassungsgeschichtliche Argumente sowohl zur Deutung und Bewältigung der deutschen Niederlage im Ersten Weltkrieg als auch zur Begründung und Durchsetzung dezidiert verfassungspolitischer Ziele im Kampf um die konstitutionellen Grundlagen der Weimarer Republik nutzbar zu machen suchte.

1 Trotz und Beharrung im Angesicht der Niederlage

Die Ausrufung der Republik am 9. November 1918 und die bedingungslose Kapitulation des Militärs zwei Tage später trafen den Großteil der deutschen Bevölkerung, die man von offizieller Seite bis zuletzt über den Ernst der Lage im Unklaren gelassen hatte, vollkommen unerwartet.[5] Auf viele Zeitgenossen wirkte die Implosion der alten politischen Ordnung und der unrühmliche, von keinerlei Widerstand begleitete Ab-

---

[1] Einen immer noch guten Überblick bietet Thieme 1959.

[2] Zu Leben, Werk und Wirkung Georg Beselers vgl. u. a. Kern 1982; Kleinheyer/Schröder 1983, S. 29 ff.

[3] Zu Leben, Werk und Wirkung Otto von Gierkes vgl. u. a. Stutz 1922; Mogi 1932; Wolf 1963; Isele 1971; Thieme 1980; Kleinheyer/Schröder 1983, S. 93 ff.; Böckenförde 1995; Dilcher 1995; Friedrich 1997; Stolleis 1999, S. 359 ff.; Peters 2001.

[4] Zu Leben, Werk und Wirkung von Hugo Preuß vgl. u. a. Grassmann 1965; Kleinheyer/Schröder 1983, S. 202 ff.; Gillessen 2000; Lehnert 1998; 2012 sowie die Beiträge in Lehnert/Müller 2003.

[5] Zum Ende des Krieges vgl. die einschlägigen Darstellungen bei Craig 1980, S. 346 ff.; Kluge 1985, S. 54 ff.; Kolb 1988, S. 1 ff.; Böckenförde 1988, S. 17 ff.; Winkler 2000, Bd. I, S. 378 ff.;

gang ihrer maßgeblichen Repräsentanten wie ein Schock.[6] Die erzwungene Abdankung des Kaisers und seine heimliche Flucht ins holländische Exil, die Entmachtung der herrschenden Dynastien in den Einzelstaaten und die Machtübernahme durch Sozialdemokraten, Kommunisten, Gewerkschaften und meuternde Soldaten und Matrosen sowie schließlich der militärische Offenbarungseid des nahezu mythisch verehrten Generalstabs an der Spitze des bis zuletzt für unüberwindlich gehaltenen Heeres – diese Ereignisse versetzten die Deutschen in einen Zustand tief greifender Verunsicherung.[7] Hinsichtlich des Ausmaßes und der Intensität dieser Verunsicherung bestanden je nach sozialer Schichtzugehörigkeit und politischer Orientierung freilich große Unterschiede.[8] Für viele Angehörige der Arbeiterschaft und des Kleinbürgertums, die die dem bisherigen System distanziert bis ablehnend gegenüber gestanden hatten, aber auch für maßgebliche Teile des Besitzbürgertums konzentrierte sich die Sorge vor allem auf ökonomische Fragen, während die Trauer über das Ende der alten Ordnung sich in Grenzen hielt. Für die überwiegende Mehrheit des Adels sowie der national bis konservativ orientierten Kreise des mittleren und gehobenen Bildungsbürgertums, die sich bis zuletzt mit der Monarchie, ihren Werten und Idealen identifiziert hatten, bedeutete ihre plötzliche und unerwartete Auflösung hingegen sowohl eine nationale als auch eine persönliche Katastrophe.[9] Das Ende der konstitutionellen Monarchie wurde von ihnen nicht bloß als Umsturz einer Regierungsform erlebt, sondern als „Zusammenbruch einer ganzen Welt", als „Einsturz der Fundamente und Aufbrechen der Dämme, auf und in denen die Nation bisher gelebt und ihre politische Form und Kultur gefunden hatte" (Böckenförde 1988, S. 17).

Zu denen, die sich nach dem 11. November 1918 in einer Welt wiederfanden, die nicht mehr die ihre war, gehörte auch Otto von Gierke. Der Krieg und damit auch die Geschichte hatte nicht den Verlauf genommen, für den er gestritten, an den er geglaubt und auf den er – noch im Angesicht der sich abzeichnenden Niederlage – bis zuletzt gehofft hatte (vgl. u. a. Gierke 1914; 1915; 1917). Schuld an Deutschlands traurigem Los waren für ihn aber nicht die Angehörigen der politischen und militärischen Führungsschichten des Kaiserreichs, die den Krieg begonnen und jahrelang für seine Fortsetzung plädiert hatten, sondern die Gesamtheit der Volksgenossen, die

---

6 Zur kollektiven Psychologie der Niederlage, wie sie u. a. in dem in der Erinnerungsliteratur häufig gebrauchten Sprachbild vom „Wettersturz" zum Ausdruck kam, vgl. die eindringliche Schilderung bei Schivelbusch 2007, S. 235 ff.

7 Zu den Gründen der militärischen Niederlage vgl. u. a. Ritter 1972.

8 Zu den unterschiedlichen Reaktionsweisen des in sich keineswegs homogenen Bürgertums vgl. u. a. Bieber 1992, S. 49 ff.; Epkenhans 1994, S. 5 ff. Zur Haltung der Konservativen vgl. u. a. die knappen Ausführungen bei Ohnezeit 2011, S. 25 ff., zur Haltung der deutschen Professorenschaft vgl. u. a. Töpner 1970.

9 Vgl. dazu exemplarisch das von Ernst Troeltsch 1924, S. 24 f. überlieferte Stimmungsbild der von zahlreichen Repräsentanten des Berliner Besitz- und Bildungsbürgertums besuchten Geburtstagsfeier des Historikers Hans Delbrück am 11. November 1918, die Troeltsch zufolge einer „Begräbnisfeier" ähnelte.

im Augenblick höchster nationaler Not die Fortsetzung des Krieges verweigert hatten. So wie Gierke es sah, hatten die Deutschen einmal mehr in ihrer wechselvollen Geschichte ihr inneres Wesen und den Glauben an sich selbst verloren. In dieser Selbstaufgabe, der Weigerung, für die „nationale Daseinsbehauptung" zu kämpfen und sich dem drohenden Diktat eines „angelsächsische[n] Frieden[s]" zu widersetzen, lag für Gierke das eigentlich „Entsetzliche" am Ausgang des Krieges (Gierke 1918b, II, S. 2). Mit der Annahme der bedingungslosen Kapitulation war die weltgeschichtliche Mission des Deutschtums und seiner Kultur, der er zu Friedenszeiten vorgearbeitet und für die er während des Krieges leidenschaftlich und aus innerster Überzeugung heraus geworben hatte, auf absehbare Zeit an ihr Ende gekommen. Gierke zufolge standen Zeiten bevor, „in denen das deutsche Wesen in tiefere Verborgenheit" getaucht sein würde als „jemals" zuvor (Gierke 1918b, II, S. 2). Wie viele Vertreter seiner Generation hatte er das Gefühl, vor den „Trümmern" des eigenen „Lebenswerkes", ja am „Grabe" aller je gehegten „Hoffnungen" zu stehen.[10] Für ihn markierte die Revolution keinen Aufbruch in eine bessere Zukunft, sondern nur den Abfall von einer goldenen Vergangenheit.

Was einigen – wie etwa Hans Delbrück[11] – Anlass zu kritischer Selbstbefragung war und andere in tiefe Verzweiflung stürzte, war für Gierke nur ein Grund mehr zu trotziger Selbstbehauptung. Das Ende der Einheit von Kaiser und Reich, an der er „mit allen Fasern" seines Wesens gehangen hatte (Gierke 1919b, S. 1), vermochte seinen Willen ebenso wenig zu brechen wie der krankheitsbedingte Tod seines jüngsten, erst kurz zuvor aus dem Krieg zurückgekehrten Sohnes.[12] Gierke hielt den alten Idealen die Treue. Mochte der Krieg auch zu Ende sein, der Kampf für „ein reineres, edleres, innerlicheres Deutschtum" und für Deutschlands Rückkehr „zu äußerer Macht und Blüte" war es nicht (Gierke 1918b, II, S. 2). Für ihn hatten sich lediglich die Mittel geändert, die es in diesem Kampf einzusetzen galt. Gierke zufolge kam es in den bevorstehenden Jahren weniger auf die äußere als vielmehr auf die innere Rüstung an. Angesichts der Herausforderung durch die Revolution, die Gierke als eine den Deutschen auferlegte sittliche Prüfung interpretierte, war nicht Fortschritt, sondern Beharrung das Gebot der Stunde. Würde die Nation einmal mehr ihrem „Hang zu würdeloser Ausländerei" erliegen und den politischen Idealen der Sieger nacheifern? Oder würde sie die Energie und den Willen zur moralischen Erneuerung auf-

---

10 Ebd.; ders. 1919b, S. 4. Zu dem insbesondere bei den älteren Angehörigen der staatstragenden Schichten verbreiteten Gefühl des Scheiterns und Versagens vgl. die entsprechenden Hinweise bei Schivelbusch 2007, S. 236.

11 Zu Delbrücks Verarbeitung der Niederlage vgl. die Ausführungen von Thimme 1955, S. 146 f.

12 So die Einschätzung von Gierkes langjährigem Freund und Kollegen Ulrich Stutz: „Nicht dass von zwei Söhnen, die heil aus dem Kriege zurückgekehrt waren, einer, sein zu großen Hoffnungen berechtigter Jüngster, ihm und den Seinigen durch tückische Krankheit jäh entrissen wurde, war für ihn das Schwerste, so schwer es ihn mitnahm. Seines Vaterlandes grausames Geschick und seines Volkes tiefer Fall, die trafen ihn im Innersten." Stutz 1922, S. 38.

bringen und sich auf die „heilige Überlieferung" der eigenen „großen Vergangenheit" besinnen (Gierke 1918b, II, S. 2. Vgl. auch ders. 1920, S. 12)? Das war für Gierke die Schicksalsfrage, an der sich die Zukunft des Reiches entscheiden musste. Welche Antwort die richtige war, daran bestand für ihn keinerlei Zweifel. Die „Wiedergeburt des Deutschtums" konnte nur „von den geistig-sittlichen Kräften ausgehen, die in der unergründlichen Tiefe der eingeborenen Seele unseres Volkes von der Urzeit her wirken und weben" (Gierke 1918b, II, S. 2).

Der Weg in die Zukunft, den Gierke sich und seinen Volksgenossen damit vorzeichnete, war ein Weg der inneren Einkehr und der moralischen Läuterung – und in seinen Augen zudem der einzige, von dem Deutschland hoffen konnte, dass es an seinem Ende „die ihm gebührende Stellung unter den Völkern der Erde" wiedererlangte. Dass dieser Weg lang und beschwerlich sein und es ihm „nicht mehr vergönnt" sein würde, „den Tag zu schauen, an dem das Reich wieder ersteht", stand für ihn außer Frage (Gierke 1920, S. 12. Vgl. auch Gierke 1918b, II, S. 2). Um so drängender aber musste Gierke mit seinen nunmehr 77 Jahren den Wunsch verspüren, Männer und Frauen zu finden, die „unbeirrt durch das wilde Dräuen der wachsenden Schar der Abtrünnigen und durch die schwächliche Verzagtheit der Lauen" den eingeschlagenen Weg weitergehen und „an unzähligen Stellen für die Erhaltung und Läuterung echt deutscher Geisteskultur wirken" würden (Gierke 1918b, II, S. 2). Wie so viele Konservative, reagierte damit auch Gierke auf den Untergang der alten Staats- und Gesellschaftsordnung und den Verlust der mit ihr verbundenen privilegierten Stellung, indem er das Festhalten an den Werten dieser alten Ordnung zum Ausweis und Maßstab besonderer sittlicher Qualität stilisierte. Was Deutschland im Angesicht der militärischen und politischen Katastrophe seiner Meinung nach brauchte, war nichts Geringeres als eine den Werten des Deutschtums verpflichtete nationale Elite, die es sich zur Aufgabe machte, die Ideale der Vergangenheit in die Zukunft zu retten und zu neuem Leben zu erwecken.

Ausgehend von diesem Gegenwartsverständnis erachtete Gierke es als seine Pflicht, seinen Teil zur Wiederaufrichtung des Deutschtums beizutragen und für die neuerliche Verbreitung jener Ideen und Ideale zu werben, in denen er das Fundament von Deutschlands vergangener Größe erblickte. Derart motiviert entschloss er, der bis dahin keiner Partei angehört hatte, sich zur Mitarbeit in der stramm national, protestantisch und konservativ orientierten *Deutschnationalen Volkspartei* (DNVP),[13] zu deren Gründungsmitgliedern er zählte und für die er im Vorfeld der Wahlen zur Nationalversammlung wiederholt agitierte.[14] Im Gegensatz zu anderen politisch akti-

---

13 Zur Gründungsgeschichte der DNVP vgl. sowohl die älteren Darstellungen bei Liebe 1956, S. 7 ff. und Thimme 1969, S. 9 ff. als auch die neueren, auf umfangreicheres Quellenmaterial gestützten Studien von Striesow 1981, I, S. 9 ff., Trippe 1995, S. 23 ff. und Ohnezeit 2011, S. 30 ff.
14 So meldete er sich u. a. im Vorfeld der Wahlen zur Nationalversammlung mit einem umfangreichen Artikel im Berliner *Tag* zu Wort (v. Gierke 1919a), um die Angehörigen der von der DNVP umworbenen Zielgruppe der parteipolitisch ungebundenen bürgerlichen Wählerinnen und Wähler für

ven Professoren aus der Gruppe der konservativen Siegfriedenspropagandisten um Reinhold Seeberg,[15] die sich – wie neben Seeberg selbst etwa auch Ulrich von Wilamowitz-Moellendorf und Otto Hoetzsch – ebenfalls bei den Deutschnationalen eingereiht hatten und deren Sache öffentlich unterstützten, indem sie u. a. bei Kundgebungen auftraten,[16] hielt Gierke sich bei seinem Engagement für die DNVP jedoch eher im Hintergrund. Ausschlaggebend für diese Zurückhaltung dürfte – abgesehen von seinem fortgeschrittenen Alter – nicht zuletzt ein gewisser Unwille Gierkes gewesen sein, die von ihm bislang praktizierte Form der Gelehrtenpolitik zugunsten anderer politischer Agitationsformen aufzugeben. Die Mitwirkung an parteipolitischen Massenveranstaltungen, Demonstrationen oder Flugblattaktionen, wie sie im Zuge des Übergangs zum parlamentarischen Regierungssystem auch in der DNVP und den anderen bürgerlichen Parteien zu gebräuchlichen Instrumenten im öffentlichen Meinungskampf wurden (vgl. dazu Bieber 1992, S. 175 ff.; Ohnezeit 2011, S. 163), waren seine Sache nicht. Seinem Selbstverständnis nach stets über den Parteien stehend, mochte Gierke sich aus Einsicht in das, was ihm notwendig schien, zur Mitarbeit bei den Deutschnationalen bereit finden. Ein Parteimann wurde er dadurch nicht. So übte er weder Ämter noch offizielle Funktionen innerhalb der Partei aus und absolvierte auch keine publikumswirksamen Wahlkampfauftritte. Als einfaches Parteimitglied gehörte er aufgrund seiner Profession allerdings der berufsständischen Vertretung der Hochschullehrer in der DNVP, dem sogenannten Hauptausschuss für die deutschen Hochschulen, an und beteiligte sich in dieser Funktion an den üblichen

---

die Partei zu gewinnen. Da das Blatt dem Parteivorsitzenden Hergt nahestand, kann man davon ausgehen, dass der zweiteilige, jeweils publikumswirksam auf den ersten zwei Seiten platzierte Artikel mit Wissen und Billigung der Parteileitung erschien, möglicherweise sogar auf deren ausdrücklichen Wunsch. Aus Sicht des Vorstands musste Gierke jedenfalls als nahezu idealer Werbeträger für die Sache der Deutschnationalen im bürgerlichen Lager erscheinen, verkörperte er doch wie kaum ein anderer in seiner Person die unterschiedlichen Strömungen, die in der neuen Partei gebündelt werden sollten. Verfügte er aufgrund seines beharrlichen Eintretens für verfassungs-, wirtschafts- und sozialpolitische Reformen während des Kaiserreichs nach wie vor über hohes Ansehen bei Sozialkonservativen und Liberalen, so hatte er sich als leidenschaftlicher Vorkämpfer des Deutschtums und bis zuletzt unbeirrter Vertreter der Siegfriedensstrategie während des Krieges auch im Lager der extremen Rechten etliche Sympathien erworben. Vor allem aber war er als angesehener Hochschullehrer und ehemals selbst Parteiloser geradezu dafür prädestiniert, die Zielgruppe der zahlreichen parteilosen und bislang unentschlossenen Wählerinnen und Wähler des mittleren und gehobenen Bildungsbürgertums zu umwerben, aus deren Schicht sich die Leserschaft des *Tag* hauptsächlich zusammensetzte. Zur politischen Ausrichtung und zum Leserkreis des *Tag* vgl. die entsprechenden Hinweise bei Liebe 1956, S. 46.

15 Zur Unterscheidung zwischen den Anhängern eines Siegfriedens und den Vertretern eines Verständigungsfriedens in der deutschen Professorenschaft vgl. Schwabe 1969, S. 95 ff.

16 Vgl. u. a. den im *Tag* vom 13. Januar 1919 abgedruckten Bericht über eine „Kundgebung der Deutschnationalen“, bei der Wilamowitz-Moellendorf und Hoetzsch als Hauptredner auftraten.

parteiinternen Diskussionen und Aktivitäten.[17] Diese selbstauferlegte Zurückhaltung fand jedoch ihr Ende mit dem Beginn der Verfassungsberatungen, die nach den Wahlen zur Nationalversammlung einsetzten und bis zum Sommer 1919 unter großer Anteilnahme sowohl der engeren fachwissenschaftlichen als auch der breiteren politischen Öffentlichkeit andauerten.

2 Die Grundzüge des ersten amtlichen Verfassungsentwurfs von Hugo Preuß

Im Mittelpunkt der öffentlichen Diskussion stand der erste amtliche Regierungsentwurf, für den maßgeblich der von Friedrich Ebert als Staatssekretär des Inneren in die provisorische Reichsregierung berufene Staatsrechtler Hugo Preuß, ein ehemaliger Schüler Gierkes,[18] verantwortlich zeichnete.[19] Preuß hatte im Dezember 1919 einen Sachverständigenbeirat um sich versammelt, mit dessen insgesamt zwölf Mitgliedern er sich über wesentliche konzeptionelle Grundzüge des zu erarbeitenden Verfassungsentwurfs beriet.[20] Unmittelbar im Anschluss an die vertraulichen Gespräche, die vom 9. bis zum 12. Dezember im Reichsamt des Innern stattfanden und später unter der Bezeichnung „Dezemberbesprechung" firmierten (Jellinek 1920, S. 128), hatte Preuß sich zusammen mit seinen Mitstreitern sodann an die Ausarbeitung eines allerersten Entwurfs gemacht,[21] dessen Leitgedanken er zudem in einer Denkschrift in knapper Form erläuterte.[22] Am 3. Januar 1919 waren sowohl dieser sog. „Urentwurf" als auch die Denkschrift dem Rat der Volksbeauftragten übersandt worden, zusammen mit dem Beratungsprotokoll der Sachverständigenkonferenz sowie einer Reihe weiterer schriftlicher Stellungnahmen ursprünglich geladener, aber ver-

---

17 Zu den Professoren, die dem Hauptausschuss der deutschen Hochschullehrer in der DNVP angehörten und diesen sowie weitere Aufrufe der Partei mit ihrer Unterschrift unterstützten, zählten neben Hoetzsch, Seeberg und Wilamowitz-Moellendorf auch noch weitere von Gierkes Berliner Kollegen, die sich wie er während des Krieges an den im Stil ähnlichen Kampagnen des *Ausschuss für einen deutschen Frieden* beteiligt hatten, so u. a. Eduard Meyer, Gustav Roethe, Wilhelm Schulze und Ulrich Stutz.
18 Zum Verhältnis von Gierke und Preuß vgl. Malowitz 2003.
19 Ausführliche Darstellungen von Preuß' Wirken und der Entstehungsgeschichte seines Verfassungsentwurfs liefern Gillessen 2000, S. 103 ff. und Mauersberg 1991, S. 56 ff. Eine konzise Zusammenfassung findet sich auch bei Dubben 2009, S. 27 ff.
20 Zur Zusammensetzung des Beirates und zum Verlauf der Beratungen vgl. die entsprechenden Ausführungen bei Gillessen 2000, S. 105 ff. und Mauersberg 1991, S. 60 ff.
21 Ein vollständiger Abdruck dieses sog. Urentwurfs findet sich bei Mauersberg 1991, S. 87 ff.
22 Vgl. Preuß 1919a. Zur Auslegung der Denkschrift vgl. Gillessen 2000, S. 121 ff. und – ausführlicher – Mauersberg 1991, S. 101 ff.

hinderter Teilnehmer wie Gerhard Anschütz oder Friedrich Meinecke.[23] Kurz darauf, am 14. Januar 1919, war im Beisein von Preuß eine Diskussion des Urentwurfs durch den Rat der Volksbeauftragten erfolgt, in deren Verlauf von Ebert und anderen Mitgliedern des Rates einige Änderungen gefordert und teilweise auch durchgesetzt wurden.[24] Eine entsprechend revidierte Fassung des Urentwurfs hatte Preuß zusammen mit der Denkschrift schließlich am 20. Januar, also nur einen Tag nach den Wahlen zur verfassunggebenden Nationalversammlung, als ersten amtlichen Entwurf der Öffentlichkeit vorgelegt.

Dieser erste amtliche Entwurf beschränkte sich auf die wichtigsten Bestimmungen des „Allgemeinen Teils" der neu zu schaffenden Verfassung und war zu diesem Zweck absichtlich knapp und übersichtlich gehalten. Er gliederte sich in die vier Abschnitte „Das Reich und die deutschen Freistaaten", „Die Grundrechte des deutschen Volkes", „Der Reichstag" und „Der Reichspräsident und die Reichsregierung" und umfasste insgesamt 73, überwiegend kurze Paragrafen. Dass Preuß mit dem Entwurf gleichwohl ein ehrgeiziges Ziel verfolgte, darüber ließ er weder Freund noch Feind im Zweifel. So war es sein erklärtes Ziel, in der zukünftigen Verfassung „den politischen und staatsrechtlichen Niederschlag der Revolution festzulegen".[25] Der neue Staatsbau sollte demnach „ganz bewusst auf den Boden gestellt werden, den Bismarck bei seiner Reichsgründung ganz bewusst nicht betreten" (Preuß 1919a, S. 370) hatte. Mit dem Zusammenbruch der bisherigen politischen Ordnung war nach seiner Überzeugung eine Situation entstanden, die sich nicht mehr mittels der „Abänderung einzelner Institutionen" bewältigen ließ, sondern nach einer „politischen Organisation auf völlig anderen staatsrechtlichen Grundlagen" (Preuß 1919a, S. 368) verlangte.

Ganz außer Frage stand für Preuß, dass diese Grundlagen nicht länger monarchischer, sondern nur noch republikanischer Natur sein konnten. Anders als das Kaiserreich, das aus einem Bund souveräner Fürsten hervorgegangen war, sollte die „neue deutsche Republik" ein „im wesentlichen einheitlicher Volksstaat" sein und „auf das freie Selbstbestimmungsrecht der deutschen Nation in ihrer Gesamtheit gegründet" werden (Preuß 1919a, S. 370). Dementsprechend wurde das deutsche Volk von Preuß zum alleinigen Träger der Staatsgewalt bestimmt (§ 2 Abs. 1). Allerdings wollte er das Volk nicht als Inhaber der Souveränität betrachtet wissen, sondern lediglich als „das einzig primäre Staatsorgan" (Preuß 1928, S. 51). In dieser ebenso feinen wie scharfen Unterscheidung bestand die in staatsrechtlicher Hinsicht entscheidende Pointe der Konstruktion: Das Volk, von dem der Entwurf handelte,

---

23 Zum Inhalt der schriftlichen Stellungnahmen vgl. wiederum Gillessen 2000: S. 112 ff. und Mauersberg 1991, S. 78 ff.

24 Die wichtigsten dieser Änderungen betrafen die Stellung der Grundrechte und den sog. „Neugliederungsplan" zur territorialen Neuordnung der Einzelstaaten. Auf sie wird im folgenden Abschnitt näher eingegangen.

25 Zitiert nach Huber 1966, S. 29. Vgl. auch den entsprechenden Hinweis bei Lehnert 1998, S. 284.

meinte mithin keine vorstaatliche, ethnisch, kulturell oder sozial bestimmte Größe, sondern die rechtlich definierte Gesamtheit der stimm- und wahlberechtigten Bürger, die erst infolge der verfassungsmäßigen Festlegung ihrer rechtlichen Kompetenzen und ihrer Abgrenzung gegenüber anderen Staatsorganen ins Dasein trat und Handlungsfähigkeit erlangte (dazu ausführlicher Gillessen 2000, S. 138 ff). Folgerichtig waren für Preuß auch die Zuständigkeiten der anderen Staatsorgane nicht vom Volke abgeleitet, „sondern sämtlich unmittelbar aus der Verfassung" (Preuß 1928, S. 246). Die mit Blick auf das Legitimationsproblem unklaren Verhältnisse vor Verabschiedung der Verfassung wurden von Preuß bewusst ausgeklammert. Auf diese Weise suchte er dem sowohl in verfassungstheoretischer als auch verfassungspolitischer Hinsicht brisanten Problem zu entgehen, im vorstaatlichen Zustand einen rechtlich ungebundenen Träger absoluter Souveränität identifizieren zu müssen – was seiner Ansicht nach sowohl einen logischen Fehler als auch einen politisch gefährlichen Irrtum impliziert hätte.

Die Konsequenz, mit der Preuß sich um die theoretische Verabschiedung des Souveränitätsbegriffs bemühte, zeigte sich besonders deutlich an zwei weiteren Punkten des Entwurfs (dazu wiederum ausführlicher Gillessen 2000, S. 141 ff.). Der erste dieser beiden Punkte betraf die verbindliche Anerkennung des Völkerrechts als Bestandteil des eigenen Rechts durch das Reich (§ 2 Abs. 3). Im Gegensatz zur bisherigen Praxis sollte das Völkerrecht nicht nur als zwischenstaatliches, sondern als innerstaatliches Recht Geltung beanspruchen können und an Stelle der Staaten auch einzelne Organe und Bürger verpflichten können. Damit ließen sich aber weder das Reich noch seine Verfassung im vollen Sinne des Begriffes als souverän verstehen.

Der zweite Punkt, an dem die gegen jede Art von Absolutismus – gleich ob von oben oder von unten – zielende verfassungspolitische Stoßrichtung des Entwurfs deutlich zutage trat, berührte das Verhältnis von Reich und Einzelstaaten. So wollte Preuß die Staatsgewalt des Volkes in allen das Reich betreffenden Angelegenheiten von den dazu von der Reichsverfassung bestimmten Organen ausgeübt wissen, in den die Einzelstaaten bzw. die „Freistaaten" betreffenden Angelegenheiten hingegen durch die von den jeweiligen Landesverfassungen dazu bestimmten Organe (§ 2 Abs. 2). Das bedeutete nichts anderes, als dass sowohl das Dasein des Reiches als auch der Einzelstaaten hervorgehen sollten aus dem Willen des *einen* deutschen Volkes, das sich zur Ausübung seiner Staatsgewalt im Rahmen der Verfassungsgebung lediglich eine doppelte Organisationsstruktur auf Reichs- und Länderebene gab. Ein besonderes Staatsvolk der jeweiligen Einzelstaaten als Träger einer denselben eigenen Staatsgewalt war mit dieser Konstruktion ebenso unvereinbar wie die – im Staatsrecht des Kaiserreichs verbreitete – Herleitung der Reichsgewalt von den Einzelstaaten. Letztere existierten nach dem Willen des Entwurfs nicht aus eigener Macht und eigenem Recht, sondern nur aufgrund des in und durch die Verfassung artikulierten Volkswillens.

Ausgehend von diesen Prämissen war es nur konsequent, dass Preuß in den Verfassungsentwurf nicht nur Regelungen für die Kompetenzverteilung zwischen Reich und Einzelstaaten aufnahm (§§ 3–8), sondern auch bestimmte normative Vorgaben für die Ausgestaltung der einzelstaatlichen Landesverfassungen. Dazu gehörten u. a. das Vorhandensein einer in allgemeiner, unmittelbarer, gleicher und geheimer Wahl gewählten Volksvertretung, das Wahlrecht für Frauen und das Verhältniswahlrecht, die Verantwortlichkeit der Landesregierung gegenüber der Volksvertretung und das Recht der Gemeindeselbstverwaltung (§ 12). Vor allem aber – und das war der politisch brisanteste Aspekt des Entwurfs, sollte es dem deutschen Volk freistehen, Anzahl, Größe und Zuschnitt der bestehenden Einzelstaaten auf verfassungsmäßigem Weg abzuändern (§ 11).

Für Preuß, der eine gemäßigt unitarische Lösung, mindestens aber eine entschiedene Reform der bundesstaatlichen Struktur des Reiches anstrebte, konnten „unmöglich die Grenzen maßgebend bleiben, wie sie durch die Zufälle der dynastischen Hauspolitik je nach Kinderreichtum, Heiraten, Käufen, Eroberungen der regierenden Familien oder durch die, jenen Familien mehr oder weniger gnädige, Willkür Napoleons gezogen worden“ (Preuß 1919a, S. 373) waren. Ein Dorn im Auge war ihm dabei nicht nur die hegemoniale Stellung Preußens, sondern auch der Fortbestand der verbliebenen Klein- und Kleinststaaten. Seiner Auffassung nach war weder das eine noch das andere mit „den inneren Lebensnotwendigkeiten des modernen Nationalstaates“ vereinbar (Preuß 1919a, S. 371). Statt dessen plädierte Preuß in der Denkschrift für die Schaffung von Freistaaten, die „nach der Natur ihrer Bevölkerung und nach ihrer wirtschaftlichen Struktur innerlich einheitliche Gebilde“ (Preuß 1919a, S. 379) sein sollten. Zu diesem Zweck sollten einerseits die Kleinstaaten zu größeren, lebensfähigen Einheiten zusammengeschlossen oder in größere Einzelstaaten eingegliedert werden; andererseits sollte Preußen, dessen Fortbestand als zusammenhängender Einzelstaat aufgrund seines unverhältnismäßig großen Anteils an Bevölkerung und Territorium des Reiches für Preuß „eine staatsrechtliche, politische und wirtschaftliche Unmöglichkeit“ darstellte (Preuß 1919a, S. 374), in seine Provinzen aufgelöst werden. Nachdem es seinen Beitrag zur Bildung des deutschen Nationalstaats geleistet hatte, war dies, Preuß zufolge, der letzte Dienst, den das alte Preußen, das seinen historischen „Beruf“ nicht nur erfüllt, sondern zudem „jahrzehntelang überlebt“ hatte (Preuß 1919a, S. 376), dem neuen Deutschen Reich leisten konnte. Damit verband er zugleich die Hoffnung, auf diese Weise auch dem „unbedingt zu erstrebende[n] Anschluss Deutsch-Österreichs“ einen Schritt näher zu kommen (Preuß 1919a, S. 378), der einzigen „Morgengabe, die die junge Republik dem so furchtbar geschlagenen und tief herabgedrückten deutschen Volke bringen“ konnte.[26]

---

26 Preuß 1919a, S. 379. In dem doppelten Wunsch nach einer Auflösung Preußens und der Eingliederung Deutsch-Österreichs in das Deutsche Reich war Preuß sich mit allen Teilnehmern der „Dezemberbesprechung“ einig. Dies galt namentlich für Max Weber, der sich besonders nachdrücklich für die „Beseitigung der hegemonialen großpreußischen Struktur des Reiches“ ausgesprochen und eine Lösung des großdeutschen Problems gefordert hatte, „welche gestattet, die mögliche Höchstzahl von Deutschen in einem Verband zu einigen“ (Weber 1918b, S. 456 bzw. S. 453). Was den Anschluss der deutschen Österreicher betraf, so entsprach die Haltung der von Preuß geladenen Sach-

Weniger radikal, aber keineswegs nachrangig waren die im Entwurf enthaltenen Vorschläge zur Neu- bzw. Umgestaltung der wichtigsten Institutionen des Reiches. So sollte die neue im Gegensatz zur alten Reichsverfassung einen umfangreichen Grundrechtekatalog enthalten.[27] Seinem Charakter nach sollte das Reich zukünftig eine im wesentlichen repräsentative Demokratie mit einer parlamentarisch gewählten Regierung an der Spitze sein. Der zukünftige Reichstag sollte aus zwei Kammern bestehen, dem „Volkshaus" und dem „Staatenhaus" (§ 24). Während die Abgeordneten des „Volkshauses" in „allgemeinen, unmittelbaren und freien Wahlen" von der Gesamtheit der wahlberechtigten Bevölkerung gewählt werden sollten (§ 25), sollten die Mitglieder des „Staatenhauses", von den Landtagen der Einzelstaaten bestimmt werden (§ 26). Alle Mitglieder des Reichstags sollten in ihren Entscheidungen frei und von Weisungen ungebunden sein (§ 33). Wahlberechtigt sollten alle Männer und – das war neu und in der Tat revolutionär – alle Frauen sein, sofern sie das 20. Lebensjahr erreicht hatten. Zudem sollte das „grobschlächtige" Mehrheitswahlrecht durch das nach Ansicht von Preuß gerechtere Verhältniswahlrecht ersetzt werden.[28] Auf diese Weise wollte Preuß gewährleistet wissen, dass die Sitzverteilung im Parlament nicht in Widerspruch zur Stimmenverteilung im Volk geraten konnte. Was die Kompetenzen anbelangte, so sollte dem Parlament – ebenso wie den Landtagen und Kommunalvertretungen (§ 12 Abs. 4) – das Enquete-Recht zustehen (§ 52), mittels dessen es die Rechtmäßigkeit von Regierungs- und Verwaltungsmaßnahmen in besonderen Untersuchungsausschüssen überprüfen konnte.[29] Als Gegengewicht zum

---

verständigen zudem einer weit verbreiteten großdeutschen Stimmung in der deutschen Bevölkerung. Zusätzlich angefeuert wurden die Gedankenspiele zu einer späten Verwirklichung des 1848 geplatzten Traums durch einen Beschluss der vorläufigen Nationalversammlung Österreichs, die am 12. November 1918 die Republik Deutschösterreich zu einem Teil der deutschen Republik erklärt hatte. Vgl. Gillessen 2000, S. 108 ff.

27 Die Einfügung des Abschnitts über die Grundrechte in den amtlichen Entwurf war eines der wesentlichen Ergebnisse der Kabinettssitzung vom 14.Januar 1919, in deren Rahmen der von Preuß konzipierte Urentwurf besprochen worden war. Darin hatte Preuß zwar einzelne Grundrechte aufgenommen, wie z. B. die Gleichheit vor dem Gesetz (§ 18) oder die Glaubens- und Gewissensfreiheit (§ 19). Doch hatte er darauf verzichtet, deren Bedeutung auch durch eine entsprechende Hervorhebung im Text deutlich zu machen. Während Preuß die Frage der Grundrechte mit Blick auf das historische Beispiel des Paulskirchenparlaments zurückhaltend behandelt wissen wollte, hatte namentlich Ebert dafür plädiert, das Thema aufgrund seiner großen symbolpolitischen Bedeutung offensiv anzugehen und an prominenter Stelle einen Katalog der Grundrechte in den amtlichen Entwurf aufzunehmen – und sich damit auch durchgesetzt. Vgl. Mauersberg 1991, S. 122 ff.

28 Damit griff Preuß eine Forderung wieder auf, die er schon in seinem 1917 vorgelegten Entwurf zur Reform der Reichsverfassung – vergeblich – erhoben hatte. Vgl. Preuß 1917, S. 316 ff. Eine sehr gute Darstellung der gesamten während des Ersten Weltkriegs geführten Diskussion um eine stärkere Demokratisierung des Deutschen Reiches liefert Llanque 2000.

29 Als entschiedener Fürsprecher dieses besonderen parlamentarischen Rechtes hatte sich in den zurückliegenden Wochen insbesondere Max Weber wiederholt hervorgetan. Vgl. u. a. Weber 1918a, S. 351 ff.

Parlament sollte der Reichspräsident, dem u. a. die völkerrechtliche Vertretung des Reiches (§ 54) sowie die Befugnis zur – notfalls bewaffneten – Durchsetzung der öffentlichen Sicherheit und Ordnung in den Einzelstaaten (§ 58) oblag, unmittelbar vom Volk gewählt werden können (§ 53).[30] Schließlich sollte das gesamte gesetzgeberische und verwaltungspolitische Handeln von Legislative und Exekutive der Kontrolle durch eine zu schaffende Verwaltungs- und Verfassungsgerichtsbarkeit unterworfen werden.

3 Gierkes Kritik des ersten amtlichen Verfassungsentwurfs

Das Echo, das der Entwurf nach seiner Publikation am 20. Januar 1919 in der Öffentlichkeit hervorrief, war, wie nicht anders zu erwarten, lebhaft und kontrovers. Während die Kommentatoren der linken und liberalen Blätter sich überwiegend zustimmend äußerten,[31] schlug dem Entwurf aus der konservativen Presse offene Ablehnung entgegen. Auch an persönlichen, nicht selten auch antisemitisch gefärbten Attacken auf den Autor ließ man es seitens der Rechten nicht fehlen. Nicht weniger groß als die Anteilnahme der Öffentlichkeit war das Interesse, das dem Entwurf seitens der Rechtswissenschaft entgegengebracht wurde. Zu den bekannteren Vertretern des Faches, die sich zu dem federführend von Preuß verfassten und ihm auch weitgehend zugerechneten Entwurf äußerten, gehörten u. a. Gerhard Anschütz, Fritz Stier-Somlo, Felix Rachfahl, Gerhard Anschütz, Erich Kaufmann, Philipp Zorn, Otto Hoetzsch, Richard Thoma, Karl Binding und Heinrich Triepel.[32] Die wissenschaftliche Diskussion, in der die kritischen Stimmen deutlich überwogen, verlief parallel zu den weiteren politischen Beratungen des Entwurfs im Staatenausschuss, in der Nationalversammlung sowie im Verfassungsausschuss und wurde kaum weniger kontrovers geführt als diese.[33]

Im Unterschied zu vielen seiner Kollegen, die den Verlauf der Beratungen über die neue Reichsverfassung teils mit eigenen normierten Voll- oder Teilentwürfen und

---

30 In diesem Punkt war sich Preuß u. a. mit Weber einig, wobei Weber sich freilich stärker am amerikanischen Präsidenten, Preuß hingegen stärker am englischen König orientierte. Zum Einfluss Robert Redslobs auf Preuß' Konzeption des Staatspräsidenten vgl. Gillessen 2000, S. 110 ff. und Friedrich 2003, S. 197 ff.

31 Vgl. dazu die entsprechenden Hinweise bei Gillessen 2000, S. 124 u. 149.

32 Eine vollständige Liste samt bibliographischer Hinweise findet sich bei Gillessen 2000, S. 149.

33 Zum Verlauf dieser Beratungen sowie zu den zahlreichen Änderungen, den der erste amtliche Entwurf im Verlauf der Verhandlungen erfuhr, vgl. Mauersberg 1991, S. 125 ff. Zum Rolle von Hugo Preuß in den Verfassungsberatungen vgl. Kühne 2000.

Denkschriften, teils mit Stellungnahmen und Kommentaren zu steuern suchten,[34] meldete Gierke sich in der Verfassungsdebatte erst relativ spät zu Wort. Die Gelegenheit dazu bot ihm ein öffentlicher Vortrag (Gierke 1919b), den er am 4. Mai 1919 im Rahmen einer von seinem Kollegen und Parteifreund Ulrich von Wilamowitz-Moellendorff organisierten patriotischen Vortragsreihe in Berlin hielt.[35] Vor dem Hintergrund der aufgeheizten innenpolitischen Situation des Frühjahrs, die erst tags zuvor ihren vorläufigen Höhepunkt in der gewaltsamen Niederwerfung der zweiten Münchner Räterepublik gefunden hatte (dazu die klassische Studie von Mitchell 1967), war es Gierkes erklärte Absicht, der gegenwärtigen „Verwerfung der Ideen, die in der vorrevolutionären Zeit den deutschen Staat durchwalteten" (Gierke 1919b, S. 3 f.), entgegenzutreten. Zu diesem Zweck suchte er – gewissermaßen als Interpret seiner selbst – noch einmal das geballte Gewicht der deutschrechtlichen Tradition, über die er auf dem Gebiet der Rechtsgeschichte jahrzehntelang unumschränkt geboten hatte, in die Waagschale der verfassungspolitischen Auseinandersetzung zu werfen und seinem Publikum die normativen Implikationen der germanischen Tradition des Staatsdenkens zu entwickeln.

Zu Beginn seiner Betrachtungen kam Gierke, zunächst auf den Untergang der alten Ordnung und dessen Ursachen zu sprechen. Gegenüber seinen Zuhörern, bei denen er ohne Frage eine weitgehend gleichartige Gesinnung voraussetzen durfte, bekannte er zunächst noch einmal, wie sehr er „mit allen Fasern seines Wesens an Kaiser und Reich gehangen" hatte. Und auch aus der Tatsache, dass die Ereignisse der vergangenen Monate nichts an seiner durch und durch positiven Einstellung gegenüber dem Reich der Hohenzollern und seiner politischen Ordnung zu ändern vermocht hatten, machte Gierke kein Hehl. Im Gegenteil. Das Ende des Kaiserreichs, der „Zusammenbruch deutscher Herrlichkeit", erschien ihm immer noch wie „ein wüster Traum", den als Wirklichkeit zu akzeptieren ihm schwerfiel (Gierke 1919b,

---

34 Eine gute inhaltliche Darstellung und Diskussion der zwischen November 1918 und Mai 1919 erschienenen Privatentwürfe und Stellungnahmen bietet die materialreiche Studie von Dubben 2009.
35 Die um das Osterfest herum organisierte Vortragsreihe verfolgte das Ziel, „einer Zeit der Neubildungen in Staat, Kirche und Gesellschaft geschichtliche Belehrung zu bieten" (v. Wilamowitz-Moellendorff 1919, S. 3). Zu den Gelehrten, die mit ihrer „Wissenschaft dem wahren Wohle des Vaterlandes zu dienen" beabsichtigten (ebd.), gehörten neben Wilamowitz-Moellendorff und Gierke noch der – ebenfalls für die DNVP aktive – Germanist Gustav Roethe, der Theologe Karl Holl sowie der für die DVP in die Nationalversammlung gewählte Jurist Wilhelm Kahl. Mit Ausnahme von Holl hatten die übrigen Genannten sich bereits im Zuge der ebenfalls von Wilamowitz-Moellendorff organisierten Kriegsvorlesungen öffentlich als politische Gelehrte betätigt. An den Erfolg der Kriegsvorlesungen konnte die zunächst nur auf fünf Vorträge angesetzte neue Reihe freilich nicht anknüpfen. Die von Wilamowitz-Moellendorff geäußerte Hoffnung, „dass Gleichgesinnte unserem Vorgange folgen werden, so dass die Reihe fortgesetzt werden kann" (ebd.), sollte sich nicht erfüllen. Gierkes Vortrag blieb der letzte der Reihe. Offenbar waren nicht nur Teile des bürgerlichen Publikums, sondern auch der Professorenschaft der nationalen Erbauungsrhetorik müde. Unter dem Titel *Staat, Recht und Volk. Wissenschaftliche Reden und Aufsätze* erschienen die Vorträge als eigenständige Schriftenreihe noch im gleichen Jahr bei der Weidmannschen Buchhandlung in Berlin.

S. 1). Vor dem Hintergrund der gewaltsamen innenpolitischen Auseinandersetzungen, welche die junge deutsche Republik erschütterten, wurde die konstitutionelle Monarchie, deren harte machtstaatliche Realitäten er schon vor dem Krieg wiederholt weichgezeichnet und romantisch verklärt hatte, von ihm abermals stilisiert zum Ideal eines Staates, in dem „Freiheit und Ordnung“ auf harmonische Weise und „in gesundem Ebenmaß“ verwirklicht worden waren (Gierke 1919b, S. 1).

Auch was die für die deutsche Niederlage verantwortlichen Ursachen betraf, hatten die vergangenen Monate keine Änderung seiner Ansichten herbeizuführen vermocht. Ganz im Einklang mit der in konservativ-nationalen und völkischen Kreisen bereits weit verbreiteten Dolchstoßlegende[36] sah er die deutsche Niederlage nach wie vor nicht in strukturellen Mängeln der konstitutionellen Monarchie des Kaiserreichs oder strategischen Fehlern der Obersten Heeresleistung begründet, sondern allein in der „Erschlaffung der deutschen *Seele*“ (Gierke 1919b, S. 2.). Demnach hatte Deutschlands „unvergleichliches Heer“ der „brutalen Zahlenübermacht hasserfüllter Feinde“ bis zuletzt „siegreich“ widerstanden (Gierke 1919b, S. 1 f.). Erst mit dem „Abfall der Massen vom Gedanken des Vaterlands“, wie ihn u. a. der „Verzicht auf den letzten Entscheidungskampf“ offenbart hatte (Gierke 1919b, S. 2), war Deutschlands Schicksal besiegelt worden. Diesem ebenfalls weitverbreiteten konservativen Topos zufolge hatten die Alliierten den Krieg nicht gewonnen, sondern die Deutschen hatten ihn verloren. Und Gierke zufolge hatten sie ihn verloren, weil sie sich selbst und ihrem germanischen Wesen untreu geworden waren. Folglich musste es bei der Gestaltung der zukünftigen Verfassung Deutschlands für ihn vor allem darum gehen, eben dieses verloren gegangene germanische Wesen im Staatsaufbau erneut zur Geltung zu bringen. Statt „blindlings“ auf „romanische und slavische Ideen“ zurückzugreifen und sich unter „fremde Volksgeister“ zu beugen, sollten die Deutschen sich auf die ihnen eigene germanische Tradition besinnen und an diese anzuknüpfen suchen (Gierke 1919b, S. 5).

Ausgehend von diesen einleitenden Erwägungen, mit denen Gierke einmal mehr für die von ihm favorisierte historisch-organische Methode des Verfassungsdenkens plädierte, erteilte er allen Bestrebungen, „die den Bruch mit der Vergangenheit voranstellen und die Neugestaltung im Sinne der Verwirklichung eines *neuen Staatsideales* vollziehen wollen“ (Gierke 1919b, S. 1. [Hervorhebung im Original; K.M.]), von vornherein eine klare Absage. Zu einer allgemeinen „Verwerfung der Ideen, die in der *vorrevolutionären* Zeit den deutschen Staat durchwalteten“, wie sie die Protagonisten der jetzt miteinander um die Vorherrschaft ringenden Strömungen „der radikalen Demokratie, des internationalen Pazifismus, des Sozialismus aller Abstufungen und des allverschlingenden Kommunismus“ anstrebten (Gierke 1919b, S. 1 f.

---

36 Zu Enstehung und Varianten der Dolchstoßlegende vgl. Fries-Thiessenhusen 1972. Zum Stellenwert der Dolchstoßlegende im ideologischen Gefüge der DNVP vgl. u. a. die Ausführungen bei Thimme 1969, S. 76 ff.

[Hervorhebung im Original; K.M.]), bestand aus seiner Sicht überhaupt kein Anlass. Denn schließlich war es, wie Gierke seinem Publikum unter Verweis auf die wechselvolle deutsche Geschichte versicherte, stets „nur die Wiederbesinnung auf unser Germanentum, die uns vor dem nationalen Zerfall rettete und uns zu neuer Blüte erhob" (Gierke 1919b, S. 6). Dem von Preuß in seiner Denkschrift angemahnten Erfordernis einer radikalen Erneuerung der staatsrechtlichen Grundlagen des zukünftigen deutschen Staates hielt er daher die Forderung entgegen, „auch in dem gegenwärtigen chaotischen Wirbel der anstürmenden phantastischen neuen Staatsideen" den Prinzipien des „germanischen Staatsgedankens", auf die allein sich seiner Meinung nach die Hoffnung „einer nationalen Wiedergeburt" gründen konnte, die Treue zu halten (Gierke 1919b, S. 8).

Aus seiner Sicht konnte es sich bei der gegenwärtig zu schaffenden Verfassung ohnehin nur um einen vorläufigen „Notbau" handeln, dem es jedoch wenigstens „die Bausteine für die künftige Wiedererrichtung eines wahrhaft deutschen Gebäudes einzufügen" galt (Gierke 1919b, S. 24.). Die maßgeblichen normativen Eckpfeiler dieses Notbaus, der nicht nur der gegenwärtigen Generation eine Zuflucht bieten, sondern darüber hinaus kommenden Generationen als Baumaterial für den deutschen Staat der Zukunft dienen sollte, erblickte Gierke in einer Reihe von Prinzipien, die er seinem Publikum in einer vom Frühgermanentum über das Mittelalter bis zum Spätwilhelminismus reichenden Gesamtschau als historisch gewachsene und bewährte Elemente eines spezifisch germanischen Staatsgedankens zu entwickeln suchte. Als das die verschiedenen Elemente einigende geistige Band identifizierte er in diesem Zusammenhang abermals die Idee des deutschen Volksgeistes, der sich ihm zufolge in diesen Elementen in einem fortwährenden, die Jahrhunderte durchziehenden Entwicklungsprozess auf immer neuen Stufen in immer neuen Ausprägungen zum Ausdruck brachte.

Der erste Grundsatz, den Gierke beim Aufbau der zukünftigen Verfassung berücksichtigt wissen wollte, betraf die Einheit von Staat und Nation. Demnach sollte das neu zu errichtende Deutsche Reich „das deutsche Volk unter möglichster Abwehr jeder Verstümmelung seines Gebietes umschließen und durch die heißersehnte Eingliederung Deutsch-Österreichs die schmerzlich empfundene Spaltung des Deutschtums beseitigen" (Gierke 1919b, S. 25). So formuliert war das nicht nur ein Plädoyer dafür, die geschichtlich erst spät erworbene staatliche Einheit des untergegangenen Kaiserreichs zu bewahren und die im Zuge der kleindeutschen Lösung von 1871 nur unzureichend verwirklichte Einheit von Staat und Nation wahrhaft zu vollenden. Es war auch eine klare Aufforderung sowohl an die bestehende als auch an jede zukünftige Regierung, keiner mit territorialen Abtretungen verbundenen Friedensvereinbarung zuzustimmen. Damit brachte Gierke abermals eine keineswegs nur in konservativen Kreisen populäre Ansicht zum Ausdruck, die zwar nicht zum Geist des von Preuß vorgelegten amtlichen Verfassungsentwurfs in Widerspruch stand, wohl aber zu den machtpolitischen Realitäten. Indem er die Verwirklichung des Prinzips nationalstaatlicher Einheit sachlich mit der kategorischen Ablehnung jeglicher Gebietsabtretungen verknüpfte, hatte Gierke – bewusst oder unbewusst – eine Art vergiftetes Argument konstruiert, dessen unerbittliche Logik jede Regierung, die sich in dieser Frage zu territorialen Zugeständnissen bereit fand, zwangsläufig als undeutsch erscheinen lassen musste.

Einer ähnlichen Logik folgte auch die von Gierke ebenfalls in diesem Zusammenhang vertretene Auffassung, der zufolge die Bereitschaft des Deutschen Reiches zum „Wiederaufbau einer internationalen Gemeinschaft aufgrund eines reformierten Völkerrechts“ von der Anerkennung des Reiches als „vollberechtigter Mitträger der Staatengenossenschaft“ im Völkerbund“ abhängig gemacht werden sollte (Gierke 1919b, S. 25). Ungeachtet der Niederlage sah Gierke das Deutsche Reich nach wie vor in der Rolle einer europäischen Großmacht und forderte von den Alliierten nicht weniger, als die volle Anerkennung dieser Rolle auch im zukünftigen Konzert der europäischen Mächte – wohl wissend, dass die Entscheidungsgewalt über diesen fundamentalen Aspekt der zukünftigen Verfassung gar nicht bei der Nationalversammlung lag.

Das zweite Prinzip, das Gierke zufolge im Zuge des Verfassungsneubaus berücksichtigt wissen wollte, war das der geschichtlichen Fundamentierung des Staates. Mit diesem Plädoyer für eine historisch-organische Methode der Verfassungsgebung und -entwicklung erneuerte er nicht nur eine zentrale Forderung, die er bereits in seiner mit Paul Laband ausgetragenen Kontroverse um die Verfassung des Kaiserreichs erhoben hatte (Gierke 1961, S. 18 ff.), sondern er gab damit zugleich auch eine Rechtfertigung für das von ihm in seinem aktuellen Vortrag gewählte Verfahren einer kritischen Selbstbesinnung auf die Grundlagen des germanischen Staatsgedankens. So plädierte er dafür, die „kraftstrotzenden Wurzeln seines bisherigen Wachstums“ nicht in „kurzsichtigem Radikalismus“ abzugraben, sondern aus der „ruhmvollen Überlieferung“ all das zu bewahren, „was sich als Quelle unserer Stärke bewährt und in der Tiefe des deutschen Bewusstseins lebenszäh erhalten hat“ (Gierke 1919b, S. 25).

Die konkrete verfassungspolitische Forderung, deren historisch-organische Legitimität er mit diesen pathetischen Worten zu untermauern suchte, zielte auf einen Hauptstreitpunkt der andauernden Verfassungsberatungen, nämlich die Frage nach dem inneren Aufbau des zukünftigen Deutschen Reiches. Was Gierke betraf, so ließen seine Ausführungen keinen Zweifel daran, dass es ihm, was die Architektonik des neuen Staatsgebildes betraf, im Wesentlichen darum ging, das Werk, das „der staatsmännische Genius Bismarcks“ errichtet hatte (Gierke 1919b, S. 23), in nahezu unveränderter Gestalt wiedererstehen zu lassen. So wollte er vor allem die bundesstaatliche Form des Reiches erhalten wissen und „weder zu unitarischen noch zu föderalistischen Experimenten“ seine Zustimmung geben. Den Einzelstaaten sollten „wirkliche Staatlichkeit, kraftvolles Eigenleben“ und ein „unabhängige[r] Bereich selbständiger Machtentfaltung“ zugestanden werden. Das war ein klares Votum gegen die von Preuß vertretene Position, den Ländern des Reiches insgesamt ihren eigenstaatlichen Charakter zu nehmen und darüber hinaus die vormals bestehenden Reservatrechte der süddeutschen Staaten aufzuheben. Zudem war es eine kaum verklausulierte Absage an die von Preuß favorisierte Variante, die Mitglieder des Staatenhauses von den Parlamenten und nicht von den Regierungen der einzelnen Länder bestimmen zu lassen.

Nicht minder entschieden fiel Gierkes Stellungnahme zu der von Preuß aufgeworfenen Frage der Neugliederung des Reiches aus, die er ebenfalls in diesem Zusammenhang aufgriff. Diesbezüglich warnte Gierke ausdrücklich davor, „schablonenhafter Gleichmacherei zuliebe geschichtliche Zusammenhänge [zu] zerstören, deren in den Bevölkerungen lebendig gewordene Bindungskraft unersetzliche Werte darstellt". Besonders deutlich kam seine ablehnende Haltung in der Preußenfrage zum Ausdruck. So konnte er sich „keine schlimmere Versündigung an Deutschlands Zukunft" vorstellen, „als die Zertrümmerung oder Verstümmelung" des „einzigen deutschen Großstaats, der allein imstande ist, gen Osten wider das Slaventum und gen Westen wider das Welschtum das deutsche Wesen dauernd zu behüten!" (Gierke 1919b, S. 25) Gierke zufolge war Preußens weltgeschichtliche Rolle mit der Reichsgründung noch nicht erfüllt. Im Gegenteil. Hatte Deutschland Preußens im 19. Jahrhundert bedurft, um seine nationale Einheit zu erlangen, so bedurfte es dieses „bewährten Trägers angesammelter staatlicher Führerkraft" jetzt erneut, wenn es zukünftig nicht „für immer auf die Wiedererhebung zur Macht und Größe verzichten" wollte (Gierke 1919b, S. 25).

Das dritte Prinzip des germanischen Staatsgedankens, auf, das Gierke sich im Zuge seiner Ausführungen berief, war das eines organischen Aufbaus des Gemeinwesens. Was sich hinter dieser Formulierung verbarg, hatte er seinen Zuhörern bereits zuvor unter Rekurs auf die für sein Staatsverständnis zentrale Unterscheidung von Herrschaft und Genossenschaft vor Augen zu führen gesucht. Demnach gehörte es von seinen Anfängen im Volkskönigtum bis zur Gegenwart „zum Wesen des germanischen Staats, daß er seiner Grundlage nach *Genossenschaft*, seiner Betätigungsform nach *Herrschaft* oder, um moderne Schlagworte zu gebrauchen, gleichzeitig Volksstaat und Obrigkeitsstaat war" (Gierke 1919b, S. 7 [Hervorhebungen im Original; K.M.]). Mit der Unterscheidung von Herrschaft und Genossenschaft und der Frage nach ihrem Verhältnis hatte Gierke den in verfassungspolitischer Hinsicht wohl wichtigsten Streitpunkt zwischen seiner eigenen Verfassungskonzeption und dem Entwurf seines ehemaligen Schülers Preuß benannt.

In seiner bereits 1915 veröffentlichten und lebhaft diskutierten Studie *Das deutsche Volk und die Politik* hatte Preuß, der bekanntermaßen der Urheber der von Gierke angeführten „modernen Schlagworte" war, mit den Begriffen des Volksstaates und des Obrigkeitsstaates zwei aus seiner Sicht nicht nur gegensätzliche, sondern unvereinbare Formen staatlicher Organisation bezeichnet, die er für geeignet hielt, um die im Ersten Weltkrieg gipfelnde politische Malaise Deutschlands zu erklären (Preuß 1915). Seiner Analyse zufolge war die in sozialer, wirtschaftlicher und kultureller Hinsicht so bemerkenswerte Modernisierung des Kaiserreichs in einer entscheidenden Hinsicht unvollständig geblieben, nämlich auf dem Gebiet der Politik. Im Unterschied zu seinen westlichen Nachbarn England und Frankreich, so Preuß, hatte Deutschland sich einer konsequenten Parlamentarisierung verweigert und damit den entscheidenden Modernisierungsschritt vom Obrigkeitsstaat zum Volksstaat nicht nachvollzogen. Preuß sah in diesem fehlenden Übergang zur parlamentarischen Regierungsform nicht nur ein außenpolitisches, sondern auch ein innenpolitisches Übel, dass es mit der neuen Verfassung endgültig zu überwinden galt.

Demgegenüber hielt Gierke nach wie vor an der Überzeugung fest, dass nicht der Gegensatz, sondern vielmehr „die Versöhnung von *Volksfreiheit* und *Herrschergewalt* als kennzeichnendes Merkmal des germanischen Staatsgedankens" zu gelten habe, das in der konstitutionellen Monarchie des Kaiserreichs mit ihrem „Gleichgewicht zwischen den ererbten monarchischen Gewalten und den volksmäßigen Staatsorganen" auf vorbildliche Weise verwirklicht worden sei und an das es auch in der Gegenwart erneut anzuknüpfen gelte (Gierke 1919b, S. 8 u. 25.). Zwar wollte auch er den Volksstaat auf „eine breitere Basis" gestellt sehen und seine „tiefere Einsenkung in das Bewusstsein aller Volksschichten" gewährleistet wissen (Gierke 1919b, S. 26). Doch folgte daraus aus seiner Sicht keineswegs mit Notwendigkeit ein Anspruch aller auf gleichberechtigte politische Partizipation. Im Gegenteil. Gierke zufolge musste, „was immer in unseren Kräften steht", getan werden, um den Staat vor seiner „Auslieferung an die jeweilige ungegliederte Masse oder eine an Kopfzahl überwiegende Klasse" zu verhindern (Gierke 1919b, S. 26). Erforderlich war dazu in seinen Augen „eine von Tagesströmungen und Parteiinteressen unabhängige germanische Obrigkeit, die die allgemeinen und dauernden Interessen des Volksganzen mit fester Hand wahrnimmt". Mit dem Begriff des Volksganzen aber meinte Gierke ausdrücklich „nicht die Summe der jeweiligen Individuen, sondern das aus Haupt und Gliedern bestehende, vergangene und künftige Geschlechter zur Lebenseinheit verknüpfende Gemeinwesen" (Gierke 1919b, S. 26). Konkret gesprochen lief das auf die realitätsfremde Forderung nach der Einführung eines berufsständischen Wahlrechts hinaus, wie sie Gierke bereits unmittelbar nach dem Zusammenbruch der Monarchie in einem umfangreichen Artikel für den Berliner *Tag* erhoben hatte.[37] In diesem Punkt weigerte Gierke sich offensichtlich, die durch die Revolution geschaffenen Fakten und die mit ihr verbundenen machtpolitischen Realitäten anzuerkennen.

Ebenso deutlich, wie Gierke das Prinzip der Mehrheitsdemokratie ablehnte, wandte er sich gegen die im Verfassungsentwurf vorgesehene Einführung eines echten, durch Konkurrenz um die Regierungsmacht gekennzeichneten Parlamentarismus. An der Spitze des Staates wollte er eine vom Zutrauen oder Misstrauen der gewählten Volksvertretung unabhängige „selbständige, mit eigener Macht und eigener Verantwortlichkeit ausgerüstete Regierung" sehen, „die uns vor der drohenden Anarchie und deren unausbleiblicher Ablösung durch eine gewalttätige Diktatur

---

[37] Die Forderung nach Einführung eines nach Berufsgruppen gegliederten Wahlrechts hatte Gierke unmittelbar nach dem Zusammenbruch der Monarchie in einem umfangreichen Zeitungsartikel erhoben. Vgl. v. Gierke 1918a.

schützt!" (Gierke 1919b, S. 26) Wer für die Einsetzung dieser Regierung verantwortlich sein sollte, ließ Gierke dabei bezeichnenderweise offen. Auch wenn er mit Rücksicht auf die bestehenden Verhältnisse nicht explizit die Wiedereinführung der konstitutionellen Monarchie verlangte, so kann anhand der vorausgegangenen
Ausführungen doch kein Zweifel daran bestehen, dass er die Funktion des Staats-
oberhaupts lieber durch einen Monarchen als durch einen starken Präsidenten aus-
gefüllt gesehen hätte – eine Einstellung, die er u. a. mit Kuno Graf Westarp und vielen anderen Mitgliedern der DNVP teilte.

Das vierte von Gierke thematisierte Prinzip, das mit dem germanischen Staatsgedanken „die Weltbühne betrat" und in dem er zugleich dessen „tiefstes Wesen" und
„innerste Eigenart, die ihn zu weltgeschichtlich neuen Schöpfungen befähigte",
erkennen zu können meinte, war das der Rechtsstaatlichkeit (Gierke 1919b, S. 7 f.).
Mit dem germanischen Rechtsgedanken, den er für noch „gewaltiger" erachtete als
den römischen, vollzog sich seiner Meinung nach ein fundamentaler Wandel, der das
Verhältnis von Staat und Recht ein für allemal revolutionierte: „Er umfaßte und
durchdrang alle menschlichen Beziehungen, er bannte jede anerkannte Willensmacht in feste Schranken, er kannte keine rechtsfreie Gewalt. Darum war dem germanischen Bewußtsein nicht nur das Privatrecht, sondern auch das, was wir heute
öffentliches Recht nennen, wahres, volles, gegenseitiges gerichtlich geschütztes
Recht. Auch die Beziehungen zwischen der Gesamtheit und dem Einzelnen und zwischen Obrigkeit und Volk waren streng rechtlicher Natur. Es gab keine Herrschaft,
die nicht zugleich Pflicht gewesen wäre und nicht durch Pflichtverletzung hätte ver-
wirkt werden können" (Gierke 1919b, S. 8). Anknüpfend an dieses Verständnis von
Rechtsstaatlichkeit formulierte Gierke die Erwartung, dass der staatliche Neubau des
Deutschen Reiches den „großen germanischen Gedanken, daß sich alle staatliche
Willensmacht vor der sittlichen Macht des Rechts zu beugen hat, [...] gegenüber dem
Staatsabsolutismus der romanischen und slavischen Welt bis ins Einzelne durchfüh-
ren" werde (Gierke 1919b, S. 27).

Anders als bei den zuvor erörterten Prinzipien kam er in diesem Punkt zu einer
ausgesprochen positiven Beurteilung des von Preuß erarbeiteten Verfassungsentwurfs und sparte auch nicht mit Kritik an der in dieser Hinsicht mangelhaften Verfassungsrealität des Kaiserreichs. So konzedierte er, dass die neue Verfassung
durchaus in der Lage sei „über die bisherige Reichsverfassung" und „deren bedenk-
liche Lücken und Schwächen in der Unvollkommenheit der zum Schutze des öffentlichen Rechts getroffenen Einrichtungen [...] hinauszuwachsen" (Gierke 1919b, S. 27).
Was die konkrete Umsetzung des Grundsatzes der Rechtsstaatlichkeit betraf, begrüß-
te er namentlich die „Feststellung und Sicherung unantastbarer Grundrechte der
Individuen" und den „Schutz der Minderheiten durch Erschwerung von Verfassungsänderungen" als wichtige Fortschritte (Gierke 1919b, S. 27 f.). Von nicht minder
großer Bedeutung waren für ihn aber auch die geplante Errichtung eines Reichsver-
waltungsgerichts als des „obersten Hüters der öffentlichen Rechte und Pflichten aller
Reichsangehörigen und aller engeren Verbandseinheiten, Gemeinden und Genos-

senschaften“, sowie die Schaffung eines „unabhängigen, ausschließlich nach Rechtsgrundsätzen urteilenden, in geordnetem Prozeß verfahrenden Gerichtshof[s]“ für Verfassungsfragen und Kompetenzstreitigkeiten zwischen Reich und Gliedstaaten, denen er ebenfalls Beifall zollte (Gierke 1919b, S. 27 f.).

Auch zur sozial- und kulturstaatlichen Orientierung des Entwurfs nahm Gierke positiv Stellung, sah er doch hierin ebenfalls zwei der von ihm identifizierten Prinzipien wesentlich germanischen bzw. deutschen Staatsdenkens hinreichend berücksichtigt. Was die Eigentums- und Wirtschaftsordnung des zukünftigen Deutschen Reiches anbetraf, so plädierte Gierke dafür, dass sie ihrem Charakter nach „sozial, aber nicht sozialistisch“ ausgestaltet sein sollte. So sollten einerseits durch „kräftige Entfaltung der verheißungsvollen Anfänge deutscher Sozialpolitik“ die „Auswüchse“ und „Sünden des Kapitalismus“ vermieden und eine „friedliche Schlichtung und Versöhnung der Interessenkämpfe“ befördert werden; andererseits sollten der Schutz des Privateigentums, die Stützung des Mittelstands und die Gewährleistung unternehmerischer Freiheit der mit einer „totalen Vergesellschaftung der Produktion und der Güterverteilung“ verbundenen Gefahr einer „Erstarrung des lebendigen Volksorganismus zum mechanischen Zwangsapparat“ wehren. Auf dem weiten Gebiet der Kulturpolitik, das alle Fragen von Familie, Erziehung, Wissenschaft, Bildung, Kunst und Religion umfasste, sprach sich Gierke für eine Umsetzung des Subsidiaritätsprinzips aus. Demnach sollte der Staat „seine Machtmittel fördernd und erforderlichenfalls abwehrend nur einsetzen, soweit es des Eingriffes einer höchsten zwingenden Gewalt bedarf“ (Gierke 1919b, S. 26 f.), im Übrigen aber den Organisationen der Selbstverwaltung das Feld überlassen. Die Tätigkeit der Kirchen und der Verbände sollte sich frei von staatlicher Beaufsichtigung entfalten können. Vereinigungen, die gemeinwohldienliche Zwecke verfolgen, sollten zudem den Status von Körperschaften des öffentlichen Rechts erhalten. Übereinstimmungen waren also durchaus vorhanden. Aber erstens waren sie sekundär im Vergleich zu den Differenzen, die hinsichtlich der entscheidenden Fragen des institutionellen Aufbaus und der inneren Organisation des neu zu gründenden deutschen Staates bestanden, und zweitens bestanden sie auf einer so allgemeinen Ebene, dass die Konkretisierung der Grundsätze immer noch Raum für weitgehende Differenzen ließ. So ließ sich die Forderung nach Anerkennung des Prinzips der Selbstverwaltung ebenso zur Rechtfertigung progressiver Ziele, wie etwa der Anerkennung der Tarifautonomie, nutzen, wie auch zur Rechtfertigung konservativer Regelungen, wie beispielsweise den Verbleib der Armenfürsorge auf kommunaler Ebene. Letztendlich war es, wie die Beispiele zeigen, der politische Wille des jeweiligen Interpreten, der darüber entschied, ob und inwieweit sich die systematischen Gehalte der Genossenschaftstheorie mit einer modernen, dezidiert demokratischen Verfassungsordnung in Einklang bringen ließen oder nicht.

4 Bürger einer untergegangenen Welt

Mit seinem Beitrag zur Verfassungsdiskussion war Gierke einer Aufgabe nachge-
kommen, die zu erfüllen ihm sowohl patriotische Pflicht als auch Herzensangele-
genheit war. Über die Erfolgsaussichten seiner politischen Intervention machte er
sich indes keine Illusionen. Dass der von ihm beschworene Tag der Wiedererrichtung
des Deutschtums noch für lange Zeit fern sein würde, war ihm bewusst. Entscheidend war für ihn aber nicht wann, sondern dass dieser Tag der nationalen Wiederauferstehung kommen würde. Die Republik und die mit ihr hereingebrochene „Zer-
rüttung des Staatswesens" bildete für ihn „nicht den endgültigen Abschluss der
Geschichte unseres preußisch-deutschen Kaiserreichs, sondern nur ein längeres oder
kürzeres Zwischenspiel in dessen Entwicklungsgang" (Gierke 1920, S. 12). Auch wenn
er und die anderen seiner Generation das gelobte Land nicht mehr schauen sollten,
so war es doch an ihnen, den nachfolgenden Generationen den Weg dorthin zu weisen. Sie mussten in ihren „Kindern und Enkeln die Überlieferungen von Kaiser und
Reich lebendig erhalten und das Bewusstsein der Abhängigkeit unserer Zukunft von
unserer großen Vergangenheit pflegen und fortpflanzen, damit jederzeit, wenn uns
Gott den Retter schickt, er den Boden in den Seelen bereitet findet" (Gierke 1920,
S. 12) Das war seiner Meinung nach die Bestimmung, die ihm und den Angehörigen
seiner Generation, die den Aufstieg und die Blüte des Deutschen Reiches erlebt hatten, nach dessen Untergang vom Schicksal zugedacht worden war.

Um diesen mit geradezu heilsgeschichtlichen Erwartungen verknüpften Wunsch
nach einem „Retter", von dem Gierke sich die Wiederauferstehung des Deutschtums
erhoffte, richtig zu verstehen, muss man sich vergegenwärtigen, dass der Vortrag von
ihm am Ostersonntag gehalten wurde. Ohne Frage war es die Absicht des gläubigen
Christen Gierke, mit der Verwendung des theologischen Erlösermotivs nicht nur
rhetorisch zu glänzen, sondern auch den Effekt seiner Rede auf Seiten seiner Zuhörer
zu verstärken. Zugleich ist die Überantwortung der nationalen Geschicke an einen
zukünftigen Erlöser aber auch ein unzweifelhaftes Indiz für die Orientierungs- und
Ratlosigkeit, mit der Gierke dem für ihn unfassbaren Untergang des Kaiserreichs
gegenüberstand. Aus der von Gierke in seinem ersten Band des deutschen Genossen-
schaftsrechts (vgl. Gierke 1954) entworfenen und in seinem Vortrag rekapitulierten
geschichtsphilosophischen Perspektive, der zufolge die durch den Widerstreit der
Prinzipien von Genossenschaft und Herrschaft vorangetriebene Entwicklung des
germanischen bzw. deutschen Staates in der konstitutionellen Monarchie ihren har-
monischen Ausgleich und Abschluss gefunden hatte, konnte die Zukunft zwar noch
Veränderung, aber keinen weiteren Fortschritt im normativen Sinne mehr bringen.
Fortschritt im normativen Sinne konnte demnach nur in einer Rückbesinnung auf

eben jene geistigen Grundlagen des deutschen Konstitutionalismus bestehen,[38] über die der Zeitgeist in Form der Revolution hinweggefegt war. Mit der in radikalkonservativen Kreisen schon bald immer unverhohlener erhobenen Forderung nach dem „starken Mann" oder gar dem „Führer" hatte diese eigentümliche Form des restaurativen Denkens jedenfalls nichts gemein. Sympathien für jede Form von Diktatur waren Gierke, der auch als Konservativer den liberalen Grundsätzen von individueller Freiheit, Rechtsstaatlichkeit und Gewaltenteilung die Treue hielt, vollkommen fremd.[39]

Fragt man nach dem Einfluss von Gierkes Vortrag, der übrigens sein letzter bleiben sollte, auf den weiteren Fortgang der Verfassungsdiskussion, muss man feststellen, dass sein öffentlicher Appell zum Anknüpfen an die deutschrechtliche Tradition weitgehend ungehört und ohne größere Resonanz verhallte.[40] Das lag zum einen sicherlich daran, dass unter den gewandelten Bedingungen einer modernen Massendemokratie die Form des öffentlichen Vortrags als Instrument der Gelehrtenpolitik[41] kaum mehr geeignet war, jene breitenwirksame Resonanz zu erzeugen, die sie zu früheren Zeiten und insbesondere bei Ausbruch des Krieges entfaltet hatte.[42] Zum anderen waren dafür aber auch inhaltliche Gründe ausschlaggebend. Zukunftsorientierung durch Vergangenheitsbeschwörung zu liefern, wie es die deutschen Professoren zuletzt in geschlossener Formation nach dem Beginn des Ersten Weltkriegs getan hatten (dazu nach wie vor maßgeblich Schwabe 1961; ders. 1969), war angesichts der mit der Erarbeitung einer neuen Verfassung verbundenen staats- und verwaltungsrechtlichen Herausforderungen, die politische Kompromisse und juristisches Expertenwissen anstelle gelehrter Sinnstiftung erforderten, keine überzeugende Option mehr. Die grundsätzlichen Erwägungen zur deutschen Rechtstradition und zum germanischen Staatsgedanken, die Gierke in seinem Vortrag angestellt hatte, waren – wo sie sich den politischen Realitäten nicht von vornherein verweigerten – zu allgemeiner Natur, um die von handfesten politischen Interessen und verfassungsrechtlichen Detailfragen geprägten Auseinandersetzungen nennenswert zu befruchten. Sie wurden denn auch weder von den juristisch geschulten Fachgenossen noch

---

38 Zur Diskussion um die Frage, ob die deutsche konstitutionelle Monarchie des 19. Jahrhunderts nur ein Durchgangsstadium auf dem Weg zur parlamentarischen Demokratie oder einen eigenständigen Verfassungstypus verkörpert, vgl. die einschlägigen Positionen von Huber 1963, S. 4 ff. und Böckenförde 1972.

39 Auf diesen Umstand sollte wenige Jahre später ausgerechnet der 1935 zum Leiter des nationalsozialistischen Instituts für Staatsforschung berufene Jurist und SS-Mann Reinhard Höhn hinweisen, dem zufolge Gierkes Staatslehre als typisches geistiges Produkt des deutschen Konstitutionalismus überholt und „von unserer Zeit nicht mehr zu brauchen" sei (Höhn 1936, S. 7). Vgl. dazu auch die Ausführungen bei Stolleis 1999, S. 257, Anm. 65, S. 327.

40 Zum Ergebnis der Verfassungsberatungen vgl. u. a. Rürup 1972; Kluge 1985, S. 159 ff.

41 Zum Begriff der Gelehrtenpolitik und ihrer Rolle im Kaiserreich vgl. u. a. v. Bruch 1986; ders. 1993.

42 Eine recht gute Auswahl mit Auszügen aus den zahlreichen Reden der deutschen Professorenschaft während des Ersten Weltkrieges bietet nach wie vor Böhme 1975.

von den im Verfassungsausschuss vertretenen Abgeordneten der Nationalversammlung aufgegriffen. Auch Gierkes Parteigenossen von der DNVP bildeten hier keine nennenswerte Ausnahme.[43] Wo die Verfassungsberatungen dennoch zu Ergebnissen führten, die auf der Linie der von Gierke erhobenen Forderungen lagen, so etwa bei der Einführung eines mit weitreichenden Vollmachten ausgestatteten Präsidentenamtes, dem Festhalten an der föderalen Struktur des Reiches oder dem ungeschmälerten Fortbestand Preußens, waren dafür andere als die von ihm ins Feld geführten historisch-organischen Begründungen maßgeblich.

Darüber hinaus vermochte schließlich auch die eigentümliche Verknüpfung liberaler und konservativer Ideen und Institutionen, die Gierke seinem Publikum als die dem Wesen des Deutschtums einzig angemessene Staatsauffassung nahezubringen gesucht hatte, unter den gewandelten politischen Verhältnissen selbst in national gesonnenen Kreisen kaum noch ideologische Anziehungskraft, geschweige denn legitimierende Wirkung zu entfalten. Hatten der Untergang der Monarchie und die mit ihr verbundenen revolutionären Ereignisse auf konservativer Seite zunächst tief greifende Verunsicherung hervorgerufen, so setzte nach Bekanntwerden der von den Alliierten erhobenen Friedensbedingungen, die der deutschen Delegation in Versailles am 7. Mai 1919 überreicht wurden, eine zunehmende ideologische Radikalisierung ein (dazu u. a. Sontheimer 1994, S. 27 ff.). Diese Radikalisierung, die nicht zuletzt von den Angehörigen der durch das Fronterlebnis geprägten Generation getragen wurde, kam u. a. in einer Abkehr von gemäßigten liberal- und sozialkonservativen Ideen und einer stärkeren Hinwendung zu völkisch-radikalen und antisemitisch imprägnierten Formen eines aggressiven Nationalismus zum Ausdruck.[44] Die vermittelnde Position Gierkes, die der Tradition des deutschen Konstitutionalismus verpflichtet blieb, hatte sich für diese neuen Konservativen, die schon bald auch in der DNVP auf dem Vormarsch waren,[45] mit der Revolution ebenso überlebt wie das behäbige germanophile Pathos, mit dem sie grundiert war. Wie wenig die neuen radikalen Sendboten von Volk und Nation gemein hatten mit den Patrioten alten Schlages, die sich für die „teutsche Freiheit" (Troeltsch) begeisterten und von der Liebe zum „alten germanischen Volkskönigtum" (Meinecke) durchdrungen waren, musste Gierke auch persönlich erfahren, als die neuerliche Kandidatur seiner Tochter Anna[46] für die Nationalversammlung im Jahr 1920 vom völkisch-radikalen Flügel der

---

43 Zur Verfassungspolitik der DNVP, allerdings mit Schwerpunkt auf den Ländern, vgl. die ausführliche Schilderung bei Trippe 1995.
44 Einen Überblick über die verschiedenen Spielarten bietet Sontheimer 1994, S. 113.
45 Vgl. Liebe 1956, S. 51 ff. Eine ausführliche Darstellung der innerparteilichen Auseinandersetzungen zwischen dem gemäßigten und dem völkisch-radikalen Flügel der DNVP bietet Striesow 1981.
46 Zu Leben und Wirken Anna von Gierkes, die als Leiterin des „Jugendheims", einer überregional bekannten und anerkannten reformpädagogischen Jugendeinrichtung in Charlottenburg, in weiten Kreisen des protestantisch geprägten Berliner Bürgertums großes Ansehen genoss, vgl. u. a. Baum 1954; Gruner 1974; Allen 1991, S. 215 ff.

DNVP aufgrund ihrer jüdischen Herkunft hintertrieben wurde.[47] Diese für ihn persönlich bittere Erfahrung, die Gierke und seine Tochter Anna schließlich zum sofortigen Austritt aus der Partei bewog,[48] machte auf drastische Weise den Verlust an Einfluss und Deutungsmacht ersichtlich, den Gierke, der bis zu seinem Ende „ein Mann des Jahres 1871“ blieb,[49] als politischer Gelehrter erlitten hatte. Die deutschrechtliche Tradition, über die Gierke jahrzehntelang wie kein zweiter geboten hatte, war im Deutungskampf um die neue Ordnung zu einer stumpfen Waffe geworden.

Literatur

Allen, Ann Taylor 1991: Feminism and Motherhood in Germany 1800–1914, New Brunswick/N.J.
Baum, Marie 1954: Anna von Gierke. Ein Lebensbild, Weinheim u. Berlin.
Bieber, Hans-Joachim 1992: Bürgertum in der Revolution. Bürgerräte und Bürgerstreiks in Deutschland 1918–1920, Hamburg.
Böckenförde, Ernst-Wolfgang 1971: Der Verfassungstyp der deutschen konstitutionellen Monarchie im 19. Jahrhundert, in: Moderne deutsche Verfassungsgeschichte (1815–1918), hrsg. v. Ernst-Wolfgang Böckenförde unter Mitarbeit von Rainer Wahl, Köln, S. 146–170.
Böckenförde, Ernst-Wolfgang 1988: „Der Zusammenbruch der Monarchie und die Entstehung der Weimarer Republik“, in: Die Weimarer Republik 1918–1933. Politik, Wirtschaft, Gesellschaft, hrsg. v. Karl Dietrich Bracher, Manfred Funke und Hans-Adolf Jacobsen, Düsseldorf, S. 17–43 (2. Aufl.).
Böckenförde, Ernst-Wolfgang 1995: Die deutsche verfassungsgeschichtliche Forschung im 19. Jahrhundert. Zeitgebundene Fragestellungen und Leitbilder, Berlin (2. Aufl.).
Böhme, Klaus 1975: (Hrsg.) Aufrufe und Reden deutscher Professoren im Ersten Weltkrieg, Stuttgart.
Bruch, Rüdiger vom 1986: „Gelehrtenpolitik und politische Kultur im späten Kaiserreich“, in: Gelehrtenpolitik und politische Kultur in Deutschland 1830–1930, hrsg. v. Gustav Schmidt u. Jörn Rüsen, Bochum 1986, S. 77–106.
Bruch, Rüdiger vom 1993: „Professoren im Deutschen Kaiserreich“, in: Hochschullehrer an Technischen Hochschulen und Universitäten. Sozialgeschichte, soziodemographische Strukturen und Karrieren im Vergleich, Braunschweig, S. 7–22.
Craig, Gordon A. 1980: Deutsche Geschichte 1866–1945. Vom Norddeutschen Bund bis zum Ende des Dritten Reiches, München.

47 Den Anlass für die antisemitische Agitation der Völkisch-Radikalen im Landesverband Potsdam II bildete die Herkunft von Gierkes Frau Lili Loening, mit der er seit 1873 verheiratet war. Lili Loening war die Tochter des jüdischen Verlegers Zacharias Löwenthal, der 1847 zum evangelischen Glauben konvertiert war und den Namen Karl Friedrich Loening angenommen hatte. Zum „Fall Gierke“, der seinerzeit für erhebliches Aussehen inner- und außerhalb der Partei sorgte, vgl. die knappe Schilderung bei Liebe 1956, S. 65.
48 Über die Hintergründe des Falles und die Beweggründe seiner Entscheidung gab Gierke in einer öffentlichen Stellungnahme ausführlich Auskunft. So hielt er es „mit meiner Manneswürde für unvereinbar, fernerhin einer Partei anzugehören, meine Frau, meine Kinder und Enkel und damit auch ich selbst ungerügt zu minderwertigen Persönlichkeiten gestempelt werden oder doch die echte und volle Deutschheit uns abgesprochen wird.“ v. Gierke 1920, S. 25.
49 So das treffende Urteil von Mogi 1932, S. 267.

Dilcher, Gerhard 1995: Art. „Otto von Gierke (1841–1921)", in: Juristen. Ein biographisches Lexikon, hrsg. v. Michael Stolleis, München, S. 232–234.

Dubben, Karin 2009: Die Privatentwürfe zur Weimarer Reichsverfassung – zwischen Konservatismus und Innovation, Berlin (Diss. jur. Hannover 2009).

Epkenhans, Michael 1994: Das Bürgertum und die Revolution 1918/19, Heidelberg.

Friedrich, Manfred, 1997: Geschichte der deutschen Staatsrechtswissenschaft, Berlin.

Friedrich, Manfred 2003: „Plan des Regierungssystems für die deutsche Republik. Zur Lehre vom ‚echten' und ‚unechten' Parlamentarismus: Robert Redslob und Hugo Preuß", in: Vom Untertanenverband zur Bürgergenossenschaft. Symposion zum 75. Todestag von Hugo Preuß am 9. Oktober 2000, hrsg. v. Detlef Lehnert und Christoph Müller im Auftrag der Hugo-Preuß-Gesellschaft e. V., Baden-Baden, S. 189–201.

Fries-Thiessenhusen, Karen 1972: Politische Kommentare deutscher Historiker 1918/19 zu Niederlage und Staatsumsturz, in: Vom Kaiserreich zur Weimarer Republik, hrsg. v. Eberhard Kolb, Köln, S. 349–368.

Gierke, Otto von 1914: Krieg und Kultur. Rede am 18. September 1914; wiederabgedruckt in und zitiert nach: Deutsche Reden in schwerer Zeit, Bd. 1, hrsg. v. d. Zentralstelle für Volkswohlfahrt und dem Verein für volkstümliche Kurse von Berliner Hochschullehrern, Berlin 1914, S. 75–101.

Gierke, Otto von 1915: Der deutsche Volksgeist im Kriege, Stuttgart u. Berlin (= Der deutsche Krieg, Heft 46).

Gierke, Otto von 1917: Unsere Friedensziele, Berlin.

Gierke, Otto von 1918a: „Wahlrecht nach Berufsgruppen", in: Der Tag, Nr. 231 v. 02. Oktober 1918, S. 1–2 (Ausgabe A) u. Nr. 236 v. 08. Oktober 1918, S. 1–2 (Ausgabe A).

Gierke, Otto von 1918b: ‚Und es mag an deutschem Wesen Einmal noch die Welt genesen', in: Der Tag, Nr. 259 v. 03. November 1918, S. 1–2 (Ausgabe A) u. Nr. 260 v. 05. November 1918, S. 1–2 (Ausgabe A).

Gierke, Otto von 1919a: „Parteilose Wähler", in: Der Tag, Nr. 2 v. 03. Januar 1919, S. 1–2 (Ausgabe A) u. Nr. 03 v. 04. Januar 1919, S. 1–2 (Ausgabe A).

Gierke, Otto von 1919b: Der germanische Staatsgedanke, Berlin.

Gierke, Otto von 1920: Einige Wünsche an die Deutschnationale Volkspartei, Berlin.

Gierke, Otto von 1954: Das deutsche Genossenschaftsrecht, Bd.1: Rechtsgeschichte der deutschen Genossenschaft, unveränderter photomechanischer Nachdruck der ersten Ausgabe, Darmstadt.

Gierke, Otto von 1961: Labands Staatsrecht und die deutsche Rechtswissenschaft, Darmstadt (2. Aufl.).

Gillessen, Günther 2000: Hugo Preuß. Studien zur Ideen- und Verfassungsgeschichte der Weimarer Republik, Erstveröffentlichung der Dissertation von 1955, Berlin.

Grassmann, Siegfried 1965: Hugo Preuß und die deutsche Selbstverwaltung, Lübeck.

Gruner, Isa 1974: Anna von Gierke zum 100. Geburtstag, Berlin. Fruck.

Höhn, Reinhard 1936: Otto von Gierkes Staatslehre und unsere Zeit, zugleich eine Auseinandersetzung mit dem Rechtssystem des 19. Jahrhunderts, Hamburg.

Huber, Ernst Rudolf 1963: Deutsche Verfassungsgeschichte seit 1789, Bd.3: Bismarck und das Reich, Stuttgart u. a. (2., verb. Aufl.).

Huber, Ernst Rudolf 1966: Dokumente zur deutschen Verfassungsgeschichte, Bd. 3: Dokumente der Novemberrevolution und der Weimarer Republik, Stuttgart u. a. (2., erw. Aufl.).

Isele, Hellmut Georg 1971: „Otto von Gierke", in: Handwörterbuch zur deutschen Rechtsgeschichte, hrsg. v. Adalbert Erler und Ekkehard Kaufmann, Bd. 1, Berlin 1971, Sp. 1684–1687.

Jellinek, Walter 1920: „Revolution und Reichsverfassung", in: Jahrbuch des öffentlichen Rechts der Gegenwart, Jg. IX (alte Folge), S. 1 ff.

Kern, Bernd Rüdiger 1982: Georg Beseler. Leben und Werk, Berlin.

Kleinheyer, Gerd/Schröder, Jan 1983: Deutsche Juristen aus fünf Jahrhunderten. Eine biographische Einführung in die Geschichte der Rechtswissenschaft, 2. Aufl., Heidelberg.

Kluge, Ulrich 1985: Die deutsche Revolution 1918/1919. Staat, Politik und Gesellschaft zwischen Weltkrieg und Kapp-Putsch, Frankfurt a. M.

Kolb, Eberhard 1988: Die Weimarer Republik, München (2., durchges. u. erg. Aufl.).

Kühne, Jörg-Detlef 1984: „Die Bedeutung der Genossenschaftslehre für die moderne Verfassung“, in: Zeitschrift für Parlamentsfragen 15. Jg., S. 552–570.

Kühne, Jörg-Detlef 2000: Demokratisches Denken in der Weimarer Verfassungsdiskussion. Hugo Preuß und die Nationalversammlung, in: Demokratisches Denken in der Weimarer Republik, hrsg. v. Christoph Gusy, Baden-Baden, S. 115–133.

Lehnert, Detlef 1998: Verfassungsdemokratie als Bürgergenossenschaft. Politisches Denken, öffentliches Recht und Geschichtsdenken bei Hugo Preuß – Beiträge zur demokratischen Institutionenlehre in Deutschland, Baden-Baden.

Lehnert, Detlef 2012: Das pluralistische Staatsdenken von Hugo Preuß, Baden-Baden.

Lehnert, Detlef/Müller, Christoph 2003: (Hrsg.) Vom Untertanenverband zur Bürgergenossenschaft. Symposion zum 75. Todestag von Hugo Preuß am 9. Oktober 2000, Baden-Baden.

Liebe, Werner 1956: Die Deutschnationale Volkspartei 1918–1924, Düsseldorf.

Llanque, Marcus 2000: Demokratisches Denken im Krieg. Die deutsche Debatte im Ersten Weltkrieg, Berlin.

Malowitz, Karsten 2003: Zwischen Kaiserreich und Republik. Hugo Preuß und Otto v. Gierke, in: Vom Untertanenverband zur Bürgergenossenschaft. Symposion zum 75. Todestag von Hugo Preuß am 9. Oktober 2000, hrsg. v. Detlef Lehnert und Christoph Müller im Auftrag der Hugo-Preuß-Gesellschaft e. V., Baden-Baden, S. 123–150.

Mauersberg, Jasper 1991: Ideen und Konzeption Hugo Preuß' für die Verfassung der deutschen Republik und ihre Durchsetzung im Verfassungswerk von Weimar, Frankfurt a. M. u. a. (Diss. jur. Kiel).

Mitchell, Allan 1967: Revolution in Bayer 1918/19. Die Eisner-Regierung und die Räte-Republik, München.

Mogi, Sobei 1932: Otto von Gierke. His Political Teaching and Jurisprudence, London.

Ohnezeit, Maik 2011: Zwischen „schärfster Opposition“ und dem „Willen zur Macht“. Die Deutschnationale Volkspartei (DNVP) in der Weimarer Republik 1918–1928, Düsseldorf.

Peters, Martin 2001: Die Genossenschaftstheorie Otto v. Gierkes (1841–1921), Göttingen.

Preuß, Hugo 1915: Das deutsche Volk und die Politik, Jena.

Preuß, Hugo 1917: „Vorschläge zur Abänderung der Reichsverfassung und der Preussischen Verfassung, nebst Begründung“, wiederabgedruckt in und zitiert nach: Hugo Preuß, Staat, Recht und Freiheit. Aus 40 Jahren deutscher Politik und Geschichte, mit einem Geleitwort von Theodor Heuss, Tübingen 1926, S. 290–334.

Preuß, Hugo 1919a: „Denkschrift zum Entwurf des allgemeinen Teils der Reichsverfassung vom 3. Januar 1919“, in: Deutscher Reichsanzeiger Nr. 15, Erste Beilage; wiederabgedruckt in und zitiert nach: Hugo Preuß, Staat, Recht und Freiheit. Aus 40 Jahren deutscher Politik und Geschichte, mit einem Geleitwort von Theodor Heuss, Tübingen 1926, S. 368–394.

Preuß, Hugo 1926: Staat, Recht und Freiheit. Aus 40 Jahren deutscher Politik und Geschichte, mit einem Geleitwort von Theodor Heuss, Tübingen.

Preuß, Hugo 1928: Reich und Länder. Bruchstücke eines Kommentars zur Verfassung des Deutschen Reiches, aus dem Nachlass hrsg. v. Gerhard Anschütz, Berlin.

Ritter, Gerhard 1972: „Die Niederlage des Militärs. Vom Scheitern der Offensivstrategie zur Waffenstillstandsforderung der OHL“, in: Vom Kaiserreich zur Weimarer Republik, hrsg. v. Eberhard Kolb, Köln, S. 44–62.

Rürup, Reinhard 1972: „Entstehung und Grundlagen der Weimarer Verfassung", in: Vom Kaiserreich zur Weimarer Republik, hrsg. v. Eberhard Kolb, Köln, S. 218–243.

Schivelbusch, Wolfgang 2007: Die Kultur der Niederlage. Der amerikanische Süden 1865 Frankreich 1871 Deutschland 1918, Frankfurt a. M. (2. Aufl.).

Schwabe, Klaus 1961: „Zur politischen Haltung der deutschen Professoren im Ersten Weltkrieg", in: Historische Zeitschrift, Band 193, S. 601–634.

Schwabe, Klaus 1969: Wissenschaft und Kriegsmoral. Die deutschen Hochschullehrer und die politischen Grundfragen des Ersten Weltkrieges, Göttingen u. a.

Sontheimer, Kurt 1994: Antidemokratisches Denken in der Weimarer Republik. Die politischen Ideen des deutschen Nationalismus zwischen 1918 und 1933, München (4. Aufl.).

Stolleis, Michael, 1992: Geschichte des öffentlichen Rechts in Deutschland. Zweiter Band Band: Staatsrechtslehre und Verwaltungswissenschaft 1800–1914, München.

Stolleis, Michael, 1999: Geschichte des öffentlichen Rechts in Deutschland. Dritter Band: Staats- und Verwaltungsrechtswissenschaft in Republik und Diktatur 1914–1945, München.

Striesow, Jan 1981: Die Deutschnationale Volkspartei und die Völkisch-Radikalen 1918–1922, 2 Bde., Frankfurt a. M.

Stutz, Ulrich 1922: Zur Erinnerung an Otto von Gierke. Gedächtnisrede gehalten vor der Juristischen Gesellschaft zu Berlin im Vereinshaus Deutscher Ingenieure und Architekten am 28. November 1921 (=Sonderdruck der Zeitschrift der Savigny-Stiftung für Rechtsgeschichte, Band XLIII, Germanistische Abteilung), Weimar.

Thieme, Hans 1959: „Art. Genossenschaftstheorie", in: Staatslexikon. Rech – Wirtschaft – Gesellschaft, hrsg. v. der Görres-Gesellschaft, Bd. 3, Freiburg i. Br., Sp. 752–768 (3. Aufl.).

Thieme, Hans 1980: „Was bedeutet uns Otto v. Gierke?", in: De iustitia et iure. Festschrift für Ulrich v. Lübtow zum 80. Geburtstag, hrsg. v. Manfred Harder u. a., Berlin, S. 407–424.

Thimme, Annelise 1955: Hans Delbrück als Kritiker der Wilhelminischen Epoche, Düsseldorf.

Thimme, Annelise 1969: Flucht in den Mythos. Die Deutschnationale Volkspartei und die Niederlage von 1918, Göttingen.

Töpner, Kurt 1970: Gelehrte Politiker und politisierende Gelehrte. Die Revolution von 1918 im Urteil deutscher Hochschullehrer, Göttingen u. a. (Diss. phil. Erlangen-Nürnberg 1966).

Trippe, Christian F. 1995: Konservative Verfassungspolitik 1918–1923. Die DNVP als Opposition in Reich und Ländern, Düsseldorf.

Troeltsch, Ernst 1924: Spektator-Briefe, Tübingen.

Weber, Max 1918a: „Parlament und Regierung im neugeordneten Deutschland", wiederabgedruckt in und zitiert nach: Max Weber, Gesammelte Politische Schriften, hrsg. v. Johannes Winckelmann, Tübingen ⁵1988, S. 448–483.

Weber, Max 1918b: „Deutschlands künftige Staatsform", wiederabgedruckt in und zitiert nach: Max Weber, Gesammelte Politische Schriften, hrsg. v. Johannes Winckelmann, Tübingen ⁵1988, S. 306–443.

Wilamowitz-Moellendorff, Ulrich v. 1919: „Vorwort", in: Gustav Roethe: Deutsche Dichter des 18. und 19. Jahrhunderts. Ein vaterländischer Vortrag, Berlin, S. 3.

Winkler, Heinrich August 2000: Der lange Weg nach Westen, Bd. 1: Deutsche Geschichte vom Ende des Alten Reiches bis zum Untergang der Weimarer Republik, München.

Wolf, Erik 1963: „Otto von Gierke", in: ders., Große Rechtsdenker der deutschen Geistesgeschichte, Tübingen, S. 669–712 (4. Aufl.).

Christian Volk
Macht und Verfassung im Denken Hannah Arendts

Welchen analytischen und systematischen „Mehrwert" haben Hannah Arendts Überlegungen zum Verhältnis von Politik und Recht in rechtstheoretischer und verfassungstheoretischer Hinsicht? Diese Frage steht im Zentrum meiner Ausführungen.
Konkret soll es darum gehen, Arendts Perspektive auf das Problemverhältnis von
Macht und Verfassung zu reflektieren und ihre Überlegungen mit Gegenwartsdebat-
ten ins Gespräch zu bringen. Auf diese Weise kann ich zeigen, wo über die reine Rekonstruktion von Arendts Überlegungen hinaus, Potenziale und Grenzen ihres verfassungstheoretischen Denkens liegen. Dabei werde ich mich auf drei Punkte
konzentrieren: Erstens werde ich aufzeigen, dass Arendt über die Frage nach dem
richtigen Verhältnis von Recht und Politik, von Verfassung und Macht nachdenkt und
dabei zu der Überzeugung gelangt, dass weder der Vorrang der Politik noch der des
Rechts zu einer dauerhaften und stabilen Ordnung führt. Arendt plädiert für eine
„Enthierarchisierung"[1] des Verhältnisses von Recht und Politik. In einem zweiten
Schritt schaue ich mir an, was diese Rede von der Enthierarchisierung denn genau
bedeuten soll. Hierfür werde ich die Konturen ihres Ordnungsverständnisses in einer
Auseinandersetzung mit Habermas und Wolin skizzieren. Anschließend konfrontiere
ich Arendts Überlegungen zum demokratischen Recht mit denen gegenwärtiger Autoren. Meine Referenzautoren sind hier Ely, Dworkin und Bellamy. Dabei wird deutlich,
dass man an einer zentralen Stelle mit Arendt allein wohl nicht mehr weiterkommt.

Arendts Kritik an der Volks- und Rechtssouveränität

Die Frage nach dem richtigen Verhältnis von Recht und Politik in demokratischen
Gemeinwesen ist Gegenstand zahlreicher Debatten. Was in diesen Debatten immer
wieder diskutiert wird, sind mögliche Antworten auf die zwei „komplementären
Pathologien" (Gerstenberg 1997, S. 11) moderner Rechtsordnungen: Während der
Vorrang der Politik dazu führen kann, dass die Individuen unter kollektive gesell-
schaftliche Ziele gleich welcher Art subsumiert werden, läuft der Vorrang des Rechts
Gefahr, dass die gesellschaftlichen und politischen Kernfragen von einer juristisch-

---

1 Kupka 1998, S. 265. Kupka argumentiert in diesem Aufsatz für ein Verständnis von demokratischer
Politik, das ohne naturrechtliche Anleihen auszukommen versucht. In seiner Auseinandersetzung
mit Aristoteles, Kant und Habermas geht er im letzten Abschnitt auf die „Möglichkeiten der Enthierarchisierung" des Verhältnisses von Recht und Politik ein.

administrativen Elite entschieden werden, statt sie einer aktiven Bürgerschaft zu überlassen bzw. diese miteinzubeziehen.[2]

Ich vertrete nun die These, dass Arendt über das gleiche Problem nachdenkt, nämlich der Frage nach dem „richtigen" Verhältnis von Politik und Recht. Ihr Ausgangspunkt hierfür ist der Niedergang der nationalstaatlichen Ordnung Europas in der Zwischenkriegszeit. Was ich gleich zu Beginn meiner Arbeit über das Verhältnis von Recht und Politik im Denken Hannah Arendts zu zeigen versucht habe (vgl. Volk 2010c) und worauf ich hier nicht im Detail eingehen kann, ist, dass Arendts These vom Niedergang einer nationalstaatlichen Ordnung Europas den Zerfall der Rechtsstaatlichkeit meint.[3] Arendt entwickelt diese These in ihrem Werk „Elemente und Ursprünge totaler Herrschaft". Der unzureichende Umgang mit den Minderheiten und Staatenlosen der Zwischenkriegszeit führt nach Arendt dazu, dass sich die Rechts- und Verfassungsstaatlichkeit der Nationalstaaten auflöst. Die Konsequenz ist eine Dynamik von politischer Handlungsunfähigkeit der Einzelstaaten, gepaart mit innerstaatlichen ethnischen Konflikten, dem Niedergang des so wichtigen zwischen-

---

2 Vgl. hierzu Gerstenberg 1997, S. 13 f., Frankenberg 2003, S. 13., Preuß 1994, S. 117. sowie Preuß 1990, S. 76.
3 Dabei ist bereits an dieser frühen Stelle eine begriffliche Klärung von Nöten: Wenn Arendt vom Nationalstaat spricht, meint sie (in den allermeisten Fällen) eine Regierungsform, die auf ganz spezifischen Prinzipien fußt und aus deren Zusammenspiel sich seine spezifische – eben die nationalstaatliche – Ordnungsform ergibt. Ohne Anspruch auf Vollständigkeit erheben zu wollen, zählt Arendt zu diesen Prinzipien beispielsweise das Selbstbestimmungsrecht der Völker, die Identität von Staatsvolk und Nation, die Idee demokratischer Volkssouveränität, Staatssouveränität, Rechtsstaatlichkeit, eine parlamentarische Demokratie mit einem Mehrparteienwesen etc. Gerade das Prinzip der Rechts- und Verfassungsstaatlichkeit: der „Nationalstaat ..." ist „seinem Wesen nach ein Rechts- und Verfassungsstaat" (Arendt 2006) – ist für die Stabilität, Sicherheit und Verlässlichkeit des Nationalstaats, kurzum: für seine Ordnung, von entscheidender Bedeutung. Vor diesem begrifflichen Hintergrund sind die Vereinigten Staaten von Amerika für Arendt gerade kein Nationalstaat – sondern eine Republik. Auch das nationalsozialistische Deutschland, das faschistische Italien, das autoritär-präsidiale Polen oder Ungarn unter dem Reichsverweser Horthy sind für Arendt keine Nationalstaaten mehr. Grundlegende Wesensprinzipien einer nationalstaatlichen Regierungsform sind hier außer Kraft gesetzt. In all den genannten Fällen ist das Prinzip der Rechtsstaatlichkeit aufgelöst und die Idee der Volkssouveränität pervertiert. Darüber hinaus hat gerade das nationalsozialistische Deutschland mit seinem Rassedenken die Idee der Nation – sowohl im Hinblick auf die Bedeutung des Territoriums als auch auf den Volksbegriff – abgeschafft. Zudem zersetzte das nationalsozialistische Partei- und Bewegungsdenken das institutionelle Gerüst des Staates. – Der Nationalsozialismus hat aus dem völkischen Nationalismus – der in Deutschland sowie Ost- und Südosteuropa seit jeher eine dominierende Stellung eingenommen hat – ein Rassedenken gemacht. Arendt hebt hervor, dass alles Rassische zwar immer auch völkisch ist, aber nicht alles Völkische rassisch. Die große Gefahr des Völkischen ist seine Weltlosigkeit und der Hang zum Spekulativen. Darüber hinaus aber steckt in allem Rassischen – anders als im Völkischen – sogleich eine Werteskala, die die Welt in Ober- und Unterrassen einteilt. Dadurch ist das Rassedenken unmittelbar „politisch". Die Verständigung zwischen den politischen Entitäten, wie sie in der Idee der Nation enthalten war, ist auf der Grundlage des Rassedenkens unmöglich.

staatlichen *„spirit of unorganized solidarity and agreement"* (Arendt 1994a, S. 278) und dem Autoritätsverlust einer demokratischen Regierungsform. Hinzu kommt überdies, dass mit dem „Untergang des Nationalstaats" (Arendt 2003b, S. 77) als Regierungsform moralische Standards und Werte aus dem öffentlichen Leben zu verschwinden beginnen. Kurzum: Die Stabilität, Sicherheit und Verlässlichkeit der politischen Ordnung ist nicht mehr gewährleistet.

Dieser Schritt, nämlich zeigen zu können, dass der Niedergang der politischen Ordnung Europas in der Zwischenkriegszeit für Arendt den Niedergang der Rechts- und Verfassungsstaatlichkeit meint, öffnet die Tür zu einer anders gelagerten Perspektive auf das Arendtsche Werk und erlaubt es, mit Arendt über das Verhältnis von Recht und Politik nachzudenken. Denn wenngleich nun Arendts These, dass der Nationalstaat an zwei zentralen Stellen krankt – an der ihm zugrunde liegenden Verständnisweise des Politischen und am Rechtsbegriff – selbstredend in einen spezifisch historischen Kontext eingebettet ist, so glaube ich doch, dass es Sinn macht, die darin enthaltenen politiktheoretischen Argumente herauszuschälen und einzeln zu betrachten.

Dabei beginne ich mit dem Begriff des Politischen: Arendts Kritik an der nationalstaatlichen Verständnisweise des Politischen lässt sich aus ihrer Auseinandersetzung mit der Französischen Revolution und ihrer Rousseau-Interpretation gewinnen. Seit der Französischen Revolution – und unmittelbar mit der Idee der Nation verknüpft – sind wir nach Arendt mit einem neuen Paradigma des Politischen konfrontiert: der sogenannten „Politik des Gemeinwillens" oder der „Herrschaft des öffentlichen Interesses" (vgl. Rousseau 2004, S. 41). Die Neuartigkeit dieses Verständnisses liegt darin, dass die Identität und Solidarität innerhalb eines politischen Gemeinwesens aus der Intensität des inneren Fühlens jedes Einzelnen, dem „Herzenspatriotismus" (Arendt 2000, S. 124), resultiert. Was Arendt mit einer diffizilen Rousseau-Interpretation in *Über die Revolution* beschreiben möchte, ist ein Politikbegriff, der nicht die diskursiv-demokratische Debatte betont, sondern stattdessen auf einen Willen setzt, die *volonté générale*, die durch affektive und emotionale Identifikation gebildet wird (vgl. Volk 2010a, S. 90–119). Dieser Wille beansprucht aufgrund seines vermeintlichen moralischen Supremats höchste Souveränität, ist *potestas legibus soluta* und wird mit dem Aufstieg der Nation zur vorherrschenden Verständnisweise des Politischen.

Zentral ist nun, dass Arendt die Ansicht vertritt, dass eine derartige Verständnisweise des Politischen mit einer autonomen Rechtssphäre nicht zu vereinbaren ist. Denn im Recht kann sich dieser Souveränitätsanspruch nur dadurch ausdrücken, dass weite Teile oder fundamentale Prinzipien des Rechtssystems in Generalklauseln gefasst werden. (Asyl-, Minderheiten- und Einwanderungsrecht sind die Beispiele bei Arendt: Arendt 2003b, S. 586) Wenn das der Fall ist und zentrale Teile des Rechtssystems *vergeneralklausuliert* sind, dann ist auf die Rechtsordnung kein Verlass mehr. Warum und inwiefern geht nach Arendt die Souveränität des Gemeinwillens mit Generalklauseln einher?

Wenn der Wille, allein weil er ist, immer schon auch ist, was er sein soll (vgl. Rousseau 2004, S. 21), wenn er immer das „höchste Gesetz" (Sieyès 1988, S. 83) ist, dann kann und darf auch kein Recht gegen ihn geltend gemacht werden. Ein solcher Anspruch aber lässt sich nur mithilfe von Generalklauseln im Rechtssystem verarbeiten. Der Souveränitätsanspruch des Gemeinwillens lässt sich ins Rechtssystem integrieren, indem man das Bestimmtheitspostulat von Rechtssätzen im Gesetz unterwandert. Man unterwandert dieses Postulat dadurch, dass man einen „Rechtssatz" einbaut, der bewusst völlig unbestimmt gehalten wird, sprich: eine Generalklausel. Konkret stellt sich eine solche Unterwanderung so dar, dass man in ein Gesetz, beispielsweise ein Aufenthaltsgesetz für Ausländer, neben einer Anzahl bestimmter Kriterien, wie Sicherung des Lebensstandards, keine Vorstrafen, Sprachkenntnis etc. eine völlig unbestimmte Bestimmung einbaut wie „Gründe der öffentlichen Sicherheit und Ordnung". Ist eine solche Generalklausel *nicht* eingebaut, dann muss – bei nachgewiesenem Erfüllen aller anderen Kriterien – der rechtliche Anspruch auch gegen das vermeintliche „öffentliche Interesse" gewährt werden. Da so etwas mit dem Souveränitätsanspruch des Gemeinwillens nicht vereinbar ist, man aber natürlich auf eine Rechtsordnung nicht verzichten kann, baut man Generalklauseln ein. Das Gesetz wird so zum Spielball politischer Interessen und das Recht zum Befehl des Souveräns.[4]

Doch auch die nationalstaatliche Verständnisweise von Recht und Verfassung bleibt von Arendts Kritik nicht verschont. Ihre Kritik an der nationalstaatlichen Vorstellung von Rechtsstaatlichkeit ist eine Kritik an Max Weber, die hauptsächlich in *Elemente und Ursprünge totaler Herrschaft* sowie *Macht und Gewalt* vorgetragen wird (vgl. Volk 2013, S. 121–156). Für Max Weber – genauso wie für Hans Kelsen – resul-

---

4 Arendts Ausführungen zum Verhältnis von Recht und Nation streichen heraus, dass die Französische Revolution dem modernen Staat gerade dadurch zum Durchbruch verholfen hat, dass sie die Feudalität gänzlich beseitigt und eine Verrechtlichung des Staates somit weiter vorantreibt. Hinzu kommt, dass mit der Revolution die „Gleichberechtigung aller vor dem Gesetz" – und damit eine qualitative Erweiterung im Vergleich zur „Gleichstellung aller vor dem Staat" – die politische Agenda anführt. Es mutet daher paradox an, dass das Verhältnis von Nation und Recht noch eine andere Geschichte zu erzählen weiß, die sowohl die neu gewonnene Rationalität des Rechts als auch die Rechtsförmigkeit politischen Handelns unterminiert. Die spannungsreiche Gemengelage am Grunde des Nationalstaates wiedergebend schreibt Arendt daher: „Es ist keine Frage, daß diese Entwicklung der Eroberung des Staates durch die Nation stets die dem Nationalstaat spezifische Gefahr gewesen ist. Da diese Staatsform gleichzeitig die Errichtung verfassungsmäßiger Regierungen bedeutet und wesentlich auf der Herrschaft des Gesetzes gegen willkürlich despotische Verwaltung beruht hatte, war es auch die Gefahr, die gerade für diese Regierungsform tödlich war." (Arendt 2003a, S. 575) Dieser Spannungskomplex in der Grundstruktur des Nationalstaats lässt Arendt vom „prekären Gleichgewicht zwischen Nation und Staat, zwischen Volkswillen und Gesetz, zwischen nationalem Interesse und legalen Institutionen" (Arendt 2003a, S. 575) sprechen. In der europäischen Zwischenkriegszeit kippt dieses „prekäre Gleichgewicht" und macht aus dem Staat als einem „gesetzgebenden und Gesetzlichkeit schützenden Apparat [...]" ein „[...] Instrument der Nation": „Die Nation setzte sich an die Stelle des Gesetzes" (Arendt 2003a, S. 488).

tiert die Rationalität des modernen Rechts daraus, dass „Rechtsschöpfung und Rechtsfindung" unabhängig von extrajuridischen „Normen anderer qualitativer Dignität" (Weber 1976, S. 397) vonstattengehen, den Regeln des Rechtsformalismus folgen und in den Händen einer administrativen und juristischen Elite liegen. Entsprechend kommt Weber zu der Überzeugung, dass Legitimität im modernen Nationalstaat aus dem „Legalitätsglauben" (Weber 1976, S. 19) der Bürger entspringt, das heißt dem „Glauben(s) an die Geltung legaler Satzung und der durch rational geschaffene Regeln begründeten sachlichen ‚Kompetenz'" (Weber 1980, S. 507).

Deutlich in diesem Diskurs wird, dass Arendt die Überprüfbarkeit und Verlässlichkeit rationalen Rechts nicht missen möchte. Wenn aber die „Herrschaft des Rechts" bedeutet, dass die Einbindung der Bürger in den politischen Entscheidungsprozess – um der Rationalität des Ergebnisses willen – allenfalls auf ein Minimum beschränkt sein kann, und wenn dieses Rechtsverständnis fordert, dass die Rechtsfindung und Rechtsschöpfung von der „öffentlichen Meinung" gänzlich losgelöst und ausschließlich in den Händen einer administrativen und juristischen Elite liegt, dann wird für Arendt dieser Rechtsbegriff zweifelhaft. Arendt bezweifelt, dass ein so verstandenes Recht seinen Zweck für das politische Gemeinwesen erfüllen kann: die Gewährleistung der Ordnung. Ein solcher Rechtsbegriff führt zur Bürokratisierung und Verrechtlichung des öffentlichen Lebens. Beides geht unmittelbar mit politischem „Praxisentzug" (Arendt 1998, S. 80) und „Machtfremdheit" (Arendt 2003a, S. 540) der Bürger einher, fördert die politische Erfahrungslosigkeit und verstärkt das Misstrauen gegen die politisch-rechtliche Elite. Derartiges führt nach Arendt entweder zur politischen Apathie oder es dient antidemokratischen Massenbewegungen als Nährboden. Beides trägt nicht zur Stabilität der demokratischen Ordnung bei.

Max Weber erkannte das Problem ebenfalls und antwortete auf die Irrationalitäten als Konsequenz der modernen Verrechtlichung und Bürokratisierung des öffentlichen Lebens mit seinen Überlegungen zur „plebizitären Führerdemokratie" (Weber 1976, S. 157): Der charismatische Führer sollte dem öffentlichen Leben moderner Gesellschaften jene Note an Vitalität, Enthusiasmus und Emotionalität beisteuern – einer Gesellschaft, die ansonsten von der kalten Rationalität eines bürokratischen Apparats gelenkt, geleitet und regiert wird. Allerdings schreibt Webers „Führerdemokratie mit ‚Maschine'" (Weber 1980, S. 544) die traditionelle, dichotome Beziehung zwischen Recht und Politik fort: Entweder übergeht der demokratische Führer die formalen Postulate seiner Justiz- und Beamtenelite mit Verweis auf das materiale Gebot der Staatsräson oder die parlamentarischen Vertretungen stellen unter dem Diktat sozialer Spannungen und Kämpfe den „Formalismus des Rechts" durch „pathetisch(er) sittliche(r) Postulate (‚Gerechtigkeit', ‚Menschenwürde') [...] grundsätzlich in Frage" (Weber 1976, S. 507). Indem Weber die Materialisierung des Rechts im ersten Fall zu billigen scheint, sie im zweiten Fall aber ablehnt, treten seine politischen Präferenzen klar zutage. Unabhängig davon aber wird deutlich, dass das Politische bei Weber nur auf Kosten des Rechts seinen Spielraum behalten kann und *vice versa*. Beide Sphären stehen sich mit ihren je unterschiedlichen Rationalitätsformen unvermittelbar gegenüber (zu den verschlungenen Pfaden der Arendtschen Weber-Rezeption siehe Volk 2010a, S. 119–152 und S. 184–207).

Man kann also diese beiden werkimmanenten Diskurse wie folgt zuspitzen: Die radikal-demokratische Variante Rousseauscher Prägung, also der Vorrang der Politik, gefährdet nicht nur individuelle Rechtsansprüche, so die klassische Interpretation, sondern unter dem Diktat des Souveränitätsanspruch eines Gemeinwillens wird das Rechtssystem als Ganzes morsch. Damit gehen Verlässlichkeit, Planbarkeit und Stabilität verloren. Das „Vertrauen in Recht und Gerechtigkeit", wie Arendt schreibt, „wird verwüstet" (Arendt 2000, S. 115). Dahingegen betont der Weber-Diskurs die negativen Konsequenzen einer Verrechtlichung des Politischen und unterstreicht, dass Recht, wenn es denn die politische Ordnung sichern soll, die Interessen einer aktiven Bürgerschaft miteinbeziehen können muss. Nach Arendt verweisen Recht und Politik intern aufeinander. Im Gegensatz zu Webers Deutung rechtlicher Rationalität muss man nach Arendt diese interne Bezugnahme ernst nehmen und sowohl im Recht als auch im Politischen die Bedürfnisse der je anderen Sphäre einbeziehen. Tut man das nicht und räumt entweder dem Recht den Vorrang vor dem Politischen oder dem Politischen den Vorrang vor dem Recht ein, also argumentiert entweder in Richtung Rechtssouveränität oder Volkssouveränität, dann gefährdet man nach Arendt die Dauerhaftigkeit und Stabilität der politischen Ordnung. Vor diesem Hintergrund argumentiert sie für eine Enthierarchisierung von Recht und Politik.

Arendt und die Enthierarchisierung von Recht und Politik

Politische Ordnung als ein Erweitern und Bewahren

Was ist mit Enthierarchisierung gemeint? An all jenen Stellen ihres Werkes, wo Arendt von einer gelungenen politischen Praxis spricht, wo sie von Sektionen und Volksgesellschaft, von townhalls und Räten schwärmt, geht es immer um „structured politics" (Waldron). Ich möchte zumindest kurz andeuten, was es damit auf sich hat: Was das Gelingen politischer Praxis in diesen diskursiv-demokratischen Räumen wie Sektionen, Räte, townhalls etc. ausmacht, ist, dass jede Person in diesen Räumen zu Wort kommen kann, seine Meinung frei und ungezwungen äußern kann und andere Meinungen hören darf. Durch die Gegenwart der Anderen und die von ihnen ausgehende Rechtfertigungspflicht ist ein jeder angehalten, mit glaubhaften Gründen seine Position zu schildern und dadurch zu überzeugen. Meinungen orientieren sich am Kriterium der Mitteilbarkeit. Da der Maßstab für die Mitteilbarkeit der *sensus communis* ist, handelt es sich dabei um solche Meinungen, die sowohl mehrheitsfähig sind als auch die generellen Regeln des Meinungsaustausches nicht infrage stellen. Kurzum: *sensus communis* meint politisch die verfassungskonforme Mehrheitsfähigkeit – und eben nicht vorpolitische Gemeinsamkeiten, an die man bei lokalen Vereinigungen wie Dorf- und Stadträte denken mag. Die hier angedeuteten Strukturprinzipien – Arendt spricht von der „Syntax und Grammatik politischen Handelns" (vgl. Arendt 2000, S. 224) – sind nicht nur Produkt politischen Miteinander-Handelns, sondern auch dessen Bedingung. Sie gehen mit der politischen Erfahrung der Handelnden einher, dass die politische Macht, die sich zwischen den Handelnden bildet, ohne die Beachtung dieser Prinzipien sofort zerfallen würde (vgl. Förster 2009, S. 317).

Man könnte nun einwenden, dass diese ganze Rede von Verfahrensnormen und Prinzipien beim politischen Handeln doch sehr nach Habermas klingt und man dessen Gleichursprünglichkeitsthese (vgl. Habermas 1994, S. 135) auf Arendt anwendet. Ich möchte daher kurz den Unterschied deutlich machen und dabei gleichzeitig Arendts Ordnungsverständnis genauer skizzieren: Thomas Kupka hat in einer Auseinandersetzung mit Habermas gezeigt, dass dessen Gleichursprünglichkeitspostulat im Grunde der Vorherrschaft des Rechts das Wort redet. Denn Habermas formuliert auf theoretischer Ebene moralische Grundrechte, die er als „ungesättigt" (Habermas 1994, S. 159. Vgl. auch Kupka 1998, S. 259) bezeichnet, und verlangt dann vom politischen Gesetzgeber, dass dieser genau diese moralischen Grundrechte interpretiert und ausgestaltet (vgl. Habermas 1994, S. 159 f.). Das Recht wird so von der Moral „informiert", wie Kupka kritisiert, statt nur eine „„erwartungsstabilisierende Ergänzung zur Moral'" (Habermas 1994, S. 151. Vgl. auch Kupka 1998, S. 259) darzustellen. Damit aber hat man es mit keiner Gleichursprünglichkeit mehr zu tun, sondern das Verhältnis von Politik und Recht kippt klar zugunsten des Rechts. Denn wenn die Bürger unter legitimem Recht leben wollen, dann müssen sie genau die Grundrechte anerkennen, die im Habermasschen System der Rechte entworfen wurden (vgl. Kupka 1998, S. 258). Das aber ist bereits ein guter Schritt in Richtung einer Dominanz des Rechts über die Politik.

Zugestanden, diese Habermas-Interpretation ist zugespitzt und würdigt sicherlich nicht in angemessener Weise die Kontingenz, die zwischen moralphilosophischem Postulat und rechtlicher Verwirklichung liegt (vgl. Günther 1994, S. 478). Nichtsdestotrotz hilft sie im hier zu diskutierenden Kontext der Verdeutlichung der Arendtschen Position. Arendts Vorstellung von Ordnung ist nicht eine in Raum und Zeit statische. „Syntax und Grammatik" stehen nicht für vorpolitische oder moralische Normen und Grundrechte, die dann nur noch – mal so, mal anders – interpretiert und ausgestaltet werden müssen. Die Wendung von der „Syntax und Grammatik" politischen Handelns meint bei Arendt Normen, die erst und überhaupt durch das politische Handeln entstehen und erfahren werden, erst im Handeln in ihrer ganzen Bedeutung als Bedingung politischer Freiheit verstehbar werden. Ihnen fehlt es auch – im Unterschied zum Habermasschen Anspruch – an jedweder „epistemischen Konnotation" (Habermas 1999, S. 85), weil sie ausschließlich dort Sinn machen, wo politische Macht erzeugt wird. Richard Bellamy hat diesen Gedanken im Zuge seiner Überlegungen zur einer „pre-sovereign notion of democratic politics" wie folgt zusammengefasst:

„Being essentially an argument from democracy, it must surely rest on both a set of constitutional democratic rights and a *demos*. But the norms do not in any sense precede or frame the practice of dialogue, they are intrinsic to it and only emerge within it. Thus, there is no pre-existing consensus on rights" (Bellamy 2006, S. 184).

Ganz in diesem Sinne geht es auch bei Arendt um „erfahren" und nicht um „erkennen" oder „erfinden" von Normen und Rechten im politischen Handeln.[5] Das lässt tief auf die Arendtsche Vorstellung von Ordnung als einem „Erweitern und Bewahren" blicken. Bewahrt-werden kann nur im Erweitern, d. h. im politischen Handeln, das in die Zukunft treibt, weil nur im Handeln erfahren wird, worin Sinn und Bedeutung des zu Bewahrenden für mich als Person im Hier und Heute überhaupt noch liegen. Das zu Bewahrende, sprich die Verfassung, die Spielregeln einer diskursiv-demokratischen Öffentlichkeit, bleibt nur so lebendig und in der Gegenwart sinnträchtig. Erweitert-werden kann nur, wenn einem im Erweitern auch bewusst wird, dass die politische Macht, die sich im Moment des Handelns zwischen den Menschen bildet, zerfällt, sobald wir die Spielregeln ihrer Erzeugung nicht mehr befolgen. Das ist der Kerngedanke der Enthierarchisierung des Verhältnisses von Recht und Politik, von Verfassung und Demokratie, in dem Bewahren und Erweitern zusammenfallen.

Damit aber setzt sich Arendt auch von Vertretern einer „radikalen Demokratie" (vgl. Mouffe 1992) ab, die den „demokratische Moment" ausschließlich im revolutionären, mitunter gewaltsamen Durchbrechen der Ordnung sehen. Diese Position einer „fugitive democracy" (Wolin 1994, S. 11) wird von Autoren wie Wolin, Rancière oder Mouffe vertreten. Demokratische Politik besteht dieser Ansicht nach darin, dass die alte Ordnung „durch eine Freiheit unterbrochen [wird; C.V.], die die Gleichheit aktualisiert, auf der jede gesellschaftliche Ordnung beruht" (Rancière 2002, S. 29). Entsprechend sehen einige dieser Autoren, die sich wie Beiner, Villa, Honig oder Wolin auch intensiv mit dem Arendtschen Werk beschäftigt haben, den Kern von Arendts politisch-demokratischem Denken im „radical break with our ordinary expectations" (Beiner 1984, S. 355). Geht es nach Bonnie Honig, so ist „the moment of intervention [...] the moment of politics" (Honig 1991, S. 111. Vgl. ebenso Honig 1988, S. 81). Was an dieser Vorstellung von demokratischer Politik am meisten irritiert, ist die antagonistische Wir-Sie-Unterscheidung, die ihre Vertreter immer wieder stark machen. Ein „Wir" im Kampf gegen die alte Ordnung und ihre Vertreter, ein „Wir" im Kampf gegen die Hegemonie (vgl. Mouffe 2007, S. 23 ff,). Ordnung wird hier nur als Herrschaftsordnung verstanden und Gesetze sind bloßer Ausdruck des Herrschaftswillens. Das Ziel des demokratischen Moments ist stets, „unseren" Willen an die Stelle des alten Herrschaftswillens zu setzen. Selbstredend befindet sich ein solches Poli-

---

5 Walzer 1993, S. 12. Walzer unterscheidet in *Drei Wege in der Moralphilosophie* die Begründungsweisen moralischer Normen danach, ob man diese Normen entdeckt, erfindet oder aus dem gesellschaftlichen Kontext heraus interpretiert.

tikverständnis in einer Endlosspirale von Ordnung und Zerstörung. Dauerhaftigkeit ist gerade nicht das Ziel. Hinzu kommt, dass man so auf die Wir-Sie-Unterscheidung fixiert ist, auf das Gegen-Andere-Handeln, dass berechtigte Einwände und Vorschläge der Gegenseite nicht vernommen werden. Denn das „Wir" wird gerade nur durch die Gegnerschaft konstituiert. Abgesehen davon, dass diese theoretische Position nicht beantworten kann, was ein Gemeinwesen zusammenhält, setzt ein solches Politikverständnis nicht auf den Gemeinsinn und die Urteilskraft, sondern allenfalls auf Gegnerschaft, Kampf und Durchsetzungsvermögen. Damit trägt es exakt zu jenem „loss of responsiveness" bei, der nach Patchen Markells Ansicht für Arendt „the most fundamental threat to democratic political activity" darstellt und „the erosion of the contexts in which action makes sense" (Markell 2006, S. 12) befördert. Hingegen meint demokratische Politik für Arendt gerade Responsivität und Expressivität unter der Einbeziehung des Anderen in einen politischen Prozess der Meinungs- und Urteilsbildung. Folgerichtig wendet sie sich entschieden gegen eine agonale Verständnisweise des Politischen, wenn sie schreibt:

> In this agonal spirit, which eventually was to bring the Greek city states to ruin because it made alliances between them well nigh impossible and poisoned the domestic life of citizens with envy and mutual hatred (envy was the national vice of ancient Greece), the commonweal was constantly threatened. *Because the commonness of the political world was constituted only by the walls of the city and the boundaries of its laws, it was not seen or experienced in the relationships between the citizens* [Herv. C.V.], not in the world which lay *between* them, common to them all, even though opening up in a different way to each man (Arendt 1990, S. 82).

Exakt diesen Kontext zu bewahren, in welchem politisches Handeln Sinn macht, weil sich im Handeln ein Band der Solidarität und Gemeinsamkeit zwischen den Handelnden bilden und erfahren werden kann, ist die Aufgabe eines Rechts, das die Bedingungen der Möglichkeit einer aktiven Bürgerschaft sichert.

Zum internen Bezug von Verfassung und demokratischer Politik

Recht und Politik werden durch das Enthierarchisierungspostulat keinesfalls miteinander identisch, sondern folgen weiterhin der ihnen eigenen Bestimmung. Die Ermöglichung politischer Freiheit ist bei Arendt nicht schon politische Freiheit selbst. Die *Ermöglichung* ist auch nicht die *Garantie* von politischer Freiheit. Eine Garantie politischer Freiheit kann es nach Arendt nicht geben, weil die Umsetzung dieser vermeintlichen Garantien noch den letzten „Rest von Unvorhersehbarkeit [...]" ersticken würde, „[...] ohne den die Freiheit nicht leben kann"[6]. In der Politik geht es ums

---

6 Arendt 1986a, S. 84. Albrecht Wellmer hat das sehr treffend auf den Punkt gebracht, wenn er hervorhebt, dass zur politischen Freiheit „Momente von Lust, Erfahrung, Urteilskraft und glücklichen Umständen gehören, die sich nicht – wie die Forderung allgemeiner und gleicher Rechte –

Aushandeln, um Kompromisse, Streit, Rhetorik – und natürlich um das Organisieren von Mehrheiten. Eine Streitkultur und das Entstehen von politischen Diskursen ist weder bedingungslos noch die Bedingung selbst. Arendt macht ausdrücklich deutlich, dass der Konsens über die Verfahren der politischen Debatte sich „nicht auf spezifische Gesetze oder gar eine spezifische Politik, selbst wenn diese sich aus Mehrheitsentscheidungen ergeben […]“ (Arendt 1986c, S. 147) erstreckt. Politik und politische Freiheit lösen sich nicht in Recht auf (vgl. hierzu auch Heuer 1992, S. 339). Umgekehrt gilt Ähnliches. Die „Erhabenheit der Gerichtsverhandlung“ resultiert gerade daraus, dass

> es dabei ausschließlich darum geht, dem einzelnen Gerechtigkeit widerfahren zu lassen und daß alles andere unberücksichtigt bleibt – zum Beispiel der Zeitgeist oder Meinungen, die der Angeklagte eventuell mit anderen teilt und die er versuchen könnte, vor Gericht vorzubringen.[7]

Ein nicht unwesentlicher Teil der Gerechtigkeit des Gerichtsverfahrens ergibt sich aus den gerichtlichen Verfahrensnormen selbst und den rechtstechnischen Mitteln, die bei der Entscheidung von Rechtsproblemen angewandt werden. Mit anderen Worten: Die Rationalität des Rechts wird *auch* von der Unabhängigkeit des Rechts selbst gewährleistet.[8] Politik und Recht stehen sich mit ihren jeweiligen Eigenlogiken aber nicht unvermittelt gegenüber. Im Gegensatz zu Webers These stammt die Rationalität nicht allein aus dem Recht selbst. Ein wesentlicher Teil der Rationalität beider Sphären hängt vom Austausch und der Verbindung mit der jeweils anderen ab: Die Judikative kann immer nur politische Entscheidungen des Gesetzgebers prüfen und gegebenenfalls zurückweisen; sie schlägt nie selbst vor. Dem Recht kommt ausschließlich Autorität zu, aber keine Macht (vgl. Arendt 2000, S. 229 ff.). Hinzu kommt, dass die rechtlichen Entscheidungen immer auf der Grundlage der Verfassung gefällt werden müssen, deren Autorität, wie oben ausgearbeitet, aus ihrem Ermöglichungscharakter politischer Freiheit entspringt. Arendt führt aus, dass die „Entscheidungen des Obersten Gerichtshofs […]“ immer „[…] Interpretationen der

---

durch ein normatives Prinzip universalisieren lassen.“ (Wellmer 1999, S. 141) Mit der Unterscheidung zwischen Ermöglichung und Garantie stimme ich Wellmers Beobachtung zu, würde aber doch gegen seine Lesart einwenden wollen, dass diese die Garantie so radikal kritisiert, dass ihm Arendts Ermöglichungspostulat durch die Finger geht. (Vgl. hierzu auch Heuer 1992, S. 331.) Wellmer verfrachtet die Möglichkeit ausschließlich in Arendts vermeintlich „anthropologisch fundierten Universalismus.“ (Wellmer 1999, S. 130) Der Arendtsche Blick für das Recht fehlt in Wellmers Deutung.

7 Arendt 1986c, S. 150 Entsprechend argumentiert Arendt, dass nicht nur politisches Engagement und Partizipation, sondern auch die Verfassung ein zentrales Bollwerk gegen den Konformismus darstellen. (Vgl. Arendt 1986a, S. 89–93).

8 Gerade in ihrem Eichmann-Buch verteidigt Arendt das Jerusalemer Gericht gegen allerlei Forderungen, die vonseiten der Politik an es herangetragen wurden. Weder eine geschlossene Dokumentation des NS-Systems noch der jüdischen Geschichte kann Anliegen der Verhandlungen sein, sondern die Aufgabe des Verfahrens besteht einzig darin, „Recht zu sprechen und der Gerechtigkeit Genüge zu tun.“ (Arendt 1999, S. 373).

Verfassung" (Arendt 1986c, S. 150) sind. Aus diesem unmittelbaren Bezug zur Verfassung resultiert die Legitimität judikativer Entscheidungen für den politischen Prozess. Umgekehrt führt Arendt aus, dass die Entscheidungen der Legislativen und Exekutiven natürlich nicht losgelöst von der Verfassung sein dürfen. Ausdrücklich spricht sie von der „notwendige(n) Verfassungsmäßigkeit politischen Handeln(s)" (Arendt 1986c, S. 148) als dessen Legitimationskriterium und weist auf diesem Wege erneut auf die interne Verbindung von Recht und Politik hin.

Doch auch losgelöst vom gesatzten Recht, aber im Einklang mit dem *„Geist der Verfassung"* (vgl. Arendt 1986c, S. 137) können politische Entscheidungen legitim sein. Was aber ist mit dem „Geist der Verfassung" genau gemeint? In ihren Überlegungen zum *Zivilen Ungehorsam* diskutiert Arendt die Frage, ob Widerstand gegen die Gesetze erlaubt sein kann, wenn man davon überzeugt ist, dass diese Gesetze nicht mit der Verfassung übereinstimmen. Aus der Perspektive der Rechtsprechung brechen die „freedom riders" genauso die Straßenverkehrsordnung, wie die Bürgerrechtler mit ihren Aktionen die Gesetze der Südstaaten. Nach Arendt liegt es in der „Natur des Rechts" (Arendt 1986c, S. 156) begründet, dass es derartige Praktiken nicht zulassen kann – und das ist in ihren Augen auch gut so.[9] Gleichzeitig aber führt sie aus, dass derartige Praktiken des Gesetzesbruchs dann legitim sind, wenn und weil sie mit dem „Geist der Verfassung" in Einklang stehen – wenn auch nicht mit deren Wortlaut. Auf den ersten Blick und im Rückgriff auf die amerikanische Gründungserfahrung hat es nun den Anschein, als sei der „Geist der Verfassung" bereits dann erfüllt, wenn es zu *„associations"* kommt. Ganz im Sinne von Tocqueville ließe sich argumentieren, dass diese „Assoziationen" den Geist der Verfassung widerspiegeln und deshalb erlaubt sein müssen (vgl. Tocqueville 2002, S. 485–500). Stefan Ahrens argumentiert in diese Richtung und geht entsprechend davon aus, dass Arendt keine Schranken gegen unerwünschte soziale Bewegungen formulieren könne (vgl. Ahrens 2005, S. 270). Ich bin davon überzeugt, dass man damit den Kern ihrer Gedanken zum *Zivilen Ungehorsam* verfehlt. Gerade in ihren Überlegungen zur totalen Herrschaft wird deutlich, welches Gefahrenpotenzial Arendt Massenbewegungen zumisst und mit welcher Skepsis sie derartigen Bewegungen entgegentritt. Hinzu kommt nun – und das ist für die weitere Argumentation entscheidend –, dass nach Arendt politische Bewegungen ihre Übereinstimmung mit dem „Geist der Verfassung" nicht nur dann verlieren, wenn sie mit „Vandalismus, Gewalttätigkeiten, schlechten Launen und noch schlechteren Manieren [...]" in die Öffentlichkeit drängen, sondern auch wenn sie „[...] zunehmend" (Arendt 1986c, S. 155) auf Ideologien rekurrieren. Der politikzerstörerische Gehalt von Ideologien liegt darin, dass Ideologien alles wissen und erklären können, bevor überhaupt einer seine Meinung geäußert hat. Auf ein oder zwei Axiomen stehend erklären sie einem nicht nur die Welt, sondern auch jeden Diskurs für überflüssig. Aber gerade der öffentlich-politische

---

9 Vgl. hierzu Arendts Überlegungen zu Billy Budd in Arendt 2000, S. 105 ff.

Diskurs ist es, der durch den zivilen Ungehorsam in Gang gesetzt werden soll (vgl. Arendt 1986c, S. 142). Explizit führt Arendt aus, dass die Vereinigungen „nicht allein ihrer Zahl wegen, sondern wegen der *Qualität ihrer Meinung* zu wichtig sind, als daß wir sie einfach außer Acht lassen können" (Arendt 1986c, S. 155). Nicht Masse und auch nicht die Vereinigung selbst steht im Vordergrund, sondern ihr qualitativer Beitrag zu einer, wie Arendt schreibt, „*rationalen, sachbezogenen Diskussion*" (Arendt 1986c, S. 131). Bewegungen also, die *per se* Abstand nehmen von den Spielregeln eines öffentlichen Diskurses, die sich auf die rationale und sachbezogene Diskussion nicht einlassen wollen, sind nicht mit dem „Geist der Verfassung" vereinbar. Das „Recht auf Dissens" fußt nach Arendt auf dem Konsens über die Spielregeln des öffentlichen Diskurses. Dieser Konsens über die Regeln, an denen sich der öffentliche Diskurs zu orientieren hat – und nicht die schlichte Vereinigung als solche –, ist Ausdruck des „Geistes des amerikanischen Rechts und Quintessenz des amerikanischen Regierungssystems"[10].

Wie ernst es Arendt mit der Verfassungsmäßigkeit aller politischen Handlungen ist, lässt sich auch an einer zentralen Diskussion in ihren Überlegungen zu *Little Rock* verdeutlichen. Die „Liberalen" (Arendt 1986b, S. 108) argumentieren, so Arendt, dass es sich beim Verweis der Südstaaten auf die ihnen verfassungsrechtlich zustehenden legislativen Kompetenzen um billige „Tricks" (Arendt 1986b, S. 108) handle. Die legislativen Kompetenzen der Einzelstaaten müssten zugunsten einer Stärkung der Kompetenzen Washingtons beschnitten werden, damit man dem legalen Rassismus der Südstaaten ein Ende bereiten könne. Auch in Arendts Augen ist der legale Rassismus in den Südstaaten unerträglich. Gegen die „Liberalen" aber führt sie aus, dass derartige Verschiebungen innerhalb des politischen Systems, wenn überhaupt, dann „nur mit juristischen und verfassungsgeschichtlichen Argumenten gerechtfertigt werden" (Arendt 1986b, S. 109) können. Derartige Argumente sind weder „abstrus" noch handelt es sich bei ihnen um Tricks, wie „die Liberalen" meinen, sondern „sie basieren auf einem Prinzip, das bei den Gründern der Republik an allererster Stelle stand" (Arendt 1986b, S. 109): Politische Handlungen sind nur dann legitim, wenn sie im Einklang mit den in der Verfassung festgelegten Spielregeln der Meinungs- und Entscheidungsfindung stehen. Nur wenn man triftige verfassungsrechtliche Argumente vorbringen kann, sind derartige Maßnahmen überhaupt rechtlich zu legitimieren. Ansonsten legen diese Maßnahmen die Axt an den freiheitlichen Föderalismus und stärken auf gefährliche Weise die ohnehin wachsende Macht der Bundesebene. Die Autonomie des Politischen besteht darin, dass sie die verfassungsmäßigen Spielregeln auf eine Art und Weise anspricht und einholt, wie es dem politischen Streit und Diskurs mündiger und gleicher Bürger um die gemeinsame öffentliche Sache entspricht.

---

10 Arendt 1986c, S. 147. Arendt plädiert mit ihrer Schrift zum zivilen Ungehorsam gerade dafür, *eine bestimmte Form* des öffentlichen Widerstandes verfassungsmäßig zu legalisieren. (Vgl. zu Arendt 1986c, S. 158).

Das Politische wird dadurch weder identisch mit den Spielregeln noch zeigt es sich erst dort, wo keine Spielregeln mehr bestehen. Politische Freiheit ist also weder die Grenze noch das Grenzenlose; sie existiert ausschließlich im Vollzug dieser Regeln beim gemeinsamen Sprechen und Handeln.

Die unvollendete Enthierarchisierung

Das Rechtssystem hat bei Arendt die Aufgabe, die „Syntax und Grammatik", also die Spielregeln einer aktiven und intakten politischen Öffentlichkeit zu bewahren und zu ermöglichen. Indem Arendt das Recht als Spielregeln betrachtet, die zwischen den Menschen in einem politischen Gemeinwesen Beziehungen stiften, setzt sie sich von einer rechtsphilosophischen Traditionslinie ab, die Recht mit Herrschaftswillen oder Herrschaftsbefehl gleichsetzt. Sie entsubstanziiert den Rechtsbegriff und macht aus ihm einen Beziehungsbegriff (vgl. hierzu Volk 2010b sowie Rosenmüller 2013). Dabei besteht nach Arendt die Autonomie des Rechts darin, auf der Grundlage der Verfassung ausschließlich eigene Prozeduren, Kompetenzen und Entscheidungsmodi bei der Rechtsfindung anzuwenden.

Während sich nun bei Arendt die Verbindung zwischen Handeln und Macht schön ausbuchstabieren lässt und man zeigen kann, wie dort dem Recht ein Platz eingeräumt werden kann, wird es auf der Seite des Rechtsbegriffs schon schwieriger. Was unklar bleibt, ist ihre Antwort auf die Frage, wie denn das Recht die Bedürfnisse des Politischen genau reflektieren soll. Um meinen Punkt hier klar zu machen, verstricke ich Arendt in eine kurze Diskussion mit Ely, Dworkin und Bellamy. Ich werde so zeigen, dass man von Arendt keine Antwort auf die Frage bekommt, wie und wo im Recht, in der Rechtssprechung, die Bedürfnisse des Politischen bewahrt und respektiert werden. Diese Antwort wäre aber nötig, um das Enthierarchisierungspostulat auch von dieser Seite zu unterlegen.

Wenn Arendt ausführt, dass das Recht die Spielregeln einer intakten politischen Öffentlichkeit sichern und bewahren soll, dann ist man im ersten Moment an die pluralistische Prozesstheorie John Elys erinnert. Nach Ely müssen die Gerichte eingreifen, wenn politische Minderheiten, gleich welcher Art, aus dem politischen Prozess ausgestoßen zu werden drohen. Diese Sicht auf die Gerichte bezeichnet Ely als eine „representation-reinforcing theory of judicial review" (Ely 2002, S. 181). Um politische Partizipation zu ermöglichen, reicht es nach Arendt allerdings nicht aus, dass der Zugang zum politischen Raum im negativen Sinne eines Exklusionsverbots gesichert wird. Arendt hat einen weitaus anspruchsvolleren Ermöglichungsbegriff im Auge. Politische Gleichheit als Bedingung der Möglichkeit politischer Partizipation meint mehr als die Sicherung gleicher Zugangsrechte. Arendt argumentiert für soziale Rechte, den Schutz der Privatsphäre, ein Verbot der Diskriminierung von Gruppen im öffentlichen Raum und den Ausbau und die Sicherung föderaler, dezentralisierter Entscheidungsstrukturen (vgl. hierzu Volk 2010a, S. 268–270).

In seiner Diskussion mit Ely setzt Ronald Dworkin am gleichen Punkt an und argumentiert ebenfalls für einen anspruchsvolleren Ermöglichungsbegriff. Personen, so Dworkin, engagieren sich im Politischen nur dann, wenn sie u. a. auch in ihrer moralischen Unabhängigkeit rechtlich geschützt sind (vgl. Dworkin 1994, S. 187–191). Entscheidend für unsere Diskussion ist nun, dass Dworkin argumentiert, dass nur die Justiz diese Ermöglichung garantieren kann, weil zum einen nur sie über die nötige Unabhängigkeit verfügt, moralische Wertefragen zu entscheiden und zum anderen nur sie weiß, wie die Verfassung richtig zu interpretieren ist.[11] Der Richter ist der „Herkules", wie Dworkin schreibt, der die richtige Antwort auf einen Rechtsstreit findet. Und dieser Umstand rechtfertigt nach Dworkin die expansive Rolle der Gerichte – auch bei der Gewährleistung von Partizipationsbedingungen.

Richard Bellamy hat gegen diese Ansicht eingewandt, dass Dworkin damit die Trennung zwischen „law and legislation" verwische. Bellamy wirft Dworkin vor, dass er die Richter und Gerichte zu besser gestellten Teilnehmern im politischen Prozess mache. Dworkins Konzeption sei daher ein Musterbeispiel des „liberal constitutionalism" (Bellamy 2007, S. 13), der der Politik die Luft zum Atmen nehme und den demokratischen Prozess durch die „rule of judges" ersetze (Bellamy 2007, S. 79). Lässt man die Frage außen vor, wie es um Bellamys Gegenmodell eines *democratising the judiciary"* (Bellamy 2007, S. 83) bestellt ist, dann wird in dieser kurzen Diskussion deutlich, dass die rechtliche Ermöglichung politischer Partizipation selbst zum Problem werden kann. Bellamys Einwand ist, dass bei Dworkin die rechtliche Ermöglichung politischer Partizipation auf *eine solche Weise* vonstattengehen soll, dass dabei die Autonomie des Politischen negiert wird. Ganz konkret liegt das Problem also in der Art und Weise, wie die sogenannte „Rechtsherrschaft", „law rule" verstanden und praktiziert wird. Wie verhält sich Arendt zu diesem Problem?

Für amerikanische Autoren wie Dworkin, Michelman, Ackerman und Ely ist die Zeit des Warren Courts von 1953 bis 1969 von zentraler Bedeutung. In dieser Zeit hat der amerikanische Supreme Court unter Chief Justice Earl Warren mittels einer progressiven Verfassungsrechtsprechung entscheidende Reformen in Gang gesetzt oder deren Verlauf unterstützt – so zumindest die Interpretation der genannten Autoren.

---

11 Ein schönes Beispiel, das die Dworkinsche Position zu erläutern hilft, ist im Rahmen der Abtreibungsdiskussion die Frage, wer und wie darüber entschieden werden kann, ob es sich beim Fötus um eine „constitutional person" handele. Dworkin argumentiert, dass es Lobby-Gruppen gebe, die ihre Interessen besser organisieren können und so dem politischen Prozess den Stempel aufdrücken. Dies könne zu Entscheidungen führen, die nicht im Interesse aller Bürger sind. Hinzu kommt, dass die zu diskutierende Frage nach dem rechtlichen Status eines Fötus keine metaphysische oder theologische Frage sei, sondern ausschließlich eine juristische. Über juristische Streitfragen aber haben Richter zu entscheiden, weil sie die Verfassung nun mal am besten kennen. (Vgl. Dworkin 1990, S. 69 f.).

Arendts politiktheoretisches Schaffen fällt genau in diese Zeit und sie nimmt auch an einigen Stellen auf den Warren Court Bezug – ganz explizit in *Ziviler Ungehorsam* und *Little Rock*.[12] Gegen die hier vorgestellte Sichtweise von Dworkin verweist Arendt auf die „irrige(n) Vorstellung von der Leistungsfähigkeit des Rechts [...]", wenn man davon ausgeht, dass das Recht Veränderungen herbeiführen könne. Sicherlich kann das Recht „[...] Veränderungen, wenn sie einmal vollzogen sind, stabilisieren und legalisieren, doch die Veränderungen an sich sind immer das Ergebnis von Handlungen außerrechtlicher Natur" (Arendt 1986c, S. 141) – wobei mit außerrechtlich hier gemeint ist, dass sie sich nicht im Bereich der Justiz ereignen, sondern entweder das Ergebnis politischer Entscheidungen sind oder von der Öffentlichkeit aus an den politischen Betrieb herangetragen werden. Die Aufgabe des Rechts, so Arendt, sei einzig der Gerechtigkeit genüge zu tun.

Aber genau hier liegt der Kern des Problems: Wie und auf welche Weise kann ein Gericht der Gerechtigkeit genüge tun *und dabei gleichzeitig* die Autonomie der politischen Sphäre respektieren? In Übereinstimmung mit der skizzierten Konzeption von Arendts politischen Denkens möchte ich argumentieren, dass sie den Obersten Gerichtshof als einen gemeinsamen Referenzpunkt für zerstrittene Parteien denkt. Die streitenden Parteien sollen durch den Urteilsspruch des Supreme Courts nicht ruhig gestellt werden; ihnen soll auch keine Konfliktlösung einfach vorgesetzt werden, sondern durch das Urteil soll ihnen der gemeinsame demokratische Hintergrundkonsens skizziert werden. Von diesem gemeinsamen Hintergrundkonsens aus soll man den Gegenstand des politischen Konflikts erneut bearbeiten können. Das zumindest legt ihre strikte Trennung zwischen Macht und Autorität nahe. Politische Macht hat das Volk, Autorität aber die Gerichte. Das Gericht nützt demnach seine Autorität, um der politischen Debatte eine neue Ebene einzuziehen, die die Parteien wieder zueinander in Beziehung setzt. Auch dürfte nur ein solches Verständnis von Justiz und Rechtsprechung das Recht als Beziehung erhalten. Dworkins Vorstellung vom Richter als Herkules, der aufgrund seiner Ausbildung, Erfahrung, Urteilskraft und Unabhängigkeit als einziger den Rechtsstreit entscheiden kann, läuft wohl diametral Arendts Pluralitätsverständnis entgegen. In einem Gemeinwesen gibt es eine Vielzahl legitimer Sichtweisen auf einen Rechtsstreit und die Frage ist, wie man zwischen diesen vermittelt. Es ist zu bezweifeln, ob das Bild vom Richter als Herkules dafür

---

12 Kern ihrer Kritik am Urteil des Supreme Courts zum Verbot der Rassentrennung an öffentlichen Schule ist, dass es nach Arendt damit den Kindern aufgebürdet werde, ein gesellschaftliches und politisches Problem zu lösen, bei dem ihre Eltern und Großeltern versagt hätten. Zusätzlich verletzte das Gesetz das Recht – sowohl von schwarzen als auch von weißen Familien – die Schule ihrer Kinder selbst zu wählen. Das Verbot von Mischehen hingegen bleibe, so Arendt, unverständlicherweise unberührt, obschon man es hier mit einer Ausgeburt der Rassentrennung zu tun hat, die in der Tat menschenrechtlichen Standards widerspricht. Arendts Aufsatz *Little Rock* hat schon nach Erscheinen eine heftige Welle des Protests ausgelöst und ist bis heute umstritten. Für einen detaillierten Überblick über die Kontroverse siehe Benhabib 2006, S. 233–246.

geeignet ist. Denn dieses Bild scheint ganz im Zeichen eines Rechtsverständnisses zu liegen, das das Recht als Befehl auffasst – als Herrschaftsbefehl einer Justizelite. Dworkins Wendung vom „rights as trumps" (Dworkin 2005, S. XV) kann durchaus in diese Richtung gedeutet werden (vgl. hierzu Ignatieff 2001, S. 20). Es besteht also die Gefahr, dass im Recht und bei der Rechtsprechung, die Pluralität und Beziehungshaftigkeit des Politischen unter den Tisch fällt. Für eine genuine Arendtsche Antwort, wie diese Gefahr gebannt werden könnte, findet man aber in ihrem Werk nicht genügend Anhaltspunkte. Was bei ihr fehlt, ist die konkrete *Ausbuchstabierung* einer Rechtstheorie, die die Bedürfnisse einer aktiven und konfliktiven Öffentlichkeit aufnimmt und reflektiert.

Literatur

Ahrens, Stefan 2005: Die Gründung der Freiheit. Hannah Arendts politisches Denken über die Legitimität demokratischer Ordnungen, Frankfurt a. M.
Arendt, Hannah 1986a: Europa und Amerika, dieselbe: Zur Zeit. Politische Essays (1943–1975), hrsg. von Marie Luise Knott, Berlin, S. 71–95.
Arendt, Hannah 1986b: Little Rock: dieselbe: Zur Zeit. Politische Essays (1943–1975), hrsg. von Marie Luise Knott, Berlin, S. 95–119.
Arendt, Hannah 1986c: Ziviler Ungehorsam: dieselbe: Zur Zeit. Politische Essays (1943–1975), hrsg. von Marie Luise Knott, Berlin, S. 119–161.
Arendt, Hannah 1990: Was ist Existenz-Philosophie?, Frankfurt a. M.
Arendt, Hannah 1994: Origins of Totalitarianism, New York.
Arendt, Hannah 1998: Das Urteilen. Texte zu Kants Politischer Philosophie, hrsg. von Ronald Beiner, München.
Arendt, Hannah 1999: Eichmann in Jerusalem: Ein Bericht von der Banalität des Bösen, München.
Arendt, Hannah 2000: Über die Revolution, München.
Arendt, Hannah 2003a: Denktagebuch, Erster und Zweiter Band, hrsg. von Ursula Ludz, Ingeborg Nordmann, München.
Arendt, Hannah 2003b: Elemente und Ursprünge totaler Herrschaft. Antisemitismus, Imperialismus, totale Herrschaft, München.
Arendt, Hannah 2006: Nationalstaat und Demokratie, in: www.HannahArendt.net, Documents 2/06.
Beiner, Ronald 1984: Action, Natality, and Citizenship: Hannah Arendt's Concept of Freedom, in: Zbigniew Pelczynski, John Gray (Hrsg.), Conceptions of Liberty in Political Philosophy, New York, S. 349–375.
Bellamy, Richard 2006: Sovereignty, Post-Sovereignty and Pre-Sovereignty: Three Models of State, Democracy and Rights within the EU, in: Neil Walker (Hrsg.), Sovereignty in Transition, Oxford, S. 167–190.
Bellamy, Richard 2007: Political Constitutionalism. A Republican Defence of the Constitutionality of Democracy, Cambridge.
Benhabib, Seyla 2006: Hannah Arendt. Die melancholische Denkerin der Moderne, Frankfurt a. M.
Dworkin, Ronald 1990: Taking Rights Seriously in the Abortion Case, in: Ratio Juris, Vol. 3, No.1, S. 68–80.

Dworkin, Ronald 1994: Gleichheit, Demokratie und die Verfassung: Wir, das Volk, und die Richter, in: Ulrich K. Preuß (Hrsg.): Zum Begriff der Verfassung. Die Ordnung des Politischen, Frankfurt a. M., S. 171–209.

Dworkin, Ronald 2005: Taking rights seriously, Cambridge.

Ely, John Hart 2002: Democracy and Distrust. A Theory of Juridical Review, Cambridge.

Förster, Jürgen 2009: Die Sorge um die Welt und die Freiheit des Handelns. Zur institutionellen Verfassung der Freiheit im politischen Denken Hannah Arendts, Würzburg.

Frankenberg, Günter 2003: Feindes Wiederkehr? Zur Verfassung des unbequemen Verhältnisses von Recht und Politik, in: ders., Autorität und Integration. Zur Grammatik von Recht und Verfassung, Frankfurt a. M., S. 13–45.

Gerstenberg, Oliver 1997: Bürgerrechte und deliberative Demokratie. Elemente einer pluralistischen Verfassungstheorie, Frankfurt a. M.

Günther, Klaus 1994: Diskurstheorie des Rechts oder Naturrecht in diskurstheoretischem Gewande?, in: Kritische Justiz, Jahrgang 27, Heft 4, S. 470–487.

Habermas, Jürgen 1994: Faktizität und Geltung, Frankfurt a. M.

Habermas, Jürgen 1999: Versöhnung durch öffentlichen Vernunftgebrauch, in: ders., Die Einbeziehung des Anderen. Studien zur politischen Theorie, Frankfurt a. M., S. 65–94.

Heuer, Wolfgang 1992: Citizen. Persönliche Integrität und politisches Handeln. Eine Rekonstruktion des politischen Humanismus Hannah Arendts, Berlin.

Honig, Bonnie 1988: Arendt, Identity, and Difference, in: Political Theory, Vol. 16, No. 1, S. 77–98.

Honig, Bonnie 1991: Declarations of Independence: Arendt and Derrida on the Problem of Founding a Republic, in: American Political Science Review, Vol. 85, No. 1, S. 97–113.

Ignatieff, Michael 2001: Human Rights as Politics and Idolatry, Princeton.

Kupka, Thomas 1998: Demokratie ohne Naturrecht. Eine rechtsphilosophische Entwicklungsskizze in vier Schritten und einem Ausblick, in: Hauke Brunkhorst (Hrsg.): Demokratischer Experimentalismus. Politik in der komplexen Gesellschaft, Frankfurt a. M., S. 241–278.

Markell, Patchen 2006: The Rule of the People: Arendt, Archê, and Democracy, in: American Political Science Review, Vol. 100, No. 1, S. 1–14.

Mouffe, Chantal 1992: Dimensions of radical democracy. Pluralism, Citizenship, Community, London.

Mouffe, Chantal 2007: Über das Politische. Wider die kosmopolitische Illusion, Frankfurt a. M.

Preuß, Ulrich K. 1990: Revolution, Fortschritt und Verfassung. Zu einem neuen Verfassungsverständnis, Berlin.

Preuß, Ulrich K. 1994: Zu einem neuen Verfassungsverständnis. Wie kann der Geist der Revolution institutionalisiert werden?, in: Günter Frankenberg (Hrsg.): Auf der Suche nach der gerechten Gesellschaft, Frankfurt a. M., S. 103–126.

Rancière, Jacques 2002: Das Unvernehmen. Politik und Philosophie, Frankfurt a. M.

Rosenmüller, Stefanie 2013: Der Ort des Rechts. Gemeinsinn und richterliches Urteilen nach Hannah Arendt, Baden-Baden.

Rousseau, Jean-Jacques 2004: Vom Gesellschaftsvertrag. Oder Grundsätze des Staatsrechts, Stuttgart.

Sieyès, Emmanuel Joseph 1988: Was ist der dritte Stand?, hrsg. von Otto Dann, Essen.

Tocqueville, Alexis de 2002: Democracy in America, translated, edited and with an introduction by Harvey C. Mansfield and Delba Winthrop, Chicago.

Volk, Christian 2010a: Die Ordnung der Freiheit. Recht und Politik im Denken Hannah Arendts, Baden-Baden, Kap. 1.

Volk, Christian 2010b: From *nomos* to *lex*. Hannah Arendt on Law, Politics, and Order, in: Leiden Journal of International Law, Vol. 23, No. 4, 2010

Volk, Christian 2010c: The Decline of Order. Hannah Arendt and the Paradoxes of the Nation-State, in: Seyla Benhabib (ed.), Politics in Dark Times: Encounters with Hannah Arendt, S. 172–197, Cambridge.

Volk, Christian 2013: Staat und Staatskritik bei Hannah Arendt, in: Julia Schulze-Wessel, Christian Volk und Samuel Salzborn (Hrsg.): Ambivalenzen der Ordnung. Der Staat im Denken Hannah Arendts, Berlin, S. 121–156.

Walzer, Michael 1993: Kritik und Gemeinsinn. Drei Wege der Gesellschaftskritik, Frankfurt a. M.

Weber, Max 1976: Wirtschaft und Gesellschaft. Grundriss der verstehenden Soziologie, 1. und 2. Halbband, hrsg. von Johannes Winkelmann, Tübingen.

Weber, Max 1980: Politik als Beruf, in: derselbe: Gesammelte Politische Schriften, hrsg. von Johannes Winckelmann, Tübingen, S. 505–560.

Wellmer, Albrecht 1999: Hannah Arendt über die Revolution, in: Hauke Brunkhorst/Wolfgang R. Köhler, Matthias Lutz-Bachmann (Hrsg.), Recht auf Menschenrechte. Menschenrechte, Demokratie und internationale Politik, Frankfurt a. M., S. 125–156.

Wolin, Sheldon S. 1994: Fugitive Democracy, in: Constellations, Vol. 1, No. 1, S. 11–25.

Grit Straßenberger
Constitutio libertatis: über die Macht gegenseitigen Versprechens

Zur performativen Deutung der Verfassung bei Hannah Arendt

„Der Sinn von Politik ist Freiheit" schreibt Hannah Arendt in *Was ist Politik* und präzisiert einige Seiten später nicht weniger emphatisch: Die Freiheit, „etwas Neues und Unerhörtes zu beginnen" und „die Freiheit, mit den Vielen redend zu verkehren und das Viele zu erfahren, das in seiner Totalität jeweils die Welt ist, war und ist keineswegs der Zweck der Politik – dasjenige, was mit politischen Mitteln erreichbar wäre; es ist vielmehr der eigentliche Inhalt und der Sinn des Politischen selbst" (Arendt 1993, S. 52).

In der Identifizierung von Politik mit Freiheit als Inhalt und Sinn des Politischen und mit der dem zugrunde liegenden Abgrenzung des Sinns der Politik von dem, was Politik bezweckt, wendet sich Arendt gegen eine herrschaftskategoriale Deutung des Politischen, in der Politik wesentlich als Kampf um die Beeinflussung der Machtverteilung und um die Führung im Staat erscheint. Ihr bürgerschaftlicher Politikbegriff ist nicht auf den Staat fokussiert, wie bei Max Weber, sondern zielt auf eine zivilpolitische, bei der Verfassung ansetzende Wahrnehmung des Politischen (Vollrath 2003, S. 196 ff.). Nicht Herrschaft ist das Kennzeichen des Politischen, sondern Freiheit, genauer: die Freiheit gemeinschaftlichen Handelns von freien und gleichen Bürgern in einem institutionell verfassten öffentlich-politischen Raum, der durch dieses Handeln erst gestiftet wird und in seinem Erhalt auf die kontinuierliche verantwortliche Bestätigung seitens einer engagierten Bürgerschaft angewiesen ist.

Wenngleich Arendt in ihrer auf Freiheit zentrierten politischen Handlungstheorie durchaus die institutionelle und symbolische Verfasstheit der republikanischen Demokratie in den Blick nimmt, hat die an Aristoteles *praxis-poiesis*-Unterscheidung anknüpfende handlungstheoretische Fundierung des Politischen Arendt nicht nur den Vorwurf eingebracht, eine polisnostalgische, der Moderne inadäquate und obendrein spezifisch elitäre politische Utopie zu verteidigen, zudem – so der daran anschließende Einwand – berge die dominante handlungstheoretische Perspektive die Gefahr, dass Fragen der Gesetzgebung, der Repräsentation und vor allem die Bindung an Institutionen zu kurz kommen (Volpi 2007, S. 86 ff.).[1]

---

1 So kritisiert Jürgen Habermas in einem Aufsatz von 1976 die Vita activa als eine Utopie der Polis und grenzt demgegenüber den aus seiner Sicht eher marxistischen als aristotelischen Praxis-Begriff in Macht und Gewalt positiv ab (1998a, S. 238). Zwar erscheint etwas später (1980) die Vita activa in einem besseren Licht, wenn Habermas in Arendts „ehrwürdiger Unterscheidung zwischen poiesis und praxis" nicht die Erneuerung der aristotelischen Theorie erkennt, sondern einen „Begriff des Handelns als „Praxis", der die historischen Erfahrungen und die normativen Perspektiven dessen

Demgegenüber wird hier die These vertreten, dass Arendt in der Verknüpfung eines *praxis*-orientierten Politikbegriffs in *Vita activa* mit der Beschreibung der amerikanischen Revolution als kommunikativer Akt gegenseitigen Versprechens, durch den eine neue politische Ordnung konstituiert wird, ein performatives Verständnis des Politischen entwickelt. Damit sind drei Überlegungen verbunden, die im Folgenden genauer ausgeführt werden sollen: *Erstens* führt Arendt die Qualität der institutionellen Verfasstheit eines politischen Gemeinwesens auf die Art der Verfassungsgebung zurück. *Zweitens* bindet sie die Stabilität des Verfassungsstaates an die Bereitschaft zu und die Möglichkeit von bürgerschaftlicher Bestätigung des von ihr auch als *compromissum* bezeichneten Verfassungsversprechens. Diese republikanische Perspektive auf die Verfassung als ein Bündnis von Menschen, die sich in gegenseitigem Versprechen darauf verpflichten, die durch das kommunikative Handeln gestiftete politische Ordnung zu erhalten, ist *drittens* mit einer kulturalistischen Wendung des Verfassungsbegriffs verbunden. Danach eröffnet die Verfassung einen Deutungshorizont für politische Rezeptionen, durch die soziale und politische Wirklichkeit verändert wird.

1 Verfassung als Polity: eine neoaristotelische Perspektive

An den Beginn des zentralen vierten Kapitels von *Über die Revolution* stellt Arendt ein grundsätzliches Problem: Obgleich revolutionäre Akteure einig darüber sein dürften, dass eine Revolution nur eine solche genannt werden kann, wenn die Stiftung der Freiheit zumindest das Ziel revolutionären Handelns ist, so scheint doch die Verfassung, also die Gründung der Freiheit, das Ende der Revolution zu bedeuten. Und in der Tat ist es schwierig, so Arendt, das Revolutionäre in Verfassungen zu erkennen: „Der Begriff des Verfassungsstaates ist weder seinem Inhalt noch seinem Ursprung nach revolutionär; er besagt nicht mehr und nicht weniger, als daß die Staatsmacht durch Gesetze begrenzt sein muß" (Arendt 1994a, S. 185). Der Verfassungsstaat ist ein begrenzter Staat, er legt den Machthabern Grenzen auf, und das ganz unabhängig davon, wer die Macht innehat. Auch die bürgerlichen Rechte, die der Verfassungsstaat gewährleistet, sind negativer Art, sie garantieren „keinen An-

---

artikuliert, was wir heute partizipatorische Demokratie nennen" (Habermas 1998b, S. 404), aber die neoaristotelische Perspektive wird nachwievor als spezifisch unmodern kritisiert. In diese Richtung gehen auch die kritischen Einwände von Seyla Benhabib (1991) und Hauke Brunkhorst, der Arendt ein elitär-aristokratisches Politikverständnis attestiert, das die Idee einer bürgerlichen Tugendgemeinschaft „auf die exklusive, privilegierte und militante („vita activa") Selbstorganisation freier und gleicher Bürger beschränkt" (Brunkhorst 1994, S. 20) und damit eine „Virtuosenfreiheit" der Wenigen (ebd., S. 105 ff.) präferiert.

spruch auf Mitbeteiligung an der Staatsgewalt, sondern sind lediglich Schutz gegen sie" (ebd., S. 186).

Dass Arendt dennoch die Verfassungsgebung und mithin die Gründung eines Verfassungsstaates zum entscheidenden Kriterium für eine erfolgreiche Revolution erhebt, hat mit zwei für ihr Verfassungsverständnis zentralen Differenzierungen zu tun. Arendt unterscheidet zunächst zwischen Befreiung und Freiheit: Befreiung von (Fremd-)Herrschaft bezeichnet einen quasi vorpolitischen Akt, über den ein politischer Handlungsraum überhaupt erst eröffnet wird; Freiheit dagegen beschreibt die Erfahrung von gemeinsam handelnden Menschen, diesen ergebnisoffenen Möglichkeitsraum auf ein (vorläufiges) Ergebnis hin zu gestalten. Die zweite Unterscheidung betrifft die zwischen Verfassungen, die einem Volk gegeben wurden, von solchen, die sich ein Volk selbst gegeben hat. Während Erstere das Werk von Verfassungsexperten waren, stellt die zweite Bedeutung von „Konstitution" auf den Verfassungsakt selbst ab. Die Doppeldeutigkeit des Wortes „Konstitution" als Verfassung und Verfassungsgebung wie auch dessen spezifisch republikanische Ausdeutung seitens der amerikanischen Revolutionäre sieht Arendt in der Definition von Thomas Paines geradezu exemplarisch ausgedrückt: „Eine Konstitution [...] ist nicht der Akt einer Regierung, sondern eines Volkes, das eine Regierung konstituiert" (ebd., S. 188).

Im Anschluss an Paine nennt Arendt nur eine solche Verfassung genuin politisch und Stabilität garantierend, die sich ein Volk in einem kommunikativen Prozess der Verfassungsdiskussion selbst gegeben hat: Der einzige Zweck der in Amerika wie in Frankreich einberufenen verfassungsgebenden Versammlungen war der Entwurf einer Verfassung, aber nur in Amerika wurden diese Entwürfe „nicht nur summarisch von dem Volk ratifiziert, sondern Abschnitt für Abschnitt und bis in alle Details in den *townhall meetings* (wie im Falle der ursprünglichen Verfassung, den sogenannten *Articles of Confederacy*) oder später (im Falle der Verfassung der Vereinigten Staaten) in den Länderparlamenten diskutiert" (ebd., S. 188).

Diese Wertschätzung der amerikanischen Verfassungsgebung folgt jedoch keineswegs nur dem Gang der Ereignisse und verdankt sich auch nicht allein des retrospektiven Wissens um den Erfolg der amerikanischen Revolution. Die legitimatorische Priorität, die Arendt dem gleichermaßen initiativen wie kommunikativen Verfassungshandeln gegenüber dem Verfassungsdokument und dem in der Verfassung festgelegten Institutionengefüge zuspricht, verweist auf eine handlungstheoretische Perspektivierung von „Konstitution", die ihren Ursprung in einem aristotelischen Verständnis des Politischen hat, wenngleich – und das ist gewissermaßen die theoretisch-begriffliche Leistung von Arendt – das initiative Moment, also das eigentliche Gründungshandeln mit Aristoteles gerade nicht zu erklären ist. Mit Aristoteles politischem *praxis*-Begriff lässt sich ein kommunikatives Handlungsmodell denken, die initiative Seite der Verfassungsgebung, also das Herstellen von Rahmenbedingungen, innerhalb derer sich das politische Handeln vollzieht, galt dem Griechen dagegen als vorpolitischer Akt eines fremden Gesetzgebers (ebd., S. 241). Insofern aber auch die Verfassung, die einem Volk von Verfassungsexperten gegeben wird, initiativ ist, liegt die Qualität der amerikanischen Verfassungsgebung, der Arendt allein das Prädikat „genuin politisch" verleiht, offensichtlich vor allem in dessen kommunikativer Genese.

Diese normative Auszeichnung der Verfassung als kommunikativer Prozess der Beratung und Entscheidungsfindung gründet auf Aristoteles' Unterscheidung zwischen *praxis* und *poiesis*. Arendt sah in dieser Unterscheidung zwischen Hervorbringen und Tun nicht nur, wie Seyla Benhabib feststellt, „die philosophische Ausbildung eines Begriffs von Handlungen als Taten und Worten" (Benhabib 1998, S. 185), sondern erkannte darin die Ausbildung eines nicht-herrschaftlichen Politikbegriffs. Im Gegensatz zum instrumentellen Charakter des Herstellens, das auf ein vorher festgelegtes Ziel hin einen Realisierungsprozess ins Werk setzt, an dessen Ende eben jenes Produkt steht, das als Entwurf den Herstellungsprozess leitete, geht politische Praxis bei Aristoteles im Tun oder Handeln selbst auf. Es kann Zwecke geben, die verfolgt werden, und Ziele, an denen sich das politische Handeln orientiert, aber es ist die kommunikative Praxis politischen Handelns selbst, in der der Sinn des Politischen beschlossen ist und politische Freiheit als Vermögen erfahren wird, gemeinsam mit anderen verantwortlichen Bürgern ein Projekt zu verfolgen, dessen Ausgang ungewiss und dessen Erfolg mithin nicht garantiert ist.

Aristoteles' begrifflich-normative Tradierung von politischem Handeln als selbstzweckhaftem Tun, das an einen erst zu stiftenden öffentlich-politischen Raum gebunden ist, und sich immer in Anwesenheit von und vor anderen vollzieht, wird für Arendt der ideengeschichtliche und systematische Anknüpfungspunkt für den Entwurf eines auf Freiheit fokussierten Begriffs des Politischen. Politik ist in dieser Lesart eben nicht Herrschaft von Menschen über Menschen und nicht die souveräne Umsetzung von bestimmten Zwecken mit entsprechenden Mitteln in politische Geschichte, sondern ein pluralistischer und kommunikativer Prozess der Entscheidungsfindung, dessen Resultate sich nicht berechnen lassen, der Folgen hat, die sich nicht in Gänze antizipieren und folglich auch nur bedingt kontrollieren lassen. Darin besteht bei Arendt ebenso wie bei Aristoteles die Freiheit politischen Handelns.

Ein solches, auf das kreative Gestaltungsvermögen politischer Akteure unter Bedingungen der Nicht-Beherrschbarkeit von Handlungsfolgen abstellendes Freiheitsverständnis rechnet nicht nur mit der Möglichkeit des Scheiterns, sondern widerspricht auch einer institutionellen Festlegung des Politischen auf ein bestimmtes Format. Die Verfassung wäre dann tatsächlich das Ende von Politik – zumindest legt dies Arendts Rezeption von Aristoteles' politischen *praxis*-Begriff nahe. Nun hat sich Aristoteles recht ausführlich zur institutionellen Fragen geäußert. Christian Meier (1995, S. 27 f.) zufolge, bezeichnete das Politische der Polis die mit der Bürgerschaft beziehungsweise Verfassung (*politeia*) identische Stadt als Gesamtheit der Bürger, wobei die Verfassung festlegte, wer Bürger ist, also zur Bürgerschaft gehört, und wem welche Ämter offenstanden. Wie Dolf Sternberger (1990c) durchaus zurecht bemerkt, interessiert sich Arendt weder für Aristoteles' ausdifferenzierte Verfassungstheorie noch für seine stabilitätspolitische, auf den politischen und sozialen Ausgleich zwischen der reichen Führungselite und der armen Menge abstellende

Diskussion der richtigen institutionellen Mischung zwischen Oligarchie und Demokratie. Hinter dieser Ausblendung steht jedoch keine generelle Blindheit gegenüber praktischen Verfassungsfragen, wie Sternberger kritisiert, sondern ein anderes Verständnis von Verfassung, das Arendt nicht aus ihrer Aristoteles-Lektüre gewinnt, sondern mit Blick auf die amerikanische Verfassungsgebung konturiert. Das stellt sich bei Sternberger anders dar, der unmittelbar auf die verfassungstheoretischen Überlegungen von Aristoteles zurückgreift.

Der aristotelische Staat ist für Sternberger zuvorderst „ein Erzeugnis der *Vereinbarung* unter existierenden und sehr unterschiedlichen Menschen" (Sternberger 1990b, S. 135); im spezifischen Sinne des Wortes aber beschreibe „Politie" eine empirisch-normative Ordnung, die im Gegensatz zur Herrschaft im Haus auf die Verfassung des Staates abstellt: „Der Gegensatz von Herrschaft und Verfassung steht am geistigen Beginn des modernen Verfassungsstaates" (ebd., S. 139). Nun ist die Politie im dritten Buch der *Politik* ein reiner Bürgerstaat, ein Staat, welcher mit der Bürgerschaft identisch ist, wobei der Bürger wesentlich dadurch definiert wird, dass er in spezifischer Weise an der Regierung teilhat. Dieser Bürgerstaat hat zunächst mit dem modernen Verfassungsstaat wenig zu tun (ebd., S. 143), aber, so gibt Sternberger mit Blick auf Aristoteles' empirische Verfassungstheorie in den Büchern vier bis sechs zu bedenken, die Politie ist nicht von einfacher, sondern von gemischter Art. Können wir Sternberger zufolge in dieser Mischung bereits den geschichtlichen Zusammenhang zwischen alter Politie und dem jahrhundertelang in Europa gegoltenen Theorem von *mixed government* klar erkennen (ebd., S. 151), so sei – nicht dem politischen und juristischen Bewusstsein nach, aber sehr wohl in der Sache – der heutige westliche Verfassungsstaat ein gemischtes System:

> Freilich sind es nicht die Vornehmen, welche das aristokratische, nicht die Reichen, welche das oligarchische Element bilden [...], sondern die heutige „politische Klasse" wächst aus der allgemeinen Staatsgesellschaft hervor, ohne feste sozioökonomische Konturen, dank jenen eigentümlichen bürgerlichen Organisationen, die wir politische Parteien nennen. Das demokratische Element andererseits stellt sich im heutigen Verfassungsstaat in erster Linie als Wählerschaft dar [...]. Eine moderne Wählerschaft entscheidet zwar nicht, wie die Bürgerversammlungen der alten Politie, über Krieg und Frieden. Aber sie entscheidet in einigen heutigen Verfassungsstaaten darüber, wer die Führung übernehmen soll, und ‚es wäre doch lächerlich', meine ich, in der Redeweise des Aristoteles, dergleichen nicht zu den wichtigsten Dingen des Staates zu zählen (ebd., S. 152 f.).

Der Sache nach ist der moderne westliche Verfassungsstaat also die alte Politie im neuen Gewand. Sternberger vertritt damit einen affirmativen Neoaristotelismus, der auf eine bruchlose Transformation der alten Politie abstellt.[2] Für Arendt ist demge-

---

2 Innerhalb eines weiten Verständnisses von Neoaristotelismus, der jeden Denkansatz einbezieht, der sich in irgendeiner Weise bindend auf aristotelische Topoi beruft, unterscheidet René Weiland zwischen „affirmativen" Neoaristotelikern, zu denen er neben Robert Spaemann vor allem Dolf

genüber nach dem im Totalitarismus endgültig vollzogenen Traditionsbruch der aristotelische Staat passé, retten lässt sich allein die damit verbundene Idee von Politik. Diese Idee bildet den Ausgangspunkt für die kreative Verknüpfung mit anderen Traditionsgehalten: Arendt nutzt Aristoteles' nicht-herrschaftliche Bestimmung des Politischen[3] für einen Verfassungsbegriff, der auf den kommunikativen Akt der Verfassungsgebung abstellt, wobei das bürgerschaftliche Sich-Geben einer Verfassung zum Kern einer qualitativ neuen Auffassung von politischer Freiheit wird. Freiheit beschränkt sich nicht mehr allein auf das freie Reden und Handeln der Bürger in einem bereits verfassten politischen Raum, sondern umfasst nun auch und wesentlich die performative Stiftung dieses Raumes selbst.

Das Verständnis von politischer Freiheit als gemeinsame Anstrengung von Bürgern, ein neues Gemeinwesen zu gründen, bestimmt nicht nur die Qualität der Verfassung, sie bildet zudem den Maßstab, an dem die sich im Rahmen der Verfassung vollziehende Politik gemessen wird. Während der „geduldige Aristoteliker" Sternberger „auf die Prägekraft der demokratischen Institutionen [setzte], über deren Funktionstüchtigkeit die Bürger gleichsam Verhaltenssicherheit und Stabilisierung erfahren sollten" (Hacke 2009, S. 27 f.), bindet Arendt die Stabilität der republikanischen Verfassung an aktive, über den demokratischen Wahlakt hinausgehende, bürgerschaftliche Partizipation, durch die das Versprechen auf initiative Teilhabe aktualisiert wird.

Die Demokratie gehört für Arendt nicht zu den guten Verfassungsformen. Wenn sich der ungebremste, souveräne Wille des Volkes Bahn bricht, sieht Arendt die bürgerliche Freiheit gefährdet. Insofern gehört es zu den grundsätzlichen Leistungen eines Verfassungsstaates, die Macht der gesetzgebenden Gewalt zu begrenzen und den einzelnen vor willkürlichen Eingriffen der Staatsgewalt zu schützen. Dies ist jedoch auf lange Sicht nur möglich, wenn der Staatsgewalt nicht der Einzelne gegenübersteht, sondern die Staatsgewalt durch andere Machtgruppen begrenzt wird. Einen wirksamen Schutz gegen eine Entgrenzung staatlicher Politik kann es für Arendt nur geben, wenn

---

Sternberger zählt, und aristotelisch inspirierten Denkern wie Hannah Arendt und Ernst Vollrath. Während erstere auf eine traditionalistische Versöhnung von Antike und Moderne abzielen, steht Arendts Antike-Rekurs für eine kreative, von der Moderne und ihren Brüchen aus gedachte Neuaneignung der Vergangenheit (Weiland 1989, S. 358 f.); zu den (neo)aristotelischen Konzeptionen von Arendt und Sternberger vgl. Gutschker 2002 sowie zur Diskussion Straßenberger 2005, v.a. S. 37 ff.

3 Arendt kritisiert Aristoteles gleichwohl dafür, dass er die Abgrenzung von einem platonisch-herrschaftlichen Politikmodell nicht konsequent genug vollzogen habe. So stelle er die Polis zwar einerseits als Gemeinschaft von Gleichen vor, die sich die Regierungsarbeit im rotierenden Modus teilen, bezeichne aber andererseits jedes Gemeinwesen als ein Zusammengesetztes und zwar zwischen solchen, die herrschen, und solchen, die beherrscht werden (Arendt 1994b, S. 182). „Dadurch, daß Aristoteles in der *Politik* versucht, die Kategorie des Herrschens und Beherrschtwerdens in die Angelegenheiten der Polis einzuführen, entpolitisiert er eigentlich die Politik, das heißt: Er überträgt auf das Handeln und Zusammenleben der Polis Maßstäbe, die, wie er selbst an anderem Orte meinte, eigentlich nur für das Handeln und Zusammenleben in der privaten Sphäre des Haushalts gelten" (ebd., S. 185).

die Verfassung positive Partizipationsrechte sichert, die von den Bürgern auch aktiv in Anspruch genommen werden. Die Freiheit des Einzelnen, unabhängig von staatlichen Eingriffen seine individuellen Lebensentwürfe zu realisieren, hat die gesetzliche Möglichkeit und die Bereitschaft der Bürger zu Voraussetzung, durch gemeinsames machtvolles Handeln die Verfassung der Freiheit in ihren negativen Schutzrechten wie, dem vorausgehend, den positiven Partizipationsrechten zu unterstützen.

Die Pflicht zum Engagement wird zur Grundlage für die Inanspruchnahme bürgerlicher Freiheiten, aber nicht in der simplifizierenden Lesart, der zufolge Pflichten Rechte begründen, sondern in einem qualifizierten republikanischen Verfassungsverständnis, dass erst durch die aktive Inanspruchnahme positiver politischer Freiheitsrechte die negativen, liberalen Schutzrechte wirksam gesichert werden können. Voraussetzung dafür ist eine Verfassung, die praktische Möglichkeiten und Orte für politisches Handeln bietet. Arendt sieht in den bürgerschaftlichen Assoziationen und, dem vorausgehend, im Vereinigungs- und Versammlungsrecht, daher nicht nur die moderne Version politischer Selbstregierung: Die Assoziationen übernehmen auch eine Art Ausfallbürgschaft für das, was Arendt zufolge die amerikanische Verfassung gerade nicht leistet bzw. worin sie versagt hat. Es ist nämlich nicht gelungen, so urteilt Arendt in Übereinstimmung mit Thomas Jefferson, die Macht der vormals autonomen lokalen Gemeinden zu erhalten, denen die amerikanische Revolution ihren Ursprung verdankt, und von denen Alexis de Tocqueville sagt, dass sie die verborgenen Klippen bilden, „die die Flut des Volkswillens aufhalten oder zerteilen" und mithin eines der wichtigsten Bollwerke gegen die Gefahr eines demokratischen Despotismus darstellen (Tocqueville 1987, Bd. I, S. 393).

Mit ihrer Wertschätzung lokaler Selbstverwaltung und der bürgerschaftlichen Vereinigungen zielt Arendt auf ein assoziatives Verständnis von Macht, das sie aus einer historisch-soziologischen Betrachtung der amerikanischen Geschichte vom Beginn der Besiedlung (Mayflower-Pakt) bis zur Verfassungsgebung gewinnt. Zugleich löst sie in begrifflich-systematischer Absicht Macht aus seiner an Gewalt gekoppelten Zweck-Mittel-Logik und eröffnet auf diese Weise den Blick auf Macht als Gestaltungsvermögen, das sich in republikanischen Gründungsversprechen exemplarisch aufzeigen lässt, aber nicht auf den Gründungsakt beschränkt bleibt. Der Akt des Sich-eine-Verfassung-Gebens genießt nämlich nur solange Autorität, wie das gegenseitige Versprechen, das diesem Bündnis zugrunde liegt, beständig revitalisiert wird.

2 Die Macht gegenseitigen Versprechens in der republikanischen Demokratie

Für Arendt ist das Politische ein Ort der Freiheit und der öffentlichen Diskussion, darin aber auch ein Ort von Macht und Konflikt. Unter Macht versteht Arendt gleichwohl nicht allein die sanktionsgestützte Entscheidungskompetenz demokratisch gewählter Amtsinhaber, sondern zuvorderst die Handlungsfähigkeit politischer Akteure, sich mit anderen zusammenzuschließen, um ein gemeinsames Anliegen zu verfolgen und für dessen Durchsetzung öffentliche Zustimmung und Unterstützung zu gewinnen. Dieses assoziative Verständnis politischer Handlungsmacht wird zu der pointierten Einschätzung geführt, Macht gehöre zum Wesen aller staatlichen Gemeinwesen, Gewalt jedoch nicht. Gewalt werde immer dann angewandt, wenn politische Macht verloren ist. Politisch gesprochen sind Macht und Gewalt Gegensätze: „[W]o die eine absolut herrscht, ist die andere nicht vorhanden" (Arendt 1990, S. 57).

Mit der Unterscheidung zwischen einem assoziativ-kommunikativen Macht- und einem instrumentellen Gewaltbegriff wendet sich Arendt gegen Max Webers Definition vom Staat als „ein auf das Mittel der legitimen (das heißt: als legitim angesehenen) Gewaltsamkeit gestütztes Herrschaftsverhältnis von Menschen über Menschen" (ebd., S. 36). Der herrschaftlichen Bestimmung von Macht, der zufolge es dann nur konsequent ist, Politik in den Kategorien von Befehlen und Gehorchen zu fassen, stellt Arendt einen bürgerschaftlichen Begriff kommunikativer Handlungsmacht gegenüber.[4] Diese genuin politische Handlungsmacht, von der Arendt sagt, dass sie kreativ und schöpferisch ist, habe jedoch mehrere „Schönheitsfehler".

Macht ist zunächst ihrem Wesen nach maßlos, d. h., Macht kann, wenn sie nicht kontrolliert und begrenzt wird, in Gewalt umschlagen. Die Macht politischen Handelns ist zudem in ihren Resultaten nicht berechenbar. Dieser „Nachteil" entsteht aus der pluralistischen Struktur des Politischen. Der Bedarf an politischem Handeln und Sprechen entsteht Arendt zufolge nur dann, wenn es differente Standpunkte und Meinungen zu Fragen von allgemeinem öffentlichen Interesse gibt, die im politischen Entscheidungsprozess vermittelt werden müssen. Schließlich ist Macht flüchtig: Zerstreut sich die Gruppe, ist die durch ihr gemeinsames und organisiertes Handeln allein realisierte Macht zu Ende.[5] Politische Macht besitzt daher wie das Handeln, aus dem sie entsteht, eine aporetische Struktur. Da Arendt den Weber'schen Ausweg aus den Aporien politischen Handelns, nämlich über dessen herrschaftlich-hierarchische Begrenzung, ausschließt, zugleich aber an der Begrenzung und Stabilisierung der ihrem Wesen nach maßlosen, unberechenbaren und flüchtigen Handlungsmacht interessiert ist, muss sie die Verbindlichkeit politischer Entscheidungen anders begründen.

An dieser Stelle führt Arendt das Versprechen ein. Das „Vermögen, Versprechen zu geben und zu halten, und die ihm innewohnende Macht, das Zukünftige zu si-

---

4 Jürgen Habermas erkennt in Arendts kommunikativen – im Gegensatz zu Webers teleologischen, auf Zwang beruhenden – Handlungsmodell ein radikaldemokratisches, emanzipatorisches Praxisverständnis, das – herausgelöst aus seiner aristotelischen Begrifflichkeit – darauf besteht, dass politische Institutionen auf Anerkennung beruhen, die allein in unverzerrter Kommunikation einer nicht deformierten politischen Öffentlichkeit erzeugt werden kann (Habermas 1998a).

5 Diese Überlegungen zu politischer Macht entwickelt Arendt an verschiedenen Stellen ihres Werkes, am systematischsten aber sicher in *Macht und Gewalt* (Arendt 1990).

chern" hat seit den Römern, „im Zentrum politischen Denkens gestanden, was ja nichts anderes besagt, als daß man das *Vermögen des Versprechens als die zentrale politische Fähigkeit* ansah" (Arendt 1992, S. 239).[6] In ihr erkannte man Arendt zufolge jene der Freiheit gemäße Form, jenseits von Selbst-Beherrschung und der Herrschaft über andere mit der zweifachen Ungewissheit umzugehen, dass Menschen nicht fähig sind, sich auf sich selbst zu verlassen, da ihr Handeln immer durch bereits vorhandene Strukturen geprägt ist, wie sie nicht Herr bleiben über das, was sie tun, da sie die Folgen nicht kennen: „Versprechen und die aus ihm sich ergebenen Abkommen und Verträge sind die einzigen Bindungen, welche einer Freiheit adäquat sind, die unter der Bedingung der Nicht-Souveränität gegeben ist" (Arendt 1992, S. 240).[7]

Das menschliche Vermögen, Versprechen zu geben und zu halten, besteht – politisch gesprochen – in einer Institutionalisierungsleistung, die zwei Funktionen erfüllt: Durch gegenseitige Verpflichtungen wird politische Macht generiert, und zugleich wird politische Handlungsmacht durch gegenseitige Versprechen begrenzt. So ist die Verfassung eine Form der politischen Selbstbindung, bei der politische Akteure innerhalb eines kommunikativen Aktes gegenseitigen Versprechens einen politischen Raum institutionalisieren, in dem weitere Übereinkünfte geschlossen werden können und geschlossen werden müssen, da dieser Raum zugleich ein Ort ist, in dem die perspektivische Pluralität auf das allen Gemeinsame vermittelt wird. Die über Akte gegenseitigen Versprechens eingegangenen Verpflichtungen sind indes nicht unauflöslich: An Versprechen ist man nach Arendt gebunden, solange keine unerwarteten Umstände eintreten, und unter der Voraussetzung, dass die Gegenseitigkeit, die allen Versprechen zugrunde liegt, aufrechterhalten wird (Arendt 1989, S. 150 f.).

Arendt diskutiert die Frage der Verbindlichkeit von Versprechen exemplarisch anhand der amerikanischen Verfassungsgebung. Die Bezeichnung der amerikanischen Verfassung als ein gegenseitiges Gründungsversprechen folgt zuvorderst der handlungstheoretischen Perspektivierung der Verfassung. Der Begriff Versprechen legt den Akzent viel stärker auf den interaktiven, kommunikativen Modus, aus dem dann die (Selbst-)Verpflichtung erwächst, das gegebene und im Dokument festgehaltene Versprechen zu halten und zu erneuern. Darüber hinaus legt das Versprechen

---

6 Hervorhebungen im Original.

7 Die Bedingung der Nicht-Souveränität weist Arendt als eine politiktheoretische Grenzgängerin aus. Während in der kontraktualistischen Theorietradition der „Staat der Vereinbarung" auf einen hypothetischen Gründungsvertrag zurückgeführt wird, in dem die Grundsätze formuliert sind, nach denen eine Ordnung, sofern sie auf diesen Grundsätzen beruht, als legitim bezeichnet wird, geht es Arendt nicht um hypothetische, sondern um wirkliche Verträge, und – was hier ebenso entscheidend ist – sie ist an Verträgen interessiert, die im Gegensatz zur Etablierung einer staatlich-souveränen Zwangsordnung einen selbstverpflichtenden Charakter besitzen. Solche Verträge, die wie die Amerikanische Verfassung auf bürgerschaftliche Selbstverpflichtung abstellen, sollten Arendt zufolge präziser Versprechen genannt werden; zu Arendts Vertragsverständnis im Gegensatz zu Vertragstheorie siehe auch Jürgen Förster 2009, S. 273–309; grundsätzlich zur Vertragstheorie siehe Wolfgang Kersting 1994, Karlfriedrich Herb 2000.

gegenüber dem juristischen Vertrag eine normativ höhere Verpflichtungskraft nahe, die sich aber aus dem Akt der gegenseitigen Selbstverpflichtung allein nicht begründen lässt. Das Verfassungsversprechen besitzt eine dem weiteren politischen Handeln übergeordnete Autorität, über die die Verbindlichkeit dieser besonderen Verpflichtung gesichert und dem an sich unbeständigen, maßlosen politischen Handeln Grenzen gesetzt werden sollen. Damit taucht jedoch das alte Problem, dass das Politische nicht ohne eine sanktionierende Gewalt begründet und stabilisiert werden kann, wieder auf: „Weder der Vertrag noch das Versprechen, auf welchem Verträge beruhen, reichen aus, Dauerhaftigkeit zu gewährleisten und also die Angelegenheiten der Menschen so weit zu stabilisieren, daß sie für ihre Nachkommen Sorge tragen und in der Welt etwas errichten können, was sie überdauert" (Arendt 1994a, S. 236).

Die Amerikaner lösten Arendt zufolge das zentrale praktisch-politische Problem, wie ein Anfang zu machen ist, dessen Autorität nicht angezweifelt werden kann, indem sie an die römischen Erfahrungen der Gründung anschlossen und sie zugleich neu interpretierten. Denn die Heiligkeit der Gründung Roms, von der sich im römischen Verständnis alle Autorität ableitete, war mythisch zurückgebunden an die erste Gründung der Stadt: Rom, war die Auferstehung Trojas, und daher genau genommen, wie Arendt betont, keine Neugründung, sondern eine Wiedergründung, die von der heiligen Verbindlichkeit der Tradition, also den mythischen Ursprüngen zehrte. Indem die Amerikaner Vergils *magnus ordo saeclorum* in *novus ordo saeclorum* verwandelten, war entschieden, dass die abendländische Tradition für sie nicht mehr verbindlich war, nicht mehr sein konnte. Sie mussten selbst zu Stiftern werden und dem Gründungakt, also ihrem eigenen Verfassungshandeln, jene Autorität zusprechen, die in Rom durch die Tradition verbürgt war. Die dem Gründungsakt zugesprochene Autorität zeigt sich für Arendt in der „Heiligsprechung der Verfassung", weshalb sie den Verfassungsvätern eine religiöse Haltung im römischen Sinne attestiert: *religare* als das Sich-Zurückbinden an einen Anfang, nur, dass sie diesen Anfang selbst politisch setzten und alles weitere Handeln auf diesen Gründungsakt verpflichteten (ebd., S. 255 f.).

Indem sich die Amerikaner im römisch-republikanischen Sinne als Gründer einer neuen politischen Ordnung verstanden, als Stifter von Bezügen zwischen Menschen, im Weiteren aber nicht sich selbst, sondern dem schriftlichen Verfassungsdokument eine von wechselnden Machtallianzen unabhängige Autorität zusprachen, etablierten sie in Arendts Perspektive ein differenziertes Macht- und Autoritätsverständnis, das mit einer zweiten, wesentlich institutionellen Rezeption der römischen Republik verbunden ist: Autorität kommt im politischen Institutionengefüge der Vereinigten Staaten nicht dem Senat zu, wie dies im alten Rom der Fall war, sondern dem Obersten Gerichtshof als jener Institution, die der Autorität des Anfangs gleichermaßen verpflichtet ist, wie sie selbst ihre Autorität aus dem Gründungsdokument bezieht. Die Amerikaner haben damit die politische Autorität einer Institution zugewiesen, die sich klar von den anderen Staatsgewalten der Legislative und Exekutive abhebt und die, wiewohl sie selbst keine Macht besitzt, insofern die Verfassungsrichter nicht initiativ tätig werden, demokratische Handlungsmacht begrenzt (ebd., S. 257).

In dieser institutionalisierten Macht-Autorität-Differenzierung sieht Arendt die zentrale Leistung der amerikanischen Revolutionäre und die Grundlage für die Stabilität der republikanischen Demokratie: Über den machtvollen Akt der Verfassungsgebung wurde eine neue, auf Gesetze gegründete politische Ordnung gestiftet, zugleich aber wurde durch die „Heiligsprechung der Verfassung" dieser im Verfassungstext dokumentierten demokratischen Gründungsleistung eine Autorität zugesprochen, die dem demokratischen Zugriff enthoben sein sollte. Arendt sieht in der performativen Setzung, der Verfassung eine verbindliche Autorität zuzusprechen, den Beweis dafür, dass handelnde Menschen imstande sind, ohne Bezug auf ein Absolutes, allein im Vertrauen auf die verbindliche Macht gegenseitigen Versprechens, einen neuen Anfang zu machen. Dieser performative Akt der Stiftung stellt eine politische Selbstbindung besonderer Art dar: Indem der Verfassung als Dokument des revolutionären Neubeginns eine dem wechselhaften Willen demokratischer Mehrheiten entzogene „heilige" Autorität zugesprochen und zugleich einer kleinen Gruppe von auf Lebenszeit berufenen Richtern die Kompetenz zugewiesen wurde, die Verfassung autoritativ auszulegen, wird eine erhebliche politische Entmachtung des Souveräns bewirkt. Danach kommt es allein den Mitgliedern des Obersten Gerichtshofes zu, die Verfassung auszulegen und das heißt durch Interpretation ständig neu zu formulieren und dadurch lebendig zu erhalten. Der Oberste Gerichtshof wird damit, wie Arendt pointiert, zu einer „Art verfassungsgebender Versammlung, die in Permanenz tagt" (Arendt 1994a, S. 258).

Allerdings stellt gerade diese klare institutionelle Zuordnung der Interpretationshoheit die Macht-Autorität-Differenzierung infrage. Innerhalb eines performativen Verfassungsverständnisses sind Deutungen des Verfassungstextes nicht bloße Wiederholungen oder Bestätigungen des Status quo, solchen Interpretationen wohnt vielmehr die Kraft inne, soziale und politische Wirklichkeit wirkmächtig zu verändern. Darauf verweisen Jürgen Gebhardt und Hans Vorländer: Indem nämlich der Supreme Court für sich das Recht in Anspruch nimmt, die Gesetzgebung der Legislative auf ihre Verfassungskonformität hin zu prüfen, nimmt er zwar im römischen Sinne die *auctoritas* wahr (Gebhardt 1993, S. 35), in der weiteren Verfassungspraxis aber führte dies zu einer erheblichen Stärkung seiner gestaltenden Funktion. Vorländer zufolge entwickelte das amerikanische Verfassungsgericht an der Wende zum 20. Jahrhundert eine „aktivistische Rechtsprechungspraxis": Bis zu Franklin Delano Roosevelts Programm des New Deal agierte das Verfassungsgericht als Hüterin einer Laissez-faire-Wirtschaftsordnung und ging dann insbesondere nach dem Zweiten Weltkrieg zu eine stärkeren Aktivierung der Grundrechte über: etwa 1954 mit der Aufhebung der Rassendiskriminierung oder der Erklärung über die Verfassungsmäßigkeit der Affirmativ Action-Programme für die Bevorzugung von Angehörigen ehemals diskriminierter Minderheiten bei universitären Zulassungsregeln. In der Aktivierung der Grundrechte offenbarte der Supreme Court, dass er nicht nur eine limitierende, sondern auch eine gestaltende Funktion innehatte. Einerseits wurde damit deutlich, „daß eine Verfassung, die über lange Dauer gilt [...], sich zu ihrer fortdauernden Geltung aus den Ursprungskontexten lösen kann und zu ihrer normativen Geltung auf die jeweilige Aktualisierung und Anwendung durch eine zur autoritativen Auslegung berufenen Instanz, die Verfassungsgerichtsbarkeit, angewiesen ist: Der Preis ist indes, daß die Verfassung nur noch so gilt, wie das Verfassungsgericht die Verfassung auslegt" (Vorländer 2004, S. 52 f.).

3 Arendts kulturalistische Wendung des Verfassungsbegriffs

In der politisch relevanten Frage, wem es legitimer Weise zukommt, die Verfassung wirkmächtig zu deuten, gibt Arendt folgende Antwort: Die Prüfung der Verfassungsmäßigkeit besitzt zwar der mit Autorität ausgestattete Oberste Gerichtshof, aber dieser wird nur auf Anfrage tätig. Erst wenn politische Akteure in Berufung auf die Verfassung als verbindliches Gründungsdokument, in dem das republikanische Versprechen auf politische Teilhabe narrativ tradiert ist,[8] eine Diskrepanz zwischen Verfassungstext und Verfassungswirklichkeit öffentlich und mit Nachdruck monieren, werden die Verfassungsrichter aktiv. Das initiative Deutungshandeln geht für Arendt mithin nicht vom Obersten Gerichtshof aus, sondern von Bürgerinnen und Bürgern, die machtvoll Einspruch gegen eine politische Praxis erheben, die ihrem Verständnis zufolge dem „Geist der Verfassung" widerspricht. Arendt sieht in Formen konfliktuellen Einspruchs, zu denen sie auch und sogar in besonderer Weise Akte zivilen Ungehorsams zählt, keine Aufkündigung des Verfassungskompromisses, sondern eine politische Rezeption des republikanischen Verfassungsversprechens, wodurch dieses erst revitalisiert und damit erneuert wird.

---

[8] Arendts vehemente Betonung, dass der amerikanischen Verfassung als schriftliches Dokument eine verbindliche Autorität zugeschrieben wurde, verweist auf ihr narrativ-hermeneutisches Verständnisses des Politischen in einem weiteren Sinne. Danach wird über Narrationen ein Erinnerungsraum gestiftet, in dem vergangenes politisches Handeln aufgehoben ist und tradiert wird. Ohne eine solche narrative Vergegenständlichung bleibt Arendt zufolge das seinem Wesen nach flüchtige politische Handeln ohne Bestand. Politische Institutionen allein können auf lange Sicht diesen Bestand nicht garantieren, insofern sie – anders als das schriftliche Verfassungsdokument – nicht nur grundlegenden Veränderungen unterworfen sind, sondern auch untergehen können, wie nicht zuletzt die griechische Polis bezeugt, von der die Nachwelt nichts wüsste, hätten ihr nicht Aristoteles und Thukydides ein Denkmal gesetzt. Zu Arendts performativ-hermeneutischen Ansatz gehört, dass sie der politischen Theorie und Ideengeschichte einen ideell-konstitutiven Beitrag für politische Praxis beimisst und ihr Revolutionsbuch in diesem Sinne als eine sinnstiftende Erzählung entwirft, die einen Beitrag zur Revitalisierung und Stabilisierung der amerikanischen Republik zu leisten beabsichtigt (vgl. dazu Straßenberger 2005).

Im Unterschied zu John Rawls (1979) und Jürgen Habermas (1985), die zivilen Ungehorsam als ein wesentlich moralisch begründetes Handeln verstehen, das die Legitimität der Legalität infrage stellt, unterscheidet Arendt Akte zivilen Ungehorsams strikt von moralisch imprägnierten Gewissensentscheidungen, die ihr – insofern sie der Einzelne nach Befragung mit sich selbst trifft – als apolitisch gelten. Sie betont gerade den genuin politischen Charakter dieser organisierten Protestform, der in seiner auf das republikanische Gründungsversprechen zurückgeführten Legitimität nach einer „Legitimation durch Verfahren" verlangt (vgl. Thaa 2011). Dabei zeichnet Arendt durchaus eine Reihe von Bedingungen für die Legitimität zivilen Protests aus, wie Öffentlichkeit, Gewaltlosigkeit und ein bestimmtes Maß an Organisiertheit, aber sie stellt zivilen Ungehorsam weder unter den Vorbehalt rationaler Begründungsfähigkeit, noch unter den aus ihrer Sicht kaum zu erbringenden Nachweis moralischer Aufrichtigkeit. Von den Bürgern zu verlangen, ein persönliches, gegebenenfalls existenzielles Risiko einzugehen, mag in korrupten oder autoritären Regimen geboten sein, aber nicht in einem demokratischen Verfassungsstaat. Als kollektiver und öffentlich überzeugend zu begründender Protest stehen Akte zivilen Ungehorsams vielmehr in der Tradition freiwilliger Vereinigungen, die als spezifisch amerikanische Heilmittel „in die Bresche der politischen Gesellschaft springen", wenn die Institutionen versagen (Arendt 1989, S. 158). Sie stellen eine mit dem Geist der Gesetze in Einklang stehende Macht dar (ebd., S. 143), die nach Legalisierung verlangt und von den obersten Verfassungsrichtern nicht ignoriert werden kann, wollen sie die ihnen im politischen Institutionensystem zukommende Autorität, die ihrerseits an die Autorität der Verfassung gebunden ist, nicht gefährden.

Die republikanische Demokratie, die Arendt als Ordnung auszeichnet, in der Integration über Konflikt erfolgt, beruht auf dem Versprechen, dass der politische Raum offen ist für neue Initiativen, d. h. für neue Akteure und Bewegungen. Nur wenn Konflikte zwischen politischen Eliten und zivilpolitischen Akteuren öffentlich ausgetragen werden können und die Notwendigkeit für Verständigung und Übereinkunft durch gegenseitige Zugeständnisse besteht, wird – so ließe sich Arendts Argumentation hier pointieren – die Krisenbewältigungskompetenz politischer Gemeinwesen langfristig gestärkt (vgl. Straßenberger 2011).

Für dieses republikanische Konzept einer pluralistischen und konflikutellen Demokratie revitalisiert Arendt zum einen Machiavellis stabilitätspolitische Idee, über die Institutionalisierung eines „begrenzten Konflikts" die politische Ordnung zu dynamisieren, wodurch der Tugendverfall verhindert oder doch verzögert werden soll.[9] Zum anderen greift sie auf moderne Erfahrungen politischer Selbstorganisation zurück, die bereits Tocqueville als besonderes Kennzeichen der amerikanischen Demokratie hervorgehoben hatte (Tocqueville 1987, Bd. I, S. 5, 15)., als er angesichts der Gefahren einer „Tyrannei der Mehrheit" und eines „demokratischen Despotismus" (Tocqueville 1987,

---

9 Zur Rolle des „begrenzten Konflikts" bei Machiavelli siehe Münkler 1995, S. 329 ff.

Bd. II, S. 460 ff.) auf die amerikanische „Kunst der Vereinigung" setzte.[10] Nicht nur die politischen, sondern alle freiwilligen Vereinigungen, in denen sich die Bürger zur Verwirklichung gemeinsamer Interessen zusammenschließen, stellt Tocqueville als Freiheit und demokratischen Zusammenhalt verbürgende Institutionen vor. „Hineingestellt in den öffentlichen Widerstreit der Meinungen und Interessen erwerben die Bürger in ihnen zum einen praktische Kenntnisse, wie die Fähigkeit sich zu organisieren, Meinungen zu bündeln und Einfluss zu nehmen; zum anderen entwickeln sie Einstellungen und Werte wie Selbstständigkeit, Vertrauen und Gemeinsinn, die ihren sozialen Zusammenhalt stärken" (Bluhm u. Malowitz 2012, S. 194).

Arendt schließt unmittelbar an Tocqueville an, wenn sie in den bürgerschaftlichen Assoziationen, wozu sie eben auch Akte zivilen Ungehorsams zählt, eine moderne Wiederbelebung der antiken Vorstellung des *agon* als öffentlicher Wettstreit erkennt. Die von unterschiedlichsten Meinungen und Interessen geleiteten Bürger begegnen einander als Gleiche und werben öffentlich für ihre jeweiligen politischen Ziele. Durch die öffentliche und kommunikative Austragung von Konflikten wie durch die daraus entstehenden Übereinkünfte, die in ihrer ergebnisoffenen Zukunftbezogenheit nur den Charakter von glaubhaft gemachten Versprechen haben, „wird zwischen den gewählten Amtsträgern und der Bürgerschaft ein Band der Verantwortlichkeit geknüpft. Auf diese Weise wird nicht nur Legitimation erzeugt, sondern auch die Möglichkeit eröffnet, den politisch Verantwortlichen im Fall von Fehlschlägen zu verzeihen. In beiden Fällen aber, und das ist entscheidend, wird die politische Integration des Gemeinwesens gestärkt" (ebd., S. 199). Arendts republikanisches Konzept kann daher auch präziser als „agonale Demokratie" bezeichnet werden, die freilich auf einer durchaus anspruchsvollen Balance zwischen Fragilität und Stabilität basiert. Denn es kann nicht ausgeschlossen werden, dass der „große Kompromiss", auf dem die republikanische Demokratie beruht, aufgekündigt wird.

Arendt knüpft die Verbindlichkeit der Verfassung einerseits an den kommunikativen Prozess der Verfassungsgebung. Andererseits macht sie die Beständigkeit des Verfassungskompromisses von den Möglichkeiten seiner Erneuerung abhängig, also von institutionell beförderten Chancen zivilpolitischen Engagements, was den Einspruch gegen etablierte Regierungspraxen explizit mit einbezieht. Damit der Verfassungskompromiss Bestand hat, müssen Konflikte im öffentlich-politischen Raum ausgetragen und kommunikativ bearbeitet werden können. Damit ist ein recht grundsätzlicher Einspruch gegen invisible Formen lobbyistischer Interessenvermittlung verbunden: In der republikanischen Demokratie haben Bürger mindestens das Recht und vielleicht auch die Pflicht aufzubegehren, wenn alternative Vorschläge nicht diskutiert oder konfliktuelle Perspektiven auf eine zu lösende Frage von öffentlichem Interesse nicht öffentlich ausgetragen werden. In jedem Fall jedoch können

---

10 „In den demokratischen Ländern ist die Lehre von den Vereinigungen die Grundwissenschaft; von deren Fortschritten hängt der Fortschritt aller ab" (Tocqueville 1987, Bd. II, S. 166).

politische Entscheidungen, die hinter verschlossenen Türen ausgehandelt wurden, nicht beanspruchen, allgemeine Anerkennung zu finden oder gar politische Folgebereitschaft zu generieren. Und Politiker, die an solchen Verhandlungen verantwortlich mitgewirkt haben bzw. in einer repräsentativen Demokratie für diese so getroffenen Entscheidungen verantwortlich gemacht werden, können nicht damit rechnen, dass ihnen die – wie Arendt immer wieder betont – unter Bedingungen von Kontingenz bzw. Nicht-Souveränität immer möglichen Fehlentscheidungen verziehen werden.

Arendts verbindet ihre pointierte Kritik an verhandlungsdemokratischen Modi politischer Entscheidungsfindung jedoch mit dem Ausschluss sozio-ökonomischer Konflikte aus dem öffentlich-politischen Raum. Der Versuch, soziale Konflikte politisch zu lösen, würde aus ihrer Sicht nicht nur soziale Machtverhältnisse in den politischen Raum verlängern und damit das politische Prinzip der Gleichheit aller Bürger infrage stellen, sondern vor allem die Dissensfähigkeit politischer Arrangements übersteigen. Wenngleich Arendts – in der Rezeption hoch umstrittene – Argumente gegen eine soziale Entgrenzung des politischen Entscheidungsraumes keineswegs einfach als elitäre Polis-Nostalgie abqualifiziert werden können,[11] so stellt doch gerade die Ausblendung der sozio-ökonomischen und sozio-kulturellen Voraussetzungen für politische Teilhabe ein ganz entscheidendes Defizit dieser partizipativen Demokratiekonzeption dar. Die „Armen", die „Unterprivilegierten", die „Prekarisierten" – also all jene, die keine Lobby haben und die selbst nicht imstande sind, sich politisch zu organisieren – bleiben in Arendts agonaler Demokratie unsichtbar. Ihre Ansprüche werden nicht berücksichtigt.

Hinzu kommt der nicht weniger gravierende Einwand, dass Arendt in ihrer vehementen Verteidigung einer von sozialen Fragen unbelasteten Konzeption von Politik „vergessen" hat, dass die von ihr gelobte amerikanische Verfassungsgebung auf einem Kompromiss gründete, der auf Kosten Dritter geschlossen wurde und in dem sozio-ökonomische Interessen in erheblichem Maße Berücksichtigung fanden. Wie Avishai Margalit in seinen etwas gewundenen Überlegungen zur Frage, ob die Gründung der Vereinigten Staaten auf einem „faulen Kompromiss" beruht, feststellt, wurde die Annahme der amerikanischen Verfassung erst möglich durch den Connecticut-Kompromiss, der knapp gesagt darauf hinauslief, die Anerkennung der politischen Union auch durch „Sklavenstaaten" zu ermöglichen, indem die Sklaverei selbst anerkannt wurde (Margalit 2011, S. 69 ff.). Auf die „unverblümte Frage", ob die amerikanische Verfassung das Ergebnis eines faulen Kompromisses war, will Margalit zwar keine endgültige Antwort geben, findet aber ein Gleichnis, in dem er durchaus ein politisches Urteil fällt. Margalit unterscheidet „zwischen einer Kakerlake in der Suppe und einer Fliege in der Salbe. Eine Kakerlake verdirbt die ganze Suppe.

---

11 An Tocqueville anschließend wie kritische Einsprüche vorwegnehmend, die von liberal-konservativen wie links-liberalen Autoren gegen einen bürokratischen Sozialdemokratismus vorgebracht wurden, diagnostiziert Arendt die Gefahr einer Degradierung der Bürger zu bloßen Klienten wohlfahrtsstaatlicher Leistungen (Arendt 1994a, S. 73–146).

Eine Fliege disqualifiziert die Salbe nur teilweise. Angesichts dieser Unterscheidung lautet die Frage: War die Verfassung eine Suppe mit einer Kakerlake oder eine Salbe mit einer Fliege? Meine knappe Antwort lautet, daß sie eine Suppe war, in der die Sklaverei gleich einer riesigen Kakerlake schwamm" (ebd., S. 77).

1970, sieben Jahre nach der Veröffentlichung von *On Revolution*, kommt Arendt auf einem Symposium zum Thema *Ist das Gesetz tot?* auf die Sklaverei zu sprechen und damit auf jenen durchaus entscheidenden Aspekt, den sie in ihrer kritischen Laudatio auf die amerikanische Verfassungsgebung ausgeblendet hatte: Dem im Gefolge des Bürgerkrieges hinzugefügten 14. Verfassungszusatz zur Rassengleichheit wurde erst hundert Jahre später Geltung verschafft und zwar nicht durch den Obersten Gerichtshof, dessen eindeutige Pflicht dies gewesen wäre, wie Arendt betont, sondern durch Bürgerrechtsbewegungen:

> Nicht das Gesetz, sondern ziviler Ungehorsam brachte das „amerikanische Dilemma" ans Licht und zwang die Nation vielleicht zum ersten Mal dazu, das enorme Ausmaß des Verbrechens zur Kenntnis zu nehmen, das nicht einfach Sklaverei heißt, sondern bei dem es sich um eine Form der Leibeigenschaft handelt, die einzigartig unter allen der Zivilisation bekannten Systemen dieser Art dasteht (Arendt 1989, S. 142).

Der zivile Ungehorsam wird hier nicht nur als eine legitime Protestpraxis vorgestellt, die auf die Durchsetzung der geltenden Rechtsordnung abstellt, sondern zudem als eine politische Rezeption des Verfassungsversprechens, durch die dieses Versprechen aktualisiert und dessen weitere Verbindlichkeit erst bestätigt werden.

Mit dieser konflikttheoretischen Deutung des Verfassungsversprechen, dessen politische Verbindlichkeit immer wieder durch zivilpolitische Reinterpretationen erneuert werden muss, ist eine kulturalistische Wendung der Verfassungstheorie verbunden, die der tendenziell elitären Deutung, der Oberste Gerichtshof sei der alleinige Interpret der Verfassung, zuwiderläuft. Dieser kulturalistischen Auffassung zufolge sind wir alle als Bürgerinnen und Bürger der republikanischen Demokratie Verfassungsinterpreten. Das schließt auch die Umdeutung des Versprechens und der ihnen zugrunde liegenden Abkommen und Vereinbarungen ein, wobei es wiederum die politische Öffentlichkeit ist, der gegenüber diese Umdeutung überzeugend vermittelt werden muss. Ein Beispiel für eine solche wirkmächtige Rezeption bietet die große Rede *I have a dream*, die Martin Luther King am 28. August 1963 in Washington hielt.

In dieser berühmten Rede deutet der Anführer der afroamerikanischen Bürgerrechtsbewegung den großen Kompromiss, der die politische Union möglich gemacht hatte, indem er die Sklaverei anerkannte, um. Er erinnerte nämlich ausdrücklich daran, dass diese republikanische Demokratie auf einen großen Versprechen beruht: „Ich habe einen Traum" – so beginnt die Rede – „dass sich eines Tages diese Nation erheben wird und die wahre Bedeutung ihrer Überzeugung ausleben wird: ‚Wir halten diese Wahrheit für selbstverständlich: Alle Menschen sind gleich geschaffen'." Martin Luther King zitiert hier aus der Präambel der Unabhängigkeitserklärung, um dann das Versprechen der amerikanischen Republik als „Schuldschein" zu bezeichnen, dessen Einlösung noch aussteht:

> Wir [sind] heute hierher gekommen [...], um einen Scheck einzulösen. Als die Architekten unserer Republik die großartigen Worte der Verfassung und der Unabhängigkeitserklärung schrieben, unterzeichneten sie einen Schuldschein, zu dessen Einlösung alle Amerikaner berechtigt sein sollten. Dieser Schein enthielt das Versprechen, dass allen Menschen [...] die unveräußerlichen Rechte auf Leben, Freiheit und der Anspruch auf Glück garantiert würden. Es ist heute offenbar, dass Amerika seinen Verbindlichkeiten nicht nachgekommen ist, soweit es die schwarzen Bürger betrifft [...] [Wir sind] gekommen, diesen Scheck einzulösen [...]. Jetzt ist die Zeit, die Versprechungen der Demokratie Wirklichkeit werden zu lassen [...] (King 2003, S. 88 ff.).

Martin Luther Kings ganz „ökonomistische" Deutung, dass die Verfassung einen Scheck ausgestellt hätte, der jetzt eingelöst werden soll, ist ein großartiger rhetorischer Trick, denn wie der Connecticut-Kompromiss und die Philadelphia-Konvention von 1787 deutlich machen, waren die Afroamerikaner nicht in den Kompromiss eingeschlossen, vielmehr war es ein Kompromiss zwischen Nord und Süd, sie auszuschließen (Margalit 2011, S. 70 ff.).[12] In der Sache kritisiert Martin Luther King diesen Ausschluss, aber auf der Ebene der politischen Rhetorik stellt er den „Geist der Verfassung"[13] gegen die Deals, die den großen Kompromiss möglich gemacht haben. Er bietet damit die Macht der Interpretation gegen eine repressive, den faulen Kompromiss perpetuierende politische Praxis auf. Im Rekurs auf die verbindliche Gründungsnarration der amerikanischen Republik setzte Martin Luther King strategisch auf die Kraft politischer Rhetorik und eröffnete darüber Handlungsräume für diejenigen, die von dem Verfassungskompromiss ausgeschlossen waren und deren Anliegen in der Verfassungspraxis bislang keine öffentlich-politische Aufmerksamkeit fanden.

In ihrer performativen Deutung des amerikanischen Verfassungskompromisses stellt Arendt genau auf dieses emanzipative Potenzial politischer Interpretation ab. Im Raum des Politischen, der durch Handeln und Sprechen erst konstituiert wird und in dem die politischen Institutionen machtvolle Manifestationen gegenseitigen Versprechens darstellen, ist es immer möglich, über ihre wiederholende Rezeption politische Handlungsfähigkeit zu generieren. In der grundsätzlichen Offenheit für Konflikte wie für ihre kommunikative Bearbeitung sieht Arendt die große integrative Leistung dieser Form der politischen Übereinkunft, die sie, um es noch einmal zu betonen, als *compromissum* bezeichnet und damit das republikanische Versprechen meint, dass das initiative Handeln nicht auf die Gründergeneration beschränkt bleiben sollte. Und für Carol Berkin blieb es auch nicht darauf beschränkt: Die sich im Nachhinein betrachtet als besonders stabil erwiesene Verfassung der Vereinigten Staaten von Amerika war das Produkt verschiedener historischer Anläufe und Unter-

---

12 Ausführlicher zu den Verhandlungen im Vorfeld des „Großen Kompromisses" von 1787 vgl. auch Berkin 2003, v.a. das 5. Kapitel.
13 Zum „Geist der Verfassung" vgl. Arendt 1989, S. 158 sowie Arendt 1994a, S. 298.

brechungen und nicht die jeder weiteren Diskussion entzogene Entscheidung von „demigods" (Berkin 2003, S. 4). Die spätere Sakralisierung der Verfassung hat ihr Berkin zufolge diesen vorläufigen und kompromisshaften Charakter genommen. Arendt sah zwar in der „Heiligsprechung der Verfassung" den Beweis dafür, dass politisch handelnde Akteure imstande sind, selbst einen Anfang zu setzen, also das Grundproblem der Letztbegründung politisch zu lösen vermögen, machte aber den Bestand der Verfassung davon abhängig, ob sie die dem gegenseitigen Versprechen inhärente Offenheit für neue politische Akteure und neue Formen politischen Handelns aufrecht zu erhalten vermag.

Literatur

Arendt, Hannah 1989: Ziviler Ungehorsam,in: Dies., Zur Zeit. Politische Essays, hrsg. v. Marie Luise Knott, München, S. 119–159.
Arendt, Hannah 1990: Macht und Gewalt, München.
Arendt, Hannah 1992: Vita activa oder Vom tätigen Leben, München.
Arendt, Hannah 1993: Was ist Politik? Fragmente aus dem Nachlaß, hg. v. Ursula Ludz, München.
Arendt, Hannah 1994a: Über die Revolution, München.
Arendt, Hannah 1994b: Was ist Autorität?, in: Dies., Zwischen Vergangenheit und Zukunft. Übungen im politischen Denken I, hrsg. v. Ursula Ludz, München, S. 159–200.
Benhabib, Seyla 1991: Modelle des öffentlichen Raumes. Hannah Arendt, die liberale Tradition und Jürgen Habermas. In: Soziale Welt, Jg. 42, Heft 2, 1991, S. 147–165.
Benhabib, Seyla 1998: Hannah Arendt. Die melancholische Denkerin der Moderne, Hamburg.
Berkin, Carol 2003: A Brilliant Solution. Inventing the American Constitution. Boston, New York.
Bluhm, Harald/Karsten Malowitz 2012: Integration durch Konflikt. Zum Programm zivilgesellschaftlicher Demokratie, in: Oliver Lembcke, Claudia Ritzi, Gary S. Schaal (Hrsg.), Zeitgenössische Demokratietheorien. Band 1. Normative Demokratietheorien, Wiesbaden, S. 189–222.
Brunkhorst, Hauke 1994: Demokratie und Differenz. Vom klassischen zum modernen Begriff des Politischen. Frankfurt a. M.
Förster, Jürgen 2009: Die Sorge um die Welt und die Freiheit des Handelns. Zur institutionellen Verfassung der Freiheit im politischen Denken Hannah Arendts, Würzburg.
Gebhardt, Jürgen 1993: Verfassungspatriotismus als Identitätskonzept der Nation. In: Aus Politik und Zeitgeschichte, 43. Jg., Heft 14, S. 29–36.
Gutschker, Thomas 2002: Aristotelische Diskurse. Aristoteles in der politischen Philosophie des 20. Jahrhunderts, Stuttgart, Weimar.
Habermas, Jürgen 1985: Ziviler Ungehorsam – Testfall für den demokratischen Rechtsstaat, in: Ders., Die neue Unübersichtlichkeit. Kleine Politische Schriften V, Frankfurt a. M. S. 79–99.
Habermas, Jürgen 1998a: Hannah Arendts Begriff der Macht, in: Ders., Philosophisch-politische Profile, Frankfurt a. M., S. 228–248.
Habermas, Jürgen 1998b: Alfred Schütz. Die Graduate Faculty der New School of Social Research, in: Ders., Philosophisch-politische Profile, Frankfurt a. M., S. 402–410.
Hacke, Jens 2009: Die Bundesrepublik als Idee. Zur Legitimationsbedürftigkeit politischer Ordnung, Hamburg.

Herb, Karlfriedrich 2000: Zur Grundlegung der Vertragstheorie. In: Reinhardt Brandt, Karlfriedrich Herb (Hrsg.), Klassiker Auslegen: Jean-Jacques Rousseau. Vom Gesellschaftsvertrag oder Prinzipien des Staatsrechts, Berlin, S. 27–43.

Kersting, Wolfgang 1994: Die politische Philosophie des Gesellschaftsvertrages, Darmstadt.

King, Martin Luther (jr.) 2003: Ich habe einen Traum, in: Ich habe einen Traum, hrsg. v. Hans-Eckehard Bahr und Heinrich W. Grosse, Düsseldorf, S. 88–94.

Margalit, Avishai 2011: Über Kompromisse und faule Kompromisse, Berlin.

Meier, Christian 1995: Die Entstehung des Politischen bei den Griechen, Frankfurt a. M.

Rawls, John 1979: Eine Theorie der Gerechtigkeit, Frankfurt a. M.

Sternberger, Dolf 1990a: Verfassungspatriotismus. Rede bei der 25-Jahr-Feier der „Akademie für Politische Bildung", in: Ders., Verfassungspatriotismus, Schriften Bd. X, Frankfurt a. M., S. 17–31.

Sternberger, Dolf 1990b: Der Staat des Aristoteles und der moderne Verfassungsstaat, in: Ders., Verfassungspatriotismus, Schriften Bd. X, Frankfurt a. M., S. 133–155.

Sternberger, Dolf 1990c: Politie und Leviathan. Ein Streit um den antiken und den modernen Staat, in: Ders.: Verfassungspatriotismus, Schriften Bd. X, Frankfurt a. M., S. 232–300.

Straßenberger, Grit 2005: Über das Narrative in der politischen Theorie, Berlin.

Straßenberger, Grit 2011: Konsens und Konflikt. Hannah Arendts Umdeutung des uomo virtuoso, in: Harald Bluhm, Karsten Fischer, Marcus Llanque (Hrsg.), Ideenpolitik. Geschichtliche Konstellationen und gegenwärtige Konflikte, Berlin, S. 297–316.

Thaa, Winfried 2011: Ziviler Ungehorsam. In: Wolfgang Heuer, Bernd Heiter, Stefanie Rosenmüller (Hrsg.), Arendt-Handbuch. Leben – Werk – Wirkung, Weimar, S. 337–339.

Tocqueville, Alexis de 1987: Über die Demokratie in Amerika, 2 Bände, Zürich.

Vollrath, Ernst 2003: Was ist das Politische? Eine Theorie des Politischen und seiner Wahrnehmung, Würzburg.

Volpi, Franco 2007: „Hannah Arendts Rehabilitierung der Praxis", in: Internationale Zeitschrift für Philosophie, 16/1, S. 78–91.

Vorländer, Hans 2004: Die Verfassung. Idee und Geschichte, München.

Weiland, René 1989: Bruch und Vorbild. Auf neoaristotelischer Spur. In: Merkur, 43. Jg., S. 358–365.

Rainer Schmidt
Verfassungssoziologie als Kulturwissenschaft

Zur Spannung von rechtlichen und sozialen Normen

Einleitung

Die Verfassungssoziologie stellt die Frage nach der Möglichkeit, den Staat, die Gesellschaft oder die Macht durch Selbst- oder Fremdeinwirkung zu domestizieren. In all diesen Fällen stehen soziale Normsetzungen zu den rechtlichen und Verfassungsnormen in einem Spannungsverhältnis. Die Verfassungssoziologie hat in ihrer klassischen Gestalt eine bis i n die Antike zurückreichende Tradition, die vor allem in der Aufklärung reaktiviert wurde. Diese greift die alte Spannung zwischen der Verfassung als Instrument einer aufgeklärten Elite und als Symbol autonomer sozialer Normenreproduktion wieder auf.

Es lassen sich drei sehr unterschiedliche methodische Zugriffe auf das Thema unterscheiden. In einem klassischen Verständnis (Grimm/Hennis) des liberal-demokratischen Verfassungsstaates ist die Verfassung das Instrument einer zu sich selbst findenden demokratischen Gesellschaft, die in den Revolutionen den Modus der Herrschaft von Fremdbestimmung auf „Selbstbeherrschung" umstellt. Im Zentrum der methodischen Reflexionen stehen die sozialen und strukturellen Voraussetzungen der revolutionären, aufklärerischen Errungenschaften von Rechts- und Verfassungsstaat (1). In Luhmanns Systemtheorie dagegen fällt diese Fortschreibung der Aufklärungsgeschichte weg, da soziale Normen aus seiner Sicht als gesellschaftliche Fakten aufgefasst werden müssen. Die Möglichkeit, zwischen Faktizität und Geltung zu unterscheiden, entfällt. Eine Einwirkung von „außen" ist dadurch unmöglich geworden. Staat und Volk werden zu semantischen Konstruktionen von Kollektivsubjekten und die Verfassung wird zur strukturellen Koppelung von Recht und Politik (Luhmann). In der post-luhmannschen Rezeption wird die Verfassung zu einem Prozess (Konstitutionalisierung), in dessen Verlauf sämtliche gesellschaftliche Teilsysteme, auch auf globaler Ebene, selbstreflexiv (Teubner) und „selbstbeherrscht" werden können und müssen, um selbstzerstörerischer Hypertrophie einzelner Teilsysteme vorzubeugen oder zu entgegnen. Zumindest Elemente normativer Theorie und Aufklärungsspuren werden so wieder reintegriert (2). Mit der Aufspaltung der Verfassung in Instrument und Symbol (Vorländer), die zwei Seiten von Macht und Semantik (Thornhill), oder die Positionierung an die Schnittstelle von Faktizität und Geltung oder System und Lebenswelt (Habermas) gibt es drei vermittelnde Positionen, die weder der klassischen Verfassungssoziologie folgen, noch Luhmanns Suprematie der Semantik, sondern kreative neue Wege aufzeigen, um der Verfassungssoziologie eine kulturwissenschaftliche und machttheoretische Fundierung zu geben (3).

Klassische Verfassungssoziologie: Verfassung und Staat

Die Spannung von Verfassungsnormen und sozialen Machtverhältnissen taucht in sehr unterschiedlichen Begrifflichkeiten auf: Normative Verfassung und empirische Verfassung (Grimm) oder Verfassung und Verfassungswirklichkeit (Hennis), um nur zwei zu nennen. Die längste Tradition hat diese klassische Verfassungssoziologie in Gestalt der Reflexion soziomoralischer Voraussetzungen von demokratischen Ordnungen. Wenn Rousseau in seinem Buch über die Regierung in Polen anrät, es nicht nur bei der legalen Satzung der Verfassung zu belassen, sondern kulturelle Aneignungsprozesse nicht gering zu achten, dann liegt er auf der gleichen Spur wie Max Weber, dem klar war, dass die Legitimität politischer Herrschaft nicht allein aus Legalität entspringen kann.[1]

Die alte Frage lautet demnach, welche sozialen Voraussetzungen bestehen müssen, damit sich demokratisch legitimierte, Freiheit garantierende Regierungen einrichten und auf Dauer stellen können. Es ist ein Verdienst vor allem der antiken (Aristoteles) Mischverfassungslehre mit großem Einfluss auf England, und dann vor allem der Franzosen, diese Fragen ausführlich diskutiert zu haben (allen voran: Montesquieu, Rousseau, Tocqueville).[2] In Deutschland wurde diese Frage im Vormärz ausführlich reflektiert und von Hegel diskutiert, den englischen Verfassungsbegriff aufgreifend. Aber sie hat in Deutschland nie wirklich Wurzeln schlagen können und wurde, vor allem in der zweiten Hälfte des 19. Jahrhunderts, von der Mehrzahl der Autoren als nicht relevant verworfen: mit dem Blick darauf, dass eine Selbsteinwirkung mittels Verfassung an den „wirklichen Machtverhältnissen" scheitern muss (Marx). Und auch aus dem dann im Kaiserreich dominant werdenden Rechtspositi-

---

1 Bei Jean-Jacques Rousseau heißt es: „Es wird nie eine gute und feste Verfassung geben als da, wo das Gesetz über die Herzen der Bürger herrscht. Solange die gesetzgebende Gewalt dieses Ziel nicht erreicht, werden die Gesetze stets umgangen werden." (Rousseau 1996, S. 567) Oder im gleichen Sinne bei Adam Ferguson: „Wo die Gesetze irgendeinen wirklichen Einfluß auf die Erhaltung der Freiheit haben, dort beruht dieser Einfluß nicht auf einer magischen Kraft, die von bücherbeladenen Regalen herabsteigt, er ist in Wirklichkeit vielmehr im Einfluß von Menschen verkörpert, die entschlossen sind, frei zu sein." Ferguson 1988, S. 450. Vgl. zu diesen Fragen ausführlicher: Schmidt 2012a, Kap. 1: Die Verfassung zwischen Macht und Recht; zu Weber: Schmidt 2006; zum Thema Verfassungskultur: Schmidt 2012b.

2 Und so liegt, vor allem in der deutschen Tradition aus Wilhelm Hennis Sicht dieser Bereich lahm, der „das Problem der sozialen Voraussetzungen der Staats- und Regierungsformen, also das, was man unter dem Begriff der Verfassungssoziologie zusammenfassen könnte" reflektiert. Und er fährt fort mit der Nennung einiger Klassiker „dieser (aristotelischen) Tradition: Montesquieus Lehre von den Prinzipien der Staatsformen als vielleicht schönstes Beispiel, Tocquevilles Amerikabuch steht von Anfang bis zum Ende unter dieser Thematik, und Walter Bagehots Werk über die englische Verfassung mit seinem scharfen Blick für die sozialen Voraussetzungen des englischen Kabinettsystems ist vielleicht das reizvollste Zeugnis für diese Fragestellung" (Hennis 1968, S. 13).

vismus (Gerber/Laband) war keine Antwort auf die Frage nach den sozialen Voraussetzungen von Rechts- und Verfassungsgeltung zu erwarten, da keine Reflexion des Verhältnisses von Recht und sozialer Wirklichkeit vorgesehen war. Das Recht wird von der Gesellschaft isoliert und soll fortan seine Legitimation aus sich beziehen. Wilhelm Hennis identifiziert in der deutschen Wissenschaftslandschaft eine „Abstraktion vom Sozialen".[3] Mit Georg Jellinek und Max Weber, später dann mit Rudolf Smend und Carl Schmitt erfolgt eine Wiedergeburt der Verfassungssoziologie, wenn auch mit jeweils sehr unterschiedlichen Vorzeichen.

In der Verfassungsgeschichte übersetzt sich diese Frage in die nach den sozialen, historischen und politisch-kulturellen Voraussetzungen von Verfassungen als Errungenschaften der Aufklärung.[4] Der Verfassungsstaat ist aus dieser Sicht ein spezifisches Instrument und Phänomen, das an bestimmte Voraussetzungen gebunden ist, die im Zeitalter der Revolutionen bestanden haben oder geschaffen wurden, aber ebenso gut fehlen und erodieren können. Die konstitutive Aufgabe der Verfassung ist es, aus einem Staat einen Verfassungsstaat zu machen. Dieser muss sich auf die Zustimmung der Beteiligten, der Bürger, stützen können. Nicht zufällig entsteht der moderne Begriff der Verfassung im Umfeld der Französischen Revolution. Ein Verfassungsstaat ist immer beides: Rechtsstaat und Demokratie.

Damit macht Dieter Grimm die Verfassung zu einem Objekt des Voluntarismus der sozialen Bewegungen vor allem der Französischen Revolution. Entscheidend ist der *pouvoir constituant*, der die zu gründenden Institutionen von seinem Willen abhängig macht. Ohne diese neue Legitimationsquelle, die zwischen dem *pouvoir constituant* und den *pouvoirs constitués* unterscheidet, gibt es keinen Grund von Verfassung zu sprechen (Grimm 2012, S. 25). Die Verfassungsbewegung mit ihren Forderungen nach einer neuen Legitimierung des Rechts macht aus dem Staat oder Rechtsstaat einen Verfassungsstaat, der die geteilten Gewalten an den Willen des Volkes zurückbindet. Ohne diese Bindung, die, wie schon gesagt, keine Rechtsbindung ist, sondern eine Verfassungsbindung, bricht die Legitimität des Verfassungsstaates zusammen. Diese Bindung ist voraussetzungsreich und funktioniert nicht zu allen Zeiten und in allen politischen Kulturen. England, so Grimm, ist ein spezifischer Fall der Organisation politischer Ordnung: eine Verfassung hat England nicht (Grimm 2012, S. 71 f.). Einige Verfassungsstaaten scheitern, bleiben normativ entleert, haben nur semantische Verfassungen (Löwenstein), weil ihre Verfassungen nicht durch die Bürgerschaft aktualisiert werden, die an einer permanenten Rückbindung interessiert sein muss. Verfassungsordnung und soziale Ordnung, Normen

---

3 Hennis 1968, S. 13. In der an diesen Teil anschließenden Fußnote erwähnt Hennis dann noch die Schweizer Tradition mit Max Hubers „Soziologische Grundlagen des Völkerrechts" und Dietrich Schindlers „Verfassungsrecht und soziale Struktur" (Zürich 1932).
4 Vor allem: Grimm 1991; Grimm 2012. Schor 2005, S. 12: „Constitutionalism should not turn on normative theories of how constitutions should be interpreted but rather the pragmatic and empirical question of what are the social practices that enable constitutions to limit political power".

und soziale Tatsachen werden in diesem Fall des Scheiterns oder des Pseudo- oder Scheinkonstitutionalismus nicht verknüpft (Grimm 2012, S. 299).

Für Grimm sind Verfassungen Instrumente der negativen Integration. D. h. sie können Schranken abbauen, Prozeduren sichern, im Kantschen Sinne den Pluralismus in Gesellschaften absichern. Aber sie sind schlicht überfordert, wenn es darum geht, den Staat als politischen Akteur zu konkreten Maßnahmen zu ermächtigen. Es ist nicht die Stärke der Verfassung, so Grimm an die frühe Kritik Ernst Forsthoffs anschließend, konkrete Sozialpolitik umzusetzen. Die mangelnde Trennung von Staat und Gesellschaft macht dem Verfassungsstaat zu schaffen. Und schon gar bricht das Konzept des Verfassungsstaates zusammen, wenn der Staat von Seiten transnationaler Akteure ausgehöhlt wird. Was verfasst die Verfassung noch, wenn nicht den Staat?

Zusammenfassen kann man die Bedenken Grimms mit den Worten: die Verfassung ist dann ein starkes und angemessenes Instrument der Freiheitssicherung, wenn sie einen klassischen liberalen Staat vor Augen hat, gegenüber dem sie die Bürger und die Gesellschaft sichern kann. Was über die negative Integration hinausgeht, kann sie nur begrenzt garantieren. Außerdem muss die Verfassung auf eine politische Einheit zurückgreifen können. Konsens herstellen kann sie nicht, sie kann ihn nur sichern (Grimm 2012, S. 241–261). Die Veränderungen des Staates betreffen auch die Verfassung. Verlässt der Staat die klassische Linie des liberalen Minimalstaats und vermischen sich die Sphären von Staat und Gesellschaft, dann kommt die Verfassung ebenso an ihre Grenzen, wie wenn der Staat international in seinen Aufgaben und Kompetenzen eingeschränkt wird. Verfassung jenseits des Nationalstaats ist nicht möglich (Grimm 2012).

Die Reflexion der historischen Voraussetzungen des demokratischen Verfassungsstaates bestimmt die klassische liberale Theorie der Verfassungssoziologie. In ihr werden die wichtigen Grundlagen dafür gelegt, die Verfassung in einen Dialog mit den gesellschaftlichen Ordnungen und Mächten (Weber) zu bringen, die schließlich für ihre Geltung sorgen müssen. Unklar bleibt jedoch, in welchem Verhältnis genau die Verfassungsnormen zum gesellschaftlichen Umfeld stehen. Sollte es möglich sein, mithilfe der Verfassung, im Sinne einer dirigistischen Ordnung, das Umfeld herzustellen, das dann unterstützend wirken soll? Oder müssen alle dirigistischen Verfassungen ins Leere laufen, wie sie aus der portugiesischen Tradition nach Lateinamerika exportiert wurden?[5] Und war nicht die bundesdeutsche Verfassung, zumindest zeitweise, ebenso eine dirigistische Verfassung wie schon die US-Verfassung zu Beginn (Kumm 2012, S. 201–219). Die Realisierung der Grundrechte,

---

5 Canotilho 2001. Dieser Fall ist besonders interessant. Canotilho war an der Ausarbeitung der brasilianischen Verfassung von 1988 maßgeblich beteiligt. Er hatte die portugiesische Verfassung von 1976 als Vorbild, eine Verfassung des dirigistischen Typs. In der oben angegebenen zweiten Auflage seines Buches distanziert sich Canotilho von diesem Projekt und hält eine Verfassung nicht mehr für in der Lage gesellschaftliche Machtverhältnisse maßgeblich zu beeinflussen.

die in der Verfassung verankert waren, dauerte Jahrzehnte und ist bei weitem noch nicht abgeschlossen. Warum sollte die Verfassung nicht, wie es ja in der alten Bundesrepublik geschehen ist, die Chance bekommen, eine sie selber stützende Kultur zu erzeugen? Liegt doch auch in den USA ein ähnlicher Fall vor. Denn auch dort ist die Verfassungsidentität erst ein Produkt des Verfassungspatriotismus über einen viel längeren Zeitraum als zumeist angenommen und die umfassende Rechts- und Gleichheitsgarantie für alle US-Bürger war noch zu Beginn des 20. Jahrhunderts alles andere als selbstverständlich (Heideking 2002, S. 123–136).

Systemtheoretische Verfassungssoziologie: Verfassung und Gesellschaft

Den stärksten Gegenspieler findet diese klassische Verfassungssoziologie in der Systemtheorie (für eine ausführliche Diskussion dieses Themas Schmidt 2014). Normen sind soziale Tatsachen und als solche nicht in der Lage, von außen auf die Gesellschaft einzuwirken. Sämtliche von der klassischen Verfassungssoziologie für unentbehrlich gehaltenen Unterscheidungen brechen aus dieser Perspektive in sich zusammen: vor allem die Unterscheidung von Staat und Gesellschaft, die Kollektivsingulare von Volk, Volkssouveränität und *pouvoir constituant*. Der Staat wird zur Selbstbeschreibung des politischen Systems (Luhmann 1984). Die an den Rechtspositivismus erinnernde Abschottung des Rechtssystems gegenüber sozialen Normen verstellt dem Recht jeden unmittelbaren Rückgriff auf demokratische Legitimität. Transzendenzbezüge werden auf der inhaltlichen Ebene gekappt und als Beschreibungssemantik wieder eingeführt. „Die Verfassung beschafft [...] politische Lösungen für das Selbstreferenzproblem des Rechts und rechtliche Lösungen für das Selbstreferenzproblem der Politik" (Luhmann 1993, S. 478).

Normative Fragen, die an unser Thema anschließen, welchen Zusammenhang es gibt zwischen sozialen Normen und Verfassungen, werden erst wieder in jüngeren post-luhmannschen Entwicklungen reintegriert und als Reflexionen über die Möglichkeit transnationaler Konstitutionalisierungsprozesse reflektiert. Dafür muss die Verfassung aus der Staatsbindung gelöst werden und als Instrument gesellschaftlicher Selbsteinwirkung verstanden werden. Günter Teubner steht dabei auf einer Linie mit Ulrich K. Preuß und Günter Frankenberg, auch wenn diese aus anderen Theorietraditionen kommen. Diese hinterfragen die enge Verbindung von Staat und Verfassung. Nicht der Staat wird verfasst, sondern die Gesellschaft. Die Gesellschaft gibt sich Regeln und setzt sich Grenzen (Preuss 2010, S. 23–46; Frankenberg 1996; Frankenberg 2003). Durch diese Reorganisation der Verfassungstheorie wird auch der bei Luhmann nur angedeutete Übergang zur Weltgesellschaft möglich. Normsetzung erfolgt seitdem nicht ausschließlich über den Staat (national) oder über Staaten (international), sondern transnational, um auf Probleme reagieren zu können, die sich jenseits staatlicher Reichweite stellen. In Luhmanns Beschreibungssprache stellt sich das Problem so dar, dass in den Systemen von Wissen, Religion und vor allem Ökonomie globale Vernetzungen erfolgt sind, während Recht und Politik weitgehend nationalstaatlich und international organisiert sind. Wo Grimm am Staat als politischem Akteur und politischer Einheit festhält, sieht Teubner dagegen, an Luhmann geschult, den Staat als Selbstbeschreibung des politischen Systems und die Ausdifferenzierung der Gesellschaft als wichtigen Schritt, mit dem weder der Staat als Instrument noch die Begrifflichkeit der alten Staatsrechtslehre standhalten konnten.

Heute gehen zwar immer noch Bedrohungen vom politischen System aus, aber in einer Weltgesellschaft mit ausdifferenzierten Subsystemen gilt gleiches für die Wissenschaft, die Wirtschaft, die Religion, die Medien etc. Jedes Mal geht es darum, beides zu leisten: gesellschaftliche Funktionssysteme in ihrer Autonomie zu stärken, um deren größtmögliche Freiheit und Wirkungsmacht zu erzielen, und gleichzeitig muss es darum gehen, die Zerstörungskraft zu reduzieren, die in der Versuchung für jedes Teilsystem liegt, einer mangelnden Respektierung der eigenen Grenzen zu erliegen. Diese Energien, sei es in Wissenschaft, Medizin oder Ökonomie bewegen sich nicht mehr in nationalstaatlichen Grenzen, sondern überschreiten sie in den globalen Raum. So kann Teubner schließen, dass die Skandale und damit der Regelungsbedarf, den Staat in doppelter Weise überschreitet: zum einen als staatlichen, öffentlich-politischen Akteur, denn die Skandale werden von privatrechtlichen Akteuren wie Google, Facebook genauso ausgelöst wie von der NSA. Und gleichzeitig finden sie außerhalb des nationalstaatlichen Raums statt.

Die ursprünglich strenger an Luhmann orientierte Position hat sich in den letzten Jahren Anregungen aus der angloamerikanischen Debatte um „global rights" und „legal pluralism" geholt (Anderson 2005) und den Begriff des gesellschaftlichen Konstitutionalismus (societal constitutionalism) aufgegriffen und integriert (Sciulli 1988; Thornhill 2011b; Indiana Journal of Global Legal Studies 20:2 (2013), Sonderheft). Immer geht es darum, wie Thomas Kumm (2009; 2010) u. a. zeigen, durch Anwendung des Begriffs der Konstitutionalisierung auf Phänomene jenseits des Staates deskriptiven und normativen Mehrwert zu erzielen.

Teubner bricht dabei mit einigen Grundannahmen, die den klassischen Konstitutionalismus prägen (für die klassische Position nach wie vor Grimm 1991). Er spricht von Konstitutionalisierung, um den Prozesscharakter deutlich zu machen und von „gesellschaftlichem Konstitutionalismus", um die Bandbreite der Akteure zur Geltung zu bringen und dem Staat den exklusiven Zugriff auf die Verfassung streitig zu machen. Und er spricht von emergenten Prozessen der Verfassungsentwicklung, die ohne den klassischen pouvoir constituant auskommen.[6] In seinem jüngsten Buch über Verfassungsfragmente synthetisiert Teubner seine Gedanken zum Konstitutiona-

---

6 Alle drei Grundannahmen Teubners sind auf grundlegende Kritik gestoßen: vor allem Grimm 2012, S. 293–312, aber seine Positionen kollidieren auch mit Maus 2006, Kalyvas 2005, Habermas 2013.

lismus in vielgestaltiger Form (Teubner 2012; frühere Überlegungen schon in: Teubner 2003b).

Die Frage, an der sich Teubner abarbeitet ist, warum es sinnvoll, angemessen und notwendig erscheint, die oben beschriebenen Probleme in der Verfassungssemantik zu reformulieren. Warum geht es bei diesen (Menschen)Rechtsverletzungen auch um konstitutionelle Fragen? Es sind die Analogien zu dem klassischen Vorbild, also Analogien zum klassischen Konstitutionalismus, die ihm eine Übertragung der Verfassungsbegrifflichkeit auf die Phänomene jenseits des Nationalstaats sinnvoll erscheinen lassen. Diese liegen in der Selbst-Konstituierung eines Kollektivs und in der Institutionalisierung von Gleichgewichten und Spannungen der Ermächtigung und Limitierung von Macht (Teubner 2012, S. 35 ff).

In der Entstehungszeit der nationalstaatlichen Verfassungen Ende des 18. Jahrhunderts ging es darum, Machtpotenzial mithilfe der Verfassung gleichzeitig freizusetzen und zu beschränken.[7] Das damalige Problem war die politische Macht, die gleichzeitig im Staat effizient gebündelt und gehegt werden sollte. Heute gehen zwar immer noch Bedrohungen vom Staat aus, aber in einer Weltgesellschaft mit ausdifferenzierten Subsystemen, gilt gleiches für die Wissenschaft, die Wirtschaft, die Medien. Auch von diesen gesellschaftlichen Teilsystemen gehen Wirkungen aus, die normativ unerwünscht sind, wenn sie nicht verfasst werden, wenn sie nicht einem Prozess der Konstitutionalisierung unterworfen werden. Und gleichzeitig soll die Leistungsfähigkeit aller Subsysteme der Gesellschaft möglichst ausgeschöpft werden. In diesen Fällen geht es darum, gesellschaftliche Funktionssysteme in ihrer Autonomie zu stärken, um die größtmögliche Freiheit und Wirkung zu erzielen. Die Wissenschaft z. B., die sich von religiösen und politischen Vorgaben befreit, erhöht ihre Wirksamkeit, Leistungsfähigkeit und ihren eigenen Machtanspruch. Technologie, die sich von religiösen, weltanschaulichen oder politischen Vorgaben befreit, erhöht ihren Einfluss auf gesellschaftliche Prozesse. Die Wirtschaft mit ihrer Eigenlogik, die sich von weltanschaulich-religiösen und im engeren Sinne politischen Vorgaben befreit, erlebt im gleichen Sinne eine Steigerung ihrer Eigenlogik und kann sich zu einem prägenden Faktor innerhalb der Gesellschaft entwickeln.[8]

Um die Staats- und Politikzentriertheit zu überwinden, schlägt Teubner auf dem Boden einer Reihe von Theorieangeboten eine Neuorientierung vor: er greift den

---

[7] Vor allem die Ermächtigungsdimension wird nicht immer berücksichtigt. In der bekannten Trias bei Dieter Grimm fehlt dieser Aspekt ebenfalls. Vgl. Grimm 1991, S. 11 ff.

[8] Diese Entwicklungen werden in der Modernisierungstheorie sei es bei Weber, Parsons oder dann in der Systemtheorie als Ausdifferenzierung von Systemlogiken beschrieben. In anderen politisch-kulturellen Kontexten, z.B. Lateinamerikas, wird die Entlassung der Wirtschaft aus dem unmittelbaren Einfluss und direkten Zugriff der Politik als Liberalismus oder Neo-Liberalismus wahrgenommen und mit den Interessen konkreter Akteure verbunden. Zu der hoch interessanten Debatte um eine Wirtschaftsverfassung: Kjaer 2011; Petersmann 2009; Schepel 2005; Schneiderman 2008; Stein 1995. Skeptisch zu der Idee einer Wirtschaftsverfassung: Streeck 2009.

„societal constitutionalism" David Sciullis auf und baut Anregungen der neuen Verfassungssoziologie ein (Schmidt 2012b, 2012a; Thornhill 2011a). Vor allem von dieser
verspricht sich Teubner eine Verknüpfung von historisch-empirischen und normativen Elementen, um die Ursprünge jeder Verfassung als soziale Praxis verständlich zu
machen (Teubner 2012, 2010, 1996, 2003; ders./Fischer-Lescano 2006). In Anknüpfung an die oben vorgestellten Elemente versteht Teubner eine Ordnung dann als
konstitutionalisiert, wenn sie, systemtheoretisch gesprochen, Verantwortung für ihre
Umwelt übernimmt (Teubner 2012, S. 26). Prozesse der Konstitutionalisierung sollen
seiner Ansicht nach solche heißen, die in dialektischer Verschränkung gleichzeitig
Ermächtigung und Selbstbeschränkung beinhalten.[9] Ermächtigung vor allem im
Sinne von Steigerung des systemischen Entwicklungspotenzials durchaus in Parallelen zum revolutionären Konstitutionalismus des späten 18. Jahrhunderts.

> Ging es damals um die Freisetzung der politischen Machtenergien des Nationalstaats und
> zugleich um ihre wirksame rechtsstaatliche Begrenzung, so sind die heutigen Konstitutionali-
> sierungsprozesse darauf gerichtet, die Entfesselung ganz anderer gesellschaftlicher Energien,
> besonders spürbar in der Wirtschaft [...] in ihren destruktiven Auswirkungen zu beschränken
> (Teubner 2012, S. 27 ff).

Seine Kritik am liberalen Konstitutionalismus konzentriert sich dementsprechend
darauf, dass dieser niemals eine (zivil-)gesellschaftliche Konstitutionalisierung ange-
strebt habe, sondern durch die Trennung von Staat und Gesellschaft diesen Raum von
Konstitutionalisierung ausgeschlossen habe (Amstutz/Abegg/Karavas 2007). Doch
diese Freiheit führt nun immer mehr dazu, dass Technologie, Wissenschaft und vor
allem Wirtschaft, durch Verbreitung ihrer Eigendynamik mit ihren eigenen Logiken
ausgreifen und andere gesellschaftliche Bereiche eingrenzen, übergreifen in die Systemlogiken der anderen (Teubner 2012, S. 25 ff). Um seinen Punkt zu verdeutlichen
spricht Teubner dann von einer triangulären Konstitutionalisierung. In dieses Mächte-
Dreieck der gesellschaftlichen Verfassung gehören drei unterschiedliche Elemente:
„Selbstkonstituierung der Gesellschaft, Verfassungsinterventionen des Staates und
Stabilisierung solcher Arrangements durch das Recht" (Teubner 2012, S. 66).

Nicht die Globalisierung, so eine der Grundthesen Teubners, stellt die Verfassung
vor neue Aufgaben, deshalb auch der Begriff „gesellschaftlicher Konstitutionalismus", sondern die funktionale Differenzierung der Gesellschaft und die Marginalisierung der Politik im Rahmen einer pluralistischen Rechts- und Gesellschaftsentwick-
lung. Begrifflich reagiert Teubner, indem er diesen Prozessen der Kontrolle der
eigenen Systemgrenzen Verfassungsstatus zuspricht. Unter diesen Voraussetzungen
werden Verfassungen, oder besser: Verfassungselemente/-fragmente in jedem der
gesellschaftlichen Teilsysteme möglich. Wir können dann von Wirtschaftsverfassung,

---

9 Dieser Verfassungsbegriff erinnert an Stephen Holmes, der in „Passions and Constraints" ebenfalls betont, dass die Verfassung entgegen weit verbreiteter Meinungen nicht nur eine beschrän-
kende, sondern auch eine ermächtigende Aufgabe habe: Holmes 1995.

Wissenschaftsverfassung, Verfassung des Internets und eben politischer Verfassung sprechen. Die politische Verfassung verliert darin ihr Monopol. „Heutige Gesellschaften haben eine informelle Verfassungsordnung, die weder normativ noch faktisch auf den Staat fixiert ist" (Teubner 2012, S. 15: zitiert hier Thornhill). Die Verfassung kann nicht nur, in der Begrifflichkeit Luhmanns, Politik und Recht miteinander strukturell koppeln, sondern auch Wirtschaft und Recht, Wissenschaft und Recht etc.: „In der globalisierten Gesellschaft erhält jedes Kommunikationssystem eine eigene Verfassung, die von außen nicht leicht beeinflussbar ist und deren normativer Gehalt mit Grundsätzen, die gesamtgesellschaftlich normative Geltung beanspruchen im Konflikt steht. Verfassungsgebung ist damit eine autonome, autologe Normerzeugung, die keines Souveräns bedarf und auch keines bewussten Aktes der politischen, national-staatlichen oder menschlichen Selbstgesetzgebung" (Thornhill 2011a, S. 212).

Die Verfassungssoziologie des gesellschaftlichen Konstitutionalismus verlässt somit die Grundidee Luhmanns, dass es sich bei der Verfassung um die spezifische strukturelle Kopplung von politischem und Rechtssystem handelt. Die Verfassung kann also als strukturelle Koppelung zahlreicher Teilsysteme verstanden werden.[10] Dabei nutzt Teubner die Idee von Verfassungen als emergenten Ordnungen. Die Prozesshaftigkeit der Verfassung und ihre kommunikative Struktur fügt sich mit dem Gedanken der Emergenz von Ordnungen und der Autopoiesis-Figur. Aus dieser Position heraus erscheint es sinnvoll, Prozesse der Ermächtigung und Selbstbindung mit dem Bewegungsbegriff der Konstitutionalisierung zu beschreiben (Kritisch dazu: Wahl 2002). Und diese institutionellen Mechanismen lassen sich in jedem gesellschaftlichen Teilsystem erkennen wie auch im Rahmen der Weltgesellschaft.

Verfassungssoziologie als Machtanalyse: die Versorgung der Gesellschaft mit brauchbaren Machtressourcen

Jenseits der bisher vorgestellten Positionen haben sich auf der Basis einer historisch-empirischen Soziologie (Thornhill), einer kulturwissenschaftlichen Institutionentheorie (Vorländer) und der Diskurstheorie (Habermas) Ansätze zum Verständnis für das komplexe Verhältnis von Verfassungsnormen und sozialem Verhalten aufgetan, die alle die Verfassung in ein Wechselverhältnis mit kulturellen und machtpolitischen Entwicklungen bringen und bezweifeln, dass die Verfassung als Instrument wirken

---

10 „(E)ine Verfassung entsteht nicht nur im politischen System, wie es Luhmann vorschwebt, sondern in jedem Sozialsystem, sofern seine reflexiven Mechanismen von sekundären Rechtsnormen abgestützt werden" (Teubner 2012, S. 162 f.).

kann, ohne dass ihr Macht zugeschrieben wird.[11] Kommunikation, Deutungsmacht und symbolische Reproduktion werden dabei als spezifische Machtressourcen verstanden, die integrativ wirken können. Ohne diese kulturelle Aneignung kann die Verfassung keine integrativen Aufgaben wahrnehmen und bleibt den eigentlichen Machtprozessen äußerlich. Normen müssen potentiell als selbstgesetzte Normen verstanden werden können, die den Einzelnen dann nicht in seiner Freiheit einschränken, wenn er potentiell als Autor und Adressat gleichzeitig verstanden werden kann. Dies ist traditionell in kulturell und sozial tief gespaltenen Gesellschaften schwieriger als in homogeneren. In diesen wird der instrumentelle Zugriff zum Beispiel dirigistischer Verfassungsmodelle kaum als Selbsteinwirkung der Gesellschaft auf sich verstanden werden können.

Dieser Perspektivwechsel ermöglicht, auch Phänomene des sozialen Autoritarismus in die Verfassungsbegrifflichkeit zu integrieren. Dies ist der Kern der Anliegen des gesellschaftlichen Konstitutionalismus von David Sciulli und der Renaissance der Verfassungssoziologie. „(M)odern nation-states may remain liberal-democratic or become social-democratic, and yet simultaneously become more manipulative, controlling, and even coercive within and across more and more sectors, industries, and organizations of civil society."[12] Ideengeschichtlich fundieren lässt sich diese Position mit Blick auf den frühen Liberalismus von John Stuart Mill und Alexis de Tocqueville. Man denke nur an die von beiden vorgetragene Warnung, dass in Demokratien die Gefahr für die Freiheit des Einzelnen nicht mehr vom Staat ausgeht, sondern von der Gesellschaft, genauer: von der Herrschaft der öffentlichen Meinung und der Unterdrückung von Individualität.[13] Die Formierung ist das Thema, aber nicht etwa durch staatlichen, sondern durch gesellschaftlichen Zwang („uniform type": Mill 2008, S. 121).

a) Chris Thornhill hat mit zahlreichen Arbeiten in den letzten Jahren den lange verschollenen Begriff der Verfassungssoziologie auf innovative Art und Weise wieder

---

[11] Auch über Axel Honneths Begriff der Anerkennung, in der dialektischen Verschränkung von Recht und Moral lassen sich Ansätze wiederfinden, denen aber hier nicht nachgegangen werden kann.

[12] (Sciulli 1988, S. 38). So kann Sciulli kritisieren, dass die liberale Verfassungstheorie nicht in der Lage ist, sozialen Autoritarismus zu adressieren. „The central problem facing those working within constitutional and Lockean liberal traditions is that their inherited concepts fail to address manifestations of *social authoritarianism*." (40) Und noch einmal: „Their concepts (der Liberalen, RS) fail to address purposefully and inadvertently arbitrary exercises of collective power by powerful private enterprises within civil society. As was the case with their forebears, today's constitutional and Lockean liberal theorists have difficulty extending their inherited concepts from the legal individual's relationship to the state to the legal individual's relationship to powerful organizations within civil society." (41)

[13] Mill 2008, S. 113. Was bei Tocqueville die Tyrannei der Mehrheit ist, heißt bei Mill: „The tyranny of opinion". Und weiter sucht er nach Individualität (117) und Kreativität und beklagt den „despotism of custom" (ebenda).

brauchbar gemacht. Mit seiner Revitalisierung der Verfassungssoziologie hat er das Spannungsverhältnis zwischen den Verfassungsnormen als Ergebnis innergesellschaftlicher Normproduktion und normativer Elitensetzung neu konfiguriert (Thornhill: 2011b, S. 1 ff. Zum folgenden vor allem: Thornhill 2011a). Er positioniert die neue Verfassungssoziologie zwischen der klassisch-liberalen und der systemtheoretischen. An Grimm kritisiert er die enge Verbindung von Staat und Volk und den Bezug von Staat und Verfassung: die Verfassung konstituiert nicht den Staat, sondern die Macht als Kommunikation und als soziales Phänomen gleichzeitig. Thornhill dekonstruiert diese Verbindung und zeigt, dass die zentralen Denk- und Argumentationsfiguren von Volkssouveränität und verfassunggebender Gewalt des Volkes in einen spezifischen historischen Kontext gehören, in dem sich die revolutionären Akteure in einem dialektischen Sinne Macht gesichert haben; dialektisch, weil vor allem die Figur der Volkssouveränität gleichzeitig Inklusions- und Exklusionsleistungen erbracht hat. Durch die Behauptung der Souveränität des Volkes, die sich vor allem darin ausdrückt, dass dieses seine Fähigkeit zur Selbstregierung dadurch unter Beweis stellt, dass es sich selbst eine Verfassung gibt, war es gleichzeitig möglich – an den klassischen Republikanismus anschließend – diejenigen auszuschließen, die nicht zur Selbst-Beherrschung in der Lage waren: Frauen, Sklaven (in den USA und den französischen Kolonien) und die breite Schicht der Arbeiter und Analphabeten. Zu keinem Zeitpunkt, so Thornhill, haben sich die Diskurse über Volkssouveränität und pouvoir constituant außerhalb des politischen Machtspiels bewegt. Sie haben immer gleichzeitig Inklusions- und Exklusionscharakter gehabt. Die zentralen politischen Akteure haben durch die Diskurse und die daran anschließenden Praktiken und Institutionen Macht alloziert: zugewiesen und entzogen, faktisch und semantisch. Durch die zunehmende Inklusion haben diese Begriffe ihre Bedeutung eingebüßt. Resultat seiner Überlegungen ist, dass die Grundrechte eine bis zu den Revolutionen zurückreichende Integrationsfigur ist, während Volkssouveränität und verfassunggebende Gewalt des Volkes „obsolet geworden" sind, weil sie die „Integrationsfunktion von Politik nicht mehr sichern" können (Thornhill 2011b, S. 217). Die Grundrechte werden zu einer „Chiffre für das souveräne Volk" (Thornhill 2011b, S. 217). Sie erhalten dadurch eine „normative Unentbehrlichkeit" (Thornhill 2011b, S. 211).

Thornhill schärft seine Position jedoch nicht nur an der klassischen auf den Staat konzentrierten Verfassungstheorie, sondern auch an Teubners Rechts- und Verfassungstheorie. Auch wenn er sich systemtheoretischer Begrifflichkeit und Methode angenommen hat, stimmt Thornhill dennoch nicht mit Teubner überein, dem er ebenso vorhält, dass er politische Macht und Verfassungsstruktur für nicht intern aufeinander bezogen hält.[14] Verfassungen bilden sich als Begrenzungen von Macht heraus (Thornhill 2011a, S. 213). Und sie haben die Aufgabe, die Gesellschaft mit

---

14 Thornhill 2011b, S. 213. Zu Thornhills Auseinandersetzung mit Luhmann: Thornhill 2010. Zudem entwickelt er einen neuen Begriff von Legitimität: Thornhill 2011a.

brauchbaren Machtressourcen zu versorgen. In diesem Sinne können sie kaum obsolet werden.

In der Begrifflichkeit der Systemtheorie schreibt Chris Thornhill weiter: „Verfassungsgebung ist also kommunikative Selbstkonstitutionalisierung transnationaler gesellschaftlicher (funktionaler, RS) Teilsysteme. [...] Jedes System besitzt eine eigene Reflexionspolitik und so eine eigene Verfassungspolitik" (Thornhill 2011b, S. 212). Im Gegensatz zu Grimm sieht Thornhill „die ausschließliche begriffliche Verschränkung von Verfassung und staatlicher Politik" (Thornhill 2011b, S. 212) als historischen Zufall und keinesfalls als systematisch zwingende Notwendigkeit.[15] Dagegen sucht er einen analytischen Rahmen, in dem die Umstände der Verfassung eine Rolle spielen: „not as resulting from externally prescribed normative institutions, but as integral elements of the common life of different societies" (Thornhill 2011b, S. 2)

Das Hauptargument von Thornhill bezieht sich dabei auf die Frage externer oder interner Mechanismen. Extern hieße, dass man annimmt, dass sich außerhalb des Staates, oder vorstaatlich, ein Demos bildet, einen Staat einrichtet und diesem, wiederum extern gedacht, Legitimität verschafft. Intern hieße, dass Verfassung gedacht werden muss als interne Reflexionsform politischer Macht. „In der Verfassung wird nicht eigentlich der Staat, sondern das politische System, oder genauer gesagt: die Macht selbst verfasst". Dadurch wird Macht in eine „positive, differenzierte und abstrakt kommunikationsfähige Form verwandelt" (Thornhill 2011a, S. 210). Hatten wir es bei Grimm mit der Verfassung des Staates, bei Teubner mit der Verfassung der Gesellschaft zu tun, liegt es bei Thornhill noch grundsätzlicher: die Macht wird verfasst: sie stellt eine „normative Struktur dar, mit deren Hilfe die durchgängige Versorgung der Gesellschaft mit effektiv brauchbarer politischer Macht erleichtert und intensiviert wird" (Thornhill 2011a, S. 210).

Anschlussfähig ist Thornhill in dreierlei Hinsicht: er sieht die Unterscheidung von vormoderner und moderner Verfassung nicht als zwingende Zäsur an. (Vorländer: Narrativ der Zäsur). Zweitens löst er die Bindung zwischen Verfassung und Text und drittens die Verbindung von Verfassung und Staat. Damit sind die Wege geöffnet für eine Verbindung der kulturwissenschaftlichen mit der systemtheoretischen Variante. Das einzige zu lösende Problem ist die Weite des Begriffs. Wenn sich Verfassungen nicht nur als Dokumente, sondern auch als ungeschriebene Normen verstehen lassen öffnet sich das Feld ins Unüberschaubare: „legal conditions for the public use of power" (Thornhill 2011b, S. 10).

b) Brauchbare Machtressourcen durch symbolische Reproduktion: Jürgen Habermas hat sich von dem ursprünglich instrumentellen Rechtsverständnis (Theorie des kommunikativen Handelns) zu einem kommunikativen Rechtsverständnis entwickelt. Er

---

15 „relatively indifferent to the factual formation, location and application of political power"
(Thornhill 2010, S. 316).

hat zwar seit der intensiven Auseinandersetzung mit Luhmann den Staat als administratives System und die Wirtschaft als ökonomisches System übernommen, aber das Recht nicht als eigenständiges System, sondern als strukturelle Koppelung zwischen System und Lebenswelt verstanden. Das Recht fungiert als Transmissionsriemen zwischen zivilgesellschaftlichen Forderungen aus der Lebenswelt, die wichtige Integrationsressource Solidarität bereitstellend und der Faktizitätsebene des Staates, der im Zweifel mit Schwert und Geldbörse für den Zwangscharakter des Rechts steht. Die Verfassung, als Prozess verstanden, nimmt eine Vermittlungsstellung ein und verbindet symbolische Reproduktion mit dem instrumentellen Teil. Sie hat somit an der kommunikativ erzeugten Legitimität ebenso Anteil wie an der instrumentellen. Nur dann kann die Verfassung als legitim erfahren werden, wenn sie als Instrument der Selbsteinwirkung der Gesellschaft auf sich verstanden wird. Dies kann nur dann gelingen, wenn potenziell Adressat und Autor der Normsetzungen zusammenfallen können. Wenn ich im Kantschen Sinne mir die Gesetze selber gegeben haben könnte. Hier wird der Unterschied zu Teubner deutlich, der sich in den Forderungen der Diskurstheorie zum Ausdruck bringt. Nur in der zivilgesellschaftlichen Aneignung über Prozesse der kulturellen, symbolischen und sozialen Reproduktion und nicht über Autopoiesis der Systemlogiken kann in der Verfassung der Ausgleich erfolgen und die drei großen Integrationsquellen (Markt, Staat und Zivilgesellschaft) unter ein Dach gebracht werden.

c) Symbolische Dimension der Verfassung als emergenter Ordnung: Nur die Setzung allein, wie wir oben schon gesehen haben, kann die Geltung des Rechts und der Verfassung nicht gewährleisten. Es braucht kulturelle Aneignungsprozesse, die über kommunikative und gemeinschaftliche Prozesse der sozialen und symbolischen Integration vollzogen werden. Instrument und Symbol, instrumentelle und kommunikative Leistungen, müssen so in Beziehung gesetzt werden. Bleibt Normsetzung in der Systemlogik stecken, wird die Spannung zwischen Faktizität und Geltung nicht überbrückt. Freiheit fällt auch hier, wie bei Habermas, mit Selbstbestimmung zusammen. Implizit können Verfassungen aus diesem Grund nur demokratische Ordnungen sein, oder besser: Ordnungsvorstellungen, die potenziell symbolisch angeeignet werden können, in denen potenziell die Lücke zwischen Autor und Adressat geschlossen werden kann.[16] Verfassungen in diesem Sinne können nur dann freiheitlich sein, wenn auch die Formen nicht-staatlicher Normsetzung im gesellschaftlichen Bereich berücksichtigt wird. Gerade in den Staaten, die keine lange demokratische Tradition haben, verbergen sich zum einen Normsetzungen, die freiheitliche Verfassungen in der Alltagspraxis unterlaufen. Andererseits lässt sich, auch mit Blick auf

---

16 Hier gibt es gelegentlich Reibungen in der Begrifflichkeit, weil die hinter der Verfassungstheorie liegende normative Demokratietheorie nicht immer explizit gemacht wird (Vorländer 2002a, S. 9–40; Vorländer 2006b; Vorländer 2012).

den Begriff der Zivilgesellschaft (Frankenberg), auch hier wieder mit Perspektiven auf den Verfassungs- und Verfassungskulturvergleich zeigen, dass gerade die Staaten Chancen haben, freiheitlich-sozialintegrative Verfassungsordnungen zu entwickeln, die schon im Stand der formalen autoritären Ordnung eine Form des freien gesellschaftlichen Konstitutionalismus gepflegt haben. Hier war die gesellschaftliche Normsetzung eben auch im Rahmen autoritärer Regime widerständig. Oder zumindest gab es Formen der sozialen Integration, die eben die offizielle geschriebene Verfassung nicht als allgemein verbindliche Normen gesehen haben. Aus diesem Grund muss man, wie Vorländer auch immer wieder betont, von der Verfassung als schriftlichem Dokument abkommen und stattdessen eine umfassendere Sozialtheorie anschließen.

Eine Verfassungslehre, die keinen Sinn für die individuelle Sinnzuschreibung von Geltungsbehauptungen besitzt, kann der komplexen Realität von Verfassungsprozessen nicht gerecht werden. Verfassungen verfassen gesellschaftliche Machtprozesse und benutzen eine Begrifflichkeit, die selber zurückgewiesen werden kann und Partei ergreift für eine bestimmte Form institutioneller Arrangements. Aus der Kritik an Dieter Grimm ergibt sich die Notwendigkeit und Möglichkeit, Verfassungen auch in einem Rahmen nachzugehen, der den Nationalstaat überschreitet. Verfassungstexte können zur falschen Zeit am falschen Ort erscheinen. Sie erlangen nur dann Deutungsmacht, wenn sie von entsprechenden Institutionen repräsentiert, gedeutet, interpretiert werden, die das Vertrauen der Bevölkerung erringen. Diese müssen keine Gerichte sein, auch wenn sich dieses Modell als globales Erfolgsmodell erwiesen hat. Es gibt kulturell sehr unterschiedliche Wege, die Verfassung zu verstehen, zu interpretieren und ihr symbolischen Rang zu geben, ihr einen Sinn zuzuschreiben und sie in Geltung zu halten und zu bringen. Verfassungen bewegen sich, und hier ist Hans Vorländers Beschreibung der von Chris Thornhill sehr ähnlich, in einem Rahmen permanenter Wechselspiele mit den Machtverhältnissen, von denen sie geprägt werden und auf die sie Einfluss nehmen. Sie sind in einen Prozess der Deutung eingebunden und bewegen sich in einem Deutungskampf. Verfassungen kann durchaus komplett der Rang abgesprochen werden und sie können ihn zum Beispiel an „das Volk" verlieren, dass sich wieder aus der Verfassung löst und sich eine neue Verfassung gibt, wie es vielerorts in Lateinamerika passiert. Wo Verfassungen erst gar nicht auf Permanenz angelegt sind, übernimmt das Volk die zentrale Symbolstelle.

Schlussbemerkungen

Die hier unter dem Begriff der kulturwissenschaftlichen Verfassungssoziologie zusammengefassten Positionen sehen die Verfassung als Verfassung der Macht. Diese läuft, sei es aus einem diskurstheoretischen, institutionentheoretischen oder historisch-soziologischen Sinne ins Leere, wenn nicht Sinnzuschreibungs- und symbolische Dimensionen mit berücksichtigt werden. Immer geht es darum, semantische und kommunikative Prozesse der Geltungsbehauptung mit Machtprozessen in Beziehung zu setzen. Mit der Durchsetzung eines bestimmten institutionellen Arrangements geht auch die Benutzung einer bestimmten Begrifflichkeit einher. Und dies muss wiederum auch reflexiv auf die Verfassungssoziologie selber angewendet werden. Wenn Günter Teubner schreibt, dass es sich beim Washington Consensus um einen Konstitutionalisierungsschub handelte, dann wird eine Verfassungssoziologie als vergleichende Kulturwissenschaft dringend nötig.[17] Es muss das Ziel sein, zwischen Grimms Monopolisierung des Verfassungsbegriffs für eine bestimmte Form des revolutionären demokratischen Verfassungsstaats und Teubners offensichtlicher normativer Entleerung des Verfassungsbegriffs eine Vermittlung zu finden, die auch transnationale Konstitutionalisierungsprozesse und ihre Fragmente in irgendeiner Form an punktuelle Verfassungskulturen zurückbindet.

Dass in Lateinamerika und den USA gleichzeitig vom Washington Consensus als Konstitutionalisierungsschub gesprochen würde, ist dagegen kaum vorstellbar. Gerade diese Prozesse der Konstitutionalisierung jenseits des Nationalstaats haben eine ebenso starke Inklusions- wie Exklusionstendenz. Auch die Betonung der Verfassung als emergenter Ordnung übernimmt in bestimmten Diskurskontexten und zu bestimmten Zeiten tendenziell die Funktion der Delegitimierung von Verfassunggebung als Inklusionsprojekt. Die darunter liegende Demokratietheorie sieht vor, dass die Volkssouveränität an die (juristisch verstandene und implementierte) Verfassungssouveränität übertragen wird und der pouvoir constituant verschwindet. Dabei haben gerade die jüngsten Verfassungsgebungen in Lateinamerika (vor allem in Bolivien, Brasilien, Equador) gezeigt, wie Integration durch Verfassung noch wörtlich zu nehmen ist.

Es gibt eine gewisse Spannung zwischen der begrifflichen Öffnung der Verfassung und einer demokratietheoretischen Schließung zugunsten eines spezifischen Modells der Demokratie. Die diskursive Behauptung und gegebenenfalls Bestreitung von Geltung wird zu einem zentralen Element einer kulturwissenschaftlichen Verfassungsanalyse. Wo Scheppele ihre konstitutionelle Ethnografie auf rechtliche Texte beschränkt, erweitert Vorländer das Feld darüber hinaus.[18] Es geht um herausgehobene Normen, die weder schriftlich festgelegt noch rechtlich verfasst sein müssen. Ungeschriebene Konventionen können ebenso Verfassungsstatus erlangen. Und für die Verfassungskultur werden nicht nur Texte, sondern die verschiedensten Formen

---

17 „Im transnationalen Raum hat der Washington Consensus in den letzten dreißig Jahren einen auf die Autonomie der Weltmärkte gerichteten Konstitutionalisierungsschub politisch vorangetrieben" (Teubner 2011, S. 192).

18 Aus der breiten Auswahl von Hans Vorländers Texten hier: „We can understand as constitutionalism those basic ideas of political order that are accorded a special normative status. These basic ideas of political order do not necessarily require the form of a document such as a written constitution, or even a legal form generally" (Vorländer 2012, S. 28).

und Realisierungen kollektiver Vorstellungen wichtig, die sich in Interpretationen und Vergemeinschaftungsprozessen zeigen können (Vorländer 2004a; Schmidt 2012b). Wenn Verfassungen wirklich so offen sind, dass sie im Sinne einer konstitutionellen Ethnografie (Scheppele) auch die nicht kodifizierten, nicht in rechtliche Form gegossenen sozialen Normen und Leitbilder ins Auge fassen sollen (Vorländer), dann ist der Begriff der Verfassungssoziologie mehr als angebracht. Dies birgt allerdings Gefahren, die darin liegen, dass sich für empirische Untersuchungen zur Verfassungssoziologie, sozialen Machtprozessen und Normsetzungen eine kaum zu überblickende Fülle von Forschungsmaterial auftürmt, denn in diesem Fall kann sich Normsetzung in der Literatur wiederfinden, oder in sozialen Praktiken und Gewohnheiten, seien sie offen oder klandestin, seien sie von rechtlichen Regeln begleitet, oder ihnen diametral entgegengesetzt. Denn so macht die überschaubare und methodisch kontrollierte Studie von Verfassungstexten, einer kaum überschaubaren und in ihrer Bedeutung schwer gegeneinander abzugrenzenden Vielzahl von personellen, gesellschaftlichen und politischen Strukturen Platz.

Besonders für den lateinamerikanischen Raum gilt immer die Vermutung, dass letztlich rechtliche und Verfassungsregeln nicht den Blick auf die „wahren" Machtprozesse offenlegen, sondern sich wie eine Fassade vor die dadurch verblendeten Strukturen legen (Da Silva/Schmidt 2011). Die Selektivität der Geltung von geschriebenen Regeln macht die Untersuchungen von Verfassungskulturen so wichtig, aber auch so schwierig.[19] Insofern, in Anlehnung an Vorländer, müsste man sagen: alle Gesellschaften haben eine Ordnung des Politischen, oder eine Machtordnung, aber nicht in jeder dominiert eine rechtliche Form, die auf den Verfassungstext zugeschnitten ist. Nicht alle politischen Ordnungen sind Verfassungsordnungen. Die Rechtsordnung ist aber auf die spezifischen Formen der symbolischen Inkraft- und Inordnungsetzung angewiesen.

Das Ziel einer Verfassungssoziologie muss es sein, die vielfältigen Beziehungen zwischen Normsetzungen und gesellschaftlichen Machtprozessen angemessen zu beschreiben und kritisch zu bewerten. Dabei kann es nicht nur darum gehen, die vorpolitischen Voraussetzungen von Verfassungsordnungen allein in den Blick zu nehmen (Hennis), so als könne die Verfassung von außen auf die Gesellschaft einwirken und als sei sie nicht selber als politisches Instrument in Machtprozesse verstrickt (s. Thornhill), die ihre eigene Geltung behaupten.

Zusammenfassend können wir sagen, dass vor allem mit Blick auf eine vergleichende Verfassungs- und Verfassungskulturforschung, entscheidend ist, den Blick von einer am französisch-amerikanischen Idealmodell gewonnenen Verfassungsnorm (Grimm) auf die Spannungen zwischen sozialer Praxis und Verfassungen zu

---

19 In ihrem Aufsatz zur constitutional ethnography gibt Kim Lane Scheppele folgende Definition: „Constitutional ethnography is the study of the central legal elements of polities using methods that are capable of recovering the lived detail of the politico-legal landscape" (Scheppele 2004, S. 395).

werfen (Teubner). Dabei kommen die Machtprozesse (Thornhill) und vor allem die kulturellen Muster von Ordnungsbehauptungen in den Blick in einem ethnografischen Konstitutionalismus (Scheppele), der über die Texte hinaus Verfassungen als Machtordnungen versteht (Vorländer). Will man historisch und verfassungskulturell vergleichend arbeiten, muss es auch möglich sein, Modelle in eine Verfassungsanalyse zu integrieren, die soziale Integration nicht über den liberalen Weg, sondern über den kollektiv-demokratischen Weg vollziehen (Sciulli). Diese Ausweitung produziert jedoch gelegentlich Reibungen. Sollte die Allgemeinverbindlichkeit von Normsetzungen nicht von dem schriftlichen Text, sondern von informellen Setzungen der Coroneis, von tradierten Sitten, die beständiger sind als das Recht etc. ausgehen, müsste auch das als Verfassung begriffen werden können. Die Festlegung in der empirischen Analyse auf die Wirkung, Analyse und Interpretation von Verfassungstexten setzt immer schon voraus, dass es außerhalb dieser Texte keine wirkungsvolle Normsetzung gibt, die allgemein verbindliche Ansprüche stellt. Es gibt gewisse ungelöste Spannungen zwischen einer offenen deskriptiven Ebene der Begrifflichkeit (kollektive Imaginationen) und einem auf den schriftlichen Verfassungstext ausgelegten Normenkomplex, der per definitionem keine andere Ordnung neben sich duldet. Vor allem in Systemen mit post-kolonialen Strukturen, mit einem anderen Weg in die Moderne, ist die Öffnung in einen Bereich jenseits der schriftlichen Verfassung von zentraler Bedeutung.[20] Allerdings müssen die dann entstehenden Probleme zur Eingrenzung des Untersuchungsgegenstandes gelöst werden.

Literatur

Amstutz, Marc/Andreas Abegg/Vaios Karavas 2007: Civil Society Constitutionalism: the Power of Contract Law, in: Indiana Journal of Global Legal Studies, S. 235–258

Anderson, Gavin W. 2005: Constitutional Rights after Globalization, Oxford.

Canotilho, José Joaquim Gomes 2001: Constituição Dirigente e Vinculaç Legislador, 2. Aufl., Coimbra.

Costa, Sergio 2007: Vom Nordatlantik zum Black Atlantic. Postkoloniale Konfigurationen und Paradoxien transnationaler Politik, Bielefeld.

Da Silva, Virgílio Afonso/Schmidt, Rainer 2012: Verfassung und Verfassungsgericht. Deutschland und Brasilien im Vergleich, Baden-Baden.

---

20 Costa 2007. Bei Reinhart Koselleck heißt es: „Mein Vorschlag, dass eine Verfassungsgeschichte alle Bereiche erfassen solle, die sich durch Wiederholbarkeit kraft Rechtsregeln auszeichnen, zielt also darauf, den Bruch zwischen den vormodernen Rechtsgeschichten und den neuzeitlichen Verfassungsgeschichten zu überbrücken; ebenso darauf, die nachstaatlichen, in gewisser Weise überstaatlichen, nicht nur zwischenstaatlichen Phänomene unserer Gegenwart mit zu thematisieren.[...] Souveränität und Staatlichkeit sind nicht mehr zur Deckung zu bringen, wie das für die klassischen Verfassungsgeschichten stillschweigend oder offen vorausgesetzt werden kann." (Koselleck 2006, S. 371).

Dobner, Petra/Martin Loughlin 2010: The Twilight of Constitutionalism? Oxford.

Ferguson, Adam 1988: Versuch über die bürgerliche Gesellschaft, hg. und eingeleitet von Zwi Batscha und Hans Medick, Frankfurt a. M.

Fischer-Lescano, Andreas/Gunther Teubner 2006: Regime-Kollisionen. Zur Fragmentierung des globalen Rechts, Frankfurt a. M.

Fischer-Lescano, Andreas 2010: Europäische Rechtspolitik und soziale Demokratie, Friedrich-Ebert-Stiftung, März 2010.

Frankenberg, Günter 1996: Die Verfassung der Republik, Baden-Baden.

Frankenberg, Günter 2002: Zur Rolle der Verfassung im Prozess der Integration, in: Vorländer, Hans (Hrsg.), Integration durch Verfassung, Wiesbaden, S. 43–69.

Frankenberg, Günter 2003: Autorität und Integration. Zur Grammatik von Recht und Verfassung, Frankfurt a. M.

Grimm, Dieter 1991: Die Zukunft der Verfassung, Frankfurt a. M.

Grimm, Dieter 2010: The Achievement of Constitutionalism and its Prospects in a Changing World, in: Dobner/Loughlin, The Twilight of Constitutionalism? Oxford, S. 3–22.

Grimm, Dieter 2012: Die Zukunft der Verfassung II, Frankfurt a. M.

Habermas, Jürgen 1992a: Faktizität und Geltung, Frankfurt a. M.

Habermas, Jürgen 1992b: Recht und Moral (Tanner Lectures 1986), in: ders., Faktizität und Geltung, Frankfurt a. M., S. 541–599.

Habermas, Jürgen 2013: Interview mit Armin von Bogdandy, in: Zeitschrift für ausländische und öffentliche Recht und Völkerrecht 73, S. 295–303.

Heideking, Jürgen 2002: Der symbolische Stellenwert der Verfassung in der Tradition der USA, in Hans Vorländer (Hrsg.), Integration durch Verfassung, Wiesbaden, S. 123–136.

Hennis, Wilhelm 1968: Verfassung und Verfassungswirklichkeit, Tübingen, (wieder abgedruckt in: ders., Regieren im modernen Staat, Tübingen, S. 183–213).

Hofmann, Hasso 2000: Von der Staatssoziologie zu einer Soziologie der Verfassung, in: Rechtssoziologie am Ende des 20. Jahrhunderts, hg. von Horst Dreier, Tübingen, S. 180–205.

Holmes, Stephen 1995: Passions and Constraints, Chicago.

Honneth, Axel 2011: Das Recht der Freiheit, Frankfurt a. M.

Honneth, Axel 2012: Kampf um Anerkennung, (mit einem neuen Nachwort), Frankfurt a. M.

Kalyvas, Andreas 2005: Popular Sovereignty, Democracy, and the Constituent Power, in: Constellations 12, S. 223–244

Kjaer Poul F. u. a. 2011: (Hrsg.) The Financial Crisis in Constitutional Perspective, Oxford u. a.

Koselleck, Reinhart 2006: Begriffsgeschichten, Frankfurt.

Kumm, Mattias 2009: The Cosmopolitan Turn in Constitutionalism: On the Relationship between Constitutionalism in and beyond the state, in: Ruling the World? Constitutionalism, International Law, and Global Governance, hg. von Dunoff, Jeffrey L./Joel P. Trachtman, Cambridge, S. 258–324.

Kumm, Matthias 2010: The Best of Times and the Worst of Times: Between Constitutional Triumphalism and Nostalgia, in: Dobner, Petra/Martin Loughlin, The Twilight of Constitutionalism? Oxford, S. 201–219.

Luhmann, Niklas 1973: Politische Verfassungen im Kontext des Gesellschaftssystems, in: Der Staat 12, S. 1–22; S. 165–182.

Luhmann, Niklas 1984: Staat und Politik. Zur Semantik der Selbstbeschreibung politischer Systeme, in: Udo Bermbach (Hrsg.), Politische Theoriengeschichte. Probleme einer Teildisziplin der Politischen Wissenschaft. PVS-Sonderheft 15, Opladen, S. 99–125.

Luhmann, Niklas 1990: Verfassung als evolutionäre Errungenschaft, in: Rechtshistorisches Journal 9, S. 176–220.

Luhmann, Niklas 1993: Das Recht der Gesellschaft, Frankfurt a. M.

Maus, Ingeborg 2006: From Nation-State to Global State, or the Decline of Democracy, in: Constellations 13, S. 465–484.

Mill, John Stuart 2008: On Liberty, New York.

Petersmann, Ernst-Ulrich 2009: Wirtschaftliche Grundrechte, in: Handbuch der Grundrechte in Deutschland und Europa, hg. von Detlef Merten und Hans-Jürgen Papier, Band VI/2, S. 569–597.

Preuss, Ulrich K. 2010: Disconnecting Constitutions from Statehood: Is Global Constitutionalism a Promising Concept?, in Dobner, Petra/Martin Loughlin, The Twilight of Constitutionalism? Oxford, S. 23–46.

Rousseau, Jean-Jacques 1996: Betrachtungen über die Regierung Polens, in: ders.: Sozialphilosophische und Politische Schriften. Düsseldorf/Zürich.

Schelsky, Helmut 1968: Über die Stabilität von Institutionen, besonders Verfassungen (1949), in: Institution und Recht, hg. von Roman Schnur, S. 265–293.

Scheppele, Kim Lane 2004: Constitutional Ethnography: An Introduction, in: Law and Society Review 38, S. 389–406.

Schepel, Harm 2005: The Constitution of Private Governance. Product Standards in the Regulation of Integrating Markets, Oxford.

Schmidt, Rainer 2006: Macht – Autorität – Charisma. Deutungsmacht in Max Webers Herrschaftssoziologie, in: Hans Vorländer (Hrsg.), Die Deutungsmacht der Verfassungsgerichtsbarkeit, Wiesbaden, S. 37–55.

Schmidt, Rainer 2012a: Verfassungskultur und Verfassungssoziologie. Wiesbaden.

Schmidt, Rainer 2012b: Verfassung und Verfassungskultur, in: Maurizio Bach (Hrsg.), Der entmachtete Leviathan? (Zeitschrift für Politik, Sonderheft 5/2012), S. 283–302.

Schmidt, Rainer 2014: Rechtspositivismus und die Geltung von Recht und Verfassung, in: Rainer Schmidt (Hrsg.), Rechtspositivismus: Ursprung und Kritik. Zur Geltungsbegründung von Recht und Verfassung, Baden-Baden, S. 9–34.

Schneiderman, David 2008: Constitutionalizing Economic Globalization, Cambridge.

Scheppele, Kim Lane 2004: Constitutional Ethnography: An Introduction, in: Law and Society Review 38, S. 389–406.

Sciulli, David 1988: Foundations of Societal Constitutionalism: Principles from the Concepts of communicative Action and Procedural Legality, in: British Journal of Sociology 39, S. 377–407.

Schor, Miguel 2005: Constitutionalism through the Looking Glass of Latin America, Suffolk University Law School Faculty Publications, Paper 19.

Stein, Ursula 1995: Lex Mercatoria: Realität und Theorie, Frankfurt a. M.

Streeck, Wolfgang 2009: Re-Forming Capitalism, Oxford.

Teubner, Gunther 1989: Recht als autopoietisches System, Frankfurt a. M.

Teubner, Gunther 1996: ‚Globale Bukowina': Zur Emergenz eines transnationalen Rechtspluralismus, in: Rechtshistorisches Journal 15, S. 255–290.

Teubner, Gunther 2003a: Globale Zivilverfassungen: Alternativen zur staatszentrierten Verfassungstheorie, in: Zeitschrift für ausländisches öffentliches Recht (ZaöRV) 63, S. 1–28.

Teubner, Gunther 2003b: Globale Zivilverfassungen: Alternativen zur staatszentrierten Verfassungtheorie, in: Zeitschrift für ausländisches öffentliches Recht und Völkerrecht 63, S. 1–28.

Teubner, Gunther 2010: Fragmented Foundations. Societal Constitutionalism beyond the State, in: The Twilight of Constitutionalism?, hg. von Dobner/Loughlin, Oxford, S. 327–341.

Teubner, Gunther 2011: Das Projekt der Verfassungssoziologie. Irritationen des nationalstaatlichen Konstitutionalismus, in: Zeitschrift für Rechtssoziologie 32, S. 189–204.

Teubner, Gunther 2012: Verfassungsfragmente. Gesellschaftlicher Konstitutionalismus in der Globalisierung, Berlin.

Teubner, Gunther/Andreas Fischer-Lescano 2006: Regime-Kollisionen. Zur Fragmentierung des globalen Rechts, Frankfurt a. M.

Thornhill, Chris 2010: Niklas Luhmann and the Sociology oft he constitution, in: Journal of Classical Sociology 10, S. 315–337.

Thornhill, Chris 2011a: Politische Macht und Verfassung jenseits des Nationalstaats, in: Zeitschrift für Rechtssoziologie 32, S. 205–219.

Thornhill, Chris 2011b: A Sociology of Constitutions. Constitutions and State Legitimacy in historical-sociological perspective, Cambridge.

Thornhill, Chris 2011c: Political Legitimacy: A Theoretical Approach Between Facts and Norms, in: Constellations 18, S. 135–168.

Vorländer, Hans 2000: Die Suprematie der Verfassung. Über das Spannungsverhältnis von Demokratie und Konstitutionalismus, in: Leidhold, Wolfgang (Hrsg.), Politik und Politeia. Formen und Probleme politischer Ordnung, Festgabe für Jürgen Gebhardt, Würzburg 2000, S. 373–383.

Vorländer, Hans 2001: Der Interpret als Souverän, in: Frankfurter Allgemeine Zeitung, 17. April 2001, S. 14.

Vorländer, Hans 2002a: Integration durch Verfassung? Die symbolische Bedeutung der Verfassung im politischen Integrationsprozess, in: ders. (Hrsg.), Integration durch Verfassung, Wiesbaden, S. 9–40.

Vorländer, Hans 2002b: Gründung und Geltung. Die Konstitution der Ordnung und die Legitimität der Konstitution, in: Melville, Gert/Vorländer, Hans (Hrsg.), Geltungsgeschichten, Köln/Wien/Weimar, S. 243–263.

Vorländer, Hans 2004a: Die drei Entwicklungswege des Konstitutionalismus in Europa. Eine typologische Skizze, in: Die Europäische Union als Verfassungsordnung, hg. vom Institut für Europäische Verfassungswissenschaften, Berlin, S. 21–42.

Vorländer, Hans 2004b: Verfassungsgeschichten. Über die Kontinuierung des konstitutionellen Moments, in: Melville, Gert/Rehberg, Karl-Siegbert (Hrsg.), Gründungsmythen–Genealogien–Memorialzeichen. Beiträge zur institutionellen Konstruktion von Kontinuität, im Auftrag des Sonderforschungsbereichs 537, Köln/Weimar/Wien, S. 177–185.

Vorländer, Hans 2006a: Die Verfassung als symbolische Ordnung. Perspektiven einer kulturwissenschaftlich-institutionalistischen Verfassungstheorie, in: Becker, Michael/Zimmerling, Ruth (Hrsg.), Politik und Recht, [PVS-Sonderheft 36], Wiesbaden, S. 229–249.

Vorländer, Hans 2006b: Emergente Institution. Warum die Verfassung ein Prozess ist, in: Buchstein, Hubertus/Schmalz-Bruns, Rainer (Hrsg.), Politik und Integration. Symbole, Repräsentation, Institution, Baden-Baden 2006, S. 247–259.

Vorländer, Hans 2012: What is Constitutional Culture?, in: Constitutional Cultures: On the Concept and Representation of Constitutions in the Atlantic World, hg. von Silke Hensel/Ulrich Bock/Katrin Dircksen/Hans-Ulrich Thamer, Newcastle, S. 21–42.

Wahl, Rainer 2002: Konstitutionalisierung – Leitbegriff oder Allerweltsbegriff?, in: Carl-Eugen Eberle u. a. (Hrsg.), Der Wandel des Staates vor den Herausforderungen der Gegenwart, München, S. 191–207.

Wahl, Rainer 2010: In Defense of Constitution, in: Dobner, Petra/Martin Loughlin (Hrsg.), The Twilight of Constitutionalism? Oxford, S. 220–242.

Sabrina Zucca-Soest

Verfassungen zwischen Normativität und Funktionalität

Zur Geltungsbegründung von Institutionen

Verfassungen spielen in modernen Gesellschaften eine zentrale Rolle. Sie sollen als sinnstiftende soziale Institutionen zur Legitimation des politischen Systems und zur Integration von pluralistischen Gesellschaften in maßgeblicher Stärke beitragen. An diesen Anspruch schließen sich gleich mehrere fundamentale Problematiken an. Zum einen stellt sich die Frage, inwiefern und wenn ja, auf welche Weise Verfassungen diesem Anspruch gerecht werden können und zum anderen die weitere nach der Legitimität der Verfassung selbst. Es wird also nach dem Zusammenhang einer Doppelfunktion gefragt: nach dem praktisch-funktionalistischen Wirken einer niedergeschriebenen Rechtsordnung, die sich gerade auch in ihrer Funktionalität alltäglich beweisen muss, wie auch dem theoretisch-normativen Anspruch als Identifikationsmoment anerkannt und somit als normative Ressource auch integrativ wirksam sein zu können. Dabei betrachten die rein empirisch-funktionalistische wie auch die theoretisch-normative Perspektive jeweils immer nur eine Seite der Medaille. Gerade aber die Inklusion beider Sphären macht Verfassungen ebenso komplex wie flexibel und wirkmächtig.

Wie also ist diese institutionelle Verklammerung zu verorten, wenn weder ein rein theoretisches Vernunftprinzip oder der klassische staatsrechtliche Verfassungsmythos beschworen, noch auf die reine Funktionalität einer juristischen Institution abgestellt werden soll?

Vor diesem Hintergrund werden Verfassungen hier als gesellschaftliche Institutionen aus der Perspektive der *Verfassungssubjekte* beschrieben. Dieser intersubjektive Zugang kann den Institutionalisierungsvorgang wie auch den flexiblen Umgang nichtintendierter Handlungsfolgen einfangen. Durch einen Blick auf die Metaebene wird so die Verfassungsidee im Allgemeinen vor dem Hintergrund des Spannungsverhältnisses von Funktionalität und Normativität aufgegriffen. Denn gerade der Inklusionspunkt der Normativität fokussiert den Kerngehalt dieser politischen Idee. Angelehnt an die schwierigen Prozesse sich globalisierender Rechtssysteme, wird der hier entwickelten Verfassungsidee eine moderne republikanische Lesart angetragen.

Verfassungen als soziale Institutionen

Zum Verfassungsbegriff lässt sich eine kaum zu überschauende Literatur finden. Hier interessieren vor allem diejenigen Zugänge, die Verfassungen zunächst einmal als soziale Institution beschreiben. Denn begreift man Verfassungen als *kulturelle Phä-nomene* (Haack 2013, S. 333), bestehen sie als Teil eines umfangreichen pluralisti-schen Universums von Rechtssystemen (vgl. die Gedanken zum Recht im Allgemei-nen bei Haack 2013, S. 320) und lassen sich so in ihrer Komplexität betrachten, ohne dass sie ihrer realen Geltungskraft beraubt werden. Als gesellschaftliche Grundgerüs-te bilden sie dabei zum einen eine politisch-rechtliche Form und legen die grundsätz-lichen Organisationsstrukturen fest (Frankenberg 2008), und zum anderen bieten sie den Regeladressaten eine Interpretationsbasis von grundlegenden Werten und Nor-men des gemeinschaftlichen Zusammenlebens.

Legt man einen so weit gefassten Verfassungsbegriff zu Grunde, wirken sie als handlungsanleitendes Grundreglement im Sinne kultureller Deutungs- und Hand-lungsmuster und bleiben zugleich als Produkte gesellschaftlichen Handelns flexibel. Verfassungen als soziale Institutionen werden somit zu historisch kontingenten Ver-stetigungen kultureller Prozesse. Und dies schon immer und vor allem fortwährend. Auch das Niederschreiben eines solchen Regelwerkes und eine damit einhergehende Verstetigung kann die Verfassung diesen Prozessen nicht entziehen. Dies spiegeln der Institutionalisierungsvorgang selbst sowie das fortwährende Wirken verfas-sungsrechtlicher Normen und Werte wider. Denn jede soziale Regel – und damit auch jede rechtliche als spezielle – gewinnt erst durch „das Gelebtwerden" an Gel-tungskraft. Dafür aber müssen die Inhalte interpretiert und verinnerlicht werden. Genauso prägen Institutionen das Handeln der Menschen von innen heraus, nämlich auf dem Wege der Verinnerlichung von Werten und Normen (Schmidt 2004). Und nur so können sie als institutionalisierter sozialer Sinn Einfluss auf individuelle Handlungsorientierungen nehmen (Schultz 1999, S. 21). In eben diesem Sinne also werden sie in einzelnen Diskursen thematisiert, inhaltlich zu je neuen kulturellen Deutungsmustern gebündelt und somit zu einer erneuerten Steuerungsressource. Begreift man aber Verfassungen als ebensolche ambivalenten sozialen Institutionen, muss von einigen rigiden Kategorisierungen insbesondere der Staatsrechtslehre[1] Abschied genommen werden – dem staatsrechtlichen Ursprungsmythos einer vor-konstitutionellen politischen Einheit (Siehe hier insbesondere Haack 2013: Isensee 1987a, Isensee 1987b) als Legitimationsbasis der Verfassung wie auch der Ausle-gungshoheit durch eine Elite kann nicht mehr gefolgt werden (für eingehende Aus-einandersetzung siehe Lhotta/Zucca 2011). Vielmehr ist das *Subjekt* von Verfassungs-gemeinschaften als Interpretationsgemeinschaft neu zu fassen, wie auch der Prozess, der gesellschaftlich vermitteltes Handeln als Intersubjektivitätsprozess in den Blick nimmt.

---

[1] Im Folgenden wird sich auf die deutsche Staatsrechtslehre bezogen, wobei die meisten Folgerun-gen auch auf Verfassungssysteme im Allgemeinen übertragbar ist.

Legitimation durch Interpretation

Verfassungen sind wie das Recht im Allgemeinen nicht am platonischen Himmel fixiert, sondern grundsätzlich offen für Interpretationen, Präzisierungen und für Verhandlungen zwischen widerstreitenden Parteien (Haack 2013, S. 333). Je nachdem wie man den „Kampf um die Interpretationshoheit" entscheidet, folgen dementsprechend unterschiedliche Bedingungen für das „Leben einer Verfassung" und ihre Legitimationsbedingungen. Folgt man den Vorstellungen der klassischen Staatsrechtslehre, so ist die bindende Verfassungsinterpretation einigen wenigen und „kompetenten" Interpreten vorbehalten. Während die Verfassung Fundament und zugleich Rahmenbedingung für legitimes staatliches Handeln bildet, wird die (Volks)souveränität der Regeladressaten als schemenhafte Quelle am Ende einer staatsorganisatorischen Kette (Böckenförde 2005, S. 30) betrachtet. Der aktiven Minderheit (Böckenförde 2005, S. 32) der kompetenten Interpreten kommt die notwendige Aufgabe der Willenskonzentration, Interessenaggregation und Einheitsbildung (Böckenförde 2005, S. 33) zu. Dafür muss die Staatsorganisation souverän sein gegenüber den Kräften der Gesellschaft (Isensee 1987b, S. 146), während die parlamentarischen Institutionen schließlich nur noch Sorge zu tragen haben, dass ihre Macht- und Sinnbasis erhalten bleibt (Isensee 1987b, S. 146). Hierfür wiederum wird mit der Fiktion des *Grundkonsenses des Volkes* operiert. So wird die Verfassung zum institutionellen Ausdruck des Konsenses des Volkes (Kuriki 1999, S. 128). Darauf baut sich ein selbstreferenzielles System von der Legitimität der Verfassung zur Legitimität *durch Verfassung* auf. Zunächst stellt sich die Verfassung als ein grundlegender und festgeschriebener Konsens und damit als „Selbstbindung" des Volkes dar. Die hieraus abgeleitete Herrschaftskonstellation gewinnt durch die Verfassungsbindung eine „transformierte Legitimität" und wird gleichzeitig durch die Verfassungsregelungen im Äußersten begrenzt. Diese Entwicklung ist zwar der historischen Wandlung von Werten und Normen unterworfen, kann aber nur durch „verfassungsgemäße Verfassungsänderung" legitim verändert werden. Interpretiert und damit konkretisiert werden die Verfassungsnormen durch die „kunstgerechte Interpretation" (Böckenförde 1993, S. 13) des Bundesverfassungsgerichts als kompetenter Institution. Diese Konstruktionen erweisen sich aus verschiedenen Gründen als nicht annehmbar. Denn wenn die Verfassung an den Konsens des Volkes gebunden sein soll, kann sie schlechterdings die unhintergehbare – einmal konstituierte – Grundlage ihrer eigenen Legitimationsfunktion sein (vgl. Schliesky 2004, S. 499). Das Unverfügbarmachen der Verfassungsinterpretation für die Regeladressaten macht ebenso das notwendig ambivalente Verhältnis von Regeln und ihrer Anwendung durch die Regeladressaten unmöglich. Denn Regeln müssen immer wieder von neuem in realen Lebensverhältnissen anerkannt und bestätigt werden. Dabei aber erfährt jede Regel nicht nur eine situative Einfärbung, sondern auch eine durch die jeweilige Interpretation bedingte Ausformung. Erst hierdurch werden die Regeln als angemessen „anerkannt", „gelebt" und als „legitim" verstanden. Der Legitimationsprozess ist somit notwendiger Weise immer auch ein Interpretationsprozess. In diesem Sinne sind Verfassungsgemeinschaften immer auch *Interpretationsgemeinschaften* (Vorländer 2002, S. 22), und die Verfassungsinterpretation muss als ein *öffentlicher Prozess* (Häberle 1978, S. 123) verstanden werden.

Sprache und (Verfassungs-)Recht

Sollen Verfassungen als gesellschaftliche Grundregeln zur Legitimation des politischen Systems beitragen, muss der Interpretationsprozess also als vollzogen durch Viele verstanden werden. Die Notwendigkeit der Öffnung einer elitären Gruppe von Interpreten zu einem *Interpretationsprozess der Vielen* lässt sich durch einen vertieften Blick auf die Zusammenhänge von Sprache und (Verfassungs-)Recht verdeutlichen.

Denn nach der klassischen juristischen Auslegungslehre soll die dem Rechtstext inhärente normative Bedeutungssubstanz festgestellt und in der jeweiligen Rechtsanwendung umgesetzt werden (siehe Zucca-Soest 2012). Die scheinbare Ablösung der Normativität sowohl vom Entscheidungssubjekt als auch vom Argumentationsprozess wird u. a. als Legitimationsgrund für juristische Entscheidung herangezogen. Da es aber keine *wahre sprachliche Bedeutung von Recht* gibt, sondern nur räumlich/zeitlich/semantisch bezogene relative Richtigkeit, kann auch keine Interpretations- und Argumentationsleistung als rein reproduktiv verstanden werden. Interpretieren ist eine vermittelnde Tätigkeit, die immer auch das Verleihen von Bedeutung durch den jeweiligen Sprecher zum Gegenstand hat (vgl. Angehrn 2003, S. 14). Der dem Recht innewohnende normative Geltungsanspruch ist also nicht allein in den bereits eingespielten und fixierten Sprachgebrauch projizierbar, da Recht immer vom Sprecher mitgeformte, kontextualisierte soziale Praxis bedeutet. Insbesondere für Recht als normativ aufgeladener gesellschaftlicher Institution gilt das Pathos des Konstruierens, Schreibens und Neu(be)schreibens, das auf das Produzieren, nicht nur auf das Vernehmen von Sinn setzt (Angehrn 2003, S. 135).

Werden so aber in den konkreten Sprachspielen und Rechtsanwendungen normative Praktiken durch die entsprechenden Einstellungen der Beteiligten und Anerkennenden institutionalisiert und sollen die normativen Sinngehalte von Verfassungen für die Vielen der Gesellschaft gelten, so müssen eben auch diese in irgendeiner Form an der Interpretation beteiligt sein. (Verfassungs-)Recht kann nur dann zur Schnittstelle von Handlung und Sinn werden und somit zur Institutionalisierung von Werten und Normen führen, wenn die Regeladressaten Teil dieses Prozesses sind.

Integration durch Identifikation

Auch die Integrationsaufgabe der Verfassung wird in der Staatsrechtslehre von einer gewissen Homogenität des Volkes getragen. Auch hier wird der Grundkonsens und eine gewisse Einheit des Volkes als normatives Reservoir beschworen und ein der Realität nicht angemessenes, viel zu statisches Gefüge unterstellt. Legt man diese Perspektive beispielsweise einem nicht nur nationalen Mehrebenensystem zu Grunde, verwundert die Feststellung nicht, es komme zu einem Verlust des Staates und zur Integration überhaupt (Haltern 1997, S. 84). Werden Verfassungen als Produkt gesellschaftlicher Interaktion verstanden, kann das Spannungsverhältnis von aktuellem und normativem Konsens – so man einen solchen überhaupt annehmen will – nicht durch einige wenige kompetente Richter aufgelöst werden (Kuriki 1999, S. 129). Auch eine angenommene nachträgliche Akzeptanz (Kuriki 1999, S. 129) beispielsweise der Regeladressaten kann der Interpretation der Bundesverfassungsrichter keine integrative Wirkung zusprechen. Denn um als Identifikationsmoment zu fungieren und damit integrativ wirken zu können, müssen Regeln als legitim anerkannt sein, und zwar durch die Regeladressaten. Dafür aber müssen sie am Prozess als Interpretationsgemeinschaft beteiligt sein, die durch und über den reinen Interpretationsvorgang hinaus zur Institutionalisierung von Werten und Normen beitragen.

Die normative Perspektive

Verschiebt man die Perspektive von einer Interpretationselite zu der einer pluralistischen Gesellschaft, muss das Problem der Institutionalisierung normativer Grundwerte dennoch nicht ausufern. Dies lässt sich insbesondere durch einen neoinstitutionalistischen Zugang, wie er durch March/Olson (March/Olson 2006) vertreten wird, veranschaulichen. Alle umfassen neben Regeln, welche den Rahmen der Institution und der möglichen Handlungen aufgrund von definitionsartigen Regeln festlegen, auch *normative* Regeln im engeren Sinne, nämlich diejenigen, die Sollen und Dürfen bestimmen (Schmidt 2004). In diesem Sinne stellen March/Olson auf die *Angemessenheit* der Regeln ab, die dabei kognitive und eben auch normative Komponenten beinhalten (March/Olson 2006, S. 689). Die Regeln werden nach diesem Ansatz befolgt, weil sie als natürlich, richtig, erwartet und legitim empfunden werden (March/Olson 2006, S. 689). Auch hier wird das Wirken von *normativen Kategorien* sichtbar. Die Befolgung der Regeln einer Rolle oder Identität ist ein komplizierter kognitiver Prozess, welcher die Begründung für Verhalten mit einschließt (March/Olson 2006, S. 690). Allerdings ist dieser Begründungsprozess in erster Linie nicht an das Abwägen der zukünftigen Konsequenzen gekoppelt (March/Olson 2006, S. 690). Angemessen zu handeln bedeutet hier vielmehr, gemäß den institutionalisierten Praktiken eines Kollektivs zu handeln – basierend auf gegenseitigem und stillschweigendem Einverständnis von dem was wahr, begründet, natürlich, richtig und gut ist (March/Olson 2006, S. 690). Diese Perspektive stellt darauf ab, dass die verschiedenen Vorstellungen von Institutionen, als verfestigten gesellschaftlichen Strukturen, die jeweils korrespondierende normative Position immer implizit *mitlaufen lässt*. Institutionen sind dynamische Konstrukte, die sich untereinander und im Austausch mit den Akteuren wandeln, was dem Wirken normativer Grundgehalte keinen Abbruch tut. Eine Institution erfährt in ihrer Herausbildung und Entwicklung fortwährend Veränderungen, da die beteiligten Akteure sie in spezifischen Konjunkturen jeweils neu konstituieren (Haupt 2005, S. 9.). Dies geschieht in einem dynamischen Prozess. Die Akteure wechseln dabei die benutzten diskursiven Strategien, die institutionellen Rahmenbedingungen und die kommunikativen Praktiken, wodurch wiederum die Grenzen des politischen Raumes zu anderen gesellschaftlichen Bereichen diskursiv bestätigt oder neu gezogen wie auch seine Binnenregeln und internen Verfahrensweisen immer aufs neue ausgehandelt werden (Haupt 2005, S. 9.). Jede politische Gemeinschaft bringt dabei ihre Ordnung in Form spezifischer Symbolisierungen zum Ausdruck; daher muss sich auch das Interesse der Ordnungstheorie auf diese Symbole, die Ordnungsvorstellungen und Selbstbeschreibungen des politischen Systems richten (Anter 2004, S. 21). Eine normative Perspektive legt dabei den Fokus auf die „Referenzpunkte" eben dieser legitimierenden Verfahrensweisen und Symbole und stellt auf die ihnen zu Grunde liegenden, orientierend wirkenden und wertenden Prämissen ab. Die normative Perspektive beschreibt also die internen Perspektiven, Prozesse, Prozeduren und Auseinandersetzungen bei der Herausbildung von Ordnungen des Handelns und Denkens, insbesondere die Wertungen, die institutionellen Ordnungen zugrunde liegen (Forst/Günther 2011, S. 11).

Es stellt sich die Frage, ob damit die normativen Sinngehalte von Verfassungen nicht beliebig werden und die Wirkmacht damit porös. Wie können Verfassungen sinnstiftend und stabilisierend wirken, wenn sie doch erst durch ihre Regeladressaten an Geltungskraft gewinnen?

Geltungskraft qua Anerkennung

Die konkrete Rechtsnorm eines Rechtssystems wie auch die allgemeine moralische Norm als Handlungsorientierung erlangt dann Geltungskraft, wenn sie von mindestens einem Teil der Gemeinschaft, die diesem Normensystem unterworfen ist, *anerkannt* wird. Diese Anerkennungsprozesse sind wie dargelegt komplexe kognitive Prozesse, die auch in formalisierten (Rechtfertigungs- und Begründungs-)Verfahren ihren Niederschlag finden. Sie wirken als Legitimationsprozesse und führen so zur Institutionalisierung von Werten und Normen.

Bezogen auf die Doppelfunktion von Verfassungen, dem funktionalistischen wie auch dem normativen Anspruch, gewinnt der Anerkennungsbegriff an Tiefe. Denn

Anerkennungsprozesse können hier nun als empirisch nachweisbare beschrieben werden, die im Sinne von Akzeptanz und Legitimitätsglauben zu analysieren sind. Ebenso aber kann Anerkennung als rationale und insofern nachkonstruierbare Begründungskategorie konstituiert werden. Die Institutionalisierung von Werten und Normen lässt sich also durch einen empirisch-deskriptiven wie auch theoretisch-präskriptiven Zugang untersuchen.

Das Anerkennungstheorem zwischen Deskription und Präskription

Verfassungsnormen im Sinne *allgemeiner Handlungsorientierungen* können also *deskriptiv* und *präskriptiv* (vgl. Kambartel 2004; Vossenkuhl 2007) begründet werden. Während ersteres von eingelebten, faktisch konstatierbaren Handlungsregeln[2] ausgeht, umfasst letzteres solche Handlungsorientierungen, für die ein moralischer Rechtfertigungsanspruch (Kambartel 2004) erhoben wird. Eine (Verfassungs)Norm im empirischen Sinne als legitim zu bezeichnen impliziert, dass es Personen gibt, die diese Norm akzeptieren und glauben, dass sie, ungeachtet externer Sanktionen, ihr Verhalten leiten sollte (Hinsch 2008). Legitime soziale Ordnungen sind hiernach solche, die weithin freiwillige Unterstützung bei den Beteiligten finden (Hinsch 2008). Hiernach führt also die komplexe Interaktion der Gemeinschaftsmitglieder zu Recht zu einem kontingenten sozialem Ergebnis, das Stetigkeit und dadurch eine Zunahme an Geltungskraft erfährt. Zu beachten bleibt, dass die empirische Verwendungsweise des Ausdrucks *legitim* keine normative Festlegung auf Seiten derjenigen impliziert, die ihn benutzen (Hinsch 2008). Denn was dieser Ansatz nicht erklären kann und will ist: wo die bestehenden faktisch geübten Werte und Normen herkommen und welcher Art und Weise die Überzeugung für neue Normen sein muss. Die Frage nach der veranschlagten *intrinsischen Intersubjektivität von Normen* wie auch nach der interaktionsfolgenrelevanten Verbindlichkeit wird nicht hinreichend geklärt, sondern nur ex post aus der Beobachterperspektive des Sozialwissenschaftlers festgehalten.

Gerade aber die Öffnung zur Teilnehmerperspektive ist notwendig, sollen die Verfassungsfunktionen nicht in die Beliebigkeit abrutschen. Denn ob eine Norm tatsächlich handlungspraktisch wirksam wird, lässt sich nur dann ermessen, wenn die Möglichkeit der Abweichung und Kritik gegeben ist – also eben nicht über die Beobachtung eines entsprechenden Verhaltens, sondern performativ im Modus von Rechtfertigung und Kritik (Forst/Günther 2011, S. 12). Dieser Eigensinn von Normativität bleibt einer objektivierenden Beobachterperspektive ansonsten verschlossen (Forst/Günther 2011, S. 12). Es besteht also die Notwendigkeit einer Rückkoppelung

---

2 Vgl. das Konzept der normativen Kraft des Faktischen bei Max Weber und Georg Jellinek.

von empirischen, normativ gehaltvollen Sachverhalten an die sie begründenden, normativen Grundprämissen. Über den faktischen Vorgang der Rechtfertigung und Anerkennung hinaus ergeben sich so weitere handlungsanleitende Konsequenzen. Es entstehen aus der Übereinstimmung von zumindest implizit anerkannten Standards bzw. Grundprämissen für die Legitimität von Werten, Normen, Erwartungen und Forderungen, handlungsrelevante Konsequenzen – auch wenn wir von diesen Standards nur vage und uneinheitliche Vorstellungen haben (Hinsch 2008). Erst die Anerkennung dieser Standards führt zur faktischen Akzeptanz der handlungsanleitenden Konsequenzen.

In diesem Sinne ist die normative Kraft von Werten und Normen rational begründbar und insoweit in ihrer Entstehung rekonstruierbar wie auch erneuerbar. Bei dieser Möglichkeit *rationaler Rechtfertigung* von *normativ ethischen Äußerungen* müssen die faktisch vorgenommenen Legitimationsverfahren in ihrer Wertigkeit nicht verloren gehen. Die faktischen Wertbindungen von Individuen und Gruppen können ja sehr wohl als legitimer Gegenstand normativer Beurteilung gesetzt werden (Anwander 2008). Solch normative Urteile setzen allerdings voraus, dass es Maßstäbe gibt, die ihrerseits nicht von den die Subjekte leitenden Wertbindungen abhängig sind, sondern vielmehr im Gegenteil die Grundlage für deren Evaluation liefern (Anwander 2008). Ein Versuch, dies zu bewerkstelligen, beschreibt nun die Legitimitätsfigur der intersubjektiven Anerkennung.

Das Anerkennungstheorem als präskriptive Begründungsressource

Das Anerkennungstheorem bietet die Möglichkeit, über empirisch-deskriptive auch normativ-präskriptive Prozesse als gesellschaftliche Legitimations- und Integrationsvorgänge zu begründen. Die Grundfigur ist dem deutschen Idealismus insbesondere den Jenaer Schriften Hegels entliehen.[3] Die Anschlussfähigkeit und Aktualität dieser Grundfigur lässt sich gerade im Hinblick auf politikwissenschaftliche Fragen in den Weiterentwicklungen bei Jürgen Habermas, Charles Taylor wie auch Axel Honneth beobachten. Hier soll lediglich stark verkürzt das Theorem als Möglichkeit, präskriptive Normbegründungen vollziehen zu können, dargestellt werden.

Das Anerkennungsprinzip beschreibt nach Hegel die Basis menschlicher Vergemeinschaftung. Dieses höchst komplexe Prinzip umschließt die Formen und Prozesse *interpersonaler* und *institutionalisierter Interaktion*. Es beschreibt den Ausgangspunkt jedes einzelnen, sich konstituierenden Individuums in seiner Gemeinschaftlichkeit und birgt zugleich das Telos (Siep 2000, S. 98) dieser Interaktion in sich. Das Aner-

---

3 Zur eingehenden Auseinandersetzung siehe die noch erscheinende Promotionsschrift der Verfasserin.

kennungsprinzip muss konkret[4] gedacht werden und beschreibt jenen Zusammenhang, mit dessen Hilfe die konstitutiven Momente gesellschaftlicher Vergemeinschaftung sich als Struktur aufbauen und wie sich dabei die Inhalte sozialer Interaktionen von Individuen je neu verflüssigen – es wirkt interpersonal wie auch intrainstitutionell. Die Hegelsche Anerkennung, verstanden als Wechselseitigkeit sozialer Beziehungen, impliziert den notwendigen Reflexionsvorgang vom *Bewusstsein* über *Selbstbewusstsein* zum *Geist* und beschreibt damit das Herausbilden von politischer Gemeinschaft und sozialen Institutionen. Dreh- und Angelpunkt ist dabei das Verhältnis von Individuum – Allgemeinheit, Einheit – Vielheit, Subjekt – Objekt. Hegel schließt die Handlungen interpersonaler Verhältnisse wie auch ihre Verallgemeinerung in gemeinschaftlichen Zusammenhängen in den Rahmen eines allgemeinen Bewusstwerdungsprozesses ein. Anerkennung bildet dabei das Prinzip der Verknüpfung.[5] Dabei handelt es sich nicht um eine ausgleichende „Verträglichkeit" von einander losgelösten Prozessen von Individuum und Gemeinschaft, sondern es wird das Konzept einer dialektischen Bedingtheit beider entwickelt die ihre Gegensätzlichkeit wie auch ihre Bezogenheit aufeinander umfasst. Der beschriebene Anerkennungsprozess auf interpersonaler Ebene zwischen zwei Ichs und der intrainstitutionelle zwischen dem Ich und Wir stellt also eine Einheit von sich selbst organisierenden und zugleich auch explizierenden Verhältnissen dar. Auch wenn Anerkennung als Wechselbeziehung zwischen Individuen sowie zwischen Einzel- und Allgemeinwillen gebildetem Selbst und Volksgeist (Siep 1979, S. 53 f.) stattfindet, so sind doch beide Vorgänge in einer Einheit verbunden. Beide Anerkennungszusammenhänge setzten sich wechselseitig voraus und konstruieren die triadische Systemkonzeption des Jenaer Hegel (Hösle 1998, S. 5), zwischen Ich, Ich und Wir. Die große Wirkungskraft und aktuelle Anknüpfungsfähigkeit dieses Theorems liegt in ihrer Einsicht und Bestimmung von „Sozialisierung", von Allgemeinem und Einzelnen. Gemeint ist damit die Verankerung des Anerkennungsprinzips in den konkreten sozialen Beziehungen – also im gesellschaftlichen Lebenszusammenhang. Die Erkenntnis am Ende des Prozesses ist identitätsbildend. Denn Ziel dieser Entwicklung ist, dass das Ich den an sich immer schon mit ihm identischen Gegenstand auch ausdrücklich als solchen erkennt – dass er auch in dem Inhalt des Gegenstandes, der ihm zunächst fremd ist, sich selbst begreift (Hösle 1998, S. 366). Diese „Selbsterkenntnis" muss sich dabei verfestigen und an Geltungskraft gewinnen.

---

4 Auch die Annahme von konkreten Individuen anstatt von Subjekten als idealisierte Form ist umstritten. Hier wird von empirischen Individuen in tatsächlichen Interaktionsprozessen ausgegangen.

5 In den Jenaer Schriften kann noch eine Verknüpfung von verschiedenen Subjekten untereinander und den hieraus entstehenden Strukturen des objektiven Geistes gedacht werden.

Die Republikanische Wendung

Verfassungen stehen in dem Spannungsverhältnis von in der sozialen Realität empirisch abbildbaren Legitimationsprozessen einerseits und Legitimität als normativer Begründungs- und Rechtfertigungskategorie andererseits. Vor eben diesem Hintergrund sollen sie wie angeführt die Basis zur Legitimation des politischen Systems wie auch zur Integration einer pluralistischen Gesellschaft bereitstellen. Die wichtige Verbindung zwischen der demokratischen Legitimation der Herrschaft und der politischen Integration der Bürger erschließt sich dabei erst unter dem Aspekt einer (verfassungs-)rechtlich bestärkten und insofern abstrakten wie auch realen staatsbürgerlichen Solidarität (Habermas 2008, S. 147). Daher wird hier der Vorschlag unterbreitet, Verfassungen als soziale/politische Institutionen und damit als Ergebnis intersubjektiver Anerkennungsverhältnisse zu begreifen und dies in einer modernen republikanischen Lesart vorzunehmen.

Es scheint zunächst wenig ertragreich, in die bisher recht abstrakten Zusammenhänge einen so undefinierten(-baren) Begriff wie den des Republikanismus einzuführen – dennoch bietet er die Möglichkeit der Synthese einer politischen Idee: eine Idee, nach der Verfassungen, im Sinne der hier herausgestellten Institutionen, Geltung und Verbindlichkeit beanspruchen können, ohne sich in von der menschlichen Empirie abgekoppelten, rein metaphysischen Grundannahmen zu verlieren. Gerade so können Verfassungen, wenn auch in einer sehr viel flexibleren und vageren Spielart als es uns die Staatsrechtslehre anbietet, dem Anspruch ihrer Doppelfunktion gerecht werden. Dafür aber muss der hier verwendete Republikbegriff zunächst enggeführt werden. Denn so wie es viele einander ausschließende, aber auch immer wieder kombinierbare Formen der Republik gibt, so gibt es auch eine offene Liste an Republikanismen (Brunkhorst 2008). Klassischer Weise handelt es sich bei der *Res Publica* um einen Staat, oder ein Staatswesen, als Sache der Allgemeinheit; in diesem öffentlichen Gemeinwesen ist die Herrschaft im Rahmen einer verfassten Herrschaftsordnung um des gemeinsam Besten willen auszuüben (Schmidt 2004). Auch wenn bei der Diskussion des Republikanismusbegriffes über der Darstellung, Beratung und Normierung von öffentlichen Angelegenheiten hinaus eigentlich ansonsten alles strittig (Brunkhorst 2008) ist, so lässt sich doch Politik aus der Sicht „republikanischer Rationalität" als ein Vorgang bürgerschaftlichen Handelns (Llanque 2003, S. 3) festhalten. Insbesondere entbrennt die Debatte über dieses republikanische, bürgerliche Handeln zwischen einem starken verfassungsrechtlichen Verständnis von Republik (Brunkhorst 2008) und der Hervorhebung der Volkssouveränität. Und dennoch müssen die beiden Schwerpunkte sich nicht gegenseitig ausschließen. Denn nach der republikanischen Lesart der Volkssouveränität soll die Regierungsgewalt nicht bloß verrechtlicht und von den Interessen der Bürger einer vorpolitisch schon konstituierten Gesellschaft abhängig gemacht werden (Habermas 2008, S. 142). Vielmehr ist die vom Volke ausgehende und im demokratischen Prozess fortgesetzte sich selbst begründende und reproduzierende Staatsgewalt konstitutiv für den gesellschaftlichen Lebenszusammenhang im Ganzen (Habermas 2008, S. 142). Der Aufbau des demokratischen Verfassungsstaates wird hier als Telos der Ermöglichung einer von den vereinigten Bürgern gemeinsam ausgeübten Praxis der Selbstbestimmung her gedacht (Habermas 2008, S. 143). Die republikanische Konzeption dreht sich um die Volkssouveränität und stiftet einen empirischen Bezug zwischen der Selbstbestimmungspraxis der Bürger und ihrem staatsbürgerlichen Ethos (Habermas 2008, S. 146). Demnach lebt die Republik von einer Bürgerschaft, die in freier und damit auch eigenverantwortlicher Selbstregierung tätig wird (Llanque 2003, S. 3.). Die so verstandene Selbstregierung endet dabei aber nicht mit der Wahl der Amtsträger, sondern schließt das freiwillige Engagement einer aktiven Bürgerschaft und den freiwilligen Gehorsam gegenüber den Gesetzen ein (Llanque 2003, S. 3). Es bleibt festzuhalten, dass die *innere Einstellung* der Akteure zu dem Grund und dem Ziel ihres Handelns die entscheidende Rolle spielt (Llanque 2003, S. 3). Gerade diese innere Einstellung und die Aktivität der freien Bürger sind es, die im Sinne des *Lebens der Verfassung*, also der Verfassungsinterpretation als permanente Verflüssigung und Verstetigung von normativen Sinngehalten bzw. politischen Leit- und Ordnungsideen, Volkssouveränität und die Verfassungsidee zusammenführen können.

Dafür aber muss die Verfassung als ein Projekt, das den Gründungsakt als einen über Generationen und von Generationen fortgeführten Prozess der Verfassungsgebung verstetigt, verstanden werden (Habermas 2009, S. 157). Ein autoritäres Integrationsmanagement durch Verfassung[6] bzw. Verfassungseliten (vgl. Lhotta 1998) gehen dabei an der funktionalen und institutionellen Logik sowie dem republikanischen Kern der Interpretation als aktiver Tätigkeit eines jeden Bürgers in der *Verfassungsgemeinschaft* vorbei. So sträubt sich die republikanische Überzeugung, dass „alle Staatsgewalt vom Volke" ausgeht, immer wieder gegen die elitäre Macht von juristischen Experten, die sich allein auf ihre fachliche Kompetenz zur Verfassungsinterpretation berufen können, wenn sie, obgleich sie selbst nicht von demokratischen Mehrheiten legitimiert sind, Entscheidungen einer demokratisch gewählten Legislative aufheben (Habermas 2009, S. 158). Die in der Verfassung normierten Regeln und symbolisch repräsentierten Werte fungieren dabei als reversibles und disponibles Angebot an *alle Mitglieder* der Verfassungsgemeinschaft (vgl. Lhotta 1998). In diesem Sinne beruht die republikanisch verstandene konstitutionelle Selbstregierung auf der Tätigkeit der Bürger als Verfassungsinterpreten (Michelman 1988, S. 1529). Insofern ist aus einer solchen Perspektive auch der Republikbegriff des Grundgesetzes Ausdruck für ein konstitutionalisiertes institutionelles Design, das die Mitglieder der Verfassungsgemeinschaft in die Lage versetzt, sich kritisch mit ihrem politischen System auseinanderzusetzen (Lhotta 1998). Gemäß diesem dynamischen Verfassungsverständnis

---

6 Umfassend hierzu Frankenberg 1996, S. 105 ff. sowie in kondensierter Fassung Frankenberg 2002.

schreibt die laufende Gesetzgebung das System der Rechte unter Anpassung an die aktuellen Umstände interpretierend fort (Habermas 2009, S. 166 f.):

„Das einigende Band besteht also in der *gemeinsamen Praxis*, auf die wir rekurrieren, wenn wir uns um ein rationales Verständnis des Verfassungstextes bemühen. Der performative Sinn dieser Praxis, die eine sich selbst bestimmende politische Gemeinschaft freier und gleicher Bürger hervorbringen soll, ist im Wortlaut der Verfassung lediglich ausbuchstabiert worden. Er bleibt auf eine fortgesetzte Explikation im Verlauf der Anwendungen, Interpretationen und Ergänzungen der Verfassungsnormen angewiesen. Dank dieses intuitiv verfügbaren performativen Gemeinwesens kann sich jeder Bürger eines demokratischen Gemeinwesens jederzeit auf die Texte und Entscheidungen der Gründergeneration und ihrer Nachfolger *kritisch* beziehen, wie auch umgekehrt die Perspektive der Gründer einnehmen und kritisch auf die Gegenwart lenken, um zu prüfen, ob die bestehenden Einrichtungen, Praktiken und Verfahren der demokratischen Meinungs- und Willensbildung die notwendigen Bedingungen für einen legitimitätserzeugenden Prozess erfüllen" (Habermas 2009, S. 168 f.).

Genau damit aber wird der notwendige Wechsel von der Beobachter- zur Teilnehmerperspektive vollzogen.

Intersubjektivität als republikanische Ressource

Verfassungsinterpretation in einer Verfassungsgemeinschaft ist eine Form kommunikativer Verständigung und konstituiert als gegenseitige Verständigung über Werte und Normen durch einen permanenten Institutionalisierungs- aber auch Differenzierungsprozess die Wirklichkeit. Verstehen und Auslegen sind konstitutive Momente des menschlichen Seins und Existierens (Angehrn 2003, S. 331). Abstrakt beschrieben bemühen sich in diesen *intersubjektiven Kommunikationszusammenhängen* verschiedene Subjekte auf gleiche Weise darum, die umfassende Funktionalität des Sprachzusammenhangs zu gebrauchen, um das Bestehen von Sachverhalten zu untersuchen und dabei zu Beurteilungen von Situationen zu gelangen – und dies gerade weil sie dabei den von ihnen anerkannten Regeln folgen (Schwemmer 2004).

Sprache und Recht beschreiben dabei die zentrale Dimension intersubjektiver Kommunikation und wirken so konstitutiv für jede politische Ordnung. Kommunikation ist hiernach ein *intersubjektiver Prozess*, der erfolgreich ist, insofern Mitteilungen ausgetauscht und verstanden bzw. die intendierten oder funktionalen Effekte bewirkt werden (Vogels 2008). Darüber hinaus wird diskutiert, ob es nicht mehr als ein Austauschen und deren Effekte gibt, nämlich die gemeinsame Prüfung auf Akzeptabilität und so das Auffinden neuer, intersubjektiv geteilter Gehalte. In diesem Sinne wirkt (Verfassungs-)Recht als gesellschaftliche Institution durch die Anerkennung derselben auf die Handlungs- und Lebensweisen der Individuen und damit auch auf die Strukturen politischer Gemeinschaft. Der dem Recht implizite normative Geltungsanspruch gewinnt in seinem sozialen Kontext und durch die Anerkennung der Beteiligten an Tragkraft. Das Recht trägt Leit- und Ordnungsideen in sich, die im Diskurs sinnstiftend und handlungsanleitend wirken, um so zu einer normativen und sprachlich verfassten Institution politischer Gemeinschaft werden zu können. Fraglich bleibt der Zusammenhang des Anerkennungsprozesses von normativen Sinnansprüchen und damit die Frage, warum sich die Individuen diese aneignen und sich ihren Logiken unterwerfen sollten.

An dieser Stelle greifen die voran gestellten Zusammenhänge von Legitimation durch Interpretation und Integration durch Identifikation ineinander über. Der teilnehmende (Verfassungs)Interpret institutionalisiert durch intersubjektive Anerkennungsprozesse jene normativen Sinngehalte, die wiederum das soziale und politische System formen. Der Rückgriff auf die Hegelsche Anerkennungsfigur zeigt dabei die identitätsstiftende Dimension dieser kognitiven Prozesse auf. Denn das identifikatorische Moment erwächst aus der triadischen Interaktion innerhalb der Verfassungsgemeinschaften. Damit wirken die verfassungsrechtlichen normativen Sinngehalte als fundamentale Ressource für jede Gesellschaft(sform). Gesellschaften institutionalisieren normative Sinngehalte auf verschiedenen Konkretionsstufen wodurch sie unterschiedliche Formen, wie eben auch verfassungsrechtliche, annehmen. Die Institutionalisierungsvorgänge beschreiben einen infiniten Prozess, der auch verfestigte Formen neu verflüssigt, auflöst und in anderer Form oder Variante wieder konstituiert. Diese Vorgänge bringen multidimensionale Ordnungsstrukturen hervor, welche wiederum Rahmenbedingungen für weitere Institutionalisierungsvorgänge formieren. Diese „Ordnungen" umfassen allgemeinere Inhalte und sind, wenn auch nicht unabänderbar, so doch von längerer Dauer und größerer Wirkungskraft. Ordnungsstrukturen bieten dabei Sicherheiten und die Möglichkeit der verstärkten Rationalisierung einer Gesellschaft. Darüber hinaus wirken sie bereits als Sozialisierungsinhalte auf die Subjekte.

Ausblick

Der Anspruch einer Doppelfunktion an Verfassungen, nämlich als faktische Rechtsinstitution wie auch als normative Orientierungsressource wirken zu können, muss unter den Bedingungen einer sich ständig wandelnden globalisierten Weltgesellschaft unter neuen Vorzeichen durchdacht werden. Erst wenn die Regeladressaten als Interpretationsgemeinschaft die notwendige Legitimationsleistung vollziehen und als teilnehmende Subjekte sich mit den durch intersubjektive Anerkennungsverhältnisse geronnenen normativen Ergebnissen identifizieren können – können Verfassungen im Widerstreit von Stabilität und Flexibilität bestehen. Vor diesem Hintergrund begründet eine moderne republikanische Lesart Verfassungen als Instrument und Ergebnis der normativen Interaktion freier Bürger. Verfassungen bilden so einen Teil eines umfangreichen pluralistischen Universums der Rechtssysteme, in denen manche von ihnen aus anderen hervor gehen, andere ineinander verschachtelt sind, miteinander interagieren und auch immer wieder untereinander in Konflikt geraten (Haack 2013, S. 320). Gerade in diesem Zusammenspiel von Flexibilität und Verstetigung normativer Grundideen wird das Verfassungsrecht zum Zeuge und Spiegel des moralischen Lebens der Menschen (Haack 2013, S. 320).

Literatur

Angehrn, Emil 2003: Interpretation und Dekonstruktion, Weilerswist.

Anter, Andreas 2004: Die Macht der Ordnung, Tübingen.

Anwander, Nobert 2008, „Wert(e)", in: Stefan Gosepath, Wilfried Hinsch, Beate Rössler (Hrsg.), Handbuch der politischen Philosophie und Sozialphilosophie, Berlin, New York, S. 1472–1477

Böckenförde, Ernst-Wolfgang 1993: Anmerkungen zum Begriff Verfassungswandel, in: Peter Badura, Rupert Scholz (Hrsg.), Wege und Verfahren des Verfassungslebens, München, S. 3–14.

Böckenförde, Ernst-Wolfgang 2005: Demokratische Willensbildung und Repräsentation, in: Josef Isensee, Paul Kirchhof (Hrsg.), Handbuch des deutschen Staatsrechts, Bd. III, Heidelberg, S. 31–53.

Brunkhorst, Hauke 2008: „Republikanismus", in: Stefan Gosepath, Wilfried Hinsch, Beate Rössler (Hrsg.), Handbuch der politischen Philosophie und Sozialphilosophie, Berlin, New York, S. 1117–1121.

Forst, Rainer, Klaus Günther 2011: (Hrsg.) Die Herausbildung normativer Ordnungen, Frankfurt a. M., New York.

Frankenberg, Günter 1996: Die Verfassung der Republik, Baden-Baden.

Frankenberg, Günter 2002: Zur Rolle der Verfassung im Prozess der Integration, in: Hans Vorländer (Hrsg.), Integration durch Verfassung, Wiesbaden, S. 43–69.

Frankenberg, Günter 2008: „Verfassung", in: Stefan Gosepath, Wilfried Hinsch, Beate Rössler (Hrsg.), Handbuch der politischen Philosophie und Sozialphilosophie, Berlin, New York, S. 1411–1415.

Haack, Susan 2013: Das pluralistische Universum des Rechts, in: Martin Hartmann, Jasper Liptow, Marcus Willascheck (Hrsg.), Die Gegenwart des Pragmatismus, Berlin, S. 311–349.

Häberle, Peter 1978: Verfassungsinterpretation als öffentlicher Prozess, in: ders. (Hrsg.), Verfassung als öffentlicher Prozeß. Materialien zu einer Verfassungstheorie der offenen Gesellschaft, Berlin.

Habermas, Jürgen 2008: Ach, Europa, Frankfurt a. M.

Habermas, Jürgen 2009: Politische Theorie, Philosophische Texte, Studienausgabe, Frankfurt a. M.

Haltern, Ulrich 1997: Integration als Mythos. Zur Überforderung des Bundesverfassungsgerichts, in: Jahrbuch des öffentlichen Rechts N.F. 45, S. 31–88.

Haupt, Heinz-Gerhard 2005: Vorwort, Inklusion und Partizipation, in: ders., Christoph Gusy (Hrsg.), Inklusion und Partizipation. Politische Kommunikation im historischen Wandel, Frankfurt a. M., S. 9–13.

Hinsch, Wilfried 2008: „Legitimität", in: Stefan Gosepath, Wilfried Hinsch, Beate Rössler (Hrsg.), Handbuch der politischen Philosophie und Sozialphilosophie, Berlin, New York, S. 704–712.

Hösle, Vittorio 1998: Hegels System, 1. Aufl., Hamburg.

Isensee, Josef 1987a: Staat und Verfassung, in: Josef Isensee, Paul Kirchhof (Hrsg.), Handbuch des deutschen Staatsrechts, Bd. I, Heidelberg, S. 591–661.

Isensee, Josef 1987b: Verfassungsrecht als „politisches Recht", in: Josef Isensee, Paul Kirchhof (Hrsg.), Handbuch des deutschen Staatsrechts, Bd. VII, Heidelberg, S. 103–163.

Kambartel, Friedrich 2004: „Norm", in: Jürgen Mittelstrass (Hrsg.), Enzyklopädie Philosophie und Wissenschaftstheorie, Stuttgart, Weimar.

Kuriki, Hisao 1999: Die Verfassungsgerichtsbarkeit als Erhalter des Grundkonsenses des Volkes, in: Rudolf Weiler, Akira Mizunami (Hrsg.), Gerechtigkeit in der sozialen Ordnung, Berlin, S. 121–132.

Lhotta, Roland/Sabrina Zucca 2011: Legitimation und Integration durch Verfassung in einem Mehrebenensystem, in: Astrid Lorenz, Christoph Hönnige, Sascha Kneip (Hrsg.), Verfassungswandel im Mehrebenensystem, Wiesbaden, S. 367–386.

Lhotta, Roland 1998: Verfassungsreform und Verfassungstheorie. Ein Diskurs unter Abwesenden?, in: Zeitschrift für Parlamentsfragen 29, S. 159–179.

Llanque, Marcus 2003: Der Republikanismus: Geschichte und Bedeutung einer politischen Theorie, in: Berliner Debatte Initial; Bd. 14, S. 3–15.

March, James G./Johan P. Olson 2006: The Logic of Appropriateness, in: Michael Moran, Martin Rein, Robert E. Goodin (Hrsg.), The Oxford Handbook of Public Policy, Oxford, S. 689–708.

Michelman, Frank 1988: Law's Republic, in: Yale Law Journal, Bd. 97, S. 1493–1537.

Schliesky, Utz 2004: Souveränität und Legitimität von Herrschaftsgewalt, Tübingen.

Schmidt, Manfred 2004: „Institution", in: ders. (Hrsg.), Wörterbuch zur Politik, 2. Aufl., Stuttgart.

Schultz, Elmar 1999: Die relative Autonomie des Gerichtshofes der Europäischen Gemeinschaften. Rechtsprechung vor und nach Maastricht: eine neo-institutionalistische Analyse, Baden-Baden.

Schwemmer, Oswald 2004: „Intersubjektivität", in: Jürgen Mittelstraß (Hrsg.), Enzyklopädie Philosophie und Wissenschaftstheorie, Stuttgart, Weimar.

Siep, Ludwig 1979: Anerkennung als Prinzip der praktischen Philosophie, Freiburg, München.

Siep, Ludwig 2000: Der Weg der Phänomenologie des Geistes, 1. Aufl., Frankfurt a. M.

Vogels, Matthias 2008: „Kommunikation", in: Stefan Gosepath, Wilfried Hinsch, Beate Rössler (Hrsg.), Handbuch der politischen Philosophie und Sozialphilosophie, Berlin, New York, S 619–625.

Vorländer, Hans 2002: Integration durch Verfassung? Die symbolische Bedeutung der Verfassung im politischen Integrationsprozeß, in: ders. (Hrsg.), Integration durch Verfassung. Wiesbaden, S. 9–40.

Vossenkuhl, Wilhelm 2007: „Normativ/Deskriptiv", in: Karlfried Gründer, Gottfried Gabriel, Joachim Ritter (Hrsg.), Historisches Wörterbuch der Philosophie, Bd. 6, Darmstadt, S. 931–932.

Zucca-Soest, Sabrina 2012: Zur Hermeneutik von Recht als gesellschaftlicher Institution, in: Carsten Bäcker, Matthias Klatt, dies. (Hrsg.), Sprache-Recht-Gesellschaft, Tübingen, S. 3–9.

Petra Dobner

Transnationaler Konstitutionalismus

Einleitung

Institutionen entstehen nicht von selbst, sondern verdanken „ihren Ursprung und ihr Vorhandensein allein dem menschlichen Willen" (Mill 2013, S. 11). So einsichtig dies grundsätzlich ist,[1] so diskussionswürdig ist zugleich die Frage, unter welchen Bedingungen es gelingen kann, Institutionen aktiv zu schaffen, zur Richtschnur des Handelns zu machen und dauerhaft zu erhalten. Diese Herausforderung stellt sich zum Beispiel, wenn Institutionen, die sich in einem politisch-gesellschaftlichen Raum bewährt haben, in einen *vergleichbaren* anderen Kontext transferiert werden sollen. Ein Beispiel hierfür ist die Praxis des Verfassungsexports: Aufgrund der grundsätzlichen Endogenität von Institutionen (Przeworski 2004, S. 530 f.) ist ein solcher Kopierversuch immer mit Lokalisierungsprozessen verbunden, d. h. mit Anpassungsvorgängen an die neue Umgebung, was nahezu zwangsläufig zu Funktionsverlusten oder -veränderungen im Vergleich zum Original führt.

Ungleich schärfer stellt sich das Problem aber noch, wenn es gilt, bewährte Institutionen in eine *unvergleichbare* Umgebung zu transferieren. Ein solcher Bedarf besteht unter den Bedingungen der Transformation von Staatlichkeit in der „zweiten Globalisierung" (Torp 2005, S. 46) im Hinblick auf die Institution der Verfassung: Auch wenn sich die Behauptung eines vollständigen Bedeutungsverlustes des Staates als zentraler Organisationsform des Politischen, die zur Jahrtausendwende manchem noch vorstellbar schien (van Creveld 1999), inzwischen als Dramatisierung darstellt, ist doch eine Relativierung des Staates in mehrfacher Hinsicht kaum von der Hand zu weisen. Unbestritten ist schon seit mehreren Jahrzehnten, dass die Ausübung öffentlicher Entscheidungskompetenz nicht länger Regierungen allein vorbehalten bleibt, sondern private Akteure im weitesten Sinne, wenn auch ohne erkennbares Mandat, hieran innerstaatlich und transnational beteiligt sind. Hinzu kommt, dass auch innerhalb des Staates Heterogenität, Sektoralisierung und relative Autonomie in all denjenigen Bereichen zugenommen haben, wo weitgehend selbstständig agierende Institutionen, wenn auch öffentliche, geschaffen wurden (Walter 2001, S. 184 f.). Über das politische Regierungsgeschäft hinaus ist der Trend zur Privatisierung öffentlicher Aufgaben immer noch *en vogue*, obwohl die Sinnhaftigkeit solcher Verlagerungen umstritten ist. Unkontrovers ist der Befund, dass politische Entscheidungsräume und Koordinationsbedarf staatliche Grenzen immer häufiger über-

---

[1] Das ist es letztlich auch dann, wenn man eine evolutionäre Entwicklung von Institutionen unterstellt. Denn selbst bei einem evolutionären Institutionenverständnis sind es Menschen, die in diesen Institutionen handeln, diese akzeptieren und damit auch schaffen.

schreiten und dass Regulierungen öffentlicher Angelegenheiten von allen möglichen Akteuren, keineswegs nur Staaten, getroffen werden. Zusammenfassend ist daher zu konstatieren, dass die für den Staat als politische Organisationsform konstitutiven Trennungen von Gesellschaft und Staat, Innen und Außen sowie Privatheit und Öffentlichkeit in Auflösung begriffen sind.

Das hat erhebliche Konsequenzen für ihre rechtliche Ordnung, die Verfassung. Denn erstens bezogen sich seit der Erfindung der modernen Verfassung deren Rechtfertigung, Geltung und Funktionen in sachlicher, territorialer und personaler Hinsicht auf den Staat, so dass sich dessen Relativierung in einer Bedeutungsminderung der Verfassung fortsetzt (Dobner 2002). Dies ist zweitens deshalb so problematisch, weil die staatliche Verfassung die Lösung schlechthin für die theoretisch wie praktisch schwierig zu lösende Frage ist, wie das Recht des Einzelnen auf Freiheit und Gleichheit mit der Notwendigkeit kompatibel gemacht werden kann, in einer Gesellschaft verbindliche Regeln zu erlassen. Es ist diese herrschaftslegitimierende, -limitierende und damit auch demokratisierende Fähigkeit der Verfassung, die auf dem Spiel steht, wenn politische Autorität jenseits des Staates entsteht und Gehorsam einfordert.

In der Tatsache, dass politische Herrschaft nicht (mehr) nur im, für und durch den demokratischen Verfassungsstaat ausgeübt und damit konstitutionelle Demokratie zu einem Teilregime neben anderen herabgestuft wird, liegt der *normative* Grund für die Suche nach Möglichkeiten, die Institution der Verfassung jenseits der Grenzen einer staatlich organisierten Gesellschaft gewissermaßen neu zu erfinden. Weil dies aber mit grundsätzlichen Schwierigkeiten verbunden ist (und weil nicht jeder diesen Standpunkt teilt), setzt die Diskussion faktisch weit stärker an einer anderen Stelle an, nämlich den empirischen Entwicklungen im Recht selbst. Das *praktische* Fundament des Transnationalen Konstitutionalismus[2] sind rechtliche Entwicklungen in Europa und dem Völkerrecht sowie private Rechtsetzungsvorgänge im transnationalen Raum. Die Stärke eines Zugangs, der die verstreuten Anzeichen einer neuen Stufe transnationaler Verrechtlichung unter dem Dach verfassungsrechtlicher Terminologie zu sammeln und Deutungen möglicher Kohärenz anzubieten versucht, liegt in der Nähe zur rechtlichen Realität, die jenseits des Staates geschaffen wurde bzw. entsteht. Von diesem Ende aus betrachtet stellt sich aber die Frage nach der Legitimität neuer Regulierungsformen, wenn überhaupt, dann erst sekundär.

Die Divergenzen zwischen normativen Gründen und empirischem Fundament nötigen der theoretischen Arbeit am Transnationalen Konstitutionalismus eine überaus unglückliche alternative Anfangsentscheidung ab: Entweder hält man an einem

---

2 Transnationaler Konstitutionalismus wird im Folgenden als Sammelbegriff reserviert und bezieht sich nicht auf ein spezifisches Projekt aus diesem Reigen. Mit diesem Begriff sind sowohl Konzepte gemeint, die eine Konstitution jenseits des Staates, mehrere Teilkonstitutionen oder auch eine oder mehrere Konstitutionalisierungen, also Prozesse der Konstitutionsentstehung jenseits des Staates, thematisieren.

Verfassungsbegriff fest, der seinen Geltungsgrund auf die Zustimmung der Bürger stützt – aber dann wird es schwierig, Hoffnung auf eine Kompensation der Funktionsverluste der demokratischen Staatsverfassung durch außerstaatliche Konstitutionalisierung zu schöpfen. Oder man orientiert sich an den empirischen Entwicklungen des internationalen Rechts und gesteht diesen trotz legitimatorischer Defizite Verfassungscharakter zu, aber dieser reduzierte Verfassungsbegriff erfüllt dann nur noch teilweise die Ansprüche, die die moderne Verfassung tatsächlich eingelöst hat: Herrschaft nicht nur zu begrenzen, sondern auch zu begründen.

Das Nachdenken über das Projekt der Neuinstitutionalisierung der Verfassung außerhalb ihrer bisherigen, staatlichen Grenzen ist Gegenstand dieses Aufsatzes. Ein Ausgangsbefund lautet, dass die Übertragung des Verfassungsbegriffs auf die transnationale Ebene von „terminological confusion" (Fassbender 1998, S. 552) geprägt ist. Das erste Kapitel zeigt daher zunächst die Spannweite der Möglichkeiten auf, die für einen Transfer des staatlichen Verfassungsbegriffs auf die transnationale Ebene zur Verfügung stehen. Das zweite Kapitel stellt die unterschiedlichen Richtungen des Transnationalen Konstitutionalismus systematisch anhand ausgewählter Beispiele dar.[3] Auch die konzentrierte Übersicht verdeutlicht aber, dass bei großer Unterschiedlichkeit der existierenden Ansätze derzeit keiner die Kluft zwischen den normativen Ansprüchen, die eine Verfassung grundsätzlich erfüllen kann, und den empirischen Entwicklungen konzeptionell zu schließen vermag. Das dritte Kapitel zieht daher eine Zwischenbilanz hinsichtlich des Diskussionsstandes und wagt einen Ausblick.

Verfassungsbegriffe und Konstitutionalisierungsperspektiven

Prinzipiell zwar hat sich der Verfassungsbegriff von einem historischen Seinsbegriff, in der die Verfassung sich in einer Zustandsbeschreibung erschöpfte, zu einem Sollensbegriff mit programmatischem Anspruch gewandelt. Doch bleibt eine adäquate Balance zwischen Sein und Sollen für die Funktionen einer Verfassung in der Praxis zentral (vgl. z. B. die Ausführungen bei Heller 1934/1983, S. 209 ff.). Entfernt sie sich zu weit von der Wirklichkeit, entartet die Verfassung zur „Verfassungspoesie". Beschränkt sie sich hingegen auf eine Realitätsbeschreibung, kann sie ihre normative Leitfunktion nicht erfüllen. Die Spannung zwischen Sein und Sollen scheint auch in

---

3 Solche Darstellungen (vgl. etwa Knauff 2008; Kleinlein 2012, S. 1–96; Schwöbel 2011) stehen dabei vor der Herausforderung, eine voraussetzungsreiche, voluminöse, aus verschiedenen Quellen inspirierte, deswegen reich verzweigte (und im Übrigen sehr deutsch geprägte) Debatte knapp und fair wiederzugeben. Für einen Überblick der Positionen vgl. die Sammelbände Dobner/Loughlin 2010, Klabbers et al. 2011 und exemplarisch für andere Zeitschriften die einschlägigen Beiträge unter www.germanlawjournal.com.

den teils eher dem Status quo zuneigenden, teils stärker sich auf einen Zielzustand konzentrierenden transnationalen Verfassungsperspektiven wieder auf und bestimmt die jeweilige normative Aufladung des Verfassungsbegriffs in demokratischer, funktionaler, institutionell-politischer, rechtshierarchischer, formaler und prozessualer Hinsicht.

Ein wesentliches Moment *demokratischer* Normativität ist die Stellung der *pouvoir constuant*. Eine herrschende Annahme ist, dass eine politische Gemeinschaft sich eine Verfassung gibt und hierdurch die Legitimität der Verfassung fundiert wird. Die gegenteilige Meinung lautet, die Konstitution bringe die politische Gemeinschaft erst hervor (vgl. die Darstellung bei Fassbender 1998, S. 561).

Damit verbunden sind, zweitens, unterschiedliche *funktionale* Erwartungen, die an die Verfassung gestellt werden: Sofern es ausreichend erscheint, dass die Verfassung fundamentale Prinzipien, Regeln und Werte festhält, kann bereits in diesem substanziellen (formellen) Sinn von Verfassung gesprochen werden. Damit werden sich aber Vertreter eines institutionellen (materiellen) Verfassungsbegriffs nicht begnügen können, sondern fordern, dass die hierfür notwendigen Durchsetzungsorgane und deren Grenzen ebenfalls konstitutionell festgelegt werden. Je nach funktionalen Erwartungen wird im Verfassungsbegriff also auch die *institutionell-politische* Dimension unterschiedlich akzentuiert: Sofern die Verfassung als eine die Politik und das Recht bindende, höchste Autorität verstanden wird, die diese zum Dienst am Gemeinwohl verpflichtet, wird man kaum umhin kommen, die Kontrolle in die Hand von hierfür bestellten, von der Gesellschaft getrennten, dieser verantwortlichen und eigens geschaffenen Institutionen zu legen – und hierfür als ersten, aber nicht unbedingt einzigen Vertreter den Staat in den Blick nehmen. Fokussiert man hingegen die Notwendigkeit und Fähigkeit der Gesellschaft, sich in ihren je eigenen und durchaus autonomen Sphären selbst zu regulieren, ist gesellschaftlicher Konstitutionalismus eine denkbare Alternative.

Für einen stark politisch-institutionell geprägten Verfassungsbegriff sind die *Einheit des Rechts* und eine klar geregelte *Normenhierarchie* logische Nebenforderungen, weil sie wesentliche Garanten einer Erwartungsstabilisierung durch das Recht (Luhmann 1995) sind. Umgekehrt wird man den *Rechtspluralismus* mindestens in Kauf nehmen oder auch begrüßen müssen, wenn der Verfassungsprozess als ungleichzeitiger Vorgang der Selbstkonstitutionalisierung einer fragmentierten Weltgesellschaft konzipiert wird.

Die ungeschriebene, englische Verfassung ist das Paradebeispiel für diejenigen Vertreter in der Diskussion, die als Verfassung auch ungeschriebene, gewohnheitsrechtliche Prinzipien oder eine Textsammlung akzeptieren; undenkbar ist dies für die Gegenseite, die nicht eine beliebige Anzahl, sondern exakt *ein* geschriebenes Dokument als formale Verfassung betrachtet. Das schlösse auch aus, was für andere Verfassungsrechtler als Realität akzeptiert wird, einen Mehrebenenkonstitutionalismus mit geteilter *public authority*.

Auch in *prozessualer* Hinsicht, schließlich, sind unterschiedliche Haltungen vorhanden und je für sich plausibel: Gerade für die transnationale Entwicklung liegt es nahe, von einem fortschreitenden und nicht abschließbarem Prozess einer Konstitutionalisierung oder fortwährender Emergenz auszugehen. Andere insistieren, die Welt habe eine Verfassung, nämlich die UN-Charter.

Entlang solch gegensätzlicher normativer Erwartungen, empirischer Zugänge und theoretischer Prämissen hat sich das Feld des Transnationalen Konstitutionalismus entwickelt.

Transnationaler Konstitutionalismus: Eine Systematik

Normativer Konstitutionalismus

Bis heute gebührt den ersten modernen Verfassungsgebungen in den USA (1787), Polen und Frankreich (beide 1791) Respekt für den dahinter stehenden, enormen argumentativen, politischen und theoretischen Kraftakt, mit dem erstmals Herrschaft nicht nur begrenzt, sondern begründet wurde. Die demokratische Verfassungsgebung vollzieht ein komplexes Programm gesellschaftlicher Legitimierung, rechtlicher Normierung und politischer Institutionalisierung Anders formuliert: Sich verfassen heißt, einen Akt wechselseitiger Verpflichtung als Rechtsbürger zu schließen, der *gleichzeitig* einen außerhalb der Gesellschaft stehenden, abrufbaren Ausschuss – den Staat – hervorbringt und ihm als Institution auf Dauer, seinem Personal auf Zeit das Monopol hoheitlicher Gewalt anvertraut, wobei dieses Vertrauen dadurch gerechtfertigt wird, dass die in der Verfassung beschlossene Verleihung und Begrenzung politischer Macht allseitig respektiert wird und sowohl das horizontale Verhältnis der Bürger untereinander, das vertikale Staats-Bürger-Verhältnis als auch die innerstaatliche Machtausübung rechtlichen Normen unterliegt, die im Sinne der Verfassung erlassen und grundsätzlich beachtet werden. Die Verfassung kann diese umfassenden Aufgaben erfüllen, weil sie verschiedene Funktionen, eine rechtliche Leitfunktion, eine Organisationsfunktion und eine Integrationsfunktion (Hesse 1994, S. 6 f.; Dobner 2002, S. 198 ff.; vgl. auch Frankenberg 2006), verknüpft und dafür unterschiedliche Rechtsmaterien – Staatsstrukturbestimmungen, Organisations- und Verfahrensregeln und Grundrechte (vgl. Grimm 1995, S. 23 f.) – parat hält.

Eine Haltung innerhalb der Debatte über Transnationalen Konstitutionalismus ist es nun, in Bezug auf diese Errungenschaften und Funktionen der modernen Verfassung trotz veränderter Rahmenbedingungen keinerlei Abstriche zu machen. Kritisiert wird der Transfer des Verfassungsbegriffs in den internationalen Raum, weil dieser „in terms of political buttressing [...] and minimal progress in institutionalisation" (Wahl 2010, S. 236) nicht zu rechtfertigen sei. Zudem ist die Verfassung „a layer of norms within a political unit in which the fundamental adherence to the norms results from the individual's relationship of belonging to the state as a citizen" (ebd.; vgl. auch Llanque 2010), und diese Bedingung ist im globalen Raum nicht erfüllt. Konstitutionalisierungsprozesse sind folglich danach zu messen, ob sie in vollem Maße dem entsprechen, was eine moderne Verfassung ist, nämlich „ein Inbegriff von Rechtsnormen", deren Gegenstand die umfassende und systematische „Einrichtung und Ausübung politischer Herrschaft oder öffentlicher Gewalt" ist. Die Verfassung hat Vorrang vor allen „anderen Herrschaftsakten und „ihren Ursprung im Volk" (Grimm 2012, S. 298). Keines dieser Elemente ist verzichtbar, aber der Angelpunkt ist und bleibt die demokratische Legitimierung der Herrschaft. Entspricht transnationales Recht dem nicht, ist es nur „more law, less democracy" (Dobner 2010a).

Europäische Verfassung

Nirgendwo drängt sich das Projekt einer transnationalen Verfassung so auf wie in Europa. Tatsächlich wurde schon in der Zwischenkriegszeit eine gemeinsame Verfassung als taugliches Fundament für die europäische Einigung und Versöhnung betrachtet (vgl. Walker 2002). Die jüngere Diskussion setzt ab Mitte der neunziger Jahre mit der Paradoxie ein, dass einige die Europäischen Verträge bereits als Europas Verfassung titulierten, während andere forderten, diese jetzt endlich zu einer richtigen Verfassung auszubauen.[4] Im Kontrast zu beiden stellten Dritte grundlegend in Zweifel, dass eine Konstitutionalisierung Europas überhaupt möglich sei. Zu diesen Skeptikern zählt erneut Dieter Grimm, der sich insbesondere darauf beruft, dass die Grundbedingungen einer demokratischen Legitimierung, nämlich eine Gesellschaft, die „ein Bewußtsein ihrer Zusammengehörigkeit ausgebildet hat, welches Mehrheitsentscheidungen und Solidarleistungen zu tragen vermag, und [...] die Fähigkeit besitzt, sich über ihre Ziele und Probleme diskursiv zu verständigen" (Grimm 1995, S. 46 f.). Dieses „strukturelle Demokratiedefizit" (ebd., S. 47) lasse sich institutionell nicht beseitigen und beschränke die Errungenschaft des demokratischen Verfassungsstaates daher auf den nationalen Raum.

Vergleichbar argumentiert Peter Graf von Kielmansegg, dass Europa möglicherweise demokratische Legitimität im Hinblick auf die Rechtsgebundenheit und ihre

---

4 Vgl. die bereits 1967 vom Bundesverfassungsgericht genutzte Bezeichnung der EWG-Verträge als „Verfassung der Gemeinschaft" (BVerfGE 22/293 [296]), die allerdings mit dem Zusatz „gewissermaßen" versehen wurde; lange vor den Beratungen über den „Vertrag für eine Verfassung für Europa" berief sich auch der EuGH 1986 in der Rechtssache 294/83 („Les Verts") darauf, dass der Vertrag „die Verfassungsurkunde der Gemeinschaft" sei. Auch der Generalanwalt Mancini spricht einige Wochen später in seinem Schlussplädoyer in der Rechtssache 34/86 von der „Verfassung der Gemeinschaft". Die Forderung nach einem Ausbau zu einer richtigen Verfassung ist beispielsweise an der einschlägigen Initiative des Europäischen Parlaments zu Beginn der neunziger Jahre sichtbar.

Gemeinwohlwirkung habe, nicht aber hinsichtlich eines dritten Legitimitätskriteriums, der „demokratischen Verfahrenslegitimität" (Kielmansegg 2009, S. 224). Zwar mögen die Aktivitäten organisierter Interessen wichtig sein, doch können sie „in der Demokratie niemals den konstitutiven Akt ersetzen, in dem alle Bürger als Freie und Gleiche die Vollmacht, das Gemeinwesen zu regieren, übertragen oder auch entziehen." (Ebd., S. 226) Kielmansegg hält damit in der Sache noch einmal fest, was Abbé Sieyès zu Beginn der Französischen Revolution in seinem Plädoyer für die Erhebung des Dritten Standes zur Nation zur Legitimität konstitutioneller Ordnung erklärte: „In jedem ihrer Teile ist die Verfassung nicht das Werk der verfassten Gewalt, sondern der verfassunggebenden Gewalt." (Sieyès/Schmitt 1981)

Es ist insbesondere dieser „konstitutive Akt" der Verfassungsgebung, der bei der Konstruktion einer transnationalen – und so auch der europäischen – Verfassung Kopfzerbrechen bereitet. Hierfür hält die verfassungsrechtliche Diskussion mehrere Auswege bereit, um die zeitliche Reihenfolge von *pouvoir constituant* und *pouvoir constitué* umzukehren: Versteht man etwa mit Rudolf Smend eine politische Gemeinschaft als „geistig-soziale Wirklichkeit" (Smend 1968b, S. 138), die durch einen apriorisch gesetzten Sinn gestiftet und durch die permanente Integration von Individuen wie Kollektiv, Staat wie Verfassung immer neu hergestellt wird, dann wird die gesellschaftlich-politische „Totalität" nicht durch einen bewussten Akt der Gründung, sondern durch einen „Prozeß beständiger Erneuerung, dauernden Neuerlebtwerdens" (Smend 1968a, S. 475) geschaffen. Kritisch hieran ist, dass der amorphe „Sinn", der vorhanden, unverständlich und dunkel ist, von Smend zum Ausgangspunkt politischer Vergemeinschaftung erhoben wird und bei ihm den Boden legt für „ein vertikales Integrationsmodell, das sachlich auf Symbolisierung und Entrationalisierung der vermittelten Werte, persönlich auf einem Modell der Führerschaft und funktionell auf Indifferenz gegenüber den Mitteln der Integration beruht" (Dobner 2002, S.148). Anders argumentiert Hermann Heller, wenn er den Gedanken zurückweist, dass man „eine Garantie der Rechtmäßigkeit der von der Volkslegislative beschlossenen Gesetze [...] nur für gegeben erachten [konnte], sofern man in der demokratischen Gesetzgebung einen Akt der sittlich selbst bestimmenden Vernunft sah" (Heller 1934/1983, S. 251). Vielmehr sei aber die „Staatsinstitution [...] sanktioniert als Rechtsetzungsorganisation und nur als solche" (ebd., S. 253). Jürgen Habermas schlägt einen dritten Weg ein, wenn er die europäische Verfassung für möglich erklärt, weil „das ethisch-politische Selbstverständnis der Bürger eines demokratischen Gemeinwesens nicht [...] das historisch-kulturelle Prius [ist], das die demokratische Willensbildung erst ermöglicht", sondern eine „Flußgröße in einem Kreisprozess, der durch die rechtliche Institutionalisierung einer staatsbürgerlichen Kommunikation überhaupt erst in Gang kommt" (Habermas 1997, S. 191).

Bei aller Differenz der Zugänge, die Legitimität der Rechtsetzung dem Bezug auf einen gegebenen Sinn, der Erfüllung der Rechtsicherungsfunktion durch eine existierende (Staats-)Organisation oder einem „intersubjektiv geteilten Kontext möglicher Verständigung" (ebd., S. 189) einzuschreiben: Im jeden Fall wird die Tür geöffnet, um eine politische Gemeinschaft nicht als Voraussetzung einer Konstituierung zu betrachten, sondern als deren Ergebnis. Im Ergebnis vernachlässigen alle Begründungen, nach der die *pouvoir constitué* die *pouvoir constituant* hervorbringen soll, den feinen Unterschied, dass diese dann bestenfalls noch *pouvoir* ist, aber gewiss nicht mehr *constituant*. [5]

Europäischer Mehrebenenkonstitutionalismus

Analog zum Begriff des Europäischen Mehrebenensystems wird Ende der neunziger Jahre auch ein europäischer Mehrebenenkonstitutionalismus konzipiert (insbes. Pernice 1999; Pernice 2002; vgl. auch Cananea 2010; Petersmann 1998, 2006; Walker 2009). An die Stelle der Perspektive auf die Verrechtlichung Europas als Sequenz internationaler Verträge tritt die Sichtweise, es handele sich um einen dynamischen Prozess des kontinuierlichen Verfassens, bei dem die Frage, ob Europa eine Verfassung braucht, als irrelevant qualifiziert wird, „because Europe already has a ‚multilevel constitution‘: a constitution made up of the constitutions of the Member States bound together by a complementary constitutional body consisting of the European Treaties (Verfassungsverbund)." (Pernice 1999, S. 707) Demnach könne sich öffentliche Gewalt mit je eigener Legitimation auf verschiedene Ebenen verteilen, „insofar as it is democratically founded on the will of the people affected by its policies, on the one hand, and has direct jurisdiction over the people (citizenry) from which its legitimacy is derived, on the other." (Ebd., S. 709)

Während der Multilevel Constitutionalism in deskriptiver Hinsicht viel Zustimmung erzeugen kann, werfen die normativen Setzungen einige Fragen auf: Scharpf kritisiert, dass gerade die europäische Ebene die Legitimitätsressourcen, die sie verbraucht, nicht alleine auffüllen könne (Scharpf 2010). Zweifelhaft ist auch, dass die von ebenso verschiedenen wie konstitutionell unterschiedlichen Akteuren erbrachten Politikergebnisse mit gesamteuropäischer Wirkung tatsächlich dem Willen der nationalen und europäischen Elektorate entsprechen, für die sie von Bedeutung sind, und dass diese Resultate seitens der Bürger immer der akkuraten Politikebene zugerechnet werden, der sie eigentlich zu verdanken sind. So wünschenswert es sein mag, dass jede Ebene ihre eigene Legitimitätsquelle bereitstellte, spricht dafür in der Praxis doch wenig. Das konzediert implizit auch Pernice, wenn er eine traditionelle

---

5 Der Verzicht auf eine Legitimierung durch einen europäischen Demos wird in der Folge zum Beweis dafür, dass dieser auch für internationale Konstitutionalisierungen verzichtbar ist: „[T]he constitutionalization process within the European Union (EU) [...] has challenged the notion that a constitutional order necessarily presupposes the existence of such a traditional constitutional demos. Europe's constitutional architecture has never been validated by a process of constitutional demos and challenges one of the classic conditions of a constitution, namely the inherent association of a constitution and constitutional law with State- and peoplehood." (de Wet 2006, S. 52)

Legitimierung in der Mehrebenenstruktur der Europäischen Union als „not suffi-cient" (Pernice 1999, S. 741) qualifiziert. Erfolgversprechend scheint ihm eine Erwei-terung legitimatorischer Elemente „through participation and proceduralization, involving interested and informed groups and organizations more closely in the deci-sion-making process", mit denen eine gleiche Repräsentation annäherungsweise erreicht werden könne. In seinem überaus glaubwürdigen Bemühen, europäische Politik zu demokratisieren, sitzt damit auch Pernice dem Trugschluss auf, Partizipa-tion mit Demokratie zu verwechseln und die Teilnahme am politischen Diskurs, „the foundation of a democratic system" (ebd.), von Machtfragen zu entkoppeln (zur Kritik vgl. ausführlich Dobner 2010b, S. 248 ff.).

Die Kritik am Multilevel Constitutionalism bezieht sich folglich nicht auf das Ziel, „to open statehood and to complete it by supra- and, possibly, global structures of public policy and action according to the real needs of the citizens" (Pernice 1999, S. 729), sondern auf die ungeklärte Frage, wie die „wirklichen Bedürfnisse" der Bürger ermittelt und ihre konkurrierenden Bedarfe gegeneinander abgewogen werden, wenn Partizipation nicht strukturell mit dem Recht auf Mitentscheidung verknüpft wird, sondern lediglich eine „Teilnahme am Diskurs" geboten ist. Konzeptionell fraglich ist zudem, ob die „trennkonstitutionalistische" Variante komplementärer Sphären aus-reichend ist angesichts der faktischen Kopplung der Politikarenen, die die verschie-denen europäischen Ebenen nicht nur miteinander verbindet, sondern schicksalhaft verschränkt und keineswegs nur komplementär und subsidiär zueinander anordnet.

Konstitutionalisierung(en) der „internationalen Gemeinschaft"

Veränderungen des Völkerrechts

Fast so alt wie die moderne Verfassung ist der Traum, durch „eine, der bürgerlichen ähnliche, Verfassung" (Kant 1795/1993b, S. 208 f.) den ewigen Frieden zwischen den Völkern zu sichern. Mit dem Siegeszug der innerstaatlichen Verfassung konnte aber die Konstitutionalisierung des Völkerrechts niemals Schritt halten. Nach herrschen-der Überzeugung wurde vielmehr seit dem neunzehnten Jahrhundert als Völkerrecht die Sammlung von Rechtsnormen[6] bezeichnet, die im Wesentlichen die Beziehungen

---

6 Für die Nennung der verschiedenen Quellen völkerrechtliche Normen hat sich der Verweis auf Art. 38 des Status des Internationalen Strafgerichtshofs etabliert: „Der Gerichtshof, dessen Aufgabe es ist, die ihm unterbreiteten Streitigkeiten nach dem Völkerrecht zu entscheiden, wendet an (a) internationale Übereinkünfte allgemeiner oder besonderer Natur, in denen von den streitenden Staaten ausdrücklich anerkannte Regeln festgelegt sind; (b) das internationale Gewohnheitsrecht als Ausdruck einer allge-meinen, als Recht anerkannten Übung; (c) die von den Kulturvölkern anerkannten allgemeinen Rechts-

zwischen souveränen Staaten regeln. Im Gegensatz zu nationalem Recht zeichnete das Völkerrecht sich durch die dreifache Abwesenheit eines zentralen Gesetzgebers, einer umfassenden Gerichtsbarkeit und einer Exekutivgewalt aus, was nicht nur die Frage einer Konstitutionalisierung des Völkerrechts abseitig erscheinen ließ, sondern selbst Diskussionen darüber provozierte, ob das Völkerrecht überhaupt Recht sei.

Zwei Jahrhunderte nach dem Erscheinen des Ewigen Friedens aber wird erneut und engagiert über eine Konstitutionalisierung des Völkerrechts, gar über eine Verfassung der Weltgemeinschaft, gegrübelt und gestritten. Die Gründe hierfür finden sich vor allem in einigen bedeutenden Änderungen des Völkerrechts in den letzten Jahrzehnten: Erstens hat sich rund um verstärkte Interpretationen von zwingendem Recht *(ius cogens)* und den wechselseitigen Pflichten der Staaten untereinander *(erga omnes)* ein „Kernbestand von Normen herausgebildet [...], gegen den kein Staat oder Individuum verstoßen darf, unabhängig von ihrer Zustimmung zu diesen Normen" (Paulus 2007, S. 700), und dessen Nichtbeachtung geahndet wird. Zweitens wird das Spektrum der Völkerrechtssubjekte zunehmend auf Internationale Organisationen, aber auch Nichtregierungsorganisationen und Individuen ausgeweitet. Dies bezieht sich nicht nur auf Sanktionen, sondern führt, drittens, auch zu einer neuen Gemeinwohlorientierung im Völkerrecht (Fassbender 2002), bei der insbesondere die UN-Charta und die Menschenrechte als Werteordnung der *„international community"* (Mosler 1980; Simma 1994; Tomuschat 1995) interpretiert werden. Viertens findet eine Ausweitung und Ausdifferenzierung des Völkerrechts statt, sowohl in inhaltlicher als auch in institutioneller Hinsicht, wie etwa der Ausbau des Welthandelsrechts und der 1998 mit dem Rom-Statut ins Leben gerufene Internationale Strafgerichtshof zeigen.

Diese neueren völkerrechtlichen Entwicklungen haben eine ganze Bandbreite von Interpretationen inspiriert, deren Gemeinsamkeit darin liegt, den Verfassungsbegriff vom Staat zu lösen und eine Konstitution bzw. häufiger eine Konstitutionalisierung für die internationale Gemeinschaft zu attestieren oder zu avisieren.[7] Unterschiedlich hingegen sind die Bezugspunkte der Diskussionen, die sich einerseits auf das Völkerrecht als Ganzes, andererseits rechtliche oder institutionelle Teilordnungen (UN, WTO, globale Administration) beziehen.

---

grundsätze; (d) vorbehaltlich des Artikels 59 richterliche Entscheidungen und die Lehrmeinung der fähigsten Völkerrechtler der verschiedenen Nationen als Hilfsmittel zur Feststellung von Rechtsnormen." (Art 38, IGH Statut)

7 Auch diese Debatte hat historische Wurzeln, vgl. Verdross (1923, 1926), Ross (1950), Jenks (1958), Lauterpacht (1958). Eine Übersicht findet sich bei Fassbender (1998, S. 538 ff.). Zudem erklärte Ende der fünfziger Jahre der amerikanische Präsident Eisenhower den Willen, „to intensify efforts [...] to the end that the rule of law replace the obsolete rule of force in the affairs of nations" (Eisenhower 1959). Die Duke University öffnete 1959 ihr World Rule of Law Center und auch die amerikanische Bar Association gründete ein Special Committee on World Peace through World Law.

Konstitutionalisierung des Völkerrechts

Ausgehend von den geschilderten Veränderungen gewinnt um die Jahrtausendwende die Diskussion über eine Konstitutionalisierung des Völkerrechts an Fahrt (Frowein 1999; Bryde 2003; Habermas 2004). Insbesondere die stärkere Berücksichtigung der Menschenrechte, die fortschreitende Sanktionsfähigkeit des Sicherheitsrates nach Art. 42 und 43 der UN-Charta sowie die inklusive Interpretation von Art. 2 (1) der UN-Charta, nach der alle Staaten den Regeln der Vereinten Nationen unterworfen seien, unabhängig von ihrer expliziten Zustimmung, scheinen dafür zu sprechen, dass eine Schwelle zur Konstitutionalisierung überschritten ist: „Im Konstitutionalismus [...] ist das Ziel die Begrenzung der Allmacht der Gesetzgeber – und das sind im völkerrechtlichen System in erster Linie die rechtsetzenden Staaten – durch übergeordnete Rechtsprinzipien, insbesondere die Menschenreche." (Bryde 2003, S. 62)

Gleichzeitig ist nicht zu übersehen, dass der Transfer der Verfassungsbegrifflichkeit auf die Sphäre des Völkerrechts keine weltrepublikanische Gesamtverfassung anzeigt. Die Differenzen zwischen staatlicher Verfassung und transnationaler Konstitutionalisierung nehmen entsprechenden Raum in der Diskussion ein: „Verfassungsstaatlichkeit kann es natürlich auf internationaler Ebene nicht geben, wohl aber constitutionalism, übrigens auch keine Rechtsstaatlichkeit, wohl aber rule of law, kein internationales Sozialstaatsprinzip, wohl aber social justice" (ebd.), Demokratie auch nicht, allenfalls Partizipation und Transparenz, und definitiv wird auch „a bundling of constitutional functions as it has been achieved by the nation state [...] remain impossible. It has been lost on the level of the nation state and, at the moment, it cannot be achieved elsewhere." (Walter 2001, S. 194)

Die UN-Charta als Verfassung

In einem substanziellen Sinne, bei dem der Verfassungsbegriff für ein Set der wichtigsten Normen steht, das eine Gesellschaft konstituiert, wurde der Verfassungsbegriff bereits 1926 von Alfred Verdross recht amorph auf das internationale Recht in seiner Gesamtheit oder relevante Teile davon (Verdross 1926) und ein halbes Jahrhundert später spezifischer für die UN-Charta als Verfassung der Vereinten Nationen verwendet (Verdross/Simma 1976, S. vi; vgl. ausführlich Fassbender 1998, S. 541 ff.). Auch die neuere Diskussion akzentuiert insbesondere unter Verweis auf Art. 1 und 2 der UN-Charta, dass ihr in der Tat Verfassungscharakter zugesprochen werden kann, weil „from a substantial point of view, it seems possible to pretend that the Charter constitutes the constitutional ‚Law of Nations' in the sense that it is the ethical and legal *matrix* for every rule able to be qualified as peremptory." (Dupuys 1997, S. 11)

Die skizzierten völkerrechtlichen Veränderungen haben indessen darüber hinaus die Frage aufgeworfen, ob die UN-Charta auch in *institutioneller* Hinsicht als Verfassung bezeichnet werden kann, was voraussetzen würde, dass sie auch Regeln zur Gewaltenteilung festlegt und Institutionen mit je eigenen Kompetenzen verfasst.

Ausführlich hat für diese Interpretation Bardo Fassbender (1998, 2009) vor dem Hintergrund eines (im Weberschen Sinne konstruierten) Idealtyps von Verfassung argumentiert. Eine solche ideale Verfassung, die nicht notwendig an einen Staat gebunden ist, besteht nach Fassbender aus „sets of fundamental norms about the organization and performance of governmental functions in a community, and the relationship between the government and those being governed. The instruments shall, in principle for an indefinite period of time, provide a legal frame and guiding principles for the political life of a community. They are binding on governmental institutions and community members alike, and paramount law in the sense that law of lower rank has to conform to the constitutional rules." (Fassbender 1998, S. 570)

Fassbender übersetzt diese Anforderungen so, dass ein „constitutional moment", ein „System of Governance", eine „Definition of Membership", eine Normenhierarchie, Regeln zur Ergänzung und zur Dauerhaftigkeit (Fassbender 1998, S. 573 ff.) vorhanden sein müssten. All diese Bedingungen sieht er in der UN-Charta erfüllt, wie überhaupt, so, fast werbend, zeige schon die Begriffswahl „Charter" den Verfassungswillen. Eine besondere Schwierigkeit bereitet hierbei der Anspruch, dass eine Verfassung eine universelle, d. h. auch inklusive Ordnung ist: In Bezug auf die UN stellt sich die Frage, „whether a state which has not ratified the Charter can be regarded as committed to observing it" (ebd., S. 581). Fassbender entscheidet sich, dass dies sehr wohl der Fall ist, weil die Charter durchdrungen sei vom Prinzip „souveräner Gleichheit" nach Art. 2 (1) der UN-Charta, das zugleich für eine universelle Verbindlichkeit der Charta verantwortlich sei, unabhängig davon, ob alle Staaten dieser zugestimmt hätten oder nicht.

Verhaltener stellt sich Pierre-Marie Dupuys (1997) zu der Frage des institutionellen Verfassungscharakters, indem er die in der Charta festgelegten Prinzipien mit der Verfassungswirklichkeit konfrontiert. Wie Fassbender sieht er in den nach Art. 23 und 24 der UN-Charta verfassten Weltsicherheitsrat das Exekutivorgan der Vereinten Nationen. Jedoch sieht er aus drei Gründen die UN in einer konstitutionellen Krise: Erstens habe die weite Anwendung des Friedensauftrages dem Sicherheitsrat weitgehende Freiheiten beschert, zweitens fehle es der Charta an einer Festlegung von *checks and balances*, mit denen der Sicherheitsrat kontrolliert werden könne, und drittens, ein politischer Grund, sinke die Legitimität des Sicherheitsrates durch dessen Eingreifen im Sinne einzelner Mitglieder. Zusammenfassend kommt Dupuys daher zu dem Schluss, dass die „Charter of the United Nations is at the same time a political project and a legal commitment for its member states as well as a binding treaty and programme of ambitious cooperation. It is at the same time the basic covenant of the international community and the world constitution, already realised and still to come." (Dupuys 1997, S. 32 f.)

Konstitutionalisierung der WTO

Nicht nur die UN und ihre Charta wurden als Hoffnungsträger für eine Konstitutionalisierung jenseits des Staates ins Auge gefasst. Seit Anfang der neunziger Jahre wurden umfangreiche Überlegungen auch in Bezug auf die Verrechtlichungstendenzen der Welthandelsorganisation und ihre mögliche Konstitutionalisierung angestellt (vgl. grundlegend Petersmann 1991). Die WTO geriet in den Fokus der Konstitutionalisierungsdebatte, weil ihre 1999 in Seattle deutlich sichtbar werdende Legitimitätskrise zwei Jahre später zu Beginn des Doha-Prozesses eine Trendwende einzuleiten zugunsten stärkerer Rechte der Entwicklungsländer einzuleiten schien. Insbesondere schien „die Schaffung eines umfassenden, für alle Mitglieder verpflichtenden Regelungsregimes" die „hohe Detailgenauigkeit" der dem WTO-Übereinkommen beigefügten materiell-rechtlichen Regelwerke wie des GATT sowie die institutionelle Organisation des Dispute Settlements, die insgesamt zu der Auffassung führten, das WTO-Recht lasse „die Konzeption internationaler Organisationen nach klassischem Völkerrecht weit hinter sich." (Knauff 2008, S. 460 f.) Auch wenn die „Konstitutionalisierung der WTO" für einige Zeit im Völkerrecht und auch den Internationalen Beziehungen Aufmerksamkeit (Heintschel von Heinegg et al. 2003; Bogdandy 2004; Zangl 2008) für sich beanspruchte und die erste völkerrechtliche Teilordnung war, die solche Erwartungen hervorrief, wurde auch bald klar, dass die WTO von einer wirklichen Verfassung nicht nur weit entfernt blieb, sondern eine Konstitutionalisierung in einem umfassenden Sinne angesichts der Begrenztheit des Regelungsgegenstandes und der nur ansatzweise an eine Verfassung erinnernden Verrechtlichungstendenzen allenfalls von einem Ansatzpunkt umfassenderer Konstitutionalisierung im Rahmen weiterer rechtlicher Regime die Rede sein könne.

Global Administrative Law

Vergleichbar der Debatte über die WTO ist auch der Ansatz des *Global Administrative Law Research Project* der New York University ein spezieller Zweig der Konstitutionalisierungsdebatte geblieben (Kingsbury/Krisch 2006; Kingsbury et al. 2004; Krisch 2010). Gegenstand der Beobachtungen ist die Emergenz eines globalen Verwaltungsrechts, dem eine größere Zurechenbarkeit und Verantwortung („accountability") in globalen Entscheidungsprozessen zugeschrieben wird. Die Forschung konzentriert sich auf Institutionen wie die WTO, den Sicherheitsrat, die Weltmarkt, aber auch das Climate Change Regime, informale intergouvernementale Netzwerke wie das Basel-Komitee, nationale Agenturen und hybride privat-öffentliche Regelungsregime. Ihre Einwirkung auf individuelle und kollektive Akteure, Staaten und auch NGOs schaffe einen „single, if multifaceted global administrative space distinct from the domains of international law and domestic administrative law" (Kingsbury et al. 2004, S. 2). Global Adminstrative Law besteht danach aus den Prinzipien, Prozeduren und Revisionsmechanismen, denen die Entscheidungsprozesse dieser Organisationen folgen. Für Kingsbury, Krisch und Stewart wird der globale Raum der Administration zu einem Beleg dafür, dass niemand mehr länger argumentieren könne, „that there are no real democracy or legitimacy deficits in global administrative governance because global regulatory bodies answer to states, and the governments of those states answer to their voters and courts." (Kingsbury et al. 2004, S. 13)

Kritik macht sich auch hier an dem laxen Demokratieverständnis fest: In deskriptiver Hinsicht könne man dem Ansatz zugestehen, mit moderaten Zielen eine „redescpription" internationalen Rechts zu versuchen. „The only problem that is posed by this projects is whether or not even in this case the use of *legal* vocabulary involves a mismatch in the relation between counterfactual social facts and the conditions under which operates what is supposed to be the law." (Somek 2010, S. 272)

Legal Pluralism und Societal Constitutionalism

In der Realität kann eine Koexistenz verschiedener Rechtsordnungen unterschiedlicher Reichweite und mit verschiedenen Regelungsgegenständen nicht mehr bestritten werden. Maßgeblich führen drei Entwicklungen zu einem Anwachsen einer Netzwerkstruktur internationaler Governance, nämlich der sich wandelnde Gehalt internationaler Verträge, die zunehmende Kooperation zwischen verschiedenen Ebenen des internationalen Systems und die wachsende Bedeutung privater Regulierungen in verschiedenen Bereichen des Rechts (Walter 2001, S. 175). Im Effekt führen die politischen und rechtlichen Bewegungen zu einer Dezentralisierung und Sektoralisierung von *public authority*, die bislang im Staat konzentriert war.

> Instead of continuing to constitute a comprehensive framework for the exercise of public authority, each of these constitutions is in fact only a „partial constitution" for the regime concerned. [...] At the same time, national constitutions are also reduced to partial constitutions within an emerging international network (Walter 2001, S. 194; vgl. auch Walker 2002, S. 317).

Das Projekt des gesellschaftlichen Konstitutionalismus, das insbesondere Gunther Teubner vertritt, geht darüber noch einen Schritt hinaus. Teubner kritisiert eine Fixierung auf etatistische Verfassungsmodelle, weil ihnen der „Respekt vor der Eigenrationalität und Eigennormativität gesellschaftlicher Funktionssysteme, die sich in Eigenverfassungen gesellschaftlicher Bereiche verwirklicht" (Teubner 2012, S. 55), fehlt. Aufgrund seiner „obstinate[n] Staats- und Politikzentrierung" (ebd., S. 14) könne der liberale Konstitutionalismus weder das durch einen transnationalen Konstitutionalismus eigentlich zu lösende Problem erkennen, nämlich die „zentrifugale[n] Dynamiken der Teilsysteme in der Weltgesellschaft wirksam [zu] bekämpfen und dadurch zur gesellschaftlichen Integration" (ebd., S. 15) beizutragen, noch die entsprechende Lösung avisieren, die aufgrund von Fragmentierung und Differenzierung die Form eines „Verfassungskollisionsrechts" (ebd., S. 31) annehmen muss.

Während der Verweis auf die historische Kontingenz des Staates und die grundsätzlich unbestreitbare Möglichkeit, dass auch andere politische Gemeinschaften gebildet werden können, der Trennung von Staat und Verfassung noch einige Plausibilität verleihen (vgl. z. B. Möllers 2011; Preuß 2010), plädiert Teubner zudem dafür, Verfassung auch von institutionalisierter Politik sowie von Machprozessen zu entkoppeln (ebd., S. 99). Damit tritt eine Frage wieder in den Vordergrund, die Ende der achtziger Jahre von Niklas Luhmann und Fritz Scharpf ausführlich debattiert wurde: Ist das in der staatlichen Verfassung enthaltene Primat der Politik über andere gesellschaftliche Teilsysteme zu rechtfertigen? Erst wenn diese Frage verneint wird, öffnet sich, wie Teubner immer wieder eindrucksvoll zeigt, das Tor zu Formen des gesellschaftlichen Konstitutionalismus, zu Selbstverfassungen von Teilsystemen, die sich als (einzig) angemessene Antwort auf die Differenzierung und Fragmentierung der Weltgesellschaft fassen lassen und deren Verfassungsbedürftigkeit er mit ihrem sektoralen Gemeinwohlbezug erläutert (Teubner 2012, S. 59, 116). Die theoretisch zu beantwortende Frage ist dann vor allem, wie Kollisionen zwischen diesen verschiedenen Regimen (und von wem) gemanagt werden können. Beharrt man hingegen darauf, dass politische Problemstellungen sich überall auftun mögen, aber die Politik einen berechtigten Koordinationsanspruch hat, den sie aus den genannten Gründen nur demokratisch rechtfertigen kann, erscheinen die gesellschaftlichen „Verfassungsfragmente" als unzulänglicher Flickenteppich, der nicht verdecken kann, dass dort, wo sich einst die Verfassung Gesellschaft und Staat, Recht und Politik zur Demokratie verbanden, eine Lücke immer weiter öffnet.

Fazit und Ausblick

Teils getragen von dem nachvollziehbaren Verlangen, die faktische Verlagerung politischer Herrschaft in den europäischen und globalen Raum zumindest nachträglich konstitutionell einzuhegen, wenn auch nicht zu gründen, teils hinnehmend, dass die Kopplung des Verfassungsbegriffs an den Staat sich immer weniger rechtfertigen lässt, wenn Staatlichkeit sich grundlegend transformiert, schwindet der Konsens, den Verfassungsbegriff für eine rechtliche Sphäre zu reservieren, in der alle genannten Voraussetzungen demokratischer Konstitutionalisierung erfüllt sind, seit den neunziger Jahren rapide. Die Bedeutung dieses Begriffswandels erschöpft sich nicht in Fragen der Semantik. Insofern der Verfassungsbegriff für Rechtsentwicklungen bemüht wird, die analog zum schillernden Governance-Begriff amorphe Regulierungen unabhängig von ihrer Provenienz, Reichweite und Geltungsbegründung umschließen, zersetzen sich auch Überzeugungen über die Prinzipien demokratischer Legitimation politischer Entscheidungen. Es ist diese Kernüberzeugung des modernen Konstitutionalismus, die im Zuge der europäischen Verfassungsdebatte nachhaltig verwässert wird und im Transnationalen Konstitutionalismus beinahe gänzlich in Vergessenheit zu geraten scheint.

Eine Erklärung für diese Entwicklung bietet der im Vergleich zur nationalstaatlichen Verfassung diametral entgegengesetzte Ausgangspunkt der Debatte: Während die verfassungsstaatliche Diskussion die Gründung und Einhegung von Macht an den Anfang setzt und im Verfassungsrecht eine adäquate Antwort findet, appliziert der Transnationale Konstitutionalismus verfassungsrechtliche Terminologie auf jedwede Regulierungs- und Rechtsetzungsprozesse. Demokratische Machtbindung ist damit allenfalls tangiert, keinesfalls aber steht diese im Zentrum der Diskussion. Damit ist gleichzeitig eine Frage außen vor, wem das Ganze eigentlich nutzen und dienen soll. Verrechtlichung ist kein Selbstzweck und hat nicht nur eine inhaltliche Komponente (seinen Rechtsgegenstand), sondern auch eine personale: Wen bindet das Recht warum?

Ein zweiter Erklärungsgrund liegt in der bemerkenswerten Zurückhaltung der Politikwissenschaft in der Debatte. Die Diskussion ist überaus juristisch geprägt und entsprechend am Recht orientiert; das ist weder verwunderlich noch kritikwürdig. Aufgabe der Politikwissenschaft aber wäre es, sich ihrem deklarierten, wenngleich sträflich vernachlässigtem Schlüsselbegriff „Macht" neu zuzuwenden und der Diffusion des staatlichen Gewaltmonopols in die Weltgesellschaft mehr als nur affirmative Governance-Hoffnungen entgegenzusetzen.

Eine stärkere politikwissenschaftliche Beteiligung an der Diskussion könnte auch den Nutzen bringen, das aktive *Schaffen* rechtlicher Institutionen zur Machtkontrolle und Demokratiesicherung in den Vordergrund zu rücken. Im Moment liegt der Fokus der Debatte auf den Strukturen und Regelungen, die – unabhängig von ihrer Legitimität und Herkunft – „irgendwie" entstanden sind. Paradoxerweise rückt der Transnationale Konstitutionalismus damit das zentrale Problem, die dies- und jenseits des Staates faktisch geteilte *public authority* dauerhaft konstitutionell zu binden, durchaus ins Bewusstsein – und blendet es gleichzeitig aus.

Literatur

Bogdandy, Armin von 2004: Chancen und Gefahren einer Konstitutionalisierung der WTO – Verfassungsrechtliche Dimensionen der WTO im Vergleich mit der EU. In: Verfassungsrecht, W. H.-I. f. E. (Hrsg.), Die europäische Verfassung im globalen Kontext, Schriftenreihe Europäisches Verfassungsrecht, Forum Constitutionis Europae, Bd. 5, Baden-Baden, S. 65–87.

Bryde, Brun-Otto 2003: Konstitutionalisierung des Völkerrechts und Internationalisierung des Verfassungsrechts. In: Der Staat, 42, S. 62–75.

Cananea, Giacinto della 2010: Is European Constitutionalism Really „Multilevel"? In: ZaöRF, 70, S. 283–317.

de Wet, Erika 2006: The International Constitutional Order. In: International and Comparative Law Quarterly, 55, S. 51–76.

Dobner, Petra 2002: Konstitutionalismus als Politikform: Zu den Effekten staatlicher Transformation auf die Verfassung als Institution. Baden-Baden.

Dobner, Petra 2010a: More law, less democracy? Democracy and Transnational Constitutionalism. In: Dobner, P./Loughlin, M. (Hrsg.), The Twilight of Constitutionalism? Oxford, S. 141–161.

Dobner, Petra 2010b: Wasserpolitik. Zur politischen Theorie, Praxis und Kritik globaler Governance, Frankfurt a. M.

Dobner, Petra/Loughlin, Martin 2010: The twilight of constitutionalism? 1. publ. Oxford u. a.

Dupuys, Pierre-Marie 1997: The Constitutional Dimension of the Charter of the United Nations Revisited In: Bogdandy, A. v./Wolfrum, R. (Hrsg.), Max Planck Yearbook of United Nations Law, Leiden/Heidelberg, S. 1–33.

Eisenhower, Dwight D. 1959: State of the Union Address 1959.

Fassbender, Bardo 1998: The United Nations Charter as Constitution of the International Community. In: Columbia Journal of Transnational Law, 36, S. 529–619.

Fassbender, Bardo 2002: Zwischen Staatsräson und Gemeinwohlbindung. Zur Gemeinwohlorientierung des Völkerrechts in der Gegenwart. In: H. Münkler, K. Fischer (Hrsg.), Gemeinwohl und Gemeinsinn im Recht. Konkretisierung und Realisierung öffentlicher Interessen, Berlin.

Fassbender, Bardo 2009: The United Nations Charter as Constitution of the International Community, Leiden/Boston.

Frankenberg, Gunter 2006: Comparing constitutions: Ideas, ideals, and ideology – toward a layered narrative. In: Int J Constitutional Law, 4 (3), S. 439–459.

Frowein, Jochen A. 1999: Konstitutionalisierung des Völkerrechts. In: Dicke, K. u. a. (Hrsg.), Völkerrecht und Internationales Privatrecht in einem sch globalisierenden internationalen System – Auswirkungen der Entstaatlichung transnationaler Rechtsbeziehungen, Heidelberg, S. 427–445.

Grimm, Dieter 1995: Braucht Europa eine Verfassung? München.

Grimm, Dieter 2012: Die Zukunft der Verfassung II. Auswirkungen von Europäisierung und Globalisierung, Berlin.

Habermas, Jürgen 1997: Braucht Europa eine Verfassung? In: Ders. (Hrsg.), Die Einbeziehung des Anderen. Studien zur Politischen Theorie, 2. Aufl., Frankfurt a. M., S. 185–191.

Habermas, Jürgen 2004: Hat die Konstitutionalisierung des Völkerrechts noch eine Chance? In: Ders. (Hrsg.), Der gespaltene Westen. Kleine Politische Schriften X, Frankfurt a. M., S. 113–193.

Heintschel von Heinegg, Wolff et al. 2003: Entschädigung nach bewaffneten Konflikten. Die Konstitutionalisierung der Welthandelsordnung. 27. Tagung in Frankfurt a. M., März 2001, Heidelberg.

Heller, Hermann 1934/1983: Staatslehre. 6. Aufl., Tübingen.

Hesse, Konrad 1994: Verfassung und Verfassungsrecht. In: E. Benda u. a. (Hrsg.), Handbuch des Verfassungsrechts der Bundesrepublik Deutschland, 2. neubearb. und erw. Aufl., Berlin/New York, S. S. 3–18.

Jenks, C. Wilfried 1958: The Common Law of Mankind, New York.

Kielmansegg, Peter 2009: Lässt sich die europäische Union demokratisch verfassen? In: F. Decker, M. Höreth (Hrsg.), Die Verfassung Europas. Perspektiven des Integrationsprojektes, Wiesbaden, S. 219–236.

Kingsbury, Benedict/Nico Krisch 2006: Global Governance and Global Administrative Law in the International Legal Order. In: European Journal of International Law 17, 1.

Kingsbury, Benedict et al. 2004: The Emergence of Global Administrative Law. In: IILJ Working Paper 2004/1.

Klabbers, Jan et al. 2011: The constitutionalization of international law, Oxford u. a.

Kleinlein, Thomas 2012: Konstitutionalisierung im Völkerrecht. Konstruktion und Elemente einer idealistischen Völkerrechtslehre, Heidelberg u. a.

Knauff, Matthias 2008: Konstitutionalisierung im inner- und überstaatlichen Recht – Konvergenz oder Divergenz? In: ZaöRV 68, S. 453–490.

Krisch, Nico 2010: Global Administrative Law and the Constitutional Ambition. In: P. Dobner, M. Loughlin (Hrsg.), The Twilight of Constitutionalism? Oxford, S. 245–266.

Lauterpacht, Hersch 1958: The development of international law by the International Court being a revised edition of The development of international law by the Permanent Court of International Justice (1934), New York.

Llanque, Marcus 2010: On Constitutional Membership. In: P. Dobner, M. Loughlin (Hrsg.), The Twiligt of Constitionalismus? Oxford, S. 162–178.

Luhmann, Niklas 1995: Das Recht der Gesellschaft, Frankfurt a. M.

Mill, John Stuart 2013: Betrachtungen über die Repräsentativregierung, Berlin.

Möllers, Christoph 2011: Staat als Argument. 2., unveränd. Aufl. mit aktueller Einl., Tübingen.

Mosler, Hermann 1980: The International Community as a Legal Community, Alphen aan den Rijn.

Paulus, Andreas 2007: Zur Zukunft der Völkerrechtswissenschaft in Deutschland: Zwischen Konstitutionalisierung und Fragmentierung des Völkerrechts. In: ZaöRF, 67, S. 695–719.

Pernice, Ingolf 1999: Multilevel Constitutionalism and the Treaty of Amsterdam: European Constitution-Making Revisited? In: Common Market Law Review, 36, S. 703–705.

Pernice, Ingolf 2002: Elements and Structures of the European Constitution. WHI-Paper 4/02. Berlin.

Petersmann, Ernst-Ulrich 1991: Constitutional functions and constitutional problems of international economic law international and domestic foreign trade law and foreign trade policy in the United States, the European Community and Switzerland, Fribourg, Switzerland.

Petersmann, Ernst-Ulrich 1998: How to Constitutionalize International Law and Foreign Policy for the Benefit of Civil Society? In: Michigan Journal of International Law, 20, S. 1–30.

Petersmann, Ernst-Ulrich 2006: Multilevel Trade Governance in the WTO Requires Multilevel Constitutionalism In: C. Joerges, E.-U. Petersmann (Hrsg.), Constitutionalism, Multilevel Trade Governance and Social Regulation, Oxford, S. 5–58.

Preuß, Ulrich K. 2010: Disconnecting Constitutions from Statehood: Is Global Constutionalism a Viable Concept? In: P. Dobner, M. Loughlin (Hrsg.), Twilight of Constitutionalism? Oxford, S. 23–46.

Przeworski, Adam 2004: Institutions Matter? In: Government and Opposition, 39 (4), S. 527–540.

Ross, Alf 1950: Constitution of the United Nations. Analysis of structure and function, New York.

Scharpf, Fritz W. 2010: Legitimacy in the Multilevel European Polity. In: P. Dobner, M. Loughlin (Hrsg.), Twilight of Constitutionalism? Oxford.

Schwöbel, Christine E.J. 2011: Global Constitutionalism in International Legal Perspective. Leiden/Boston.

Sieyès, Emmanuel Joseph/Eberhard Schmitt 1981: Politische Schriften 1788–1790 mit Glossar und kritischer Sieyes-Bibliographie. 2., überarb. u. erw. Aufl., München u. a.

Simma, Bruno 1994: From Bilateralism to Community Interest in International Law. In: Recueil des Cours. Collected Courses of the Hague Academy of International Law, 250 (1994 VI), S. 221–384.

Smend, Rudolf 1968a: Integrationslehre. In: R. Smend (Hrsg.), Staatsrechtliche Abhandlungen und andere Aufsätze. 2., erw. Aufl., Berlin, S. 475–481.

Smend, Rudolf 1968b: Verfassung und Verfassungsrecht. In: R. Smend (Hrsg.), Staatsrechtliche Abhandlungen und andere Aufsätze. 2., erweiterte Aufl. Berlin, S. 119–276.

Somek, Alexander 2010: Administration without Sovereignty. In: P. Dobner, M. Loughlin (Hrsg.), The Twilight of Constitutionalism, Oxford, S. 267–287.

Teubner, Gunther 2012: Verfassungsfragmente. Gesellschaftlicher Konstitutionalismus in der Globalisierung, Berlin.

Tomuschat, Christian 1995: Die internationale Gemeinschaft. In: Archiv des Völkerrechts, 33, S. 1–20.

Torp, Cornelius 2005: Die Herausforderung der Globalisierung. Wirtschaft und Gesellschaft in Deutschland 1860–1914, Göttingen.

van Creveld, Martin 1999: The Rise and Decline of the State, Cambridge.

Verdross, Alfred 1923: Die Einheit des rechtlichen Weltbildes auf Grundlage der Völkerrechtsverfassung, Tübingen.

Verdross, Alfred 1926: Die Verfassung der Völkerrechtsgemeinschaft, Wien und Berlin.

Verdross, Alfred/Bruno Simma 1976: Universelles Völkerrecht: Theorie und Praxis, Berlin.

Wahl, Rainer 2010: In Defense of ‚Constitution'. In: P. Dobner, M. Loughlin (Hrsg.), The twilight of Constitutionalism? Oxford, S. 220–242.

Walker, Neil 2002: The Idea of Constitutional Pluralism. In: The Modern Law Review, 65 (3), S. 317–359.

Walker, Neil 2009: Multilevel Constitutionalism: Looking beyond the Germa Debate. LEQS Paper No. 08/2009 London.

Walter, Christian 2001: Constitutionalizing (Inter)national Governance – Possibilities for and Limits to the Development of in International Constitutional Law. In: German Yearbook of International Law, 44, S. 170–201.

Zangl, Bernhard 2008: Judicialization Matters! A Comparison of Dispute Settlement under GATT and the WTO. In: International Studies Quarterly, 52 (4), S. 825–854.

Einzelprobleme im Überblick

Oliviero Angeli
Konstitutionalismus jenseits des Staates

Konstitutionalismus ist kein Allerweltsbegriff. Im außerwissenschaftlichen Bereich findet er nur selten Anwendung und auch in rechts- und sozialwissenschaftlichen Diskursen rangiert er weit hinter den anderen, bekannteren „Ismen". Ein Grund dafür mag darin liegen, dass der gegenwärtige Konstitutionalismus kein wesentlich umstrittener, geschweige denn umkämpfter Begriff ist – oder besser war. Denn spätestens seit dem Scheitern des Europäischen Verfassungsprojektes, entspinnt sich eine immer lebhafter werdende Auseinandersetzung über die Bedeutung des Konstitutionalismus. Auf den ersten Blick geht es dabei um zwei entgegengesetzte, sprachpolitische Grundauffassungen über die Frage, ob man sinnvoll von einem Konstitutionalismus „jenseits des Staates" sprechen kann. Für die einen – nennen wir sie „Sprachtraditionalisten" – verliert der Konstitutionalismus als „europäischer" oder „globaler" Konstitutionalismus seinen (tradierten) Sinn als Lehre der Verfassung als Grundordnung des Staates. Er verkommt zur leeren Phrase. Sogar die Rede vom „Ende" des Konstitutionalismus macht die Runde (Ming-Sung 2010). Doch das ist nur die eine Seite. Während die Sprachtraditionalisten die Sinnentleerung des Konstitutionalismus beklagen, begrüßen deren Widerstreiter – nennen wir sie „Sprachreformer" – die semantische Erweiterung des Konstitutionalismus als längst überfällig. Schließlich, so ihre Argumentation, spiegelt der überkommene, nationalstaatliche Konstitutionalismus immer weniger die Praxis der internationalen, europäischen, aber auch nationalen Gerichtsbarkeit wider (Kumm 2009). Die Sprachreformer plädieren also für die *Entstaatlichung* des Begriffs um ihn sinnvoll auf supra- und transnationale Institutionen anwenden zu können.

Hinter dieser Kontroverse verbirgt sich natürlich mehr als nur ein Streit um die sprachlich richtige Definition eines Begriffs. Es geht um eine theoretische Auseinandersetzung zwischen diametral entgegengesetzten Positionen, die in der einschlägigen Fachliteratur grob verallgemeinernd als „liberal" einerseits und „demokratisch-republikanisch" andererseits beschrieben werden (Cohen 2010). Leider trifft diese Unterscheidung den Kern der Auseinandersetzung nur unzureichend.[1] Tatsächlich geht es im Streit um den Begriff Konstitutionalismus weniger um die herrschaftsbegrenzende und -begründende Funktion einer Verfassung, als vielmehr um die Frage,

---

1 Jean Cohen kritisiert, dass der globale Konstitutionalismus den Begriff Konstitutionalismus um seine herrschaftsbegründende Funktion verkürzt. Tatsächlich setzt sich der globale Konstitutionalismus klar vom klassischen, demokratisch-republikanischen Verständnis des Konstitutionalismus als herrschaftsbegründendes Projekt ab. Es wäre allerdings voreilig, daraus zu schließen, dass sich alle liberalen Verfassungstheoretiker für die semantische Erweiterung des Konstitutionalismus-Begriffs aussprechen. Zum Beispiel gilt Dieter Grimm als Kritiker des europäischen/globalen Konstitutionalismus, obwohl er sich nicht einem Verständnis von Konstitutionalismus verschrieben hat, das als typisch republikanisch gilt (vgl. Grimm 1991).

woraus sich eine Verfassung Legitimation verschafft. Bedarf die Verfassung, um ihre Legitimation gegenüber den Rechtsadressaten auf Dauer zu stellen, einer autoritativen Instanz außerhalb ihrer selbst? Oder ist sie sich diesbezüglich selbst genug? Zur Beantwortung dieser Fragen möchte ich im Folgenden zwischen einem *eingebetteten* und einem *freistehenden* Konstitutionalismus unterscheiden.[2]

Ich will mit letzterem beginnen. Dem freistehenden Konstitutionalismus zufolge beruht die Autorität einer Verfassung nicht auf ihrer Rückführbarkeit auf eine Instanz, die außerhalb der Verfassung liegt, nämlich – in den meisten Fällen – die verfassungsgebende Gewalt des Volkes. Zwischen der verfassungsgebenden Gewalt und der Verfassung besteht kein notwendiger legitimatorischer Zusammenhang. In diesem Sinne ist die Verfassung eben „freistehend"; sie legitimiert sich aus sich selbst heraus, aus ihren Grundnormen. Für die Figur des verfassungsgebenden Volkes bleibt im freistehenden Konstitutionalismus daher kein Platz. Doch wozu sollte man eine Legitimationsstrategie zurückweisen, die entscheidend zur Etablierung moderner Verfassungsstaaten gedient hat? Ein wichtiger Grund ist in der zunehmenden „Denationalisierung des Verfassungsrechts"[3] zu sehen, welche die Figur des verfassungsgebenden Volkes zunehmend altmodisch und parochial erscheinen lässt. Doch es gibt auch normative Gründe. Der vielleicht wichtigste: Die Berufung auf die verfassungsgebende Gewalt des Volkes birgt die Gefahr, dass sie die Frage nach der normativen Autorität der Verfassung in die Frage nach der Autorität der Verfassungsgeber verwandeln – mit der Konsequenz, dass Urheberschaft (*authorship*) und Autorität (*authority*) zu austauschbaren Begriffen werden. Dementsprechend spricht Frank Michelman von einem „authority-authorship-syndrome" (Michelman 1999, S. 1605), das viele dazu verleitet hat, der Verfassung deshalb normative Autorität zuzusprechen, weil sie von den Gründungsvätern so gewollt wurde („because they said so") (Michelman 1998).

Wenn die Autorität der Verfassung nicht auf ihrer Rückführbarkeit auf die verfassungsgebende Gewalt beruht, worauf gründet sie dann? Die Frage lässt ein breites Spektrum an möglichen Antworten zu. Eine davon beruht (ganz im Sinne von Ronald Dworkins „moral reading of the Constitution": Dworkin 1996, S. 1–38) auf der Vorstellung, dass die Legitimation einer Verfassung stets von ihrer Übereinstimmung mit moralischen Idealen abhängig ist; Ideale, die oftmals erst im Zuge der verfas-

---

2 Diese Unterscheidung ist angelehnt an die Unterscheidung von „foundational" und „freestanding" constitutionalism bei Wilkinson (vgl. Wilkinson 2013).

3 vgl. Burca/Gerstenberg 2006. Der Ausdruck „Denationalisierung des Verfassungsrechts" fasst eine Reihe von Entwicklungen zusammen, die die verfassungsgerichtliche Praxis in den letzten Jahren geprägt haben. Da wäre zum einen zu nennen, dass sich nationalstaatliche Verfassungen zunehmend internationalen Rechtsstandards anpassen. Ferner unterliegen sie zunehmend supranationalen Regimen, deren Einhaltung von internationalen Gerichten oder quasi-gerichtlichen Instanzen überwacht wird. Und schließlich ist auch die Tendenz zu beobachten, dass sich Verfassungsrichter der Verfassungskomparatistik zuwenden und dabei vermehrt auf ausländische Rechtsprechung Bezug nehmen.

sungsgerichtlichen Interpretation „entdeckt" werden und der Verfassung als Ganzes eine gewisse Kohärenz verleihen. Eine andere Antwort stützt sich auf das Kriterium der „reasonableness". Demnach sind nur Verfassungen legitimierbar, deren Wesensmerkmale ihre Adressaten vernünftigerweise (*reasonably*) akzeptieren müssen. Die Liste ist erweiterbar. Was jedoch all diesen Ansätzen gemein ist, ist die Vorstellung, dass die Bedeutung und Legitimation einer Verfassung aus der Interpretation ihrer aktuellen Leser hervorgeht.

Für den freistehenden Konstitutionalismus steht also nicht der Autor der Verfassung im Mittelpunkt, sondern deren Interpret. Prinzipiell kann der Interpret neue Verfassungen generieren, wo noch keine verfassungsgebende Gewalt wirksam geworden ist. Das europäische Recht ist diesbezüglich ein gutes Beispiel. Wegweisend ist in diesem Zusammenhang die Position des EuGH. Dieser hat im Jahr 1986 (also lange vor dem Verfassungskonvent) in seinem Urteil „Les Verts" sowie später (im Jahr 1991) in einem Gutachten über den Europäischen Wirtschaftsraum das EU-Recht (damals noch EWG-Vertrag) die „Verfassungsurkunde der Rechtsgemeinschaft" genannt. Bemerkenswert an dieser Vorgehensweise ist, dass das Gericht es nicht darauf angelegt hat eine europäische Verfassung nach dem herkömmlichen Muster der mitgliedstaatlichen Verfassungen heraufzubeschwören. Auch komplexe Rechtsgebilde, die aus der gegenseitigen Verzahnung der verschiedenen nationalen, kontinentalen und internationalen Rechtsordnungen hervorgegangen sind, lassen sich als einheitliche Verfassungsordnung interpretieren. Voraussetzung hierfür ist eine Art „interpretive turn".[4] Nicht die europäische sowie internationale Rechtsordnung selbst nimmt konstitutionelle Züge an, sondern die Vorstellungen, die sich ihre Interpreten von ihr machen – allen voran die Vorstellungen der Verfassungsrichter und Rechtsexperten.

An dieser Stelle setzt die Kritik des eingebetteten Konstitutionalismus am freistehenden Verfassungsbegriff an: „freistehend" wird hier im Sinne einer expertokratischen Verfassungsauslegung verstanden, die von den Vorstellungen der Rechtsadressaten vollends entkoppelt ist. Schließlich verbinden sich mit dem freistehenden Konstitutionalismus keine Verfassungsvorstellungen und -bilder, die einen starken politischen-emanzipatorischen Anspruch enthalten. Der freistehende Konstitutionalismus ist, etwas zugespitzt formuliert, ein Konstitutionalismus der Richter und Rechtsexperten. Ganz anders der klassische, moderne Konstitutionalismus, dem sich der eingebettete Konstitutionalismus verpflichtet fühlt. Ihm lag die, den meisten Bür-

---

4 Kumm zufolge operiert der globale Konstitutionalismus wie ein kognitives Deutungsmuster, das zur Erfassung und Strukturierung der untersuchten Zusammenhänge entschieden beiträgt. Als solches erlaubt der globale Konstitutionalismus Rückschlüsse über die verfassungsrechtliche Praxis. Er kann beispielsweise Erklärungen dafür liefern, warum Verfassungsgerichte komplexe Verhältnismäßigkeitsprüfungen vornehmen und sich dabei der historisch ausgerichteten Auslegungsmethode widersetzen, die die Entstehungsgeschichte einer Rechtsnorm zu stark in den Fokus rückt. Oder warum Verfassungsgerichte zunehmend internationale und ausländische Präzedenzfälle in die Urteilsfindung einbeziehen, vgl. Kumm 2009.

gern vertraute, Vorstellung zugrunde, dass Verfassungen das Ergebnis einer politischen Neugründung sind und als solche „Speicher von politischen Ordnungsvorstellungen und gesellschaftlichen Leitideen" sind (Vorländer 2006, S. 237). Dabei spielt die Idee der verfassungsgebenden Gewalt des Volkes eine zentrale Rolle. „Der Gedanke der verfassunggebenden Gewalt benennt zum einen das Subjekt der Herrschaftsbegründung, nämlich das Volk, und er garantiert zum anderen, dass der Prozess der Verfassunggebung nicht abgeschlossen ist, sondern auf Grundlage der verfassungsgemäßen Institutionenbildung verstetigt werden kann" (Möllers 2003. S. 231). In diesem modernen Sinn, sind Verfassungen sowohl vergangenheits- als auch zukunftsgewandt. Sie greifen ein imaginiertes und idealisiertes Ereignis aus der Vergangenheit (die Verfassungsgebung) auf, um es als demokratische Verheißung in die Zukunft zu projizieren.

Aus dem Gesagten wird die Bedeutung des Ausdrucks „eingebettet" deutlich: Die Verfassung ist von der Legitimationsinstanz des verfassungsgebenden Volkes nicht entkoppelt, sondern vielmehr symbolisch mit ihr verzahnt. Ihre Autorität hängt vom Zusammenhang zwischen der Verfassung (als Repräsentant) und dem Volk als Ganzes (als Repräsentandum) ab. Doch von welchem Volk ist hier die Rede? Von dem idealisierten, über alle politische Unterscheidungen erhabenen Volk der Verfassungsgebung oder vom politisch-kulturell uneinheitlichen Volk des politischen Alltags? Für ersteres spricht der Umstand, dass die meisten Kritiker des europäischen Konstitutionalismus die Bedeutung einer relativ stabilen und kohärenten politischen Gemeinschaft unterstrichen haben. Dabei geht es vor allem um die Feststellung, dass es kein europäisches „We the People" gibt, das einen EU-Verfassungsgebungsprozess möglich machen könnte. Dabei birgt diese Sichtweise die Gefahr, die Bedeutung politisch-kultureller Differenzen prinzipiell zu verkennen und in der Folge gesellschaftliche Realitäten in Einwanderungsgesellschaften nicht gerecht zu werden. Denn offensichtlich liegt der Vorstellung eines verfassungsgebenden Volks eine Homogenitätsvorstellung zugrunde, die staatlich verfasste Völker nicht erfüllen können (und schon im Moment der Verfassungsgebung nicht erfüllt haben). Dieses Problem kennt der freistehende Konstitutionalismus nicht. Entscheidend für ihn ist schließlich nicht wer die Verfassung gemacht hat, sondern wem gegenüber sie gerechtfertigt werden muss. Dabei geht es um jene Menschen, die der Verfassung unterworfen sind – und dazu gehören auch Einwanderer, Flüchtlinge und sogar andere Völker, sofern Verfassungen sog. „Externalitäten" erzeugen (zum Problem der „Externalitäten" siehe: Kumm). Eine so konzipierte „freistehende" Verfassung nimmt zwar kosmopolitische Züge an, bedarf aber keiner breiten Konvergenz gesellschaftlicher Verfassungsvorstellungen. Stattdessen setzt lediglich die Konvergenz verfassungsrechtlicher Methoden sowie Begründungen auf der Ebene der gerichtlichen Argumentation voraus.

Literatur

Cohen, Jean L. 2010: Constitutionalism beyond the state: myth or necessity?, RECON Online Working Papers Series 16.

Dworkin, Ronald 1996: Freedom's Law: The Moral Reading of the American Constitution, Oxford, S. 1–38.

De Burca, Grainne/Oliver Gerstenberg 2006: The Denationalization Of Constitutional Law, in: Harvard International Law Journal, Bd. 47.1, S. 233–262.

Grimm, Dieter 1991: Die Zukunft der Verfassung, Frankfurt a. M.

Kumm, Mattias 2013: The Cosmopolitan Turn in Constitutionalism. An Integrated Conception of Public Law. Indiana Journal of Global Legal Studies, 20 (2), S. 605–628.

Kumm, Mattias 2009: The Cosmopolitan Turn in Constitutionalism, in: Jeffrey L. Dunoff/Joel P. Trachtman (Hrsg.): Ruling the World? Constitutionalism, International Law, and Global Governance, Berlin, S. 258–324.

Kuo, Ming-Sung 2010: The End of Constitutionalism as we know it?, in: Transnational Legal Theory, Bd. 1.3, S. 329–369.

Michelman, Frank 1998: Constitutional Authorship, in: Larry Alexander (Hrsg.): Constitutionalism: Philosophical Foundations, Cambridge/Mass., S. 64–98.

Michelman, Frank 1999: Constitutional Authorship by the People, in: Notre Dame Law Review, Bd. 74

Möllers, Christoph 2009: Verfassunggebende Gewalt – Verfassung – Konstitutionalisierung. Begriffe der Verfassung in Europa, in: Armin von Bogdandy (Hrsg.): Europäisches Verfassungsrecht. Theoretische und dogmatische Grundzüge, 2. Aufl., Berlin u. a., S. 227–278.

Vorländer, Hans 2006: Die Verfassung als symbolische Ordnung. Perspektiven einer kulturwissenschaftlich-institutionalistischen Verfassungstheorie, in: Recht und Politik, hrsg. von Michael Becker und Ruth Zimmerling, PVS-Sonderheft 36, 229–249.

Wilkinson, Michael 2013: Political constitutionalism and the European Union, in: Modern Law Review, Bd. 76.2, S. 191–222.

Daniel Schulz

Die Verfassung der Weltrepublik im kosmopolitischen Universalismus: Anacharsis Cloots

Die gegenwärtige Diskussion über einen kosmopolitischen Konstitutionalismus erscheint als eine Überwindung des nationalstaatlich eingeengten Verfassungsdenkens, der das neunzehnte und das zwanzigste Jahrhundert geprägt hat. Ideengeschichtlich wird dabei, wenn überhaupt, in erster Linie auf Kant und auf das Projekt des Abbé Saint-Pierre verwiesen, um den transnationalen, kosmopolitischen Konstitutionalismus philosophisch zu begründen.[1] Dabei gerät jedoch zumeist ein Aspekt aus den Augen, der die politische Dimension des kosmopolitischen Verfassungsdenkens betrifft: Die Rede ist von den soziomoralischen Voraussetzungen der konstitutionellen Ordnung. Vor der juristischen Engführung des Verfassungsbegriffs, der mit der Konzentration auf einen normativen, zumeist schriftlich fixierten Verfassungstext anhebt und seine Ursprünge in den modernen Revolution in den USA und in Frankreich hat, war der Verfassungsbegriff sehr viel weiter gespannt (vgl. nur Mohnhaupt/Grimm 2002). Er umfasste nicht nur die Beschreibung der politischen Institutionen des Gemeinwesens, sondern auch die sozialen, kulturellen und moralisch-ethischen Bedingungen, auf denen das politische Institutionengefüge beruhte und denen es Ausdruck verlieh. Insbesondere die Frage nach den Verhaltensdispositionen der Bürger war ein zentrales Thema des republikanischen Verfassungsdenkens seit der italienischen Städterenaissance, das auch Rousseau noch als eine der zentralen Frage der politischen Verfasstheit des Gemeinwesens behandelte. Die von Kant postulierte Trennung von Recht und Moral, aber auch die Ausdifferenzierung des Rechtssystems bis hin zur Entwicklung des modernen Rechtspositivismus haben dafür gesorgt, dass der Verfassungsbegriff aus seinen politischen, kulturellen und sozialen Kontexten weitgehend abgelöst werden konnte. Auch in der gegenwärtigen, politik- und rechtsphilosophisch geprägten Diskussion über die normative Begründung kosmopolitischer Verfassungsstrukturen werden diese Fragen nach den Voraussetzungen und den Geltungsbedingungen konstitutioneller Ordnung weitgehend ausgeblendet.[2]

Der folgende Beitrag will diese Lücke ideengeschichtlich anhand eines Beispiels diskutieren, das bislang weitegehend im Schatten des Kantischen Friedensprojektes stand und erst allmählich das Interesse der politischen Theorie auf sich zieht:[3] Ana-

---

1 Vgl. zu Kant nur die Auswahlbibliographie zur Friedensschrift bei Eberl/Niesen 2011; zum Abbé Saint Pierre und Rousseau Asbach 2002.
2 Vgl. die Diskussion bei Oliviero Angeli in diesem Band.
3 Die wenigen jüngeren Beispiele sind Cheneval 2004, Bevilacqua 2012, Kleingeld 2012, außerdem der Eintrag zu Cloots in Bötticher 2014.

charsis Cloots hat in der Französischen Revolution einen Verfassungsentwurf des radikalen Universalismus vorgelegt, an dem die politischen Probleme eines kosmopolitischen Konstitutionalismus deutlich werden. Dabei eignet es sich gerade deshalb als anschauliches Beispiel für die Probleme des Kosmopolitismus, weil es sich hier nicht um einen rein philosophisches Gedankengebäude handelt, sondern um ein verfassungspolitisches Projekt im Kontext einer radikalen Transformation politischer Ordnung.

Johann-Baptist Cloots, ein frankophiler Baron aus dem preußischen Cleve am Niederrhein, war begeisterter Anhänger der Revolution und nannte sich nach seiner Begegnung mit der Philosophie der Aufklärung in Paris Anacharsis, nach dem barbarischen Skythen, dem sich in Athen die Weisheit offenbarte.[4] Er war 1790 Anführer einer Delegation der Ausländer auf dem Föderationsfest, nannte sich seither „Redner des Menschengeschlechts" und propagiert die universale Weltrepublik als konsequente Erweiterung der französischen Revolution auf die Menschheit.[5] Cloots wirkte wie viele Intellektuelle im Kontext der Revolution zugleich als Autor von politisch-philosophischen Traktaten wie als Redner. Als Abgeordneter der Nationalversammlung nutze er diese öffentliche Tribüne ebenso wie den Jakobinerklub, um seinen Ideen von der universalen Weltrepublik Geltung zu verschaffen. Dabei ist ein Aspekt besonders augenfällig, der im Mittelpunkt der folgenden Analyse stehen soll: Die semantische Dimension von Cloots' prophetischer Sprache des Sakralen, seine politische Heilsrhetorik, steht in einem Spannungsverhältnis, wenn nicht gar im Widerspruch zu den auch liberalen Ordnungsvorstellungen, die seiner Position zugrunde liegen. Sein Ansatz fundiert die politische Ordnung auf die individuellen Rechte der Menschen und Bürger und benutzt den Tugendbegriff nur im nachrangigen Sinne – Tugend wird durch gute Gesetze generiert, nicht umgekehrt. Auch das Gemeinwohl wird erst über den Egoismus der Individuen hervorgebracht. Anders aber als Kant beschränkt sich Cloots nicht nur auf die liberalen Fragen von Recht und Gerechtigkeit, sondern erklärt auch das Glück und die Perfektibilität des Bürgers zum Ziel der politischen Ordnung. Diese Agenda verbleibt weitestgehend im Rahmen der liberalen Aufklärung. In der Frage aber, wie diese Agenda umgesetzt werden soll, verlässt Cloots den liberalen Rahmen und greift zu einer Strategie der radikalen rhetorischen Mobilisierung. Nun griffe es zu kurz, würde man dieses Phänomen auf eine Spannung zwischen Form und Inhalt reduzieren. Der Wandel der politischen Semantik, der hyperbolische Gestus mit seinem überschießenden, ordnungssprengenden Potenzial geht vielmehr eine sehr viel engere Verbindung mit der kosmopolitischen Ordnungsvorstellung ein, als es der liberalen Selbstbeschreibung entspricht. Cloots steht stellvertretend für eine Entgrenzung der republikanischen Ordnung zur univer-

---

4 Die in der antiken Literatur behandelte Figur wurde Ende des achtzehnten Jahrhunderts durch einen der größten literarischen Erfolge dieser Zeit populär (Barthélemy 1788).
5 Vgl. biographisch Mortier 1995; in deutscher Sprache zudem die Dissertation von Selma Stern 1914.

salen Weltrepublik und zeigt, dass mit der Französischen Revolution nicht nur das Zeitalter der Nationalstaaten beginnt, sondern zugleich auch ein Diskurs, in dem die semantischen Gehalte universaler Rechte ihre den nationalen Rahmen transzendierende Macht entfalten. Damit setzen sie eine Dynamik frei, in der die Frage nach der angemessenen konstitutionellen Form der Bürger- und Menschenrechte als eine dauerhaft ungeklärte und auch nicht endgültig entscheidbare offenen Stelle im Diskurs der modernen Ordnung erscheint. Gerade das Problem der konkreten Verortung des Politischen wird auch in der kosmopolitischen Entgrenzung ins Universale nicht aufgehoben: Die Verfassung des Kosmopolitismus weist daher in ihrer Gestalt als Ordnung der reinen Vernunft nicht nur utopische Elemente auf. Sie unternimmt ebenso den Versuch einer räumlichen Verortung und produziert auf diese Weise Paradoxien, die ihren eigenen Geltungsanspruch permanent destabilisieren. Welche politischen Probleme aus dieser labilen Spannungsbalance resultieren, soll im folgenden am Beispiels Cloots' erläutert werden.

Die universalistische Wende des Republikanismus

Die Französische Revolution kann als universalistische Dynamisierung des Republikanismus verstanden werden, der eine Synthese mit dem Fortschrittsdenken der Aufklärung, der Idee der menschlichen Perfektibilität und den universalistischen Großbegriffen wie Vernunft, Natur und Menschheit eingeht. Zudem verwandelt er sich die aus der Verbindung von Natur- und Vernunftbegriff resultierende Gleichheitsidee an. Diese universalistische Weiterung war dem Republikanismus bis dahin weitgehend fremd, war er doch gerade durch einen starken Bezug auf historische Kontexte und durch kleinräumige Strukturen ausgewiesen. Die politische Ordnung des Republikanismus konstituiert sich durch die Begrenzung auf die Bürgergesellschaft in einem klar umrissenen Gemeinwesen, auch wenn mitunter spannungsreiche Synthesen mit der Imperiums- und der Reichsidee sowie mit der christlichen Idee der Res Publica Christiana beobachtet werden können.[6] Die Gleichheitsidee beschränkte sich auf die Gleichheit der Bürger und schloss starke Hierarchisierungen und extreme rechtliche Statusunterschiede beispielsweise von Sklaven, Frauen, Fremden etc. nicht aus.[7]

---

6 Zu den früheren Verbindungen bei Cicero, Augustinus, Dante vgl. Hölzing 2011, wo aber der Zusammenhang als geschichtsphilosophischer Lernprozess aufgeladen wird (und Cloots nicht vorkommt).
7 Auch die Debatte um den Kosmopolitismus begann erst um 1770 (Kleingeld 2012, S. 3), wenngleich bereits zuvor bei Christian Wolff und Emerich de Vattel erste Ansätze gefunden werden können (Cheneval 2002).

Die Verfassung des Alten Reiches war hingegen eine großräumige Ordnung, welche die im Namen enthaltene Idee der Nation in vielerlei Hinsicht transzendierte, sei es kulturell, sei es rechtlich oder religiös (vgl. Stollberg-Rilinger 2009; 2013). Auch wenn nicht auszuschließen ist, dass Cloots seinen Begriff der Weltrepublik aus einer säkularisierten Variante der deutschen Reichsidee gewonnen haben könnte und mit Ideen wie der Leibniz'schen Res Publica Universalis oder der Gelehrtenrepublik eines Christian Wolff verbindet, so ist es hier doch in erster Linie die Synthese zwischen der politischen Tradition des Republikanismus und der liberalen Philosophie der Aufklärung, der Cloots letztlich seine Vorstellung einer kosmopolitischen Weltverfassung verdankt. Mit dieser Annäherung zweier Paradigmen werden nicht zuletzt auch die utopischen Gehalte verstärkt, die in der republikanischen Tradition immer schon latent enthalten waren, wie beispielsweise in den Renaissanceutopien von Campanella, Morus und Savonarola oder schließlich bei James Harrington.

Anacharsis Cloots begann seinen intellektuellen Werdegang als Aufklärer gegen die Religion. 1780 veröffentlicht er unter Pseudonym das Traktat „La certitude des Preuves du Mahométisme, ou Réfutation de l'Examen critique des Apologistes de la Religion Mahométane", mit dem Cloots den Geltungsanspruch der Religion ein für alle mal widerlegt zu haben meinte. Ziel dieses Unternehmens ist es, den religiösen Geltungsanspruch durch die Konfrontation von in sich fundierten, absoluten Sinnuniversen aufzulösen. Allein durch den rational demonstrierten logischen Widerspruch ist der Geltungsanspruch der Religion für Cloots endgültig und unwiderrufbar aufgehoben.

Nachdem der religiöse Geltungsanspruch durch die Demonstration der Vernunft abgeräumt wurde, ist in Cloots Augen Platz geschaffen für die rein innerweltlich begründete Ordnung der Weltrepublik, die er als konsistente Anwendung des Sozialvertragsargumentes betrachtet. Gegen Rousseaus kleinräumigen Republikanismus wird als einzig möglicher Souverän die Menschheit behauptet, die sich durch den Zusammenschluss aller Individuen konstituiert. Rousseaus Skepsis gegenüber der Möglichkeit eines freien Gemeinwesens auf großem Raum lässt Cloots nicht gelten (zum Bruch mit Rousseau vgl. auch Bevilacqua 2012, S. 554 ff.). Gegen die soziale Integration der Republik durch den tugendbasierten Patriotismus eines Volkes oder einer Nation wird der globale Kosmopolitismus als einzig vernünftige Verfassungsgrundlage für das Menschengeschlecht gestellt. Auch die Idee der Zivilreligion wird von Cloots abgelehnt, weil sie in seinen Augen mit einer Ausgrenzung der Atheisten verbunden ist und daher nicht zur Integrationsbasis der universalen Ordnung taugt. In ökonomischer Hinsicht behält er ebenfalls ein klar liberales Profil: Er befürwortet den weltweiten Freihandel und sieht im Spiel der Interessen ohne künstliche Schranken die Garantie für das Gemeinwohl. Damit steht er hier der liberalen Tradition des „doux commerce" von Montesquieu und mit Einschränkungen auch von Adam Smith näher als Rousseau (zum „doux commerce" vgl. Hirschman 1997).

Die von Cloots geforderte Weltrepublik hingegen erwächst nicht aus einer demokratischen Autonomie und der Zustimmung der Weltbürger oder der Völker, sondern beruht auf einem philosophischen Rationalismus, der sich zwar an das Vorbild der französischen Nation anlehnt, ansonsten aber die historische Genese der Weltrepublik sowie das Problem gegenläufiger kultureller, sozialer, politischer oder religiöser Bindungs- und Verpflichtungszusammenhänge nicht weiter thematisiert.[8] Die Cloots'sche Ordnungsvorstellung der universalen Weltrepublik muss daher in einem engen Zusammenhang mit ihren ganz eigenen Vermittlungsformen verstanden werden: Hinter der offengelassen Leerstelle der Verfassungsgebung liegt ein prophetisch-missionarischer Gestus, der die in der Theorie selbst fehlende Vermittlung zwischen Theorie und Praxis überspringen und die Verfassung der Weltrepublik als realpräsente Einheit schöpfen will. Die Konstitutionalisierung der Welt vollzieht sich für Cloots daher weniger als ein politischer Prozess, sondern im Modus der Offenbarung – einer paradoxen Offenbarung allerdings, handelt es sich doch um einen Akt der Selbstschöpfung, der durch seine sakrale Verklärung als ein den Gesetzen der Vernunft entsprechender Akt der Notwendigkeit erscheint.

Bereits Rousseau hatte für das Problem der Einrichtung der Republik auf die Figur des Gesetzgebers zurückgegriffen und ihn als Charismatiker ganz im Weberschen Sinne gezeichnet, der seine heilige Aura auf die Gesetze überträgt – ein „Sprechen im Namen des Universalen", wie es Pierre Bourdieu allerdings mit Bezug auf die bereits im Staat etablierte universale Geltungsmacht beschrieben hat.[9] Mit Max Weber selbst kann man die Figur des Propheten als „einen rein persönlichen Charismaträger" verstehen, der durch persönliche Berufung, „kraft persönlicher Offenbarung oder Gesetzes Autorität beansprucht" (Weber 2005, S. 27 f.). Weber weist zudem auf den fließenden Übergang vom Propheten zum Gesetzgeber hin und bemerkt: „Es gibt keinen Fall, dass ein solcher Gesetzgeber oder sein Werk nicht mindestens die nachträgliche göttliche Gutheißung erhalten hätte" (Weber 2005, S. 29). In der revolutionären Situation muss Cloots Position im Kontext des politischen Kampfes um die Aneignung symbolischer Machtressourcen verstanden werden, in der die Menschheit als nicht mehr steigerbarer Trumpf im rhetorischen Konflikt erscheint. Wie kaum ein anderer Akteur der Revolution hat sich Cloots einer republikanisch-säkularen, von zahllosen Totalitäts- und Einheitsansprüchen durchsetzten Sprache des Heiligen bedient und war zudem einer der eifrigsten Verfechter des Vernunftkultes. Am 21. April 1792 hält Cloots in der Nationalversammlung sein Plädoyer für den Krieg und für die universale Republik.

---

8 Zu Cloots Paternalismus Kleingeld 2012, S. 55; zum Vorwurf der ahistorischen Theorie dies., 2012, S. 63: Die Genese/Emergenz der Weltrepublik spielt, anders als bei Kants Föderation, keine Rolle.

9 Bourdieu 2012, S. 161 f.: „Faire la genèse de l'État, c'est faire la genèse d'un champ où le politique va se jouer, se symboliser, se dramatiser dans les formes, et du même coup les gens dont le privilège est d'entrer dans ce jeu ont le privilège de s'approprier une ressource particulière qu'on peut appeler la ressource „universel". Entrer dans ce jeu du politique conforme, légitime, c'est avoir accès à cette ressource progressivement accumulée qu'est l'universel, dans la parole universelle, dans les positions universelles à partir desquelles on peut parler au nom de tous, de l'universum, de la totalité d'un groupe. [...] il y a des gens qui ont le privilège de l'universel, mais on ne peut pas avoir l'universel sans être en même temps monopolisateur de l'universel. Il y a un capital de l'universel".

Seine sakral aufgeladene Semantik ist ein herausragendes Beispiel für die Transzendenzdimension dieser Debatte und verdient daher ausführlich zitiert zu werden:

> Gesetzgeber, die Verzweiflung der europäischen Tyrannei zwingt eine großzügige und freie Nation, die Waffen der Vernunft mit den Waffen des Krieges zu vereinen. [...] Wir erleben eine Krise des Universums. Das Schicksal der Menschheit liegt in den Händen Frankreichs. Wir kämpfen für die Rechte des Menschen, und unsere Siege werden der Menschenwürde neuen Glanz verleihen. Wir schlagen die Despoten und wir befreien die Menschen. Mit jedem in den Staub gestürzten Tyrann hat ein Volk die Sklaverei abgeworfen. Gott hat das Chaos des Urzustandes entwirrt, die Franzosen werden das feudalistische Chaos entwirren. Gott ist mächtig und er hat gewollt. Wir sind mächtig und wir wollen. Die freien Menschen sind die Götter der Erde, und das Menschengeschlecht wird stärker sein als die Satrapen. [...] Wir werden einen heiligen Krieg führen, in dem die universale Freiheit siegen wird. Die Tyrannen werden mit Entsetzen erfahren, dass die Bürger Frankreichs und der Welt sich für ein Ziel, das buchstäblich alle Menschen angeht, den größten Opfern unterziehen werden. Ja, wir werden uns mit derben Speisen begnügen, mit der schwarzen Suppe der Spartaner, um einen Krieg zu unterstützen, auf den ein ewiger Frieden folgen wird [...]. Fordert der Kult der Freiheit weniger Verpflichtung als die Kulte des Aberglaubens? Wird die Hauptstadt der Unabhängigkeit nicht ebenso seine Pilger, seine Votivbilder haben wie die Hauptstädte der Christen oder der Muslime? Wird die Religion der Menschenrechte weniger Tugend, Eifer und Begeisterung inspirieren als die Religion der falschen Propheten? In Rom, in Mekka, in Jagrenad hat der universale Aberglaube Gold, Silber und Edelsteine angehäuft – und die universale Liebe der Freiheit soll es nicht schaffen, die Schatzkammer Frankreichs, die Schatzkammer des Menschengeschlechts mit befreienden Opfergaben zu füllen? Gesetzgeber, ich stifte in Gegenwart meiner Laren und meiner Penaten in diesem Heiligtum, auf diesem heiligen Altar des Verfassungsgottes die Summe von 12.000 Pfund, um 40 bis 50 Kämpfer für den heiligen Krieg der Menschen gegen die Kronen zu kleiden, auszurüsten und zu bewaffnen. Ich opfere mein Vermögen und meine Arbeit der Verbesserung der menschlichen Art, ich bin mein Leben lang der Redner des Menschengeschlechts.[10]

Dagegen hatte Robespierres im Jakobinerklub bereits am 2. Januar 1792 gegen den Krieg und den exaltierten Universalismus Stellung bezogen. Gegen Cloots wendet er ein: Sie übenehmen:

> die Eroberung Deutschlands; zuerst führen Sie unsere siegreiche Armee zu allen benachbarten Völkern; sie richten überall Gemeindehäuser, Direktoriate und Nationalversammlungen ein, und Sie selbst verkünden, dass dieser Gedanke erhaben sei, als ob sich das Schicksal von Königreichen durch Redewendungen bestimmen ließe. Unsere Generäle, von Ihnen geführt, sind nur noch Missionare der Verfassung; unser Feldlager ist eine einzige Schule des öffentlichen Rechts; die Satelliten der fremden Monarchen, weit davon entfernt, diesem Plan überhaupt Widerstand entgegenzusetzen, eilen uns entgegen, nicht um uns zurückzutreiben, sondern um

---

10 Archives parlementaires, Bd. 42 (1893) du 17 avril 1792 au matin, au 4 mai 1792 au matin, S. 252 ff.; bei dieser Gelegenheit übergab Cloots der Nationalversammlung auch sein die neue Ordnung skizzierendes Werk „La république universelle". Französisch wird die universale Sprache der Menschheit sein, Paris das Zentrum des Universums und Sitz der gemeinsamen Versammlung – „Paris est le Vatican de la raison" (Cloots 1979, S. 261).

uns zu lauschen! Es ist schade, dass die Wahrheit und der gesunde Menschenverstand diese herrlichen Voraussagen Lügen strafen; [...] Niemand mag bewaffnete Missionare. [...] Die Erklärung der Rechte ist keinesfalls das Licht der Sonne, das allen Menschen gleichermaßen leuchtet; sie ist nicht der Blitz, der alle Throne gleichzeitig trifft. Es ist leichter, sie auf ein Blatt Papier zu schreiben, oder in Erz zu gravieren, als ihre heiligen Lettern, die durch die Unwissenheit, die Leidenschaften und den Despotismus ausgelöscht wurden, wieder in die Herzen der Menschen einzugraben (Robespierre 1971, S. 155 f.).

Damit artikuliert Robespierre die nach innen gerichtete Integrationsperspektive des republikanischen Denkens, wenngleich auch er mit seinem Kult des höchsten Wesens die universale Dimension der Revolution betont und seine kritische Haltung gegenüber den Revolutionskriegen eher aus strategischen Gründen zu erklären ist. Während er die soziomoralischen Geltungsvoraussetzungen für eine demokratische Verfassung außerhalb Frankreichs nicht gegeben sieht, so sind es doch eben jene Voraussetzungen, die auch in Frankreich selbst durch die Tugenddiktatur erst hergestellt werden sollen. Die politische Gewalt der Guillotine wird so als radikaler Verfügbarkeitsglaube gerechtfertigt, die *terreur* erscheint als reinigender Integrationsmechanismus der prekären revolutionären Gemeinschaft.[11]

Bei Cloots gehen somit missionarischer Kosmopolitismus und imperiale Geste zusammen.[12] Erst ab 1793/94 wurde der Begriff des Weltbürgers zum negativen Kampfbegriff, mit dem die Feinde der Revolution diskreditiert wurden (van den Heuvel 1986, S. 10). Als Prototyp des revolutionsfeindlichen Weltbürgers galt der Priester, und die katholische Kirche als kosmopolitische Institution, die den nationalen Geltungsanspruch destabilisierte (van den Heuvel 1986, S. 13). Die missionarische Heilssemantik Cloots näherte ihn in den Augen der Jakobiner denjenigen an, die er selbst erbittert bekämpfte und führte schließlich zu seiner eigenen Hinrichtung. Neben dieser Nähe der universalen Heilssemantik zur Kirche erweckte der Kosmopolitismus zudem Vorbehalte durch seine Nähe zu aristokratischen Ordnungsvorstellungen – war doch vor der Revolution die eigentlich kosmopolitische Klasse der Adel, der durch transnationale Vernetzung und die universale Sprache des Französischen miteinander über nationale Grenzen hinweg verbunden war. Genau gegen diese Form der transnationalen Vernetzung richtete sich das neue, patriotische Nationalbewusstsein und das Misstrauen Robespierres. Cloots wurde daher als genau das bekämpft und schließlich auf der Guillotine hingerichtet, was er als seine ureigensten Feinde ansah: als Priester und als Aristokrat.

---

11 In der Folge von François Furet sowie von Mona Ozouf (1985), die gegen die neojakobinische Erklärung des terreurs durch die Kriegsumstände mit der inneren Logik der revolutionären Deutungsmuster argumentieren, vgl. Thamer 1999; Fehrenbach 1989.

12 „Despite his radical democratic convictions, Cloots severly underestimates the importance of democratic self-determination of other peoples" (Kleingeld 2012, 57 f.).

Die Geltungsvoraussetzungen des Kosmopolitismus

Der kosmopolitische Diskurs der Aufklärung war nicht notwendigerweise immer so paternalistisch geprägt wie bei Cloots. Denis Diderot beispielsweise hatte die Emergenz einer kosmopolitischen Ordnung als Dimension und Folge des globalen Handels gesehen und nicht allein an die zivilisatorische Mission der Europäer oder der Franzosen geknüpft. Eine weltbürgerliche Ordnung wird hier als Prozess und als Resultat von Macht und Gegenmachtbildung verstanden.[13] Cloots dagegen dachte das Verhältnis von Kosmopolitismus und Nation als einseitigen Steigerungsvorgang: Er wollte die kommenden Weltbürger als „Germaines" verstehen und ist damit unbewusster Teil jenes Diskurses, der in den 1790er-Jahren den Kosmopolitismus immer stärker als Eigenschaft und Teil der deutschen Kultur betrachtete.[14] Sehr viel problematischer allerdings war die Abkopplung der kosmopolitischen Verfassung von jeglicher Vorstellung des Politischen, da es letztlich nur um die Vollstreckung von Ordnungsentscheidungen geht, welche die Vernunft für die Menschheit längst getroffen hat. Dieser anti-politische Ausgriff[15] vertraut daher einerseits auf die Macht der Vernunft, neigt jedoch zugleich zu einer autoritären Radikalisierung, die ihn der Notwendigkeit von Kompromissen und politischen Verantwortungsbewusstsein zu entheben scheint.[16]

Was aber lässt sich von dieser ideengeschichtlichen Analyse für die aktuelle politiktheoretische Debatte über kosmopolitische Ordnungen lernen? Zunächst ist es erstaunlich genug, wie im Moment des Ursprungs moderner Nationalstaatlichkeit der Begriff der Weltgesellschaft und der ökonomischen, kulturellen, rechtlichen und politischen Globalisierung antizipiert wird. Cloots entwirft seine transnationale Verfassung, die über ein globales Regime der Menschenrechte integriert wird, eher als einen globalen Konstitutionalismus denn als eine kosmopolitische Demokratie. Der Begriff der politischen Souveränität wird von ihm durch seine Radikalisierung an den Rand der Auflösung gebracht – und damit auch die Aspekte der politischen Selbstermächtigung, welche die Revolution damit verband. Weil Cloots aber dem zentralistischen

---

13 Diderot sagte in seiner *Histoire des deux Indes* einen schwarzen Spartacus voraus – der Anführer der Revolution auf Haiti, François-Dominique Toussaint Louverture hat das gelesen. Vgl. zur Diskussion über den Zusammenhang von globalem Handel, Kosmopolitismus und Imperialismus Muthu 2012, S. 199–231, zu Diderot ebd., S. 210 ff. sowie ders. 2003, S. 72 ff.

14 Nach den Befreiungskriegen trug dieser Umstand erheblich dazu bei, die Überlegenheit der deutschen Nationalidee zu begründen; vgl. zu diesem kulturgeschichtlichen Hintergrund Kleingeld 2012, S. 10; klassisch dazu Meinecke 1963.

15 „The world state was really the abolition of politics. Cloot's anti-state conception places him at the beginning of the history of ,anarchism', with Godwin and Saint-Just" (Bevilacqua 2012, S. 568); zu „anti-politics" und „anti-political internationalism" ebd., S. 569.

16 Man muss nicht soweit gehen, dies jeglicher Form des liberalen Weltbürgertums zum Vorwurf zu machen; vgl. in dieser Linie zu Cloots und Brissot in der Folge Carl Schmitts Schnur 1983.

Einheitsdenken der Französischen Revolution verhaftet bleibt, kann er die Weltrepublik nur als einheitliche, zentralisierte entwerfen. Während in der demokratischen Imagination die politische Selbstbestimmung neben ihrem universalen Geltungsanspruch immer auch den Aspekt einer Bestimmung des Besonderen im Allgemeinen aufwies, erledigt bei Cloots der überschießende Universalismus seines Entwurfs weitgehend ein Recht auf Differenz. Eine Weltrepublik, die weder Rechenschaft über ihre eigenen Geltungsvoraussetzung, noch über die von ihr ermächtigten politischen Akteure abzulegen bereit ist, müssen wir uns daher mit Cloots nicht als kosmopolitische Weltverfassung, sondern als Imperium der Menschenrechte vorstellen.

Literatur

Asbach, Olaf 2002: Die Zähmung der Leviathane. Die Idee einer Rechtsordnung zwischen Staaten bei Abbé de Saint-Pierrre und Jean-Jacques Rousseau, Berlin.

Barthélemy, Jean-Jacques 1788: Voyage du jeune Anacharsis en Grèce dans le milieu du quatrième siècle avant l'ère vulgaire, Paris.

Bevilacqua, Alexander 2012: Conceiving the Republic of Mankind: The Political Thought of Anacharsis Cloots, in: History of European Ideas 38, 4, S. 550–569.

Bötticher, Winfried 2014: (Hrsg.) Klassiker des europäischen Denkens. Friedens- und Europavorstellungen aus 700 Jahren europäischer Kulturgeschichte, Baden-Baden.

Bourdieu, Pierre 2012: Sur l'État. Cours au Collège de France (1989–1992), hrsg. von Patrick Champagne u. a., Paris.

Cheneval, Francis 2004: Der kosmopolitische Republikanismus – erläutert am Beispiel Anacharsis Cloots, in: Zeitschrift für philosophische Forschung 58 (2004), S. 373–396.

Cloots, Anacharsis 1979: Écrits révolutionnaires 1790–1794, hrsg. v. Michèle Duval, Paris.

Eberl, Oliver/Peter Niesen 2011: Kommentar, in: Immanuel Kant. Zum ewigen Frieden, Berlin, S. 89–416.

Fehrenbach, Elisabeth 1989: Die Ideologisierung des Krieges und die Radikalisierung der Französischen Revolution, in: Dieter Langewiesche (Hrsg.), Revolution und Krieg. Zur Dynamik historischen Wandels seit dem 18. Jahrhundert, Paderborn, S. 57–66.

Hirschman, Albert O. 1997: The Passions and the Interests. Political Arguments for Capitalsm before ist Triumph, Princeton.

Hölzing, Philipp 2011: Republikanismus und Kosmopolitismus. Eine ideengeschichtliche Studie, Frankfurt a. M., New York.

Kleingeld, Pauline 2012: Kant and Cosmopolitanism. Cambridge.

Meinecke, Friedrich 1963: Weltbürgertum und Nationalstaat [1908], München.

Monhaupt, Heinz/Dieter Grimm 2002: Verfassung. Zur Geschichte des Begriffs von der Antike bis zur Gegenwart, 2. Aufl. Berlin.

Mortier, Roland 1995: Anacharsis Cloots, ou, L'utopie foudroyée, Paris.

Muthu, Sankar 2003: Enlightenment against Empire, Princeton.

Muthu, Sankar 2012: Conquest, Commerce, and Cosmopolitism, in: ders. (Hrsg.), Empire and Modern Political Thought, Cambridge.

Ozouf, Mona 1985: Guerre et Terreur dans le discours révolutionnaire 1792–1794, in: La Bataille, l'Armée et la Gloire 1745–1871, Bd. 1, Paris 1985, S. 283–297.

Robespierre, Maximilien 1971: Ausgewählte Texte, hrsg. v. Carlo Schmid, Hamburg.

Schnur, Roman 1983: Weltfriedensidee und Weltbürgerkrieg 1791/1792, in: ders., Revolution und Weltbürgerkrieg. Studien zur Ouverture nach 1789. Berlin 1983, S. 11–32.

Stern, Selma 1914: Anacharsis Cloots, der Redner des Menschengeschlechts. Ein Beitrag zur Geschichte der Deutschen in der Französischen Revolution, Berlin.

Stollberg-Rilinger, Barbara 2009: Das Heilige Römische Reich Deutscher Nation. Vom Ende des Mittelalters bis 1806, München.

Stollberg-Rilinger, Barbara 2013: Des Kaiser alte Kleider. Verfassungsgeschichte und Symbolsprache des Alten Reiches, 2. Aufl. München.

Thamer, Hans-Ulrich 1999: „Freiheit oder Tod". Zur Heroisierung und Ästhetisierung von Krieg und Gewalt in der Ikonographie der Französischen Revolution, in: Johannes Kunisch, Herfried Münkler (Hrsg.), Die Wiedergeburt des Krieges aus dem Geist der Revolution. Studien zum bellizistischen Diskurs des ausgehenden 18. und 19. Jahrhunderts, Berlin, S. 75–91.

Van den Heuvel, Gerd 1986: Art. „Cosmopolite, Cosmopolitisme", in: Rolf Reichardt, Eberhard Schmitt (Hrsg.), Handbuch politisch-sozialer Grundbegriffe in Frankreich: 1680–1820, München, S. 41–56.

Weber, Max 2005: Wirtschaft und Gesellschaft. Religiöse Gemeinschaften, MWS I/22-2, Tübingen.

Daniel Schulz
Verfassungsbilder

Die visuelle Inszenierung konstitutioneller Rechtsordnung

Im juristischen Verständnis bildet die Verfassung die oberste Rechtsnorm, die ihre Geltung der Tatsache verdankt, vom Verfassungsgeber als Grundlage der Rechtsordnung und der staatlichen Gewalten verabschiedet worden zu sein. Warum aber gilt eine Verfassung darüber hinaus als höchste Norm des politischen Gemeinwesens? Aus einer um die Geltungsbedingungen und -voraussetzungen erweiterten kulturwissenschaftlichen Perspektive wurde die Verfassung in den letzten Jahren als eine symbolische Ordnung interpretiert, die ihre instrumentelle Funktion als höchste Rechtsordnung und als Maßstab für das einfache Gesetzesrecht erst aufgrund einer kulturellen Syntheseleistung ermöglicht.[1]

Die Geltungssicherung der Verfassung erfolgt dabei durch vielfältige diskursive und praktische Formen der aneignenden Deutung, der Interpretation, aber auch durch die Erzeugung kultureller Präsenz. Wie aber wird die Verfassung durch unterschiedliche kulturelle und mediale Formen sichtbar gemacht? Als Verfassungsbilder können solche Visualisierungen verstanden werden, mit denen die konstitutionelle Ordnung symbolisch hervorgehoben und mit spezifischen Sinngehalten aufgeladen wird. Besonderes Gewicht kommt dabei den bildenden Künsten zu, die gerade für die konstitutionellen Gründungsmomente am Ende des achtzehnten Jahrhunderts bedeutsam sind. Aber darüber hinaus sind auch andere Formen der popularisierenden Darstellung von Interesse für die Art und Weise, wie durch kulturelle Einbettung ein sichtbarer Verfassungskörper generiert wird.[2] Im Mittelpunkt steht dabei zumeist der Verfassungstext als Symbol in seiner ikonischen, bildhaften Vermittlung, aber auch städtische Raumstrukturen (Hauptstadtplanung und -architektur),[3] Musik (offizielle Hymnen, alternative zivilgesellschaftliche Vertonungen des Grundgesetzes),[4] Tanz[5] etc. können als mediale Symbolisierungen der konstitutionellen Ordnung interpretiert werden.

---

1 Vgl. dazu die aus dem SFB 537 „Institutionalität und Geschichtlichkeit" an der TU Dresden hervorgegangenen Arbeiten, insbesondere Vorländer 2002; ders. 2006; Brodocz 2003; Schulz 2004.

2 Grundsätzlich zur politischen Ikonographie der Verfassung Müller 2011; zu politischen Ordnungsbildern vgl. Manow 2008; Bredekamp 2003.

3 Zur Architektur des Rechts vgl. Gephart 2006; Barshack 2010; zur symbolischen Dimension politischer (Hauptstadt-)Architekturen Dauss 2007; Peters 2012.

4 Häberle 2007; am Beispiel der symbolischen Bedeutung von Gesetzespräambeln Fögen 2007; zur Vertonung des Grundgesetzes vgl. www.recht-harmonisch.de.

5 Münkler 2014; Barshack 2012; als zeitgenössisches Beispiel siehe nur die Inszenierung der Forsythe Company „Human Writes", uraufgeführt am 23. Oktober 2005 im Schauspielhaus Zürich.

Neben ihrer normativen und ihrer instrumentellen Bedeutung wird die Verfassung also in vielerlei Weise als materielles Dokument inszeniert, sei es in Gestalt von Bildern, Denkmälern, Skulpturen oder auch Narrativen. Dabei ist gerade im Umfeld der Verfassungsgebung eine gesteigerte Intensität der konstitutionellen Visualisierungspraxis zu beobachten. Aus politiktheoretischer Perspektive geht die visuelle Erzeugung konstitutioneller Geltungskraft mit einer Paradoxiebewältigung einher: Einerseits generiert die moderne Rationalität des Rechts als soziales Steuerungsmedium ein rechtsbezogenes Bilderverbot, das die Bewahrung der genuinen Überzeugungskraft des Rechts an der Gestalt demonstrativer Sachlichkeitsanmutung festzumachen scheint. Andererseits jedoch steht dieser Hypothese der Formenreichtum einer dauerhaften symbolischen Überschussproduktion entgegen, die das Rationalitätspostulat der Verfassung selbst durch visuelle Inszenierung als „Textsymbol" zu verstärken sucht (vgl. Rehberg 2014). Diese vermeintliche Paradoxie lässt sich institutionentheoretisch durch einen Begriff von Symbolizität erklären, der auch in der Abwesenheit expressiver und pathetischer Sinnverdichtungen den ostentativen Ausdruck grundlegender Leitideen erkennen lässt – ein rechtsspezifisches Pathos der Nüchternheit, das von der Geltungsgeschichte des bundesrepublikanischen Grundgesetzes beispielhaft illustriert wird (dazu am Beispiel von Carlo Schmid Schulz 2004, S. 257 ff.; Herold/Röder 2013).

Mit Blick auf die Bedeutung des geschriebenen Verfassungstextes besitzt das moderne Verfassungsverständnis einen spezifischen semantischen Horizont: Zum einen verweist der geschriebene Text auf eine kollektive Autorschaft des verfassungsgebenden Subjektes und konstruiert im Akt der Konstitutionalisierung einen Autor der Verfassung („We the people", „la nation française", „le peuple français", „das Deutsche Volk" etc.) (Schulz 2007). Zum anderen generiert der mediale Wechsel von der ungeschriebenen zur geschriebenen Verfassung einen mit der systematischen Vereinheitlichung einhergehenden gesteigerten Rationalitätsanspruch, weil die geschriebene Rechtsurkunde an Verbindlichkeitsressourcen des kulturell tief verankerten Schriftglaubens appelliert (zur Schriftkultur und zum „Buchstaben des Gesetzes" vgl. Goody 1990, S. 211 ff.). Gleichzeitig jedoch wird diese mit der Verschriftlichung markierte Epochenschwelle relativierend unterlaufen durch die Einbettung der Texturkunde in ein breit gefächertes Bildprogramm, das maßgeblich an der Geltungserzeugung beteiligt ist und das eine klare Unterscheidung zwischen „modernen" und „vormodernen" Verfassungsmodellen verwischt. Die mit den Gründungsmomenten des modernen Konstitutionalismus einhergehende Visualisierungspraxis kann nicht allein mit dem Kontext der überwiegend geringen Alphabetisierungsrate zum Ende des achtzehnten Jahrhunderts erklärt werden, sondern hängt grundsätzlich mit den Schwierigkeiten der gewandelten Inszenierung politischer Ordnung zusammen: Nach der Umstellung von monarchischer auf demokratische Legitimität stehen die personalen Inszenierungsmechanismen des kollektiven Körpers nur noch begrenzt zur Verfügung. Zugleich aber bleibt auch die neue Ordnung auf ihre Verbildlichung angewiesen (Koschorke u. a. 2007; Frank u. a. 2002; Manow 2008; Schulz 2003). Neben und über die Körperbilder treten neue Text-

bilder, die wiederum auf einen reichen ikonografischen Kanon religiöser Inszenie-
rungspraktiken der Schriftsakralisierung zurückgreifen können (Graf 2006; zum Konzept der Textsakralisierung siehe Strohschneider 2002). Daneben steht aber auch die
historische Tradition der Ikonografie des Rechts, beispielsweise im Sachsenspiegel des
13. Jahrhunderts, das Fresko der guten und der schlechten Regierungen von Ambrogio
Lorenzetti im Ratssaal von Sienna im 14. Jahrhundert als visuelles Verfassungsnarrativ
(Skinner 2002) ebenso wie der Frontispiz von Hobbes Leviathan in der Mitte des
17. Jahrhunderts, wenngleich letzterer noch der – älteren – Köpermetaphorik des Verfassungsbegriffs verhaftet bleibt und den Rechtsaspekt nur nachrangig mit der konstitutionellen Ordnung verbindet.[6] In wie weit also bedarf rechtliche Normativität einer
visuellen Präsenz?[7] Wie verhält sich die Verschriftlichung des Rechts, die seiner verste-
tigenden Erinnerung dient, zur Visualisierung der Verschriftlichung? Wie verhalten
sich also Schriftwerdung der Rechtsnorm und Bildwerdung der Schriftform zueinander?

Verfassungsbilder stellen einen besonderen Fall der Visualität von Schriftlichkeit
dar. Die bildlich inszenierte Magie der Schrift erzeugt die Aura einer unmittelbaren
Evidenz und generiert dabei einen Geltungsüberschuss, von dem die konstitutionelle
Ordnung als genuine Rechtsmacht zehren kann. Damit immunisiert sie sich partiell
auch gegen konkurrierende Ordnungs- und Legitimationsmodi – sei es Tradition
oder Charisma –, wenngleich beide Dimensionen sozialer Akzeptanzproduktion
wiederum verstärkend in einem solchen symbolischen Dispositiv intervenieren können und spannungsreiche Synthesen und Amalgamierungen bilden. Verfassungsbilder lassen sich als Paradoxien beschreiben: Einerseits geht es um die Visualisierung
von Gestaltungsmacht, die kontraktualistische Ermächtigung zur Neugründung der
politischen Ordnung, zur Konstruktion ihrer Institutionen und zur Bestimmung ihrer
Ziele. Ebenso aber sind die Bilder der Verfassung visuelle Transzendenzembleme,
auratisch aufgeladene Verweise auf die Unverfügbarkeit der konstitutionellen Ordnung, der Entzogenheit ihrer Leitideen und ihrer geheiligten Rechte. Bilder stiften
Bindungen durch Darstellung von Einheit – die zumeist nur in ihrer ikonografischen
Simulation verfügbar ist und somit den mit der Verfassung verbundenen Geltungsanspruch sichtbar macht, indem die dahinterliegenden Kämpfe und Konflikte entweder verdeckt oder zu mit der Verfassungsgebung bereits endgültig entschiedenen
bipolaren Konflikten vereindeutigt werden. Der Kampf um die Verfassung wird daher
visuell als immer schon entschieden präsentiert. Die Verfassungsbilder machen in
der Anschauung erfahrbar, was die Verfassung selbst nur mit Worten behaupten

---

6 Zur Entwicklung des Verfassungsbegriffs von der Körper- zur Rechtsmetaphorik vgl. Mohnhaupt/
Grimm 2002.
7 Dass das Verhältnis von Gesetz und Visualisierung kein einseitiges ist, es mithin nicht allein um
das Gesehenwerden des Gesetzes, sondern ebenso auch um das sehende Auge des Gesetzes selbst
geht, zeigt eindrücklich Stolleis 2004.

kann: den symbolischen Überschuss, die Sinnhaftigkeit der in ihr verkörperten Ordnungsvorstellungen.

Dieser Problemhorizont kann lässt sich exemplarisch und skizzenhaft anhand
einiger Beispiele vergleichend illustrieren.

We the people: Die Verfassung als Geburtsurkunde

Am exemplarischen Beispiel der amerikanischen Verfassung und ihrer symbolischen
Kontexte wird deutlich, wie die konstitutionelle Rechtsordnung in spannungsreich
aufeinander verweisenden symbolischen Medien kulturell präsent gehalten wird und
so den Anspruch auf dauerhafte Geltung der in ihr verkörperten Grundprinzipien
und Rechte stabilisieren kann. Betrachtet man die Inszenierung der Originaldokumente, so werden sowohl die Unabhängigkeitserklärung von 1776, die Verfassungsurkunde von 1787 als auch die Bill of Rights von 1791 als Teil einer umfassenden
Inszenierungspraxis sichtbar. Sie sind in der Rotunda for the Charters of Freedom im
Gebäude der National Archives in Washington D.C. als sakrale Gründungstexte des
amerikanischen Gemeinwesens ausgestellt und dort in ein umfangreiches Bildprogramm eingebettet. Die Faulkner Murals von 1936 visualisieren den Akt der Unabhängigkeitserklärung und der Verfassungsgebung, die dauerhafte Ausstellung eines
Originals der Magna Charta von 1297 stellt die Ursprünge des hier fortgeschriebenen
Freiheitsnarratives dar. Die symbolische Bedeutung der Originaldokumente des National Archives erschließt sich zudem aus ihrer Einbettung in den urbanen Raum der
Hauptstadt: Die Verfassungstexte sind damit Teil der Anatomie des städtebaulich-
architektonisch konstruierten body politic (dazu grundlegend Minta 2009; dies. 2011;
dies. 2013). Der Generalplan von Pierre L'Enfant bildet mit seiner asymmetrischen
Achsenkonstruktion und seiner spezifischen Matrix der von der Verfassung geschaffenen Gewalten die städteplanerische Verräumlichung der konstitutionellen Leitideen und entwirft die politische Ordnung zugleich als sozialen Körper im städtischen Raum, der die Entfaltung demokratischer Prozesse in einer pluralen
Gesellschaft erst ermöglicht. Während totalitäre Ordnungen Räume verschließen und
eine abgeschlossene Verkörperung des Politischen imaginieren, konstituieren demokratisch-liberale Ordnungen Räume, in denen unabgeschlossene und prozesshafte
Formen von Präsenzerzeugung ablaufen können und die monistische Zentralperspektive durch ein Zusammenspiel pluraler Sichtachsen ersetzt wird. Die Verfassung
gewährt so zunächst noch exklusive Räume des Institutionellen: Die Regierung,
Gerichte, aber vor allem Parlamente müssen architektonisch als konkrete Räume der
Zusammenkunft und der Interaktion von Anwesenden gestaltet werden. Darüber
hinaus aber sind sie eingebettet in ein städtebauliches Gesamtensemble, das im Falle
einer mit der Verfassungsgebung zusammenfallenden Neugestaltung einer Hauptstadt zum symbolischen Spiegel der mit der neugegründeten Ordnung verbunden

Ordnungsansprüche und Leitideen werden kann: Im Falle Washingtons ist der Stadt-raum als Sinnbild der verfassungsmäßigen checks and balances, die Mall zudem als zentraler Ort des abwesenden Souveräns entworfen. Hier zeigt sich zudem, wie kon-stitutionelle Rechte auf spezifische soziale Räume der Rechtspraxis verweisen – so wäre die konstitutionelle Garantie eines Versammlungs- und Demonstrationsrechts ohne frei zugänglichen, zugleich für alle sichtbaren öffentlichen Raum ebenso sub-stanzlos wie die bürgerlichen Schutzrechte auf Unversehrtheit der Wohnung, Schutz der Kommunikation oder der Familie ohne korrespondierende Existenz für die staat-lichen Gewalten unverfügbarer Räume des Privaten. Hingegen wird die Position des Supreme Court im Gefüge der städtebaulichen Machtachsen schlicht unterschlagen – sie ist im urbanen Raum von L'Enfant invisibilisiert und damit „en quelque façon nulle" (Montesquieu). Als weiteres Beispiel visueller Verfassungsdarstellung kann das 2003 eröffneten National Constitution Center in Philadelphia genannt werden. Hier wird eine erlebniskulturelle Inszenierung der amerikanischen Verfassung als Mischform theatralischer Präsenz, musealer Pädagogik und politischer Kunst ent-worfen. Die architektonische Gesamtgestaltung mit der faksimilierten Fassaden-schrift der Verfassung (Entwurf von Pei Cobb Freed and Partners) bildet die äußere Gestalt für die einzelnen Stationen der Dauerausstellung, in der mehrere Elemente ineinandergreifen: Die schauspielerische Inszenierung der Nationalgeschichte als szenische Performanz des konstitutionellen Narratives erzeugt einen unmittelbaren affektiven Pathos, die Gestaltung des Supreme Courts verweist mit der Installation der aufgetürmten Entscheidungsbände auf die Schriftrationalität der Verfassungsin-terpretation, und die lebensgroßen Bronzestatuen der versammelten Gründerväter in der Signer's Hall verkörpern die Präsenz des konstitutionellen Gründungsmoments bis in die Gegenwart und behaupten eine Kontinuität zwischen der ersten und der jeweils gegenwärtigen Generation amerikanischer Bürger.

Das heilige Bild der Freiheit: Die Verfassung als Ikone

Im Kontrast zur amerikanischen Verfassungsikonografie ist die französische Erfah-rung durch eine sehr viel stärker ausgeprägte Konfliktgeschichte geprägt, die sich auch in den konkurrierenden Bildprogrammen seit der Revolution niederschlägt. Für die Inszenierungsformen und die politische Bildsprache des Verfassungsstaates finden sich hier gleichwohl zahlreiche Urbilder, die in der Folge immer wieder vari-iert und kopiert wurden (grundlegend Reichardt 1998, S. 171 ff.; Hunt 1989). Das überbordende Bildprogramm der Französischen Revolution hat nicht nur das Gesetz, sondern vor allem auch die Erklärung der Grundrechte und die verschiedenen Ver-fassungsurkunden in das Zentrum ihrer Visualisierungsversuche gestellt. Auffällig sind dabei die starken Anleihen ebenso an einen klassischen wie auch am religiös geprägten Formenkanon, welche die Gestaltung der Verfassungsbilder maßgeblich geprägt haben. Die Verfassung als „l'image sacrée de la liberté" (Saint-Just 1976, S. 190) wird dabei zur Ikone der Revolution stilisiert, die in den Mittelpunkt zahlreicher Praktiken der Heiligung, der Ritualisierung und der politischen Sakralkulte gestellt wird. Am bekanntesten ist die Inszenierung der Erklärung der Menschen- und Bürgerrechte als Dekalog, aber auch die zentrale Stellung in der Liturgie des Kultes der Vernunft und des Höchsten Wesens sind Teil dieser ikonografischen Überhöhung und der Aufladung der Rechtsbilder zu Ikonen der Freiheit, der Gerechtigkeit und der Gleichheit (vgl. Schulz 2013). In der klassischen Malerei der Revolution bei Jacques-Louis David werden mit dem unvollendeten Le Serment du jeu du paume (1790) bis hin zum Le Sacre de Napoléon (1805–1807) oder, für die Schriftikonografie wichtig, La Mort de Marat (1793) zentrale Ordnungsvorstellungen visuell verdichtet und wirken deutungsmächtig weit über Frankreich hinaus, beispielsweise dem Ballhausschwur von David nachempfunden in Polen bei Kazimierz Wojniakowski (Die Verabschiedung der Verfassung vom 3. Mai 1791 [1806], auf der Basis des Kupferstiches von Jean Pierre Norblin de la Gourdaine (Die Verabschiedung der Verfassung vom 3. Mai 1791 [1792], oder im historistischen Stil von Jan Matejko (Die Verfassung vom 3. Mai 1791 [1891]).

Mit der Charte von 1814 und der Verfassung von 1830 tritt eine neue Komponente in die Verfassungsbilder. Die paktierte Verfassung der konstitutionellen Monarchie fusioniert die alte monarchische, auf das Porträt des Herrschers fokussierte Bildersprache mit der neuen konstitutionellen Ikonografie. Diese Tradition wirkt bis hin zur gaullistischen Verfassung der V. Republik – wenngleich mit mehrfachen Unterbrechungen: 1848 schließt noch einmal an den revolutionären Bilderkanon an, der pragmatische Verfassungskompromiss von 1871 wiederum blendet die neue Verfassung zugunsten der im kollektiven Gedächtnis etablierten Ordnungsbilder wie der Erklärung der Menschenrechte weitgehend aus der republikanischen Selbstdarstellung aus und verzichtet auch im Text selbst auf die symbolischen Pathosformeln der Revolution. Damit wird bis heute in der französischen Republik die visuelle Präsenz des Verfassungstextes von der ikonenhaften Ausstrahlung der mit der Revolution gestifteten heiligen Texte überlagert.

Sola scriptura? Die Verfassung im deutschen Konstitutionalismus zwischen Bilderverbot und Textsymbol

Die Entwicklung deutscher Verfassungsbilder ist im Vergleich zu den USA oder zu Frankreich sehr viel stärker durch Diskontinuität geprägt: Während sich in den Anfängen des deutschen Konstitutionalismus noch ein ähnlicher Visualisierungsreichtum beobachten lässt, so kann bereits die Weimarer Republik nur noch mit Mühe daran anknüpfen. Mit der Gründung der Bundesrepublik bricht der Strang einer emphatischen Verfassungssymbolik just in dem historischen Moment ab, in dem der demokratische Verfassungsstaat dauerhaft etabliert wurde. Gerade diese vermeintliche bundesrepublikanische Symbolarmut kann jedoch anhand des mit dem Grundgesetz etablierten Verfassungsbildes hinterfragt werden.

Bereits die Bildertraditionen des frühen Konstitutionalismus in der ersten Hälfte des neunzehnten Jahrhunderts bieten eine Vielzahl von Beispielen, die der deutschen Verfassungsbewegung eine starke expressiv-symbolische Dimension des Visuellen verleihen (hierzu grundsätzlich Blänkner 1996). Die verschiedenen Verfassungen von Westfalen, Bayern, Baden, Württemberg, der Pfalz, Sachsen etc. waren jeweils Gegenstand einer umfassenden Inszenierungspraxis, die über Ritualisierung und Visualisierung versuchte, die neugegründete Ordnung auf Dauer zu stellen und gegen die konkurrierende monarchische Repräsentationskultur zu etablieren. Der Reichtum dieser konstitutionellen Bildkultur kommt in Verfassungssäulen, Verfassungsfesten, Verfassungsprozession und anderen Formen zum Ausdruck und prägt noch den Versuch einer gesamtdeutschen Verfassungsgebung in der Revolution von 1848.

Mit der Weimarer Republik beginnt der Versuch der Neubestimmung und der Absetzung von der Bildermacht des Kaiserreichs: Mit Erwin Redslob wird ein offizieller Reichskunstwart (Welzbacher 2010) ernannt, der für die Neugestaltung der staatlichen Repräsentationsästhetik zuständig ist und der Republik ein neues Antlitz verleihen soll. Friedrich Naumann entwirft einen „Grundrechtskatechismus", der die Inhalte der neuen Verfassung zugleich popularisieren und sakralisieren will. Für die Opfer des Kapp-Putsches gestaltet Walter Gropius 1922 das Denkmal der Märzgefallenen, das zugleich zurückverweist auf die Märzgefallenen der Revolution von 1848, die mit dem Gemälde von Adolph Menzel (Aufbahrung der Märzgefallenen) aus dem selben Jahr bereits einen festen Platz in der politischen Ikonografie hatten. Die Visualisierung der Weimarer Reichsverfassung selbst bleibt jedoch nur schwach ausgeprägt.

Vor diesem Hintergrund erscheint die bundesrepublikanische Ordnung zunächst als Symbolaskese: Im Gegensatz zu einer bloß kompensatorischen Deutung als Abwesenheit expressiver Symbolik kann die politische Repräsentationskultur der Bundesrepublik jedoch als eine spezifische Rationalitätskultur interpretiert werden, die um die Idee der Rechtsbindung von Politik und in ihrem Innersten um das Textsymbol „Grundgesetz" kreist.[8] Die Bundesrepublik hat daher eine spezifische Ikonografie der Nüchternheit hervorgebracht, in der das Grundgesetz seine Geltung als symbolische Ordnung paradoxerweise zugleich aus der gewollten Abstinenz, dem Verzicht auf explizite, effervszente Bildhaftigkeit einerseits und der deutungskulturellen Aneignung in diskursiver, praktischer und letztlich auch visueller Hinsicht andererseits bezog. Das Grundgesetz und seine Grundrechtsartikel müssen über die rein

---

8 Rehberg 2014, hier auch der Rekurs auf die Ausstellungspraxis von DDR-Kunst und Kunst aus der Bundesrepublik in der Zeit nach 1989 als symbolpolitischen Verfassungspatriotismus S. 211 ff.

juristische Dimension hinaus auch als Teil der politischen Ikonografie der Bundesrepublik verstanden werden. Die rituelle Inszenierung der Verfassungsrechtsprechung durch das Bundesverfassungsgericht ist ein wichtiger Aspekt dieser Schriftverehrung. Der prekäre Stellenwert des Symbolischen lässt sich auch anhand normativ aufgeladener Konflikte innerhalb juristischer Deutungseliten rekonstruieren: Während patriotisch gestimmte Juristen die spezifische Symbolaskese als defizitär einstufen und offensiv für eine geltungsstabilisierende Sakralisierung der Verfassung plädieren (Isensee 1986), so wird aus kantianisch-liberaler Perspektive normativ gegen die aktive Aufladung der Verfassung mit überschießender Sinnsymbolik argumentiert (Dreier 2013). Dabei sind es gerade die Versuche, die konstitutionelle Ordnung selbst zu einer umfassenden, integrativen Kultur zu erklären, die für das bundesrepublikanische Selbstverständnis und seinen spezifischen Verfassungspatriotismus prägend gewesen sind (Am bedeutsamsten hier die Arbeiten in der Folge der Smend-Schule von Konrad Hesse und Peter Häberle).

Die unsichtbare Verfassung: Transnationale Konstitutionalisierung ohne Verfassungsbilder?

Ein Ausblick auf das Verfassungsbild der europäischen Verfassung und transnationaler Konstitutionalisierungsformen wirft die Frage auf, ob hier nicht lediglich eine dezentrale symbolische Verkörperung in den Gerichtsgebäuden (z. B. Straßburg, Luxemburg, Den Haag) und den parlamentarischen Körperschaften (UN, EU-Parlament), aber kaum eine zentrale Verfassungssymbolik existiert. Möglicherweise leidet die „invisible constitution" (Wiener 2008) an der visuellen Dominanz technischer Verfassungsschemata, in der die Verfassung auf ein schematisches Funktionsbild der politischen Bildung reduziert wird.[9]

Literatur

Barshack, Lior 2010: The Constituent Power of Architecture, in: Law, Culture and the Humanities 7 (2), S. 217–243.

Barshack, Lior 2012: Catharis and the Invisible Corps de ballet, in: Werner Gephart (Hrsg.), Rechtsanalyse als Kulturforschung, Frankfurt a. M., S. 295–307.

Blänkner, Reinhard 1996: Die Idee der Verfassung in der politischen Kultur des 19. Jahrhunderts in Deutschland, in: Herfried Münkler (Hrsg.), Bürgerreligion und Bürgertugend. Debatten über die vorpolitischen Grundlagen politischer Ordnung, Baden-Baden, S. 309–341.

---

9 Auch die Bundesrepublik steht diesem technischen, ins Visuelle übersetzten Rationalitätsverständnis nicht fern. Als Beispiel siehe Hofmaier 2013.

Bredekamp, Horst 2003: Thomas Hobbes: Der Leviathan. Das Urbild des modernen Staates und seine Gegenbilder. 1651–2001, 2. Aufl. Berlin.

Brodocz, André 2003: Die symbolische Dimension der Verfassung. Ein Beitrag zur Institutionentheorie, Wiesbaden.

Dauss, Markus 2007: Identitätsarchitekturen. Öffentliche Bauten des Historismus in Paris und Berlin (1871–1918), Dresden.

Dreier, Horst 2013: Säkularisierung und Sakralität. Zum Selbstverständnis des modernen Verfassungsstaats, Tübingen.

Fögen, Marie Theres 2007: Das Lied vom Gesetz, München.

Frank, Thomas u. a. 2002: (Hrsg.) Des Kaisers neue Kleider. Über das Imaginäre politischer Herrschaft, Frankfurt a. M.

Gephart, Werner 2006: Orte der Gerechtigkeit: Gerichtsarchitektur zwischen Sakral- und Profanbau, in: ders., Recht als Kultur. Zur kultursoziologischen Analyse des Rechts, Frankfurt a. M., S. 237–253.

Goody, Jack 1990: Die Logik der Schrift und die Organisation von Gesellschaft, Frankfurt a. M.

Graf, Friedrich Wilhelm 2006: Moses Vermächtnis. Über göttliche und menschliche Gesetze, München.

Häberle, Peter 2007: Nationalhymnen als kulturelle Identitätselemente des Verfassungsstaats, Berlin.

Herold, Maik/Jan Röder 2013: Die Präambel des Grundgesetzes zwischen Sachlichkeit und Numinosität, in: Stefan Dreischer, Christoph Lundgreen, Sylka Scholz, Daniel Schulz (Hrsg.), Jenseits der Geltung. Konkurrierende Transzendenzbehauptungen von der Antike bis zur Gegenwart, Berlin, Boston, S. 370–387.

Hofmaier, Maik 2013: Verfassung verstehen. Das Grundgesetz in Infografiken. Eine visuelle Analyse der deutschen Verfassung, Mainz.

Hunt, Lynn 1989: Symbole der Macht, Macht der Symbole. Die Französische Revolution und der Entwurf einer politischen Kultur, Frankfurt a. M.

Isensee, Josef 1986: Die Verfassung als Vaterland. Zur Staatsverdrängung der Deutschen, in: Armin Mohler (Hrsg.), Wirklichkeit als Tabu. Anmerkungen zur Lage, München, S. 11–35.

Koschorke, Albrecht u. a. 2007: Der fiktive Staat. Konstruktionen des politischen Körpers in der Geschichte Europas, Frankfurt a. M.

Manow, Philip 2008: Im Schatten des Königs. Die politische Anatomie demokratischer Repräsentation, Frankfurt a. M.

Minta, Anna 2009: Planning a National Pantheon: Monuments in Washington/DC, and the Creation of Symbolic Space, in: M. Orvell, J. L. Meikle (Eds.), Public Space and the Ideology of Place in American Culture, Amsterdam, S. 21–50.

Minta, Anna 2011: Ikonizität der amerikanischen Stadt. Architektonische Bild- und Filmwelten von Washington/DC und New York im Vergleich, in: Wilhelm Hoffmann (Hrsg.), Stadt als Erfahrungsraum der Politik, Berlin u. a., S. 281–300.

Minta, Anna 2013: Gestaltete Hauptstädte. Politische Repräsentation und Inszenierung einer machtvollen Präsenz, in: Heike Mayer u. a. (Hrsg.), Im Herzen der Macht? Hauptstädte und ihre Funktion, Bern, S. 171–206.

Mohnhaupt, Heinz/Dieter Grimm 2002: Verfassung. Zur Geschichte des Begriffs von der Antike bis zur Gegenwart, 2. Aufl. Berlin.

Müller, Marion G. 2011: „Verfassung", in: Martin Warnke, Uwe Fleckner, Hendrik Ziegler (Hrsg.), Handbuch der politischen Ikonographie, Bd. 2., 2. Aufl., München, S. 514–520.

Münkler, Herfried 2014: Mythische Opfer und reale Tote. Strawinskys „Le Sacre du Printemps" und der Erste Weltkrieg, in: André Brodocz, Dietrich Herrmann, Rainer Schmidt, Daniel Schulz, Julia Schulze Wessel (Hrsg.), Die Verfassung des Politischen. Festschrift für Hans Vorländer, Wiesbaden 2014, S. 85–102.

Peters, Christian 2012: Die gebaute Republik. Zur umkämpften Ordnung der Hauptstadtarchitektu-
    ren in Berlin und Paris, Würzburg.
Rehberg, Karl-Siegbert 2014: Verfassung und Patriotismus? Ein ‚Text-Symbol' für die neugewonne-
    ne deutsche Demokratie, in: André Brodocz, Dietrich Herrmann, Rainer Schmidt, Daniel Schulz,
    Julia Schulze Wessel (Hrsg.), Die Verfassung des Politischen. Festschrift für Hans Vorländer,
    Wiesbaden, S. 195–218.
Reichardt, Rolf E. 1998: Das Blut der Freiheit. Französische Revolution und demokratische Kultur,
    Frankfurt a. M.
Saint-Just 1976: Discours sur la Constitution et Essai de Constitution, in: ders., Théorie politique.
    Hrsg. von Alain Liénard, Paris.
Schulz, Daniel 2003: Republikanismus und demokratische Ästhetik. Zur symbolischen Repräsenta-
    tion der Republik in Frankreich, in: Hans Vorländer (Hrsg.), Zur Ästhetik der Demokratie. For-
    men politischer Selbstdarstellung, Stuttgart, S. 73–94.
Schulz, Daniel 2004: Verfassung und Nation. Formen politischer Institutionalisierung in Deutsch-
    land und Frankreich im Vergleich, Wiesbaden.
Schulz, Daniel 2007: Tod des Autors? Überlegungen zur Schriftlichkeit der Verfassung, in: Gernot
    Kamecke, Jacques Le Rider (Hrsg.), Codification. Perspectives transdisciplinaires. Genf u. a.,
    S. 191–200.
Schulz, Daniel 2013: Das Sakrale im Zeitalter seiner politischen Reproduktion. Die Französische
    Revolution zwischen Verfassungsfest und Missionierungskrieg, in: Hans Vorländer (Hrsg.),
    Demokratie und Transzendenz, Bielefeld, S. 277–296.
Skinner, Quentin 2002: Ambrogio Lorenzetti and the Portrayal of Virtous Government, in: ders.,
    Visions of Politics, Bd. 2, Cambridge, S. 39–92.
Stolleis, Michael 2004: Das Auge des Gesetzes. Geschichte einer Metapher, München.
Strohschneider, Peter 2002: Textheiligung. Geltungsstrategien legendarischen Erzählens im Mittel-
    alter am Beispiel Konrad von Würzburgs, in: Gert Melville, Hans Vorländer (Hrsg.), Geltungsge-
    schichten. Über die Stabilisierung und Legitimierung institutioneller Ordnungen, Köln u. a.,
    S. 109–148.
Vorländer, Hans 2002: (Hrsg.) Integration durch Verfassung? Wiesbaden.
Vorländer, Hans 2006: Die Verfassung als symbolische Ordnung. Perspektiven einer kulturwissen-
    schaftlich-institutionalistischen Verfassungstheorie, in: Michael Becker, Ruth Zimmerling
    (Hrsg.), Politik und Recht. Sonderheft der PVS. Wiesbaden, S. 229–249.
Welzbacher, Christian 2010: Der Reichskunstwart. Kulturpolitik und Staatsinszenierung in der
    Weimarer Republik 1918–1933, Weimar.
Wiener, Antje 2008: The Invisible Constitution of Politics. Contested Norms and International En-
    counters, Cambridge.

André Brodocz
Konstitutionelle Entparadoxierung

Über Niklas Luhmanns Begriff der Verfassung

1

Anfang der 1990er-Jahre waren Kreuze und Kruzifixe in den staatlichen Pflichtschulen Bayerns keine Seltenheit. In einigen Fällen forderten Eltern der davon betroffenen Schülerinnen und Schüler die Schulen auf, diese Symbole des christlichen Glaubens in den Klassenzimmern abzuhängen. Da sie selbst keine Christen seien, wollten sie nicht, dass ihre Kinder „unter dem Kreuz" lernen mussten. Sie erwarteten von einer staatlichen Pflichtschule in religiösen Fragen Neutralität. Diese Erwartung kollidierte mit den Erwartungen der Schulen, die ihrerseits von allen Eltern die Akzeptanz von Kreuzen und Kruzifixen in ihren Klassenzimmern erwarteten. Für die Schulen hat dies die Frage aufgeworfen, wie sie mit dieser Enttäuschung ihrer Erwartungen umgehen sollten. Nach Niklas Luhmann eröffnen enttäuschte Erwartungen zunächst die Möglichkeit zu lernen. In diesem Fall hätte dies bedeutet, dass die Schulleitungen einfach ihre Erwartungen an alle Eltern ändern, d. h. die Kruzifixe wieder abzuhängen und keine weiteren aufzuhängen. Die geänderte Erwartung der Schule wäre eine „kognitive" gewesen, weil die Schulen mit dieser Veränderung erneute Enttäuschungen in der Zukunft hätten vermeiden können. Die Erwartungen der Schulen waren jedoch nicht kognitiv, sondern „normativ".[1] Denn trotz der Enttäuschung durch einige Eltern, hielten sie daran fest, weiterhin von allen Eltern die Akzeptanz von Kreuzen und Kruzifixen in Klassenzimmern erwarten zu können. Dass die Schulen ihre Erwartungen trotz der Enttäuschungen stabil hielten, lag nicht an ihrer Überlegenheit gegenüber den Eltern, weil sie etwa auf die Gewalt ihrer Hausmeister vertrauten, die das Abhängen der Kreuze im Widerstandsfall der Eltern durch nicht lösbare Verschraubungen zu verhindern wüssten. Vielmehr sahen sich die Schulen in einem Recht, das die Schuldordnung für die Volksschulen ihnen in § 13 Abs. 1 Satz 3 zusprach. Statt der Schule hätten danach die Eltern zu lernen, also ihre Erwartungen zu korrigieren. Das Recht zeigt somit zum einen der Schule an, was sie von den Eltern in diesem Fall erwarten kann. Zum anderen zeigt es den Eltern an, welche Erwartungen die Schule von ihnen erwartet. Einige der betroffenen Eltern änderten dementsprechend ihre Erwartungen, verzichteten auf weiteren Widerspruch und wurden auch selbst nicht abhängend tätig. Nicht nur die aufgehängten Kreuze und Kruzifixe, sondern vor allem die Erwartungen der Schulen waren stabili-

---

1 Vgl. zu dieser Unterscheidung von kognitiven und normativen Erwartungen Luhmann 1993a, S. 133 f.

siert – und nach Luhmann hat das Rechtssystem damit seine Funktion für die Gesellschaft erbracht (Luhmann 1993a, S. 151).

Allerdings waren nicht alle Eltern bereit, ihre Erwartungen zu revidieren. Ihres
Erachtens war das Recht der Schule selbst nicht rechtens: Recht sei Unrecht. Das
Auftreten dieser Paradoxie ist für ein Rechtssystem der GAU. Schließlich ist das Unterscheiden von Recht und Unrecht die Operation, mit der sich ein Rechtssystem
selbst reproduziert. Wie aber soll es weitergehen, wenn Recht Unrecht und Unrecht
Recht ist? Deutlich zu machen, dass diese Paradoxie des Rechts nicht nur ein rechts-
theoretisches Problem, sondern geradezu konstitutiv für die „gesellschaftliche Realität des Rechts" ist, macht nach Gunther Teubner den innovativen Gehalt von Luhmanns Systemtheorie aus (Teubner 1989, S. 15). Denn nur wenn ein Rechtssystem
Recht von Unrecht unterscheidet, kann es auch zwischen Selbst- und Fremdreferenz
trennen und sich so von seiner Umwelt unterscheiden. Recht und Unrecht ist schließlich der Code, mit dem sich das Recht als eigenständiges Funktionssystem in der
modernen Gesellschaft ausdifferenziert (vgl. Luhmann 1993a, Kap. 4). Die Brisanz
dieser Paradoxie des Rechts besteht darin, dass sie sich Luhmann zufolge gar nicht
lösen lässt. Vielmehr kommt es darauf an, dass sich das Rechtssystem entparado-
xiert, indem es das Auftreten seiner Paradoxie blockiert bzw. invisibilisiert (Luhmann 1993a, S. 546 f.).

Genau hier setzt Luhmanns Begriff der Verfassung an, denn diese konstitutionelle
Entparadoxierung leisten in den Rechtssystemen der westlichen Moderne Verfassungen. Durch die Einführung einer Verfassung wird ein Rechtssystem konstitutionalisiert,
indem fortan Verfassungsrecht und sonstiges Recht differenzier- und hierarchisierbar
werden. Verfassungsrecht ist danach gegenüber dem sonstigen Recht vorrangig. Genau
dies verhinderte sodann auch in Bayern, dass sich das Rechtssystem in seiner Paradoxie festlief. Den weiterhin widersprechenden Eltern zufolge war nämlich das Recht der
Schule genau genommen nicht *verfassungs*rechtens. Sie behaupteten, dass die mit der
bayrischen Schuldordnung getroffene Unterscheidung von Recht und Unrecht mit der
Verfassung nicht vereinbar sei, weil es ihre im Grundgesetz garantierten Grundrechte,
u. a. auf Religionsfreiheit, verletze. Die Unterscheidung zwischen dem vorrangigen
Verfassungsrecht und dem übrigen Recht verhinderte somit, dass die Paradoxie ent-
zündende Frage nach dem Recht von Recht und Unrecht aufkommt.

2

Nach Luhmann muss jedoch auch hier beachtet werden, dass selbst mit der Einführung einer Paradoxie blockierenden Unterscheidung wie der zwischen Verfassungsrecht und sonstigem Recht die Paradoxie des Rechtssystems nicht gänzlich verschwindet. Vielmehr verlagert sie dieses Problem „an eine andere, weniger störenden
Stelle"; allerdings bleibt auch diese Unterscheidung weiterhin „paradoxieträchtig"

(Luhmann 1993b, S. 294). Dies wird schnell deutlich, sobald man im Anschluss nach der Rechtmäßigkeit der Unterscheidung von Verfassungsrecht und Recht fragen kann. Aber auch darauf hat die westliche Idee der Verfassung eine Antwort: An dieser Stelle kommt es darauf an, dass die Hierarchisierung des Verfassungsrechts gegenüber dem übrigen Recht nicht mehr als ein rechtliches Problem erscheint. In den Rechtssystemen der westlichen Moderne gelingt dies, indem die Einführung der Unterscheidung von Verfassungsrecht und übrigen Recht als ein *politisches* Problem dargestellt wird, etwa als „Wille des Volkes".

Eine Verfassung blockiert die Paradoxie des Rechtssystems also erst dann erfolgreich, wenn sie dem Rechtssystem zugleich die Möglichkeit eröffnet, die Einführung der Unterscheidung zwischen Verfassungsrecht und übrigem Recht zu externalisieren, indem sie dem politischen System zugeschrieben werden kann. Auch die Politik ist nach Luhmann schließlich ein Funktionssystem, das sich durch einen eigenen Code operativ schließt. In diesem Fall ist es die Unterscheidung von Machtüber- und Machtunterlegenheit, mit dem sich ein politisches System ausdifferenziert. Demokratisierte politische Systeme sind zudem noch dadurch ausgezeichnet, dass sie auf Seiten der Machthaber noch einmal zwischen den aktuellen und den potenziellen Machthabern trennen, also zwischen Regierung und Opposition. Genauso wie das Rechtssystem ist auch das politische System aufgrund seiner binären Codierung anfällig für Paradoxien. In diesem Fall wird sie dann besonders deutlich, wenn im politischen System über die Einheit von Machtüber- und Machtunterlegenheit reflektiert wird – denn sie kann selbst keine Frage von Machtüber- oder -unterlegenheit sein: „Denn eine solche Beobachtung oder Beschreibung würde heißen: das System als Paradoxie zu begreifen und alle Beobachtungen ohne weitere Anschlußfähigkeit kurzzuschließen: wer Macht hat, hat keine Macht; wer keine Macht, hat Macht" (Luhmann 2000, S. 322). In diesem Sinne war der paradoxieträchtige Konflikt über Kruzifixe in Klassenzimmern also nicht nur ein rechtlicher, sondern auch noch ein politischer: Woher rührt die Machtüberlegenheit der Schulen gegenüber den machtunterlegenen Eltern? Allerdings ist er in dieser Form nicht aufgetreten, sondern wurde konstitutionell in die Frage transformiert, ob die Machtüberlegenheit der Schulen über die Eltern in diesem Fall überhaupt mit der Verfassung, sprich: dem Grundgesetz, vereinbar sei.

Indem die Verfassung das Auftreten der jeweiligen Paradoxie blockiert, vollbringt sie somit auch auf Seiten des politischen Systems die gleiche Leistung wie auf Seiten des Rechtssystems, weshalb Luhmann das Verhältnis zwischen Rechtssystem und politischem System deshalb auch als ein „wechselseitig-parasitäres" charakterisiert (Luhmann 1993a, S. 426). Allerdings gelingt der Verfassung diese Entparadoxierung im politischen System dadurch, dass sie hier als unpolitische Institution, als höchstes Recht fungiert. Für das politische System ist die Verfassung demnach ein Symbol des Rechts, während sie gleichzeitig für das Rechtssystem ein Symbol der Politik ist (siehe zu dieser doppelten Symbolizität Brodocz 2003, S. 184). Verfassungsfragen können deshalb gleichzeitig beide Funktionssysteme betreffen. So hatte auch die Verfassungsbeschwerde der Eltern gegen die bayrische Schuldordnung eine rechtliche und eine politische Bedeutung: Im Rechtssystem kommt es darauf an, dass die Eltern ihre Erwartungen an die Religionsfreiheit gegenüber der Schule nicht ändern wollen, weil sich in ihren Grundrechten verletzt sehen; im politischen System kommt es darauf an, dass sich die Eltern der Machtüberlegenheit der Schule in dieser Frage nicht unterwerfen wollen, weil die kollektiv bindend entschiedene Schulordnung nicht verfassungskonform ist. Ebenso wie die Verfassungsbeschwerde der Eltern machte dann auch der in dieser Sache ergangene Beschluss des Bundesverfassungsgerichts Sinn im Rechtssystem und im politischen System. Rechtlich erklärte es den beanstandeten Paragrafen der bayrischen Schuldordnung für „nichtig", weil er mit der vom Grundgesetz garantierten Religionsfreiheit „unvereinbar" sei (BVerfGE 93, 1 [1]); politisch sprach es nicht nur der Schule, sondern auch der parlamentarischen Mehrheit im bayrischen Landtag die Macht ab, Kruzifixe und Kreuze gegen den Willen der Eltern in den Klassenzimmern aufhängen zu lassen.

Verfassungsfragen – wie sie etwa in Verfassungsbeschwerden aufgeworfen und Verfassungsgerichtsurteilen beantwortet werden – werden vom Rechtssystem und vom politischen System nicht nur in ihrem je eigenen Sinn, also entlang des eigenen Codes bearbeitet, sondern es wird auch systemspezifisch unterschiedlich daran angeschlossen. Im Rechtssystem hat dementsprechend der Kruzifix-Beschluss des BVerfG neue Möglichkeiten von Recht und Unrecht eröffnet, insofern die Eltern etwa fortan berechtigterweise das Abhängen der Kreuze und Kruzifixe von den Schulen erwarten konnten. Im politischen System diente dieser Bundesverfassungsgerichtsbeschluss der Opposition als Nachweis dafür, dass der parlamentarischen Mehrheit im bayrischen Landtag die Regierungsfähigkeit fehle (vgl. Brodocz 2003, S. 189). Wenn zwei Funktionssysteme wie in diesem Fall das Rechts- und das politische System dasselbe Ereignis unterschiedlich verarbeiten, koppeln sie sich in diesem Moment operativ, ohne dabei ihre operative Schließung aufzugeben, weil dabei weder der rechtliche Sinn auf den politischen noch der politischen Sinn auf den rechtlichen übergreift. Wegen dieser operativen Kopplungen zeichnet sich am Horizont beider Systeme die irritierende Unsicherheit ab, dass prinzipiell *jede* politische Entscheidung auch rechtliche Bedeutung erlangen kann, wie *jede* rechtliche Entscheidung von politischer Bedeutung sein kann. Absorbieren können Systeme diese wechselseitige Verunsicherbarkeit, wenn sie ihre wechselseitigen Irritationserwartungen dauerhaft in einzelnen Institutionen kanalisieren. Solche Institutionen nennt Luhmann „strukturelle Kopplungen".[2] Als strukturelle Kopplung von Rechtssystem und politischem System dient die Verfassung. Politische Entscheidungen sind danach vor allem dann für das Rechtssystem im ganzen relevant, wenn sie die Verfassung betreffen; während rechtliche Entscheidungen vornehmlich von politischer Relevanz sind,

---

2 Luhmann 1997, S. 776 ff. An früheren Stellen spricht er auch von einem „double interchange" (Luhmann 1981, S. 167 f.).

wenn sie vom Verfassungsgericht getroffen werden. Diese erhöhte Sensibilität gegenüber Verfassungsfragen erlaubt im Gegenzug Indifferenz gegenüber das sonstige Operieren des jeweils anderen Systems. Weil die Verfassung nicht automatisch das Rechts- und das politische System strukturell koppelt, sondern diese Kopplung nur bei einer entsprechend verstetigten Inanspruchnahme durch beide Systeme funktioniert, sieht Luhmann darin eine „evolutionäre Errungenschaft" der modernen, westlichen Gesellschaft (Luhmann 1990).

3

Aber auch Verfassungen sind nicht das Ende der Evolution. Errungenes kann auch wieder verloren gehen. Insbesondere die konstitutionelle Entparadoxierung ist durchaus ein fragiler Mechanismus. Die öffentliche Debatte um den Kruzifix-Beschluss des BVerfG hat etwa gezeigt, wie diese Entparadoxierung des politischen Systems selbst wieder paradoxiert oder ein funktional äquivalenter Mechanismus ins Spiel gebracht werden kann.[3] Die Paradoxierung der Verfassung wurde hier insbesondere von Vertretern der regierenden CSU sowie der Kirchen im Anschluss an die abweichende Meinung dreier Verfassungsrichter möglich, die dem Beschluss der Richtermehrheit die Vereinbarkeit mit der Verfassung absprechen. Damit stand die unentscheidbare Frage im öffentlichen Raum, ob die Unterscheidung des BVerfG zwischen verfassungskonformen und -widrigen Recht selbst mit der Verfassung vereinbar ist oder nicht. Für den stellvertretenden CSU-Vorsitzenden Friedrich war deshalb seinerzeit „persönlicher Widerstand nach Artikel 20 des Grundgesetzes gerechtfertigt".[4] Andere Kritiker stellten die Entparadoxierungsleistung des Kruzifix-Beschlusses für das politische System infrage, weil das BVerfG nicht rechtlich, sondern politisch entschieden habe. Statt am Grundgesetz sollte das Bundesverfassungsgericht diesen Kritikern zufolge den „Willen der Mehrheit" oder gar „des Volkes" als Maßstab für seine Entscheidungen über Recht und Unrecht machen. Am Ende zeigte sich auch hier, wie selbst Entparadoxierungen mit Ewigkeitsklauseln entzaubert werden können, weil die Paradoxien eines Systems nicht auszulöschen sind. Deshalb bleibt nach Luhmann nur die Reflexion der Paradoxie als Paradoxie: „Die Frage ist nur: wozu?"; und Luhmanns „Antwort lautet: Es gibt keine andere Möglichkeit der Letztbegründung weder für Erkennen noch für Handeln und schon gar nicht für Entscheidungen" (Luhmann 1993b, S. 294).

Konstitutionelle Entparadoxierung, bei der zwei Funktionssysteme dieselbe Institution – hier: die Verfassung – nutzen, um sich wechselseitig zu entparadoxieren

---

3 Vgl. mit weiteren Nachweisen zur öffentlichen Debatte des Beschlusses aus systemtheoretischer Perspektive Brodocz 2003, S. 190 ff.
4 Vgl. F.A.Z. vom 22.8.1995, S. 1.

und strukturell zu koppeln, ist allerdings in der von Luhmann beschriebenen funktional differenzierten Gesellschaft in dreierlei Hinsicht eine bemerkenswerte Ausnahme. Erstens verfügen sowohl das Rechts- als auch das politische System allein schon über weitere strukturelle Kopplungen mit dem Wirtschaftssystem, die nicht zugleich entparadoxierend wirken – wie die strukturelle Kopplung des Rechts- mit dem Wirtschaftssystem durch Eigentum und Vertrag oder des politischen Systems mit dem Wirtschaftssystem durch Steuern und Abgaben (vgl. Luhmann 1993a, S. 452 ff.; Luhmann 1997, S. 385 ff.). Aber auch nicht jede strukturelle Kopplung eines Rechtssystems mit einem politischen System durch eine Verfassung impliziert zweitens zugleich eine wechselseitige Entparadoxierung. Insbesondere Marcelo Neves hat darauf hingewiesen, dass dies wohl nur für die wenigen Zentren der Weltgesellschaft gilt (vgl. Luhmann 1993a, S. 452 ff.; Luhmann 1997, S. 385 ff.). In der überwiegenden Peripherie der Weltgesellschaft ist das politische System in der Regel dem Rechtssystem übergeordnet, was sich auf das Entparadoxierungsverhältnis dieser beiden Systeme asymmetrisierend auswirkt: Während bereits diese Hierarchisierung des Verhältnisses dem Rechtssystem Möglichkeiten zur Entparadoxierung durch die ihm vorrangige Politik eröffnet, verschließt genau dies einem politischen System die Option, sich mithilfe des Rechtssystems zu entparadoxieren. In diesen Fällen wird ein politisches System anfällig für Entparadoxierungen mithilfe des Wirtschaftssystems: Die Verteilung von Machtüber- und Machtunterlegenheit erscheint dann nicht als Frage von Recht und Unrecht, sondern als Frage von Haben und Nicht-Haben.[5] Drittens hat sich, wie insbesondere Gunther Teubner dargelegt hat, neben den nationalstaatlichen Rechtssystemen noch ein Weltrechtssystem gebildet, das sich gerade durch das Fehlen einer strukturellen Kopplung mit dem politischen System durch Verfassungen auszeichnet. Stattdessen vollzieht sich dessen Entparadoxierung als „Vielfachexternalisierung des Paradoxes" mithilfe der verschiedenen nationalstaatlichen Rechtssysteme, sofern die Normen des Weltrechtssystems als „schon immer" in diesen Rechtssystemen enthaltene Normen dargestellt werden (Teubner 1996a, S. 248 ff.; siehe dazu auch Teubner 1996b). Vor diesem Hintergrund wird noch einmal deutlich, dass sich Luhmanns Begriff der Verfassung als konstitutionelle Entparadoxierung auf ein spezielles Verhältnis zwischen Rechtssystem und politischem System konzentriert, das gerade aus systemtheoretischer Sicht im funktionalen Vergleich eher als unwahrscheinliche Ausnahme, denn als Regelfall erscheint – oder in Luhmanns bereits genannten Diktum: als „evolutionäre Errungenschaft". Insofern mutet es wie eine Ironie der Geschichte an, dass ausgerechnet dank einer Verfassung, die 1949 nicht die Zustimmung des bayrischen Landtags gefunden hatte, das Aufhängen von Kreuzen in bayrischen Klassenzimmern das Rechtssystem mehr als 50 Jahre danach nicht in seine systemlähmende Paradoxie führte.

---

5 Zu dieser Codierung des Wirtschaftssystems vgl. Luhmann, 1988, S. 187 ff.

Literatur

Brodocz, André 2003: Die symbolische Dimension der Verfassung. Ein Beitrag zur Institutionentheorie, Wiesbaden.

Luhmann, Niklas 1981: Ausdifferenzierung des Rechts, Frankfurt a. M.

Luhmann, Niklas 1988: Die Wirtschaft der Gesellschaft, Frankfurt a. M.

Luhmann, Niklas 1990: Verfassung als evolutionäre Errungenschaft, in: Rechtshistorisches Journal, Bd. 9, S. 176–220.

Luhmann, Niklas 1993a: Das Recht der Gesellschaft, Frankfurt a. M.

Luhmann, Niklas 1993b: Die Paradoxie des Entscheidens, in: Verwaltungs-Archiv, Bd. 84, S. 287–310.

Luhmann, Niklas 1997: Die Gesellschaft der Gesellschaft, Frankfurt a. M.

Luhmann, Niklas 2000: Die Politik der Gesellschaft, Frankfurt a. M.

Neves, Marcelo 1998: Symbolische Konstitutionalisierung, Berlin.

Neves, Marcelo 2001: From the Autopoiesis to the Allopoiesis of Law, in: Journal of Law and Society, Bd. 28, S. 242–264.

Teubner, Gunther 1989: Recht als autopoietisches System, Frankfurt a. M.

Teubner, Gunther 1996a: Des Königs viele Leiber. Die Selbstdekonstruktion der Hierarchie des Rechts, in: Soziale Systeme, Bd. 2, S. 229–255.

Teubner, Gunther 1996b: Globale Bukowina. Zur Emergenz eines transnationalen Rechtspluralismus, in: Rechtshistorisches Journal, Bd. 15, S. 255–290.

Teil 2: **Felder der Verfassungspolitik**

Abhandlungen

Robert Chr. van Ooyen

Das Bundesverfassungsgericht als außen- und europapolitischer Akteur

Seine politische Theorie nach Hobbes, Locke, Hegel, Rousseau, Schmitt*

Dass das Bundesverfassungsgericht ein machtvoller Akteur im politischen System ist, ist in den letzten Jahren in einem kleinen Boom politikwissenschaftlicher (und zeitgeschichtlicher) Forschung herausgearbeitet worden,[1] wenngleich die Lücken im Vergleich zu den amerikanischen Arbeiten zum Supreme Court noch erheblich sind (m. w. N. van Ooyen 2008). Wenn das Gericht vor allem „Deutungsmacht" (Vorländer 2006) hat, dann muss eine der zentralen Untersuchungsperspektiven gerade das politisch-theoretische Vorverständnis von „Staat", „Demokratie", „Politik", „Volk" usw. sein, das im Gericht selbst die jeweilige Deutungshoheit innehat.[2] Das gilt vor allem für die „politischen" Grundsatzurteile jenseits der gerichtlichen Alltagsroutine, also für solche Entscheidungen bzw. Entscheidungsreihen, in denen nicht selten auch von gerichtsinternen Auseinandersetzungen begleitet die verfassungspolitischen Pflöcke – oft für Jahre – eingezogen werden. Im Folgenden werden daher exemplarisch zwei solcher Entscheidungsreihen auf das ihnen zugrunde liegende staatstheoretische Vorverständnis hin abgeklopft, von denen aus sich diese Entscheidungen überhaupt erst als *juristische* Subsumtionen ergeben.

Um Missverständnissen vorzubeugen: Das ist keine, in der deutschen juristischen Staats- und Verfassungslehre häufig anzutreffende Fundamentalkritik am *politischen* Charakter der Verfassungsrechtsprechung. Im Gegenteil: im Verständnis einer Unhintergehbarkeit des Politischen (van Ooyen 2009b) folge ich Hans Kelsen, der in theoretischer Perspektive schon in den 20er-Jahren die notwendig politischen Implikationen der Verfassungsgerichtsbarkeit herausgearbeitet und sie gerade in demokratietheoretischer Sicht gegen Carl Schmitt als *einen* „Hüter" der Verfassung einer pluralistischen Gesellschaft verteidigt hat.[3] So muss gerade der Verfassungs-

---

* Grundlage des Beitrags sind meine Aufsätze: Das Bundesverfassungsgericht als außenpolitischer Akteur; in: RuP 2/2008, S. 75–86; Krieg, Frieden und außenpolitische Parlamentskompetenz; in: IPG 3/2008, S. 86–106; Eine „europafeindliche" Kontinuität?; in: IPG 4/2009, S. 26–45; „Zwei Senate in meiner Brust"?; in: RuP 2/2010, S. 94–102.

1 Vgl. zur Literatur- und Forschungslage bis 2006 m. w. N.: van Ooyen/Möllers 2006; seitdem insb.: Gawron/Rogowski 2007; Hönnige 2007; Lembcke 2007; Brodocz 2009; Kneip 2009; Neidhardt 2009; Kranenpohl 2010; zum eher seltenen amerikanischen Blick auf das BVerfG vgl. aktuell Vanberg 2005.

2 Vgl. hierzu den von mir verfolgten Ansatz: van Ooyen 2005a; ders. 2010a; auch Kranenpohl 2009.

3 Vgl. Kelsen 2008; zur politischen Theorie Kelsens einschl. ihres Zusammenhangs von Demokratie und Verfassungsgerichtsbarkeit vgl. van Ooyen 2005b; ders. 2010b.

richter/-in seine Rolle als (verfassungs-)politischer Akteur begreifen und akzeptieren (Wassermann 1972), die schon mit seinem Begriff des Politischen beginnt.

Die beiden hier ausgewählten Entscheidungsreihen zur Außen- und Europapolitik sind von besonderem Interesse, auch weil sie zueinander in einem merkwürdigen Kontrast stehen, der überhaupt erst vor der politisch-theoretischen Hintergrundfolie verstanden werden kann: Während das BVerfG im Bereich Europa auf enge staatsrechtliche Kontrolle von Parlament und Regierung zielt, reduziert es seine Kontrolldichte im Bereich der Außenpolitik nahezu auf „Null" und lässt vor allem der Regierung freie Hand – beides aber sind die zwei Seiten ein- und derselben staatstheoretischen Medaille eines Politikverständnisses, das ich als „liberal-konservativen Etatismus" bezeichne.[4] In ihm spiegelt sich ein für die deutsche Staatslehre (immer noch) typisches, von Hobbes und Locke über Hegel bis Rousseau reichendes – bisweilen durch Schmitt gefiltertes – Theorie-Amalgam wider, das in seinen politischen, insbesondere demokratietheoretischen Implikationen problematisch ist.[5]

1 Die außen- und sicherheitspolitischen Entscheidungen – und das anarcho-liberale Weltbild nach Hobbes/Locke

Beim Streit um den Tornado-Einsatz in Afghanistan entschied das Bundesverfassungsgericht (BVerfG) 2007, dass die „Beteiligung an dem erweiterten ISAF-Mandat [...] nicht die Rechte des Deutschen Bundestags aus Artikel 59 Absatz 2 Satz 1 des Grundgesetzes (verletzt)" (BVerfGE 118, 244 – Afghanistan-Einsatz). Das scheint unproblematisch, hatte doch der Bundestag mit großer Mehrheit dem Einsatz selbst zugestimmt. Denn in einer repräsentativen Demokratie müssen alle wesentlichen Entscheidungen vom Parlament beschlossen werden, erst recht also auch die – altmodisch formuliert – über „Krieg und Frieden". Die Bundeswehr sei, so das Gericht schon in seiner ersten Entscheidung von 1994 (s. u.), eben ein „Parlaments-" und nicht ein „Regierungsheer" (Wiefelspütz 2005). Es hielt darüber hinaus fest, dass auch nicht gegen das verfassungsrechtliche Friedensgebot (Art. 26) verstoßen worden sei, obwohl sich beim Einsatz in Afghanistan die Grenzen zwischen Aufbauhilfe/Friedenssicherung und Kampfeinsatz verwischten. Die Befürchtung eines „Hineinschlitterns" der Bundeswehr hat sich jedoch inzwischen tatsächlich bestätigt, selbst wenn im offiziellen Sprachgebrauch das unpopuläre Wort „Krieg" sehr lange peinlichst vermieden worden ist.

---

4 Vgl. van Ooyen 2007; allgemein vgl. Bärsch 1974; Hammans 1987; Alshut 1999; aktuell zur Thematik auch Günther 2004; Möllers 2008.
5 Und das sich auch in anderen Entscheidungsreihen findet; vgl. van Ooyen 2005a; ders. 2003a.

Nun ist das BVerfG nicht einfach ein unpolitisches Verfassungsorgan, das in „reiner" Rechtswissenschaft als Subsumtionsmaschine bloß das „richtige" Recht aus dem Text der Verfassung judiziert. Bei den Entscheidungen zum Auslandseinsatz der Bundeswehr wird vielmehr deutlich

– wie weit das BVerfG die verfassungsrechtlichen Schranken für Auslandseinsätze flexibilisiert hat und

– wie sehr dies zugunsten eines Verständnisses von Außenpolitik als der ureigenen Domäne der Regierung geschieht, weil eine stärkere parlamentarische Kontrolle der auswärtigen Gewalt ausdrücklich und prinzipiell abgelehnt wird (Wolfrum 2007; Geiger 2003; Zivier 2003; allgemein schon Billing 1975).

1.1 Auslandseinsätze als bloße Kompetenzfrage

1.1.1 Die verfassungspolitische Grundentscheidung zum Parlamentsvorbehalt: Bundeswehreinsatz (1994)

Mit der grundlegenden Zäsur der Zeitenwende von 1989/90 war aus deutscher Sicht bald die Frage nach einer militärischen Beteiligung an UN- bzw. an vom Sicherheitsrat ermächtigten Maßnahmen aufgeworfen, vor allem an „humanitären Interventionen" bei schweren Menschenrechtsverstößen oder gar drohendem Völkermord. Die frühere politische Praxis und auch von jeder Bundesregierung, namentlich durch den Bundessicherheitsrat offiziell vertretene Position sah „out-of-area" jenseits des in Art. 6 NATO-Vertrags definierten Gebietes jedoch überhaupt nicht vor (Isensee 1996, S. 383). Die konservativ-liberale Bundesregierung unter Helmut Kohl hatte gleichwohl seit 1991 solche Einsätze vorgenommen: durch die Entsendung von Minensuchbooten im Persischen Golf am Rande des Zweiten Golf-Kriegs, die Teilnahme an UN-Blauhelmen in Kambodscha, die Beteiligung 1992/93 an den von den UN beschlossenen und seitens NATO/WEU durchgeführten Embargo-Maßnahmen gegen Serbien, schließlich 1993 durch die Entsendung eines Transportbataillons zur Unterstützung der UN-Intervention in Somalia. Die dadurch losgetretene verfassungspolitische Diskussion offenbarte angesichts des jahrzehntelangen Konsenses zunächst einmal ein gewisses Maß an Verwirrung und Hilflosigkeit. Aus „realistischer" Sicht schien die Entscheidungsschwäche von Regierung und Opposition gleichermaßen beklagenswert, weil bei faktisch relativ harmlosen Einsätzen selbst die „Bundesregierung [...] sehnlichst darauf gewartet hat, daß ihr Karlsruhe Entscheidungen abnehmen möge".[6]

Dieses Machtvakuum füllte nun das BVerfG. Denn es spielte den hochpolitischen Ball nicht einfach an den parlamentarischen Raum zurück, sondern legte konkret Möglichkeiten und Grenzen der Auslandseinsätze einfach selber fest. Dabei verblüff-

---

6 Schwarz 1994, S. 168; u. a. hatte sogar die mitregierende FDP Klage eingereicht.

te seinerzeit, dass es auf solche Grenzen fast völlig verzichtete. Schien bisher „out-of-area" so gut wie unmöglich, so ergab sich – bei identischem Wortlaut der Verfassung – nun auf einmal fast das genaue Gegenteil.[7] Das Gericht führte grundsätzlich aus, dass Auslandseinsätze ohne weiteres möglich seien, solange sie unter dem Dach eines Systems kollektiver Sicherheit völkerrechtskonform zum Zwecke von Frieden und Sicherheit stattfänden. Dabei wurde zudem der Begriff „kollektive Sicherheit" (Art. 24 GG) sehr weit, d. h. unter Einschluss der „Bündnisse kollektiver Selbstverteidigung" (NATO und WEU) definiert (BVerfGE 90, 286 – Bundeswehreinsatz, Leitsätze). Schließlich steckte das Gericht noch den Entscheidungsspielraum der Regierung weit ab, da es nur bei *wesentlicher* Änderung bestehender völkerrechtlicher Vereinbarungen einer weiteren parlamentarischen Zustimmung im formellen Gesetzgebungsverfahren bedürfe. Das überraschte wiederum, diesmal im Vergleich zur kurz zuvor gefällten zentralen „Maastricht-Entscheidung". Denn „das Gericht (gab) der Exekutive deutlich mehr Gestaltungsspielraum bei der Fortentwicklung von NATO, WEU und Vereinten Nationen als bei der Integration in die EU, die prozedural [...] und normativ [...] unter Aufsicht gestellt wurde" (Harnisch 2006, S. 284) (s. u.). Zugleich reduzierte sich damit das ganze Problem im Grundsatz auf eine bloße Kompetenzfrage. Und so lag der vom Gericht seinerzeit monierte Mangel auch „nur" in der fehlenden parlamentarischen Zustimmung. Denn das „Grundgesetz (ist) [...] darauf angelegt, die Bundeswehr nicht als Machtpotential allein der Exekutive zu überlassen, sondern als ‚Parlamentsheer' in die demokratisch rechtsstaatliche Verfassungsordnung einzufügen"; die „in den Vorschriften des Grundgesetzes auf dem Hintergrund der deutschen Verfassungstradition seit 1918 zum Ausdruck kommende Entscheidung für eine umfassende parlamentarische Kontrolle der Streitkräfte läßt ein der Wehrverfassung zugrundeliegendes Prinzip erkennen, nach dem der Einsatz bewaffneter Streitkräfte der konstitutiven, grundsätzlich vorherigen Zustimmung des Bundestages unterliegt".[8] Hiervon gibt es nur eine Ausnahme: Um die „militärische Wehrfähigkeit und die Bündnisfähigkeit [...] nicht (zu) beeinträchtigen", ist bei „Gefahr im Verzuge" die „Bundesregierung berechtigt, vorläufig den Einsatz von Streitkräften zu beschließen und an entsprechenden Beschlüssen in den Bündnissen oder internationalen Organisationen ohne vorherige Einzelermächtigung durch das Parlament mitzuwirken und diese vorläufig zu vollziehen". Die „Bundesregierung muß jedoch in jedem Fall das Parlament umgehend mit dem so beschlossenen Einsatz befassen" und die „Streitkräfte sind zurückzurufen, wenn es der Bundestag verlangt" (BVerfGE 90, 286 [345]). Überhaupt keine Parlamentszustimmung ist dagegen notwendig für bloße „Hilfsdienste und Hilfsleistungen im Ausland, sofern die Soldaten dabei nicht in bewaffnete Unternehmungen einbezogen sind" (BVerfGE 90, 286

---

7 Zu Verfassungspraxis der Bundesregierungen und den offeneren wissenschaftlichen Kontroversen vgl. Harnisch 2006, S. 217 f.

8 BVerfGE 90, 286 (322 und 339); vgl. auch Leitsätze 3a) und b). Den Einsatz hat der Bundestag „nach Maßgabe des Art. 42 Abs. 2 GG zu beschließen" (ebd., S. 346), d.h. mit einfacher Mehrheit.

[344]). Schließlich forderte das Gericht den Bundestag noch auf, die Details für Auslandseinsätze in einem „Parlamentsbeteiligungsgesetz" zu regeln, was dieser jedoch über zehn Jahre hinauszögerte (s. u.). In einer Gesamtbetrachtung der Entscheidung fällt zweierlei auf:

Erstens wird der „Parlamentsvorbehalt" aus dem innerstaatlichen Gewaltenteilungsschema konstruiert, „so dass die bisherige Rechtsprechung zur Verteilung der auswärtigen Gewalt zwischen Regierung und Bundestag aufrecht erhalten werden konnte" (Wolfrum 2007, S. 163). Denn schon bei seinem Urteil zur Kompetenz der Stationierung von Pershing-Raketen war eine stärkere Parlamentarisierung der Außenpolitik zugunsten der Regierung kategorisch zurückgewiesen worden.[9] Andernfalls hätte das Gericht entweder die Parlamentskompetenz über „Krieg und Frieden" sogar verneinen müssen – soweit wollte man angesichts des Demokratieprinzips aber wohl doch nicht gehen. Oder aber man hätte gegen die bisher vertretene Linie die grundsätzliche Parlamentshoheit zugestehen müssen. Das wäre dann aber der Anfang einer umfassenden Parlamentarisierung der auswärtigen Gewalt gewesen.

Zweitens ist hervorzuheben, dass das aus dem Verständnis als „Parlamentsheer" abgeleitete Zustimmungserfordernis für den konkreten Einzelfall des Einsatzes überhaupt nicht in der Verfassung geregelt ist. Die Entscheidung lässt sich daher als Grenzüberschreitung zur Verfassungsschöpfung begreifen (m. w. N. Epping 1999, S. 449) – sozusagen ein „kühner Schritt", mit „dem es die größtenteils theoretische verfassungsrechtliche Diskussion der Zeit vor 1990 hinter sich lässt" (Wild 2000, S. 549 f.).

1.1.2 Grauzonen: Tirana-Einsatz (1997) und Kosovo-Konflikt (1999)

Welche rechtspolitischen Schleusen das BVerfG hiermit öffnete, zeigte sich schon wenige Jahre später bei dem in der Öffentlichkeit kaum beachteten, weil faktisch relativ harmlosen, aber bis an die Grenzen des Verfassungsbruchs heranreichenden „Tirana-Einsatz" (Epping 1999; van Ooyen 2002). Erst recht wurde dies deutlich beim völker- und verfassungsrechtlich höchst umstrittenen Fall der Beteiligung an den Luftangriffen der NATO gegen Jugoslawien (Serbien und Montenegro) im „Kosovokrieg" 1999, da es zu dieser Abwendung einer humanitären Katastrophe weder eine ausdrückliche Ermächtigung des UN-Sicherheitsrats gab, noch konnte dies unter das durch Art. 51 UN-Charta gedeckte Recht der Selbstverteidigung gefasst werden. Nach der von der PDS eingereichten Klage wäre daher – soweit überhaupt zulässig – nicht bloß die Zustimmung des Bundestags im Rahmen des „Parlamentsvorbehalts", sondern eine Verfassungsänderung notwendig gewesen. Das BVerfG stieg jedoch unter

---

9 Vgl. BVerfGE 68, 1 (87) – NATO-Doppelbeschluss; Heyde 1986; im Sondervotum kritisierte schon Richter Mahrenholz die „Gewichtsverschiebung [...] zu Gunsten der Exekutive"; ebd., S. 378; vgl. Müller-Terpitz 2000.

Verweis auf seine Entscheidung von 1994 hierauf erst gar nicht mehr ein, weil „die verfassungsrechtliche Ermächtigung des Bundes, Streitkräfte in einem System kollektiver Sicherheit einzusetzen, grundsätzlich geklärt ist [...] und die Rechte der antragstellenden Fraktion sich insoweit auf eine ordnungsgemäße Beteiligung an dem Verfahren beschränken, in dem der Bundestag dem Einsatz bewaffneter Streitkräfte seine vorherige konstitutive Zustimmung erteilt hat" (BVerfGE 100, 266 – Kosovo, Randnr. 20, Internetfassung).

1.2 Die Entscheidung zum NATO-Strategiekonzept (2001)

1.2.1 Erweiterte Sicherheit als Regierungsdomäne

Mit dem neuen, auf dem Washingtoner Gipfel 1999 beschlossenen Strategischen Konzept erweiterte die NATO angesichts neuer Konfliktlagen ihr klassisches Verteidigungsbündnis um den sog. „erweiterten Sicherheitsbegriff". Dieser überschreitet selbst einen militärisch weit gefassten Begriff von Sicherheit in erheblicher Weise, indem er auch Terrorismus, Sabotage, Organisierte Kriminalität, unkontrollierte Flüchtlingsbewegungen sowie überhaupt „disruption of the flow of vital resources" einschließt.[10] Hierbei sind auch besondere „Krisenreaktionseinsätze" außerhalb des Bündnisfalls nach Art. 5 NATO-Vertrag vorgesehen, sodass dies als eine Änderung des Vertrags begriffen werden kann, die aus verfassungsrechtlicher Sicht dann einer besonderen parlamentarischen Zustimmung im Wege formeller Gesetzgebung nach Art. 59 GG bedarf (Zivier 1999; Klein/Schmahl 1999). Das von der PDS gegen die rot-grüne Bundesregierung angestrengte Verfahren wurde jedoch 2001 abgewiesen. Das BVerfG kam zum Schluss, dass in formaler Hinsicht gar keine „objektive Änderung des NATO-Vertrags" vorläge, sondern nur eine bloße „Fortentwicklung und Konkretisierung der offen formulierten Bestimmungen" (BVerfGE 104, 151 – NATO-Konzept, Rdnr. 145, Internetfassung). In seiner Begründung verwies es zwar zu Recht darauf, dass die Krisenreaktion im Unterschied zum Bündnisfall keine automatische Beistandspflicht auslöse (BVerfGE 104, 151). Auch sei eine parlamentarische Kontrolle gegeben, da bei solchen Streitkräfteeinsätzen der Bundestag wegen des Parlamentsvorbehalts ja zustimmen müsse und zudem alle weiteren parlamentarischen Instrumente politischer Kontrolle der Regierung genutzt werden könnten (BVerfGE 104, Rdnr. 146 und 150). Gleichwohl spielte das BVerfG die Bedeutung des neuen NATO-Sicherheitskonzepts einfach herunter: Änderungen im „Erscheinungsbild möglicher Friedensbedrohungen" blieben durch den vertraglichen Spielraum gedeckt, „solange der grundlegende Auftrag zur Friedenssicherung in der Region nicht verfehlt wird"; deshalb stellten die „Kri-

---

10 Vgl. Punkt 24, The Alliance's Strategic Concept, Approved by the Heads of State and Government participating in the meeting of the North Atlantic Council vom 23./24. April 1999.

senreaktionseinsätze [...] insoweit keine grundlegende neue Einsatzart dar" (BVerfGE 104, Rdnr. 156). Dadurch konnte man an der bisher vertretenen Auffassung festhalten, dass das Grundgesetz „in Anknüpfung an die traditionelle Staatsauffassung der Regierung im Bereich auswärtiger Politik einen weit bemessenen Spielraum zu eigenverantwortlicher Aufgabenwahrnehmung überlasse(n)" und dass wegen der „außen- und sicherheitspolitische(n) Handlungsfähigkeit der Bundesregierung die Rolle des Parlaments als Gesetzgebungsorgan [...] schon aus Gründen der Funktionsgerechtigkeit in diesem Bereich beschränkt" sei (BVerfGE 104, Rdnr. 149).

1.2.2 Politisch-theoretischer Fixpunkt: die „föderative" Staatsgewalt Locke's in der anarchischen Staatenwelt à la Hobbes

Was immer auch in concreto unter den juristisch völlig unscharfen Begriffen wie „traditionelle Staatsauffassung", „Funktionsgerechtigkeit", „außen- und sicherheitspolitische Handlungsfähigkeit" zu verstehen sein mag – es offenbart sich ein altmodisch-fragwürdiges, weil aus heutiger Sicht holzschnittartiges Verständnis der internationalen Beziehungen, das wohl in der „föderativen Gewalt" von John Locke seinen ideengeschichtlichen Ursprung im 17. Jahrhundert hat (Locke 1977, § 14 und §§ 146 f.; Cremer 2003). Locke unterschied im innerstaatlichen Verhältnis die Legislative von der Exekutiven; beiden fügte er im Außenverhältnis noch eine eigenständige, hiervon unterschiedene, „föderative Gewalt" hinzu, die sich jedoch einer Regelung entzieht. Und so findet sich bei Locke schon genau diese Sicht des BVerfG, nur die exekutive Gewalt als überhaupt innerstaatliche Gewalt unter die Aufsicht der Legislative zu stellen, während die die auswärtige Gewalt zugleich ausübende Regierung im „nicht-staatlichen" Raum frei schalten können muss. Vor diesem Hintergrund erschließt sich, warum das BVerfG den Parlamentsvorbehalt bei Auslandseinsätzen der Bundeswehr dann aus der innerstaatlichen Wehrverfassung postulieren muss (s .o.) – und aus einer parlamentarischen Kontrolle der auswärtigen Gewalt es gar nicht kann. Voraussetzung bildete bei Locke allerdings hierbei die Annahme, dass die internationalen Beziehungen ohne „Gesellschaftsvertrag" und damit in dem – von ihm in seiner Vertragstheorie ja auch noch konstruierten – vorstaatlichen Naturzustand verharrten:

Es gibt in jedem Staat noch eine andere Gewalt, die man eine natürliche nennen könnte, weil sie in etwa der Gewalt entspricht, die jeder Mensch von Natur aus hatte, bevor er in die Gesellschaft eintrat. Denn obwohl in einem Staate die Glieder in ihrem Verhältnis zueinander immer einzelne Personen bleiben [...], so bilden sie hinsichtlich der übrigen Menschheit doch nur einen Körper, der sich [...] der übrigen Menschheit gegenüber weiterhin im Naturzustand befindet. [...]

Dies enthält deshalb die Gewalt über Krieg und Frieden [...] und man kann [...] von einer föderativen Gewalt sprechen. [...]

Obwohl diese beiden Gewalten, die exekutive und die föderative, in Wirklichkeit voneinander verschieden sind – da die eine die Vollziehung der Gesetze innerhalb der Gesellschaft [...] beinhaltet und die andere für die Sicherheit und die Interessen des Volkes nach außen [...] sorgen muß –, so sind sie doch fast immer vereinigt. Und obwohl es für den Staat von großer Bedeutung ist, ob diese föderative Gewalt gut oder schlecht gehandhabt wird, so ist sie doch weitaus schwerer durch vorher gefaßte, stehende, positive Gesetze zu leiten als die Exekutive. Es muß deshalb notwendigerweise der Klugheit und Weisheit derjenigen überlassen bleiben, in deren Händen sie liegt, sie zum öffentlichen Wohl zu gebrauchen (Locke 1977, S. 292 f. § 145–147).

So steuert der „Kapitän" das „Staatsschiff" durch den anarchischen Naturzustand der zwischenstaatlichen Politik (Cremer 2003, S. 28) – insoweit war ja auch der Liberale Locke zunächst einmal noch „Hobbesianer" (van der Pijl 1996, S. 53 ff.; aktuell zur Staatstheorie Locke's vgl. Salzborn 2010). Doch das vermeintlich „realistische" Bild einer internationalen Regellosigkeit, die sich einer parlamentarischen Zähmung der exekutiven Gewalt entzieht, ist nicht nur schief, da „Gesetzgebung in einer globalisierten Welt zum Teil internationalisiert ist" (Fastenrath 2003, S. 35). Ihm liegt vor allem die politisch-anthropologische Prämisse des „Realismus" von Machiavelli über Hobbes bis zu Nietzsche, Max Weber und Carl Schmitt zugrunde, der den Begriff des Politischen auf Macht, Kampf, Trieb bzw. „Freund-Feind-Krieg" reduziert. Nirgends wird das deutlicher als am Hobbesschen Kriegs-Universum des „bellum omnium contra omnes", der Wolfsgesellschaft des „homo homini lupo", der Welt vom permanenten Mord und Totschlag – den es im Übrigen unter Wölfen gar nicht gibt. Man muss kein „Gutmenschen-Rousseauist" sein, um hier von einer Verzerrung der Realität durch den „Realismus" sprechen zu müssen (van Ooyen 2003b; Rohde 2004). In normativer Hinsicht wäre überdies ein solches „Raubtier-Menschenbild" zudem nicht hinnehmbar, weil verfassungswidrig: unvereinbar nämlich mit dem gerade vom BVerfG selbst postulierten „Menschenbild des Grundgesetzes" (Becker 1996). Schließlich: Eine separate „föderative Gewalt" im Bereich der Außenpolitik, in der die Regierung von ganz wenigen Erfordernissen parlamentarischer Zustimmung frei schalten und walten kann, ist dem Grundgesetz unbekannt. In der zentralen Bestimmung des Art. 20, in dem *alle* Gewalten an die Legitimation durch die Bürger/-innen rückgebunden werden, finden sich eben nur die drei „klassischen" Formen „horizontaler Gewaltenteilung". Und auch die Rangordnung ist hiernach eindeutig, denn die „Gesetzgebung ist an die verfassungsmäßige Ordnung, die vollziehende Gewalt und die Rechtsprechung sind an Recht und Gesetz gebunden". Verfassungsrechtlich handelt es sich daher – um ein Wort von Helmut Ridder zu gebrauchen – um „Law Fiction".

Vor diesem Hintergrund einer inhaltlich fast gar nicht eingrenzbaren Regierungsdomäne erweisen sich dann auch die in der Entscheidung noch einmal hervorgehobenen parlamentarischen Schranken eher als juristisch-formalistisches Alibi (BVerfGE 104, 151 – NATO-Konzept, Leitsätze). So kann die Regierung den wohl seit der NATO-Gründung grundlegendsten sicherheitspolitischen Paradigmenwechsel einfach vollziehen, solange man peinlichst darauf achtet, in völkerrechtlicher Hinsicht die Grenze einer Vertragsänderung formal nicht zu überschreiten. Das aber führt den Zweck des Erfordernisses parlamentarischer Zustimmung nach Art. 59 GG selbst ad absurdum, da diese sich dann real auf eine einmal – im Falle des NATO-

Vertrags vor über fünfzig Jahren – gegebene Blankovollmacht reduziert (schon Zivier 1999, S. 23).

1.2.3 Nationales Interesse als „Friedenssicherung"?

Das vom BVerfG hierüber hinaus benannte „Friedensgebot" nach Art. 26 GG erweist sich ebenso als wenig wirksam, da kaum justiziabel. Dies nicht nur, weil der Begriff auch nach Meinung des Gerichts keine genaue Definition enthält (BVerfGE 104, 151 – NATO-Konzept, Rdnr. 160, Internetfassung). Selbst das früher recht klare „Verbot des Angriffskrieges" ist im Zeitalter der „humanitären Interventionen" sowie der Erosion der Trennung von innerer und äußerer Sicherheit in seinem völker- und verfassungsrechtlichen Gehalt erheblich ins Rutschen gekommen (z. B. Schiedermair 2006). Was ließe sich daher heute unter „friedliches Zusammenleben der Völker" nicht alles subsumieren. Und so akzeptierte das BVerfG nicht nur ohne weitere Problematisierung, dass der dem NATO-Konzept zugrunde liegende „erweiterte Sicherheitsbegriff" elastisch auf alles ausgedehnt und damit als friedensrelevant erklärt werden kann – von der Terrorismusbekämpfung über die Organisierte Kriminalität und Sabotage bis hin zur unkontrollierten Migration. Es zauberte auch noch die im Punkt 24 des NATO-Konzepts aufgeführte sicherheitspolitische Bedrohung „vitaler Ressourcen" (s .o.) ganz einfach weg – und wollte wohl erst gar nicht auf die Idee kommen, dass hier ganz klassisch das „national interest" des Realismus sogar als „Geopolitik" formuliert wird. Denn lapidar hielt das Gericht fest, dass die Konkretisierung [...] der [...] nicht unter Artikel 5 fallenden Einsätze (Krisenreaktionseinsätze) [...]. keine machtpolitisch oder gar aggressiv motivierte Friedensstörungsabsicht erkennen" lässt, weil es „im Gegenteil um die Erhaltung des Friedens" geht (BVerfGE 104, 151 – NATO-Konzept, Rdnr. 163). Das steht in einem merkwürdigen Spannungsverhältnis zu der sonst vom Verfassungsgericht so hoch gehaltenen „traditionellen Staatsauffassung" (s .o.), der überdies gerade die strikte Trennung von Krieg und Frieden, innerer und äußerer Sicherheit zugrunde liegt (van Ooyen 2002).

1.2.4 Von der euro-atlantischen zur globalen Sicherheit: Afghanistan-Einsatz (2007)

In diese Linie reiht sich die eingangs zitierte „Afghanistan-Entscheidung" ein, die aber noch einmal eine verfassungspolitische Grenzverschiebung vorgenommen hat: Der Bundestag hatte 2007 der Erweiterung des deutschen Einsatzes in der Form der Luftaufklärung durch Tornado-Maschinen im Rahmen des durch den UN-Sicherheitsrat legitimierten Mandats der „International Security Assistance Force" (ISAF) zugestimmt, das unter NATO-Führung firmiert. Infolge dieser Ausweitung von ISAF überschneidet sich nun aber das ISAF-Einsatzgebiet mit der „Operation Enduring Freedom" (OEF), die die USA mit Verbündeten in Reaktion auf die Terroranschläge des „11. Septembers" seit 2001 im Kampf gegen Taliban und Al Qaida durchführen. Die PDS/Linke sah hierin eine Verletzung der Parlamentsrechte aus Art. 59 GG und eine unzulässige Verstrickung in die ihrer Meinung zufolge völkerrechtswidrige OEF (BVerfGE 118, 244 – Afghanistan-Einsatz, Rdnr. 13 ff., Internetfassung). Schon der ISAF-Einsatz an sich sei nicht durch die Parlamentsermächtigung des Zustimmungsgesetzes zum NATO-Vertrag gedeckt, da es hier gar nicht mehr um den Schutz euro-atlantischer, sondern lediglich der afghanischen Sicherheit gehe. Darüber hinaus erfolge OEF zwar mit Einwilligung der afghanischen Regierung, habe jedoch wiederholt zu Verstößen gegen das humanitäre Völkerrecht geführt.

In seiner Begründung bestätigte das Gericht zunächst einmal seinen Maßstab vom „weit bemessene(n) Spielraum", der der „außen- und sicherheitspolitische(n) Handlungsfähigkeit Deutschlands" diene, sodass die „Rolle des Parlaments als Gesetzgebungsorgan als auch diejenige der rechtsprechenden Gewalt [...] beschränkt (sind)" (BVerfGE 118, 244 Rdnr. 43). Die Grenze werde nur dann überschritten, wenn die Handlungen der Regierung im Rahmen der NATO wesentlich aus der Ermächtigung des ursprünglichen parlamentarischen Zustimmungsgesetzes zum NATO-Vertrag ausbrächen (BVerfGE 118, 244 Rdnr. 44 ff.). Nun verschob das Gericht die Schranke aber noch ein bisschen weiter, indem es – wie schon bei der Entscheidung zum NATO-Strategiekonzept – die neue Qualität, nämlich die Lösung vom euro-atlantischen Bezug, einfach ohne weitere Problematisierung herunterspielte. Denn eine „Lösung der NATO von ihrem regionalen Bezugsrahmen kann in dem ISAF-Einsatz in Afghanistan nicht gesehen werden", da der Einsatz [...] ersichtlich darauf ausgerichtet (ist), [...] auch und gerade der Sicherheit des euro-atlantischen Raums auch vor künftigen Angriffen zu dienen" (BVerfGE 118, 244 Rdnr. 59). Das konnte man sicherlich politisch so beurteilen, denn in einer „globalisierten" Welt ist Sicherheit eben nicht mehr geografisch isolierbar. Nur, der vom Gericht in seiner Entscheidung 2001 noch selbst hervorgehobene Bezug zur euro-atlantischen Sicherheit wird damit auch hinfällig, weil vollständig globalisiert. War mit dem Stand der Entscheidung von 2001 der außenpolitische Freiraum der Bundesregierung im Rahmen des neuen NATO-Strategiekonzepts inhaltlich schon kaum noch eingrenzbar, so ist er es mit der „Tornado-Entscheidung" nun auch in räumlicher Hinsicht nicht mehr. Diese Schlussfolgerung musste das Gericht sogar selbst ziehen, weil „durch global agierende terroristische Netzwerke [...] Bedrohungen für die Sicherheit des Bündnisgebiets nicht mehr territorial eingegrenzt werden" (BVerfGE 118, 244 Rdnr. 67). Eine solch großräumige Sichtweise steht aber in einem merkwürdigen Spannungsverhältnis zu der kleinteiligen Auffassung, die ISAF-Operation strikt vom Kampfeinsatz OEF zu trennen und dann doch wieder auf die alleinige Sicherheit in Afghanistan zu reduzieren: Während OEF „vornehmlich der unmittelbaren Terrorismusbekämpfung gilt, dient ISAF der Aufrechterhaltung der Sicherheit in Afghanistan, um eine Grundlage für den zivilen staatlichen Aufbau zu schaffen". Obwohl sich also „diese Aufgaben in der praktischen Ausführung überschneiden können" sind beide Operationen „in rechtlicher Hinsicht klar getrennt" (BVerfGE 118, 244 Rdnr. 79). Fast gewinnt man daher den Eindruck, das Gericht verwendet zwei verschiedene Sichtweisen von Realität, um das jeweils passende Ergebnis zu postulieren.[11]

1.2.5 Schlussfolgerung: Carte blanche für „hohe Politik"

Seit seiner ersten „Out-of-Area-Entscheidung" von 1994 gibt das BVerfG der Regierung bei Auslandseinsätzen der Bundeswehr so weit wie möglich „Carte blanche", indem es die Verfassung durch dynamische Grenzverschiebungen Stück für Stück flexiblisiert hat: vom verfassungspolitischen Grundkonsens einer Ablehnung zur Grundentscheidung der Zulässigkeit der „Out-of-Area-Einsätze", von der engen, klassischen „kollektiven Sicherheit" (UN) zum weiten Begriff unter Einschluss insbesondere der NATO, vom bloßen Auftrag kollektiver Selbstverteidigung der NATO zum erweiterten Sicherheitsbegriff des neuen Strategiekonzepts, schließlich, als aktuell letzter Schritt in der Tornado-Entscheidung, vom räumlich begrenzten euro-atlantischen Bezug der Sicherheit zur globalisierten Sicherheit. Damit sind Auslandseinsätze der Bundeswehr in räumlicher und inhaltlicher Hinsicht („Frieden") mit einfacher Parlamentszustimmung nahezu unbegrenzt möglich. Das mag politisch betrachtet akzeptabel oder gar notwendig sein. Nur: Dieses Stück Verfassungspolitik im Bereich der auswärtigen Gewalt hat das Gericht nahezu im Alleingang vollzogen. Dabei lugt ein konservativ-etatistisches Politikverständnis hervor (mit anderer Bewertung vgl. aktuell Sauer 2009), das internationale Beziehungen als anarchischen Naturzustand begreift und daher die Außenpolitik als „föderative Staatsgewalt" weitestgehend von parlamentarischen Kontrollen freihalten will. Und nur vor diesem vorausgesetzten Hintergrund kann das BVerfG sein Staatsverständnis einer „Regierungsdomäne" einfach ohne nähere Begründung postulieren.[12] Angesichts der gerade in Deutschland tradierten Rechtskultur, die ansonsten alles einem bis in das Detail gehenden „Regelungswahn" unterwirft, verblüfft es, dass die Außen- und Sicherheitspolitik einfach einer „schöpferischen" Staatsräson überlassen bleibt; das erinnert stark an das obrigkeitsstaatliche Verständnis des 19. Jahrhunderts von „hoher Politik" als „Staatskunst".

---

11 Bestätigung und vorläufigen Abschluss findet diese Entscheidungsreihe wenig später mit dem auf den ersten Blick „parlamentsfreundlichen" AWACS-Beschluss von 2008; hier erfolgt jedoch nur eine Klärung, wann die Schwelle zu einem *bewaffneten* Einsatz überschritten ist (vgl. BVerfGE 121, 135 – Luftraumüberwachung Türkei); m. w. N. vgl. van Ooyen 2008/09.

12 So wird in den Entscheidungen zwar immer wieder auf die zum „Nato-Doppelbeschluss" (s .o.) rekurriert, aber auch dort findet sich keine nähere Begründung, sondern lediglich der Verweis auf die verfassungsgeschichtliche Tradition und allgemein auf die „Gewaltenteilung"; das Gericht geht einfach aus von der bloßen „Annahme, dass institutionell und auf Dauer typischerweise allein die Regierung in hinreichendem Maße über die personellen, sachlichen und organisatorischen Möglichkeiten verfügt [...]"; BVerfGE 68, 1 (88); vgl. auch 84 f.

1.3 Die europapolitischen Entscheidungen – und der Hüter von „Staat" und „Volk" nach Hegel/Rousseau/Schmitt

1.3.1 Von Solange I + II zu Maastricht

Mit seiner „Maastricht-Entscheidung" hatte das BVerfG den Rahmen der europäischen Integration nach den „Solange-Entscheidungen" neuerlich abgesteckt. Obwohl es 1993 zum Ergebnis kam, den „Maastricht-Vertrag" (noch) für verfassungskonform zu erklären, blieb die Entscheidung wegen des hierin formulierten nationalstaatlichen Souveränitätsvorbehalts umstritten. Dies nicht zuletzt, weil die vorhergehende „Solange II-Entscheidung" von 1986 als „integrationsfreundlich" wahrgenommen worden war: Denn das Gericht hatte hier im Ergebnis seine zentrale Europa-Entscheidung „Solange I" von 1974 gekippt, die – seinerzeit im Senat höchst umstritten und sehr knapp – noch zugunsten eines umfassenden Souveränitäts- und verfassungsgerichtlichen Prüfungsvorbehalts ausgefallen war (BVerfGE 37, 271 – Solange I und die viel „europafreundlichere" abweichende Meinung). Bei der an einer Grundrechtsproblematik erörterten „Gretchenfrage" nach dem Vorrang von Verfassungs- oder EG-Recht hatte das BVerfG mit „Solange II" jetzt dem sekundären Gemeinschaftsrecht grundsätzlich Vorrang vor der Verfassung eingeräumt, indem es sich für die Prüfung von europäischen Sekundärrechtsakten als gar nicht mehr zuständig sah, „solange" der EuGH einen vergleichbaren Grundrechtsschutz gewährleistete (BVerfGE 73, 339 – Solange II). Es blieb zwar mit dem Wörtchen „solange" noch eine Hintertür offen, aber doch von eher theoretischer Natur und die Formulierung schien eher der Kompromissbildung innerhalb des BVerfG geschuldet, die zweite große Europa-Entscheidung nicht noch einmal in einer regelrechten Kampfabstimmung, sondern einstimmig zu fällen.

Die „Maastricht-Entscheidung" war daher z. T. als Rückschritt hinter „Solange II" begriffen worden, zumal das BVerfG sich nun ausdrücklich (wieder) für zuständig erklärte, EG-Recht am Verfassungsrecht zu prüfen, wenn auch in einem sog. „Kooperationsverhältnis" mit dem EuGH. In seinen an dieser Stelle knappen Ausführungen schien das BVerfG sich aber klar eine Letztentscheidungskompetenz vorzubehalten, was die Geltung von sekundärem Gemeinschaftsrecht in Deutschland anlangte. Dies führte natürlich zum Konflikt mit dem EuGH, der sich nicht nur durch die „Oberaufsicht" seitens des BVerfG, sondern vor allem als „Hüter" der Einheitlichkeit des Gemeinschaftsrechts mehr als bloß provoziert fühlte – musste er doch zudem befürchten, dass weitere Staaten dann das EG-Recht unter den Vorbehalt nationalstaatlicher Auslegung und damit Geltung stellten, bis man sich insgesamt von der besonderen Qualität eines supranationalen Zusammenschlusses verabschieden könnte.

1.3.2 Souveräner Staat im europäischen „Staatenverbund"

Die gegen „Maastricht" eingereichten Verfassungsbeschwerden monierten, gestützt auf das Wahlrecht (Art. 38), ein „Legitimationsdefizit" und somit einen Verstoß gegen das selbst durch Verfassungsänderung nicht antastbare Demokratieprinzip. Dabei würden, so die Dramatisierung, fast 80 % des Wirtschaftsrechts und 50 % überhaupt aller deutschen Gesetze ohnehin schon durch das EG-Recht festgelegt bzw. mitbestimmt (aktuell König/Mäder 2008). Mit „Maastricht" ergäbe sich zudem ein dynamischer Automatismus, der durch die Übertragung der Kompetenzkompetenz (= Souveränität) in eine stetige Kompetenzausweitung mündete – und zwar unumkehrbar, bis der von den Bürger/-innen gewählte Bundestag in seinen Legislativkompetenzen völlig „entleert" und damit das Wahlrecht ein „Witz" wäre. Zugleich würde diese „Entdemokratisierung" durch „Entstaatlichung" auf der europäischen Ebene nicht aufgefangen, da das seit 1979 ebenfalls direkt gewählte Europaparlament (EuP) in seiner Legislativgewalt immer noch die schwächere Kammer gegenüber dem aus Regierungsvertretern bestehenden (Minister-)Rat bliebe.

Das BVerfG hielt dies jedoch für unbegründet, indem es zunächst einmal auf das weiterhin geltende Prinzip der begrenzten Einzelermächtigung verwies, das „keine Kompetenz-Kompetenz für die Europäische Union begründet und die Inanspruchnahme weiterer Aufgaben und Befugnisse [...] von Vertragsergänzungen und Vertragsänderungen abhängig gemacht, mithin der zustimmenden Entscheidung der nationalen Parlamente vorbehalten wird" (BVerfGE 89, 155 (181) – Maastricht). Mit Blick auf die demokratische Legitimation und Kontrolle von politischer Macht führte es u. a. aus, dass die Kompetenzen „des Deutschen Bundestages noch nicht in einer Weise entleert (werden), die das Demokratieprinzip, soweit es Art. 79 Abs. 3 GG für unantastbar erklärt, verletzt" (BVerfGE 89, 155 [181]). Soweit so gut – der Fall wäre damit erledigt gewesen. Allenfalls perspektivisch ließe sich angesichts des „Demokratiedefizits" für die Zukunft eine Stärkung des EuP anmahnen, sodass „die demokratischen Grundlagen der Union schritthaltend mit der Integration ausgebaut werden [...]" (BVerfGE 89, 155 [213]). Doch das BVerfG konnte es sich nicht verkneifen, (wieder einmal) grundsätzlich zur Qualität europäischer Integration „staatsphilosophisch" Position zu beziehen. Wie schon bei „Solange I" wurde die Ausübung „echter" Hoheitsgewalt durch die EU kategorisch bestritten. Eine auch in der weiteren Rezeption kontrovers diskutierte, zentrale Stelle der Entscheidung lautet:

> Die Bundesrepublik Deutschland ist somit auch nach dem Inkrafttreten des Unions-Vertrags Mitglied in einem Staatenverbund, dessen Gemeinschaftsgewalt sich von den Mitgliedstaaten ableitet und im deutschen Hoheitsbereich nur kraft des deutschen Rechtsanwendungsbefehls verbindlich wirken kann. Deutschland ist einer der „Herren der Verträge", die ihre Gebundenheit an den „auf unbegrenzte Zeit" geschlossenen Unions-Vertrag [...] mit dem Willen zur langfristigen Mitgliedschaft begründet haben, diese Zugehörigkeit aber letztlich durch einen gegenläufigen Akt auch wieder aufheben könnten. Geltung und Anwendung von Europarecht in Deutschland hängen von dem Rechtsanwendungsbefehl des Zustimmungsgesetzes ab. Deutsch-

land wahrt damit die Qualität eines souveränen Staates aus eigenem Recht und den Status souveräner Gleichheit mit anderen Staaten i. S. des Art. 2 Nr. 1 der Satzung der Vereinten Nationen vom 26. Juni 1945 [...] (BVerfGE 89, 155, 190).

Hatte sogar „Solange I" diese Deutlichkeit noch vermieden und an Stelle der Übertragung von Hoheitsrechten nach Art. 24 GG von einer bloßen „Öffnung" der nationalen Rechtsordnung für Europarecht gesprochen – die umgekehrte Möglichkeit, nämlich die einer „Schließung", zwar nicht expressis verbis aber so zumindest angedeutet – so lässt sich der Allmachtsanspruch staatlicher Souveränität, die, in der Denktradition Hegels alles mit einem souveränen Federstrich auch wieder beenden kann, kaum radikaler formulieren. Im „Staatenverbund" sinkt das Europarecht auf die Stufe des Völkerrechts zurück, das in dieser Deutung – wie bei Hegel – als bloß „äußeres Staatsrecht" begriffen wird. Bleibt zu ergänzen, dass die Entscheidung maßgeblich von der Staatstheorie der Richter Kirchhof und Böckenförde geprägt wurde, die sich beide ausdrücklich als „Etatisten" begreifen und im Falle Böckenfördes auch als „Schmittianer" (van Ooyen 2005a, ders. 2007). Mit Blick auf das sog. „Kooperationsverhältnis" von BVerfG und EuGH wurde daher geurteilt: „Das ist [...] nur Konsequenz eines als fortbestehend betrachteten deutschen Letztentscheidungsrechts in zentralen Bereichen – ‚Souveränität', wie sie im Ausnahmefall hervortritt" (Lerche 2001, S. 23).

1.3.3 Volk als homogene politische Einheit

Dieser Deutungszusammenhang des hypostasierten Nationalstaats erhärtet und verschärft sich zusätzlich, wenn man die Ausführungen zum „Volk" prüft. Trotz des sog. „Durchgriffs" des EG-Rechts wurde im Hinblick auf den Integrationsprozess die Existenz eines europäischen „Staatsvolks" verneint (BVerfGE 89, 155 – Maastricht, Leitsatz Nr. 8). Das Gericht erkannte zwar an, dass die mit Maastricht geschaffene „Unionsbürgerschaft" zwischen den Bürgern/-innen der EU ein gemeinsames, besonderes Band begründete. Aber offensichtlich reichte dies nicht aus, um Bürger/-in zu sein. Das aber nicht deshalb, weil mit „Maastricht" bloß das Wahlrecht zum EuP und das Kommunalwahlrecht, nicht aber das Wahlrecht zu den nationalen Parlamenten nach dem Wohnortprinzip und damit losgelöst von der nationalen Bürgerschaft „europäisiert" erfolgen sollte. Denn das BVerfG interpretierte die Unionsbürgerschaft als einen aus der „Staatsangehörigkeit" der Mitgliedsstaaten bloß *abgeleiteten* Status (BVerfGE 89, 159 f. bzw. 182). Nicht nur, dass die aus demokratischer Sicht provozierende Bedeutung des Worts „Staatsangehörigkeit" erst gar nicht als problematisch erfasst wird.[13] Vielmehr muss es wohl an „Integration" zu „wirklicher", „echter" politischer

---

[13] Suggeriert es „doch die Meinung, der Bürger ... gehöre gar dem Staat"; im „politischen Gemeinwesen" aber „gibt es nur so viel Staat, wie die Verfassung konstituiert"; Häberle 1999, S. 725.

Einheit mangeln, die das Gericht dann auch prompt auf die berüchtigte Phrase der „Homogenität des Volkes" zurückgreifen ließ:

> Vermitteln die Staatsvölker – wie gegenwärtig – über die nationalen Parlamente demokratische Legitimation, sind mithin der Ausdehnung der Aufgaben und Befugnisse der Europäischen Gemeinschaften vom demokratischen Prinzip her Grenzen gesetzt. Jedes der Staatsvölker ist Ausgangspunkt für eine auf es selbst bezogene Staatsgewalt. Die Staaten bedürfen hinreichend bedeutsamer eigener Aufgabenfelder, auf denen sich das jeweilige Staatsvolk in einem von ihm legitimierten und gesteuerten Prozeß politischer Willensbildung entfalten und artikulieren kann, um so dem, was es – relativ homogen – geistig, sozial und politisch verbindet (vgl. hierzu H. Heller, Politische Demokratie und soziale Homogenität, Gesammelte Schriften, 2. Band, 1971, S. 421 [427 ff.]), rechtlichen Ausdruck zu geben (BVerfGE 89, 155, 186).

Unnötig zu sagen, dass der vermeintliche Bezug auf den sozialdemokratischen Staatslehrer Heller im Original echter Carl Schmitt (m. w. N. van Ooyen 2010c) ist.[14] Das an Schmitt angelehnte Verständnis von „Staat" und „Volk" ist – in einer liberal „eingehegten" und damit nicht so radikalen Weise – bis heute typisch für einen einflussreichen Teil der deutschen Staatslehre und verfassungsgerichtlichen Judikatur. Es geht in seinem Begriff der Souveränität des Staates auf die Rezeption von Hegel (und Hobbes: van Ooyen 2003a) und in seinem Verständnis von Demokratie auf Rousseau zurück. Beide wurden dabei in einer „unheilvollen", weil antipluralistischen Mischung kombiniert: Denn da, wo Rousseau emanzipatorisch ist – nämlich in seiner Entdeckung und Formulierung eines Gesellschafts- statt des Herrschaftsvertrags – überhöht man in der Tradition von Hegel und Hobbes den Staat in Form einer von den Bürgern/-innen losgelösten „souveränen" politischen Einheit. Und dort, wo die „Staatsräsonisten" Hegel und Hobbes immerhin den Blick auf die Gesellschaft als Vielheit eröffneten, hält man es dagegen lieber mit dem monistischen Demokratieverständnis der Rousseauschen Identität von Regierenden und Regierten – und zwar in der Rezeption von Schmitt als „Pseudo-Rousseauistische Demokratietheorie" (Thiele 2003) –, sodass der Pluralismus der Interessen zur „Einheit" verkleistert und die „Volkssouveränität" durch eine postulierte „Homogenität" bisweilen ins „Völkische" abzurutschen droht.

Wenngleich der „Maastricht-Entscheidung" eine gewisse Eleganz nicht abzusprechen sprechen ist: Das Gericht kam ja mit einer „europafeindlichen" Argumentation (bloß „Staatenverbund", kein „Volk", nur „Wirtschaftsgemeinschaft" usw.) schließlich zu dem „europafreundlichen" Ergebnis, dass der Vertrag verfassungskonform war, weil gerade deshalb das „Demokratiedefizit" nicht so gravierend und folg-

---

14 Verfassungsgeschichtlich ist zudem darauf hingewiesen worden, dass dieser Zusammenhang gerade für die Reichsgründung 1866/71 gar nicht galt. Denn hier „ging die formale und rechtliche Einigung der umfassenden Bildung des Nationalbewusstseins voraus. Durchaus folgerichtig gab es anfangs keine Reichsstaatsangehörigkeit, sondern allein die Staatsangehörigkeit der Bundesstaaten"; Korioth 2003, S. 138 f.

lich (noch!) hinnehmbar wäre. Dieses Festhalten an der „Souveränität des Staates"
und dem „Volk" als einer homogenen politischen Einheit verhindert aber, den Prozess der europäischen Integration mit den Mitteln der Verfassungslehre adäquat zu
erfassen (grundlegend Häberle 2009).

1.3.4 Die Entscheidungen bis Lissabon

Inwieweit dominierte nun dieses Konzept „souverän-staatlich" vermittelter „Volksdemokratie"[15] weiterhin das verfassungsgerichtliche Europaverständnis? Schon in
einer Entscheidung zur Wirkung der Urteile des Straßburger Menschenrechtsge-
richtshofs (EGMR) 2004 tauchte der etatistische Souveränitätsvorbehalt des „Staatswillenspositivismus" (Brunkhorst 2003; ders. 2008) wieder auf (BVerfGE 111, 307 –
EGMR-Würdigung). Auf der anderen Seite ist festzuhalten, dass das BVerfG bei aller
vollmundigen Ankündigung der „Maastricht-Entscheidung", EG-Recht am Maßstab
des Grundgesetzes zu prüfen – und dann eben auch als verfassungswidrig zu kassieren – in der Folgezeit nicht wirklich eine einzige Entscheidung „gegen" Europa gefällt hat.[16]

1.3.5 Entschärfung der Maastricht-Linie: Bananenmarktordnung (2000)

Das gilt vor allem für die Zurückweisung der beiden wichtigsten Klagen: die Verfassungsbeschwerden gegen die Einführung des Euros (1998: BVerfGE 97, 350 – Euro)
und die konkrete Normenkontrolle gegen die EG-Verordnungen zur Regelung/Ab-
schottung des „Bananenmarkts" (2000) im Streit um die Einfuhr der „Chiquitas"
durch Fruchtgroßimporteure. Zuletzt machte sich das Gericht hier dann nicht einmal
mehr die Mühe, überhaupt näher auf den Sachverhalt einzusteigen, indem es feststell-
te, dass die Klagen „von vornherein unzulässig (sind), wenn ihre Begründung nicht
darlegt, dass die europäische Rechtsentwicklung einschließlich der Rechtsprechung
des Europäischen Gerichtshofs nach Ergehen der Solange II-Entscheidung [...] unter
den erforderlichen Grundrechtsstandard abgesunken sei" (BVerfGE 102, 147 – Bananenmarktordnung, 1. Leitsatz). Das war dann im Wortlaut schon fast wieder der alte
Stand von „Solange II"[17] – und vielleicht auch mit dem inzwischen erfolgten Aus-
scheiden des verfassungstheoretisch stark nationalstaatlich orientierten „Maastricht-
Berichterstatters" Paul Kirchhof (zur Staatstheorie Kirchhofs vgl. van Ooyen 2010a,
S. 72 ff.) verbunden (vgl. auch Büdenbender 2005, S. 86 f.).

---

15 So auch die Kritik bis in das Verfassungsgericht selbst hinein; vgl. Bryde 1994; Lübbe Wolff 2007.
16 Schon bei Solange I wurde in der Sache kein Verstoß gegen die Grundrechte durch europäisches
Recht festgestellt, sodass die Normenkontrolle im Ergebnis „europakonform" ausfiel.
17 Vgl. BVerfGE 73, 339 – Solange II, Leitsätze; auch die Bewertung bei Schwarze 2001, S. 237 f.

1.3.6 Die Vorbereitung der Rückkehr zur Maastricht-Linie: EU-Haftbefehl (2005)

Die Entscheidung zum „EU-Haftbefehl" (2005) war demgegenüber in der Diktion und den Begründungsmustern von „Auslieferung", „Staatsangehörigkeit", „Kernstaatlichkeit" und „Demokratie" wieder stärker an „Maastricht" orientiert.[18] Auch hatte das BVerfG hier im Streit um die Auslegung, was eigentlich ein EU-Rahmenbeschluss sei, auf eine zwischen nationaler und europäischer Rechtsordnung vermittelnde Position ausdrücklich verzichtet und gegen die kurz zuvor ergangene „Pupino-Entscheidung" des EuGH (Juni 2005) Position bezogen.[19] Doch war die Haftbefehlsentscheidung keine direkte „gegen" Europa, weil es hier i. e. S. gar nicht um die supranationale „erste", sondern um die „dritte Säule" der Zusammenarbeit im Bereich Justiz und Inneres ging. Der eigentliche rechtspolitische Adressat der Entscheidung war daher auch der Deutsche Bundestag. Dieser hatte nach Meinung des BVerfG bei der notwendigen innerstaatlichen Umsetzung durch Bundesgesetz den durch den Rahmenbeschluss selbst eingeräumten Spielraum überhaupt nicht genutzt, sondern ihn einfach „durchgewunken". Deutlich monierte der für das Verfahren zuständige Richter Udo Di Fabio in der mündlichen Verhandlung diese Nachlässigkeit parlamentarischer Arbeit und suchte die zur mündlichen Verhandlung erschienenen Abgeordneten vorzuführen:

> [...] Sie haben wirklich einen schönen Einblick in die parlamentarische Praxis gegeben [...] Also, wenn wir so sagen würden, so prüfen wir unsere Fälle, das wäre schon, das wäre anrüchig [...] Und da kommt ein Rahmenbeschluss zu Ihnen, den Sie umsetzen, einen Rahmen kann man doch gar nicht eins zu eins umsetzen, einen Rahmen kann man nur ausfüllen. Da muss doch ein Augenblick darüber nachgedacht worden sein (in: Schorkopf 2006, S. 246).

Diese Kritik im Tenor des „faulen" oder doch zumindest „schlampig" arbeitenden Parlaments beinhaltet zwar ein gehöriges Stück „Doppelmoral" angesichts der Tatsache, dass das BVerfG sich genau einen solchen „rationalisierten" Arbeitsstil infolge seiner Überlastung durch die hohe Zahl der Verfassungsbeschwerden[20] selbst vorhalten lassen muss.[21] Trotzdem war das wohl die Ursache für die Rigorosität der Entscheidung. Und so wurde das Zustimmungsgesetz nicht nur – in einzelnen, rechtsstaatlich problematischen Teilen – für „bloß" verfassungswidrig, sondern wegen der

---

18 Vgl. BVerfGE 113, 273 – Europäischer Haftbefehl; vgl. van Ooyen 2009a.

19 Vgl. EuGH. Rs C-105/03 – Pupino; so auch die abweichende Meinung von Richter Gerhardt; vgl. BVerfGE 113, 273.

20 In den Jahren 2003 und 2004 allein 5.055 bzw. 5.434; vgl. Gusy 2006, S. 203.

21 Denn auch an einer übermenschlichen Arbeitskraft gemessen, blieben jedem Richter pro Beschwerde nur einige Minuten. So ist es „undenkbar, dass er die Fülle der häufig umfangreichen, ungegliederten [...] Verfassungsbeschwerden gelesen hat (und alle dazugehörigen Gerichtsentscheidungen und sonstigen Unterlagen)". „Was er kennt, ist das Votum des WiMis"– in vielen Fällen gilt daher: „Die richterliche Verantwortung muss blanko übernommen werden"; Zuck 2006, S. 288.

fehlenden, aber auch nach Maßgabe der EU-Vorgabe möglichen „grundrechtsscho-nenden" Umsetzung – insgesamt – für null und nichtig erklärt.

1.4 Rückkehr zu Maastricht: Lissabon (2009)

1.4.1 Was ein Parlament ist, entscheidet Karlsruhe.[22] Das Weimarer Muster der Entgegensetzung von Parlamentarismus und Demokratie

Mit „Lissabon" setzt sich die alte staatstheoretische „Trinitätslehre" von Staat – Souve-ränität – (nationaler) Demokratie der „Maastricht-Linie", die auch beim „EU-Haftbefehl" schon durchschimmerte, unter der Berichterstattung von Richter Udo Di Fabio energisch weiter fort: manchmal in der Diktion etwas abgeschwächt, was die problematischen Schmittschen Implikationen der „Homogenität des Volkes" anlangt, bisweilen jedoch auch im Ton sogar noch etwas schärfer und konkreter, nämlich hin-sichtlich der Souveränität des Staates, seiner unverzichtbaren „Kernstaatlichkeit" und der „Demokratie", die es notfalls gegen ein Europa ohne Volk und „echter" parlamen-tarischer Repräsentation – auch unter „Rechtsbruch" – durchzusetzen gilt (van Ooyen 2010a). Diese Sichtweise setzt allerdings voraus, dass man Demokratie und Parlamen-tarismus trennt, dabei das eine „hochjubelt" – das andere „kleinredet", genauer: den nationalen „Volkswillen" gegen den europäischen Parlamentarismus in Stellung bringt. Das knüpft an problematische Traditionen Weimarer Republikverächter an, die wie Carl Schmitt eine „wahre" volonté générale permanent gegen das mühsame „Klein-Klein" parlamentarisch-parteipolitischer Kompromissbildung in Stellung brachten.

Dass das BVerfG in seiner neuen großen Europa-Entscheidung grundsätzlich in den bekannten Mustern verharrt, hat zunächst einmal auch mit den von „rechts" und „links" eingereichten Klagen gegen die „abgespeckte" Version des Verfassungsver-trags zu tun. Denn auch hier gibt es zumindest in der großen Linie nicht wirklich etwas Neues, sondern vor allem nur weitere Variationen bekannter Argumente, die ihrerseits wiederum im Wesentlichen auf die Begründungsmuster von „Maastricht" zurückgreifen, z. T. auch auf die in der „EU-Haftbefehl-Entscheidung" herausgeho-bene Rolle des Strafrechts als staatlicher „Kernsubstanz" und auf die ältere „Solange-Problematik". So sind es sind die „üblichen Verdächtigen", die diskutiert werden: das Überstimmen nationaler Positionen durch Mehrheitsbeschlüsse – die Gewalten-teilung – der Schutz nationaler Grundrechtsstandards, vor allem aber: das Demokra-tiedefizit – die Entstaatlichung – die Übertragung der Kompetenz-Kompetenz (Sou-veränität) – und das Verhältnis zum EuGH.[23] Variiert werden musste aus Sicht der

---

22 „Was ein Parlament ist, entscheiden die Richter – Unverdientes Lob: das Lissabon Urteil [...] kann Demokratiefreunde nicht freuen", so treffend Christoph Möllers; in: FAZ 16.07.09.
23 Außerdem: „Wettbewerbsradikalität"; fehlende europäische Sozialstaatlichkeit; Parlamentsvorbe-halt bei Militäreinsätzen, schließlich die vereinfachte Vertragsänderung insb. des „Brückenverfah-

Kläger das Argument „Demokratie". Denn ein „Legitimationsdefizit" konnte mit Blick auf die durch „Lissabon" nunmehr fast gleichgewichtige Machtfülle von EuP und Rat so einfach nicht mehr postuliert werden. Jetzt wurde daher bei der Zusammensetzung des EuP auf einmal ein Verstoß gegen den Grundsatz der Gleichheit der Wahl (Art. 38 GG) moniert, da kleine Staaten überrepräsentiert sind. Somit ergäbe sich ein Verletzung des Prinzips „one man – one vote", das im deutschen Wahlrechtsverständnis den gleichen „Zählwert" und auch den gleichen „Erfolgswert" beinhaltet sowie zum Kern des geschützten Demokratieprinzips zählt. Streng genommen ist das bei einseitiger Betrachtung natürlich richtig, jedoch beim EuP nicht einfach Ergebnis von Willkür, sondern folgt nach dem derzeitigen Stand der Integration bloß „aus der Natur der Sache" – andernfalls müsste man das EuP etwa in der Größe des chinesischen Volkskongresses einrichten oder aber Kleinstaaten wie Malta so gut wie gar keinen Angeordneten mehr zubilligen. Beim „Sitzverteilungsschlüssel" geht es eben um einen demokratischen Kompromiss aus „Bürger-" und Staatenrepräsentation", flankiert von verkomplizierenden Streitereien nationaler Empfindlichkeiten. Nun kann man das „puristisch" als verfassungswidrig bewerten. Bemerkenswert bleibt aber: Bei „Maastricht" spielte das Problem der Wahlrechtsgleichheit weder auf Seiten der Kläger noch in der Begründung des BVerfG überhaupt eine Rolle. Und an anderer Stelle hat uns das BVerfG immer wieder gezeigt, dass vom strengen Prinzip der Wahlgleichheit bei wichtigen sachlichen Gründen auch mal abgewichen werden darf: So ist das millionenfache „Unter-den-Tisch-fallen" von Zweitstimmen bei der Bundestagswahl infolge der „5%-Klausel" wegen der Funktionsfähigkeit eines parlamentarischen Regierungssystems mit Verhältniswahlsystem trotzdem verfassungskonform – obwohl eigentlich ein viel krasserer Verstoß gegen die Gleichheit fairer Repräsentation. Jetzt aber „bläst" das BVerfG bei „Lissabon" dieses Argument in seiner staatstheoretischen „Trinitätslehre" auf. Fast gewinnt man den Eindruck, es hätte das Argument auch selbst gesucht, wenn es nicht schon vorgetragen worden wäre, um endlich etwas „in der Hand" zu haben, das sein Festhalten am Konzept souveräner Nationalstaatlichkeit noch plausibel machen kann. Und so kann das Gericht in weiten Teilen den Klägern sogar folgen, um dann trotzdem – wie schon bei „Maastricht" – sich schließlich gegen sie zu wenden. Es ergibt sich nämlich wieder, dass „wahre" Demokratie sich letztlich nur in staatlicher Form manifestieren kann:

> Das Grundgesetz ermächtigt mit Art. 23 GG zur Beteiligung und Entwicklung einer als Staatenverbund konzipierten Europäischen Union. Der Begriff des Verbundes erfasst eine enge, auf Dauer angelegte Verbindung souverän bleibender Staaten, die auf vertraglicher Grundlage öffentliche Gewalt ausübt, deren Grundordnung jedoch allein der Verfügung der Mitgliedstaaten unterliegt und in der die Völker – das heißt die staatsangehörigen Bürger – der Mitgliedstaaten die Subjekte demokratischer Legitimation bleiben (BVerfGE 123, 267 – Lissabon, Leitsatz 1).

---

rens", wonach zusätzlich Mehrheitsbeschlüsse und supranationales Recht eingeführt werden können. An der hier fehlenden ausdrücklichen Bundestagszustimmung scheitern die Begleitgesetze.

Und weil die EU eben kein Staat ist, hat sie auch kein souveränes Staatsvolk, sondern nur Unionsbürger und folglich bloß ein „Hilfsparlament" der „Völker". Es gibt eben auf europäischer Ebene nur Parlamentarismus und nicht Demokratie. Aber genau deshalb, muss es da auch nicht so demokratisch zugehen wie in einem „richtigen" Staat, sodass der Verstoß gegen die Wahlrechtsgleichheit (noch) hinnehmbar bleibt. Schon in einer für die Verfassungskonformität von „Maastricht" zentralen Stelle hatte das BVerfG genau so das „Demokratieproblem" weggezaubert, indem es den (*staats*)rechtlichen Prüfungsmaßstab einfach „verschob":

> Als Vertretungsorgan der Völker in einer supranationalen und als solche von begrenztem Einheitswillen geprägten Gemeinschaft kann und muss es in der Zusammensetzung nicht den Anforderungen entsprechen, die sich auf der staatlichen Ebene aus dem gleichen politischen Wahlrecht aller Bürger ergeben (BVerfGE 123, 267, Rdnr. 271, Internetfassung).

Freilich gilt das alles nur unter der Bedingung, dass die staatlichen „Kernaufgaben" bei der Bundesrepublik verbleiben – oder aber eben ein europäischer Staat durch ein europäisches Volk in einem verfassungsgebenden „Schöpfungsakt" gegründet würde. Denn das „Grundgesetz ermächtigt […] nicht, durch einen Eintritt in einen Bundesstaat das Selbstbestimmungsrecht des Deutschen Volkes in Gestalt der völkerrechtlichen Souveränität Deutschlands aufzugeben" (BVerfGE 123, 267, Rdnr. 228). Diese Formulierung zeigt auch, wie weit das BVerfG – mit Rückhalt einer weit verbreiteten „europaskeptischen" Stimmung in der deutschen Bevölkerung (zum „Implementationskalkül" des BVerfG vgl. Vanberg 2005) – hier inzwischen von der ursprünglichen Idee einer offenen Finalität des Integrationsprozesses entfernt ist, die Walter Hallstein noch 1969 ganz selbstverständlich sogar mit dem Begriff des „unvollendeten Bundesstaats" beschreiben konnte.

Auffallend ist, wie häufig und beschwörend in der Entscheidung das Wort „Souveränität" fällt – allein in den Leitsätzen schon gleich mehrfach. Über „Maastricht" hinaus legt das BVerfG jetzt aber auch noch eine Definition vor, was genau die „Kernaufgaben" nicht aufgebbarer souveräner Staatlichkeit ausmacht. Das ist nicht nur für eine parlamentarische Demokratie äußerst ungewöhnlich, weil das, was von den Bürgern/-innen als politisch wichtig erachtet wird – idealtypisch gesprochen – sich in einer pluralistischen Gesellschaft erst als Prozess einer offenen politischen Willensbildung „a posteriori" ergibt (Ernst Fraenkel). Es spiegelt sich in dieser Beschreibung zudem das Bild des liberalen „Nachtwächterstaats" wider, weil das BVerfG „echte" Staatlichkeit auf Polizei, Militär, Steuern und Finanzen sowie Strafrecht und natürlich die Staatsbürgerschaft reduziert. Das ergibt die klassischen Ressorts des 19. Jahrhunderts – und damit es nicht ganz so auffällt, kommt ein bisschen „Sozialstaat" und „Kultur" noch dazu (BVerfGE 123, 267 – Lissabon, Rdnr. 252).

Die höchst problematische, antipluralistische Formulierung des „homogenen Volkes" aus „Maastricht" findet sich in dieser Deutlichkeit zwar nicht mehr bzw. wird „entschärft" durch interpretationsoffenere Beschreibungen der „kulturellen, historischen und sprachlichen Vorverständnisse" (BVerfGE 123, 267 Rdnr. 249). Dafür steht der Berichterstatter Di Fabio natürlich auch, der als insoweit echter National-*Liberaler* weitaus stärker am Begriff der individuellen Freiheit orientiert ist. Das souveräne „Austrittsrecht" wird dagegen – soweit im Vergleich zu „Maastricht" überhaupt möglich – noch deutlicher akzentuiert (BVerfGE 123, 267 Rdnr. 329 f.), obwohl dies mit der erstmaligen Verankerung des Austrittsverfahren im „Lissabon-Vertrag" (Art. 50 EUV) ja überflüssig ist. In ebenso drastischerer Weise wird formuliert, was im Falle einer Normenkollision notfalls zu tun ist, um die kernstaatliche Identität – und damit die Demokratie – zu schützen: das europäische Recht eben einfach „ausnahmsweise" mal nicht anwenden (BVerfGE 123, 267 Rdnr. 340). Selten hat ein höchstes Gericht so offen zum Bruch des Grundsatzes „pacta sunt servanda" aufgerufen. Das alles korrespondiert schließlich mit einem wiederum schärferen Ton gegenüber dem wohl eigentlichen Adressaten der Botschaft, zu dem das BVerfG sein konfliktreiches Verhältnis weiter pflegt.

1.4.2 BVerfG und EuGH: das Letztentscheidungsrecht des Zweiten Senats

Denn von dem seinerzeit schon als Affront empfundenen „Kooperationsverhältnis" mit dem EuGH ist gar nichts mehr zu lesen.[24] Das Verfassungsgericht lässt hier keinen Zweifel, schon allein weil es die Qualität der europäischen Rechtsordnung eher ins Völkerrecht stuft, denn in ein „Bundesstaatsrecht" (BVerfGE 123, 267, Rdnr. 333 ff.). Zwar lässt sich der frühere Begriff des „Kooperationsverhältnisses" von EuGH und BVerfG auch nur als Camouflage interpretieren, denn allzu deutlich schimmerte in der Formulierung das vom BVerfG tatsächlich gemeinte Hierarchieverhältnis durch (BVerfGE 89, 155 (175) – Maastricht). Doch bei „Lissabon" ist von „Kooperation" erst gar nicht mehr die Rede: Ohne Verbrämungen hält das Gericht hier fest, dass es sich die Prüfungskompetenz nach wie vor in zweierlei Hinsicht vorbehält: hinsichtlich der aus der Einzelermächtigung ausbrechenden Rechtsakte und hinsichtlich der Garantie des mit der „Ewigkeitsklausel" verbundenen Verfassungskerns (BVerfGE 123, 267 – Lissabon, schon im Leitsatz 4). So ist schlechterdings kaum etwas auf europäischer Ebene vorstellbar, das nicht vom BVerfG geprüft werden könnte. Darüber kann auch nicht die neue Formel der „Europarechtsfreundlichkeit" (schon BVerfGE 123, 267 Leitsaz 4, sowie dann in Rdnr. 225) hinwegtäuschen, die das BVerfG in Anlehnung an die ältere Formulierung der „Völkerrechtsfreundlichkeit" nun eingeführt hat. Denn im Unterschied zur „Kooperation" in der „Maastricht-Entscheidung", die zumindest rein begriffsnotwendig wenigstens noch die Beteiligung des EuGH beinhaltete, bestimmt hier das, was „europafreundlich" ist, das BVerfG ganz allein. So gilt in aller Deutlichkeit das zum

---

24 Auch im Vergleich mit anderen Verfassungsgerichten handelt es sich um einen (wieder) weit ausgreifenden Richtervorbehalt; vgl. z.B. zum Konzept „gepoolter" Souveränität im europäischen Mehrebenensystem des tschechischen Verfassungsgerichts Ley 2010.

geflügelten Wort avancierte Diktum von Chief Justice Charles E. Hughes: „We are under a Constitution, but the Constitution is what the judges say it is [...]".[25] Unverblümt spricht das BVerfG daher auch von seinem „Letztentscheidungsrecht":

> Der Fortbestand souveräner Staatsgewalt zeigt sich auch in dem Recht zum Austritt aus der Europäischen Union und wird durch das dem Bundesverfassungsgericht zustehende Letztentscheidungsrecht geschützt (BVerfGE 123, 267 – Lissabon, Rdnr. 299; vgl. auch Rdnr. 336).

Fast gewinnt man den Eindruck, das BVerfG hat damit zugleich den wahren Sitz der von ihm so hoch gehaltenen Souveränität enthüllt.

1.4.3 Von Solange über Maastricht zu Lissabon: Ist die Staatstheorie und Verfassungspolitik des BVerfG „europafeindlich"?

Eine solch pointierte Fragestellung einfach zu bejahen, hieße, sich dem Verdacht undifferenzierter Pauschalierung auszusetzen. Schließlich, so ließe sich anführen, sind die Entscheidungen seit „Solange I" vom Ergebnis aus betrachtet nicht wirklich „gegen" den Integrationsprozess gewesen. Im „Maastricht-Beschluss", der seinerzeit durchaus als letzter „Warnschuss" gegenüber Parlament und Regierung hinsichtlich des europäischen „Demokratiedefizits" interpretiert wurde, ließ das Gericht den Vertrag schon genauso als verfassungskonform passieren wie jetzt „Lissabon" – auch wenn auf einfachgesetzlicher Ebene ein „bisschen" nachgebessert werden muss. Zwischen „Maastricht" und „Lissabon" wies das BVerfG zudem alle Beschwerden ab; selbst bei der Kassation des EU-Haftbefehls ließe sich schließlich anführen, dass es im Kern bloß um die parlamentarische Umsetzung im völkerrechtlichen Teil der EU ging. Fast gewinnt man daher den Eindruck, das Gericht hat Angst vor der eigenen Courage; es baut in seinen großen Europa-Entscheidungen – polemisch formuliert – zwar regelmäßig einen staatstheoretischen „Popanz" auf, um dann angesichts der geballten 2/3-Mehrheitsverhältnisse in Bundestag und Bundesrat den jeweiligen Integrationsschritt doch „durchzuwinken". Das BVerfG ist eben keine „Gegenregierung",[26] wenngleich es sich die Entscheidungsoption in einer machtpolitisch für sich günstigen Situation hiermit offen hält. Und es sieht sich als „negativer Gesetzgeber" (vgl. die grundlegenden Texte von Kelsen 2008) – wenn man sich konsequent auf seine demokratietheoretische Argumentation einlässt – im Vergleich zu Bundestag und EuP natürlich permanent mit dem eigenen „Legitimationsdefizit" konfrontiert, gibt es doch noch nicht einmal öffentliche „hearings" bei der Richternominierung.

---

25 So in einer Rede vor der Handelskammer 1907 noch bevor er Richter am Supreme Court wurde; Kurzbiographie vgl. Matsuda 2005.
26 Vgl. schon Wewer 1991; zur häufig eher systemstabilisierenden Funktion auch Grigoleit 2004.

Trotzdem – die Europa-Entscheidungen des BVerfG so zu begreifen, hieße aber dann auch, sich dessen spezifische Sicht von Europa schon zu eigen zu machen. So beinhaltet die zugespitzte Fragestellung schon selbst die Antwort: Die Staatstheorie des BVerfG ist „europafeindlich", weil sie *Staats*theorie ist. Diese setzt die Begrifflichkeit des souveränen Staates im Naturzustand der anarchischen Staatenwelt ebenso voraus wie ein Verständnis von Demokratie, das sich allein aus der nationalstaatlich definierten politischen Einheit „Volk" herleitet. Und von hier aus lässt sich der Prozess der europäischen Integration nur mit dem Dualismus von Staatenbund und Bundesstaat begreifen: Entweder ist die EU einschließlich ihrer supranationalen Bereiche letztendlich doch bloß ein völkerrechtlicher Staatenbund, dann bedarf es auch keiner weiteren, jenseits des Nationalstaats liegenden demokratischen Legitimation; es verbietet sich dann aber auch Ausbau und Vertiefung der Integration über das Maß hinaus, bei dem die nationalstaatlichen Befugnisse substanziell „entleert" würden – so die vom Verfassungsgericht bei „Maastricht" und „Lissabon" betonte, unzulässige „Entstaatlichung" des souveränen „Kernstaats". Unter diesen Bedingungen bleiben der europäischen Integration enge Grenzen gesetzt, die zudem immer wieder unter staatlichen Souveränitäts- und verfassungsgerichtlichen Prüfungsvorbehalt gestellt werden (müssen). Und die europäischen Institutionen verfügen hiernach selbst angesichts der direkten Wahl des EuP nicht über „echte" demokratische Legitimation, weil sie gar kein „Volk" repräsentieren. Oder aber die Europäische Union ist selbst schon ein sich auf ein „Gesamtvolk" stützender souveräner (Bundes-)Staat – was allerdings den utopischen „großen Wurf" einer Gründung der „Vereinigten Staaten von Europa" voraussetzte. Freilich, die besondere, ja gerade jenseits des Konzepts des souveränen Staates liegende Form europäischer Integration wird man mit dieser, aus heutiger Sicht groben dualistischen Unterscheidung in Staats- und Völkerrecht kaum erfassen können. Seit den „Solange-Entscheidungen" bleibt das BVerfG seinem Politikverständnis des liberal-konservativen Etatismus weiterhin verpflichtet – und muss zwangsläufig die besondere postnationale und pluralistische Natur der neuen europäischen Rechtsordnung und Gesellschaft permanent verfehlen. Nationalstaat, Souveränität und Demokratie werden dabei als sich gegenseitig bedingende „Trinität" begriffen und mit Hilfe der überkommenen Unterscheidung von Staatenbund und Bundesstaat auf den Integrationsprozess projiziert. So schneidet es sich als „Hüter des Staates" eine „europäischere" Sicht selbst ab.[27]

Mit dem „Solange I" erkannte das BVerfG zwar an, dass es sich bei dem mit „Durchgriff" ausgestatteten sekundären Gemeinschaftsrecht um etwas Neues jenseits von Staats- und Völkerrecht handeln muss. Gegen eine weitaus adäquatere und modernere Minderheitsmeinung im eigenen Senat, die diese neue Form supranatio-

---

[27] Auch wenn das Gericht natürlich kein monolithischer Block ist und es offensichtlich immer wieder „europäischere" Auffassungen einzelner Richter/-innen gibt, so bleiben diese jedoch in der Minderheit; zur aktuellen Abweichung des Ersten Senats s. u.

naler Integration einfach als eine vom Grundgesetz gewollte, nicht rückholbare Übertragung von Hoheitsrechten begriff, zog es jedoch hieraus nicht die Konsequenz, sondern verharrte in der tradierten Sichtweise. So gesehen blieb dann selbst die europafreundliche „Solange II-Entscheidung" in dieser etatistischen Spur, indem man am Souveränitätsvorbehalt festhielt. Seit „Maastricht" wird dieses Verständnis als „Trinitätslehre" von Souveränität, Staat und – bisweilen sogar „homogener" – „Volksdemokratie" explizit und bis zum offenen Affront gegen europäische Institutionen formuliert. Das „europafreundliche" Diktum der Verfassungskonformität des „Maastricht-" bzw. „Lissabon-Vertrags" entpuppt sich dabei als bloßes Ergebnis eines tief in der deutschen Staatslehre verwurzelten Vorbehalts gegen Formen supranationaler Zusammenarbeit, die das Konzept des Nationalstaats transzendieren, ohne dabei eine neue Staatlichkeit entstehen zu lassen. Denn nur weil die europäische Integration letztlich auf den bloßen „Staatenverbund" souveräner Staaten zurückgestutzt bzw. die Substanz der „Kernstaatlichkeit" nicht durch „Entstaatlichung" angetastet wird, mit der bloß abgeleiteten Unionsbürgerschaft gerade kein „Staatsvolk" begründet, das EuP eben kein „echtes" Parlament darstellt usw., scheint dem Gericht das am nationalen Maßstab des Demokratieprinzips gemessene „Legitimationsdefizit" überhaupt hinnehmbar – sei es wie im Falle von „Maastricht" hinsichtlich der schwächeren Stellung des EuP, sei es wie im Falle von „Lissabon" hinsichtlich der Problematik der Gleichheit der Wahl. Alternative verfassungs- und demokratietheoretische Konzepte, die den Bürgerbegriff etwa an der Normunterworfenheit orientieren (sog. „normative Staatstheorie"), werden dabei gar nicht diskutiert. Dies, obwohl sich gerade hiermit die Besonderheit und Dynamik der europäischen Integration viel besser erfassen ließe (van Ooyen 2005b; ders. 2003c,; Ehs 2008; Keil 2006) als mit der Sicht einer „staatlich vermittelten Volksdemokratie" und dem mit „Maastricht" neu kreierten Begriff des „Staatenverbunds", der nur umso stärker die Hilflosigkeit tradierter staatstheoretischer Konzepte verrät. Auch „Lissabon" hat daran nichts geändert, allenfalls Akzente etwas verschoben: weniger „Homogenität des Volkes", dafür im Ton noch mehr „Souveränität" – und zugleich noch die „wahren" Aufgaben des Staates festgelegt. Trotz des seit „Maastricht" erfolgten vollständigen Richterwechsels erweist sich diese *Staats*theorie offenkundig als besonders hartnäckig.[28]

---

28 Zudem sei daran erinnert: Souveränität als „ursprüngliche Herrschermacht" – schöpferisch und sich selbst erschaffend – ist ein kein „Rechtsbegriff"; es ist ein ursprünglich theologischer Begriff für die Allmacht Gottes, der nicht auf die von Menschen eingesetzten politischen Institutionen passt. „Souveränität" des „Staates" bzw. des „Volkes" ist daher ein Fall von politischer Theologie; kaum ein anderer Staatsrechtler hat genau das erkannt – als der Theoretiker des „Ausnahmezustands": Carl Schmitt. Vgl. den vom Berichterstatter Richter Di Fabio bemühten Altmeister liberal-etatistischer Staatslehre: Jellinek 1914, S. 180 f. bzw. 183.

1.4.4 Neues aus Karlsruhe – „ zwei Senate in meiner Brust"? Die Vorratsdaten-speicherung und die Rückkehr des Ersten Senats zu Solange II

Nach „Lissabon" als „Maastricht II-Entscheidung" (so Häberle 2010; vgl. auch Lhotta/Ketelhut 2006) ist die zur Vorratsdatenspeicherung mit einer gewissen Spannung erwartet worden: Wird das BVerfG nun das Streitverhältnis mit dem EuGH weiter eskalieren, indem es die einschlägige Richtlinie einfach kassiert? Die Entscheidung betrifft die von EuP und Rat beschlossene Richtlinie zur sechsmonatigen, vorsorglich anlasslosen Speicherung von Telekommunikationsverkehrsdaten durch private Dienstanbieter (Richtlinie 2006/24/EG vom 15.03.2006), genauer die durch den Deutschen Bundestag hierzu beschlossenen gesetzlichen Regelungen. Zugleich handelt es sich bei der „Vorratsdatenspeicherung" auch um ein weiteres bedeutsames Verfahren, das die Reihe der jüngsten Entscheidungen im Bereich der Inneren Sicherheit fortsetzt, die u. a. zur „Kreation" eines „neuen" Grundrechts und wiederholt zum rechtspolitischen Konflikt zwischen BVerfG und Bundesregierung geführt haben (vgl. z. B. Hofmann 2007) – und auch zu einem für das BVerfG eher ungewöhnlichen, weil öffentlich ausgetragenen verbalen Schlagabtausch, vor allem zwischen den als konservativ geltenden Richtern Udo Di Fabio bzw. Gerichtspräsidenten Hans-Jürgen Papier und CDU-Innenminister Wolfgang Schäuble.[29] Dieser wurde im Streit um die vom BVerfG erlassene einstweilige Anordnung vom März 2008 fortgeführt (z. B. Rath 2009), schließlich erhitzte die Vorratsdatenspeicherung auch die Gemüter der Bürger/-innen so sehr, dass – einmalig in der Geschichte des Gerichts – über 30.000 (!) Verfassungsbeschwerden vorlagen. Trotzdem fällt die neue Entscheidung des BVerfG zur Vorratsdatenspeicherung in der „europäischen Perspektive" regelrecht moderat aus. Der Erste Senat des Gerichts kommt nämlich zu dem Schluss, dass er gar nicht erst das Europarecht prüfen will, weil die „Wirksamkeit der Richtlinie [...] und ein sich hieraus möglicherweise ergebender Vorrang des Gemeinschaftsrechts vor deutschen Grundrechten [...] nicht entscheidungserheblich (sind)". Denn der „Inhalt der Richtlinie beläst [...] einen weiten Entscheidungsspielraum",[30] sodass sie bzgl. der aus deutscher Sicht erforderlichen Standards zu Daten- und Rechtsschutz „ohne Verstoß gegen die Grundrechte des Grundgesetzes umgesetzt werden (kann)".[31]

    Ist diese Wendung angesichts von „Lissabon" nicht erstaunlich und wider Erwarten? Hierzu drei Thesen:

---

29 Vgl. Flugzeugabschüsse: Oberster Verfassungsrichter mahnt Schäuble; in: Spiegel Online vom 12.01.2008 (www.spiegel.de/politik/deutschland/0,1518,528214,00.html); Gespräch Wolfgang Schäuble mit Welt Online vom 20.01.2008 (www.welt.de/politik/article1571640/Schaeuble_greift_Verfassungsrichter_scharf_an.html).
30 Im Wesentlichen nur Vorgabe der Speicherungspflicht.
31 BVerfGE, 1 BvR 256/08 vom 02.03.2010 – Vorratsdatenspeicherung, Rdnr. 186 f. (Internetfassung); vgl. auch 1. Leitsatz.

Die Entscheidung reiht sich nahtlos in die bisherige Praxis ein, weder generell bei den großen Integrationsschritten von „Maastricht" und „Lissabon" im Ergebnis „gegen" Europa zu entscheiden noch im konkreten Fall den betreffenden europäischen Sekundärakt zu kassieren. So hat auch bisher das BVerfG seinen Prüfungsvorbehalt zwar von Anfang an, wenn auch mit erheblich unterschiedlichem Nachdruck, reklamiert, aber selbst nach „Maastricht" tatsächlich von einer Eskalation der Konfrontation mit dem EuGH abgesehen (s. o.). Vergleichbar zur Entscheidung „EU-Haftbefehl" wird das hier dadurch erleichtert, dass es i. e. S. zwingend gar nicht um das europäische Recht, sondern zunächst einmal nur um den betreffenden Gesetzesakt des deutschen Parlaments geht. Und wie schon beim „EU-Haftbefehl" muss lediglich durch den Bundestag „nachgebessert" werden. Warum also auch überhaupt einen Streit vom Zaun brechen, der leicht vermeidbar ist?

Spiel über die europäische Bande im Bereich Innere Sicherheit

Zugleich wird damit der eigentliche Adressat der Entscheidung klar erkennbar: die parlamentarische Mehrheit im Bundestag bzw. die von ihr getragene Regierung. Angesichts des Streits zwischen BVerfG und Bundesregierung um die rechts- und verfassungspolitischen, liberalen Grenzen des Ausbaus der „Inneren Sicherheit" mag sich das BVerfG im konkreten Fall auch regelrecht vorgeführt gefühlt haben. Während es beim „EU-Haftbefehl" dem Parlament Versäumnisse eher durch „Nachlässigkeit" vorwarf, lag bei der Vorratsdatenspeicherung das „Spiel über die europäische Bande" nahe: innenpolitisch heikle Einschränkungen der Grundrechte lassen sich über den europäischen Gesetzgeber leichter durchsetzen, indem man die Notwendigkeit der beschlossenen innerstaatlichen Regelungen bzw. ihre an den europäischen Vorgaben gemessene optimale Umsetzung behauptet. Das schien sogar schon beim „EU-Haftbefehl" der Fall gewesen zu sein, sodass die im Rechts-/Europaausschuss mit der Materie befassten Abgeordneten auch davon ausgingen, dass gar kein nationaler Gestaltungsspielraum vorhanden wäre.[32] Bei der Vorratsdatenspeicherung trug die Bundesregierung u. a. vor, dass soweit „Regelungsspielräume bestünden, (sich) [...] die bundesgesetzliche Umsetzung an dem in der Richtlinie [...] vorgesehenen Regelungsminimum (orientiere)".[33] So wollte sich das BVerfG nicht noch am „Nasenring" der Regierung durch die innenpolitische Arena ziehen lassen. Dies scheint um so deutlicher hervorzutreten, je stärker man sich aus der Grundrechtsperspektive des Ersten Senats eine vorsorglich „anlasslose" Speicherung schrankenlos, also als den

---

32 Dabei, so der CDU-Abgeordnete Siegfried Kauder, sah man sich nicht nur hohem Zeitdruck ausgesetzt, da die Frist zur Umsetzung abgelaufen war, sondern vertraute wohl auch auf die Bundesregierung; in Schorkopf 2006, S. 242 f. und 245; generell zur Bundesregierung als „sicherheitspolitischem Motor" auf europäischer Ebene vgl. Baumann 2006.

33 BVerfGE BVerfGE, 1 BvR 256/08 vom 02.03.2010 – Vorratsdatenspeicherung, Rdnr. 149 (Internetfassung).

von eng umrissenen Zwecken losgelösten, „flächendeckenden" Regelfall vorstellt. Deshalb benutzt das BVerfG an „Orwell 1984" erinnernde, drastische Formulierungen[34] – und watscht die Regierung ab, die das auch noch als durch Europa vorgeschriebenes „Regelungsminimum" verkaufen wollte.

Erster Senat vs. Zweiter Senat

Vielleicht liegt der tiefere Grund für die Verschonung einer Prüfung des Europarechts aber noch in einem ganz anderen Umstand: Im Gegensatz zu „Maastricht", „Haftbefehl" und „Lissabon" ist es bei der „Vorratsdatenspeicherung" nicht der Zweite – traditionell „staatstragende" – Senat gewesen, der zu entscheiden hatte.[35] Beim Ersten Senat ist man aber argumentations- und entscheidungstechnisch nicht so sehr in den bisherigen jahrelangen Mustern der Begründung von nationalstaatlicher Demokratie und Souveränität als dem einmal eingeschlagenen Pfad „gefangen". Dieser, in seiner Spruchpraxis und seinem Selbstverständnis stärker am Grundrechtsschutz ausgerichtete Senat scheint mit Blick auf die europäische Integration der EU manches anders, weil nicht so sehr durch die „Brille" des Staates (oder aber auch umgekehrt durch die der Integration) zu sehen; und zwar trotz – oder besser vielleicht sogar wegen – „Caroline-" und „Sorgerecht-Rechtsprechung". Denn der Erste Senat pflegt – „in der Geschichte des Europarats ohne Beispiel" – den „offene(n) Widerstand"[36] gegen den anderen europäischen Verfassungsgerichtshof (Häberle 2009, S. 135), den er aus seiner Sicht (bisher) viel stärker als den eigentlichen „Rivalen" wahrnehmen muss: den EGMR. Das mag sich in Zukunft vielleicht sogar ändern, wenn der EuGH aufgrund der nunmehr verbindlichen EU-Grundrechtscharta seine bisherige Rechtsprechung weiter vom Bereich „wirtschaftlicher" Grundrechte in den klassischen von „Freiheit" und „Gleichheit" ausdehnen bzw. intensivieren wird, sodass die Reibungsflächen mit dem BVerfG zunehmen. Wie weit der EuGH hier schon längst vorgedrungen ist, hat u. a. seine Entscheidung zur Diskriminierung von Frauen in den militärischen Teilen der Bundeswehr gezeigt, die eine Änderung des GG erforderte. Hierfür steht auch seine Linie in Fragen der Altersdiskriminierung bei den „Hartz-Reformen" im sog. „Mangold-Urteil"– und gerade jetzt darf man weiter gespannt sein, wie das vom BVerfG aktuell verhandelt werden wird.[37] Aber diese

---

34 Vgl. ebd., BVerfGE BVerfGE, 1 BvR 256/08 vom 02.03.2010 – Vorratsdatenspeicherung, Rdnr. 241 bzw. 242.

35 Auch im Zweiten Senat hat es aber immer wieder eine auch in Minderheitsvoten geäußerte andere Sicht auf die Europäische Integration gegeben.

36 Sattler 2005; anlässlich der „Caroline-Entscheidungen" kam es zum wiederholten öffentlichen Schlagabtausch zwischen dem deutschen Verfassungsgerichtspräsidenten Hans-Jürgen Papier und dem Präsidenten des EGMR, Luzius Wildhaber.

37 Vgl. m. w. N.: Gerken u. a. 2009. Im Januar 2010 hat der EuGH noch einmal sein „Mangold-Urteils" bekräftigt, vgl. EuGH, Rs C-555/07 – Kücükdeveci.

Sache ist sowieso wieder beim Zweiten Senat anhängig, der sie für ein „Exempel" nutzen könnte. Einstweilen jedoch scheint der Erste Senat die EU samt EuGH noch „entspannter" zu sehen als sein „Zwilling". Hierfür spricht vor allem, dass er einfach direkt auf die „Solange II-Entscheidung" (s .o.) rekurriert, die den bisher „europafreundlichsten" Stand des Zweiten Senats repräsentiert:

> [...] übt das Bundesverfassungsgericht seine Gerichtsbarkeit über die Anwendbarkeit von Gemeinschafts- oder nunmehr Unionsrecht [...] grundsätzlich nicht aus und überprüft dieses Recht nicht am Maßstab der Grundrechte des Grundgesetzes, solange die Europäischen Gemeinschaften [...], insbesondere die Rechtsprechung des Europäischen Gerichtshofs, einen wirksamen Schutz der Grundrechte generell gewährleisten, der dem vom Grundgesetz jeweils als unabdingbar gebotenen Grundrechtsschutz im Wesentlichen gleich zu achten ist, zumal den Wesensgehalt der Grundrechte generell verbürgt (vgl. BVerfGE 73, 339 [387]; 102, 147 [162 f.]). Diese Grundsätze gelten auch für innerstaatliche Rechtsvorschriften, die zwingende Vorgaben einer Richtlinie in deutsches Recht umsetzen. Verfassungsbeschwerden, die sich gegen die Anwendung von in diesem Sinne verbindlichem Recht der Europäischen Union richten, sind grundsätzlich unzulässig (vgl. BVerfGE 118, 79 [95]; 121, 1 [15]).[38]

Dieser nahezu wörtliche Rückgriff auf die „Solange II-Entscheidung", auf die der Erste Senat ausdrücklich verweist,[39] bezieht auch noch zwei jüngere, eigene Entscheidungen mit ein, die sich wiederum auf „Solange II" gestützt haben: nämlich auf die – öffentlich kaum beachtete – Auseinandersetzung mit der EG-Richtlinie zur Regelung des „Emissionshandels" (2007)[40] sowie die zur einstweiligen Anordnung im Verfahren „Vorratsdatenspeicherung" selbst (2008).[41] Die „Europafreundlichkeit" des Ersten Senats zeigt sich weiterhin daran, dass er in der Entscheidung zur Vorratsdatenspeicherung ganz selbstverständlich eine für das BVerfG sensationelle Vorlage an den EuGH andiskutiert, wenn auch dann aus den o. g. Gründen gar nicht für erforderlich hält – eine Überlegung, die man bei „Lissabon" des Zweiten Senats" ganz vergeblich sucht. Das verfassungspolitische Konfliktvieleck Zweiter Senat vs. EuGH – Erster Senat vs. Zweiter Senat – Erster Senat vs. EGMR usw. bleibt daher spannend.

---

38 BVerfGE – Vorratsdatenspeicherung, Rdnr. 181 (Internetfassung).
39 Nämlich: BVerfGE 73, 339; BVerfGE 102, 147 ist die zur „Bananenmarktordnung", in der der Zweite Senat nach „Maastricht" aber noch vor „Lissabon" schon fast zu „Solange II" zurückgekehrt war (s .o.).
40 Vgl. BVerfGE 118, 79 – Treibhausgas-Emissionsberechtigungen, schon der nahezu identische Leitsatz 1a).
41 Vgl. BVerfGE 121,1 – Vorratsdatenspeicherung (einstw. Anordnung), Rdnr. 135 (Internetfassung).

Literatur

Alshut, Jörg 1999: Der Staat in der Rechtsprechung des Bundesverfassungsgerichts, Berlin.

Bärsch, Claus-Ekkehard 1974: Das Staatsbegriff in der neueren deutschen Staatslehre und seine theoretischen Implikationen, Berlin.

Baumann, Mechthild 2006: Der deutsche Fingerabdruck, Baden-Baden.

Becker, Ulrich 1996: Das Menschenbild des Grundgesetzes in der Rechtsprechung des Bundesverfassungsgerichts, Berlin.

Billing, Werner 1975: Bundesverfassungsgericht und Außenpolitik, in: Hans-Peter Schwarz (Hrsg.), Handbuch der deutschen Außenpolitik, München, S. 157–174.

Brodocz, André 2009: Die Macht der Judikative, Wiesbaden.

Brunkhorst, Hauke 2003: Der lange Schatten des Staatswillenspositivismus. In: Leviathan 3, S. 362–381.

Brunkhorst, Hauke 2008: Der Mythos des existenziellen Staates; in: Leviathan 4, S. 490–500.

Bryde, Brun-Otto 1994: Die bundesrepublikanische Volksdemokratie als Irrweg der Demokratietheorie. In: SuS 5, S. 305–330.

Büdenbender, Martin 2005: Das Verhältnis des Europäischen Gerichtshofs zum Bundesverfassungsgericht, Köln u. a.

Cremer, Hans-Joachim 2003: Das Verhältnis von Gesetzgeber und Regierung im Bereich der auswärtigen Gewalt in der Rechtsprechung des Bundesverfassungsgerichts, in: Rudolf Geiger (Hrsg.), Neuere Probleme der parlamentarischen Legitimation im Bereich der auswärtigen Gewalt, Baden-Baden, S. 11–32.

Ehs, Tamara 2008: (Hrsg.) Hans Kelsen und die Europäische Union, Baden-Baden.

Epping, Volker 1999: Die Evakuierung deutscher Staatsbürger im Ausland als neues Kapitel der Bundeswehrgeschichte ohne rechtliche Grundlage?, in: AöR 3, S. 423–469.

Fastenrath, Ulrich 2003: Diskussionsbeitrag, in: Rudolf Geiger (Hrsg.), Neuere Probleme der parlamentarischen Legitimation im Bereich der auswärtigen Gewalt, Baden-Baden, S. 35–36.

Gawron, Thomas/Ralf Rogowski 2007: Die Wirkung des Bundesverfassungsgerichtes, Baden-Baden

Geiger, Rudolf 2003: (Hrsg.) Neuere Probleme der parlamentarischen Legitimation im Bereich der auswärtigen Gewalt, Baden-Baden.

Gerken, Lüder u. a. 2009: „Mangold" als ausbrechender Rechtsakt. Gutachten, München.

Grigoleit, Klaus J. 2004: Bundesverfassungsgericht und deutsche Frage, Tübingen.

Günther, Frieder 2004: Denken vom Staat her, München.

Gusy, Christoph 2006: Die Verfassungsbeschwerde, in: Robert van Ooyen, Martin H. W. Möllers (Hrsg.), Das Bundesverfassungsgericht im politischen System, Wiesbaden, S. 201–213.

Häberle, Peter 1999: „Staatsbürgerschaft" als Thema einer europäischen Verfassungslehre, in: Karl-Hermann Kästner u. a. (Hrsg.), Festschrift Heckel, Tübingen, S. 725–737.

Häberle, Peter 2009: Europäische Verfassungslehre, 6. Aufl., Baden-Baden.

Häberle, Peter 2010: Das retrospektive Lissabon-Urteil als versteinernde Maastricht II-Entscheidung. In: JöR Bd. 58, Tübingen, S. 317–336.

Hammans, Peter 1987: Das politische Denken der neueren Staatslehre in der Bundesrepublik, Opladen.

Harnisch, Sebastian 2006: Internationale Politik und Verfassung, Baden-Baden.

Heyde, Wolfgang u. a. 1986: (Hrsg.) Die Nachrüstung vor dem Bundesverfassungsgericht, Heidelberg.

Hofmann, Gunter 2007: Minister gegen Richter, in: Die Zeit vom 15.11.

Hönnige, Christoph 2007: Verfassungsgericht, Regierung und Opposition, Wiesbaden.

Isensee, Josef 1996: Anhörung Gemeinsame Verfassungskommission (1993): „Staatliche Souveränität und militärische Verteidigung", in: Deutscher Bundestag (Hrsg.): Materialien zur Verfassungsdiskussion und zur Grundgesetzänderung in der Folge der deutschen Einigung, Bd. 2, Bonn.

Jellinek, Georg 1914: Allgemeine Staatslehre, 3. Aufl., Berlin.

Keil, Rainer 2006: Kants Demokratieverständnis und Ausländerwahlrechte heute, Baden-Baden.

Kelsen, Hans: Wer soll der Hüter der Verfassung sein?, Neuausgabe, Tübingen 2008.

Klein, Eckart/Steffani Schmahl 1999: Die neue NATO-Strategie und ihre völkerrechtlichen und verfassungsrechtlichen Implikationen. In: Recht und Politik 4, S. 198–209.

Kneip, Sascha 2009: Verfassungsgerichte als demokratische Akteure, Wiesbaden.

König, Thomas/Lars Mäder 2008: Das Regieren jenseits des Nationalstaates und der Mythos einer 80-Prozent-Europäisierung in Deutschland. In: PVS 3, S. 438–463.

Korioth, Stefan 2003: Europäische und nationale Identität; in VVDStRL, Bd. 62, Berlin, S. 118–155.

Kranenpohl, Uwe 2009: Die Bedeutung von Interpretationsmethoden und Dogmatik in der Entscheidungspraxis des Bundesverfassungsgerichts, in: Der Staat 3, S. 387–409.

Kranenpohl, Uwe 2010: Hinter dem Schleier des Beratungsgeheimnisse, Wiesbaden.

Lembcke, Oliver W. 2007: Der Hüter der Verfassung, Tübingen.

Lerche, Peter 2001: Verfassungsgerichtsbarkeit in besonderen Situationen, München.

Ley, Isabelle 2010: Brünn betreibt die Parlamentarisierung des Primärrechts; in: JZ 4, S. 165–173.

Lhotta, Roland/Jörn Ketelhut: Bundesverfassungsgericht und Europäische Integration, in: Robert van Ooyen, Martin H. W. Möllers (Hrsg.), Das Bundesverfassungsgericht im politischen System, Wiesbaden, S. 465–476.

Locke, John 1977: Zweite Abhandlung über die Regierung, Frankfurt a. M.

Lübbe Wolff, Gertrude 2007: Homogenes Volk – über Homogenitätspostulate und Integration. In: ZAR 4, S. 121–127.

Matsuda, Mari J. 2005: Hughes; in: Kermit L. Hall u. a. (Eds.), The Oxford Guide to the Supreme Court of the United States, 2nd Ed., New York, S. 478–480.

Möllers, Christoph 2008: Der vermisste Leviathan, Frankfurt a. M.

Müller-Terpitz, Ralf 2000: BVerfGE 68, 1 – Pershing, in: Jörg Menzel (Hrsg.), Verfassungsrechtsprechung, Tübingen, S. 364–371.

Neidhardt, Hilde 2009: Das Bundesverfassungsgericht und sein Einfluss auf die Entwicklung der Finanzbeziehungen, Würzburg.

Rath, Christian 2009: Vorratsdatenspeicherung: Karlsruhe gibt Schäuble Contra, in: taz vom 17.03.

Rohde, Christoph 2004: Hans J. Morgenthau und der weltpolitische Realismus, Wiesbaden.

Salzborn, Samuel 2010: (Hrsg.) Der Staat des Liberalismus, Baden-Baden.

Sattler, Karl-Otto 2005: Die Macht der Richter, in: Das Parlament 28–29.

Sauer, Heiko 2009: Das Verfassungsrecht der kollektiven Sicherheit, in: Hartmut Rensen, Stefan Brink (Hrsg.), Linien der Rechtsprechung des Bundesverfassungsgerichts, Berlin, S. 585–620.

Schiedermair, Stephanie 2006: Der internationale Frieden und das Grundgesetz, Baden-Baden.

Schorkopf, Frank 2006: (Hrsg.) Der Europäische Haftbefehl vor dem Bundesverfassungsgericht, Tübingen.

Schwarz, Hans-Peter 1994: Die Zentralmacht Europas, Berlin.

Schwarze, Jürgen 2001: Das „Kooperationsverhältnis" des Bundesverfassungsgerichts mit dem Europäischen Gerichtshof, in: Peter Badura, Horst Dreier (Hrsg.), Festschrift 50 Jahre Bundesverfassungsgericht, Bd. 1, Tübingen, S. 223–243.

Thiele, Ulrich 2003: Advokative Volkssouveränität, Berlin.

van der Pijl, Kees 1996: Vordenker der Weltpolitik, Opladen.

van Ooyen, Robert/Martin H. W. Möllers 2006: (Hrsg.) Das Bundesverfassungsgericht im politischen System, Wiesbaden.

van Ooyen, Robert 2002: Die neue Welt des Krieges und das Recht; in: IPG 1, S. 90–110.

van Ooyen, Robert 2003a: Staatliche, quasi-staatliche und nichtstaatliche Verfolgung? Hegels und Hobbes' Begriff des Politischen in den Asylentscheidungen des Bundesverfassungsgerichts, in: ARSP 3, S. 387–398.

van Ooyen, Robert 2003b: Moderner Realismus – auch ein Fall von politischer Theologie, in: IPG 1, S. 112–122.

Van Ooyen, Robert 2003c: Demokratische Partizipation statt „Integration"; in: ZPol, 2, S. 601–627.

van Ooyen, Robert 2005a: Der Begriff des Politischen des Bundesverfassungsgerichts, Berlin.

van Ooyen, Robert 2005b: Der Staat der Moderne, Berlin.

van Ooyen, Robert 2007: „Volksdemokratie" und „Präsidialisierung" – Schmitt-Rezeption im liberal-konservativen Etatismus, in: Rüdiger Voigt (Hrsg.), Der Staat des Dezisionismus, Baden-Baden, S. 39–59.

van Ooyen, Robert 2008: Amerikanische Literatur zum Supreme Court – Lücken bei der Forschung zum Bundesverfassungsgericht, in: ZPol 4, S. 515–522.

van Ooyen, Robert 2008/2009: Das Bundesverfassungsgericht als außen- und sicherheitspolitischer Akteur, in: Martin H. W. Möllers, Robert van Ooyen, JBÖS, S. 451–464.

van Ooyen, Robert 2009a: Das Demokratiedefizit des EU-Haftbefehls vor dem Bundesverfassungsgericht, in: Möllers/van Ooyen (Hrsg.): Europäisierung und Internationalisierung der Polizei, Bd. 1, 2. Aufl., Frankfurt a. M. 2009, S. 387– 401.

van Ooyen, Robert 2009b: Die Unhintergehbarkeit des Politischen in der Verfassungsgerichtsbarkeit, in: ZfP 1, S. 98–108.

van Ooyen, Robert 2010a: Die Staatstheorie des Bundesverfassungsgerichts und Europa, 3. Aufl., Baden-Baden.

van Ooyen, Robert 2010b: Hans Kelsen und die offene Gesellschaft, Wiesbaden.

van Ooyen, Robert 2010c: Homogenes Staatsvolk statt europäische Bürgerschaft, in: Marcus Llanque (Hrsg.): Souveräne Demokratie und soziale Homogenität, Baden-Baden, S. 261–275.

Vanberg, Georg 2005: The Politics of Constitutional Review in Germany, Cambridge u. a.

Vorländer, Hans 2006: (Hrsg.) Die Deutungsmacht der Verfassungsgerichtsbarkeit, Wiesbaden.

Wassermann, Rudolf 1972: Der politische Richter, München.

Wewer, Göttrik 1991: Das Bundesverfassungsgericht – eine Gegenregierung?; in: Bernhard Blanke, Elmar Altvater (Hrsg.), Die alte Bundesrepublik: Kontinuität und Wandel, Opladen, S. 310–335.

Wiefelspütz, Dieter 2005: Das Parlamentsheer, Berlin.

Wild, Michael: BVerfGE 90, 286 – AWACS/Somalia, in: Jörg Menzel (Hrsg.), Verfassungsrechtsprechung, Tübingen, S. 547–550.

Wolfrum, Rüdiger: Grundgesetz und Außenpolitik, in: Siegmar Schmidt u. a. (Hrsg.), Handbuch zur deutschen Außenpolitik, Wiesbaden, S. 157–168.

Zivier, Ernst R. 1999: Der Kosovo-Einsatz als Präzedenzfall? In: Recht und Politik 4, S. 210–216

Zivier, Ernst R. 2003: Demontage einer Verfassungsvorschrift?, in: Recht und Politik 1, S. 20–25.

Zuck, Rüdiger 2006: Die Wissenschaftlichen Mitarbeiter des Bundesverfassungsgerichts, in: Robert van Ooyen, Martin H. W. Möllers (Hrsg.), Das Bundesverfassungsgericht im politischen System, Wiesbaden, S. 283–292.

Marcus Llanque

Verfassungstreue und Verfassungsverrat

Die Verfassung und das Problem der Loyalität

Im Folgenden soll das Problem von Verfassungstreue und Verfassungsverrat als ein Problem politischer Loyalität rekonstruiert werden. Es wird sich zeigen, dass die Frage nicht beantwortet werden kann, indem man versucht zu definieren, was Loyalität an und für sich ist, sondern dass man zunächst erörtern muss, in welchen Konstellationen Loyalität überhaupt zum Thema wird. Die analytische Erfassung des Themas erschöpft sich nicht durch die binäre Schematisierung nach Verfassungstreuen und Verfassungsfeinden, vielmehr geht es um Loyalitätskonflikte, die mitunter unausweichlich sind. Ferner stehen Loyalitäten nicht fest, sondern werden festgelegt und hierbei lassen sich grundsätzlich zwei Modi der Festlegung unterscheiden: Mitgliedschaft und Zugehörigkeit. Mit diesem Begriffsapparat gerüstet soll sodann gezeigt werden, wie einzelne Verfassungen mit der Loyalität umgehen bzw. umgegangen sind, namentlich die Verfassung der USA, die westdeutschen Länderverfassungen nach 1945 und das Grundgesetz, bevor dann abschließend erörtert wird, dass hier unterschiedliche Loyalitätskonflikte möglich werden, je nachdem worauf die abverlangte Treue primär bezogen wird: auf den Staat, die Demokratie oder die Verfassung.

1 Verfassungstreue und Verfassungsverrat im Kontext des Schutzes der Verfassung

Alle Verfassungen haben das Problem, sich selbst zum Gegenstand zu machen. Sie regeln nicht nur die Prinzipien, Normen und Institutionen, nach welchen Gesellschaft und Politik einzurichten und wie Macht und Recht verteilt sind unter der Personengruppe, deren politische Ordnung sie zu konstituieren versuchen, Verfassungen müssen vielmehr auch Vorkehrungen für den Fall treffen, dass sie selbst Gegenstand der Politik werden: wie sie verändert werden sollen, ob und wie sie durch andere Verfassungen ersetzt werden können, was geschehen soll, wenn sich Individuen oder ganze Gruppen gegen die Verfassung wenden, wenn also die verfassungsmäßige Ordnung sich nicht mehr ohne weiteres selbst in den vorgesehenen Bahnen halten kann.

Das Grundgesetz spricht beispielsweise vom „Kampf" gegen die freiheitlich demokratische Grundordnung (Art 18), benennt die Möglichkeit, dass diese Grundordnung in „Gefahr" ist (Art. 11 II; 87a IV; 91) und meint damit nicht nur die von anderen Staaten rührenden Gefahren (Art. 115i I), sondern vor allem jene aus dem Innern des Landes selbst herrührenden Gefährdungen. Hierbei sind nicht nur Einzeltäter gemeint, die dann in der Literatur auch als Verfassungsfeinde bezeichnet werden, sondern auch ganze Landesregierungen, die entweder nicht in der Lage oder nicht „bereit" sind, also nicht willens, solche Gefahren zu bekämpfen (Art. 91 II) und gegenüber welchen der Bund die Kompetenz hat, notfalls mit „Bundeszwang" auf die Erfüllung aller anderen Vorschriften des Grundgesetzes hinzuwirken (Art. 37 I). Ist eine „andere Abhilfe" nicht möglich, haben schließlich alle Bürger das Recht des Widerstandes gegen jedermann, also auch gegen Amtspersonen, welche die Verfassungsordnung beseitigen wollen (Art. 20 IV). In solchen Situationen, in welchen die Verfassung und die „verfassungsmäßige Ordnung" als Ganzes in Frage gestellt werden, steht besonders das Verhalten der Staatsbeamten im Mittelpunkt. Das Bundesverfassungsgericht hat diesbezüglich die besonders von Beamten eingeforderte „Verfassungstreue" mit dem Hinweis auf die Krisen und Konfliktsituationen begründet, in welchen der Staat sich darauf verlassen können muss, dass sich seine Beamten für ihn einsetzen (BVerfGE 39, 348 f.). Mit der Möglichkeit von Maßnahmen wie der „Verwirkung" von Grundrechten (Art. 18) oder dem Parteiverbot (Art. 21 II) sieht das Grundgesetz auch den Kampf für die eigene Verfassung vor, bevor ein Bürgerkrieg überhaupt eintreten kann.

Die sich hier stellende Frage ist, wer den Kampf für die Verfassung und auf welche Weise führen soll. Offenkundig verlangt ein solcher Kampf für die Verfassung von den Akteuren mehr ab als den bloßen Rechtsgehorsam, so wie umgekehrt der Kampf gegen die Verfassung nicht einfach an jeglichem Ungehorsam erkennbar wird. Gerade demokratische Verfassungen institutionalisieren den politischen Konflikt und sichern nicht einen einmalig erreichten Zustand gegen jegliche Änderung ab; sie erlauben immer wieder neue Auslegungen der eigenen Normen und Prinzipien, sie eröffnen sogar die Möglichkeit der Änderung der Verfassung. Hier kann also nicht jede Kritik an dieser oder jener Verfassungsnorm bereits Ausdruck der Verfassungsfeindlichkeit oder der Unvereinbarkeit einer politischen Weltanschauung mit der Verfassung sein. Eine völlig offene, mit jedem prinzipiellen oder normativen Inhalt vereinbare Rechtsordnung wäre allerdings kaum mehr als ein leeres Gehäuse, dessen sich jeder bedienen könnte, auch jene, welche die von der Verfassung zur Verfügung gestellten Mittel und Privilegien dazu nutzen, in den Kern des formalen Gehäuses der Verfassung einzudringen, um ihn hinter sich gegenüber anderen zu verschließen. Der legitime Schutz der Verfassung läuft wiederum Gefahr, vor lauter Verschluss des Verfassungskerns diesen selbst zu zementieren. Verknöcherte Verfassungen laufen jedoch Gefahr, dass sie nicht mehr anpassungsfähig sind, und zwar gerade gegenüber Gefahren, welche die Verfassungsschützer nicht vorhersahen, als sie den Kern der Verfassung vor dem Zugriff der seinerzeitigen Verfassungsfeinde verschlossen.

Die mit der Aufgabe des Schutzes demokratischer Verfassungen verbundene Problematik spiegelt sich in der verfassungsrechtlichen Semantik, mit diesen Konstellationen umzugehen. „Verfassungsfeinde", „Verfassungstreue", „Verfassungsverrat" sind nur einige der Vokabeln, mit welchen versucht wird, den Grat zu umschreiben, der den legitimen politischen Konflikt um die Auslegung und Änderung der Verfassung von dem offenen Kampf gegen die Verfassung als Ganzes trennt. In vielen Rechtsordnungen ist der „Hochverrat" der Inbegriff der schwersten Straftat gegen eine verfassungsmäßige Rechtsordnung. Diese Tradition geht sehr lange zurück und findet sich in dem älteren Begriff der „laesio maiestatis" (Chiffoleau 2007; Lacché 2013).

Unter Verrat versteht man heute zunächst den Geheimnisverrat, der in der deutschen Rechtsordnung als Teil des Abschnitts Landesverrat und Gefährdung der äußeren Sicherheit geregelt wird (§§ 93–101a StGB). Man stellt sich darunter ausländische Agenten, Spion und die von ihnen angestifteten und angeleiteten Verräter vor. Oft dient die Verfassung selbst als Bezugspunkt zur Beschreibung des kriminalisierten Tatbestandes. In der deutschen Rechtsordnung wird neben dem Geheimnisverrat auch der Verrat an der Verfassung (Verfassungshochverrat, auch Hochverrat gegen den Bund genannt § 81 StGB) geahndet, worunter u. a. die Unternehmung verstanden wird, mit Gewalt oder ihrer Androhung, die auf dem Grundgesetz beruhende verfassungsmäßige Ordnung ändern zu wollen. Was die zur Beschreibung des Schutzgutes herangezogenen Begriffe wie „freiheitlich-demokratische Grundordnung", „verfassungsmäßige Ordnung" und „Verfassungsgrundsätze" jeweils sind und wie sie sich zueinander verhalten, ist nicht unumstritten (Ermert 2007, S. 162–175). Das Bundesverfassungsgericht definierte seine Aufzählung der Teilelemente dessen, was es unter freiheitlich-demokratischer Grundordnung versteht, als nicht abschließend („mindestens") BVerfGE 2, 1 (12 f.). Dennoch wird allgemein angenommen, dass freiheitlich-demokratische Grundordnung und verfassungsmäßige Ordnung begrifflich identisch sind (Emert 2007, S. 169) und dass die Aufzählung der Verfassungsgrundsätze in § 92 II Strafgesetzbuch zur Beschreibung der sog. Vorfeldstraftaten der „Gefährdung des demokratischen Rechtsstaates" eine Auswahl hiervon darstellt. Solche und ähnliche Regelungen finden sich in vielen Rechtsordnungen und sind im Zuge des sog. Kampfes gegen den Terror eingerichtet oder verschärft worden. Besonders erwähnenswert ist die Novellierung des australischen Strafrechts im Jahre 2005, das in dem Kapitel „The security of the Commonwealth" (S. 106–244) eine erhebliche Erweiterung der Straftatbestände vorgenommen hat. Im Unterschied zum deutschen Strafgesetzbuch wird im australischen Strafrecht ähnlich wie in anderen Ländern scharf zwischen Bürgern und Nichtbürgern unterschieden, gerade in Hinblick auf Straftaten gegen Staat und Verfassung, namentlich Verrat. Das entspricht der älteren Tradition, im Hochverrat vor allem die Verletzung der Treuepflicht (allegiance) zu erkennen (Ross 2003, S. 52). Das U.S. Treason Statute von 1790 etwa sprach solche Personen an, welche „owing allegiance to the USA" (1 Stat. 112 (1790), bei Kittrie/Wedlock 1998, S. 74).

Die Frage ist, ob hier der Schutz des Staates bzw. der Verfassung geregelt wird, oder ob der Verrat von Bürgern kriminalisiert wird, die Staat und Verfassung in Gefahr bringen. Will das politische Strafrecht nur bestimmte Taten ahnden bzw. durch Abschreckung der angedrohten Strafe verhindern, oder soll von ihm ein Signal ausgehen, welches Verhalten von Bürgern nicht erwartet wird? Hat der Verrat mit dem

Bruch des Bandes zu tun, dass den Täter mit Staat und Verfassung binden sollte, oder nur mit der Tat selbst und alle anderen Fragen sind Fragen der persönlichen Schuld?

Auf der anderen Seite finden sich zahlreiche Bestimmungen zur besonderen Verfassungstreue der Bürger oder eines Ausschnittes der Bürgerschaft, namentlich der Beamtenschaft. Schon die Fassung des Bundesbeamtengesetzes, wonach nur ein Kandidat in das Beamtenverhältnis berufen werden darf, der „Gewähr dafür bietet, dass er jederzeit für die freiheitlich demokratische Grundordnung eintritt" (§ 7 I, Nr. 2 BBG) lenkt die Blickrichtung in den Bereich der Gesinnung und des Bekenntnisses. Offenkundig meint Eintreten mehr als den ohnehin verlangte Rechtsgehorsam. Erörtert wird in diesem Zusammenhang aber meist nur das Bekenntnis zur Verfassung und das Vermeiden solcher Aktivitäten, die das abverlangte Bekenntnis zur Verfassung in Zweifel ziehen könnten (repräsentativ die Erörterung des Themas bei Rudolf 2003). Das Bundesverfassungsgericht hat in seiner Grundsatzentscheidung zum sog. Extremistenbeschluss deutlich gemacht, dass vom Beamten mehr verlangt wird „als eine formal korrekte, im Übrigen uninteressierte, kühle innerlich distanzierte Haltung gegen über Staat und Verfassung." Obschon das Gericht selbst die Konstellationen benennt, in welchen diese Treue relevant wird (Krisen und Konfliktsituationen) wird an abverlangter Aktivität nur vage gesagt, dass der Beamte „Partei" ergreifen soll für den „Staat" (BVerfGE 39, 348 f.).

In einer Kammerentscheidung des Bundesverfassungsgerichts zur Frage, ob sich die Treuepflicht auch auf ehrenamtliche Richter an Arbeitsgerichten erstreckt, werden die Grundsätze der genannten Entscheidung zum Extremistenbeschluss wiederholt, aber die angesprochenen Aktivitäten auch nicht weiter erörtert. Hassemer, di Fabio und Landau schreiben nur, dass die Treue verlangt, dass man sich zur Verfassung bekennt und auch nicht nur verbal für sie eintritt, sondern die bestehenden Vorschriften beachtet und erfüllt (also schlichter Rechtsgehorsam), ansonsten wird an Aktivität vor allem die Distanzierung zu verfassungsfeindlichen Gruppierungen abverlangt (2 BVR 337/08, 1. Kammer des Zweiten Senates, Beschluss vom 11.1.2008).

Die Sicherstellung der Verfassungstreue der Beamtenschaft wird als Teil des Kampfes der Demokratie gegen mögliche Verfassungsfeinde verstanden und mit dem Umstand gerechtfertigt, dass demokratische Verfassungen politische Ordnungen vorsehen, die wie kein anderer Typus offen und durchlässig sind, damit aber auch anfällig für den Missbrauch der gewährleisteten Rechte und Privilegien. Demokratische Verfassungen, die solchen Umtrieben nicht tatenlos zuschauen wollen, befinden sich in einem Dilemma zwischen der grundsätzlichen Offenheit und Freiheit einerseits und der Befürchtung einer Selbstpreisgabe als Folge der Beibehaltung dieser Offenheit auch bei Gefahren andererseits. Wollen Demokratien nicht warten, bis es zur phänomenal klar erkennbaren physischen Gewalt kommt und wieder die üblichen polizeilichen Mittel zur Anwendung kommen können, sind präventive Maßnahmen erforderlich, die von geheimdienstlichen Beobachtungen bis zum Verbot politischer Tätigkeit reichen.

Die Maßnahmen zur Bekämpfung von Verfassungsfeinden werden regelmäßig in der Theorie der „streitbaren Demokratie" zusammengefasst, was auf eine „wehrhafte" oder sogar „militante" Demokratie hindeutet, die sich ihrer Feinde rechtzeitig erwehren kann. Das setzt offenkundig intensivere Formen des Handelns voraus als das negative Verhalten im Sinne des Nicht-Engagements in verfassungsfeindlichen Gruppierungen oder die Betonung der Pflicht zum Rechtsgehorsam. Die Theorie der „militant democracy" erwuchs aus der Erfahrung der Zwischenkriegszeit mit der verfassungspolitischen Praxis von Demokratiefeinden, autoritäre Regime dadurch etablieren zu können, weil Demokratien die Offenheit und Durchlässigkeit der demokratischen Ordnung mit der Beliebigkeit der Ausnutzung der durch sie zur Verfügung gestellten Mittel verwechselten (Llanque 2008). Die mittlerweile meist „streitbare Demokratie" genannte Idee gehört zu den Theoremen von verfassungspolitischem Rang in der Bundesrepublik (Thiel 2003), hat darüber hinaus aber auch weltweite Beachtung gefunden, nicht zuletzt im Lichte des sog. „war against terror" (Thiel 2009). Die Idee ist auch auf der europäischen Ebene in der Rechtsprechung zur Europäische Menschenrechtskonvention präsent (Sweeney 2012, S. 129–131; insbesondere in den Entscheidungen Revah Partis v. Türkei 2001 und 2003; hierzu: Eiffler 2003). Die Argumentationsstrukturen zur Begründung und Rechtfertigung gleichen sich dabei in ethischer wie in politikwissenschaftlicher und verfassungsrechtlicher Hinsicht (Capoccia 2013; Kirshner 2014) und gehen von der Vorrangstellung der Demokratie als Rechtsgut oder ethisches Gut aus. Meist wird aber ausgespart, wie der mit der Theorie militanter Demokratie gerechtfertigte Kampf für die Verfassung geführt werden soll und von wem und wie die Bindungen der entsprechenden Akteure hierbei gestaltet sind. „Streitbar" meint oft einfach nur, sich in den Debatten für die Demokratie einzusetzen und ansonsten den Behörden die Anwendung der diversen Kampfmittel zu überlassen, deren Loyalität zur Verfassung dann einfach vorausgesetzt wird.

2 Verfassungstreue und Verfassungsverrat im Lichte politischer Loyalität

Worum es in der breiten Semantik zur Bezeichnung der Personen geht, die für und gegen die Verfassung kämpfen bzw. kämpfen könnten oder sollten, ist das Problem der politischen Loyalität. Diese sicherzustellen ist unmöglich, denn ob sie vorhanden ist oder nicht erweist sich erst in der entsprechenden Situation, in welcher Loyalität erforderlich wird. Loyalität zur Verfassung ist aber besonders dann nötig, wenn Situationen eintreten, von welchen zu Beginn überblickshaft am Beispiel der Normen des Grundgesetzes selbst die Rede war. Handlungen in solchen Situationen werden mehr abverlangen als ein Verhalten nach Vorschrift. Sie verlangen vor allem eine gewisse Zuverlässigkeit ab, für die Verfassung einzustehen, und zwar auch im Zweifel, wenn also Situationen vorliegen, in welchen nicht mehr ohne weiteres erkennbar ist, was die Verfassung im Einzelfall für ein Handeln vorsieht und wer im Namen der Verfassung tätig werden darf. Was hier erforderlich wird ist Loyalität und was die Verfassung fürchten muss ist Illoyalität.

Handeln im Sinne und zum Schutze der Verfassung in den genannten Situationen wird nicht ohne weiteres nach Dienstvorschrift und in schlichtem Gehorsam gegenüber den geltenden Rechtsvorschriften erfolgen können. In solchen Situationen benötigt jede politische Ordnung Loyalität. Während in geregelten Zeiten Rechtsgehorsam von allen und Loyalität nur von wenigen zu erwarten ist, wird in Krisenzeiten bloßer Rechtsgehorsam kein ausreichendes Mittel zur Erhaltung der Verfassung sein. Hier geht es um komplexe politische Krisen, um den massiven Missbrauch von staatlich organisierter Macht oder umgekehrt die Situation des Staatszerfalls oder um die Situation dazwischen, wenn konkurrierende Auslegungen vorliegen, die einander widersprechen und je für sich die verbindliche Auslegung reklamieren. Wenn gerade mehr als nur Gehorsam verlangt wird, wenn es um die Einschätzung geht, nicht nur was dieser oder jener Buchstabe der Verfassung aussagt, sondern wie die Verfassung als Ganzes zu erhalten bzw. zu verteidigen ist, dann wird Loyalität relevant und dann zeigt sich, welche politische Bindung maßgeblich ist.

Lebt der Verfassungsstaat arbeitsteilig von der besonderen Loyalität des zum Schutz der Verfassung vorgesehenen Personals, dann wird wiederum alles von der Loyalität dieses Personals abhängen, und zwar nicht erst wenn eine ernste Krise eintritt, sondern bereits im ordentlichen Geschäftsgang des rechtsstaatlich organisierten Verfassungsschutzes. Denn die Mittel, welche dem Schutz der Verfassung präventiv an die Hand gegeben werden, um mögliche Verfassungsfeinde zu identifizieren und ihrem Kampf gegen die Verfassung rechtzeitig zuvorzukommen, sind mittlerweile so gewaltig, dass sie sich auch rasch gegen die Verfassung selbst richten können. Am Ende müssen die Verfassungstreuen ebenso geheim und im Verborgenen agieren wie die Verfassungsverräter und es erwächst eine seltsame Gemeinsamkeit, die darin besteht, das beide nicht von der Öffentlichkeit entdeckt werden wollen.

Die rechtliche Bedeutung von Loyalität ist dabei völlig unklar. In den Diskussionen im Zusammenhang mit dem europäischen Föderalismus und den Verhaltenserwartungen bezüglich der Mitgliedstaaten wird oft an den älteren Ausdruck der „Bundestreue" angeknüpft und gelegentlich von der Loyalität als einem „ungeschriebenen Rechtsprinzip" gesprochen (Hatje 2001, S. 36–38 u. ö.). Ob man von Religionsgemeinschaften Loyalität erwarten darf, wird im Zusammenhang der Frage der Zuerkennung des Körperschaftsstatus mit der Vagheit des Begriffs der Loyalität zurückgewiesen (vgl. die Diskussion bei Muckel 2011). Loyalität ist ferner ein häufig im Zusammenhang des Themas der Verfassungstreue gebrauchter Begriff. Das Bundesverfassungsgericht spricht verschiedentlich von Werteloyalität, die den Bürgern gerade nicht abverlangt wird (Nachweise bei Dreier 2010, S. 27). Andererseits wird von Beamten Verfassungstreue abverlangt, die als eine intensivere Bindung angesehen wird, da im Verhältnis dazu von Angestellten des öffentlichen Dienstes zwar nicht Treue, aber eben „Loyalität" verlangt werden darf (BVerfGE 39, 334, Leitsatz 7). Der bundesdeutsche Radikalenerlass aus den 1970er-Jahren bot in Rechtsprechung und Literatur den vielleicht häufigsten Anlass, über Loyalität zu sprechen (Braunthal 1990). Das gilt auch für die europäische Ebene der Gerichtsbarkeit.

Teile des Europäischen Gerichtshofs für Menschenrechte haben bei der Bewertung des bundesdeutschen Radikalenerlasses als Regelungsgrundlage der Beamtentreue darauf hingewiesen, dass es sich hier auch um die Frage nach der für demokratische Verfassungen nötigen Loyalität handelt, und dass diese Frage nicht allgemein, sondern von Land zu Land unterschiedlich entschieden werden muss. In der Streitsache Vogt/Deutschland (EGMR Entscheidung 7/1994/454/535 vom 26.9.1995; vgl. hierzu Krisch 1999) bekam die Klägerin zwar Recht, ihre politische Anschauungen reichten nicht aus, um ihr den Zugang zum Beamtentum zu verwehren. In dem von acht Richtern erstellten Minderheitenvotum wurden zur Bewertung des Sachverhaltes, hier also der Forderung nach Sicherstellung der Treue von Beamten, politische, historische wie begriffliche Maßstäbe herangezogen: einerseits die besonderen Umstände der Bundesrepublik Deutschland als eines geteilten und sich im Kalten Krieg befindenden Landes, das deshalb besonders sensibel sei für die Gefahr der Infiltrierung; sodann die spezifischen historischen Erfahrungen Deutschlands am Ende der Weimarer Republik und die daraus erwachsende Sensibilität für die Anforderungen an die Verteidigung der Verfassung gegen ihre Feinde; und schließlich der begriffliche Maßstab der Loyalität, der allerdings weder auf das europäische Menschenrechtssystem noch auf das nationale Verfassungsrecht bezogen oder inhaltlich erörtert wurde.

3 Verfassungstreue als Problem politischer Loyalität

Der Verrat ist nie nur eine einseitig kriminologisch zu bewertende Tätigkeit, die mit ihrer Kriminalisierung im politischen Strafrecht (Ross 2003) und ihrer erfolgreichen polizeilichen Verfolgung erledigt wäre. Sucht man nicht nur nach kriminellen Motiven des Verrats, gelangt man auch bei der Auslandsspionage rasch zum Problem der Loyalität. Die Loyalität zu einer anderen Rechtsordnung und ihrer Staatlichkeit kann sich als stärker erweisen als die eigene Rechtsordnung: „One man's traitor is another man's patriot" (Carlton 1998, S. 1). Handelt der Verräter, weil er einer anderen Verfassung gegenüber treu ist?

Das wird deutlich, wenn die Grenzziehung zwischen miteinander konkurrierenden Staatsordnungen und den jeweils beanspruchten politischen Bindungen nicht selbstverständlich ist, so der Fall in Deutschland nach der Teilung als Folge des Zweiten Weltkrieges. Nicht ohne Grund warf daher die strafrechtliche Verfolgung der früheren DDR-Spione nach der Wiedervereinigung grundsätzliche Fragen nach der Loyalität auf, die nicht mit rein formal-juristischen Argumenten über die Anwendbarkeit des Strafrechts befriedigend gelöst werden können. Der Fall Markus Wolf stand hier stellvertretend (Wingenfeld 2006, S. 55–61). Die Entscheidung des Bundesverfassungsgerichts, wonach diese Fälle nicht mehr zu verfolgen seien, brachte Ruhe in die Debatte (BVerfE 92, 277 von 1995). Sie löste aber nicht das Problem, das Talleyrand in dem bonmot „Hochverrat ist eine Frage des Datums", zusammengefasst haben soll. Die ungeklärte Zuschreibung dieses Satzes an Talleyrand ist schon deswegen plausibel, weil er im Laufe seiner politischen Karriere mehrfach die Seiten wechselte und seine Loyalität stets neu zu justieren verstand. Was vor dem Inkrafttreten einer neuen Verfassung noch loyales und gesetzestreues Verhalten sein mochte, kann nun als verfassungsfeindliches Verhalten eingestuft werden. Umgekehrt sind als Hochverräter eingestufte Personen, die sich gegen eine bestimmte Ordnung wenden, Staatsgründer, wenn ihre Handlungen sich im Nachhinein als Befreiungstat und damit als Ausgangspunkt der Gründung einer neuen politischen Ordnung erweisen.

Ob Verfassungsfeinde immer Verräter sind und umgekehrt, ist nicht nur eine Frage der möglichen Kriminalisierung. Von erklärten Feinden der Verfassung kann man wissen, wie sie zur Verfassung stehen, illoyales Verhalten wird man von ihnen geradezu erwarten. Wer einem erklärten Verfassungsfeind dennoch Ämter überträgt, etwa Ämter im Zusammenhang mit dem Schutz der Verfassung, wird sich über anschließendes illoyales Verhalten nicht wundern dürfen. Daher kann es sinnvoll sein, vor Übertragung von Ämtern verlässlich in Erfahrung zu bringen, ob sie im Zweifelsfall loyal sein werden. Der Verrat ist vor allem der Bruch der Loyalität, die zuvor versprochen wurde oder welche als vorhanden anzunehmen andere im falschen Glauben gelassen wurden. Das Problem der Illoyalität ist also vor allem eines des politischen Vertrauens und damit der möglichen Lähmung der Koordination des politischen Handelns (Carso 2006). Daher wird gelegentlich in den moralphilosophischen Erörterungen der Loyalität behauptet, dass es unmöglich sei, Loyalität moralisch zu qualifizieren, dass aber davon unbenommen Illoyalität moralisch immer verwerflich sei (Keller 2007, S. 200).

Die Situation des Loyalitätszweifels wird häufig im Zusammenhang mit dem Ungehorsam erörtert. Wenn die Legitimität einer Verfassung bzw. ihrer herrschenden Auslegung aus der Sicht eines Individuums zweifelhaft geworden ist, stellt sich die Frage nach der Berechtigung der Erfüllung der Verpflichtungen bzw. des Widerstandes gegen diese Verpflichtungen. Michael Walzer hat inmitten der hitzigen Debatten um die Bürgerpflichten während der Anti-Vietnam-Bewegung, die sich mit Teilen der Bürgerrechtsbewegung und den Studentenprotesten verklammerte, darüber nachgedacht, dass es nicht nur die Unterscheidung zwischen Bürgern und Nichtbürgern gibt, sondern auch innerhalb der Bürger zwischen jenen, die den gegenseitigen Erwartungen gerecht werden und den anderen, die sie verraten (Walzer 1970a). Walzer debattierte dann die Voraussetzungen der Bindung in konkreten Verhaltenspflichten, etwa in der „obligation to die for the state" (Walzer 1970b) oder den Verhaltenspflichten unterdrückter Minderheiten (Walzer 1970c). Hannah Arendt hat die Proteste gegen die US-Regierung zum Anlass genommen, um neben der auch von ihr erörterten Frage nach dem zivilen Ungehorsam (Arendt 1972a) das Problem der Wahrheitspflicht der Regierung (im Falle der Pentagon-Papers: Arendt 1972b) zu stellen.

Ist der Bürger im Augenblick des Zweifels an den Buchstaben der Verfassung gebunden, so könnte man diese Diskussionen zusammenfassen, und muss er den formal korrekt zustande gekommenen Weisungen und Auslegungen Folge leisten, oder muss er dem Geist der Verfassung gehorchen, was aber auch heißt, dass er die Verantwortung für die Folgen dieses Handeln auch sich nehmen muss? Im Widerstand gegen eine Auslegung, welche die Regierung bezüglich ihrer eigenen Kompetenzen vornimmt, kann sich Verfassungstreue auch zeigen. Der loyale Ungehorsam erfolgt nicht aus Feindschaft gegenüber der Verfassung, sondern erklärt sich gerade aus der Treue zu ihr; die Loyalität zur Verfassung gebietet dann aber auch, dass sich der Ungehorsam nicht gegen die Verfassung als Ganzes richtet und enden muss wenn diese gefährdet wird, so auch, wenn das Regierungshandeln insgesamt unmöglich werden sollte und vor allem, wenn Mittel verwendet werden, die dem Geist der Verfassung eindeutig widersprechen, so vor allem die Anwendung physischer Gewalt.

Loyalität betrifft vor allem die Situation des Bindungskonflikts. Die Pluralität der Gesellschaft spiegelt sich in der Vielzahl möglicher Bindungen und daraus erwachsender Loyalitäten. Komplexe Gesellschaften produzieren permanente Bindungskonflikte: welche Norm, welcher Wert, welches Gut hat in einer bestimmten Situation Vorrang vor anderen? Loyalität zu erwarten oder sogar zu verlangen macht verfassungspolitisch nur Sinn im Lichte der Möglichkeit des Loyalitätskonfliktes. In Situationen der Unklarheit und Unsicherheit die Loyalität zur Verfassung nicht von der Loyalität zu anderen Bezugspunkten und Personengruppen überlagern zu lassen, setzt nicht nur Loyalität zur Verfassung voraus, sondern den Vorrang der Bindung an die Verfassung als verhaltensbestimmenden Bezugspunkt gegenüber anderen Bindungen. Resultiert die Loyalität aus der Selbstidentifikation mit der Verfassung, was wiederum erklären würde, warum das Bekenntnis zur Verfassung so nachdrücklich eingefordert wird, wenn von Verfassungstreue die Rede ist? Der Widerstand gegen die Verfassungstreue in der verfassungsrechtlichen Literatur hat vor allem mit der Annahme zu tun, dass die Rede von der Treue auf die Identifikation mit der Verfassung zielt und so aus der Verfassung eine substanzielle Wertordnung macht (Dreier 2010, S. 24–29).

4 Loyalität in der Theorie politischer Bindungen: Mitgliedschaft und Zugehörigkeit

Man kann Treue als Ausdruck von Zugehörigkeit interpretieren, aber auch als Ausdruck eines mitgliedschaftlichen Verhältnisses. Das erklärt sich aus der Theorie politischer Bindungen (Llanque 2010; 2011; 2013b; 2014). Diese interessiert sich weniger für die sozialontologischen oder sozialpsychologischen Grundlagen einer solchen Bindung und ihre gesellschaftstheoretischen oder gesellschaftshistorischen Voraussetzungen als vielmehr für den Vorgang der Festlegungen politischer Bindungen. Festlegungen politischer Bindungen erfolgen sowohl in der politischen Praxis wie in den diese reflektierenden und kritisierenden Wissenschaften. Gegenstand sind also die diskursiven Vorgänge, ob in Rechtstexten Schulbüchern oder Reden, in welchen Inhalt, Grund und Ausmaß politischer Bindungen behauptet werden und mittels solcher Behauptungen bei dem entsprechenden Adressatenkreis auch tatsächlich ermöglichen sollen. Politische Bindungen festzulegen ist also selbst ein politischer Vorgang und steht auch meist in unmittelbaren Konkurrenzverhältnissen zu anderen Versuchen solcher Festlegungen.

Solche Festlegungen erfolgen in zwei unterschiedlichen Modi: Zugehörigkeit und Mitgliedschaft. Die Zugehörigkeit hat es mit der Annahme oder Unterstellung von Identifikationen mit einer politischen Ordnung oder einer Personengruppe zu tun. Aus der Identifikation folgt die Vermutung einer besonders intensiven Bindung. Die Grenzen der Personengruppen oder Ordnungen, zu welchen eine Bindung vorliegt, werden nach Merkmalen der Zugehörigkeit bestimmt, die in der Geschichte der politischen Praxis solcher Festlegungen ethnischer, religiöser, rassischer, sprachlicher, territorialer oder ganz allgemein kultureller Art waren. Sofern der Nationalstaat annimmt, dass die Bindung seiner Bürger zur politischen Ordnung mit den nationalen Merkmalen der Zugehörigkeit, etwa der Sprache, des Landes, der Geschichte zusammenhängt, wird er dies programmatisch verkünden, in Schulprogrammen unterstreichen und in entsprechender Kulturpolitik fördern.

Der Nationalstaat als Verfassungsstaat kann auf eine solche Nation Bezug nehmen. Er wird aber auch das Verhältnis der Bürger untereinander und zur politischen Ordnung im Wege von Rechten und Pflichten festlegen. Hier spielen dann die Zugehörigkeitsmerkmale keine zentrale Rolle mehr. Rechte und Pflichten sind die wesentlichen Elemente der Festlegung politischer Bindung im Modus der Mitgliedschaft. Mitgliedschaftliche Bindungen sind sehr viel flexibler, sie können über Zugehörigkeitsgemeinschaften hinweg reichen, sie ignorieren („Laizismus") oder ihrerseits ordnen. Der Gewinn an Flexibilität wird aber im Vergleich zur Zugehörigkeit mit einer geringeren Intensität der Bindung selbst erkauft.

Verfassungen sind zunächst die Programmierung von Mitgliedschaftsverhältnissen in Form der Aufzählung von Rechten und Pflichten, von Verhaltensweisen und den Folgen der Nichtbeachtung dieser Vorschriften. Die Verfassung als Programm zur Festlegung von Bindungen im Modus der Mitgliedschaft regelt über institutionelle Arrangements wie der Gewaltenteilung die Koordinierung der Akteure ohne deren tatsächlichen oder behaupteten persönlichen Motivationen und Gesinnungen erforschen zu müssen. Daher kann eine im Modus der Mitgliedschaft operierende Bindungsprogrammatik wie die moderne Verfassung eine darstellt, unterschiedlichste Präferenzen, Haltungen und Ideale verbinden.

Es gibt zahlreiche Versuche, die Stellung der Verfassung im politischen System der Demokratie dadurch zu verankern, dass man auf eine emotionale Bindung der Bürger an die Verfassung setzt. Oft wird eine solche in Gestalt eines „Glaubens an die Verfassung" beobachtet und auch unterstützt (Levinson 1988; Balkin 2011). Der Glaube an die Verfassung wird in dieser Forschungsrichtung auch als Variante der

Loyalität gehandelt (Levinson/Parker/Woodruff 2013), was vor allem eine Aufwertung des politischen Eides zur Folge hat, dem sogar zugetraut wird, ganze politische Gemeinschaften gegeneinander abgrenzen zu können (Levinson 1986). Zum anderen wird eine solche affektive Bindung an die Verfassung sogar verlangt, insbesondere unter Heranziehung der Überlegungen zum Verfassungspatriotismus (Llanque 2012; siehe auch Daniel Schulz in diesem Band).

Man kann auch die Treue zur Verfassung als Unterfall der Festlegung politischer Bindungen im Modus der Zugehörigkeit lesen. Dann wird mit der Treue eine Art Wertübereinstimmung mit der Verfassung verlangt. Aber das setzt Identifikation voraus und schließt damit Anhänger bestimmter anderer Werte von vornherein als Bürger aus. Versteht man aber die Treue zur Verfassung als Ausdruck einer mitgliedschaftlich organisierten Bindung, hier also als Verständnis und Ausübung des Bürgerstatus, wie mit anderen Bürgern, vor allem mit Bürgern aller anderen Wertgemeinschaften umgegangen wird, dann erwachsen Handlungserfordernisse, die abzumildern keine Zugehörigkeit in Abrede stellen kann, die aber auch keine spezifische Zugehörigkeit zur Voraussetzung haben kann

Verfassungen entbehren im Modus der Mitgliedschaft jene Bindungsintensität, welche der Modus der Zugehörigkeit in aller Regel sehr vielmehr verspricht. Wegen der stärkeren Bindungsqualität von Zugehörigkeit neigen daher auch Verfassungsstaaten dazu, über ihre mitgliedschaftlichen Grenzen hinaus Merkmale von Zugehörigkeit anzusprechen oder solche für sich einzunehmen, um die Bindung zur verfassungsmäßigen Ordnung zu erhöhen. Wenn Verfassungen betonen, dass sie die Verfassung einer bestimmten Personengruppe sind, so grenzen sie sich nicht nur von anderen Verfassungen ab, sie verknüpfen die Bindung zu sich mit der Bindung an andere Bezugspunkte derselben Personengruppe. Daher sind beispielsweise Präambeln verfassungsrechtlich belanglos, verfassungspolitisch aber zentral. Sie sprechen nicht nur eine bestimmte Personengruppe an, sondern verbinden sie mit Zugehörigkeitsmerkmalen nationaler und sprachlicher Art, stellen sie vor den Hintergrund einer bestimmten historischen Situation, in welcher die Verfassung gegeben wurde, formulieren die Ziele und Leitnormen, unter welchen sie die Gemeinsamkeit und damit auch die Bindung der angesprochenen Personengruppe zusammenfassen.

Die Loyalität mitgliedschaftlich verstanden bedeutet, dass im Zweifel, d. h. in der Bindungskonkurrenz etwa mit der persönlichen Zugehörigkeit zu einer Religionsgemeinschaft oder zu einer weltanschaulich geprägten Personengruppe, deren Gesellschaftsvorstellung mit der verfassungsmäßig praktizierten unvereinbar ist, die Handlungserfordernisse der Verfassung Vorrang haben. Der mitgliedschaftliche Sinn der Befolgung der verfassungsmäßigen Ordnung ergibt sich nicht aus der Nähe oder Ferne zu der Wertordnung, welcher man angehört, sondern ergibt sich aus einer ganz eigenen Betrachtung: wie das Zusammenleben gerade divergierender Wertgemeinschaften möglich sein soll und welche Handlungen deshalb von jedermann abverlangt werden müssen.

Der Vorrang der Mitgliedschaft in der Verfassung gegenüber Bindungen zu anderen Personengruppen kann dadurch abgemildert werden, dass bestimmte Angehörige von Personengruppen, deren Bindungen auf Zugehörigkeit beruhen, von bestimmten Handlungserfordernissen ausgenommen werden, etwa bezüglich der Wehrpflicht, die aus Gründen eines religiös motivierten Tötungsverbots verweigert wird. Das hebt aber das Dilemma nicht auf, dass darin besteht, sich zu verweigern, für die Mitbürger einzustehen, sich aber andererseits von ihnen verteidigen zu lassen; es bedeutet nur, dass bestimmte Personengruppen verfassungsrechtlich aus diesem Dilemma entlassen werden, was nicht heißt, dass dies aufhört, ein verfassungspolitisches Problem zu sein, vor allem wenn sich niemand mehr findet, die Verteidigung vorzunehmen.

Andererseits birgt die rechtliche Festlegung von Loyalität gravierende verfassungspolitische Gefahren: von der Gesinnungspolitik bis zur Macht, politische Gegner ausschalten zu können, von der Stillstellung des dynamischen politischen Prozesses offener Auslegung bis zur Bekämpfung von Gemeinschaften, deren Wertsystem für unverträglich erachtet wird, auch ohne dass es bereits zu eklatanten Rechtsbrüchen gekommen wäre. Gerade der Umgang mit Hochverrat kann einen Hinweis auf den Übergang einer formalen Demokratie zu einem verfassungspolitisch gesehen autoritären Regime geben. Ist es der Exekutive möglich, ausreichend Einfluss oder Überzeugungskraft auszuüben, dass auch die Gerichte bei der Einzelfallprüfung erwartbare Ergebnisse produzieren, so wird Hochverrat zu einem sehr geeigneten Mittel, innenpolitische Gegner zu bekämpfen und ihre Anhänger einzuschüchtern (am Beispiel Russlands 2004 zeigt dies Tilly 2007, S. 135; vgl. Anderson 2006).

Die ungeheuren polizeilichen Möglichkeiten, die mittlerweile zum frühzeitigen Ausspähen von möglichen Verfassungsfeinden zur Anwendung gelangen, können selbst zur Gefahr für den Geist der Verfassung werden, auch wenn sie deren Buchstaben achten. Es ist also nicht alleine die Offenheit demokratischer Ordnungen, die ihr zur Gefahr werden kann und daher ihre notfalls militante Selbstverteidigung rechtfertigt, auch die Verteidigung kann zur Gefahr werden, zumal dann, wenn die Loyalität derjenigen, die diese Instrumente verwenden, nicht gewährleistet ist.

5 Der Umgang verschiedener Verfassungen mit der Festlegung von Loyalität

5.1 Die USA

Die Gefahr, die von der Kompetenz zur Festlegung des Verrates und damit der Illoyalität ausgeht, war den Gründern der amerikanischen Verfassung von 1787 mehr als bewusst. Sie erwiesen sich auch darin als gelehrige Schüler Montesquieus. Montesquieu hatte darauf hingewiesen, dass die Sicherung der Freiheit durch Gesetze in freiheitlichen Regierungen Gefahr laufen kann, über das Ziel hinaus zu schießen. Er erwähnt nicht nur das traditionelle Problem der Neigung zur Einschränkung unliebsamer Meinungen (Zensur), sondern vor allem den Umgang mit Hochverrat und das, was man aus heutiger Sicht abweichendes Verhalten nennen kann: Montesquieu diskutiert das Verhalten, das unter der Bezeichnung Hexerei und Häresie schon durch die Verwendung der Bezeichnungen als „extrem" eingestuft wird. Sie zu verfolgen, so Montesquieu, finde zwar allgemeine Zustimmung, dies könne aber zu einer freiheitsgefährdenden Unmäßigkeit der Verfolgung führen, das alle Mäßigung verlöre. So nachvollziehbar die Verletzung religiöser Gefühle sein möge, bald würden nicht nur tatsächliche Handlungen, sondern Meinungen und Ansichten verfolgt. Doch auf keinem Gebiet seien falsche Anschuldigungen leichter gemacht und schwerer widerlegt (Montesquieu, Vom Geist der Gesetze, Buch XII Kap. 5: vgl. Llanque, 2013a, S. 68 f.). In all diesen Fällen ist nicht nur die Formulierung des Tatbestands, sondern auch die Art der Bestrafung für die vorhandene politische Kultur aufschlussreich. Auch in dieser Hinsicht fand Montesquieu bei den Gründern der USA eine aufmerksame Leserschaft.

Artikel III, Abschnitt 3 der Verfassung der USA regelt den Hochverrat bereits auf der Ebene des Verfassungstextes, was im Vergleich zu anderen Verfassungen, zum Grundgesetz beispielsweise, ungewöhnlich ist. Noch ungewöhnlicher ist der Charakter dieser Vorschrift, der ausdrücklich festlegt, dass nur das, was in dieser Norm als Verrat bezeichnet wird, auch als solcher zu gelten habe, nämlich nur das Vorhaben der Kriegführung gegen die USA und die Unterstützung ihrer Feinde. Ferner ist festgelegt, dass es zweier Zeugen bedarf, um überführt werden zu können und es ist der Rahmen des Strafmaßes reglementiert.

Es war wohl die Erfahrung des Unabhängigkeitskrieges und der Wunsch der Abgrenzung zu Großbritannien, welche die Gründer der amerikanischen Verfassung dazu veranlasste, den Verrat in der Verfassung selbst zu regeln und damit den Spielraum der Legislative deutlich einzuschränken. Der Unabhängigkeitskampf war nicht nur gegen das frühere Mutterland Großbritannien geführt worden, sondern auch gegen jene Amerikaner, die loyal zur Krone standen, ob aus Eigennutzen oder aus Überzeugung (die sog. Loyalisten). Hochverrat war zudem ein in der britischen Geschichte notorisch missbrauchtes Mittel gewesen, um politische Gegner und Nonkonformisten zu bekämpfen, aber auch, um die eigene politische Identität zu thematisieren (Steffen 2001). Die Star Chamber war ein berüchtigter Ort der Bekämpfung politischer Gegner, anwaltlicher Beistand wurde erst 1695 gewährt und in schweren Fällen sogar erst 1836 (Hostettler 1998). Die Amerikaner, im Unabhängigkeitskampf selbst des Hochverrats bezichtigt (Steffen 2001, S. 93), hatten ein Sensorium für die damit verbundenen Probleme. Der Umgang mit dem Hochverrat durchzieht die Geschichte der USA von den Anfängen bis in die Gegenwart (Kittrie/Wedlock 1998).

Die verfassungspolitischen Gefahren der Bekämpfung des Hochverrats waren den Autoren der „Federalist Papers" klar. James Madison erklärte, warum der Verfassungsentwurf den Hochverrat in so engen Bahnen festlegte. Die verfassungspolitische Ratio liegt seiner Ansicht nach darin begründet, dass der Vorwurf des Hochverrats innenpolitisch leicht ausgenutzt werden kann, zumal das, was als Hochverrat bewertet wird, zunächst einmal nur Ausdruck politischer Kämpfe zwischen Gruppen ist:

> But as new-fangled and artificial treasons have been the great engines by which violent factions, the natural offspring of free government, have usually wreaked their alternate malignity on each other, the convention have, with great judgment, opposed a barrier to this peculiar danger, by inserting a constitutional definition of the crime (Madison, Federalist No. 43).

Die in der Ratifikationsphase ausführlicher diskutierte Frage lautete, ob es verfassungspolitisch sinnvoll war, das Begnadigungsrecht der Exekutive auf den Hochverrat auszuweiten und ob der Präsident alleine darüber verfügen durfte. Alexander Hamilton setzte sich für eine uneingeschränkte exekutive Handlungskompetenz ein (Hamilton, Federalist No. 74). Zwar erwog Hamilton auch Situationen, in welchen die harte Bestrafung des Anführers einer Rebellion eine abschreckende Wirkung haben kann. Ist aber die Rebellion schon fortgeschritten, so kann eine rasche Begnadigung zu einem günstig gewählten Zeitpunkt den Ausschlag in der Bekämpfung der Rebellion geben.

Aus der Perspektive einiger der amerikanischen Verfassungsgründer war demnach die Möglichkeit des Verrats der Bürger weder auszuschließen noch zu dramatisieren, sondern als verfassungspolitische Situation einzuschätzen, in welcher die verantwortliche Regierung möglichst flexibel reagieren können sollte. Der Umstand des Verrats wurde nicht als eine existenzielle Herausforderung der auf einer Verfassung beruhenden Republik gedeutet.

Die gelassene Umsicht der Verfassungsgründer hatte Rebellionen vor Augen (seinerzeit vor allem die immer wieder genannte Shay rebellion), nicht aber die Möglichkeit des Bürgerkriegs und der damit verknüpften Verwicklungen bezüglich der Loyalität der Bürger. Es gab zwar nach der Gründung der Republik vereinzelte Versuche, innenpolitische Gegner mit Hochverratsprozessen kalt zu stellen, wie der Fall Aaron Burr zeigte, aber ernste Verfassungskrisen waren weder Ausgangspunkt noch Folge dieser Vorgänge. Erst der Bürgerkrieg nach Sezession der sich zu einer Konföderation verbündenden Südstaaten brachte die ganze tragische Dimension der Loyalitätskonkurrenz zum Vorschein (Hochgeschwender 2008). Der Loyalitätskonflikt ging durch Freundschaften und Familien hindurch. Die Union wertete die Loyalität zum abtrünnigen Heimatstaat als Hochverrat und verfolgte ihn auch entsprechend (White 2011).

In dieser Situation wurde versucht, die Loyalität durch Verfassungsbekenntnisse sicher zu stellen, durch den Eid, die Verfassung unterstützen zu wollen. Die amerikanische Verfassung sieht den Amtseid für die Amtsinhaber aller drei Regierungsgewalten vor, einschließlich der Abgeordneten der Legislative (Article 6, clause 3 U.S. Constitution). Was als formelles Zeremoniell verstanden werden könnte und sich ähnlich in anderen Demokratien findet, erhält eine besondere verfassungspolitische Funktion, wenn man sich dessen unsicher ist, wie Personen mit der ihnen anvertrauten Amtsmacht umgehen werden. Nach dem Bürgerkrieg versuchte man die Loyalität nicht nur von Staatsbeschäftigten, sondern auch von Rechtsanwälten und anderen

Beschäftigten (auch solchen in kirchlichen Institutionen) durch den Zwang zur Ableistung eines Eid zu garantieren, wonach sie zu beschwören hatten, die Regierung zu unterstützen und nicht der Sezessionsbewegung angehört zu haben (Brown 1958). Der Supreme Court erachtete diese Maßnahme als verfassungswidrig (Cummings v. Missouri, 71 U.S. 277 (1867); hierzu Tushnet 2009, S. 367). Der Eid als Mittel zum Loyalitätstest verschwand aber nicht aus der amerikanischen Geschichte (Hyman 1959). Sofern er als Voraussetzung der Einschränkung der Einstellung von Personen konzipiert war, hat ihn der Supreme Court mehr oder weniger konsequent bekämpft. Er behielt und behält aber seine Bedeutung zur Klärung der Loyalität etwa bei der Einbürgerung. Obschon die doppelte Staatsangehörigkeit aus amerikanischer Sicht möglich ist, schließt dies keine doppelte Loyalität ein. Der „oath of allegiance" erklärt vielmehr im Wortlaut: „I hereby declare, on oath, that I absolutely and entirely renounce and abjure all allegiance and fidelity to any foreign prince, potentate, state, or sovereignty of whom or which I have heretofore been a subject or citizen ..." (8 C.F.R 337–2008).

Die „Federalist Papers" diskutierten den Eid immer auch als Ermöglichung der Vertiefung tatsächlicher Loyalität der Bürger, vor allem aber der Amtsträger: „Every consideration that can influence the human mind, such as honor, oaths, reputations, conscience, the love of country, and family affections and attachments, afford security for their fidelity" (John Jay, Federalist No. 64). Die Treue zur Verfassung sicherzustellen überlässt Jay aber lieber institutionellen Vorkehrungen wie der Möglichkeit der Amtsenthebungsklage (dem impeachment: ebd.).

Was hier reflektiert ist, lässt sich als Differenz zwischen Loyalität aus Mitgliedschaft und Loyalität aus Zugehörigkeit thematisieren. Die Elemente der Sicherstellung von „fidelity", von welchen Jay spricht, zielen auf die affektive oder emotionale Bindung der Bürger an die Verfassung bzw. an die Republik und die Möglichkeiten ihrer Expression in öffentlichen Zeremonien. Zu solchen bekenntnishaften Identifizierungen mit der Verfassung gehören auch Festivitäten und Rituale, die zugleich die Republik und ihre Verfassung erlebbar machen sollen, sowie Eide. Auf der anderen Seite gehört zu den institutionellen Arrangements einer Verfassung, die im Modus der Mitgliedschaft Bindungen festlegen wollen, das Amtsenthebungsverfahren als ein förmliches, vorhersehbares Verfahren, dessen Antizipation helfen kann, ein bestimmtes Verhalten zu erzwingen wie es John Jay im Sinne hat.

5.2 Die deutschen Länderverfassungen nach 1945 und das Grundgesetz

Die Verteidigung der Verfassung gegen äußere Feinde gehört als Wehrpflicht zu den ältesten Bürgerpflichten, die Verteidigung gegen innere Verfassungsfeinde bleibt obskur. Dabei deutet sich in einzelnen Verfassungsnormen immer wieder an, dass genau dieser Kampf erwartet wird. Das Widerstandsrecht im Grundgesetz ist bekanntlich ein Mittel gewesen, um die gleichzeitig aufgenommene sog. Notstandsverfassung zu legitimieren; die verfassungsrechtliche Qualität dieser Norm, ihre Praktikabilität in Hinblick auf judizielle Anforderungen wird allgemein in Zweifel gezogen (Diskussionsstand bei Gröschner 2006 und Höfling 2013). Sie wirkt wie ein Fremdkörper inmitten des üblichen Verfassungsrechts.

Gelegentlich wird behauptet, dass der Parlamentarische Rat das Widerstandsrecht schlicht abgelehnt und diesem mit einer „lapidaren Haltung" begegnet sei (Heinemann 2003, S. 99). Aber das übersieht die umfangreichen Diskussionen im Vorfeld des Parlamentarischen Rates und vor allem im Zuge der Beratungen der Landesverfassungen, die nach dem Ende des Zweiten Weltkrieges und vor Zustandekommen des Grundgesetzes geführt wurden. Besonders bemerkenswert ist die Kluft zwischen den Landesverfassungen einerseits, die das Widerstandsrecht in großer Breite aufnahmen und es sogar gelegentlich als Widerstandspflicht formulierten, und dem Parlamentarischen Rat andererseits, der in den entscheidenden Beratungen das Widerstandsrecht für das Grundgesetz mit großer Mehrheit ablehnte.

Die Länderverfassungen statuierten generell deutlich mehr Pflichten, oft ganze Pflichtenkataloge, als das spätere Grundgesetz, sie bezogen oft die einfachen Bürger in die Verfassungstreue ein. Als generelle Pflichten wurden vor allem die Schulpflicht und die dem Eigentumsrecht auferlegte Verpflichtung gegenüber dem Allgemeinwohl aufgeführt. Manche Länderverfassungen erwähnten die Pflicht zur Übernahme unentgeltlicher Ehrenämter sowie zur Übernahme persönlicher Dienste für Staat und Gemeinde (Hessen Art. 25). Diese Regelung konnte sich auf entsprechende Vorbilder aus der Weimarer Reichsverfassung stützen (Art. 132 und 133 I WRV). Auch an die explizite Aufnahme der Nothilfe in Unglücksfällen als Pflicht wurde gedacht (Bayern Art. 122, Rheinland-Pfalz Art. 22). Ferner wurde die Elternpflicht artikuliert, wiederum nach Weimarer Vorbild (Art. 120 WRV), so in Rheinland-Pfalz (Art. 25 I), vorher bereits in Hessen (Art. 55 I) und Bayern (Art. 126) sowie in Württemberg-Baden (Art. 17).

Baden ging im Spektrum der Pflichten teilweise andere Wege als die übrigen Länderverfassungen. So sah es ein Recht, aber auch eine Pflicht zur Bildung für die Jugend vor (Art. 13; ähnlich Württemberg-Baden Art. 35) und besaß einen eigenen Abschnitt über „Grundpflichten und Gemeinschaftsleben" (Artikel 21–49), worin sich Formulierungen finden wie „Arbeit ist sittliche Pflicht" (Artikel 37 II; so auch Württemberg-Hohenzollern Art. 90 I und zuvor Hessen Art. 28 II). Württemberg-Hohenzollern formulierte sogar Erziehungsziele für die Jugend: sie solle zu Gottesehrfurcht, religiöser Toleranz, Selbstbeherrschung und Verantwortungsbewusstsein, schließlich zur Liebe und zum Pflichtgefühl gegenüber Heimat und Vaterland und zum Geist der Versöhnung gegenüber anderen Ländern angehalten werden (Artikel 111 II). Hessen zählte einen ähnlichen Katalog auf (Art. 56 IV).

Sehr oft übergingen die Gründer die Vorlagen der Alliierten, besonders der Amerikaner, die stärker individuelle Rechte und weniger Pflichten genannt wissen wollten. In Theodor Spittas Entwurf einer Bremischen Landesverfassung (abgedruckt bei Kringe 1993, S. 239–260) wurde ein von den Amerikanern vorgelegter Grundrechtsentwurf zwar aufgenommen, jedoch mit komplementären staatsbürgerliche Pflichten versehen. Am Ende hieß es dann: „Jeder hat die Pflicht der Treue gegen Volk und Verfassung" (Art. 9). Die Treuepflicht des Einzelnen in Bremen war kein Einzelfall. In Rheinland-Pfalz wurde die allgemeine Treuepflicht „gegenüber Staat und Verfassung" aufgenommen (Art. 20); in Bayern wurde die Treuepflicht gegenüber Volk und Verfassung, Staat und Gesetzen festgelegt (Art. 117). In Hessen hatte man das zuvor so formuliert, dass jeder die Pflicht habe, für den „Bestand der Verfassung mit allen ihm zu Gebote stehenden Kräften einzutreten" (Art. 146 I).

Bremen (Art. 19), Berlin (Art. 23 III) und Hessen (Art. 147 I) nahmen auch ausdrücklich das Widerstandsrecht auf, Hessen sogar als Pflicht. Die Badische Verfassung legte fest, dass Befehle und Anweisungen nicht von der Verantwortung für verfassungswidrige Handlungen entbinden (Art. 126). Die Hessische Verfassung etwa bestimmt: „Widerstand gegen verfassungswidrig ausgeübte öffentliche Gewalt ist jedermanns Pflicht und Recht" samt Pflicht zur Strafanzeige von Unternehmungen, die auf einen Verfassungsbruch hinaus laufen. Berlin bezieht den Widerstand konkreter auf offensichtliche Grundrechtsverletzungen. Ähnliche Vorschriften finden sich in der Bremischen Verfassung.

Die umfangreichen Pflichtenkataloge, welche die Gründer in den Landesverfassungen aufstellten, verraten, was sie von den Bevölkerungen erwarteten, welchen sie eine Verfassung geben wollten. Alle Referenzen auf das Naturrecht, die christliche oder göttliche Sittlichkeit, aber auch die Referenzen auf Geschichte, Humanität und Kultur sowie die zahlreichen Einlassungen darüber, dass mit der bloß formalen Fassade demokratischer Institutionen nichts gewonnen sei, solange die Bevölkerung nicht von demokratischem Geist erfüllt ist, zeigen die Skepsis und die abwartende Hoffnung, wie es um die demokratische Gesinnung der Bevölkerung bestellt ist. Die Länderverfassungen hatten daher den Charakter von Erziehungsprogrammen, eingesetzt, um die in den Jahren des Nationalsozialismus einer scharfen ideologischen Erziehung ausgesetzten Bevölkerung mit einem Gegenprogramm zu konfrontieren.

Das Grundgesetz hat darauf verzichtet, ein Erziehungsprogramm zu sein. Die konkreten Verhaltenspflichten im Zusammenhang mit der Verfassungstreue wurden auf das Beamtentum bezogen, ansonsten ist eher von negativen Geboten die Rede, weniger von Formulierungen des Inhalts der Einstellung des Bürgers zur Verfassung. Gleichwohl hatten die Landesverfassungen Auswirkungen auf die Beratungen zum Grundgesetz. Ludwig Bergsträsser nahm in seinem Verfassungsentwurf eine Formulierung auf, die er Humphreys Entwurf der Allgemeinen Erklärung der Menschenrechte entnommen hatte, wonach jeder ein Widerstandsrecht gegen die „Tyrannis" hat (vgl. Wolgast 2009, S. 273). Im Parlamentarischen Rat fand sich aber keine Mehrheit für die Aufnahme eines Widerstandsrechts. Zum einen sind die Länderverfassungen also in ihrer Regelung des Widerstandsrechts enger als das Grundgesetz, da sie vor allem auf verfassungswidrige Ausübung der öffentlichen Gewalt zielen, zum anderen sind sie entschlossener, als sie nicht einfach nur das Recht zum Widerstand statuieren, sondern die Pflicht, und dies verbunden mit der allgemeinen Treuepflicht ein sehr viel stärker aktivisches Bild des Bürgers transportiert.

Auch wenn die verfassungsrechtliche Bedeutung des im Grundgesetz in den 1960er-Jahren aufgenommenen Art. 20 IV in der überwiegenden Kommentarliteratur marginalisiert wird, ist die Aufnahme doch verfassungspolitisch von großer Bedeutung, weil sie in einer unglücklichen Formulierung dem Gedanken Ausdruck verleihen möchte, wonach die letzte Verteidigungslinie der Verfassung die Bürger selbst sind, denn das Widerstandsrecht in Art. 20 IV ist ein Bürgerrecht (in der verfassungsrechtlichen Nomenklatur ein „Deutschenrecht"). Das Widerstandsrecht ist im Grundgesetz allerdings nur als ein subjektives Recht gefasst, sich gegen formal rechtmäßig ergangenes, in der Sache aber verfassungswidriges Unrecht wehren zu dürfen. Damit ist die für den Erhalt von Verfassungen nötige Verfassungstreue nicht mehr so eindeutig von allen Bürgern abverlangt, wie dies in den Länderverfassungen zuvor der Fall war. Umso größer liegt dann die Last auf der Beamtenschaft. Die „Beschränkung des Volkes als Aktivbürgerschaft auf Abstimmungen und Wahlen wird im Widerstandsfall aufgehoben", so lautet eine der wenigen Überlegungen zum Bürgerbegriff im Zusammenhang des Widerstandsrechts im Grundgesetz (Höfling 2013, Rn 16). Doch es ist nur ein Recht, es hat nicht den stärkeren Appellcharakter der Pflicht wie in der Hessischen Verfassung. Und auch wo kein Widerstandspflicht in den Landesverfassungen statuiert wurde, ist der massive Appellcharakter im Kontext der allgemeinen Treuepflicht zu entnehmen.

Die Situationen, in welchen das Widerstandsrecht relevant wird, kann man als solche umschreiben, „in denen ein Bürgerkrieg entweder bereits ausgebrochen ist oder doch der Verfassungsbruch durch die eine Seite nur durch einen Bürgerkrieg oder bürgerkriegsähnliche Aktionen bekämpft werden kann, die die verfassungstreue Seite gerade unter Berufung auf Art. 20 IV in die Wege leitet" (Herzog 1980, Rn. 7). Der Kampf der verfassungstreuen Bürger für die Verfassung verlangt ein ausgesprochen intensives Maß an Loyalität zur Verfassung.

Das gilt besonders für den Fall, der im Kontext der grundgesetzlichen Regelung immer wieder thematisiert wird: wenn der Staat in die Hände von Personen gefallen ist, die seine Mittel dazu ausnutzen, massives Unrecht zu begehen. Diesen Fall hatte das Bundesverfassungsgericht bereits in seinem KPD-Urteil diskutiert, also lange bevor das Widerstandsrecht in die Verfassung aufgenommen wurde. Es erwog die Möglichkeit eines Widerstandsrechts und schloss dies nicht etwa aus, nur weil es im Text des Grundgesetzes unerwähnt geblieben war. Zu bedenken blieb, dass ein „Widerstandsrecht gegen ein evidentes Unrechtsregime der neueren Rechtsauffassung nicht mehr fremd" ist (BVerfGE 5, 85 (376) und die Diskussion bei Höfling 2013, Rn. 6). Es war die von einigen noch persönlich geteilte Erinnerung an die Machtergreifung der Nationalsozialisten, die hier maßgeblich war, und die nagende Frage, ob nicht der Widerstand hiergegen, selbst wenn er unweigerlich in einen blutigen Bürgerkrieg geführt hätte, notwendig, wenn nicht sogar Pflicht gewesen wäre.

Der politische Eid spielt in den verfassungspolitischen Diskussionen in Deutschland kaum eine Rolle. Die Aufnahme von Eidesformeln im Einbürgerungsprozess wird kaum im Lichte der damit zusammenhängenden Loyalitätsfrage erörtert und wirkt aus der Sicht des Verfassungsrechts eher wie ein Fremdkörper. Das geltende Staatsangehörigkeitsrecht sieht das Bekenntnis zur Verfassung sowie die Erklärung vor, keine verfassungsfeindliche Bestrebungen verfolgt zu haben (§ 10 I, Satz 1, 1. Alt.). Als Ratio dieser Regelung gilt aber nur, dass verhindert werden soll, dass Verfassungsfeinde eingebürgert werden. Es reicht aber die formale Bekundung aus, deren Wahrheitsgemäßheit keine weitere Rolle spielt (Dreier 2010, S. 26 mit Nachweisen aus Rechtsprechung und Lehre). Das Bekenntnis wird als innerliches und damit als passivisches vorausgesetzt, nicht als Erwartungshaltung bezüglich verfassungstreuen Verhaltens angesehen. Von den Neubürgern wird in Teilen der Lehre keine Verfassungstreue verlangt (Kämmerer 2011, S. 27–28).

6 Loyalitätskonflikte zwischen Staatstreue, Demokratietreue und Verfassungstreue

Doch selbst wenn man die Loyalität zum Schutz der Verfassung ganz der Beamtenschaft überlässt, in der Annahme, sie wisse damit besser umzugehen als der gemeine Bürger, so bleibt ersteren nicht die Möglichkeit des Loyalitätskonfliktes erspart. Er besteht in Hinblick auf die Treue zur Verfassung in zwei Richtungen, einmal zur Staatstreue und einmal zur Demokratietreue.

Sehr häufig ist in der deutschen Rechtsprechung nicht einfach von Verfassungstreue, sondern von „Staats- und Verfassungstreue" die Rede (BVerfGE 39, 348). Hierbei kann es sich in der verfassungspolitischen Realität um ein Komplementärverhältnis handeln, aber auch eine Quelle des Loyalitätskonfliktes gemeint sein. In dem „und" ist der mögliche Konflikt zwischen Staat und Verfassung verborgen, aber nicht gelöst. Gerade die Geschichte des Beamtenverhältnisses und die Entwicklung der Treueerfordernis zeigt dies. Damit ist nicht der Umstand gemeint, dass die Treue der Beamten auf vorkonstitutionelle Zeiten zurückgeht und daher den Eindruck eines Fremdkörpers in modernen Verfassungen macht. Die vorkonstitutionelle Treue war personal bezogen und eine solche Nachahmung wäre heute verfassungspolitisch unhaltbar (Überblick bei Hermann 2008). Der mögliche Loyalitätskonflikt, der in der zunächst harmlos anmutenden Verbindung des Ausdrucks „Staats- und Verfassungstreue" angelegt ist, beruht auf der Frage des Vorrangs.

Das Bundesverfassungsgericht changierte zunächst bei der Festlegung der Treue des Beamten zwischen der Staats- und der Verfassungstreue. Allgemein wurde von der „Staats- und Verfassungstreue" gesprochen (BVerfGE 39, 334 (348)), gelegentlich auch nur von der Verfassungstreue (BVerfGE 39, 334 (353, 359, 370)) oder davon, dass der Beamte dem Allgemeinwohl oder dem ganzen deutschen Volk verpflichtet sei.

Der Umstand, dass die hergebrachten Prinzipien des Berufsbeamtentums in der genannten Entscheidung nur auf einen bestimmten diskursiven Ausschnitt der Weimarer Debatte bezogen wurden (Schrader 1985, S. 28), ließ seinerzeit vermuten, dass der Staat und nicht die Verfassung und ihre politische Ordnung als orientierende Leitidee maßgeblich war. Das Bundesverfassungsgericht (BVerfGE 39, 334 (347)) bezog sich nämlich u. a. auf Autoren wie Arnold Köttgen (1928) und Hans Gerber (1930), welche die Prinzipien des Berufsbeamtentums auf die „Staatsidee" bezogen und von der Beamtenschaft als dem großen Orden, der neuen „Ritterschaft" des Staates gesprochen hatten (Gerber 1930, S. 82). Dagegen wurde ausgerechnet der Ausschnitt des Weimarer Diskurses unerwähnt gelassen, welcher die Idee des Beamten in den Kontext der Republik und ihrer dynamischen politischen Ordnung stellte (namentlich Hermann Heller, Hans Kelsen, Richard Thoma).

Es ist ein Unterschied, ob die Staatsidee als statische Einheit dem dynamischen Prozess der gesellschaftlichen Willensbildung entzogen werden soll, hier also eine Staatsidee zur Geltung kommt, die der Gesellschaft gegenübergestellt wird, oder ob die Verfassung eine politische Ordnung vor Augen hat, die mehr umfasst als Beamtenschaft, öffentlichen Dienst oder Verwaltung. Immer wieder macht sich die Meinung geltend, Staatsloyalität sei mit der Rechts- und Verfassungstreue identisch (Diskussion bei Muckel 2011, Rn. 44).

Es ist nicht unerheblich, die Treue entweder auf den Staat oder auf die Verfassung und ihre Grundprinzipien zu beziehen. Es kann nämlich ein Loyalitätskonflikt beispielsweise dann aufkommen, wenn eine bestimmte Konstellation den Eindruck nahe legt, der Bestand des Staates könne nur durch Ignorieren der Verfassung, die Relativierung ihrer Bedeutung oder sogar mittels eines gezielten Verfassungsbruchs sichergestellt werden. Die Treue zum Staat kann als Treue zur hierarchischen Weisungspyramide missverstanden werden. Die Treue zur Verfassung nimmt dagegen keinem Beamten die Last von den Schultern, bei jeder Weisung selbstständig prüfen zu müssen, ob diese mit der Verfassung übereinstimmt. Die Möglichkeit des sog. staatlichen Unrechts beruht auf der Möglichkeit der Beibehaltung staatlicher Formen zur Durchsetzung von Prinzipien, die mit der Verfassung nicht übereinstimmen.

Die Landesverfassungen, die unmittelbar nach dem Ende des Zweiten Weltkriegs und vor der Gründung der Bundesrepublik entstanden, waren sehr sensibel für die Frage einer unmissverständlichen Konkretisierung der Beamtentreue: die Beamtenschaft sollte der Demokratie und nicht einem abstrakten Staat dienen. In diesen ersten Landesverfassungen blieb es trotz heftiger Gegenwehr der kommunistischen Abgeordneten beim Berufsbeamtentum, doch war man bemüht, Instrumente zu entwickeln, um eine Wiederholung der antidemokratische Stoßrichtung innerhalb der Beamtenschaft zu verhindern, die in den verfassungsgebenden Versammlungen immer wieder als eine der Ursachen für den Untergang der Weimarer Republik genannt wurde. So legte die Verfassung von Rheinland-Pfalz fest, Berufsbeamter auf Lebenszeit dürfe nur werden, wer die Treue zur demokratischen Verfassung in einer Zeitspanne bis zu 10 Jahren unter Beweis gestellt hat (Art. 126). Ähnliches regelte die

Hessische Verfassung: das Amt sollte im Geiste der Demokratie ausgeübt werden (Art. 127). Auch hier waren das Versagen des Berufsbeamtentums bei der Verhinderung der Machtergreifung der Nationalsozialisten sowie ihre Dienste zur Funktionsfähigkeit des Dritten Reichs noch sehr präsent. Gerade wenn man das Widerstandsrecht auch als Fall des „Staatstreichs von oben" konzipiert (Gröschner 2006, Rn. 10), wird man die Situation des Loyalitätskonfliktes zwischen Staat und Verfassung in der Beamtenschaft vorhersehen müssen. Der Konflikt muss nicht abrupt oder spektakulär geschehen. Der Wandel von Staaten zu institutionellen Gehäusen zur Ausübung von Unrecht kann ein gradueller Vorgang sein.

Die Treue zur Verfassung richtet sich möglicherweise auch gegen die Demokratie, hier aber nicht gegen die mitgliedschaftliche Organisation der Bürgerschaft, sondern gegen die schlichte Macht der numerischen Mehrheit. In manchen europäischen Ländern wie zum Beispiel Ungarn sehen sich Richter verfassungsändernden Mehrheiten gegenüber, die bereit sind, ihre Macht zur Festigung der eigenen Stellung auszunutzen. Ist dann der Rechtsgehorsam der Richter ausreichend, sich gegen solche Mehrheiten zu stemmen, um die Verfassung vor sich selbst zu schützen, oder haben wir es hier mit einer Situation zu tun, in welcher die Loyalität des Richters zur Verfassung herausgefordert ist, und zwar in Konkurrenz zur Loyalität zur Demokratie? Bundesgesetze regeln die inneren Angelegenheiten des Bundesverfassungsgerichts (Art. 94 II). Bundesrichter können durch Zusammenwirken von Mehrheiten im Bundestag und im Bundesverfassungsgericht einzelne Bundesrichter versetzt oder bei Vorsatz des Verstoßes gegen die Grundsätze des Grundgesetzes entlassen werden (Art. 98 II). Breite Mehrheiten können also in aus heutiger Sicht vielleicht extrem erscheinenden Situationen völlig gewaltfrei durch Richterschub eine Situation entstehen lassen, in welcher einzelne Richter die Verfassung nur noch durch Beharren schützen können. Dem bereits im Vorfeld entstehenden Konformitätsdruck werden sie dann auch alleine durch die besondere Loyalität zur Verfassung, und nicht zu diesen oder jenen demokratischen Mehrheiten oder zum Staat, standhalten können.

Die Loyalität wird also in den genannten Situationen des Kampfes für die Verfassung immer auch als möglicher Loyalitätskonflikt relevant. Hier hilft dann nicht die formelhaft wiederholte Treue oder das Unterlasen verfassungsfeindlicher Aktivitäten, sondern nur die geschulte Urteilskraft und das entwickelte politische Verantwortungsbewusstsein, die Verfassung selbstständig auszulegen und die entsprechenden Handlungen vorzunehmen.

7 Schluss

Wenn der Verrat darin besteht, sich illoyal zu verhalten, wo Loyalität versprochen war, so kann jeder Bürger zum Verräter werden, der sich verweigert, für die Verfassung einzustehen. Das bedeutet nicht, dass man dies unter Strafe stellen kann oder soll. Bleibt angesichts der verfassungsrechtlichen Unklarheit des Umgangs mit solchen Fragen nur ein verfassungspolitischer Quietismus bestehen? Das wäre die Haltung, die aus der Sicherheit resultiert, dass es Krisen nicht geben wird, in welchen die Loyalität zur Verfassung das letzte Bollwerk der Verfassung selbst sein kann. Es wäre verfassungspolitischer Fatalismus anzunehmen, dass am Ende nur das Vertrauen verbleibe, dass sich schon eine Mehrheit der Bürger findet, die sich in Krisen auf die Seite der Verfassung stellt.

Das Bundesverfassungsgericht hatte 1970 davon gesprochen, dass das Grundgesetz von seinen Bürgern erwarte, die Verfassung zu verteidigen (BVerfGE 28, 36 (51) Zitiergebot). Das Urteil zum Extremistenbeschluss fünf Jahre später hat diese Erwartung wieder den Bürgern genommen und gesteht ihnen zu, das Grundgesetz ablehnen und in den von der Verfassung erlaubten Bahnen auch politisch bekämpfen zu dürfen (BVerfGE 39, 334 (359); zustimmend zu dieser Entwicklung: Kämmerer 2011, S. 26). Nun folgt aus der Erwartung keine verfassungsrechtliche Verpflichtung. Die genannte Erwartung der Verfassungstreue ist das Ergebnis einer verfassungspolitischen Argumentation, in welcher das Grundgesetz stand und weiterhin steht. Hier öffnet sich eine Lücke zwischen dem Verständnis der Verfassung als Verfassungsrecht und als Ausdruck von Verfassungspolitik.

Folgt hieraus ein massives Programm „staatsbürgerlichen" oder besser „verfassungsbürgerlichen" Unterrichts als Mittel zur Ausbildung von Loyalität? Zum Schluss sei der Gedanke angedeutet, die Bedeutung der Existenz von Verfassungsfeinden für die Aufrechterhaltung eines Bewusstseins von Verfassungstreue nicht zu unterschätzen.

Aus verfassungspolitischer Hinsicht ist das Vorhandensein von Verfassungsfeinden in und außerhalb des Geltungsbereichs der Verfassung ein erhebliches Element zur Erhaltung der Vitalität der Demokratie und zur Generierung von Loyalität zur Verfassung. Verfassungsfeinde erinnern sehr viel nachhaltiger an die Verletzbarkeit einer Verfassung und die Erfordernisse aller Bürger, hierzu Stellung zu beziehen, als die völlige Abwesenheit von Gefahren. Der reibungslose Friedenszustand kann dagegen den Eindruck vermitteln, die politische Existenz einer Verfassung sei das gleichsam selbstverständliche Resultat des ruhigen Verlaufs der Rechtsordnung mit ihren vorhersehbaren Verfahren und in den für das Miteinander vorgesehenen Bahnen des wohl koordinierten politischen und rechtsstaatlichen Handelns. In solchen Zeiten der Ruhe wird zeremoniell, beispielsweise an Feiertagen wie etwa einem Verfassungsgründungstag, daran erinnert, dass die Verfassung nicht vom Himmel gefallen oder ein Geschenk anonym waltender historischer Mächte ist, sondern das Resultat koordinierten Handelns. Aber die Gründung ist fern und die Appelle an den Bürgersinn gehen in diesen Zeiten notwendig ins Leere und werden zur Folklore. Sehr viel lebendiger ist die ständige oder die sich wiederholende Konfrontation mit Verfassungsfeinden.

Die bedrohte Verfassung ist aber nicht nur die Summe von Rechtsverhältnissen, sie ist die verfassungspolitische Begründung von Bindungsverhältnissen, die über Zugehörigkeit, vor allem aber durch Mitgliedschaft festgelegt sind. Zu dieser Mitgliedschaft gehört die Ermöglichung, oft die Aufforderung dazu, die Verfassung, welche überhaupt erst diese Mitgliedschaft ermöglichte, gegen ihre Feinde zu verteidigen. Der Verrat der Mitglieder an der Verfassung meint ein Verhalten, das die mit dem Mitgliedschaftsstatus verbundenen Erwartungen enttäuscht, sei es durch aktiven Kampf gegen die Verfassung, sei es durch Illoyalität. Der Verrat ist verfassungspolitisch das Zeichen verloren gegangener politischer Bindung und kann ein Vorbote weiterer Erosion der Bindung auch bei anderen Bürgern sein. Das kann nicht mit rechtlichen Mitteln verhindert oder kompensiert werden. Denn der Verrat der Mitglieder ist meist Ausdruck einer Bindungskonkurrenz oder eines Loyalitätskonflikts. Hier ist dann nicht die gleichgültige Passivität und Apathie gemeint, sondern der Umstand, dass andere Bezugspunkte politischer Bindungen, seien es andere politische Ordnungen oder andere Personengemeinschaften wie etwa Religionsgemeinschaften, in einem stärkeren Ausmaß Individuen an sich binden können. Die Existenz von Verfassungsfeinden kann daher wesentlich deutlicher zum Vorschein bringen, ob die von der Verfassung erwarteten Bindungen noch vorhanden sind oder nicht und sie helfen den Bürgern, ihre eigene Stellung zur Verfassung zu definieren.

Literatur

Anderson, Juli 2006: The Chekist takeover of the Russia State, in: International Journal of Intelligence and Counterintelligence, Bd. 19, S. 237–288.

Arendt, Hannah 1972a: Civil disobedience, in: dies., Crises of the Republic, London, S. 49–102.

Arendt, Hannah 1972b: Lying in politics. Reflections on the Pentagon Papers, in: dies., Crises of the Republic, London, S. 1–47.

Balkin, Jack N. 2011: Constitutional Redemption. Political Fath in an Unjust World, Cambridge/Mass.

Braunthal, Gerard 1990: Political Loyalty and Public Service in West Germany. The 1972 Decree against Radicals and its Consequences, Amherst.

Brown, Ralph S. 1958: Loyalty and Security. Employment tests in the American History, New Haven.

Capoccia, Giovanni 2013: Militant Democracy. The institutional basis for democratic self-preservation, in: Annual Review of Law and Social Science, Bd. 9, S. 207–226.

Carlton, Eric 1998: Treason. Meaning and Motives, Aldershot.

Carso, Brian F. 2006: Whom can we trust now? The Meaning of Treason in the United States, from the Revolution through the civil war, Lanham/Md.

Chiffoleau, Jacques 2007: Le crime de la majesté, la politiques et l'extraordinaire, in: Yves-Marie Bercé, ed., Les procès politiques (XIVe-XVII siècle), Rome, S. 577–662.

Dreier, Horst 2010: Der freiheitliche Verfassungsstaat als riskante Ordnung, in: Zeitschrift für Rechtswissenschaftliche Forschung, Bd. 1, S. 11–38.

Eiffler, Sven 2003: Die ‚wehrhafte Demokratie' in der Rechtsprechung des Europäischen Gerichtshofs für Menschenrechte, in: Kritische Justiz, Bd. 36, S. 218–225.

Ermert, Matthias 2007: Der Extremismus im Strafrecht. Eine begriffskritische Analyse auf sozialwissenschaftlicher und verfassungsrechtlicher Grundlage, Herbolzheim.

Gerber, Hans 1930: Vom Begriff und Wesen des Berufsbeamtentums, in: Archiv des öffentlichen Rechts, N.F. Bd. 18, S. 1–85.

Gröschner, Rolf 2006: Kommentar zu Art. 20 IV, in: Host Dreier (Hrsg.), Grundgesetz. Kommentar, Bd. 2, 2. Aufl., Tübingen, S. 278–287.

Hatje, Armin 2001: Loyalität als Rechtsprinzip in der Europäischen Union, Baden-Baden.

Hermann, Hans-Georg 2008: Treue- und Loyalitätskonzeptionen im deutschen Staatsrecht zwischen Kaiserreich und Wiedervereinigung. (Dis-)Kontinuitätsperspektiven auf ein Rechtsprinzip in sechs Kapiteln, in: Nikolaus Buschmann/Karl Borromäus Murr (Hrsg.), Treue. Politische Loyalität und militärische Gefolgschaft in der Moderne, Göttingen, S. 153–189.

Herzog, Roman 1980: Art. 20 IV. Das positivierte Widerstandsrecht, in: Theodor Maunz/Günter Dürig, Begr., Grundgesetz. Kommentar, München, 18. Lieferung.

Hochgeschwender, Michael 2008: Auf dem Weg zur unteilbaren Nation. Treuekonzepte und Loyalitätsdiskurse in der US-amerikanischen Geschichte des 19. Jahrhunderts, in: Nikolaus Buschmann/Karl Borromäus Murr (Hrsg.), Treue. Politische Loyalität und militärische Gefolgschaft in der Moderne, Göttingen, S. 377–420.

Höfling, Wolfram 2013: Widerstandsrecht im Rechtsstaat, in: Detlef Merten/Hans-Jürgen Papier (Hrsg.), Handbuch der Grundrechte in Deutschland und Europa, Bd. 5: Grundrechte in Deutschland. Einzelgrundrechte, 2. Teilband, Heidelberg, S. 593–611.

Hostettler, John 1998: At the Mercy of the State. A Study in Judicial Tyranny, Chichester.

Hyman, Harold M. 1959: To try Men's Soul: Loyalty Tests in American History, Berkeley.

Kämmerer, Jörn Axel 2011: Die Konzeption der Verfassungstreue im Verfassungs- und Gemeinschaftsrecht, in: Einfried Kluth (Hrsg.), Verfassungstreue jenseits des Beamtentums, Baden-Baden, S. 13–33.

Keller, Simon 2007: The Limits of Loyalty, Cambridge.

Kirshner, Alexander S. 2014: A Theory of Militant Democracy. The Ethics of Combatting Political Extremism, New Haven.

Kittrie, Nicholas N./Eldon D. Wedlock jr 1998: ed., The Tree of Liberty. A Documentary History of Rebellion and Political Crime in America, Baltimore.

Köttgen, Arnold 1928: Das deutsche Beamtenrecht und die parlamentarische Demokratie, Berlin.

Kringe, Wolfgang 1993: Verfassungsgenese. Die Entstehung der Landesverfassung der Freien Hansestadt Bremen vom 21.10.1947, Frankfurt a. M. u. a.

Krisch, Daniel J. 1999: Vogt v. Germany. The European Court of Human Rights expands the scope of artivles 10 and 11 of the European Convention on Human Rights to include the political activities of civil servants, in: Connecticut Journal of International Law, Bd. 4, S. 237–265.

Lacché, Luigi 2013: Lese Majesty. The conceptualisation of political crime between legal history and historiography, in: Angela de Benedictis/Karl Härter (Hrsg.), Revolten und politische Verbrechen zwischen dem 12. und 19. Jahrhundert, Frankfurt a. M., S. 61–74.

Levinson, Sanford V./Joel Parker/Paul Woodruff 2013: eds. Loyalty (Nomos Bd. 54), New York.

Levinson, Sanford V. 1986: Constituting Communities through words that bind. Reflections on loyalty oaths, in: Michigan law Review, Bd. 84, S. 1440–1470.

Levinson, Sanford V. 1988: Constitutional Faith, Princeton.

Llanque, Marcus 2008: Die Diktatur im Horizont der Demokratie. Zur verfassungspolitischen Diskussion der Zwischenkriegszeit, in: Christoph Gusy (Hrsg.), Verfassungspolitik der Zwischenkriegszeit, Baden-Baden, S. 52–87.

Llanque, Marcus 2010: On constitutional membership, in: Petra Dobner/Martin Loughlin, eds., The Twilight of Constitutionalism: Demise or Transmutation?, London, S. 162–178.

Llanque, Marcus 2011: Populus und Multitudo: das Problem von Mitgliedschaft und Zugehörigkeit in der Genealogie der Demokratietheorie, in: Harald Bluhm/Karsten Fischer/Marcus Llanque (Hrsg.), Ideenpolitik. Geschichtliche Konstellationen und gegenwärtige Konflikte, Berlin, S. 19–38.

Llanque, Marcus 2012: Liebe in der Politik und der Liberalismus, in: Gary S. Schaal/Felix Heidenreich, (Hrsg.), Politische Theorie und Emotionen, Baden-Baden, S. 105–134.

Llanque, Marcus 2013a: Ideengeschichte I: Von der Antike bis zur Französischen Revolution, in: Manfred G. Schmidt/Frieder Wolf/Stefan Wurster (Hrsg.), Studienbuch Politikwissenschaft, Wiesbaden, S. 51–76.

Llanque, Marcus 2013b, Der Begriff des Volkes bei Rousseau zwischen Mitgliedschaft und Zugehörigkeit, in: Oliver Hidalgo (Hrsg.), Der lange Schatten des Contrat Social. Demokratie und Volkssouveränität bei Jean-Jacques Rousseau, Wiesbaden, S. 31–52

Llanque, Marcus 2014: The Concept of Citizenship between Membership and Belonging, in: Katja Sarkowsky/Rainer-Olaf Schultze/Sabine Schwarze, eds., Migration – Regionalisation – Citizenship: Comparing Canada and Europe, Wiesbaden (i. E.).

Muckel, Stefan 2011: Der Schutz von Religion und Weltanschauung, in: Detlef Merten/Hans-Jürgen Papier (Hrsg.), Handbuch der Grundrechte in Deutschland und Europa, Bd. 4: Grundrechte in Deutschland. Einzelgrundrechte, 1. Teilband, Heidelberg, S. 541–615.

Ross, Jefferey Ian 2003: The Dynamics of Political Crime, Thousand Oaks u. a.

Rudolf, Beate 2003: Verfassungsfeinde im öffentlichen Dienst, in: Markus Thiel (Hrsg.), Wehrhafte Demokratie. Beiträge über die Regelungen zum Schutz der freiheitlich demokratischen Grundordnung, Tübingen, S. 209–250.

Schrader, Hans-Herrmann 1985: Rechtsbegriff und Rechtsentwicklung der Verfassungstreue im öffentlichen Dienst, Berlin.

Steffen, Lisa 2001: Defining the British State. Treason and National Identity, 1608–1820, Basingstoke.

Sweeney, James A. 2012: The European Court of Human Rights in the Post-Coldwar era. Universality in Transition London.

Thiel, Markus 2003: (Hrsg.) Wehrhafte Demokratie. Beiträge über die Regelungen zum Schutz der freiheitlich demokratischen Grundordnung, Tübingen.

Thiel, Markus 2009: ed., The Militant Democracy Principle in Modern Democracies, Farnham.

Tilly, Charles 2007: Democracy, Cambridge.

Tushnet, Mark V. 2009: Unites States of America, in: Thiel, Markus, ed., The Militant Democracy Principle in Modern Democracies, Farnham, S. 357–377.

Walzer, Michael 1970a: The problem of citizenship, in: ders., Obligations. Essays on Disobedience, War, and Citizenship, New York, S. 203–225.

Walzer, Michael 1970b: The obligation to die for the state, in: ders., Obligations. Essays on Disobedience, War, and Citizenship, New York, S. 77–98.

Walzer, Michael 1970c: The obligations of oppressed minorities in: ders., Obligations. Essays on Disobedience, War, and Citizenship, New York, S. 46–73.

Wenman, Mark 2013: Agonistic Democracy. Constitutent Power in the Era of Globalization, Cambridge.

White, Jonathan W. 2011: Abraham Lincoln and Treason in the Civil War. The Trials of John Merryman, Baton Rouge.

Wingenfeld, Heiko 2006: Die öffentliche Debatte über die Strafverfahren gegen DDR-Unrecht. Vergangenheitsaufarbeitung in der bundesdeutschen Öffentlichkeit der 90er-Jahre, Berlin.

Wolgast, Eike 2009: Geschichte der Menschen und Bürgerrechte, Stuttgart.

Thorsten Thiel
Opposition verfassen

Demokratie, Republikanismus und die Etablierung von Gegenmacht

Wo Demokratie ist, da gibt es auch Opposition. Die berühmte Formulierung Foucaults abwandelnd, dass dort wo Herrschaft ist, auch Widerstand existiert, behauptet der oben stehende Satz einen festen Zusammenhang von Opposition und Demokratie. Die Behauptung klingt dabei zunächst intuitiv plausibel und scheint sich mit unseren Erfahrungen demokratischer Systeme zu decken. Anders als bei Foucault aber, wo der Satz eine ontologische/logische Prämisse zum Ausdruck bringt, ist die Aussage über Opposition als Bestandteil der Demokratie nicht mehr als eine empirische Aussage, die keine überzeitliche Geltung beanspruchen kann. Ihre Richtigkeit lässt sich vielmehr nur aus unserer Erfahrung mit modernen westlichen Demokratien bestätigen; einer Erfahrung, die besagt, dass je autoritärer ein Staat ist, desto stärker dieser Opposition zu minimieren versuchen wird. In der Demokratie hingegen wird Opposition – ob nun in parlamentarischer oder außerparlamentarischer Form – als etwas gesehen, was nicht nur ausgehalten werden muss, sondern als etwas, was selbst die Vitalität der Demokratie bezeugt – und somit unmittelbar für deren normative Qualität verantwortlich ist. Opposition symbolisiert die Freiheitlichkeit der politischen Ordnung und öffnet deren Horizont in einer Weise, dass ihr mehr als allen anderen Regierungsformen zugeschrieben wird, ihre Fehler korrigieren zu können. Die relative Stabilität etablierter Demokratien wird durch diese Offenheit für Kritik erklärt und selbst die lange beobachtete Korrelation zwischen Demokratie, wirtschaftlichem Wachstum und Inklusionsfähigkeit in sozialen Konflikten lässt sich unter Verweis auf die Zulassung von Opposition erörtern. Opposition ist somit zugleich Bedingung und Nachweis der Möglichkeit zur kreativen Selbsterneuerung einer politischen Ordnung. Und so ist es wenig verwunderlich, wenn in unserer begrifflichen Intuition Opposition mit der Vorstellung von Demokratie verschmilzt.

Ungeachtet der hohen intuitiven Plausibilität dieses Zusammenhangs und der weiten Verbreitung der Gleichsetzung von Opposition und Demokratie im öffentlichen Diskurs, gilt für die Demokratie- und Verfassungstheorie, dass die Bedeutung und Stellung von Opposition in der Demokratie nur selten und wenn meist sehr eindimensional reflektiert wird.[1] Ein naheliegender Grund hierfür ist, dass die Ermöglichung

---

[1] Dies gilt im Besonderen für die normative Demokratietheorie, die auch im Zentrum meiner Überlegungen stehen wird. Im Feld der empirischen Demokratietheorien ist im Anschluss an Robert Dahls grundlegende Thematisierung ein etwas größeres Interesse am Thema Opposition gegeben (Dahl 1967, 1971). Nichtsdestotrotz gilt auch dort, dass wo immer prinzipieller über Opposition nachgedacht wird und nicht nur die Stellung konkreter oppositioneller Kräfte in einzelnen Systemen ein-

und Ausgestaltung von politischem Konflikt, ein politischer Vorgang von hoher Ambivalenz ist. Opposition ist ein unterbestimmter Begriff, ihr Vorhandensein ist nicht per se positiv oder emanzipatorisch und die Debatte ihrer Legitimität lässt sich nicht abtrennen von konkreten Inhalten und gewählten Mitteln. Die Betonung der kontingenten Elemente von Politik, die durch die legitime Äußerung von Opposition entsteht, lässt sich schwer in die Begründungssprache normativer Theorie übersetzen. Die Frage nach der Opposition wird daher oftmals eher als eine nach den Grenzen von Opposition aufgefasst. Wie Opposition ausgestaltet, garantiert oder gar angeregt werden kann, scheint sich hingegen einer verallgemeinernden Betrachtung zu entziehen.

Ungeachtet der evidenten Schwierigkeiten, den Pudding „Opposition" an die Wand zu nageln, ist es das Ziel dieses Beitrags, die Rolle von Opposition in der modernen Demokratietheorie etwas besser auszuleuchten.[2] Es soll untersucht werden, in welchen Linien politischer Theorie, sich ein Zusammenhang zwischen Opposition und Demokratie denken lässt und wie überzeugend die Schwerpunktsetzung der einzelnen Ansätze ausfällt. Ich plädiere hierbei insgesamt für eine stärkere Berücksichtigung republikanischer Demokratietheorie. Diese in der politikwissenschaftlichen Wahrnehmung oft hinter konkurrierenden deliberativen, radikaldemokratischen oder liberal-repräsentativen Ansätzen zurückstehende Theorieperspektive, offeriert mit Blick auf das Wechselspiel von Opposition und Demokratie eine Konzeptionalisierung, die nicht nur unserer normativen Intuitionen über Demokratie als eine die Pluralität einer Gesellschaft wahrende Form erfüllt, sondern auch institutionell ein Gespür dafür hat, was notwendig ist, um Opposition in einem politischen System zu etablieren und auf Dauer zu stellen. Republikanischer Theorie gelingt es so, eine eigenständige, insbesondere die Rolle von Recht und Verfassung hervorhebende analytische Perspektive zu begründen, die angesichts der Herausforderungen moderner Demokratien von großer Aktualität ist.

---

gegangen wird, regelmäßig einleitend auf den insgesamt dünnen Forschungsstand verwiesen wird (zu den erwähnenswerten Ausnahmen zählen: Helms 2004, Pulzer 1987, Norton 2008, Blondel 1997)
2 Der Begriff „Opposition" wird in der Forschungsliteratur selten eindeutig definiert und ist auch umgangssprachlich äußerst vage: Zu unterscheiden ist ein weites und ein enges Verständnis, wobei das weite Verständnis alles umfasst, zu dem man sich in Widerspruch befindet, das enge hingegen Opposition allein mit dem parlamentarischen Widerpart zur Regierungsfraktion identifiziert (Sartori 1966). Zwar macht es Sinn, den Begriff der Opposition politisch zu bestimmen – und ihn daher für solche Akteure zu reservieren, die zu einem gewissen Grad organisiert sind –, eine Einschränkung von Opposition auf das parlamentarische Spektrum allein, ist für viele Untersuchungen jedoch wenig sinnvoll, da für die demokratietheoretische Erörterung häufig gerade jene Akteure wichtig sind, die außerhalb der Herrschaftsposition stehen, aber doch unmittelbar auf sie bezogen sind.
Ein Ausweichen auf begriffliche Alternativen ist zwar möglich, doch setzt dies auch wieder einen deutlich anderen Schwerpunkt, so etwa wenn der Begriff der „Kontestation" verwendet wird, der stärker auf den Prozess abhebt und den Rechtfertigungsaspekt betont, „Dissidenz", was entweder einen stärker moralischen (König 2013) oder einen stärker konfrontativen Charakter hat (Daase/Deitelhoff 2013). Bei „Widerstand" wiederum, liegt der gewaltsame Aspekt näher.

Um dies zu zeigen, werde ich in einem ersten Schritt nachvollziehen, wie Opposition in der modernen Demokratietheorie im Allgemeinen gedacht und verstanden wird und welche Rolle dem Recht/der Verfassung in den einzelnen Theorieansätzen zukommt. Ich argumentiere dabei, dass moderne Demokratietheorie sich zwar von einem naiv verstandenen Paradigma der Selbstbestimmung weitgehend gelöst hat, und moderne Demokratietheorien heute allesamt ein Denken pluralistischer Ordnungen als Ausdruck von Demokratie anerkennen (was wiederum eine Grundbedingung dafür scheint, Opposition als etwas positives und nicht nur etwas zu minimierendes zu begreifen), dass aber zugleich die derzeit populärsten Theoretisierungen in vielerlei Hinsicht einseitig sind. Konkreter argumentiere ich, dass Opposition entweder instrumentell verkürzt oder pathetisch überhöht wird und dass insbesondere das Wechselspiel zwischen institutionellen und außerinstitutionellen Formen von Opposition nur unzureichend bedacht wird. Auf Grundlage dieser Kritik wende ich mich im zweiten Teil des Essays der republikanischen Theorie zu. Deren Demokratiekonzept erörternd argumentiere ich, dass hier die permanente Präsenz von Gegenmacht als etwas für sich bedeutsames erkannt und theoretisch zu integrieren gewusst wird.

Bevor ich aber den Blick ganz auf die theoretische Diskussion richte, gilt es noch einmal nachzuvollziehen, warum es überhaupt so wichtig ist, den Zusammenhang von Opposition und Demokratie besser zu verstehen. Die Ausformulierung dieses Verhältnisses scheint mir dabei gerade deswegen geboten, weil die durch das Oppositionsprinzip gekennzeichnete politische Pluralität schon wieder zu verschwinden droht und wir ohne eine Bewusstmachung dessen womöglich gar nicht verstehen, was für eine bedeutsame Errungenschaft verloren gehen könnte. Es ist nämlich keinesfalls so, dass aus der faktisch immer größer werdenden Interdependenz und Unterschiedlichkeit moderner Gesellschaften automatisch auch die Stärkung von Opposition als Organisationsprinzip demokratischer Ordnung folgen würde. Vielmehr drohen derzeit sowohl die Mechanismen oppositioneller Politikgestaltung als auch der Wert einer solchermaßen „konfliktiv" organisierten Politik in Frage gestellt zu werden.

Drei Herausforderungen der Demokratie sind es, an denen sich deutlich illustrieren lässt, was der Wert von Arbeiten über den Zusammenhang von Opposition und Demokratie ist: die zunehmende Internationalisierung der Politik, die Postdemokratiedebatte und der machtpolitische Aufstieg nicht-demokratischer Regimeformen. Ich reiße alle drei im Folgenden kurz an, um dann in der Schlussbemerkung des Essays wieder auf sie zurückzukommen und an ihnen den analytischen Wert republikanischen Denkens zu untermauern.

Wie groß die Herausforderung der postnationalen Konstellation für die Demokratietheorie ist, ist häufig beschrieben worden. Von einer demokratietheoretischen Warte aus betrachtet, besteht diese vereinfacht gesprochen darin, dass die sprunghaft angestiegene Interdependenz es schwierig bis unmöglich macht, dass einzelne Staaten mit ihren etablierten demokratischen Institutionen ihre eigene Politik planen und verwirklichen. Stattdessen lässt sich in vielen Politikfeldern das Entstehen von Governancekonstellationen beobachten, die nicht länger mehr nur Rahmenbedingungen zwischen Staaten abstecken, sondern in immer tieferer Weise Einfluss auf die Lebenschancen einzelner Bürger nehmen ohne in einem starken Sinne für diese Eingriffe legitimiert zu sein. Inwiefern auf der überstaatlichen Ebene die demokratischen Voraussetzungen dabei überhaupt geschaffen werden können, um die Errungenschaften der nationalstaatlichen Demokratie zu reproduzieren, ist höchst zweifelhaft (als Beispiel hierfür sei nur die klassische Debatte um das Fehlen eines europäischen Volkes erwähnt: Grimm 1995, Kielmansegg 2003, Greven 1998, oder Frasers' Aktualisierung aus Sicht einer stärker öffentlichkeitszentrierten Perspektive: Fraser 2007).

Unterhalb dieser grundsätzlichen Debatten lassen sich aber auch Verschiebungen institutioneller Art konstatieren: Überstaatliche Politikgestaltung trägt stark expertokratische Züge und ist durch Aushandlungsmechanismen geprägt, die exekutive Politikakteure begünstigen. Die gegenwärtig zu beobachtende Politisierung internationaler Politik – im Sinne der Verschiebung relevanter Entscheidungsmaterien in internationale Politikzirkel und die in Reaktion hierauf erfolgende Hinterfragung der Legitimität der neu entstehenden Autoritäten (anschaulich beschrieben bei: Zürn, et al. 2007, Zürn 2013) – löst dieses Problem nicht, sondern zeigt vielmehr das Dilemma erst richtig auf: Auf der Ebene internationaler Politik mangelt es strukturell an den Möglichkeiten, die Unterschiedlichkeit von Optionen zu repräsentieren. Die starken Konsenserfordernisse, fehlende öffentliche Beobachtung und ein Mangel an Feedbackkanälen sind Ausdruck dieses zunehmenden Verschwindens des Oppositionsprinzips (eine wichtige Studie, die diese Problemdiagnose erheblich differenziert und auch auf sich entwickelnde Abhilfemechanismen eingeht, ist: Ley 2014). In der Forschungsdebatte um diese Entwicklungen wird die normative Herausforderung zwar mittlerweile voll erkannt, viele der vorgeschlagenen Lösungen drohen aber das Problem eher noch zu verschärfen: So werden immer neue Standards der Legitimierung internationaler Politik entworfen, die adäquater aber nicht weniger anspruchsvoll sein sollen. *Accountability* und Transparenz, die nachlaufende Kontrolle exekutiver Politik und die feste Verpflichtung auf allgemein formulierte Rechte sind typische Forderungen, in denen sich aber eben der Verzicht auf Opposition manifestiert (eine weitreichende Kritik an der politikwissenschaftlichen Mitschuld dieser Bedeutungsverschiebung formuliert: Greven 2010).

Ein zweites Beispiel ist die Debatte um die Postdemokratie. Während dieser Diskurs in seiner Kritik der Entfernung politischer Institutionen von der konstituierenden Gewalt durchaus mit den Arbeiten zu postnationaler Governance durchaus verschwägert ist, ist die Pointe der Kritik hier doch eine andere: In der postdemokratischen Diagnose ist es gerade die ungebrochene Kontinuität demokratischer Institutionen, die Irritationen auslöst. Und zwar gerade weil das Festhalten an diesen als Fassade, den Verlust realer Partizipationsmöglichkeiten verschleiere. Gegenstand der Debatte ist dann, was für eine Haltung dieser Entwicklung angemessen ist und die Positionen reichen vom Abgesang Colin Crouchs (Crouch 2004) über die erwartete Aktivierung der performativen Momente des Demokratieideals (Buchstein/Jörke

2003) bis zu einer realistisch-affirmativen Bejahung der simulativen Elemente moderner Politikgestaltung (Blühdorn 2013).

Was die Postdemokratie-Debatte sehr klar herausarbeitet, ist die Exekutivlastigkeit moderner Politik. Hierzu kontrastiert sie – in oftmals naiver Weise – ein vormals angeblich realisiertes Ideal von Selbstregierung und Partizipation (etwa in Crouchs Idealisierung gewerkschaftlicher Mitbestimmung). Wenn hier im Folgenden der Zusammenhang zwischen Oppositionsprinzip und Demokratie zu erörtern gesucht wird, so kann dies dazu beitragen, dass der in der Debatte häufig kritisierte, da zu idealistische Kontrast schärfere Konturen gewinnt. Die Herausarbeitung der normativen Bedeutung von Opposition lässt eine Problematisierung exekutivlastiger Strukturen zu, welche nicht einfach nur auf Partizipation als demokratischen Wert setzt, sondern die Repräsentation abweichender Meinung als eigene Bedeutung tragend bestimmt.

Die dritte Herausforderung ist sehr anders gelagert: Es ist der machtpolitische Aufstieg nicht-demokratischer Regime. In der Dekade nach dem Ende des Kalten Krieges hatte die Demokratie eine relativ ungebrochene Anerkennung als nicht nur normativ richtige, sondern auch wirtschaftliche effiziente und Nachhaltigkeit erzeugende Ordnungsform genossen. In einer Zeit aber, wo autoritäre Regime anhaltendes Wachstum erleben und den von Krise zu Krise taumelnden westlichen Demokratien in Hinblick auf Output, Bürgeridentifikation und Zukunftsfähigkeit zunehmend den Rang ablaufen, wird es schwieriger, für die Output-Überlegenheit des demokratischen Prinzips zu argumentieren. Das Vermögen mancher autoritärer Regime sich gegenüber einem großen Teil ihrer Untertanen an rechtsstaatliche Vorgaben zu halten, nimmt diesen zumindest an der Oberfläche ihren Schrecken. Warum das Zulassen von Opposition ein Wert sein soll, der notwendig ist, um eine gute Ordnung zu konstituieren, muss daher neu gedacht und explizit verteidigt werden.

So wie Opposition also nicht etwas ist, was immer schon zum Demokratiebegriff gehörte, müssen wir uns heute ihren Wert sowie die Bedingungen ihrer Entfaltung explizit bewusst machen.

1 Oppositionsverständnisse in der Demokratietheorie

In den antiken Formen der Demokratietheorie – insbesondere im lange nachwirkenden Ideal der athenischen Demokratie – spielt das Oppositionsprinzip keine Rolle. Die antike Vorstellung der guten Ordnung (und die Demokratie ist ja zunächst gar nicht das Wort hierfür) ist vielmehr herrschaftssoziologisch geeicht: Sie bezieht sich auf Gruppe der Herrschenden und das Prinzip, welches deren Handlungen leitet. Die institutionelle Komponente bleibt in diesem Ideal blass und erschöpft sich im Verweis auf die Versammlung der Vielen. Normative Qualität wird erst durch die unparteiliche Verfolgung des Gemeinwohls bestimmt. Die Existenz starker Konflikte wird als Zeichen des Scheiterns interpretiert, da diese als Beleg der Selbstsucht der Akteure gelten könnte.

Einen Zusammenhang von Demokratie und Opposition zu postulieren, bietet sich daher erst in der Folge der neuzeitlichen Transformation des Demokratiebegriffs an (zur Geschichte des Demokratiebegriffs als Transformationsgeschichte vgl. Dunn 2005, Dahl 1994, Nippel 2008). In diesem paradigmatisch an der amerikanischen und französischen Revolution festzumachenden Vorgang verändert der Demokratiebegriff in Teilen seinen Gehalt und in Gänze die mit ihm verknüpfte institutionelle Vorstellungswelt. Das Repräsentationsprinzip rückt ins Zentrum und wird als eigentlicher und einziger Modus der Demokratie interpretiert. Die Idee der unmittelbaren Selbstherrschaft, dem In-Eins-Fallen von Herrschern und Beherrschten, erhält somit eine neue Form in deren Folge die Vermittlung des Verhältnisses von Regierenden und Regierten zum demokratischen Bestimmungskriterium reift. Für diese Vermittlung eine institutionelle Lösung zu finden, die den Prozess der Willensformierung, der Willensübermittlung wie der Willensverwirklichung umfasst, wird zum zentralen Gegenstand demokratischer Praxis und zum Maßstab demokratietheoretischer Reflexion.

In der demokratischen Praxis ist der Aufstieg des Oppositionsprinzips eines der Kennzeichen der politischen Entwicklungen seit dem 19. Jahrhundert. Nach den demokratischen Revolutionen (und deren ersten Rückschlägen) setzte sich die Erkenntnis durch, dass abweichenden Meinungen nicht nur rechtlicher Schutz, sondern auch politische Organisations- und Artikulationsmöglichkeiten gewährt werden muss. Dies schlug sich zunächst in einer Ausweitung negativer Rechte der Individuen nieder, welche nach und nach von parlamentarischen Rechten für abweichende Meinungen und der immer weiteren Zulassung von Parteien flankiert wird.[3] So wurde es systemkritischen gesellschaftlichen Kräften zunehmend möglich, sich im politischen System zu positionieren und nicht nur gegen dieses zu polemisieren. Delegitimierungsversuche gegenüber dem politischen Gegner wurden zu begrenzen gesucht, die Anerkennung der Legitimität abweichender Positionen und der Schutz von deren Organisationsfähigkeit hingegen institutionalisiert sowie in der sozialen Praxis als wünschenswert apostrophiert (zur Bedeutung des Prinzips „loyaler Opposition" vgl.: Anastaplo 2004, Waldron 2011).

Es ist ein langer, mit vielen Volten versehener und bis heute nicht abgeschlossener Prozess, in dem sich der Gehalt dessen, was unter demokratienotwendiger Opposition verstanden wird, weiter konkretisierte: Eine entscheidende zweite Stufe wurde

---

3 Selbstverständlich bestehen faktisch große Unterschiede zwischen den angelsächsischen Systeme, USA und Großbritannien, die schon verhältnismäßig früh bipolare Modelle der Organisation des politischen Prozesses hervorbrachten und den in Kontinentaleuropa etablierten, sehr viel später entstandenen Repräsentations- und Koalitionsmechanismen. Für die hier vorgelegte Argumentation spielt dieses „Wie" der Oppositionspolitik, aber keine Rolle, da es allein um die allgemeine Bedeutung von Opposition gehen soll.

dabei in der zweiten Hälfte des zwanzigsten Jahrhunderts erreicht, als das Phänomen der außerparlamentarischen Opposition und der zunehmende Organisation der Bürger in zivilgesellschaftlichen Assoziationen und sozialen Bewegungen in den Kanon der positiven, demokratiestützenden Elemente aufgenommen wurde. Delegitimierungsstrategien der politischen Elite bzw. Versuche, diese Formen von Kritik zu begrenzen wandelten sich in eine zunehmende Anerkennung der Akteure und der Ausweitung der Räume für solchen Protest. Diese Anerkennungsprozesse kulminieren heute in einem Punkt, wo Protestartikulation als *conditio sine qua non* westlicher Demokratien aufgefasst werden kann.

Während sich der Bedeutungsgewinn von Opposition in der demokratischen Praxis eindeutig nachweisen lässt, findet diese Entwicklung erstaunlich wenig Nachhall in theoretischen Schriften über die Demokratie. Es müssen daher nun zunächst die Gründe für die marginale Stellung des Oppositionsprinzips in der Demokratietheorie erörtert werden, bevor ein Blick auf neuere Ansätze geworfen werden kann, wo eben diesem Zustand beizukommen versucht wird.

Die relative Geringschätzung der Opposition lässt sich dabei bereits durch die oben kurz angerissenen Begriffsgeschichte der Demokratie erklären: Im Denken und Theoretisieren der Demokratie hat die Einheitsfiktion stets eine starke Präsens. Die Idee eines Kollektivsubjekts, des *Demos*, welcher über sich selbst herrscht und damit alle Herrschaft aufhebt, ist von hoher normativer Anziehungskraft. Inklusion und Partizipation scheinen hier vollkommen eingelöst. Als Faustregel kann gelten, dass je stärker die Idee der Demokratie in der Formel der Selbstherrschaft ausgedrückt oder mit einer objektiv-substanziellen Vorstellung des Gemeinwohls verknüpft wird, desto weniger wird die Ausgestaltung oppositioneller Spielräume von Belang sein.

Gegen das In-Eins-Setzen von Demokratie und handlungsfähigem Kollektivsubjekt lassen sich allerdings eine Vielzahl von Einwänden normativer wie pragmatischer Art vorbringen. Moderne Demokratietheorien nehmen daher Abstand davon, das Prinzip der Selbstherrschaft allzu wörtlich zu interpretieren. Stattdessen unterstreichen sie, dass das Oppositionsprinzip wichtig ist und diesem durchaus ein Eigenwert zukommt: Liberale Demokratietheorien betonen dabei die Bedeutung von Opposition als funktionales Element der Organisation von Demokratie und sehen in ihm ein Supplement für die rechtsstaatliche Organisation des Gemeinwesens; deliberative und radikaldemokratischen Theorien versuchen hingegen offensiv einen Zusammenhang zwischen der Pluralität einer Gesellschaft und dem demokratischen Prinzip zu formulieren. Im Folgenden will ich kurz in die Oppositionsverständnisse dieser beiden Linien einführen und zu klären versuchen, was jeweils den Kern des Verständnisses ausmacht. Ein besonderer Schwerpunkt wird dabei auf den in ihnen formulierten Zusammenhang von Recht/Verfassung und Opposition gelegt.

Der Gestus von liberalen und komplexen Demokratietheorien ist ein realistischer. In ihnen wird Wert darauf gelegt, zu verstehen, was demokratische Regime erstrebenswert macht und wie sie funktionieren, nicht wie sie sich abstrakt zu normativen Prinzipien verhalten. Opposition wird dabei als eine *differentia specifica* erkannt, da deren Vorhandensein als ein zur Machtübernahme zugelassener Akteur und die daraus resultierende Konkurrenz um Wählerstimmen als einzig realistische Einlösung des Versprechens auf Selbstregierung gedeutet wird (klassisch formuliert bei: Schumpeter 1987, systemtheoretisch aktualisiert: Luhmann 1989). Die Prinzipien von Konkurrenz und wechselseitiger Kontrolle sind es demnach, die bewirken, dass sich die repräsentierenden Eliten an den Interessen breiter Bevölkerungsschichten orientierten. Opposition wird in diesen Theorien also vorrangig als parlamentarisch verstanden: Es geht um effektive Machtteilung, durch die dem Bürger die Chance gegeben wird, Verantwortung einzufordern und Responsivität auch für sich wandelnde Präferenzen zu garantieren. Als kontrollierende Instanz gehört Opposition dabei zu dem mehrstimmigen Ensemble, welches die Macht der regierenden Elite begrenzen und den Einbezug von Minderheitsmeinungen sowie den Schutz von Individualrechten garantieren soll.

Zwei Defizite fallen bei einem solchen Verständnis besonders auf: Zunächst kommt in ihm eine grundlegende Skepsis gegenüber politischem Engagement zum Ausdruck. Gewünscht wird Demokratie als ein sich selbst begrenzender Elitenwettkampf, welcher tendenziell marktförmig organisiert ist und wo einzig die Monopolisierung und die damit einhergehende Korrumpierung als Gefahr anerkannt werden. Zweitens ist Opposition zwar ein wichtiges Prinzip, alleine kann sie jedoch kaum die Sorgen mildern, die liberales Denken umtreibt. Ein so simpel auf den Wahlmechanismus heruntergebrochenes System steht nämlich weiter in der Gefahr, von zusammenarbeitenden politischen Eliten gekapert zu werden. Eine Vielzahl weiterer Verfahren und Schutzmechanismen ist daher notwendig. Im besonderen bedarf es des Rechts, um Politik einzuschränken und zu binden. Recht, und im Speziellen: die Verfassung, werden daher als Voraussetzung demokratischer Politik gesehen, was heißt, als eine der Demokratie entzogene Dimension. Erst auf der Grundlage des durch die Verfassung konsentierten und somit befriedeten Bereichs, eröffnet sich das Feld des demokratisch ausgetragenen Konflikts. In der liberalen Verfassungstheorie ist damit vorentschieden, dass der Konflikt und sein Inhalt selbst außerhalb der Betrachtung zu bleiben hat. Opposition hat stets innerhalb enger Grenzen stattzufinden, sie darf das politische System nicht als Ganzes gefährden. Legitimität wird somit weniger an den Möglichkeiten politischer Beteiligung als an der Leistungserbringung in Bezug auf liberale Zentralgüter (individuelle Freiheit, freie Entfaltung der Markttätigkeit und darüber Effizienz in der Allokation des Gemeinwohls) gemessen. Opposition trägt zu Legitimität auch nur dann bei, wenn und weil sie Kontrolle und Begrenzung sicherstellt.

Zusammenfassend lässt sich also sagen, dass liberale und komplexe Demokratietheorie sich nur in einer sehr begrenzten Weise für Opposition interessieren. Es handelt sich zwar um ein charakteristisches Merkmal der Demokratie, doch geht es in diesem Theorien nicht um den Eigenwert abweichender Positionen. Opposition wird vielmehr als Mittel gesehen, Macht zu begrenzen. Als Korrektur- und Kontrollinstanz verheißt Opposition ein Bestandteil der Rationalität des politischen Systems zu sein,

ein Bestandteil aber, dem ob seines „politischen" Charakters nicht vollständig zu trauen. Das Verhältnis von Opposition und Partizipation bleibt dabei völlig unbeleuchtet, die Ursachen für Differenz und Konflikt werden einfach auf individuelle Interessenverfolgung reduziert. Außerhalb der Institutionen agierende Opposition stößt ebenfalls kaum auf Interesse und wird als über das liberale Versammlungs- und Assoziationsrecht abgedeckter Aspekt angesehen. So verpassen liberale Demokratietheorien einen großen Teil heutiger Oppositionsphänomene – und sie sind mit ihrem formalistisch-institutionalistischen Fokus nicht in der Lage, die Entmachtungsdiagnose nachzuvollziehen, die beispielsweise in der postdemokratischen Debatte gestellt wird.

Diese Kritik ist ein wichtiger Ausgangspunkt für normative Demokratietheorien, die sich in Abgrenzung zu liberalen Ansätzen definieren. Bis in die siebziger Jahre des zwanzigsten Jahrhunderts hinein, verlief diese Auseinandersetzung im Vokabular der Auseinandersetzung zwischen Repräsentation und Partizipation. Partizipatorische Demokratietheorie war von einer rousseauistischen Vision der Demokratie beseelt, wo jeder sich in den politischen Prozess einbringt und der Wille des Kollektivs sich aus dieser Auseinandersetzung formt (vgl. Barber 2003 für den wahrscheinlich deutlichsten Ausdruck dieser Überzeugung). Diese harmonische Vorstellung des politischen Prozesses bleibt allerdings – entgegen pathetischer Behauptungen ihrer selbstverstärkenden Wirkung – eng verknüpft mit kleinen Einheiten. Konflikt bleibt hier etwas, was auf lange Sicht zu minimieren ist. In der Fortentwicklung normativer Demokratietheorien hat sich dieser Schwerpunkt zunehmend verschoben, hin zu dem Punkt, wo die Pluralität moderner Gesellschaften positiv gewertet und auf Einheitlichkeit weitgehend verzichtet wird (Rödel et al. 1989).

Prominent vertreten wird dies heutzutage insbesondere in zwei Ansätzen, die Differenz und Pluralität als Ausgangbedingung identifizieren, dann aber nicht zu überwinden suchen, sondern wiederum als demokratischen Zielpunkt bestimmen: deliberative Demokratietheorie und radikale Demokratietheorie. Dass Pluralität durch Macht- und Hegemoniestrukturen erstickt werden kann, wird hier zur eigentlichen Herausforderung der Demokratie und gute politische Systeme sind dann genau solche, die Differenz nicht nur akzeptieren, sondern einen Umgang finden, der diese zu erhalten hilft.[4]

In der deliberativen Demokratietheorie wird die Prämisse dabei so interpretiert, dass die Vielstimmigkeit des öffentlichen Diskurses die Notwendigkeit anhaltender

---

4 Dies ist in der liberalen Demokratietheorie heutzutage nicht prinzipiell unterschiedlich, dort wird Differenz aber anders verstanden, nämlich als möglichst weiträumige, selbstbezogene Interessenverfolgung (eine Differenzierung und Kritik findet sich bei: Bellamy 2000). Deliberative Demokratietheorien setzen ein stärker epistemisches Verständnis von Differenz/Pluralität und wollen dieses für einen kreativen und gerade daher zustimmungsfähigen Politikprozess nutzen (Bohman 2006), radikaldemokratische Theorien hingegen nehmen ihren Ausgang von einer ontologischen Differenz und legen im Allgemeinen mehr Wert auf die Anerkennung von Unterschieden und den Ausdruck von Gruppenidentitäten (Marchart 2010).

Verständigung mit sich bringt. Die permanente Möglichkeit zur öffentlichen Äußerung und zum Eingriff in den politischen Willensbildungsprozess muss gewährleistet und kollektiv verbindliche Entscheidungsfindung auf den öffentlichen Willensbildungsprozess zurückgeführt werden können (bzw. diesen zumindest zur Kenntnis nehmen und sich rechtfertigend gegenüber diesem verhalten). Rationalität und Inklusion sind die zentralen Qualitäten einer deliberativdemokratischen Ordnung. Beides erfordert jedoch nicht permanente Partizipation aller Bürger. Vielmehr fokussieren deliberative Demokratietheoretiker auf politische Mechanismen, die Diskursivität sicherstellen, indem sie Einbeziehung auch durch die Repräsentation von Argumenten erlauben und vor allem die innere Rationalität des Aushandlungsprozesses in den Vordergrund rücken.

In der deliberativen Demokratietheorie steht der epistemische Nutzen konfliktiver Politikorganisation im Mittelpunkt: Optimalerweise findet dabei bereits im Vorfeld einer jeden Entscheidung der Einbezug aller interessierten oder betroffenen Parteien statt. Widersprüche können in dieser Prozedur zwar bestehen bleiben, es geht jedoch darum, dass für getroffene Entscheidungen Zustimmbarkeit gesichert und faktische Unterstützung erreicht wird – in dieser Reihenfolge. Opposition wird somit in ihrer beratenden Qualität wertgeschätzt, ihr Vorhandensein macht Entscheidungen besser, da sie ein Mittel ist, Verallgemeinerungsfähigkeit zu prüfen und eine umfassende Beurteilung von Folgen und Perspektiven zu ermöglichen. Der sich in Opposition ausdrückende Widerspruch wird als Impuls der Verbesserung von Politik umgedeutet.

Dieses Verständnis von Opposition sagt aber auch bereits viel darüber, wie deren Zuschnitt gedacht wird. Opposition muss, um konstruktiv zu sein, ein hohes Maß an Selbstdisziplinierung aufbringen. Sie muss ihre Positionen in einer starken Weise ordnen und bereit sein, sich auf die Argumente der anderen Seite zu beziehen. Auch muss sie selbst einsichtig auf Gegenargumente reagieren, um Anschlussfähigkeit zu demonstrieren. Es sind diese hohen kognitiven Anforderungen, die politische Institutionen zu *Gatekeepern* werden lassen. Empirische Operationalisierungen deliberativer Demokratietheorie untersuchen dementsprechend das Zusammenspiel organisierter Zivilgesellschaft und etablierter Institutionen. Sie proklamieren die Einsetzung von moderierten Foren oder befürworten Filtermechanismen wie den Experteneinbezug oder die Konzentration auf die veröffentlichte Diskussion (die Kritik des deliberativen Oppositionsverständnisses und insbesondere die damit einhergehende Fokussierung auf den Moment und die Qualität der Entscheidung ist ausführlicher dargestellt in: Deitelhoff/Thiel 2014).

Auch der Blick auf Recht und Verfassung steht zunächst unter der Vorgabe von Einbeziehung: Als Organisationsprinzip soll Verfassung die Meinungs- und Assoziationsfreiheit sicherstellen und den politischen Prozess in einer Weise organisieren, dass Eliten an die öffentliche Meinungsfindung zurückgebunden und gegenüber dieser rechtfertigungsverpflichtet sind. Darüber hinaus und daraus folgend geht von Verfassung eine integrative Wirkung aus. In ihr ist ein genereller Konsens gespeichert, der sie zum inklusiven Bezugsobjekt macht. Gut illustrieren lässt sich dies mit Bezug auf die Diskussion um den zivilen Ungehorsam. Nicht zufällig findet sich hier eine ähnliche Definition, in der liberalen Theorie von John Rawls wie in der deliberativen Fassung von Jürgen Habermas (Habermas 1985). In beiden Theorieansätzen wird ziviler Ungehorsam hauptsächlich als eine eng auszulegende und mit einem klaren funktionalen Wert versehene Strategie der Politik von unten gesehen. Nur unter sehr bestimmten, eng gefassten Bedingungen kann dies eine legitime Strategie sein, nämlich dann, wenn es um die Erneuerung des Verfassungskonsenses geht und die zivil bleibende Abweichung allein dafür gewählt wird, um auf die noch größerer Missachtung des gemeinsamen Regelwerks durch die Gegenseite hinzuweisen. Der „ordentliche" Gang der Politik wird klar präferiert, der Ausdruck von Unzufriedenheit als etwas eigentlich Vermeidbares angesehen und kein eigener Wert in der Kreativität und Dynamik von nicht-konventionellen Protestformen erkannt (zur Kritik: Celikates 2010).

Explizit in Abgrenzung zum Konsenscharakter einer als hegemonial empfundenen deliberativen Demokratietheorie hat in den letzten Jahren eine radikaldemokratische Spielart von Demokratietheorie an Zulauf gewonnen.[5] In dieser wird von einer konstitutiven Differenz ausgegangen, die impliziert, dass nie letzte Gründe zu formulieren sind. Die daraus hervorgehende Unversöhnlichkeit der Gesellschaft mit sich selbst, bewirkt, dass diese sich im politischen Modus der Agonalität über sich selbst zu verständigen hat (die grundlegende Idee formuliert: Lefort 1990). Radikale Demokratietheorie identifiziert sich dabei stark mit der Seite der Beherrschten, deren Forderung an Anerkennung im System aufgrund der ausblendenden Wirkung von dessen Herrschaftsanspruch als prinzipiell unterdrückt gilt. Bei vielen Theoretikern wird daher schon die Äußerung des Konflikts zum eigentlichen Moment des Demokratischen (exemplarisch: Mouffe 2007, Ranciere 2010).[6]

---

5 Es ist dabei für die Argumentation dieses Aufsatzes nicht von Belang, dass die radikaldemokratische Kritik der deliberativen Demokratietheorie als arg verkürzend gelten muss. Die Kritik entzündet sich hauptsächlich an einem Strohmann, der überstarken und als universalistisch apostrophierten Konsensorientierung. Eine solche überstarke Konsensorientierung muss aber selbst für die frühen und eher philosophischen Grundlagentexte der deliberativen Demokratietheorie als überzogene Interpretation gelten, die Fortentwicklung und Ausdifferenzierungen der Theorie sind davon schon gar nicht betroffen (zu Entwicklungslinien deliberativer Demokratietheorie vgl. Bohman 1998, Elstub 2010). Konsens lässt sich in deliberativen Demokratietheorien nicht als Negation von Pluralität fassen, sondern sollte als regulative Annahme verstanden werden, die auf Verständigungsmöglichkeiten hinweist (Erman 2007).

6 Unter dem Sammelbegriff radikaler Demokratietheorie verbirgt sich ein höchst heterogenes Spektrum von Ansätzen, denen im kurzen Aufriss hier selbstverständlich nur unzureichend Genüge getan wird. Schon das Label „Radikaldemokratie" ist eine von außen vorgeschlagene Begrifflichkeit. Zwar gibt es gewisse Familienähnlichkeiten und Bezugsgeflechte zwischen den Positionen (einen guten Überblick aus erster Hand geben die Beiträge in: Agamben 2012, Einführungen, die versuchen einen verbindenden Kern aufzuzeigen, finden sich bei: Heil/Hetzel 2006, Flügel-Martinsen 2013), aber der argumentative Kern ist wesentlich weniger konsistent als es beispielsweise mit Blick auf die deliberative Demokratietheorie behauptet werden kann. Das Folgende sollte daher nicht als Pauschalbeurteilung aller radikaldemokratischer Ansätze gelesen werden, sondern nur eine pauschalisierende Beschreibung eines Teilaspekts sein.

Die Attraktivität radikaldemokratischer Ansätze liegt in der eingängigen Weise, wie diese moderner Oppositionsphänomene erklären können. Die öffentliche Aufmerksamkeit die Protestbewegungen in den letzten Dekaden erfahren haben und die Selbstbeschreibung dieser Bewegungen als Demokratiebewegungen (anstatt als themenzentrierte Bewegungen) lässt das radikaldemokratische Vokabular als besonders passend erscheinen. Auch bewegungsstrategische Entscheidungen von Gruppierungen wie *Occupy* oder dem Weltsozialforum alternative politische Realitäten aufzubauen – etwas was in der Forschung als der präfigurative Charakter dieser Bewegungen diskutiert wird (Maeckelbergh 2011) – entsprechen dem radikaldemokratischen. Verständnis (Lorey 2012). Radikale Demokratietheorie gruppiert sich insofern viel eher um den Begriff des Widerstands herum, der eine große kritische Anziehungskraft besitzt und die institutionellen Implikationen des liberal gezähmten Oppositionsbegriffs zu vermeiden scheint. Während die Theorien dabei rhetorisch für sich in Anspruch nehmen, praktisch zu werden, muss doch zugleich deren institutionelle Enthaltsamkeit angemerkt werden. Offenheit wird als etwas per se positives bestimmt, die Rhetorik von Versprechen und Kommendem verhindert effektiv Selbstkritik und die einseitige Fokussierung auf Widerstandskräfte (Institutionen kommen nur in der dekonstruktiven Herrschaftsanalyse in den Blick) schlägt alle existierenden Arrangements mit Ähnlichkeit (Jörke 2006, Volk 2013).

In Recht und Verfassung erkennen radikaldemokratische Theorien dann auch alleine das Herrschaftsinstrument. Sie betonen dessen mangelnde Flexibilität und behaupten eine fundamentale Differenz zwischen Recht und Gerechtigkeit/Gleichheit, die dem Recht immer eingeschrieben bleibe – und die dessen Gewaltcharakter hervorbringe. Widerstand wird daher als vollständige Abkehr von gesetztem Recht identifiziert (Agamben 2004). Oppositionelle Politik kommt daher auch in radikaldemokratischen Ansätzen nicht in der Weise zur Geltung, wie es an der Oberfläche der Begrifflichkeiten den Anschein hat. Wichtig ist für die Theorien hauptsächlich das Aufzeigen des Gegensatzes zwischen Ordnung und dem Anderen, zwischen Politik und Polizey (Rancière 2002), nicht das differenzierte Eingehen auf die Formen und Bedingungen von Widerstand.

Dieser schnelle Durchmarsch durch die normativen Reflexionsangebote mit Blick auf den Zusammenhang von Demokratie und Opposition zeigt, dass die demokratietheoretische Diskussion heute zwar der Bedeutung von Differenz und Pluralität stärker gerecht zu werden sucht, es aber an überzeugenden und umfassenden Deutungsangeboten nach wie vor fehlt. Die liberale und die deliberative Demokratietheorie arbeiten zwar jeweils ein wichtiges Element für die legitimationstheoretische Begründung von Opposition heraus, zwängen das Verständnis aber zu sehr in ein funktionalistisches Korsett. Dadurch entgeht den Theorien insbesondere die Unwahrscheinlichkeit von Oppositionsbildung und -erhaltung. Der empathische Hinweis der Radikaldemokratie wiederum, dass Konflikt und Protest für sich genommen wichtig sind, verklärt Opposition, ohne anzugeben, was deren Herausbildung ermöglicht. Die in den Theorien gewählten Schwerpunkte wirken sich jeweils auch auf das Verständnis von Verfassung aus. Mit Blick auf die durch Recht ermöglichte Entstehung von Gegenmacht sehen liberale Theorien Verfassung als begrenzende Institution. Die rechtliche Form ist dabei gegenüber der politischen Form der Machtbegrenzung, der Oppositionsbildung, klar priorisiert. Sie gilt als eindeutiger und besser schützend, da „neutrale" Prozeduren erlaubend und klarer zugeschnitten auf individuelle Schutzrechte. Radikale Demokratietheorien thematisieren hingegen den repressiven Charakter der im Recht geronnenen Ordnung und in der Verfassung den stärksten Ausdruck hiervon. Demokratie wird hier als ungebunden und konfliktiv stilisiert, Verfassungspraktiken hingegen als liberal verbrämte Herrschaft dekonstruiert. Deliberative Demokratietheorien haben einen positiveren Ausblick: Sie thematisieren Recht als Ergebnis wie Bedingung politischer Deliberation. Sie streichen dabei die Integrationskraft rechtlicher Übereinkünfte heraus und sehen in der universalen Begründungsfähigkeit eine wichtige politische Ressource, die durch eine gute Verfassung im Diskurs institutionalisiert wird.

Die Gesamtbetrachtung der bisher vorgestellten Ansätze zeigt, dass in keiner der Linien ein starker Zusammenhang zwischen institutionell gehegter und außerinstitutioneller Opposition zu postulieren versucht wird. Der im Folgenden vorzustellende republikanische Ansatz setzt genau an dieser Stelle an: In ihm lassen sich die oben besprochenen Funktionen und Erwartungen zusammenführen, er geht jedoch zugleich über diese hinaus.

2 Pluralität und politisches Handeln: Die Ressourcen republikanischer Theorie

Im Zentrum der republikanischen Tradition steht die Idee der Freiheit. Der Republikanismus als politische Theorie beurteilt institutionelle Ordnungen danach, inwiefern diese geeignet sind, Freiheit zu fördern und zu erhalten. Es ist dabei nicht alleine die Garantie privater Handlungsoptionen – das Nicht-Gezwungenwerden –, welches im Fokus steht, sondern das Aufeinander beziehen von Handeln und Freiheit wie es in Hannah Arendts berühmten Diktum „Der Sinn von Politik ist Freiheit" (Arendt 2003, S. 28) zum Ausdruck kommt. Freiheit muss durch politisches Handeln errungen und in und durch dieses fortlaufend gesichert werden. Das zentrale Erkenntnisinteresse republikanischer Theorie ist daher das Wie der Etablierung und Sicherung von Freiheit.

Im breiten Strom republikanischer Ideengeschichte lassen sich grob zwei Linien unterscheiden: In der einen sind Begriffe wie Tugend, Partizipation und Gemeinschaftlichkeit kennzeichnend, Bezugspunkte sind die griechische Antike oder Rousseau; in der anderen – lange vernachlässigten – Linie, wird hingegen das Vorbild der römischen Republik und von Autoren wie Machiavelli betont. Diese zweite Linie ist für die hier gewählte Perspektive interessanter, da in ihr Kontestation und die Rolle von Institutionen eine zentrale Rolle spielen. Kämpfe und Auseinandersetzung werden hier als etwas positives, die Freiheit förderndes beschrieben. So sagt etwa Machiavelli in den *Discorsi*:

> Ich behaupte, dass diejenigen, die die Kämpfe zwischen Adel und Volk verdammen, auch die Ursachen verurteilen, die in erster Linie zur Erhaltung der Freiheit Roms führten. Wer mehr auf den Lärm und das Geschrei solcher Parteikämpfe sieht als auf deren gute Wirkung, der bedenkt nicht, daß in jedem Gemeinwesen das Sinnen und Trachten des Volkes verschieden ist und daß alle zu Gunsten der Freiheit entstandenen Gesetze nur diesen Auseinandersetzungen zu danken sind (Machiavelli 1977, S. 19).

In dieser heute oft als neo-römisch apostrophierten Spielart des Republikanismus wird davon ausgegangen, dass sich in Gesellschaften stets unterschiedliche Gruppen und Interessen formieren. Es kann dabei keine einzelne Gruppe für alle anderen dauerhaft zufriedenstellende Entscheidungen treffen. Deswegen kommt bereits früh die Idee der Mischverfassung auf, in der unterschiedliche Rationalitäten und Einflusschancen Raum gewährt wird. Erst in einem für die Pluralität geeigneten Setting können Konflikte positive Wirkungen entfalten, insofern als sie Kompromisse erlauben und in ihnen stets aufs Neue Anerkennungsverhältnisse ausgehandelt werden.

Eine moderne republikanische Demokratietheorie,[7] so wie ich sie hier vertreten will, nimmt diese klassischen Überlegungen auf und entwickelt darauf aufbauend, Überlegungen, die auch eine komplexen, postnationalen und hochdifferenzierten Gesellschaften gerecht werden können. In der Fassung, die ich im Folgenden vorschlage, handelt es sich bei der Theorie dabei selbst wieder um eine zusammengesetzte: In dieser gehen Elemente der neorepublikanischen Theorie Philipp Pettits eine Synergie mit dem Republikanismus Hannah Arendts ein. Daher muss zunächst noch ein Vermittlungsschritt eingeschoben werden. In diesem führe ich die grundlegenden Argumente der Theorie ein und begründe, wieso, anders als in der Literatur behauptet, die beiden Quellen nicht als konträr gelesen werden müssen, sondern in ein sich ergänzendes Verhältnis gestellt werden können.[8] Um dies zu zeigen werde

---

7 Republikanismus wird dabei bewusst als eine Demokratietheorie gelesen. Ideengeschichtlich lässt sich dies durchaus problematisieren, da Republikanismus lange als ein Gegenkonzept zu Demokratie gesehen wurde (vgl. auch die Aktualisierung dieser Kritik bei McCormick (2010, 2013)). Kennzeichnend für eine republikanische Demokratietheorie ist, dass Selbstbestimmung zwar im Mittelpunkt steht aber weder individualistisch gewendet noch in Richtung einer starken kollektiven Subjektivität ausformuliert wird. Stattdessen steht die institutionelle Vermittlung von Intersubjektivität im Mittelpunkt. Gut getroffen ist dies im Bild der Bürger als Editoren (anstatt als Autoren) des politischen Prozesses, in dem Indirektheit und Pluralität des politischen Prozesses gut zum Ausdruck kommen (Pettit 2000)

8 Arendt und Pettit stellen für mich die äußeren Positionen im weiten Spektrum eines pluralistischen Republikanismus dar, die sich durch ihre sehr eigene Schwerpunktsetzung in besonderer Weise zur Illustration der Pointe republikanischen Denkens eignen. Ich werde daher nicht weiter auf fortbestehende, durchaus beträchtlichen Unterschiede zwischen diesen Ansätzen eingehen (vgl .dazu die ausführlicheren Darstellungen in: Thiel 2012, 2013), sondern vielmehr annehmen, dass zwischen diesen beiden Polen eine große Zahl weiterer Autoren einzuordnen ist, die das Programm eines modernen Republikanismus weiter ausarbeiten. Für die hier gewählte Fragestellung beson-

ich im nächsten Schritt kurz den normativen Hintergrund der Theorien skizzieren, und dann darauf aufbauend institutionelle Schlussfolgerungen ziehen. Dabei wird deutlich, wie das Oppositions- und Verfassungsverständnis eines modernen Republikanismus aussehen kann – und worin dessen Aktualität begründet liegt.

Der neorepublikanische Theorieansatz, wie er mit dem Namen Philip Pettit und Quentin Skinner verbunden ist, hat in den vergangenen Jahren viel Aufmerksamkeit erhalten. In seinem Zentrum steht die (Re-)Etablierung einer dritten Freiheitskonzeption: Diese soll gleichberechtigt neben negativer Freiheit (*non-interference)*, die in der auf den Moment bezogenen, ungehinderten Ausübung des individuellen Willens besteht und positiver Freiheit, die die Teilhabe an kollektiver Selbstbestimmung meint, etabliert werden. Ihr Ziel ist *non-domination*, d. h. sie liegt dann vor, wenn arbiträre, nicht im Sinn der Betroffenen liegende Eingriffe ausgeschlossen werden können. Anders als im liberalen, negativen Modell, ist daher positive politische Regulierung möglich (und nicht direkt als Eingriff zu problematisieren), doch im Unterschied zum positiven Freiheitsverständnis wird die Gefahr einer Despotie des Kollektivs auszuschließen gesucht. Dies geschieht, indem nicht die gemeinsame Regelsetzung, sondern das individuelle Widerspruchsrecht in den Mittelpunkt gerückt wird. Wichtig sei, dass jede Form der politischen Regulierung im Interesse der Bürger liege und von diesen kontrolliert werden könne, ohne dass es zur Einigung auf einen einheitlichen Willen komme.

Für Pettit ist Arendt eine, wenn nicht *die* Anhängerin eines naiven positiven Freiheitsverständnis. Dieses sei so naiv wie gefährlich, da es ein Verschmelzen von Partizipation und majoritärer Entscheidungsdominanz bewirke. Es überfordere Individuen, da es ihnen völlig unrealistische Tugendanforderungen aufbürde, verhindere die angemessene Lösungsfindung kollektiver Probleme, da es populistische Anreize setze, und ebne die vielfältigen Differenzen zwischen den Bürgern ein, da im Hintergrund die Vorstellung eines einheitlichen Akteurs als Autor seines Schicksals stehe (Pettit 1999, 2013).[9]

Ein solches Porträt des Denkens von Hannah Arendt zu zeichnen, ist jedoch so einseitig wie absurd. Pettit missversteht hier das Arendtsche Insistieren auf Partizipation und politischem Handeln, geht es doch gerade in deren anti-totalitärem Denken

---

ders relevant, wären etwa die Ansätze von Richard Bellamy (exemplarisch: Bellamy 2007) und James Tully (exemplarisch: Tully 2008).

9 Es ist festzuhalten, dass Arendt nicht grundsätzlich eine Gegnerin der repräsentativen Demokratie ist. Wogegen sich Arendt wehrt ist hauptsächlich die Gleichsetzung der Partizipation mit dem Akt des Wählens und die damit verbundene Überhöhung von Repräsentation zum einzigen Prinzip der Demokratie. An Stellen, wo Arendt auf die Stärkung partizipativer Elemente drängt, tut sie dies im Angesicht ihrer Krisendiagnose der zeitgenössischen Demokratie und den sie mit Besorgnis erfüllenden Auswüchsen eines professionalisierten und kommerzialisierten Apparats. Ihr Repräsentationsverständnis ist nicht sonderlich ausgereift oder komplex, jedoch nicht allein negativ. Und mit modernen Repräsentationstheorien, die Repräsenation als Beziehungsgeflecht verstehen, geht ihr Ansatz gut zusammen (Thaa 2008).

nicht um die Herstellung von Einheitlichkeit, sondern um das Realisieren von Welt in der Form politischer Pluralität (anstelle vieler vgl. die folgenden ausführlichen Rekonstruktionen des Denkens Arendts: Canovan 1992, Förster 2009). Auch bei Arendt steht das Vermeiden von Herrschaft im Mittelpunkt:

> Mit anderen Worten, die politische Freiheit ist nicht „innere Freiheit", sie kann in kein Innen ausweichen; sie hängt daran, ob eine freie Nation den Raum gewährt, in welchem das Handeln sich auswirken und sichtbar werden kann. Die Macht des Willens, sich durchzusetzen und andere zu zwingen, hat mit diesem Freisein gar nichts zu tun (Arendt 1994, S. 216).

Was Pettit und Arendt unterscheidet, ist kein grundlegender Disput über die Ziele einer republikanischen Ordnung – auch Arendt fordert Nicht-Beherrschung und dies lange vor der Formalisierung der Terminologie im Neo-Republikanismus. Es ist vielmehr ein Unterschied im Fokus und Stil der Argumentationen, der sich über den anderen Adressatenkreis und die unterschiedlichen historischen Erfahrungen der Denker gut erklären lässt. Abstrahiert man von diesen Hintergründen des Schreibens, so wird deutlich, dass es in beiden Republikanismen um ein Nachdenken über die Bedingungen der Möglichkeit der Freiheitsentfaltung geht. Arendt wie Pettit sehen die faktische Pluralität politischer Gesellschaften als Ausgangs- wie Zielpunkt und erblicken in Macht- und Dominanzphänomenen eine permanente Gefahr für die Selbstverwirklichung von Individuen und Gruppen. Beide denken dabei nicht allein an despotische Herrscher, sondern thematisieren auch die Risiken des Mehrheitswillens, der Manipulation der öffentlichen Meinung oder eines unhinterfragten Konsenses. In Reaktion hierauf suchen sie nach einem dynamisch zu erreichenden Auf-Dauer-Stellen des institutionellen Rahmens, in dem sich politisches Handeln entfalten kann und tatsächlich vollzieht.

Arendt wie Pettit gehen davon aus, dass es zur Errichtung und Erhalt eines nicht-dominierenden und daher guten politischen Systems keine einfache Blaupause gibt: Weder kann durch Recht allein die gute Ordnung bestimmt werden, noch lässt ein Souverän-Setzen des Volkswillens eine solche dauerhaft entstehen. Aufgrund ständig wechselnder Erfahrungen und der Kontingenz komplexer Aushandlungsprozesse ist es vielmehr entscheidend, dass im Bereich des Politischen dessen kontingent-performativer Charakter stets erkennbar bleibt; die Möglichkeit, auf politische Setzungen einzuwirken, sich gegen sie zu wenden oder für sie Erklärungen einzufordern, muss daher bewusst bleiben und in der Ordnung selbst erinnert werden. Politik muss als etwas im Fluss befindliches wahrgenommen werden, da somit die Erkundung gemeinsamer Horizonte und das Schließen von Kompromissen zur ständigen Aufgabe wird: „What shapes and holds individuals and groups together as ‚citizens' and ‚peoples' is not this or that agreement but the free agonic activities of participation themselves" (Tully 1999, S. 171). Die Ermächtigung der Bürger und die aus der Ermächtigung resultierende Aktivität sind es, die wichtig sind – wichtiger als die rationale Qualität der Entscheidungen, wichtiger auch als die formale Gleichheit der Stimmberechtigung.

Die Idee ist weder, dass die Ergebnisse öffentlicher Verständigungsprozesse alle anderen Erwägungen überschreiben, noch, dass sich aus den öffentlichen Verständigungsprozessen ein gemeinsamer Wille formt. Die öffentlichen Verständigungsprozesse sollen vielmehr in einer Weise auf Herrschaft bezogen werden, die diese informiert und hinterfragt. Die Uniformität politischer Entscheidungen soll eine Vielzahl von Ansichten und Positionen gegenübergestellt werden. Sinn der öffentlichen Auseinandersetzung ist die Erzeugung einer performativen Dynamik, einer Unruhe, die der Schließung des politischen Systems vorbeugt und zur Reflexion anhält. Eben diese Unruhe und Auseinandersetzung ist es, die letztlich Freiheit als Nicht-Beherrschung realisiert:

> Die Grenze der Macht liegt nicht in ihr selbst, sondern in der gleichzeitigen Existenz anderer Machtgruppen, also in dem Vorhandensein von anderen, die außerhalb des eigenen Machtbereichs stehen und selber Macht entwickeln. Diese Begrenztheit der Macht durch Pluralität ist nicht zufällig, weil ihre Grundvoraussetzung ja von vornherein eben diese Pluralität ist. (Arendt 2002, S. 254).

Damit sind wir bei der Organisation des Politischen und somit bei der Konzipierung von Opposition und Verfassung angelangt: Die „Ordnung der Freiheit" – um den Titel der Dissertation von Christian Volk (Volk 2010) zu zitieren – ist eine, in der die Sicherung der Pluralität durch die Enthierarchisierung von Recht und Politik erreicht wird. Die republikanische Ordnung bietet (liberale) Schutzvorkehrungen gegen Exzesse und Einseitigkeiten des politischen System:, Über das reine Sicherstellen der Verarbeitung von Meinungen und berechtigten Ansprüchen hinaus ist für sie aber kennzeichnend, dass in ihr Instrumente zur Verfügung gestellt werden, die Gegenmachtbildung nicht nur ermöglichen, sondern auch anregen.

Insbesondere zwei Strategien republikanischer Provenienz gelten hierbei als erfolgsversprechend: Die erste ist Dezentralisierung. Hierdurch sollen direkte politische Beteiligungsmöglichkeiten entstehen und sichergestellt sein, dass politisches Handeln als bedeutsam erfahrbar begriffen wird. Mindestens drei Formen von Dezentralisierung – Föderalisierung, Selbstverwaltung und zivilgesellschaftliche Assoziationen – sind in der republikanischen Literatur mit ausgiebigen Ausführungen bedacht worden. Alle tragen auf sich ergänzende Weise zu einer Pluralisierung der Entscheidungsfindung bei und lösen vereinheitlichende Souveränitätsbestrebungen auf.

Im Kontext des Oppositionsgedankens noch wichtiger aber ist, das abstrakte Moment der sichtbaren Umkämpftheit politischer Entscheidungen. Hier geht es um die alte republikanische Angst, dass starke vereinheitlichende Kräften (seien sie gesellschaftlicher Natur oder aus der Konzentration von Gewaltmitteln resultierend), einen hohen Konformitätsdruck erzeugen. Das Oppositionsprinzip ist ein zentraler Baustein, um diesem Konformitätsdruck Einhalt zu gebieten und die beständige Politisierung eines Gemeinwesens sicherzustellen. Widerspruch und politisches Handeln im Allgemeinen erfordert Mut, braucht Zeit und bedarf in hohem Maße eines Bewusstseins der Möglichkeit von Veränderung. Daher muss eine republikanische Ordnung Opposition nicht nur zulassen, sondern die Dynamik oppositioneller

Räume fördern. Dies geschieht, indem zum Beispiel Einwirkungsmöglichkeiten unterschiedlichster Art (innerinstitutionell, rechtlich, zivilgesellschaftlich) eröffnet werden und entmutigende Praktiken (wie Intransparenz und Informalisierung) zurückgefahren werden. So soll sichergestellt sein, dass bereits kleine Gruppen über mehrere Instrumente verfügen, dem politischen System Aufmerksamkeit abzuringen. Hierdurch wird aus das Gefühl von Bedeutsamkeit und potenzieller Offenheit erzeugt, welches wiederum weiteres Handeln nach sich zieht. Politische Aktivität hängt somit entscheidend von der wahrgenommenen Offenheit des politischen Systems ab, von der Art und Weise wie im politischen System Konflikt artikuliert und inszeniert wird. Das Sichtbarmachen und Sichtbarhalten von Alternativität setzt den grundsätzlichen Impuls der Politisierung.

Und genau hier unterscheidet sich das im Republikanismus entwickelte Verständnis von Recht und Verfassung von den Konzeptionen anderer Demokratietheorien. Ein weiter Verfassungsbegriffs, der nicht allein auf rechtliche Ge- und Verbote schaut, sondern in dem die konstituierenden Wirkung der Verfassung für die subjektive Wahrnehmung der Ordnung erfasst wird, ist notwendig. Verfassung kommt dann nicht nur in ihrer limitierenden Bedeutung, sondern auch mit Blick auf ihre organisatorische Leistung und symbolische Präsenz in den Blick. Beispielsweise, wenn deutungsmächtige Interpreten wie Gerichte oder Parlamente, die politischen Spielräume der Konstitution sichtbar machen. Eine gute republikanische Verfassung schafft und markiert Artikulationsräume, unter deren Schutz und in Bezug auf die sich Gegenmacht formieren kann. So muss eine Verfassung den Zugriff oppositioneller Kräfte auf Ressourcen möglich machen, die den Vorteil herrschender Kräfte in der Auseinandersetzung mit deren Kritikern relativiert und so der Verstetigung asymmetrischer Beziehungen entgegenwirkt. Gerade aufgrund ihrer Machtlosigkeit bedarf Gegenmacht eines besonderen Schutzes, der es möglich macht, Unterstützung zu sammeln und Positionen so aufzubereiten, dass sie innerhalb der Ordnung verteidigt werden können. Ohnmacht muss durch Recht in Gegenmacht und Gegenmachtansprüche verwandelt werden.

3 Opposition neu denken: Forschungsagenda für eine kommende Demokratietheorie

An dieser Stelle will ich den Durchgang durch die modernen Demokratietheorien zunächst abbrechen. Ich hoffe gezeigt zu haben, dass die Erkundung des Verhältnisses von Opposition und Demokratie ein lohnendes, wenn auch theoretisch noch sehr diffuses Unterfangen ist. Opposition ist ein „produktives Paradox" (Waldron 2011, S. 41), welches zu fassen, theoretischer wie empirischer Überlegungen bedarf. Zumindest etwas klarer ist dabei, wofür es der Opposition in der Demokratie bedarf: Zur Etablierung einer politischen Struktur, die Kritik aufgrund der durch diese induzierten Dynamik, in ein Element der Stabilisierung von Pluralität verwandelt. Recht als eigentlich starres Mittel der Ordnungsstiftung kann durch die ermöglichende Beziehung zu Oppositionsbildungsprozessen in ein Medium der Selbstreflexion verwandelt werden. Zum variablen Bezugspunkt sich stets neu bildender und in Beziehung setzender Meinungen und Positionen.

Moderne Demokratietheorien haben in ihrem Bemühen, die Pluralität moderner Gesellschaften mit der demokratische Idee zu versöhnen, die Bedeutung der demokratische Praxis der Opposition spät, aber doch nachhaltig erkannt. Deren normativen Wert genauer zu bestimmen, stellte sich aber als ebenso kompliziert heraus, wie generalisierende Aussagen darüber zu treffen, was die Entstehung und den Erhalt einer oppositionsfreundlichen Ordnung erlaubt.

Ich habe mich in diesem Text daher dafür stark gemacht, das theoretische Potenzial des modernen Republikanismus weiter zu erkunden. Nach meiner Dafürhalten sind in diesem die zentralen Herausforderungen einer Theorie der Oppositionsbildung erfasst: die gleichzeitige Bedeutung von institutioneller und außerinstitutioneller Opposition und die Schwierigkeit Opposition nicht nur als Möglichkeit einzuräumen, sondern auch über die Bedingungen von deren fortgesetzter Artikulation nachzudenken. Republikanische Theorie reduziert Opposition nicht auf die den Ausdruck gegebener Präferenzen, sondern erkennt, dass ein voraussetzungsvoller Vorgang der Formulierung alternativer Meinung ihr zugrunde liegt. Dieser bedarf eines besonderen Schutzes, vor allem aber des Wissens darum, dass die Ordnung selbst Alternativen zulässt und stets präsent hält.

Im republikanischen Vokabular lässt sich daher gut über die eingangs porträtierten Herausforderungen der modernen Demokratie nachdenken. Am wenigsten überraschend ist, dass republikanische Theorie die Legitimationskonkurrenz nichtdemokratischer Regime zu analysieren und zurückzuweisen vermag. Da republikanische Theorie sich nicht mit dem Schutz negativer Rechte bescheidet, ist die republikanische Kritik an den Zuständen in liberalen Oligarchien eindeutig und gut etabliert. Auch in der Debatte um die Postdemokratie ist ein Einklinken des republikanischen Vokabulars von großem Nutzen: Hier wird eine ähnliche Diagnose vertreten, wie in den republikanischen Theorien. Die normative wie analytischen Unklarheit, auf welche demokratischen Prinzipien der Demokratie sich der Postdemokratiediskurs eigentlich bezieht, vermag durch das Freiheitsverständnis des Republikanismus eine anregende Ergänzung erfahren. Der Link zwischen einer aktiv verstandenen republikanischen Freiheit und dem Oppositionsprinzip ist zwar selbst weiterer Ausarbeitungen zu unterziehen, die normativen Prämissen scheinen aber gut geeignet, die postdemokratische Kritik der Aushöhlung der Institutionen zu begründen. Etwas überraschend ist hingegen die Eignung des republikanischen Vokabulars für die Anwendung in der postnationalen Konstellation. Lange schien republikanische Theorie abonniert auf kleine politische Einheiten mit einem unmittelbaren identitären Zusammenhang. Moderne republikanische Ansätze haben sich aber – wie gezeigt – von einem Freiheitsverständnis gelöst, welches an der Organisation direkter Partizipation hängt. Der geöffnete Instrumentenkasten und Erfahrungsschatz republikanischen Denkens ist dabei zwar nicht im Sinne einer Blaupause anwendbar, stellt aber einen guten Ausgangspunkt für das Nachdenken über institutionelle Möglichkeiten dar.

Literatur

Agamben, Giorgio 2004: Der Ausnahmezustand, Frankfurt a. M.

Agamben, Giorgio 2012: Demokratie? Eine Debatte, Berlin.

Anastaplo, George 2004: Loyal Opposition in a Modern Democracy, in: University of Chicago Law Journal.

Arendt, Hannah 1994: Freiheit und Politik, in: dies.: Zwischen Vergangenheit und Zukunft, München, S. 201–227.

Arendt, Hannah 2002: Vita Activa oder Vom tätigen Leben, München.

Arendt, Hannah 2003: Was ist Politik?, München.

Barber, Benjamin 2003: Strong Democracy: Participatory Politics for a New Age, 3. erw. Aufl., Berkeley.

Bellamy, Richard 2000: Dealing with Difference: Four Models of Pluralist Politics, in: Parliamentary Affairs, Bd. 53:1, S. 198–218.

Bellamy, Richard 2007: Political Constitutionalism: A Republican Defence of the Constitutionality of Democracy, Cambridge.

Blondel, Jean 1997: Political Opposition in the Contemporary World, in: Government and Opposition, Bd. 32:4, S. 462–486.

Blühdorn, Ingolfur 2013: Simulative Demokratie. Neue Politik nach der postdemokratischen Wende, Berlin.

Bohman, James 1998: The Coming of Age of Deliberative Democracy, in: The Journal of Political Philosophy, Bd. 6:4, S. 400–425.

Bohman, James 2006: Deliberative Democracy and the Epistemic Benefits of Diversity, in: Episteme, Bd. 3:3, S. 175–191.

Buchstein, Hubertus/Dirk Jörke 2003: Das Unbehagen an der Demokratietheorie, in: Leviathan, Bd. 31:4, S. 470–495.

Canovan, Margaret 1992: Hannah Arendt. A Reinterpretation of Her Political Thought, Cambridge.

Celikates, Robin 2010: Ziviler Ungehorsam und radikale Demokratie, in: Thomas Bedorf/Kurt Röttgers (Hrsg.), Das Politische und die Politik, Berlin, S. 274–300.

Crouch, Colin 2004: Post-Democracy, Cambridge.

Daase, Christopher/Deitelhoff, Nicole 2013: Internationale Dissidenz – Ein Forschungsprogramm, in: Julian Junk/Christian Volk (Hrsg.), Macht und Widerstand in der globalen Politik, Baden-Baden, S. 163–175.

Dahl, Robert A. 1967: Political Oppositions in Western Democracies, New Haven.

Dahl, Robert A. 1971: Polyarchy. Participation and Opposition, New Haven.

Dahl, Robert A. 1994: A Democratic Dilemma. System Effectivness versus Cititzen Participation, in: Political Science Quarterly, Bd. 109:1, S. 23–34.

Deitelhoff, Nicole/Thiel, Thorsten 2014: Keine Widerrede? Opposition und Deliberation in der überstaatlichen Politik, in: Landwehr, Claudia/Schmalz-Bruns, Rainer (Hrsg.), Deliberative Demokratie in der Bewährungsprobe, Baden-Baden.

Dunn, John 2005: Setting the People Free. The Story of Democracy, London.

Elstub, Stephen 2010: The Third Generation of Deliberative Democracy, in: Political Studies Review, Bd. 8:3, S. 291–307.

Erman, Eva 2007: Conflict and Universal Moral Theory. From Reasonableness to Reason-Giving, in: Political Theory, Bd. 35:5, S. 598–623.

Flügel-Martinsen, Oliver 2013: Demokratie und Dissens. Zur Kritik konsenstheoretischer Prämissen der deliberativen Demokratietheorie, in: Hubertus Buchstein (Hrsg.), Das Versprechen der Demokratie, Baden-Baden, S. 333–346.

Förster, Jürgen 2009: Die Sorge um die Welt und die Freiheit des Handelns, Würzburg.

Fraser, Nancy 2007: Transnationalizing the Public Sphere, in: Theory Culture Society, Bd. 24:4, S. 7–30.

Greven, Michael Th. 1998: Mitgliedschaft, Grenzen und politischer Raum: Problemdimensionen der Demokratisierung der Europäischen Union, in: Beate Kohler-Koch (Hrsg.), Regieren in entgrenzten Räumen, Opladen, S. 249–270.

Greven, Michael Th. 2010: Verschwindet das Politische in der politischen Gesellschaft? Über Strategien der Kontingenzverleugnung, in: Thomas Bedorf/Kurt Röttgers (Hrsg.), Das Politische und die Politik, Berlin, S. 68–88.

Grimm, Dieter 1995: Braucht Europa eine Verfassung?, München.

Habermas, Jürgen 1985: Ziviler Ungehorsam – Testfall für den demokratischen Rechtsstaat, in: ders.: Die neue Unübersichtlichkeit, Frankfurt a. M., S. 79–99.

Heil, Reinhard/Hetzel, Andreas 2006: Die unendliche Aufgabe – Perspektiven und Grenzen radikaler Demokratie, in: Reinhard Heil/Andreas Hetzel (Hrsg.), Die unendliche Aufgabe. Kritik und Perspektiven der Demokratietheorie, Bielefeld, S. 7–22.

Helms, Ludger 2004: Five Ways of Institutionalizing Political Opposition: Lessons from the Advanced Democracies, in: Government and Opposition, Bd. 39:1, S. 22–54.

Jörke, Dirk 2006: Wie demokratisch sind radikale Demokratietheorien?, in: Reinhard Heil/Andreas Hetzel (Hrsg.), Die unendliche Aufgabe. Kritik und Perspektiven der Demokratietheorie, Bielefeld, S. 253–267.

Kielmansegg, Peter Graf 2003: Integration und Demokratie, in: Markus Jachtenfuchs/Beate Kohler-Koch (Hrsg.), Europäische Integration, Opladen, S. 49–85.

König, Helmut 2013: Lob der Dissidenz. Größe und Grenzen, in: Merkur 3, S. 216–228.

Lefort, Claude 1990: Die Frage der Demokratie, in: Ulrich Rödel (Hrsg.), Autonome Gesellschaft und libertäre Demokratie, Frankfurt a. M., S. 281–298.

Ley, Isabelle 2014: Opposition im Völkerrecht. Ein Beitrag zu den legitimationstheoretischen Grundlagen internationaler Rechtserzeugung und ihrer Anwendung, Heidelberg.

Lorey, Isabel 2012: Demokratie statt Repräsentation. Zur konstituierenden Macht der Besetzungsbewegungen, in: Kastner, Jens, et al.: Occupy! Die aktuellen Kämpfe um die Besetzung des Politischen, Wien, S. 7–49.

Luhmann, Niklas 1989: Theorie der politischen Opposition, in: Zeitschrift für Politik, Bd. 36:1, S. 13–26.

Machiavelli, Niccolo 1977: Discorsi. Gedanken über Politik und Staatsführung, Stuttgart.

Maeckelbergh, Marianne 2011: Doing is Believing: Prefiguration as Strategic Practice in the Alterglobalization Movement, in: Social Movement Studies, Bd. 10:1, S. 1–20.

Marchart, Oliver 2010: Die politische Differenz: Zum Denken des Politischen bei Nancy, Lefort, Badiou, Laclau und Agamben, Berlin.

McCormick, John P. 2010: Machiavellian Democracy, Cambridge.

McCormick, John P. 2013: Republicanism and Democracy, in: Andreas Niederberger/Philipp Schink (Hrsg.), Republicanism and Democracy, Edinburgh, S. 89–128.

Mouffe, Chantal 2007: Über das Politische, Frankfurt a. M.

Nippel, Wilfried 2008: Antike oder moderne Freiheit? Die Begründung der Demokratie in Athen und der Neuzeit, Frankfurt a. M.

Norton, Philip 2008: Making Sense of Opposition, in: The Journal of Legislative Studies, Bd. 14:1, S. 236–250.

Pettit, Philip 1999: Republicanism: A Theory of Freedom and Government, Oxford.

Pettit, Philip 2000: Democracy: Electoral and Contestatory, in: Ian Shapiro/Stephen Macedo (Hrsg.), Designing Democratic Institutions, New York, S. 105–146.

Pettit, Philip 2013: Two Republican Traditions, in: Andreas Niederberger/Philipp Schink (Hrsg.), Republican Democracy. Liberty, Law and Politics, Edinburgh, S. 169–205.

Pulzer, Peter 1987: Is There Life After Dahl?, in: Eva Kolinsky (Hrsg.), Opposition in Western Europe, London, S. 10–30.

Ranciere, Jacques 2010: Ten Theses on Politics, in: Jacques Ranciere, Dissensus. On Politics and Aesthetics, London, S. 27–44.

Rancière, Jacques 2002: Das Unvernehmen. Politik und Philosophie, Frankfurt a. M.

Rödel, Ulrich/Dubiel, Helmut/Frankenberg, Günter 1989: Die demokratische Frage, Frankfurt a. M.

Sartori, Giovanni 1966: Opposition and Control. Problems and Prospects, in: Government and Opposition, Bd. 1:2, S. 149–154.

Schumpeter, Joseph A. 1987: Kapitalismus, Sozialismus und Demokratie, Tübingen.

Thaa, Winfried 2008: Repräsentation oder politisches Handeln? Ein möglicherweise falscher Gegensatz im Denken Hannah Arendts, in: Lothar Fritze (Hrsg.), Hannah Arendt weitergedacht, Göttingen, S. 71–87.

Thiel, Thorsten 2012: Republikanismus und die Europäische Union – Eine Neubestimmung des Diskurses um die Legitimität europäischen Regierens, Baden-Baden.

Thiel, Thorsten 2013: Politik, Freiheit und Demokratie – Hannah Arendt und der moderne Republikanismus, in: Schulze Wessel, Julia, et al. (Hrsg.), Ambivalenzen der Ordnung. Der Staat im Denken Hannah Arendts, Wiesbaden, S. 259–282.

Tully, James 1999: The Agonistic Freedom of Citizens, in: Economy and Society, Bd. 28:2, S. 161–182.

Tully, James 2008: Public Philosophy in a New Key, Vol I: Democracy and Civic Freedom, Cambridge.

Volk, Christian 2010: Die Ordnung der Freiheit. Recht und Politik im Denken Hannah Arendts, Baden-Baden.

Volk, Christian 2013: Zwischen Entpolitisierung und Radikalisierun. Zur Theorie von Demokratie und Politik in Zeiten des Widerstands, in: Politische Vierteljahresschrift, Bd. 52.

Waldron, Jeremy 2011: The Principle of Loyal Opposition, in: NYU School of Law, Public Law Research Paper No. 12–22 .

Zürn, Michael 2013: Die Politisierung der Weltpolitik, in: Matthias Ecker-Ehrhardt/Michael Zürn (Hrsg.), Die Politisierung der Weltpolitik, Berlin, S. 335–367.

Zürn, Michael/Martin Binder/Matthias Ecker-Ehrhardt/Katrin Radtke 2007: Politische Ordnungs-bildung wider Willen, in: Zeitschrift für Internationale Beziehungen, Bd. 14:1, S. 129–164.

Jörn Ketelhut
A House Divided

Amerikanisches Verfassungsdenken im Umfeld
der Nullifikationskrise, 1828–1833

1 Einleitung

Die Verfassung spielt im gesellschaftlichen und politischen Leben der USA eine überragende Rolle (König 2010, S. 360). Sie gilt als Symbol der nationalen Einheit, das die
Ideale und Verheißungen der Amerikanischen Revolution lebendig hält und zudem
das „republikanische Ethos von Selbstregierung und Freiheit" (Vorländer 1989, S. 72)
zum Ausdruck bringt, dem die Amerikaner sich zutiefst verpflichtet fühlen (Gebhardt
1987, S. 113). Soziale Integration und politische Gemeinschaftsbildung sind in den
USA ohne das Bekenntnis zur Verfassung kaum möglich (Huntington 1981, S. 30;
Sternberger 1990, S. 30; König 2010, S. 363). Gleichwohl wird seit jeher darüber gestritten, was sich hinter den „Glaubensgrundsätzen" dieses Bekenntnisses verbirgt.
Die amerikanische Verfassung selbst kann hierzu keine Auskunft geben. Ihre Inter-
pretationsoffenheit ist vielmehr die Ursache des Problems. Sie gestattet es nämlich,
eine Reihe von Sinnstiftungen, die im freiheitlich-republikanischen Ideenspektrum
angesiedelt sind, mit dem Verfassungstext zu assoziieren (Vorländer 1987, S. 458).
Daraus ergibt sich ein gewisses Spannungsverhältnis: Einerseits verfügt die konstitutionelle Ordnung der USA über erhebliches Integrationspotenzial, da sie einer Vielzahl von Erwartungen und Hoffnungen eine Projektionsfläche bietet; andererseits ist
sie durch den im Medium der Verfassung ausgetragenen „Wettstreit der Ideen" immer wieder Konflikten ausgesetzt.

Die amerikanische Geschichte des 19. Jahrhunderts zeigt, wie ein Gemeinwesen,
das primär über das Bekenntnis zur Verfassung geeint wird, durch das ständige Aufeinanderprallen konfligierender konstitutioneller Ordnungsvorstellungen allmählich
zerbrechen kann. Bis zum Vorabend des Bürgerkrieges wurde in den USA immer
wieder über die „nature of the union" gestritten (Finzsch 2005). Die Debatten jener
Tage verdeutlichen, dass zur damaligen Zeit kein Konsens darüber bestand, wie die
amerikanische Verfassung gelesen werden sollte und welche Ideen sich hinter ihrem
Text verbargen. Eine ungeahnte Zuspitzung erfuhr die Auseinandersetzung in den
späten 1820er und frühen 1830er-Jahren. Der politische Konflikt, der später als „Nullifikationskrise" Eingang in die Geschichtsbücher fand, entzündete sich an den 1828
vom US-Kongress verabschiedeten Zolltarifen, die den Import bestimmter Waren zum
Schutze der heimischen Wirtschaft verteuerten. Diese Maßnahme, die weniger fiska-
lischen denn wahltaktischen Überlegungen geschuldet war (Finzsch 2005, S. 270 f.),
stieß in den agrarisch geprägten Südstaaten auf vehemente Ablehnung. Die Kontro-

verse über die Tarifreform zog eine verfassungspolitische Generaldebatte nach sich, in der es um nichts Geringeres als die „nature of the union" und die daraus resultierenden Rechte der Einzelstaaten ging. In ihrem Verlauf kam die Frage auf, ob es einem Staat der Union erlaubt sei, verfassungswidrige Beschlüsse der Zentralgewalt einseitig aufzuheben. South Carolina wollte dieses Recht in Anspruch nehmen, um gegen die umstrittene Zollgesetzgebung vorzugehen. Man drohte sogar mit dem Austritt aus der Union, sollte die Zentralgewalt es in Erwägung ziehen, die Nullifikationsbestrebungen mit Zwangsmaßnahmen niederzuschlagen.

Befürworter wie Gegner der Nullifikationslehre haben sich in der Debatte über die „nature of the union" auf den Geist und das Wesen der Verfassung berufen, um ihre jeweiligen Positionen zu untermauern. Der vorliegende Beitrag zeigt, welche unterschiedlichen Sichtweisen dabei aufeinandergetroffen sind. Die Untersuchung ist folgendermaßen aufgebaut. Im Anschluss an diese Einleitung werden zunächst die ökonomischen und politischen Hintergründe des Zolltarifstreits beleuchtet (II). Im nächsten Schritt gilt es, den Verlauf der Nullifikationskrise nachzuzeichnen und dabei die konstitutionelle Dimension des Konflikts zwischen South Carolina und der Union herauszuarbeiten (III). Darauf aufbauend wendet sich der Blick der Verfassungsdebatte zu, die sich im Umfeld des Tarifstreits entwickelte (IV). Eine pointierte Zusammenfassung der Ergebnisse, die auf die Bedeutung von konstitutionellen Vorverständnissen bei der Auslegung der Verfassung aufmerksam macht, schließt den Beitrag ab (V).

2 Die Hintergründe der Nullifikationskrise

2.1 Zeitenwende: Die USA im Umbruch

Die Nullifikationskrise ereignete sich in einer Zeit, der große Umwälzungen vorausgegangen waren. Die USA hatte die Revolutionszeit hinter sich gelassen. Individualismus, das Streben nach materiellen Gütern, Konkurrenzkampf und wirtschaftlicher Erfolg waren an die Stelle der alten republikanischen Ideale getreten. Die Angehörigen der Gründergeneration, die nach wie vor den Geist der Revolution beschworen, bekundeten nicht selten ihr Unbehagen gegenüber dem sich abzeichnenden Wertewandel. Aufhalten ließ er sich jedoch nicht. Während die alten Eliten noch mahnten, schlug der neue, liberale Geist immer mehr Teile der Bevölkerung in seinen Bann.

Die Aufbruchsstimmung, die das Land erfasst hatte, führte zu einem raschen Aufblühen von Handel und Gewerbe. Der technische Fortschritt hielt Einzug und ermöglichte den Aufbau erster Industrien. Ein nationaler Markt entstand. Die Bevölkerung wuchs und die USA expandierten. Allmählich verschob sich die Siedlungsraumgrenze, nach Westen. In rascher Folge konstituierten sich neue Staaten. Die schrittweise „Eroberung des Westens" und die einsetzende Industrialisierung gingen mit einem Ausbau des Verkehrswesens einher. Straßen und Kanäle entstanden. Ihr

Bau wurde nicht selten durch staatliche Investitionsprogramme gefördert (Heide-king/Mauch 2008, S. 97 ff.). Die „Transportrevolution" begünstigte im Nordosten das Entstehen einer modernen Industriegesellschaft (Heideking/Mauch 2008, S. 100). Auch der landwirtschaftliche Sektor blühte auf: Neue, großflächige Anbaumethoden sorgten schon bald für Spitzenerträge. Die nicht unmittelbar benötigten Überschüsse konnten durch das verbesserte Verkehrs- und Vertriebsnetz, welches Ende der 1820er-Jahre auch die ersten Eisenbahnlinien umfasste, in andere Landesteile expor-tiert oder auf dem Weltmarkt verkauft werden.

Gravierende ökonomische Veränderungen erfassten auch die agrarisch gepräg-ten Südstaaten. In Virginia, Maryland und Delaware lag der traditionelle Tabakan-bau aufgrund ausgelaugter Böden vielerorts danieder. Unterdessen florierte im unte-ren Süden die Baumwollproduktion. Binnen weniger Jahre hatte sie sich zum wichtigsten Wirtschaftsfaktor der Region entwickelte. Sowohl britische als auch amerikanische Textilunternehmen meldeten ständig neuen Bedarf an. Um die stei-gende Nachfrage zu befriedigen, wurden die Baumwollanbaugebiete ausgedehnt. Schon bald erstreckten sie sich von South Carolina über Georgia und Alabama bis nach Louisiana und Mississippi. Der Südwesten avancierte zur Wachstumszone.

Einen empfindlichen „Dämpfer" erfuhr die amerikanische Wirtschaft in den frü-hen 1820er-Jahren. Die Krise, die eine mehrjährige Rezession nach sich zog, war durch Landspekulationen und eine fehlgeleitete Finanzierungspolitik ausgelöst wor-den. Das Platzen der Spekulationsblase hatte allen die Schattenseiten des ungezügel-ten individualistischen Gewinnstrebens aufgezeigt. Die Krisenerfahrungen führten dazu, dass in den USA grundlegend über die Ausrichtung der Wirtschaftspolitik nachgedacht wurde. Während dieser Debatte begann sich das amerikanische Partei-ensystem neu zu formieren.

2.2 Der Wandel des Parteiensystems

Das Dahinsiechen der *Federalists* hatte die *Democratic Republicans* als einzige natio-nal organisierte politische Kraft zurück gelassen. Aber auch unter ihnen begann es zu gären. Noch während die Flügelkämpfe tobten fanden Wahlen statt. Nicht weniger als fünf Kandidaten – nominell alle *Democratic Republicans* – bewarben sich 1824 um das Präsidentenamt, unter ihnen Andrew Jackson, John Quincy Adams und Henry Clay. Jedoch konnte keiner von ihnen die erforderliche Mehrheit im Wahlmännergremium erringen. Es lag nun am Repräsentantenhaus, den Präsidenten zu küren. Clay, der einen Sieg Jacksons verhindern wollte, wandte sich an Adams, den Zweitplatzierten. Beide kamen überein, ihre Kräfte bei der anstehenden Abstimmung zu bündeln. Clay, der Sprecher des Repräsentantenhauses, sorgte dafür, dass der „national" gesonnene Flügel des demokratisch-republikanischen Lagers hinter Adams stand. Adams konnte sich bei der Wahl gegenüber seinen Mitbewerbern durchsetzen. Clay, der die Mehrheit organisiert hatte, wurde Außenminister. Jackson, auf den die meisten Wahlmännerstimmen entfallen waren, reagierte schockiert. Er fühlte sich nach der Entscheidung im Repräsentantenhaus um den Sieg betrogen (Finzsch 2005, S. 235).

Der „gestohlene Wahlsieg" ließ ein neues Parteiensystem entstehen: Auf der einen Seite formierten sich die Nationalrepublikaner. Ihre Hochburgen lagen in den Neuenglandstaaten. Sie konzentrierten ihre Anstrengungen in den Jahren nach der Präsidentschaftswahl darauf, das unter der Federführung Clays entstandene wirtschaftspolitische Aktionsprogramm in die Tat umzusetzen. Dazu gehörte auch die Erhöhung der Einfuhrzölle, um bestimmte Produkte auf dem heimischen Markt vor ausländischer Konkurrenz zu schützen. Am anderen Ende des Spektrums formierte sich unter Führung Jacksons die Demokratische Partei. Sie sprach sich gegen eine Ausweitung der zentralstaatlichen Befugnisse aus. Politische Entscheidungen sollten nach Ansicht der Demokraten möglichst vor Ort und nah an den Menschen gefällt werden. Die Idee eines abstrakten Marktes, die das ökonomische Denken im Nordosten längst bestimmte, war ihnen fremd.

Die Demokratische Partei fand in unterschiedlichsten Gesellschaftsschichten und Berufsgruppen Rückhalt: Wohlhabende Baumwollpflanzer aus dem Süden und aggressive Befürworter der Westexpansion gehörten genauso zu ihren Unterstützern wie Handwerker und Geschäftsleute aus dem Nordosten, die ihre Existenz durch die aufkommende Industrialisierung bedroht sahen (Heideking/Mauch 2008, S. 114). Den meisten Zuspruch erfuhren die Demokraten jedoch aus dem Kreise der unterprivilegierten Bevölkerungsschichten Jackson wusste diesen Vorteil im Präsidentschaftswahlkampf 1828 geschickt zu nutzen. Er präsentierte sich bewusst als Anwalt der „kleinen Leute". Jackson geißelte jede Form von Machtakkumulation, sei sie nun wirtschaftlicher oder politischer Art. Auch den alten Eliten sagte er den Kampf an. Mit seiner scharfen Zunge verschreckte Jackson nicht selten die Angehörigen der Oberschicht, die sich den Nationalrepublikanern zuwandten. Jackson konnte diesen Verlust allerdings gut verschmerzen. Durch die weitgehende Abschaffung des Zensuswahlrechts waren die Stimmen der besitzenden Klassen weit weniger wichtig geworden (Morison/Commager/Leuchtenberg 1969, S. 419 ff.).

Die Präsidentschaftswahlen 1828 wurden ein Triumph für Jackson. Die Abschaffung des Zensuswahlrechts hatte den erwarteten Erfolg (Finzsch 2005, S. 249 f.). Das politische Interesse der Bevölkerung war geweckt worden. Jackson siegte 1828 mit großem Vorsprung. Mehr als zwei Drittel aller abgegebenen Wahlmännerstimmen entfielen auf ihn. Der oft steif, mürrisch und unnahbar wirkende Adams war dem charismatischen Kriegshelden hoffnungslos unterlegen.

2.3 Der Streit über das Zollgesetz

Jacksons Präsidentschaft wurde von einem Konflikt überschattet, der seine Ursache im Zollgesetz von 1828 hatte. Die Demokraten waren in der Zollfrage gespalten: Während der „südliche" Flügel der Partei die protektionistische Politik ablehnte, stand der „nördliche" ihr weniger skeptisch gegenüber. Jackson selbst hatte sich für moderate Zölle ausgesprochen. Ihre Erträge sollten jedoch nicht die wirtschaftspolitischen Aktivitäten der Zentralregierung finanzieren, sondern zum Abbau der Staatsschulden eingesetzt werden. Im Kongress kam es schließlich zu einer Übereinkunft zwischen Nationalrepublikanern und Nordstaaten-Demokraten. Gemeinsam verabschiedeten sie das Zollgesetz, das im Süden unter dem Namen „tariff of abominations" (Gräueltarif) Bekanntheit erlangte. Es verteuerte den Import von Fertigwaren um ein Erhebliches: Im Jahr 1816 hatten die Einfuhrabgaben rund 25 % betragen. 1824 kletterte der Zoll für geschützte Produktgruppen bereits auf 33 %. Das neue Gesetz, das Nationalrepublikaner und Nord-Demokraten zusammen auf den Weg gebracht hatten, erhöhte ihn abermals. Abgaben in Höhe von 50 % des Warenwerts mussten beim Import bestimmter Güter nun entrichtet werden.

Nutznießer der protektionistischen Handelspolitik waren die überwiegend im Nordosten des Landes angesiedelten Industrien. Die künstliche Preiserhöhung sorgte dafür, dass ihre Produkte auf dem amerikanischen Markt Wettbewerbsvorteile besaßen. Die weitgehend agrarisch geprägten Staaten des Südens, die daran interessiert waren, ihre Baumwolle am Weltmarkt bestmöglich zu handeln, standen der neuen Zollgesetzgebung hingegen höchst skeptisch gegenüber. Sie waren auf den Import von Fertigwaren angewiesen. Ein Großteil der Produkte, die der Süden einführte, stammte zudem nicht vom heimischen Markt sondern aus Europa. Der „tariff of abominations" sorgte dafür, dass der Preis für industriell gefertigte Erzeugnisse wie Eisenwaren oder Stoffe auf ein Niveau angehoben wurde, das weit über dem des Weltmarktes lag. Die Südstaaten mussten für ihre Importe deutlich mehr aufwenden als zuvor. Zudem rechneten sie mit handelspolitischen Gegenmaßnahmen des Auslands, die sich nachteilig auf den Baumwollexport auswirken könnten. Nicht zuletzt deswegen hatten Vertreter des Südens in Repräsentantenhaus und Senat gegen die Erhöhung der Zölle votiert. Einige von ihnen sahen in dem Gesetz nichts anders als eine Maßnahme, ihren Landesteil über Gebühr zu benachteiligen. Sie witterten dahinter die Absicht des Nordens, die Gesellschaftsordnung des Südens zielgerichtet zu destabilisieren (Freehling 1990, S. 255 ff.).

In South Carolina, das noch immer unter den Folgen der ökonomischen Krise litt, galt die protektionistische Politik schon bald als eigentliche Ursache der Misere (Morison/Comanger/Leuchtenburg 1969, S. 426 f.). Da die Mehrheitsverhältnisse in Senat und Repräsentantenhaus eine Abänderung der Tarife momentan nicht zuließen, wandte man sich im Geheimen an John C. Calhoun, den künftigen Vizepräsidenten der USA, und suchte bei ihm Rat. Nach längeren Überlegungen versprach Calhoun, sich um die Sache zu kümmern (Peterson 1987, S. 169).

Anonym verfasste Calhoun eine Protestnote, die unter dem Namen *South Carolina Exposition* Bekanntheit erlangte. In ihr belegte er das Zollgesetz mit dem Verdikt der Verfassungswidrigkeit. Calhoun führte aus, dass die strittigen Einfuhrabgaben im Wesentlichen nicht mit den Ziel erlassen worden seien, der Zentralregierung zusätzliche Einnahmen zu verschaffen. Ihr Zweck liege vielmehr darin, die Industrien des Nordens vor Konkurrenz zu schützen. Eine solche Maßnahme, die dem Süden enorme finanzielle Belastungen aufbürde, könne mit dem in der Verfassung verankerten Recht des Kongresses, Steuern und Abgaben zu erheben, nicht in Einklang gebracht werden. Dieses sei nämlich ausschließlich dazu gedacht, die Zentralregierung mit den zur Erfüllung ihrer Aufgaben nötigen Einnahmen auszustatten.

Für Calhoun bestand kein Zweifel, dass der Kongress mit dem Erlass des Zollgesetzes seine Befugnisse überschritten hatte. Ein derartig kompetenzwidriges Verhalten konnte nicht geduldet werden. Calhoun führte aus, dass es jedem Staat der Union grundsätzlich zustehe, gegen einen verfassungswidrigen Beschluss der Zentralregierung vorzugehen. Dieses Recht diene nicht nur dem Minderheitenschutz oder dem Erhalt der föderalen Kompetenzordnung. Es sei vielmehr Ausdruck der den Einzelstaaten und ihren Völkern vorbehaltenen Souveränität. Calhoun machte in der South Carolina Exposition darauf aufmerksam, dass es den Völkern der Einzelstaaten gestattet sei, Übergriffe der Zentralregierung in die staatliche Kompetenzsphäre offiziell zu brandmarken und verfassungswidrige Bundesgesetze für null und nichtig zu erklären (Read 2009, S. 27).

3 Ein Zolltarifstreit wird zum Verfassungskonflikt

3.1 Die Aufhebung des Zollgesetzes

Durch die Veröffentlichung der Protestnote hatte South Carolina seinen Standpunkt offen dargelegt. Eine Nullifikation der Zollgesetzgebung wurde von den politisch Verantwortlichen ernsthaft in Erwägung gezogen. Calhoun hatte mit seinen Ausführungen ein verfassungstheoretisches Argument entwickelt, um South Carolinas Forderungen Nachdruck zu verleihen. Über die Verfassungsmäßigkeit der Zollgesetze sollte nicht das Oberste Bundesgericht der USA entscheiden, sondern das Volk des Staates. Allerdings benötigten die Anhänger der Nullifikationsdoktrin einige Zeit, um ihr Vorhaben in die Tat umzusetzen. Seit 1829 hatten sie in South Carolina zunehmend Unterstützung erfahren. Nun galt es, bei den örtlichen Parlamentswahlen eine Zwei-Drittel-Mehrheit zu erreichen, um einen Verfassungskonvent einberufen zu können. In der Zwischenzeit war die Frage der Schutzzölle erneut Gegenstand der Beratungen des Kongresses. 1832 einigten sich Senat und Repräsentantenhaus darauf, die Einfuhrabgaben für die meisten Produktgruppen abzusenken. Im Durchschnitt lagen sie nun wieder auf dem Niveau des 1824 verabschiedeten Zollgesetzes. Der Kompromisstarif, den beide Kammern des Kongresses mit breiter Mehrheit verabschiedet hatten, konnte die Anhänger der Nullifikationsdoktrin in South Carolina jedoch nicht besänftigen. Unter ihnen herrschte weiterhin Unzufriedenheit. Auch das neue Zollgesetz wurde als ein verfassungswidriger Eingriff in die Souveränität South Carolinas betrachtet. Die Entwicklungen waren mittlerweile so weit fortgeschritten, dass es nicht mehr allein um die konkrete Höhe der Einfuhrabgaben oder eine Abkehr von der protektionistischen Politik ging. Die Auseinandersetzung zwischen South Carolina und der Zentralregierung hatte längst ein neues Thema gefunden: Zur Debatte standen nun die Souveränitätsrechte der Einzelstaaten.

1832 gelang es den Anhänger der Nullifikationslehre bei den Parlamentswahlen in South Carolina eine Zwei-Drittel-Mehrheit zu erringen. Der Einberufung eines Verfassungskonvents stand nun nichts mehr im Wege. Ein entsprechender Beschluss erging schon kurz nach Eröffnung der Sitzungsperiode des Parlaments. Bereits im November konnte der Konvent seine Arbeit aufnehmen und über die Aufhebung der umstrittenen Zollgesetze beraten. Erwartungsgemäß führten die Befürworter der Nullifikation in ihm das Wort. Der Konvent verabschiedete mit 136 zu 26 Stimmen eine Erklärung, in der er die strittige Zollgesetzgebung mit dem Verdikt der Verfassungswidrigkeit belegte (Morison/Commager/Leuchtenburg 1969, S. 432 f.; Ellis 1987, S. 74 ff.). Dem US-Kongress wurde eine Frist gegeben, die Zollgesetzgebung bis zum 1. Februar 1833 grundlegend zu reformierten (Freehling 1990, S. 276 ff.). Der Konvent signalisierte, dass er bereit sei, eine pauschale Einfuhrabgabe in Höhe von 12 % zu akzeptieren. Sollte der Kongress es unterlassen, einen verfassungsgemäßen Zustand herzustellen, werde der Konvent die strittigen Zollgesetze nach Ablauf der Frist nullifizierten. Damit aber nicht genug: South Carolina drohte, aus der Union auszutreten, sollte die Zentralregierung es wagen, die Zölle mit Waffengewalt einzutreiben. Um seiner Position Nachdruck zu verleihen beschloss das Parlament South Carolinas, zum Schutze des Staates eine Freiwilligenarmee aufzustellen (Ellis 1987, S. 76.).

3.2 Der Konflikt zwischen South Carolina und der Union

3.2.1 Die Proklamation des Präsidenten

Präsident Andrew Jackson reagierte auf die Nullifikationserklärung äußerst erbost. Zwar trat er in der Zollfrage moderat auf und hatte für die schrittweise Absenkung der Tarife plädiert. Die Sezessionsdrohung konnte er jedoch nicht unwidersprochen hinnehmen. Der Präsident beschuldigte South Carolina offen des Verfassungsbruchs und behielt sich militärische Schritte vor. Vorbereitungen, um erste Zwangsmaßnahmen durchzuführen, wurden eingeleitet (Finzsch 2005, S. 276 f.). Im Dezember 1832 richtete der Präsident eine Proklamation an das Volk South Carolinas, in der er seine Sicht der Dinge darlegte. Er stellte in besonderer Weise auf die verfassungstheoretische Dimension des Konfliktes ab. Der Ansicht, die Union sei im Grunde genommen nichts anderes als ein auf Dauer gestellter Bund souveräner Einzelstaaten, die im Süden viele Anhänger hatte und die auch South Carolina herangezogen hatte, um die Nullifikation zu begründen, trat der Präsident entschieden entgegen (Finzsch 2005, S. 277). Jackson überrasche damit sogar seine Parteigänger. Die das Nationale überhöhende Argumentation, die der Südstaaten-Demokrat Jackson vertrat, schien so gar nicht zu seiner bisherigen Einstellung zu passen. Der Präsident, der einst als moderater Vertreter der Einzelstaatenrechte in Erscheinung getreten war, schien das Lager gewechselt zu haben (Freehling 1990, S. 278 ff.).

Jackson wandte sich mit äußert scharfen Ton an das „irregeleitete" Volk South Carolinas. Er warf ihm „Verrat" an der Union vor. Jackson erklärte, die Nullifikationserklärung sei mit dem Wortlaut und dem Geist der Verfassung in keiner Weise zu vereinbaren. Das Sezessionsrecht, das South Carolina für sich in Anspruch nahm, erkannte er ebenfalls nicht an (Morison/Commager/Leuchtenburg 1969, S. 433). Er verwies in diesem Zusammenhang auf die vom ihm entwickelten Gedanken zur „nature of the union" (Ellis 1987, S. 83 f.). Ausschließlich Zustände größter Tyrannei, nicht aber eine politische Auseinandersetzung über die Ausrichtung der nationalen Handelspolitik, würden den Austritt eines Staates im Sinne einer „revolutionären Handlung" rechtfertigen (Freehling 1990, S. 281). Jackson warnte das Volk South Carolinas eindringlich davor, an der Nullifikation und den Sezessionsbestrebungen festzuhalten. Nur so ließe sich Schlimmeres noch abwenden. Abschließend betonte der Präsident, er werde alles in seiner Macht stehende tun, um den Abfall South Carolinas zu verhindern und die Gesetze der Union durchzusetzen – notfalls auch mit Gewalt (Peterson 1987, S. 216). Um diesen Anspruch zu unterstreichen, bat Jackson den Kongress, ihm zusätzliche Befugnisse bei der Eintreibung von Zöllen zu erteilen. Eingeschlossen in den Gesetzentwurf, der als *Force Bill* bekannt wurde, war ausdrücklich die Nutzung militärischer Mittel (Ellis 1987, S. 94).

Die Proklamation Jacksons rief im Norden allgemeine Zustimmung hervor. In einigen Staaten, darunter Pennsylvania, Illinois, Indiana und Delaware, verabschiedeten die Parlamente Entschließungen, die die harsche Politik des Präsidenten ausdrücklich befürworteten (Ellis 1987, S. 159 f.). Im Süden zog das „Säbelrasseln" hingegen ambivalente Reaktionen nach sich. Zwar betrachteten die meisten Staaten die Nullifikationserklärung als einen verfassungswidrigen Akt, das generelle Sezessionsrecht sahen sie jedoch als gegeben an. Das Parlament Virginias machte diese Haltung offiziell: Es verabschiedete als Antwort auf die Proklamation des Präsidenten eine Resolution, in der es die eigenmächtige Aufhebung der Bundesgesetze entschieden verurteilte, im gleichen Atemzug aber das Recht eines jeden Staates hervorhob, die Union auf friedlichem und legalem Wege wieder zu verlassen. Die Volksvertretung North Carolinas schloss sich wenig später dieser Ansicht an. In ihrer Resolution machte sie zudem auf die potenzielle Verfassungswidrigkeit der nationalen Schutzzollpolitik aufmerksam und verlieh abschließend der Hoffnung auf eine zivile Lösung des Konfliktes Nachdruck. Die gesetzgebenden Körperschaften Alabamas, Mississippis und Tennessees äußerten sich ganz ähnlich. Während der Norden Jackson somit explizit unterstützte, fand die kompromisslose, auf Einschüchterung und Zwang setzende Politik des Präsidenten im Süden hingegen keine Unterstützung. Insbesondere die mehrfach ausgesprochene Drohung, den Konflikt notfalls mit Waffengewalt auszutragen, wurde aufs Schärfste missbilligt. Die Südstaaten befürchteten, eine militärische Auseinandersetzung zwischen South Carolina und der Zentralregierung würde unweigerlich zu einem Bürgerkrieg führen (Ellis 1987, S. 159 f.).

Die Proklamation des Präsidenten beschäftigte nicht nur die Staatenparlamente. Sie löste auch Unsicherheit und Irritation in beiden Kammern des US-Kongresses aus. Die zuvor klar erkennbaren Fronten zwischen den politischen Lagern verwischten zeitweilig. Der Widerstreit konkurrierender verfassungstheoretischer Konzeptionen überlagerte die Parteipolitik. Die Kehrtwende, die Jackson in der Debatte über die „nature of the union" vollzogen hatte, verstörte die Anhänger des Präsidenten zutiefst. Der harsche, drohende Ton der Proklamation und die Bestrebungen Jacksons, militärische Macht zu akkumulieren, ließ weiteres Unbehagen entstehen. Insbesondere die Südstaaten-Demokraten zeigten sich von Jacksons Politik der Stärke enttäuscht. Ihrer Ansicht nach sei es verfehlt, South Carolina gegenüber ausschließlich auf Konfrontation zu setzen. Sie mahnten ein Mehr an Kompromissbereitschaft an, um eine Eskalation des Konfliktes zu verhindern. Die Senatoren der Südstaaten stimmten geschlossen dafür, die Beratungen über die *Force Bill* zu vertagen. Ihr Antrag erzielte zwar nicht die erforderliche Mehrheit, machte aber deutlich, dass Jackson nicht mehr die volle Unterstützung seiner Anhänger besaß (Ellis 1987, S. 162).

3.2.2 „Gridlock" – politischer Stillstand

Die Verabschiedung der *Force Bill* machte in der Folgezeit nur wenig Fortschritte. Die Meinungsbildung in beiden Kammern des Kongress gestaltete sich äußerst schwierig. Ebenso verhielt es sich mit einem weiteren Vorhaben: Jackson hatte einen Vorstoß zur Senkung der Zolltarife unternommen. Der Kongress griff die Anregung auf und beriet parallel zur *Force Bill* ein entsprechendes Reformgesetz. Der nach Gulian C. Verplanck, dem Vorsitzenden des federführenden Ausschusses benannte Entwurf sah vor, an der protektionistischen Handelspolitik generell festzuhalten, die Tarife aber radikal abzusenken. Binnen vierundzwanzig Monaten hätten die Zölle wieder das Niveau des Jahres 1816 erreichen sollen. Mehrheiten für die *Verplanck Bill*, die versuchte, zwischen Befürwortern und Gegnern der protektionistischen Politik zu vermitteln, konnten jedoch nicht generiert werden. Zu komplex waren mittlerweile die Interessenlagen der im Kongress um Einfluss ringenden Gruppierungen, die sich längst nicht mehr an Parteigrenzen festmachen ließen (Ellis 1987, S. 165). Anfang 1833 war klar, dass die *Verplanck Bill* keine Aussichten mehr hatte, verabschiedet zu werden (Freehling 1990, S. 283).

Eine politische Lösung der Nullifikationskrise stand somit immer noch aus. Unterdessen versuchte South Carolina, an der Verbesserung seiner Lage zu arbeiten. Der Staat war immer noch isoliert. Allerdings hatte Jackson mit seiner Proklamation den gesamten Süden gegen sich aufgebracht. Vor allem die darin enthaltene Negation des Sezessionsrechts wurde ihm übel genommen. Die Anhänger der Nullifikationsdoktrin wollten aus diesem Umstand politisches Kapital schlagen. Um Unterstützung zu gewinnen, mussten sie aufzeigen, dass ihre Absichten friedlich und nicht gegen die Unionsverfassung gerichtet waren. Provokationen galt es zu vermeiden. Es überrascht daher nicht, dass South Carolina keine ernsthaften Schritte unternahm, die Nichtigkeitserklärung durchzusetzen. Als die Frist, die man dem US-Kongress zur Neuregelung der Zollfrage eingeräumt hatte, drohte zu verstreichen, wurde sie kurzerhand verlängert. South Carolina gab damit auf unterschwellige Art und Weise seine Kooperationsbereitschaft zu erkennen.

Auf Ebene der Zentralregierung war die Debatte unterdessen ins Stocken geraten. Der Entwurf zur Reform der Zolltarife galt als gescheitert und die Beratungen über die *Force Bill* kamen nicht vom Fleck. Eine kaum auflösbare Vermengung parteipolitischer und verfassungstheoretischer Positionen, wahltaktischer Überlegungen sowie konkurrierender ökonomischer Interessenlagen lähmte den Kongress. Zudem war das politische Klima durch harte Worte und martialische Drohgebärden vergiftet worden. Jackson hatte einen Teil des Vertrauens, das ihm entgegen gebracht wurde, verspielt und South Carolina, das die Rechte der Einzelstaaten durch sein mutiges – tollkühnes? – Vorpreschen schützen wollte, bekam im entscheidenden Augenblick Angst vor der eigenen Courage. Helfen konnte in dieser verzwickten und unbefriedigenden Situation nur noch ein Kompromiss, der es allen Beteiligten erlaubte, erhobenen Hauptes aus dem Konflikt zu treten.

3.2.3 Der Ausweg aus dem Konflikt: die Clay-Calhoun-Übereinkunft

Einen gesichtswahrenden Ausweg aus der Krise unterbreitete der Vorschlag, den Henry Clay zusammen mit John C. Calhoun entworfen hatte. Beide kannten sich seit geraumer Zeit. Zwar lagen ihre politischen Ansichten weit voneinander entfernt, dies hinderte sie freilich nicht daran, gute persönliche Beziehungen zu pflegen (Ellis 1987, S. 167). Zudem waren beide Rivalen des amtierenden Präsidenten: Clay, der intellektuelle Kopf des protektionistischen Lagers, galt im Kongress als schärfster Widersacher Jacksons. Clay und Jackson waren aber nicht nur politische Kontrahenten. Vielmehr verband sie eine langjährige und tiefe persönliche Feindschaft. Calhoun wiederum, der der Partei des Präsidenten angehörte, hatte sich im Zuge der Nullifikationskrise mit Jackson überworfen. Jackson verübelte seinem Vizepräsidenten dessen leidenschaftliches Eintreten für die Sache South Carolinas. Er fühlte sich dadurch hintergangen. Die Differenzen zwischen den beiden wurden unüberbrückbar. Schließlich kam es zum Bruch. Dieser wurde im Dezember 1832 für alle sichtbar vollzogen: Calhoun, zuvor in den Senat gewählt, trat als Vizepräsident zurück. In seiner neuen Funktion konzentrierte er sich darauf, für South Carolina einen ehrenvollen Ausweg aus dem Konflikt aufzuzeigen. Einen Abfall seines Heimatstaates und das Zerbrechen der Union wollte er um jeden Preis verhindern.

Clay und Calhoun verhandelten im Geheimen (Peterson 1987, S. 224 ff.). Zusammen mit einigen Vertrauten formulierten sie binnen kurzer Zeit einen Gesetzesentwurf, um die leidige Zollfrage, die die Union in die Krise gestürzt hatte, beizulegen. Clay, dem klar war, dass eine konsensfähige Lösung ohne Zugeständnisse an das anti-protektionistisch gesonnene Lager nicht zu erreichen sei, erwies sich rückblickend als der geschicktere Unterhändler. Ihm gelang es, seine Positionen fast vollständig durchzusetzen. Calhoun hingegen musste in nahezu allen Punkten nachgeben. Einerseits konnte er den Erfahrungen, die der „Great Compromiser" als versierter Verhandlungsführer besaß, nur wenig entgegen setzen. Andererseits plagte ihn beständig die Furcht, dass zeitliche Verzögerungen oder unannehmbare Forderungen seinerseits die Situation verschlimmern würden. Der Vorschlag, auf den sich Clay und Calhoun letztendlich einigten, basierte auf dem Zollgesetz des Jahres 1832. Er sah er vor, die Tarife langsam und stetig abzusenken. Ziel der Vereinbarung war es, dass bis 1842 kein Zoll die 20-Prozent-Marke mehr überschreiten sollte. Weiterhin hatten Clay und Calhoun ausgemacht, die Liste der von Einfuhrangaben gänzlich befreiten Güter erheblich zu erweitern (Ellis 1987, S. 169).

Die Übereinkunft nützte beiden Lagern: Den Anhängern Clays garantierte sie neun weitere Jahre der Protektion. Zeit genug für die betroffenen Industrien, sich auf die veränderten Rahmenbedingungen einzustellen. Die Gegner der Schutzzollpolitik hingegen profitierten von dem allmählich sinkenden Tarifniveau. Dennoch bereitete die Verabschiedung des Entwurfs, den Clay am 12. Februar 1833 im Senat vorgestellt und der in Calhoun seinen ersten Fürsprecher gefunden hatte, einige Probleme. Im Kongress standen nicht wenige einem von Clay und Calhoun, den Widersachern des Präsidenten, gemeinsam eingebrachten Gesetzentwurf skeptisch gegenüber. Jackson selbst war auch unzufrieden. Seiner Ansicht nach sanken die Zölle nicht schnell genug. Die *Verplanck Bill*, die er präferierte, hätte bereits nach zwei Jahren die Tarife auf das Niveau der 20-Prozent-Grenze gebracht. Jackson war aber noch aus einem weiteren Grund unzufrieden. Er ärgerte sich darüber, dass die Verabschiedung der *Force Bill* nicht voran kam. Jackson beharrte auf dem Zustandekommen des Beschlusses. Die Forderung des Präsidenten fand in beiden Kammern des Kongresses Gehör. Erneut setzten sich die Gegner der Nullifikationsdoktrin für die Annahme der *Force Bill* ein. Sie vertraten die Ansicht, nur durch die Verabschiedung beider Gesetzentwürfe sei es möglich, eine Einigung im Zolltarifstreit zu erreichen, ohne dabei South Carolinas abwegige, verfassungstheoretische Sicht im Nachhinein zu legitimieren (Peterson 1987, S. 229).

Um nicht die Chance zu verspielen, die Nullifikationskrise auf friedlichem Weg zu lösen, kam man im Senat überein, das Waffengewaltgesetz passieren zu lassen. Am 20. Februar 1833 wurde der Entwurf mit einer Mehrheit von zweiunddreißig zu eins angenommen. Einige Senatoren, darunter auch Calhoun und Clay, blieben der Abstimmung fern. Clay führte seine Abwesenheit einen Tag später auf gesundheitliche Gründe zurück. Wäre er anwesend gewesen, so brachte er in einer Erklärung vor dem Senat zum Ausdruck, hätte er selbstverständlich für die Annahme des Entwurfs gestimmt. Clay gelang es auf diese Weise, sich mit Gegnern und Befürwortern der *Force Bill* gleichermaßen zu solidarisieren. Seine *Taten* unterstützten das eine, seine *Worte* das andere Lager.

Clay machte sich nun daran, Mehrheiten für die Reform der Zollgesetzgebung zu schmieden. Die Unterstützung des Senats schien sicher. Sowohl die Verabschiedung der *Force Bill* als auch die geglückte Nachverhandlung einzelner Details des neuen Zolltarifs garantierten eine breite Zustimmung. Damit war es aber nicht getan. Die Verfassung sprach das Initiativrecht für haushaltspolitische Entscheidungen dem Repräsentantenhaus zu. Clay hatte seinen Vorschlag bislang nur im Senat vorgestellt. Von hier konnte er jedoch kein formelles Gesetzgebungsverfahren einleiten. Clay musste somit den Ball dem Repräsentantenhaus zuspielen. Dort hatte man sich noch kein abschließendes Urteil gebildet. Clay stand nun vor der Herausforderung, die Mehrheit der Repräsentanten für den Kompromiss zu gewinnen. Dieses Unterfangen gestaltete sich jedoch ungleich schwieriger. Es galt nicht nur eine wesentlich höhere Zahl an Personen von der Sache zu überzeugen. Das eigentliche Problem bestand vielmehr darin, dass es im Repräsentantenhaus angesichts der dort vorherrschenden komplexen Interessenlage keine dominanten Parteiführer gab, mit denen überhaupt erfolgversprechende Verhandlungsgespräche hätten geführt werden können. Clay meisterte aber auch diese Aufgabe. Der „Great Compromiser", der vor seiner Zeit als Senator lange Jahre Sprecher des Repräsentantenhauses gewesen war, ließ seine Kontakte spielen. Er fand in einem Parteifreund einen Verbündeten für sein Vorhaben. Dieser brachte unter dem Vorwand, die Debatte über die *Verplanck Bill* fortsetzen zu wollen, den von Clay und Calhoun ausgehandelten und im Senat bereits diskutierten, aber nicht verabschiedeten Vorschlag auf die Agenda des Repräsentantenhauses. Der Versuch, das in verfahrensrechtlicher Hinsicht unsaubere Manöver zu durchkreuzen, stieß auf Widerstand. Darauf hatte Clay gehofft. Während der Aussprache formierte sich eine Mehrheit, die bereit war, den Zollkompromiss mitzutragen. Als es am 26. Februar 1833 zur Abstimmung kam, wurde die Clay-Calhoun-Übereinkunft mit 119 zu 85 Stimmen angenommen (Ellis 1987, S. 175).

Es ergab sich somit folgende Situation: Der Senat hatte die *Force Bill* verabschiedet und das Repräsentantenhaus den Entwurf des von Clay und Calhoun ausgehandelten Zollgesetzes. Die Befürworter des Kompromisses konnten durchatmen. Doch alle Hürden hatten sie noch nicht genommen. Die „Doppellösung" geriet erneut in Gefahr: Zwar galt die Zustimmung des Senats zum Zollgesetz als sicher, im Repräsentantenhaus aber versuchten Anhänger der Nullifikationsdoktrin unterdessen, die Verabschiedung der *Force Bill* hinauszuzögern. Ihr Ziel war es, eine Entscheidung innerhalb der laufenden Sitzungsperiode zu verhindern. Zudem verlangtem sie eine namentliche Abstimmung. Jackson tobte. Der Präsident richtete sich an den Kongress und erklärte, er werde, wenn es denn sei müsse, Sondersitzungen einberufen, um ein zeitnahes Votum herbeizuführen. Clay pflichtete Jackson bei. Einerseits wollte er den Kompromiss, für den er so hart gearbeitet hatte, endlich umgesetzt wissen. Andererseits fand Clay es im Geheimen nicht schlecht, extreme Sezessionisten durch ein probates Abschreckungsinstrument dauerhaft einzuschüchtern (Ellis 1987, S. 176).

Um eine rasche Entscheidung herbeizuführen, gab der Senat dem Repräsentantenhaus zu verstehen, dass ohne die zügige Verabschiedung des Waffengewaltgesetzes der Zollkompromiss gescheitert sei. Eine Wiederaufnahme des Verfahrens in der nächsten Sitzungsperiode würde es nicht geben. Diese Drohung brach schließlich den Widerstand (Peterson 1987, S. 231 ff.). Am 1. März 1833 um ein Uhr nachts verabschiedete das Repräsentantenhaus mit 111 zu 40 Stimmen die *Force Bill*. Am gleichen Tag ließ der Senat das neue Zollgesetz passieren. Damit war die „Doppellösung" unter Dach und Fach. Für die Annahme des nun offiziell als Gesetzesinitiative eingebrachten Kompromissvorschlags votierten neunundzwanzig Senatoren, sechzehn lehnte ihn ab. Auch Calhoun hatte für die Reform des Zollgesetzes gestimmt (Ellis 1987, S. 176 f.).

Nachdem der US-Kongress seine Entscheidungen getroffen hatte, lag es nun an South Carolina, dem Kompromiss zuzustimmen. Am 11. März 1833 versammelte sich in der Hauptstadt der Konvent. Die Beratungen währten nur kurze Zeit. Schon nach wenigen Tagen erkannten die Delegierten, dass der von Clay und Calhoun auf den Weg gebrachte Kompromiss einen „ehrenvollen" Ausweg aus der Krise ermöglichte (Freehling 1990, S. 285). Der Konvent fasste den Entschluss, die Nullifikationserklärung aufzuheben. South Carolina und die Zentralregierung hatten Frieden geschlossen. Freilich ließen es sich die Delegierten des Konvents nicht nehmen, in einem letzten Akt des Widerstandes das nun gegenstandslos geworden Waffengewaltgesetz für null und nichtig zu erklären (Freehling 1990, S. 297).

3.3 Die konstitutionelle Dimension des Tarifkonflikts

Der Streit zwischen South Carolina und der amerikanischen Zentralgewalt über die Ausgestaltung der Zolltarife berührte in seinem Kern ein zentrales konstitutionelles Problem: Im Grunde genommen ging es um die Frage, wo in den USA die Souveränität angesiedelt war. Ruhte sie in einem amerikanischen Gesamtvolk oder waren die Einzelstaaten, die sich 1776 in einem revolutionären Akt vom britischen Mutterland gelöst hatten, nach wie vor souveräne Einheiten? Vor diesem Hintergrund galt es die Rechtsnatur der amerikanischen Verfassung auszuloten und zu klären, welche Handlungsgrenzen der Zentralgewalt und den Staaten gesetzt waren.

Anhänger und Gegner der Nullifikationslehre vertraten in der Verfassungsdebatte, die sich parallel zum Zolltarifstreit entwickelte, völlig unterschiedliche Ansichten. Erstgenannte favorisierten eine Lesart der Verfassung, die die uneingeschränkte Souveränität der Staaten in den Mittelpunkt rückte. Dem widersprachen die Unionisten. Für sie stand hinter der Verfassung eine amerikanische Gesamtnation. Sie war der Souverän, auf den sich die Formel „We the People" in der Präambel bezog. Sachwalter des Volkes war nach Ansicht der Unionisten die Zentralgewalt. Um sich gegen ihre Beschlüsse zur Wehr zu setzen, stand der Rechtsweg zum Obersten Bundesgericht offen. Auch der „Vater der Verfassung" schaltete sich in die Debatte ein. James Madison warnte vor den Auswüchsen einer auf Nullifikation und Staatenrechte gegründeten Auslegung der Verfassung. Sollte sie sich durchsetzen, sei der Fortbestand der USA ernsthaft gefährdet. Doch auch die Ansichten der Unionisten waren ihm hier und da ein Dorn im Auge. Vor allem kritisierte er eine strikt „national" gedachte Volkssouveränität, da sie das föderale Element des Verfassungsgebungsprozesses völlig außer Acht ließ.

Der Disput über die Zolltarife war somit binnen kurzer Zeit zu einer Auseinandersetzung von grundlegender konstitutioneller Bedeutung geworden. Die Diskussion ließ erkennen, dass die Frage nach den Ursprüngen und dem Wesen der „federal union" hochgradig umstritten war.

4 Die Verfassungsdebatte im Umfeld der Nullifikationskrise

4.1 Was ist die „nature of the union"?

Die verfassungstheoretischen Argumente, mit denen Anhänger und Gegner der Nullifikationslehre ihre Positionen untermauerten, wiesen eine erhebliche Bandbreite auf. In der Gesamtschau zeichneten sie völlig unterschiedliche Bilder vom Wesen und den Ursprüngen der „federal union". Diese betonten entweder das staatenbündische Element des Verfassungsgebungsprozesses oder hoben auf den nationalen Charakter des amerikanischen Regierungssystems ab. Je nachdem welcher Sichtweise man folgte, erschienen die Handlungen South Carolinas im Zolltarifstreit entweder als gerechtfertigte Maßnahmen gegen das kompetenzwidrige Handeln der Zentralgewalt oder als rebellischer Akt eines einzelnen Staates.

Die konstitutionellen Ordnungsvorstellungen, die in der politischen Kontroverse der Jahre 1828 bis 1833 aufeinander trafen, hatten trotz aller Unterschiede einen gemeinsamen Ausgangpunkt: Sie alle fanden ihren Ursprung in der Souveränität des Volkes. Allerdings wurde das zentrale Thema von den Akteuren der Verfassungsdebatte gedanklich und argumentativ jeweils anders in Szene gesetzt. Während die Anhänger der Nullifikationslehre die Völker der Einzelstaaten mit den Attributen souveräner Macht ausstatteten, hob das unionistische Lager eine amerikanische Gesamtnation auf den Schild. Zwischen den konkurrierenden Auffassungen ließ sich kein Ausgleich erzielen. Sie zeigten völlig konträre Bilder von der Gründung der Union und gingen im Hinblick auf die Kompetenzen der Zentralgewalt und die Rechte der Einzelstaaten von gänzlich anderen Maßgaben und Funktionslogiken aus. Einer „friedlichen" Koexistenz oder gar Verschmelzung der beiden Ordnungsvorstellungen im Rahmen der Verfassungsdebatte war damit der Boden entzogen.

Für die Verfechter der Nullifikationslehre besaß die Union ein „confederated government". Es stellte die Zentralgewalt in den Dienst und unter die Aufsicht der Staaten. Hingegen gingen die Unionisten von einem „consolidated governement" aus. In ihm diente die Zentralgewalt einem amerikanischen Gesamtvolk, dem gegenüber sie sich verantworten musste. Die konstitutionellen Ordnungsvorstellungen beider Lager wichen in einem weiteren, ganz maßgeblichen Punkt voneinander ab: Während die Parteigänger South Carolinas den Völkern der Einzelstaaten die Kompetenz zusprachen, letztverbindlich über Auslegung und Anwendung der Verfassung zu entscheiden, siedelten die Unionisten diese Zuständigkeit beim *Supreme Court*, dem Obersten Bundesgericht der USA, an.

4.2 Ursprung und Wesen der „federal union": Drei konkurrierende Sichtweisen

Das Letztentscheidungsrecht war zweifelsfrei Ausdruck souveräner Macht. Deshalb musste es in einem „confederated government", so wie es den Anhängern der Nullifikationslehre vorschwebte, unbedingt den einzelstaatlichen Völkern vorbehalten bleiben. Das Recht des Souveräns, konstitutionelle Fragen Kraft eigener Autorität an sich zu ziehen und letztverbindlich zu beantworten, hatte John C. Calhoun in der *South Carolina Exposition* als Schutz gegen das kompetenzwidrige Handeln der Zentralgewalt ins Spiel gebracht. Das strittige Zollgesetz war nach Ansicht Calhouns ein solcher Fall. Es sei überhaupt nicht mit der – absolut legitimen – Absicht geschaffen worden, die Zentralgewalt mit den zur Erfüllung ihrer Aufgaben nötigen Finanzmitteln auszustatten. Es diene vielmehr dem – verfassungswidrigen – Zweck, den Industrien des Nordens durch protektionistische Maßnahmen einen nationalen Wettbewerbsvorteil zu verschaffen, dessen Kosten einseitig zu Lasten des auf Einfuhren angewiesenen Südens gingen. Dieser „pervertierten" Inanspruchnahme eines Kompetenztitels galt es einen Riegel vorzuschieben (Watkins 2008, S. 102).

Für Calhoun lag es auf der Hand, dass die horizontalen *checks-and-balances* der Verfassung im Falle des Zollgesetzes versagt hatten. Es mussten daher andere Kontroll- und Abwehrmechanismen zur Anwendung kommen. Eine Erfolg versprechende Strategie im Kampf gegen die nationale Zollgesetzgebung bestand nach Ansicht Calhouns darin, den Souverän zu aktivieren und ihn gegen die Zentralgewalt in Stellung zu bringen (Watkins 2008, S. 103). Eine Klage vor dem *Supreme Court* hielt Calhoun hingegen für wenig aussichtsreich. Der Gerichtshof hatte unter *Chief Justice* John Marshall, dem letzten im Amt verbliebenen *High Federalist* der Gründungsepoche, über Jahrzehnte hinweg einer expansiven Auslegung der Verfassung und einer damit in Verbindung stehenden dynamischen Inanspruchnahme von Kompetenztiteln Tür und Tor geöffnet. Der Handlungsspielraum der Zentralgewalt war dadurch sukzessive erweitert worden. Calhoun nahm an, die obersten Bundesrichter würden auch im Fall des strittigen Zollgesetzes an ihrer expansiven Rechtsprechung festhalten. Zudem hätte ein Verfahren vor dem *Supreme Court* ein absolut verheerendes verfassungspolitisches Signal gesetzt: Der Schritt, die Bundesgerichtsbarkeit letztverbindlich über das Zollgesetz entscheiden zu lassen, wäre aus Calhouns Sicht nichts anderes gewesen als der Kniefall vor einem falschen Souverän.

Calhoun skizzierte in der *South Carolina Exposition* einen Weg, der es den Staaten ermöglichen sollte, kompetenzwidrige Beschlüsse der Zentralgewalt aus eigener Kraft aufzuheben. Die Verfassung, so hieß es, erlaube es beim Versagen der politischen und rechtlichen Kontrollmechanismen unmittelbar auf die Macht des Souveräns zurückzugreifen (McDonald 2000, S. 104 f.). Eine derartige Lage war nach Ansicht Calhouns im Fall des Zollgesetzes gegeben. Deswegen hielt er es für angemessen und zwingend erforderlich, auf den Machtmissbrauch mit einem einseitigen staatlichen Veto zu reagieren. Da es sich dabei um einen Akt des Souveräns handelte, sollte es nicht von den gesetzgebenden Versammlungen sondern von eigens zu diesem Zweck einberufenen Verfassungskonventen ausgesprochen werden (Watkins 2008, S. 103).

Calhouns Vorschlag hatte allerdings einen Haken: Der Wortlaut der Verfassung war im Hinblick auf das Vetorecht, das die *South Carolina Exposition* in den Mittelpunkt rückte, alles andere als eindeutig. Ausdrücklich erwähnt wurde es nicht. Calhoun ließ sich dadurch aber nicht abschrecken. Schließlich ergaben sich Sinn und Zweck einer Verfassung nicht allein aus einer wortgetreuen Auslegung ihrer Bestimmungen. Ebenso wichtig war es, ihre Einzelnormen in einen Gesamtkontext zu stellen und dabei auch nach impliziten Regelungsinhalten Ausschau zu halten. Der *Supreme Court* hatte just diese Methode immer wieder hergezogen, um die Rechte der Zentralgewalt zu stärken. Calhoun kehrte den Spieß nun um. Er trat für eine Lesart der Verfassung ein, die einen breit gefächerten Schutz der einzelstaatlichen Rechte zur obersten Maxime erhob (Watkins 2008, S. 104).

Calhoun war überzeugt, dass sein „konföderaler" Interpretationsansatz mit den ursprünglichen Intentionen der Gründerväter im Einlang stand. Um dies zu verdeutlichen, rief er zwei Autoritäten in den Zeugenstand, die die Geschicke Amerikas während der Revolutionszeit und in den jungen Jahren der Union durch ihr politisches Denken und Wirken maßgeblich beeinflusst hatten: Thomas Jefferson und James Madison. Calhoun verwies in der *South Carolina Exposition* auf die von Jefferson und Madison verfassten Resolutionen, mit denen die gesetzgebenden Versammlungen Kentuckys und Virginias offiziell gegen die 1798 vom Kongress verabschiedeten *Alien and Sedition Acts* protestiert hatten (Cheek 2004, S. 50 ff.). In ihnen bekräftigen die Staaten ihre absolute Souveränität und behielten sich vor, gegen verfassungswidrige Beschlüsse der Zentralgewalt rechtliche und politische Schritte einzuleiten. Für Calhoun lagen hier die Wurzeln der Nullifikationslehre. Die Überlegungen zum Wesen und zu den Ursprüngen der „federal union", die sich in den beiden Resolutionen fanden, ließen Calhoun zum dem Schluss kommen, dass das einzelstaatliche Veto, so wie er es in der *South Carolina Exposition* beschrieben hatte, seit jeher zur Tiefenstruktur der Verfassung gehörte (Read 2009, S. 43).

Die Veröffentlichung der *South Carolina Exposition* gegen Ende des Jahres 1828 heizte die Debatte über die „nature of the union" an. Das unionistische Lager wollte es nicht hinnehmen, dass die Anhänger der Nullifikationslehre Jefferson und Madison einseitig für ihre Sache einspannten. Zudem war es von den verfassungstheoretischen Überlegungen, die in der *Exposition* zur Rechtfertigung des einzelstaatlichen

Vetos herangezogen wurden, in keiner Weise überzeugt. Die öffentliche Auseinandersetzung zwischen den beiden Lagern spitzte sich zu. Schon bald erreichte sie ihren Höhepunkt: Im Dezember 1829 beriet der Senat über die Veräußerung eines beträchtlichen Teils des öffentlichen Landes. In der Debatte, die sich bis in das Folgejahr hinein fortsetzte, bestand Dissens darüber, wie die Einnahmen aus den Verkäufen eingesetzt werden sollten. Einige wollten sie zum Abbau der Schulden verwenden, andere mit ihnen neue Investitionsprojekte der Zentralgewalt finanzieren (Peterson 1987, S. 171 ff.). Die Auseinandersetzung bekam eine unterwartete Wende, als Senator Daniel Webster aus Massachusetts das Thema auf den andauernden Zolltarifstreit und die (fragwürdigen) verfassungstheoretischen Konzeptionen South Carolinas lenkte (Howe 2009, S. 369 f.). Es ging nun nicht länger um Landverkäufe. Vielmehr entwickelte sich die Debatte zu einer Generalaussprache über die konstitutionellen Fundamente der „federal union" (Finzsch 2005, S. 274; Belz 2000, S. xi).

Senator Robert Y. Haynes aus South Carolina ergriff das Wort. Er sah sich genötigt den rhetorischen Sticheleien Websters zu entgegen und die Nullifikationslehre vor dem versammelten Senat zu verteidigen. Haynes erörterte, dass die Union durch einen „Verfassungsvertrag" der Staaten ins Leben gerufen worden sei. Ein Souveränitätstransfer habe dabei nicht stattgefunden. Deshalb stehe jedem Staat das Recht zu, selbstständig über die Verfassungsmäßigkeit eines Beschlusses der Zentralgewalt zu befinden. Haynes betrachtete die Nullifikationslehre als keine Neuerung der jüngsten Zeit, sondern sah in ihr ein längst etabliertes Verfassungsprinzip, das dem Zweck diene, den Bestand der Union auf Dauer zu sichern (Fritz 2008, S. 222). Dieser Auffassung trat Webster entgegen.

Webster entwickelte einen „national" ausgerichteten Blick auf die Ursprünge und das Wesen der „federal union". Im Mittelpunkt der Betrachtungen standen nicht die Staaten, sondern die ungeteilte Aufmerksamkeit galt diesmal dem souveränen amerikanischen Gesamtvolk (Kramer 2004, S. 177; McDonal 2000, S. 106). Die Gründung der Union und die Rechtsnatur der Verfassung erschienen dadurch in einem gänzlich anderen Licht. Webster verwarf die Sicht Haynes, die Union sei durch einen wie auch immer gearteten Vertrag der Staaten ins Leben gerufen worden. Vielmehr habe das amerikanische Volk in seiner Gesamtheit gehandelt. Für Webster war es offensichtlich, dass ein die Staaten transzendierender Zusammenschluss von Personen als Souverän hinter der Verfassung stand (Howe, S. 2009, S. 370; Finzsch 2005, S. 274.). In der „nationalen" Perspektive, die Webster mit viel Sinn für Pathos und großem rhetorischem Geschick vor dem Senat entfaltete, besaß die Union somit einen „echten" Gesellschaftsvertrag. Ein Umstand, der einer konföderalen Lesart der Verfassung den Boden komplett entzog. Webster verdeutlichte, dass der Souverän die gesetzgebende, exekutive und rechtsprechende Gewalt zunächst aufgeteilt und sie dann zur Ausübung zwei strikt voneinander getrennten Kompetenzsphären überantwortet habe. Jede Sphäre, die der Staaten und die der Union, besaß somit einen exklusiven, vor Einflussnahme geschützten Zuständigkeitsbereich (Kramer 2004, S. 177). Aus diesem Grund, so führte Webster weiter aus, sei ein staatliches Veto gegenüber Beschlüssen der Zentralgewalt mit der Verfassung unvereinbar. Webster appellierte an die Staaten, sie mögen die Union nicht leichtfertig aufs Spiel setzen. Er warnte mit eindringlichen Worten davor, Akte der Zentralgewalt zu nullifizieren. Ein solcher Schritt, so Webster, würde nicht nur die Einheit des Rechts zerstören, sondern die Union unweigerlich einem Bruderkrieg und damit dem Untergang näher bringen (Howe 2009, S. 371).

Webster war es gelungen, die Union in seinem abschließenden Redebeitrag, der nicht nur in Zeitungen veröffentlicht wurde, sondern auch als Sonderdruck große Verbreitung fand, als etwas Einzigartiges, absolut Erhabenes darzustellen (Peterson 1987, S. 178 f.). Er hatte mit seinen Worten ein Symbol der nationalen Einheit geschaffen. Allerdings drohte der Union noch immer Gefahr. Nicht nur Webster und seine Parteigänger warnten vor der zerstörerischen Kraft der Nullifikationslehre. Auch James Madison sah sich genötigt, zur Feder zu greifen und von seinem Alterssitz aus in die Verfassungsdebatte einzugreifen.

Madison war überhaupt nicht glücklich damit, dass die *South Carolina Exposition* im Zusammenhang mit den Ursprüngen der Nullifikationslehre auf ihn und Jefferson verwies. Der „Vater der Verfassung" fühlte sich grob missverstanden. Jefferson, der die *Kentucky Resolutions* von 1798 entworfen hatte, war 1826 verstorben. Er konnte seine Sicht der Dinge somit nicht mehr öffentlich mitteilen. Madison hingegen war am Leben. Er fühlte sich verpflichtet, Position zu beziehen und auf Verwerfungen in der gegenwärtigen Debatte hinzuweisen (McCoy 129 ff.). Madison brachte zum Ausdruck, dass er das einseitige Veto eines Staates gegenüber Akten der Zentralgewalt nicht billige. Es stehe nicht in der Tradition der Maßnahmen, die er und Jefferson seinerzeit als verfassungskonforme Reaktionen auf die *Alien and Sedition Acts* in Erwägung gezogen hatten (Watkins 2008, S. 113). So wie Webster befürchtete auch Madison, dass das einzelstaatliche Veto die Union auf kurz oder lang zerstören würde. Nullifikation und Sezession gingen für den betagten „Vater der Verfassung" Hand in Hand (Fritz 2008, S. 223).

Obwohl Madison das einzelstaatliche Veto vehement ablehnte und die Kritik teilte, die den Parteigängern South Carolinas vielerorts entgegenschlug, positionierte er sich in der Verfassungsdebatte nicht auf der Seite der Unionisten. Das „nationale" Lager hatte seiner Ansicht nach nämlich auch nicht verstanden, wer der Souverän war, von dem die Verfassung in ihrer Präambel sprach (McCoy 1989, S. 149). Madison störte sich vor allem daran, dass die unionistische Interpretation des Verfassungsgebungsprozesses die föderale Komponente völlig außer Acht ließ. Mit einer solch eingeschränkten Sicht sei es unmöglich, den „wahren" Souverän der Union zu erkennen (Fritz 2009, S. 224).

Madison brachte die einzelstaatlichen Völker wieder zurück ins Zentrum der Debatte. Sie waren seiner Ansicht nach die Schöpfer der Verfassung und Gründer der Union (Read 2009, S. 46). Insofern stimmte Madisons Position mit der Auffassung überein, die die Anhänger der Nullifikationslehre sich zu eigen gemacht hatten. Die beiden Betrachtungsweisen wichen aber in einem ganz entscheidenden Punkt voneinander ab. Madison stellte nämlich unmissverständlich klar, dass die Souveränität den Völkern der Staaten nur gemeinschaftlich zukomme. Der Souverän, den Madison hinter der Verfassung erblickte, war also ein Kollektiv: das der einzelstaatlichen Völker (McCoy 1989, S. 134 ff.). Für das Recht, das South Carolina in Anspruch nehmen wollte, um sich gegen die Zentralgewalt zur Wehr zu setzen, gab es somit keine Begründung. Allein konnte das Volk South Carolinas nicht als Souverän gegenüber der Union in Erscheinung treten. Dazu benötigte es die Unterstützung der anderen einzelstaatlichen Völker (McCoy 1989, S. 136 f.).

Madisons Stimme ging in der Verfassungsdebatte unter. Die Menschen waren nicht empfänglich für eine Theorie, die die hybride Natur der „federal union" betonte. Sie wollten sich zwischen zwei konkurrierenden Positionen entscheiden. Der Umstand, dass beide Sichtweisen nicht das Plazet des Verfassungsvaters fanden, interessierte niemanden.

5 Schlussbetrachtungen

Wer hatte die Union ins Leben gerufen? In wessen Namen wurde politische Herrschaft ausgeübt? Wer besaß das Recht, letztverbindlich über die Interpretation der Verfassung zu entscheiden? Anhänger und Gegner der Nullifikationslehre beantworteten diesen Fragen in der Debatte über die „nature of the union" auf höchst unterschiedliche Weise. Die politisch-konstitutionelle Auseinandersetzung, die sich im Umfeld des Zolltarifstreits entspann, verdeutlicht, dass zur damaligen Zeit keine Einigkeit darüber bestand, wie die amerikanische Verfassung gelesen werden sollte und welche Sinnstiftungen sich hinter ihrer textlichen Oberfläche verbargen (Watkins 2008, S. 118). Zwar rückten alle Akteure der Debatte ein zentrales Konzept, die Souveränität des Volkes, in den Mittelpunkt ihrer Betrachtungen, doch was sie mit ihm materiell in Verbindung brachten, war durch voneinander abweichende Vorverständnisse geprägt. Für John C. Calhoun nahm auf diese Weise eine Union Gestalt an, in der die Souveränität bei jedem einzelstaatlichen Volk lag. Der Schutz der Staatenrechte und die Kontrolle der Zentralgewalt standen in diesem konföderal verfassten Gemeinwesen an oberster Stelle. Daniel Webster hingegen entwickelte eine gänzlich andere Vorstellung von der konstitutionellen Ordnung. In ihr besaß eine amerikanische Gesamtnation die Souveränität. Die Union war in dieser Perspektive keine Gründung der Staaten, sondern durch einen Gesellschaftsvertrag entstanden. James Madison, der sich berufen fühlte, in die Debatte zwischen Anhängern und Gegnern der Nullifikationslehre einzugreifen, verwarf beide Sichtweisen: Für ihn war die Union ein Hybrid, dessen konstitutionelles Fundament sowohl konföderale als auch nationale Elemente besaß. Hinter dem Gesellschaftsvertrag, auf den sich dieses begrifflich nur schwer zu fassende Gemeinwesen gründete, stand nach Ansicht Madison ein Kollektivsouverän: die Gemeinschaft der einzelstaatlichen Völker.

Calhoun, Webster, Madison – sie alle suchten nach den sinnstiftenden Ideen, die unter dem Text der Verfassung verborgen lagen. Da ihre gedanklichen Instrumente, ihre Vorverständnisse, jedoch nicht einheitlich konfiguriert waren, entdeckten sie bei ihrer Tauchfahrt in die Welt der konstitutionellen Tiefenstruktur ganz unterschiedliche Dinge. Zurück an der Oberfläche wurde schnell deutlich, dass die Funde voneinander abweichende Geschichten über die Union und den Souverän, der sie ins Leben gerufen hatte, erzählten. Das identitäts- und einheitsstiftende Geheimnis, das die Tiefen der Verfassung seit 1788 geschützt hatten, war gelüftet worden. Die Amerikaner mussten sich nun offen bekennen, welcher Gründungserzählung sie Glauben schenken wollten. Die Verfassung hatte dadurch einen beträchtlichen Teil ihrer einstigen Integrationskraft verloren.

Literatur

Belz, Herman 2000: Foreword, in: ders. (Hrsg.), The Webster-Hayne Debate on the Nature of the Union. Selected Documents, Indianapolis, vii–xv.
Cheek, H. Lee 2004: Calhoun and Popular Rule. The Political Theory of the *Disquisition* and *Discourse*, Columbia/London.
Ellis, Richard E. 1989: The Union at Risk: Jacksonian Democracy, States' Rights, and Nullification Crisis, New York/Oxford.
Finzsch, Norbert 2005: Konsolidierung und Dissens. Nordamerika von 1800 bis 1860, Münster.
Freehling, William W. 1990: The Road to Disunion. Volume I: Secessionists at Bay, 1776–1854, New York/Oxford.
Freehling, William W. 1992: Prelude to Civil War. The Nullification Controversy in South Carolina 1816–1836, Paperback Edition, Oxford/New York.
Fritz, Christian G. 2009: American Sovereigns. The People and America's Constitutional Tradition Before the Civil War, Paperback Edition, Cambridge u. a.
Gebhardt, Jürgen 1987: Verfassungspatriotismus – Anmerkungen zur symbolischen Funktion der Verfassung in den USA, in: Manfred Hättich (Hrsg.), Zum Staatsverständnis der Gegenwart, München, S. 111–130.
Heideking, Jürgen 2002: Der symbolische Stellenwert der Verfassung in der politischen Tradition der USA, in: Hans Vorländer (Hrsg.), Integration durch Verfassung, Wiesbaden, S. 123–136.
Heideking, Jürgen/Christoph Mauch 2008: Geschichte der USA, 6. Aufl., Stuttgart.
Howe, Daniel Walker 2007: What Hath God Wrought. The Transformation of America, 1815–1848, Oxford/New York.
Huntington, Samuel P. 1981: American Politics: The Promise of Disharmony, Cambridge/London.
König, Jens C. 2010: Politische Kultur in USA und Deutschland: Nationale Identität am Anfang des 21. Jahrhunderts, Berlin.
Kramer, Larry D. 2004: The People Themselves. Popular Constitutionalism and Judicial Review, Oxford/New York.
McCoy, Drew R. 1989: The Last of the Fathers. James Madison and the Republican Legacy, Cambridge u. a.
McDonald, Forrest 2000: States' Rights and the Union. Imperium in Imperio, 1776–1876, Lawrence.
Morison, Samuel E./Henry S. Commager/William E. Leuchtenburg 1969: The Growth of the American Republic, Volume I, 6. Aufl., New York/London/Toronto.

Peterson, Merrill D. 1987: The Great Triumvirate. Webster, Clay, and Calhoun, New York/Oxford.

Read, James H. 2009: Majority Rule versus Consensus. The Political Though of John C. Calhoun, Lawrence.

Sternberger, Dolf 1990: Verfassungspatriotismus. Rede bei der 25-Jahr-Feier der „Akademie für politische Bildung" (1982), in: Dolf Sternberger, Verfassungspatriotismus, hrsg. von Peter Haugs u. a., Frankfurt a. M., S. 17–38.

Vorländer, Hans 1987: Forum Americanum. Kontinuität und Legitimität der Verfassung der Vereinigten Staaten von Amerika 1787–1987, in: Jahrbuch des öffentlichen Rechts der Gegenwart 36, S. 451–488.

Watkins, Willian J. 2008: Reclaiming the American Revolution. The Kentucky and Virginia Resolutions and their Legacy, Basingstoke.

Clemens Reichhold
Der Kampf der Tea Party um originalistische Lesarten der Verfassung

Die im Kontext der Finanz- und Wirtschaftskrise 2007/08 als Protestbewegung entstandene Tea Party gilt zu Recht als heterogenes und schwer greifbares politisches Phänomen. Eine Gemeinsamkeit ihrer unterschiedlichen Gruppierungen besteht gleichwohl in der Berufung auf die Autorität der „ursprünglichen" Verfassung, um Forderungen nach minimaler bundesstaatlicher Regulierung und größtmöglicher Verantwortung von Individuen und Einzelstaaten geltend zu machen (vgl. Lepore 2010; Rosen 2010; Zernike 2010, S. 64 ff.).

Beispielhaft lässt sich diese Form von Verfassungspolitik der Tea Party an dem Reformprogramm „Pledge to America" ablesen, in dem die Republikaner anlässlich der Kongresswahlen im Herbst 2010 entscheidende Ziele der Bewegung übernahmen. Das in der rustikalen Atmosphäre eines Baumarktes vorgestellte Programm kritisiert zunächst die von Obama geführte Politik Washingtons als distanziert, arrogant und „out of control". Eine wirksame Beschränkung der Macht Washingtons sei demgegenüber nur möglich durch Rückbesinnung auf die Verfassung als Ausdruck einer vermeintlich regierungsskeptischen Gründungszeit:

> We pledge to honor the Constitution as constructed by its framers and honor the original intent of those precepts that have been consistently ignored – particularly the Tenth Amendment, which grants that all powers not delegated to the United States by the Constitution, nor prohibited by it to the states, are reserved to the states respectively, or to the people.[1]

Die anschließenden Wahlen sorgten nicht nur für eine Mehrheit der Republikaner im Repräsentantenhaus, sondern auch für eine Neugewichtung der Kräfte innerhalb der Partei.[2] Zu den ersten Amtshandlungen der neu gewählten Kongresskammer, die den veränderten Kräfteverhältnissen Rechnung trug, zählte die eineinhalbstündige Verlesung der Verfassung im Parlament sowie die Verabschiedung einer Regel, nach der für jedes neu eingebrachte Gesetz ein legitimierender Verfassungsgrundsatz anzugeben ist.

Wie der republikanische Wahlkampf und die anschließende Symbolpolitik im Repräsentantenhaus zeigen, spielt die Aufwertung der Verfassung und eine Orientierung an den „originalen" Texten und Intentionen der Verfassungsgeber für die Tea Party eine zentrale Rolle. In der Sekundärliteratur wird die politische Agenda der Bewegung des-

---

1 Vgl. http://www.cbsnews.com/8301-503544_162-20017335-503544.html
2 Zum Einfluss der Tea Party auf die Halbzeitwahlen, vgl. Karpowirtz et al. 2011, die an der Unterstützung der Tea Party für 216 republikanische gegenüber nur 4 demokratischen KandidatInnen den Mythos der Unparteilichkeit der Tea Party wiederlegen konnten (ebd. S. 308, FN. 1). Zur Neugewichtung der Kräfte bei den Republikanern, vgl. Schläger 2012, S. 196 ff.

halb als „Radical-" (Rosen 2010), „Fundamental-" (Hohenstein 2012) und mit Betonung auf ihre Kritik an der politischen Elite auch als „Popular-Constititutionalism" charakterisiert (Zietlow 2011; Somin 2011). Paul Nolte hat in diesem Zusammenhang die Verfassung treffend als „heiligen Text" der Tea Party bezeichnet (Nolte 2011).

Im Folgenden wird zunächst die Bedeutung der Verfassung für die vielfältigen legislativen, juristischen und identitären Ziele der Tea Party umrissen (1). Anhand von zwei, für den Verfassungsdiskurs der Tea Party besonders relevanten Autoren, Randy Barnett und Cleon Skousen, werden anschließend die originalistischen Argumentationsstrategien der Tea Party genauer untersucht (2). Dabei wird deutlich, dass der Verfassungsdiskurs der Tea Party auf Argumenten beruht, die sich mit dem der „Heiligkeit" verwandten Begriff der „Transzendenz" nicht nur ironisieren, sondern auch analysieren lassen. Als Aspekte von Transzendenz lassen sich in den Schriften der untersuchten Autoren sowohl die Unverfügbarkeit der Verfassung für die Ansprüche veränderter gesellschaftlicher Verhältnisse beschreiben, als auch die Enthebung der Verfassung aus demokratischen Legitimationsverfahren. In einem Fazit werden die Ergebnisse des vorliegenden Beitrags zusammengeführt (3).

1 Zur Bedeutung originalistischer Lesarten der Verfassung in den Protesten der Tea Party

Schon in ihrer Konstituierungsphase, während des Frühjahrs 2009, spielte der Rückgriff auf die Autorität der ursprünglichen Verfassung für die Tea Party eine besondere Rolle. Ein halbes Jahr nachdem die Bush-Administration im Zuge der Finanzkrise die größten Bail-out-Programme der Nachkriegsgeschichte aufgelegt und Obama kurz darauf die sogenannten „Stimulus"-Gesetze zur Belebung der Wirtschaft auf den Weg gebracht hatte, war es Rick Santelli, Wirtschaftsfachmann im Frühstücksfernsehen von CNBC, der in einem wütenden Beitrag die Idee einer Wiederauflage der historischen Tea Party von 1773 schlagartig populär machte.[3] Die als „Santellis Rant" bekannt gewordenen Kritik richtete sich gegen die wirtschaftspolitischen Interventionen der Bundesregierung und berief sich dazu auf die vermeintlich anti-interventionistischen Absichten der Gründergeneration:

> How many of you people want to pay for your neighbor's mortgage? [...] the government is promoting bad behavior! [...]. It's time for another Tea Party. What we are doing in this country will make Thomas Jefferson and Benjamin Franklin roll over in their graves.[4]

---

3 Der Begriff sei nach Lepore eine recht späte Erfindung: Was lange Zeit schlicht „the dumping of the tea" hieß, wurde in literarischer Form erst 1834 als „tea party" aufgewertet (Lepore 2010, S. 87).
4 Vgl. Squawk Box: Santellis Tea Party, NBC television broadcast 19.02.2009.

Quasi über Nacht, so die Historikerin Jill Lepore, die die diskursiven Bezüge der Tea Party auf die Revolutionszeit als idealisiertes Gegenbild zu einer krisengeschüttelten Gegenwart deutet, wurden nach diesem namensgebenden Ereignis zahlreiche grass-root-Gruppen aktiv (Lepore 2010, S. 3).[5] Zwei Monate nach Santellis Wutrede, dem nationalen Stichtag zur Einreichung der Einkommenssteuererklärung, kulminierten die Aktivitäten in landesweiten Demonstrationen mehrerer Tausend Menschen. Mit Slogans wie „Taxed Enough Already" protestierte die neue Bewegung gegen milliardenschwere Investitionsprogramme, die neben privaten Insolvenzen auch solche Unternehmen unterstützten, die die Dynamik der Krise selbst beschleunigt hatten (Rasmussen/Schoen 2010, S. 104 ff.).

Dass die Berufung auf die Verfassung dabei nicht nur als nur eine Reminiszenz an längst vergangene Aufstände gegen illegitime Fremdherrschaft, sondern vielmehr die strategische Schnittmenge einer modernen libertär-konservativen Agenda darstellte, sollte bald noch deutlicher werden.

Auf die ersten sichtbaren Proteste reagierte der an der Georgetown University lehrende Jurist Randy E. Barnett mit publizistischen Interventionen, in denen er für eine föderalistische Verfassungsreform warb: „When I first noticed a mass movement professing its interest in restoring the lost constitution in April 2009, I took it upon myself to draft what I called the ‚Federalism Amendment' to give them something to stand for" (Barnett 2011, S. 283). In enger Zusammenarbeit mit zahlreichen Anhängern der Tea Party arbeitete Barnett seinen Vorschlag einer Verfassungsreform im Frühjahr 2009 weiter aus. Als Paket von Verfassungszusätzen, die im Namen der bestehenden neunten und zehnten Zusatzartikel eine weitreichende Beschränkung zentralstaatlicher Macht forderten, wurde das Pakte schließlich als „Bill of Federalism" präsentiert.[6]

Die Reform zielte im Kern auf eine Schwächung bundespolitischer Regulierungskompetenzen, die durch die „enumerated powers" in Art. 1, Sec. 8 der Verfassung bestimmt werden. Diese räumen der Bundesregierung explizit etwa zwanzig Zuständigkeiten ein, darunter Steuern zu erheben, für die allgemeine Wohlfahrt zu sorgen sowie den internationalen wie zwischenstaatlichen Handel zu regulieren. In der Frage wie diese Bestimmungen auszulegen sind, nimmt der Bill of Federalism eine restriktive Haltung ein. In klarer Frontstellung gegenüber der expansiven Auslegungspraxis, die sich mit Beginn des 20. Jahrhunderts durchsetzte und in der Verfassungsrechtsprechung während des New Deals kaum noch eine reale Beschränkung darstellte (vgl. Hohenstein 2012, S. 36 f.), enthält die Verfassungsreform der Tea Party eine Interpretationsvorschrift, die dem ursprünglichen Wortlaut der Verfassung be-

---

5 Auf die Verheißung einer authentischen kollektiven Identität, die in dem populären Slogan „take your country back" zum Ausdruck kommt, wird unten noch genauer eingegangen.
6 Vgl. hierzu Barnetts erste Intervention im Wall Street Journal vom 23.04.09: „The Case for a Federalism Amendment" und die in Zusammenarbeit mit der Tea Party überarbeitete Version im Forbes Magazine vom 20.05.09: „A Bill of Federalism".

sondere Geltung zuschreibt: „the words and phrases of the constitution shall be interpreted according to the time of their enactment" (vgl. Barnett 2009b, Art. 10). Die
intendierten Einschränkungen bundesstaatlicher Zuständigkeiten gehen dabei über
den traditionell stark verankerten regierungsskeptischen Diskurs der USA noch hinaus. So sieht der erste Paragraf der angestrebten Verfassungsreform ein grundsätzliches Verbot bundesstaatlicher Einkommens- und Grundsteuern vor (Art. 1, Sec. 1),
während der zweite eine strikte Subsidiarität, d. h. den Vorrang der Einzelstaaten in
Fragen der Regulierungskompetenz durchzusetzen sucht (Art. 2). Das populärste
Element der Reform, das sogenannte „Repeal Amendment" (Art. 6) schreibt darüber
hinaus die Möglichkeit eines qualifizierten Vetos der Einzelstaaten gegenüber Bun-
desgesetzen fest.

In seiner Radikalität ließ sich das Gesamtwerk der Reform folgerichtig kaum vermitteln und entfaltete Wirkung vor allem in agitatorischer Hinsicht.[7] Mehr Erfolg hatten demgegenüber die Proteste der Tea Party im öffentlichen Raum, die durch Obamas
Projekt einer allgemeinen Gesundheitsversicherung weitere Nahrung erhielten. So
gelang es der Bewegung zum einen in zahlreichen Gemeindeanhörungen ihre ablehnende Haltung gegenüber der Gesundheitsreform unter Rückgriff auf die ursprüngliche Verfassung medienwirksam darzustellen. Am 12. September 2009 versammelten
sich zudem zehntausende Demonstranten zum sogenannten „Taxpayers March on
Washington", um gegen Obamas Politik des „big government" zu protestieren.

Was unter diesem Kampfbegriff als unzumutbare Ausdehnung der Macht Washingtons kritisiert wurde, erschien als solche erst vor dem Maßstab bestimmter
Verfassungsprinzipien. Die mitunter nur vage Bestimmung dieses Maßstabes erlaubte dabei eine ebenso allgemeine wie selektive Kritik am „big government". Auf diese
Weise ließ sich die wirtschaftliche Interventions- und egalitäre Wohlfahrtspolitik der
Demokraten kritisieren, ohne aus den gleichen Grundsätzen einen militärisch hoch-
gerüsteten und fürsorgenden Staat oder etwa die im Zuge des Patriot Act eingeführ-
ten Bürgerrechtbeschränkungen abzulehnen (vgl. Zernike/Thee-Brennan 2010).

Eine konsequentere Haltung bezüglich der Idee eines durch die Verfassung garantierten Minimalstaates, die eine grundlegendere Reform staatlicher Strukturen
implizierte, artikulierten demgegenüber nur kleinere (rechts-)libertäre Gruppen innerhalb der Tea Party.[8] Unumstritten ist in der Sekundärliteratur mittlerweile, das

---

7 Um zumindest die politisch attraktivste Forderung zu retten, wurde schließlich der sechste Artikel
aus dem Reformwerk herausgelöst und in den Gesetzgebungsprozess beider Kongresskammern
eingebracht (vgl. Barnett 2011, S. 285). Trotz zeitweiliger Aufmerksamkeit war allerdings auch diesem Reformprojekt kein Erfolg beschieden. Resonanzen erzeugte das Vorhaben zunächst vor allem
deshalb, weil zeitgleich eine Kampagne mit sehr ähnlicher Stoßrichtung für Aufsehen sorgte. In 40
Einzelstaaten wurde dabei eine sogenannte „10th Amendment Resolution" in den Gesetzgebungsprozess eingebracht. Diese deklariert rein symbolisch einzelstaatliche Souveränität mit dem Ziel
bundestaatliche Regulierungen auszuhebeln (Nullification). In vierzehn dieser Staaten wurde die
Resolution bisher angenommen – allerdings ohne rechtliche Konsequenzen.
8 Für eine Darstellung der ideologischen Grundzüge des „Libertarianismus", vgl. Niesen 2009.

diese Strömungen an der Konstituierung der Bewegung großen Anteil hatten, anschließend jedoch immer mehr von Kräften verdrängt wurden, die in der Verfassung nicht nur ein probates Mittel im Kampf gegen die Zentralregierung, sondern auch den Ausdruck einer nationalen und religiösen Identität sahen.[9]

Zu diesem sozial konservativen Spektrum der Bewegung gehört auch Glenn Beck, Talkmaster bei Fox News, jenem Sender der durch ausgedehnte Berichterstattung, mit Informationen über Treffpunkte und Soziale Netzwerke, bis hin zu Aufrufen für sogenannte „Fox Network Tax Day Tea Parties" seinen Teil zur Mobilisierung der Bewegung beitrug (vgl. Zernike 2010, S. 23; Schweitzer 2012, S. 91 ff.). Seit März 2009 hatte Beck darüber hinaus in seiner Sendung für das sogenannte „9/12 Project" geworben, das zur Mobilisierung für den „Marsch auf Washington" eine entscheidende Rolle spielte. Das Projekt kennzeichnet ein identitätspolitisches Programm, das Beck auf neun Prinzipien und zwölf Werten aufbaute, die für ihn die ursprüngliche US-amerikanische Identität ausdrücken: „At the origin of America, our Founding Fathers built this country on 28 powerful principles. These principles were culled from all over the world and from centuries of great thinkers. We have destilled the original 28 down to 9 basic principles" (The 9/12 Project, Mission Statement). Unüberhörbar sind neben den nationalistischen auch die religiösen Untertöne des Programms: „America is good" lautet das erste, „God is good, and he is the center of my life" das zweite Prinzip (zit. nach Zernike 2010, S. 24). Seine Kritik an der Wirtschaftspolitik der Bundesregierung im Zuge der Finanzkrise konzipierte Beck somit auch als Warnung vor dem Verlust der „authentischen" US-amerikanischen Werte und Bekenntnisse.

Die Prinzipien, auf die sich Beck dabei bezog, stammten aus der Ideenwelt des ultrarechten Autoren und Rechtsdozenten W. Cleon Skousen, dessen Buch über die US-amerikanische Verfassung „The 5000 Year Leap" schnell zu einer Art Bibel unter den Anhängern des 9/12 Projektes avancierte.[10] Das erstmals 1981 erschienene und in seinem Einfluss auf den Verfassungsdiskurs der Tea Party nicht zu unterschätzende Werk Skousens ist geprägt durch eine christlich-religiöse Sichtweise auf die Quellen der amerikanischen Verfassung. Bereits Ende 2010 machte der Rechtsprofessor Jeffrey Rosen auf die Rolle des von Skousen 1971 gegründeten „National Center for Constitutional Studies" aufmerksam: „During the 1990s, the center typically offered no

---

9 Unbestreitbar ist etwa der Anteil (rechts-)libertärer Initiativen an der Popularisierung des Begriff der Tea Party. Dazu beigetragen hatte unter anderem die „Campaign for Liberty" des langjährigen Kongressabgeordneten Ron Pauls, der bei den Präsidentschaftsvorwahlen im Dezember 2007, den 234. Jahrestag der historischen Boston Tea Party für einen Spendenmarathon nutzte, genauso wie ein nach der Wahl Obamas im November 2008 erstelltes Oppositionsprogramm der libertären Partei Illinois unter dem Namen „Boston Tea Party Chicago" (vgl. Burkhard & Zeskind 2011, S. 15).

10 Das Buch war eines von insgesamt vier Werken Skousens, die in der „required reading" Liste des 9/12 Projektes auftauchten. Beck, der sich Skousen stark verbunden fühlt, steuerte der Ausgabe von 2008 ein Vorwort bei. Für die Bedeutung Skousens für Becks Weltsicht, vgl. Alexander Zaitchik, Salon vom 16.09.2009.

more than a dozen seminars a year; this past year [2010, C.R.], it offered more than 200 to Tea Party groups across the country" (Jeffrey Rosen, New York Times vom 28.11.2010). Die Basis dieser Seminare, so erläutert Skousen in einem Selbstversuch, bilde das Auswendiglernen jener 28 Prinzipien, auf die auch Beck sein Projekt einer nationalen Wiedergeburt gründete.

Insbesondere das vierte Prinzip aus Skousens nationalem Katechismus: „Without religion, the government of free people cannot be maintained", verdiene nach Rosen kritische Aufmerksamkeit. So zählen für Skousen nicht nur individuelle (wirtschaftliche) Freiheitsrechte zu den unumstößlichen Prinzipien der Gründerväter, sondern auch die Entscheidungsfreiheit der Einzelstaaten in Bezug auf die Gestaltung religiösen Lebens, worunter Skousen vornehmlich die politische Unterstützung christlicher Bekenntnisse versteht.

Die Bedeutung der Verfassung sowohl für die libertären wie sozial-konservativen Strömungen in der Tea Party lässt sich auch an dem eingangs schon erwähnten Wahlkampf für die Vor- und Hauptwahlen 2010/11 ablesen, in denen sich Kandidaten der Tea Party erfolgreich auf dem Ticket der republikanischen Partei durchsetzten.[11]

Um die Kandidatenauswahl für Anhänger der Tea Party zu erleichtern und seine Stimme nicht an ein „RINO" (Republican In Name Only) zu vergeuden, gründete sich die Initiative „Contract From America". Auf deren Webseite konnten zunächst politische Forderungen eingereicht und dann bewertet werden, die später als Wahlprüfsteine für die „echten" Tea Party Kandidaten dienten (vgl. Chapman 2012, Doc. 3, 245 ff). Vor dem Hintergrund der bisherigen Darstellungen wundert es wenig, dass die erste, mit 85% Zustimmung wichtigste Forderung des „Contract" lautete: „Protect the Constitution". Dass unter diesem „Schutz" der Verfassung ein durchaus modernes monetaristisches Programm zur Schrumpfung des Staats verstanden wurde, verdeutlicht die dritte Forderung: „Begin the Constitutional amendment process to require a balanced budget with a two-thirds majority needed for any tax hike" (ebd.).[12]

Unter den Kandidaten, die die Forderungen des Contract unterzeichneten, war auch Michael Lee, der sich bei den republikanischen Vorwahlen zum Senat in Utah durchsetze (David Weigel, Washington Post vom 23.06.2011). In der gleichen Art, wie der Contract am historischen Bestand der Verfassung orientiert ist und gleichzeitig einen modernen marktliberalen Aktivismus pflegt, richtete auch Lee seinen Wahlkampf aus. So versprach der bekennende Mormone: „As your Senator, I will not vote for a single bill that I can't justify based on the text and the original understanding of

---

11 Den Anfang dieser Wahlerfolge machte im Januar 2010 die Wahl Scott Browns zum Senator von Massachusetts, in der die Tea Party eindrücklich ihre Mobilisierungsfähigkeit gegenüber den favorisierten demokratischen Kandidaten unter Beweis stellte (Zernike 2010, S. 86 ff.).
12 Wie schon bei der Kritik am big government wird an dieser Forderung deutlich, dass auch der Bezug auf scheinbar unverrückbaren Prinzipien der „ursprünglichen" Verfassung immer auch Raum für Interpretationen lässt, die den Begriff der „Verfassungspolitik" als einer fundamental umstrittenen (Deutungs-)Praxis rechtfertigen.

the Constitution, no matter what the court says you can do." Von dieser Grundlage aus forderte Lee nicht nur eine Abschaffung progressiver Einkommensteuern, die in den USA seit 1913 durch den 16. Zusatzartikel in der Verfassung verankert sind, sondern behauptete im Rückgriff auf die die vermeintlich restriktiven Regulierungskompetenzen der „ursprünglichen" Verfassung: „The Constitution doesn't give Congress the power to redistribute our wealth."[13]

Der Kampf der Tea Party um originalistische Lesarten der Verfassung spielte also sowohl bei der Kritik an den wirtschaftspolitischen Maßnahmen zur Krisenbewältigung, zur Begründung einer föderalistischer Verfassungsreformen, sowie generell zur Mobilisierung von Anhängern und der Auswahl von KandidatInnen eine entscheidende Rolle für die Tea Party.

Darüber hinaus, so soll diese grobe Übersicht abgeschlossen werden, fanden originalistische Lesarten auch in den juristischen Auseinandersetzungen um die Gesundheitsreform Anwendung. Freilich ohne sich dabei politisch zu positionieren, beriefen sich so etwa noch am Tag der Verabschiedung von Obamas Gesundheitsreform verschiedene Verfassungsklagen auf die Intentionen der Verfassungsgeber: „The framers believed, that limiting federal power, and allowing the residual power to remain in the hands of the states (and of the people), would help ensure protection of our fundamental liberties" and „reduce the risk of tyranny and abuse".[14]

Einfluss auf die juristischen Auseinandersetzungen um die Gesundheitsreform übte wiederum Barnett: ob publizistisch in warnender Antizipation eines nahenden legislativen Durchbruchs,[15] ob zusammen mit dem libertären „Cato Institute" in sogenannten „amicus curiae briefs" – Stellungnahmen vor Bundesgerichten[16] – oder Anfang 2011 in Anhörungen des Justizausschusses im Senat (Barnett 2011). Im Zentrum seiner Argumentation gegen die Gesundheitsreform stand wiederum eine konservative Auslegung des Art. 1, Sec. 8: diese erlaube dem Kongress insbesondere nicht eine Pflicht zum Eintritt in eine private Krankenkasse durchzusetzen.

Der Einfluss der bis hierher geschilderten originalistischen Verfassungspolitik der Tea Party drückt sich darin aus, dass nach anfänglich großen Vorbehalten, die selbst von konservativen Juristen gegenüber der originalistischen Argumentationsli-

---

13 Neben Lee, der der Familie Cleon Skousens seit langer Zeit freundschaftlich verbunden ist und im Wahlkampf aktiv von dessen Sohn Paul Skousen unterstützt wurde, geht auch die Wahl von Senator Rand Paul aus Kentucky Ende 2010 auf die Unterstützung durch die Bewegung zurück. Paul erklärte unmittelbar nach der Wahl die Anwendung der Antidiskriminierungsgesetze der Bürgerrechtsbewegung auf Unternehmen als unvereinbar mit den Grundrechten der ursprünglichen Verfassung. Nach zahlreichen Protesten sah er sich gezwungen diese Äußerungen wieder zurück zu nehmen.

14 So die Klagen des Staates Floridas und mehrerer Einzelpersonen, die unter http://scholar. oogle.com/ scholar_case?case=14897962696173475047 einsehbar ist (zuletzt am 01.06.2013).

15 Vgl. Randy E. Barnett: Is health-care reform constitutional?, Washington Post v. 21.03.2010.

16 So in den Klagen Virginia v. Sebelius und Thomas More Law Center v. Obama.

nie geäußert wurden,[17] die Entscheidung des Supreme Court für die Verfassungsmäßigkeit Reform mit 5:4 Stimmen denkbar knapp ausfiel.

Insgesamt ergibt sich so ein zwiespältiges Bild der originalistischen Verfassungspolitik der Tea Party. Die Radikalität, mit der unter Berufung auf die ursprüngliche Verfassung eine Beschränkung der Regulierungskompetenzen Washingtons gefordert wird, kontrastiert offensichtlich mit den nachweisbaren legislativen und juristischen Erfolgen dieser Rhetorik. Auf der anderen Seite steht die große Bedeutung der Verfassung für das Selbstverständnis der Bewegung und zur Mobilisierung ihrer Proteste.

Ausgehend von der vielseitigen Bedeutung der Verfassungspolitik für eine insgesamt heterogene Bewegung, in der sich evangelikale Christen wie Michele Bachmann, Libertäre wie Ron Paul, Sezessionisten wie Rick Perry, Verschwörungstheoretiker wie Glenn Beck, Rassisten und Nationalisten vereinen, stellt sich nun die Frage nach der spezifisch argumentativen Schnittmenge originalistischer Verfassungslesarten.

2 Die Bedeutung originalistischer Argumentationsstrategien in den Schriften Randy E. Barnetts und Cleon W. Skousens

Im Folgenden werden die originalistischen Argumentationsstrategien zweier Autoren genauer analysiert, deren Popularität in der Tea Party im ersten Kapitel bereits dargestellt wurde: Randy E. Barnett und W. Cleon Skousen. Exemplarisch stehen diese Autoren für einen individualistisch-libertären und eine sozial-konservativen Pol im ideologischen Spektrum der Bewegung. Grundlage dieser Analyse, die keinen Anspruch auf exegetische Vollständigkeit erhebt, sondern lediglich einige zentrale Argumentationslinien aufzeigen möchte, sind die thematisch einschlägigen Hauptwerke der Autoren, die im Falle Barnetts ergänzt werden um aktuelle Stellungnahmen.

Textualismus als Garant materieller Rechtsstaatlichkeit bei Randy Barnett

Randy E. Barnett, der an der Georgetown University lehrende Initiator des „Bill of Federalism", fragte Ende 2011 auf einer Konferenz in San Francisco mit dem Titel

---

17 „There is no case law, post 1937, that would support an individual's right not to buy health care if the government wants to mandate it", so etwa Erwin Chemerinsky, Dekan der Rechtsfakultät der University of California (zitiert nach Klein, Ezra (2012): Unpopular Mandate. Why do Politicians reverse their opinions?, in: The New Yorker v. 25.06.2012

„The Tea Party and Popular Constitutionalism".[18] „there is more grassroots interest in the Constitution than existed in my lifetime, and perhaps in over a century. So what does it mean?" (Barnett 2011, S. 282). Im Fortgang seines Beitrags erläutert Barnett, dass es vor allem zwei politische Entwicklungstrends seien, die das Interesse der Tea Party an der Verfassung förderten: „first the undeniable recent surge in national government spending and debt, and second, what Tea Partiers perceive as a federal government that has greatly exceeded its constitutional powers" (ebd.). Die argumentative Verbindung, die Barnett zwischen diesen Entwicklungen und der Berufung auf die Autorität der ursprünglichen Verfassung herstellt, sollen im Folgenden genauer untersucht werden. Welchen Zwecken dient ein solcher Rekurs auf die originalen Verfassungsinhalte und wovon leitet sich deren Autorität ab?

Antworten auf diese Fragen gibt zunächst Barnetts Bill of Federalism, dessen zehnter Artikel, wie schon erwähnt, einen besonderen Interpretationsansatz der Verfassung festschreibt:

> The words and phrases of this Constitution shall be *interpreted according to their meaning at the time of their enactment*, which meaning shall remain the same until changed pursuant to Article V; nor shall such meaning be altered by reference to the law of nations or the laws of other nations (Barnett, Forbes Magazine v. 20.05.09, eigene Hervorhebung).

Eine Konkretisierung dieser Interpretationsvorschrift findet sich in Barnetts Schrift „Restoring the Lost Constitution: The Presumption of Liberty" von 2004. Hier charakterisiert Barnett seine Perspektive auf die Verfassung als „defense of original meaning rather than original intent" (ebd., S. XIII). Zu Recht verweist Barnett auf die Schwierigkeiten eines Zugriffs auf die Intentionen aller an der Abfassung der Verfassungsdokumente beteiligten Personen (ebd., S. 90). Nicht die subjektive Auffassung der „Founding Authors" steht deshalb im Vordergrund seiner Interpretation der Verfassung, sondern eine Fokussierung auf objektive, in damaliger Zeit allgemein anerkannter Bedeutungen von Begriffen und Texten, wie sie sich beispielsweise in Wörterbüchern abbilden (ebd.).

Ein nicht unproblematisches Beispiel für diesen textualistischen Interpretationsansatz liefert Barnett in Form eines Argumentes gegen einen offensichtlichen Schwachpunkt originalistischer Verfassungsinterpretationen: der in der Verfassung noch bis 1865 festgeschriebenen Sklaverei. Mit dem Anarchisten Lysander Spooner versucht Barnett dabei zu zeigen, dass mit Blick auf den allgemeinen Sprachgebrauch der Gründerzeit von einer Rechtfertigung der Sklaverei durch die Verfassung keine Rede sein könne: „Spooner argued that, in each of the places where the Constitution supposedly sanctioned slavery, the framers have spoken euphemistically, refusing to

---

18 Das gesamte Panel findet sich als Audiodatei unter http://www.law.northwestern.edu/lawreview/colloquy/2011/13/, der Beitrag Barnetts als Dokument unter http://www.law.northwestern.edu/lawreview/colloquy/2011/10/LRColl2011n10Barnett.pdf (beide zuletzt am 01.06.2013)

name the thing to which they were referring" (Barnett 2004, S. XIIIff). Die abge-schwächte Bezugnahme auf die Sklaverei durch die Kategorie des „3/5 Menschen", die zur Berechnung des Stimmgewichtes der Einzelstaaten in den Verfassungstext Eingang fand, stehe in keinem Verhältnis zu einer damals üblichen offensiven Verwendung des Sklaverei-Begriffs und könne deshalb nicht als Anerkennung derselben gelten. Bar-netts textzentrierter Interpretationsansatz wirft an diesem Punkt eine weitergehende Fragen auf. Denn mag auch die Vermeidung des Begriffs „Sklaverei" in der Verfassung als deren implizite Ablehnung erscheinen: die unverhohlene Abwertung von bestimm-ten Bevölkerungsteilen durch den Begriff des Bruchteil-Menschen dürfte geläufige diskursive Praxis gewesen sein. Die originalistische Verfassungslesart, für die Barnett argumentiert, bleibt in Bezug auf dieses Beispiel also problematisch.

Den Zweck der von ihm favorisierten Verpflichtung auf die objektive historische Bedeutung von Verfassungstexten formuliert Barnett folgendermaßen: „original meaning must be respected so that those who are to govern by laws have little or no hand in making the laws by which they govern" (ebd., S. 4). Er folgt damit einer re-gierungskritisch-rechtsstaatlichen Argumentation: Verfassungsartikel müssten in ihrem ursprünglichen Sinn aufgefasst werden, um sie auf diese Art der willkürlichen Verfügbarkeit von Gesetzgebern und Verfassungsrichtern zu entziehen. Ziel sei ein „lock-in" von Bedeutungen in den Überzeugungshintergrund einer bestimmten Zeit (ebd., S. 103 ff).

Bei der rechtsstaatlichen Pointe, die Barnett seiner originalistischen Verfas-sungslesart gibt, handelt es sich im Detail um die Argumentation für *materielle* Rechtsstaatlichkeit, d. h. für die Geltung bestimmter Prinzipien, die nicht durch posi-tives Recht außer Kraft gesetzt werden können. Diese Prinzipien erkennt Barnett in sogenannten „liberty rights", natürlichen Freiheitsrechte, die er durch den 9. und 14. Zusatzartikel der Verfassung gewährleistet sieht (ebd., S. 53 ff.).

Unter der Annahme dass diese Rechte die eigentliche Legitimitätsquelle der Ver-fassung darstellt, wendet sich Barnett gegen demokratische Legitimationsressourcen der Verfassung. „I challenge the idea, sometimes referred to as „popular souvereignity", that the Constitution of the United States was or is legitimate because it was established by „We the People" or the „consent of the governed" (ebd., S. 11). Seine Argumente zielen dabei auf den Nachweis, dass Volkssouveränität nur durch Konsensentscheidungen verwirklicht werden könne und daher in komplexen Mas-sengesellschaften ein Mythos bleiben müsse.

Hätte man die Undurchführbarkeit demokratischer Legitimität erkannt, müsse man sich mit der Idee hypothetischer Zustimmung zufrieden geben: „laws can bind the citizenery in conscience in the absence of consent" (ebd., S. 39). Die Theorie der Gerechtigkeit, die Barnett demgegenüber als hypothetisch-konsensfähig entwirft, basiert auf dem Schutz der angesprochenen Freiheitsrechte: „a law is just, and there-fore binding in conscience, if its restrictions are (1) necessary to protect the rights of others and (2) proper insofar as they do not violate the preexisting rights of the per-sons on whom they are imposed" (ebd., S. 44). Zu den wichtigsten dieser „präexistenten", d. h. vor jeder positiven Gesetzgebung gültigen Freiheitsrechte zählen für Barnett „the rights of several property, freedom of contract, self-defense, first possession, and restitution" (ebd., S. 73). Unter Bezugnahme auf den 9. Zusatzartikel: „The enumeration in the Constitution, of certain rights, shall not be construed to deny or disparage others retained by the people", stellt Barnett zudem fest, dass die Anzahl der natürlichen Freiheiten, die sich aus diesem Katalog ergibt, im Gegensatz zu der Zahl von staatlichen Regulierungskompetenzen unendlich groß sei „limited only by [...] imagination" (ebd., S. 58).

Die Grundlage der von Barnett favorisierten materiellen Rechtsstaatlichkeit, die er durch seine textualistische Lesart der Verfassung abzusichern sucht, bildet damit ein freiheitlicher Vorbehalt gegenüber jeder nicht explizit in der Verfassung verankerten staatlichen Regulierungskompetenz. Barnetts Argumentation gegen Theorien der Volkssouveränität machen zudem deutlich, dass dieser Vorbehalt auch gegenüber demokratischen Regimen und den von ihnen eingesetzten Verfassungsgerichten gültig bleibt.

In zweierlei Hinsicht präsentiert Barnett damit eine Lesart der Verfassung, die ihr eine besondere Form der Transzendenz zuweist. Zum einen erkennt Barnett in der Verpflichtung auf historische Textquellen eine hermeneutische Unantastbarkeit von Verfassungsprinzipien durch ein historisches lock-in möglicher Deutungen. Zum anderen stellt die Ablehnung demokratischer Legitimität und die Aussonderung politischer Freiheiten aus den durch die Verfassung verbürgten natürlichen Rechten zu Gunsten eines Katalogs wirtschaftlicher Freiheiten eine Unverfügbarkeit der Verfassung in politischem Sinne dar.

Intentionen und religiöses Naturgesetz bei W. Cleon Skousen

Ein Buch über die US-amerikanische Verfassung, das in der Vorbereitung und zur Mobilisierung des „Taxpayers March on Washington" besondere Bedeutung erlangte, stammt aus dem Spätwerk des Autoren und Rechtsdozenten W. Cleon Skousens (1913–2006).[19] Seinen hohen Bekanntheitsgrad hätte es dabei ohne Glenn Beck, der Skousen im Frühjahr 2009 als Autor anpries, der sein Leben entscheidend verändert habe, kaum erreicht. In „The Five Thousand Years Leap" argumentiert Skousen, ähnlich wie Barnett, für die hermeneutisch wie politische Transzendenz liberaler Freiheitsrechte. Gleichzeitig birgt eine originalistische Lesart der Verfassung für ihn, anders als für Barnett, auch die Garantie einer nationalistisch-religiösen Identität.

Skousens originalistischer Interpretationsansatz der Verfassung fokussiert im Gegensatz zu Barnett explizit die Absichten der „Founders", jener kleinen Gruppe

---

[19] Zur Auseinandersetzung mit der Person Skousens und seiner Bedeutung für die Tea Party, vgl. Zaitchik 2009.

von privilegierten männlichen weißen Autoren und Ratifizierern der Unabhängigkeitserklärung und der ursprünglichen Verfassung.

Das von Barnett aufgeworfene Problem heterogener Vorstellungen unter diesen Akteuren unterläuft Skousen mit der schlichten Feststellung: „One of the most amazing aspects of the american story is that while the nations's founders came from widely divergent backgrounds, their fundamental beliefs were virtually identical" (ebd., S. 28). Die Quellen, auf die sich Skousen bei dieser Feststellung stützt, bilden neben den dokumentierten Äußerungen der einzelnen Verfassungsgeber auch deren gemeinsame kulturelle Inspirationsquellen. In Bezug auf diese gemeinsamen Traditionen entsteht so ein homogenes Bild ihrer Intentionen. Prägend seien dabei nach Skousen zum einen individualistische angelsächsische Stammesbräuche,[20] zum anderen und vor allem aber: die Gesetze des Volkes Israels wie sie im Alten Testament beschrieben würden, gewesen (ebd., S. 14 ff.).[21]

Als wichtigste staatsrechtliche Leistung der Gründer würdigt Skousen die Erfindung des „peoples law", ein rechtliches Arrangement, das in der Lage gewesen sei die Macht der Regierung, das „rulers law" effektiv zu beschränken (ebd., S. 12). Zentralen Stellenwert im „people's law" nimmt nach Skousen die Idee natürlicher Gesetze des menschlichen Zusammenlebens ein, die über der Autorität der Regierung stehen. „The only reliable basis for sound government and just human relations is Natural Law" (ebd., S. 33). Insbesondere die Ideen Ciceros, der solche Naturgesetze mit den Gesetzen eines obersten Erschaffers des Kosmos identifizierte, seien dabei von den Gründern rezipiert worden (ebd.).

Auf das Konzept eines ewigen und unwandelbaren Naturgesetzes, das eine effektive Beschränkung von Regierungsmacht darstelle, führt Skousen die unterschiedlichsten Verfassungsprinzipien zurück: von natürlichen individuellen Rechten und Pflichten über die Notwendigkeit des Schutzes von Familie und Ehe bis zum Recht auf Waffenbesitz (ebd., S. 40). In Hinblick auf die „natürlichen Pflichten" deutet sich bereits an, dass das Konzept politischer Gemeinschaft, das Skousen in Rückgriff auf die Verfassungsgeber entwickelt, im Gegensatz zu Barnetts libertärem Modell auch kommunitaristische Elemente enthält. Zum Ausgleich des Selbstinteresses der Bür-

---

20 Skousen charakterisiert diese Stammesbräuche ohne wissenschaftliche Verweise als egalitär und individualistisch mit einer Tendenz die Probleme dort zu lösen wo sie entstehen. Zu den wenigen Kapitalverbrechen, die neben einer Widergutmachung auch eine Strafe verlangten zählte angeblich die Homosexualität (Skousen 2009, S. 14). Die religiöse Ideologie Skousens lässt sich an dieser Stelle kaum mehr durch ihre traditionale Verbrämung kaschieren.

21 Ausdruck des Einflusses dieser zweiseitigen Traditionen ist für Skousen eine Vorversion des offiziellen Siegels der Vereinigten Staaten, auf der einen Seite mit dem Profil angelsächsischer Könige versehen, auf der anderen mit der Darstellung einer israelischen Landschaft. Es entbehrt nicht einer gewissen Ironie, dass der Originalist Skousen nur eine moderne Nachbildung dieses Siegels präsentiert und sich auch an vielen weiteren Stellen vor allem auf Sekundärquellen stützt, um die Vorstellungswelt der Verfassungsgeber zu erörtern.

ger, das die Fundamente der Gesellschaft zu unterhöhlen drohe, gelte es bestimmte Tugenden zu fördern (ebd., S. 43):

> Virtue has to be earned and it has to be learned. Neither is virtue a permanent quality in human nature. [...]. It has to be cultivated continually and exercised from hour to hour and from day to day. The Founders looked to the home, the school, and to the churches to fuel the fires of virtue from generation to generation (ebd., S. 45).

Dieses Interesse Skousens für „public virtues" spiegelt sich indes nicht in einer schrankenlos gemeinwohlorientierten Politik. Insbesondere vor wohlfahrtsstaatlichen Interventionen hätten die Gründerväter gewarnt: „They warned against the ‚welfare state' where the government endeavors to take care of everyone from the cradle to the grave" (ebd., S. 27). Wenn es den Gründern um Gerechtigkeit ginge, hätten sie dabei stets eine gerechte Verteilung von Freiheitsrechten im Blick gehabt (ebd.). Belege für eine Abneigung gegen den Wohlfahrtsstaat, in denen die Eigentumsrechte der Bürger in besonderem Maß gefährdet seien, findet Skousen in der Abneigung der Gründer gegen die Demokratie. Dazu zitiert er Madison (Federalists 10): „Democracies have ever been spectacles of turbulence and contention; have ever been found incompatible with personal security or the rights of property" (Skousen 2009, S. 114). Anstelle der Demokratie erkennt Skousen in der „Republik" das von den Gründern favorisierte Modell der amerikanischen Gesellschaft (ebd., S. 115 ff). Unter dieser versteht er, wiederum mit Madison, ein repräsentatives politisches Regime, das individuelle Rechte und Eigentum respektiere und sich nicht den Stimmungen der Massen unterwerfe.[22]

Mit dem Konzept der Republik sieht Skousen die Förderung der moralischen und religiösen Grundlagen der Gesellschaft verbunden (vgl. ebd., S. 41 ff.; S. 47 ff.), wobei insbesondere die letzten von „supreme importance" für die Gründer gewesen seien (ebd., S. 59).

Um die zentrale Stellung der Religion nachzuweisen, rekurriert Skousen nicht direkt auf die Intentionen der Verfassungsgeber, sondern auf Gesetze des Kongresses und die Schilderungen der amerikanischen Gesellschaft durch Tocqueville um 1830, wodurch der Eindruck einer starken Selektivität bezüglich der Quellenauswahl entsteht. Konkret bedeutet dies, dass Skousen überzeugend in der Lage ist, die Haltung der Gründer gegenüber der Religion als Einsatz für Gleichberechtigung unter den unterschiedlichen Konfessionen und für die Trennung zwischen Kirche und Staat abzuleiten. Für die von ihm postulierte „supreme importance" der Religion gelingt ihm dies hingegen nicht.

So ist erheblicher Zweifel angebracht in Bezug auf die Deutung, die er Jeffersons Diktum von der „wall of seperation between church and state" von 1802 gibt: „Jeffer-

---

22 Das Recht auf „possessing, developing and disposing of property" (ebd., S. 123), das Skousen mit John Adams als „heilig" bezeichnet (ebd., S. 127), sei dabei nicht zu verwechseln mit einer positiven Eigentumsgarantie. Im Gegenteil: Die Verfassung verbiete nach Skousen die Umverteilung von Eigentum.

son's ,wall' was obviously intended only for the federal government" (ebd., S. 69). In der jüngeren Vergangenheit, so Skousen, hätten Verfassungsrichter diese Metapher fälschlicherweise auch auf Einzelstaaten angewendet und die einzelstaatliche Freiheit in der Gestaltung religiöser Praktiken beschränkt. Jefferson's „wall" sei also vielmehr als Schutzwall vor bundespolitischem Zugriff auf die einzelstaatliche Gestaltung religiöser Praktiken aufzufassen.[23]

Die eigenwillige und mit Bezug auf den Grundsatz der religiösen Neutralität des Staates widersprüchliche Sicht auf die Bedeutung der Religion, hält Skousen zum Verständnis der Verfassung für zentral: „In fact, the Founders had taken five truths we have already identified as ,religion' [s. u., FN 34] and built the whole Constitutional framework on top of them" (ebd., S. 71). Diese Auffassung trifft sich mit Skousens Darstellung der vermeintlich wichtigsten kulturellen Inspirationsquellen der Gründer, den Gesetzen des Volkes Israel. Die Verfassung in der Lesart Skousens ist damit nicht nur durch säkulare Elemente von Transzendenz bzw. Unverfügbarkeit gekennzeichnet, sondern wird zu einem Dokument religiöser Transzendenz.

Skousens Lesart der Verfassung fokussiert wie Barnett deren originale Gehalte. Ähnlich wie schon Barnett in seinem textbezogenen Ansatz, bezieht sich auch Skousen dabei nicht nur auf die Äußerungen einzelner Autoren, sondern auf allgemeinere symbolische Ordnungen, in deren Kontext die Verfassung gedeutet wird.

Genauso wie Barnett, der in der Quellenauswahl deutlich kohärenter und kritischer vorgeht, identifiziert Skousen als Kern der ursprünglichen Verfassung ein Naturrecht, das starke Schutzrechte gegenüber dem Staat vorsieht. In der Annahme, dass diese Rechte keinerlei Anpassung an veränderte Gesellschaftsformationen und insofern auch keiner aktualisierenden Deutung benötigten, spiegelt sich wie schon bei Barnett ein Moment hermeneutischer Transzendenz dieser Verfassungslesart.

Anders als Barnett, dessen Werk „Restoring the lost Constitution" sich an ein akademisches Publikum richtet, wendet sich Skousen an ein breitere Öffentlichkeit. Schon die Einleitung, offenbart diese Ausrichtung mit dem Anspruch: „to catalogue the ingredients of the Founding Fathers' phenomenal success formula so it would be less complex and easier to digest" (Skousen 2009, S. iiif.). Sein Ziel, so Skousen, sei die „Re-Amerikanisierung" einer Generation, die durch den wohlfahrtsstaatlichen Strukturwandel seit der Großen Depression von den ursprünglichen Prinzipien der

---

23 Der Frage nach der Vereinbarkeit einer solchen politischen Förderung religiöser Bekenntnisse mit dem Grundsatz ihrer Gleichbehandlung begegnet Skousen im Namen der Gründer mit der Idee einer allgemeinen, ausschlusslosen Förderung religiöser Praktiken in Schulen oder durch Bereitstellung öffentlicher Gebäude. Die fünf wichtigsten Grundsätze dieser „allgemeinen" Religion, die Skousen bei den Gründern erkennt, tragen jedoch ausgesprochen christliche Züge. Zu den „fundamental points to be taught in school" (ebd., S. 61) zählt als erster Grundsatz: „There exists a Creator who made all things and mankind should recognize and worship him" (ebd.). Eine solch monotheistische Deutung religionspolitischer Grundsätze verträgt sich allerdings schwer mit dem Grundsatz staatlicher Neutralität.

Verfassung abgekommen sei (ebd.).[24] In diesem Sinne betont Skousen stärker als Barnett bestimmte kollektive Pflichten des Zusammenlebens, was sich unter anderem in einem größerem Spielraum der Einzelstaaten ausdrückt Religionsgemeinschaften politisch zu unterstützen.

Eine wichtige Überschneidung mit der Verfassungslesart Barnetts ergibt sich zuletzt in Hinblick auf das Prinzip der Volkssouveränität. Hierbei teilt Skousen die Auffassung, dass nicht die Demokratie, sondern eine durch das Naturrecht strukturierte Gesellschaft das Ideal der originalen Verfassung bildet. In der Unverfügbarkeit der Verfassung für demokratisch legitimierte Veränderungen liegt somit wie bei Barnett ein Moment politischer Transzendenz.

3 Fazit

Ob in Form des übergroßen Transparentes auf dem Wahlkampfbus von Sarah Palin oder im Hosentaschenformat als Begleiter auf zahlreichen Demonstrationen: Im ersten Kapitel des vorliegenden Beitrages wurde deutlich, welch zentrale Rolle der Bezug auf die ursprüngliche Verfassung in den Protesten der Tea Party spielt. Als allgemeiner Maßstab legitimer bundesstaatlicher Regulierungsansprüche dient sie der Kritik höchst unterschiedlicher „issues", angefangen bei keynesianischen Formen der Wirtschaftspolitik, über die Ausweitung des Wohlfahrtstaates durch Obamas Gesundheitsreform bis hin zu verschiedenen klimapolitischen Projekten. Neben der Kritik an einzelnen politischen Projekten, die nur in den seltensten Fällen zu messbaren legislative oder juristische Erfolgen führte, diente die Berufung auf die ursprüngliche Verfassung zur Selbstverständigung der Bewegung. Insbesondere mit Blick auf die Wahlkampfprogramme „Pledge to America" und „Contract from America" zeigte sich die Bedeutung der Verfassung als gemeinsamer symbolischer Bezugspunkt einer ansonsten heterogenen Bewegung.

Als wichtige Vordenker der originalistischen Verfassungslesart der Tea Party konnten unter anderem die Autoren Randy E. Barnett und Cleon W. Skousen identifiziert werden. Eine Einbettung des Protestgeschehens in einen größeren historischen Kontext US-amerikanischer Verfassungsdiskurse hätte dabei noch weitere Autoren in den Fokus gerückt.[25] Hierbei ist insbesondere die Integrationsfigur vieler libertärer

---

24 Es dürfte nicht zuletzt der populistische Zuschnitt von Skousens „Thesen" gewesen sein, der Beck aufmerksam machte und zu einem Vorwort drängte, das dem Leser nicht nur das Versprechen abnimmt das Buch in 30 Tagen zu lesen, es an Kinder, Nachbarn und Freunde weiter zu reichen, sondern auch mit einer missionarischen Vision schließt: „We are the troops, the truth is our trumpet" (Skousen 2009, S. 7).
25 Für eine kritische Auseinandersetzung mit originalistischen Lesarten der Verfassung vor der Tea Party, vgl. Vincent Crapanzano (2000): „Serving the Word. Literalism in America from the Pulpit to the bench". New York.

Anhänger der Tea Party, Ron Paul, zu verweisen, der an der Konstituierung der Bewegung großen Anteil hatte (vgl. Schweitzer 2012, S. 45 ff.).

Aus der Bedeutung der Verfassung für die Proteste der Tea Party ergab sich ein Interesse an den spezifischen originalistischen Argumentationsweisen, die in der Bewegung Verbreitung fanden. Die im zweiten Teil durchgeführte Analyse der Verfassungstheorien Barnetts und Skousens, die jeweils ein ideologisches Spektrum innerhalb der Bewegung repräsentieren, bestätigte dabei eine Deutung Hohensteins, demzufolge die Verfassungspolitik der Tea Party auf eine Kritik am Konzept der „lebendigen Verfassung" zielt: „The idea of a living constitution, one that adopts the text of the founders words to the changing times, is repugnant to their fundamental belief that the founders created a governmnt of limits, of clear lines of authority [...] in order to protect the people's liberties" (Hohenstein 2012, S. 38 f.).

Gemein ist der orginalistischen Verfassungslesart Barnetts und Skousens in diesem Sinne das Insistieren auf einem Katalog natürlicher (Markt-)Freiheiten, die in ihren Augen durch verschiedene Verfassungszusätze und Verfassungsgerichtsurteile seit Ende des 19. Jahrhunderts und der sogenannten „progressiven Ära" nicht mehr ihrem ursprünglichen Gehalt gerecht werden. Darüber hinaus findet sich bei Skousen die Idee einer ursprünglich-amerikanischen Moral und Religiosität, die es wiederzubeleben gelte. Bei Skousen und radikalen Evangelikalen wie Michel Bachmann zielt die Autorisierung der ursprünglichen Verfassung deshalb nicht nur auf eine Kritik am wohlfahrtstaatlichen Strukturwandel, sondern auch auf einen Trend der Säkularisierung.

Die Analyse der originalistischen Verfassungslesarten Barnetts und Skousens führte darüber hinaus Schnittmengen vor Augen, die Hohensteins Deutung noch ergänzen. Neben dem Insistieren der Autoren auf einer Unverfügbarkeit der Verfassung für aktualisierende Deutungen, die sich als hermeneutische Transzendenz beschreiben lassen, zeigten sich die Autoren einig in einer Ablehnung demokratischer Legitimationsressourcen.[26] Der Ausschluss politischer Rechte aus dem Arsenal natürlicher Rechte (Barnett) und die Entgegensetzung von natürlichen Rechten und demokratischer Selbstbestimmung (Skousen) lässt ein Moment politischer Unverfügbarkeit bzw. Transzendenz dieser Verfassungslesart erkennen.

Die Berufung der Tea Party auf die ursprüngliche Verfassung, stellt deshalb trotz der kontinuierlichen Anrufung von „we the people" im Kern eine Kritik an einer demokratisch-lebendigen Verfassung dar.

---

26 Vor dem Hintergrund der Ablehnung demokratischer Legitimationsressourcen lässt sich auch der Kampf der Tea Party gegen den 13. Zusatzartikel der Verfassung erklären, der eine demokratische Direktwahl der Senatoren durchsetzte, die zuvor von den Regierungen der Einzelstaaten bestimmt wurden (vgl. Zernike 2010, S. 70).

Literatur

Barnett, Randy E. 2004: Restoring the lost Constitution. The Presumption of Liberty. Princeton.

Barnett, Randy E. 2009a: The Case of a Federal Amendment, in: The Wall Street Journal v. 23.04.2009, http://online.wsj.com/article/SB124044199838345461.html (zuletzt am 01.06.2013).

Barnett, Randy E. 2009b: A Bill of Federalism. A Detailed Proposal to redress the imbalance between state and federal power, in: Forbes v. 20.05.2009. http://www.forbes.com/2009/05/20/bill-of-federalism-constitution-states-supreme-court-opinions-contributors-randy-barnett_2.html (zuletzt am 01.06.2013).

Barnett, Randy E. 2010: Is health-care reform constitutional?, in: Washington Post v. 21.03.2010, http://www.washingtonpost.com/wp-dyn/content/article/2010/03/19/AR2010031901470.html (zuletzt am 01.06.2013).

Barnett, Randy E. 2011: Turning Citizens into Subjects: Why the Health Insurance Mandate is Unconstitutional, http://judiciary.senate.gov/pdf/11-02-02%20Barnett%20Testimony.pdf (zuletzt am 01.06.2013).

Burghart, Devin und Zeskind, Leonard 2010: Tea Party Nationalism: A Critical Examination of the Tea Party Movement and the Size, Scope and Focus of its National Factions, in: IREHR Special Report Fall 2010.

Chapman, Roger 2012: (Hrsg.) Social Scientist Explain the Tea Party Movement. With Primary Documents, Lewiston u. a.

Crapanzano, Vincent 2000: Serving the Word. Literalism in America from the Pulpit to the Bench. New York.

Hohenstein, Kurt 2012: Faith in the Founders: The Tea Party and Fundamental Constitutionalism, in: Chapman, Roger (Hrsg.): Social Scientist Explain the Tea Party Movement. With Primary Documents, Lewiston u. a., S. 31–50.

Karpowitz, Christopher F. et al. 2011: Tea Time in America? The Impact of the Tea Party Movement on the 2010 Midterm Elections, in: PS: Political Sciences and Politics Vol. 9/No. 1, S. 303–309.

Lepore, Jill 2010: The Whites of their Eyes. The Tea Party's Revolution and the battle over American History, Princeton and Oxford.

Niesen, Peter 2009: Die Politische Theorie des Libertarianismus: Robert Nozick und Friedrich August von Hayek, in: Politische Theorien der Gegenwart I, hrsg. von Brodocz, André und Schaal, Gary S., 3. durchgesehene und erweiterte Auflage, Opladen und Farmington Hills.

Nolte, Paul 2011: Wo die Verfassung als heilige Schrift gilt, in: Berliner Republik. Das Debattenmagazin 3/2011.

Rasmussen, Scott und Schoen, Douglas 2010: Mad as Hell. How the Tea Party Movement is Fundamentally Remaking our Two-Party-System, New York.

Rosen, Jeffrey 2010: Radical Constitutionalism, in: New York Times Magazine v. 26.11.2010, http://www.nytimes.com/2010/11/28/magazine/28 fOB-idealab-t.html?ref= mormonschurchofjesuschristoflatterdaysaints (zuletzt am 01.06.2013).

Skousen, W. Cleon 2009: The Five Thousand Year Leap. 28 Great Ideas that Changed the World. 30 Year Anniversary Edition with a Foreword by Glenn Beck, Franklin/TN.

Schläger, Philipp 2012: Amerikas Neue Rechte. Tea Party, Republikaner und die Politik der Angst, Berlin.

Schweitzer, Eva C. 2012: Tea Party. Die weiße Wut. Was Amerikas Neue Rechte so gefährlich macht, München.

Somin, Ilya 2011: The Tea Party Movement and Popular Constitutionalism, in: Northwestern University Law Review Colloquy Vol. 105, S. 300–314.

Weigel, David 2011: Mike Lee wins in Utah, and so does the Tea Party, in: Washington Post vom 23.06.2011, http://voices.washingtonpost.com/right-now/2010/06/mike_lee_wins_in_utah.html (zuletzt am 01.06.2013).

Zaitchik, Alexander 2009: Meet the man who changed Glenn Becks life. Cleon Skousen was a right wing crank whom even conservatives despised. Then Glenn Beck discovered him, in Salon v. 16.09.2009.

Zernike, Kate 2010: Boiling Mad. Inside Tea Party America, New York.

Zernike, Kate und Thee-Brenan, Megan 2010: Poll finds Tea Party Backers Wealthier und More Educated, in: New York Times v. 14.04.2010, http://www.nytimes.com/2010/04/15/us/politics/15poll.html (zuletzt am 01.06.2013).

Zietlow, Rebecca E. 2011: Popular Originalism? The Tea Party Movement and Constitutional Theory, University of Toledo Legal Studies Research Paper No. 2011–09

Steven Schäller

Der Begriff der Souveränität als Innovationshemmnis

Konstitutionelles Denken in den Traditionen republikanischer und monarchischer Bundesstaatlichkeit

Konstitutionalismus und Bundesstaatlichkeit sind mit der amerikanischen Verfassung von 1787/88 in ein wechselseitiges, fruchtbares Verhältnis eingetreten. Die *founding fathers* entwickelten mithilfe und auf Grundlage der ideengeschichtlichen Überlieferung ein vollkommen neues Konzept von Bundesstaatlichkeit, das seine Dauerhaftigkeit aus der Verbindung montesquieu'scher Republiken zu einer starken Union gewann. Jedoch zog die Frage einer *more perfect union* auch schon vor den Federalist Papers Aufmerksamkeit auf sich und auch nach ihnen war die Frage der Bundesstaatlichkeit nicht endgültig zu beantworten. So suchte bereits die Reichspublizistik, ausgehend von Jean Bodins wirkmächtiger Souveränitätslehre, wenig erfolgreich nach einer angemessenen Semantik für die Gestalt des Alten Reiches. Und als sich schließlich ein Modell des Bundesstaates in Gestalt des Kaiserreiches von 1871 einstellen sollte, hatte auch die Reichsstaatslehre erhebliche Probleme damit, die beobachtbare Realität des Fürstenbundes mit der Idee der Bundesstaatlichkeit zusammenzuführen. Die Ursachen für diese Probleme finden sich in ideengeschichtlichen Weichenstellungen der Reichspublizistik, denen die Reichsstaatslehre nicht auszuweichen vermochte. Ganz im Gegensatz dazu gelang es den Autoren der Federalist Papers, die Frage der Bundesstaatlichkeit mit Montesquieu auf innovative Weise zu bearbeiten und dabei den modernen Bundesstaat aus der Taufe zu heben. Mit den Autoren der Federalist Papers wird somit ein Modell spezifisch republikanischer Bundesstaatlichkeit begründet, während die Reichsstaatslehre für die Begründung eines Modells monarchischer Bundesstaatlichkeit einsteht.

Souveränität als Problem bundesstaatlicher Theoriebildung in der Reichspublizistik

Dass Souveränität überhaupt zu einem Kernproblem bundesstaatlicher Theoriebildung werden konnte, lässt sich zunächst ideengeschichtlich erläutern. Jean Bodin, Apologet der absoluten Monarchie und Theoretiker des neuzeitlichen Souveränitätsbegriffes, kennzeichnete einerseits die souveräne Macht des absoluten Monarchen als unbegrenzt, unteilbar und nicht übertragbar (Bodin 1981, S. 294). Andererseits sah er sich mit diesem starren Konzept der Macht- und Herrschaftsausübung dann vor eine schwierige Aufgabe gestellt, als er in seiner Staatsformenlehre die Gestalt des Alten Reiches bestimmen wollte. Denn mit seiner Semantik ließ sich der Ort der Souveränität oder deren personaler Träger nicht eindeutig bestimmen. Im Alten Reich bestanden vielfältige Formen der Herrschaftsausübung, Überlagerungen von Machtbereichen sowie Unschärfen in den konkreten Zuordnungen sozialer (ständischer) und territorialer Hoheitsansprüche. Bodins Einordnung des Alten Reiches musste daher Kompromisse eingehen, die jedoch nicht zulasten der Souveränitätstheorie, womöglich mit einem Eingeständnis ihrer Unzulänglichkeit, ausfielen. Vielmehr reduzierte Bodin die Reichsverfassungspraxis darauf, der Form nach eine Aristokratie zu sein (Bodin 1981, S. 328). Horst Denzer notierte dazu:

> Indem Bodin als erster die Souveränitätslehre formulierte und sie zum alleinigen Kriterium für die Bestimmung der Staatsform machte, war er auch als erster vor das Dilemma bei der Beurteilung der Reichsverfassung gestellt. Er löste es, indem er, wie nach ihm alle Anhänger der Lehre von der unteilbaren Souveränität, die Staatsform des Reiches auf Kosten der Verfälschung der Verfassungsrealität eindeutig bestimmte (Denzer 1994, S. 307).

Auf Bodins Souveränitätslehre folgte in der Reichspublizistik eine Diskussion um die angemessene Beschreibung des Alten Reiches. Dass dahinter nicht zuletzt auch machtpolitische Interessen um die Führungsrolle im Reich zwischen dem Kaiser, dem Gremium der Kurfürsten und den Territorialherrschaften ausgetragen wurden, ist offensichtlich. Wissenschaftlicher Erkenntnis war aber nicht nur die politische Umstrittenheit abträglich, sondern auch die besondere Attraktivität der Idee von einer unbegrenzten, unteilbaren und nicht übertragbaren Souveränität. In der Reichspublizistik standen sich unter den Feldzeichen der „Caesarianer" und „Fürsterianer"[1] mit Dietrich (Theodorus) Reinkingk und Gottfried Antonius die Befürworter einer Monarchie unter der Führung des Kaisers auf der einen Seite und mit Herrmann Vultejus und Dominicus Arumeus die Befürworter eines antikaiserlichen aristokratischen Reiches auf der anderen Seite gegenüber (dazu Hoke 1998, S. 142–145). So wurde Bodin „in Deutschland ohne nennenswerte Verzögerung aufgenommen und in einer Weise diskutiert, wie dies keinem anderen Staatstheoretiker geschah" (Stolleis 1988, S. 174).

Der Disput der Reichspublizistik konnte der Erkenntnisfrage nach der Gestalt des Alten Reiches nicht endgültig zur Klärung verhelfen. Gleichwohl sind hier aber zumindest zwei theoriegesättigte Angebote hervorzuheben, die das Problem der Souveränität durch eine Modifikation des Begriffes zu lösen versuchten oder den Bodinschen Begriff gleich ganz ignorierten, um die Gestalt des Alten Reiches als eine zusammengesetzte, bündische Konstruktion erfassen zu können. Jedoch haben sich diese Angebote, und das ist ein charakteristisches Merkmal der Reichspublizistik,

---

1 Zu einem Überblick über die Positionen vgl. die Diskussion bei Pfannenschmid 2005, S. 84–88. Vgl. exemplarisch für die „Caesarianer" Link 1995 und für die „Fürsterianer" Hoke 1995.

nicht durchgesetzt, weil sie nicht mit dem Konzept einheitlicher, unteilbarer und unbegrenzter Souveränität konform gingen.

Zunächst entwickelte Johannes Althusius einen Begriff der Souveränität, der mit einem konsozialen, also durch die Verbindung gesellschaftlicher Gruppen konstituierten Unterbau Ort und Träger der Souveränität neu bestimmte (Althusius 2003). Für diese Leistung wurde Althusius von Otto von Gierke im 19. Jahrhundert als Urahn der Idee der Volkssouveränität wiederentdeckt und gefeiert (Gierke 1981, S. 4, 9, 201–210, 321–322) und zuweilen auch als „deutscher Rousseau" (Wyduckel 1988) bezeichnet. Jedoch liegt dieser Vergleich insoweit daneben, als Althusius fest in der aristotelischen Tradition verwurzelt, den Menschen vor allem als soziales Wesen begreift, welches den vorstaatlichen Zustand und die Ausstattung des Individuums mit allen Freiheitsrechten gar nicht kennt (dazu Koch 2005, S. 61–66 und 330–333). Der Träger der Souveränität ist bei Althusius daher auch nicht das aus Individuen zusammengefügte Volk, sondern die assoziierten sozialen Verbände. Berechtigterweise wäre aus ideengeschichtlicher Perspektive von einer „Verbandssouveränität" zu sprechen.

Althusius' Modell der autonomen, sich stufenweise von unten nach oben zusammenschließenden sozialen Verbände (*consociationes*) stellt das Souveränitätsverständnis von Jean Bodin vom Kopf auf die Füße. Souveränität wird aufgebrochen und mehr als nur einer politischen Körperschaft zugewiesen. Er folgt damit gerade nicht der Bodinschen Auffassung von der unteilbaren und einheitlichen personalen politischen Wirkungseinheit, sprich: der Fürstensouveränität. Althusius gelingt mit diesem begrifflichen Werkzeugkasten aufteilbarer Souveränität eine angemessenere Beschreibung des Alten Reiches vor und während des Dreißigjährigen Krieges, als dies seinen Zeitgenossen bis dahin möglich gewesen wäre, weil seine Analyse „als einzige [unter den Staatslehren der Zeit, StS] vom föderalen Charakter der Reichverfassungswirklichkeit ausging: weder lag die Souveränität allein bei der Gesamtheit der Reichsstände, noch aber allein beim Kaiser. Althusius interpretiert mit Hilfe seiner Grundidee vom konsozial aufgebauten Gemeinwesen die Reichsverfassung als ein gleichzeitiges Nebeneinander von partikularen und universalen Hoheitsrechten" (Hüglin 1991, S. 161).

Den zweiten Weg, die Reichsverfassungswirklichkeit angemessen in den Blick zu nehmen, hat Ludolf Hugo beschritten, indem er den Souveränitätsbegriff gänzlich als normativen Begriff in Bodinscher Tradition verabschiedete. Seine These vom Alten Reich als *duplex regimen* versuchte er in der 1661 erschienen Dissertation zu begründen. So zeige sich zwar in der Person des Kaisers die höchste Hoheitsgewalt im Reich. Zugleich lasse sich aber bei den Vasallen in Person der Territorialherren und -herrschaften, als da sind Kurfürsten, Fürsten, Herzöge, Grafen und Reichsstädte, eine Ausbildung verschiedener Merkmale von Staatlichkeit erkennen. Einige, wenn auch nicht alle Territorien im Reich verfügen über eigene Gerichtshoheit und über die Gesetzgebung, die die Territorialherren gemeinsam mit den Landständen ausüben. Es habe sich demnach eine zweifache Regierung, das von Hugo so genannte *duplex regimen*, im Reich herausgebildet (Hugo 2005, S. 18–29, Kapitel I, I–IX). Dabei handele es sich um Staaten im Staate.

Von der einfachen Idee einer abgestuften Hoheitsgewalt, die zwischen „einem höchsten und mehreren untergeordneten Staaten" (Hugo 2005, S. 36, Kapitel II, IIX) aufgeteilt ist, entwickelt Hugo seine innovative Beschreibung des Alten Reiches. Dazu muss er sich zunächst mit der Souveränität auseinandersetzen, die bei ihm als Hoheitsgewalt (*summum imperium*) bezeichnet wird.[2] Er beobachtet, dass die Reichsstände einerseits keine unbeschränkte Hoheitsgewalt (*ius maiestatis*), sondern nur eine eingeschränkte Territorialhoheit (*ius territoriale*) haben. Zugleich aber ist diese Territorialhoheit von solchem Ausmaß und Umfang, dass man den Territorien „[...] einen eigenen Staat und eine eigene Regierung zusprechen" (Hugo 2005, S. 37, Kapitel II, IX) kann.

Mit dem Begriff des *duplex regimen* ist eine Doppelung der Herrschaft im Reich bezeichnet. Damit ist jedenfalls nicht gemeint, dass es eine doppelte Majestät oder Souveränität gibt. Die Hoheitsgewalt im Reich *diffundiert* in der Form, dass beide Regierungen – die des Reiches und die der Territorien – als souverän bezeichnet werden können, damit also zwei Ebenen der Staatlichkeit existieren und einzig ein Vorrang des Reiches in der Hoheitsgewalt besteht. „So gelangt er zu einer staatsrechtlichen Erklärung der Reichsverfassung mit hohem Realitätsgehalt" (Pfannenschmid 2005, S. 179). In der Rezeptionsgeschichte jedoch erweist sich gerade die Verabschiedung des Bodinschen Souveränitätsbegriffes als fatal für die dann ausbleibende Wirkung des Konzeptes vom *duplex regimen*. Samuel Pufendorf gibt hierfür das Exemplum.

Pufendorfs brillant argumentierende Schrift „Die Verfassung des Deutschen Reiches", 1667 unter dem Pseudonym Severinus de Monzambano erschienen, gibt Auskunft darüber, welchen Weg die Reichspublizistik nach dem Westfälischen Frieden eingeschlagen hat. So führt die Rezeption des Souveränitätsbegriffes als juristische Kategorie zwar zu logisch zwingenden Schlüssen – gleichzeitig aber bedeutet diese Weichenstellung für einen Souveränitätsbegriff, der allein durch juristische Denkformen „domestiziert" werden solle, ein Ausbleiben der Reflektion über diesen Grundlagenbegriff und vor allem über seine politische Seite. Der Souveränitätsbegriff als Bodinsche Prämisse gerät so für die Reichspublizistik zu einem Innovationshemmnis in der Theorieentwicklung über bundesstaatliche Konstruktionen.

Besonders ein Aspekt der Pufendorfschen Reichsverfassungsschrift erlangt für die Reichspublizistik Bedeutung: So beendete sie zwar die einheitsstaatlich geprägten Diskussionen zwischen Anhängern einer monarchischen Staatsform einerseits und einer aristokratischen Staatsform andererseits. Die Reichsverfassungsschrift folgte vor allem aber auch – mit einigen Einschränkungen – der Lehre Bodins von der Souveränität mit allen dazugehörigen Konsequenzen in der Staatsformenlehre. Der immense Erfolg dieser Schrift verhinderte damit nicht zuletzt auch die Verbreitung alternativer Theorieentwürfe für bundesstaatliche Konstruktionen wie sie sich in der Reichspublizistik vor und neben Pufendorf herausgebildet hatten.

---

2 Vgl. zu Hugos Souveränitätskonzept ausführlicher Pfannenschmid 2005, S. 165–168.

Der bekannte und häufig zitierte Schluss von der Irregularität des Reiches bei Pufendorf (Pufendorf 1994, S. 199, VI, § 9) erlangt seine Pointe dadurch, dass er der Bodinschen Lehre von einem einheitlichen personalen Träger der Souveränität erliegt. Zwar folgt Pufendorf dem Souveränitätsbegriff Bodins nicht in Gänze und orientiert sich in weiten Teilen auch kritisch am Souveränitätsbegriff von Hobbes (dazu Denzer 1994, S. 302–303), jedoch in einem entscheidenden und die ganze Reichspublizistik kennzeichnendem Merkmal bleibt er dem Bodinschen Begriff treu: der Unteilbarkeit der Souveränität. Demzufolge haben sowohl Pufendorf, als auch die Reichspublizistik in der Tradition des unteilbaren Souveränitätsbegriffes Probleme, die Gestalt des Alten Reiches in bundesstaatlichen Kategorien so zu erfassen, wie es bspw. Ludolf Hugo gelang.[3] Den einheitlichen personalen Träger der Souveränität kann Pufendorf, der historischen Entwicklung des Reiches folgend, nicht mehr erkennen. Weil dieser aber unabdingbar für ein wohlgeordnetes Gemeinwesen sei, befinde sich demzufolge das Alte Reich nach dem Westfälischen Frieden in einer regellosen, sprich: nicht mehr den Bodinschen Staatsformen entsprechenden, und daher irregulären und monströsen Verfassung. Bei Bodin ergebe sich die Wohlgeordnetheit des Gemeinwesens eben daraus, dass die Souveränität tatsächlich auch bei einer einzigen Regierung liege. Konsequenterweise muss Pufendorf im Reich dann auf Irregularität erkennen. Damit, so Hugo Preuß, ziehe Pufendorf in der Reichsverfassungsschrift zwar juristisch präzise Schlüsse,[4] insgesamt aber komme er wegen falscher Vorannahmen zu einem falschen Urteil (Preuß 1999, S. 16).

Souveränität und republikanische Bundesstaatlichkeit bei den Autoren der Federalist Papers

Während sich die Reichspublizistik in den Stricken des Unteilbarkeitsdogmas der Souveränität verfängt (Stolleis 1988, S. 236), legt Montesquieu eine andere und folgenreiche Spur zu einer Bundesstaatstheorie republikanischen Charakters. Daran interessiert, den Lebenskreis politischer Gemeinwesen von der *grandeur* zur *decadence* zu begreifen und gegebenenfalls auch mit entsprechenden Mitteln aufzuhalten, macht

---

3 Vgl. dazu auch Preuß 1999, S. 15: „Aus dem Wesen der Souveränität, der summa potestas, ergibt sich ihm die Einheit und Unabhängigkeit als essentiale des Staates; also die begriffliche Unmöglichkeit von respublicae inferiores (nach der Terminologie Hugos) gegenüber einer respublica superior." Vgl. schließlich auch Wyduckel 1984, S. 174–175.

4 Nicht ohne ein Augenzwinkern ist die „Diagnose" von Ignaz Jastrow 215 Jahre später einzuordnen: „Es giebt nur eine Macht, die ihn dazu hat bringen können, und das ist die unheimliche Gewalt, mit der eine juristische Theorie streng logisch angelegte Naturen mit sich fortzureißen vermag" (Jastrow 1882, S. 363).

Montesquieu in seinem großen Werk „Vom Geist der Gesetze" (Montesquieu 1992) die Beobachtung, dass in Republiken der Vorteil gesetzmäßiger Herrschaft mit dem Nachteil geringer Verteidigungs- und Angriffsstärke einhergeht. Der Vorteil einer gesetzmäßigen Herrschaft besteht darin, dass hier Macht nicht missbraucht wird[5] und daher die politische Freiheit gesichert sei. Jedoch unterliegen Republiken auch einem strukturellen Nachteil, der in ihrer geringen Größe, in der daraus resultierenden verhältnismäßig kleinen Bevölkerungszahl sowie einem vergleichsweise bescheidenen Wohlstand wurzelt. Sowohl in der Verteidigung, als auch im Angriff sind kleine Republiken allen anderen Regierungsformen weit unterlegen. Da die geringe territoriale Ausdehnung die Voraussetzung für den Erhalt der politischen Freiheit darstellt und auf diese Weise bereits dem Verfall ein Riegel vorgeschoben sein sollte, ist die Lösung auf der anderen Seite des Problems zu suchen: in der Verteidigungskraft. Montesquieu denkt dabei an eine Staatsform, „[...] die alle inneren Vorzüge einer republikanischen Regierung mit der äußeren Macht einer Monarchie vereinte": die *Republique fédérative* (Montesquieu 1992, S. 180, IX, 1)

Diesen Gedanken greifen die Autoren der Federalist Papers auf, um ihn konstruktiv in einen Entwurf für eine Theorie republikanischer Bundesstaatlichkeit zu wenden. Sie zielen dabei vor allem auf eine Neufassung des Souveränitätsbegriffes, den sie jenseits der Fürstensouveränität konzipieren. Der den Einzelstaaten zur Abstimmung unterbreitete Verfassungsentwurf von Philadelphia entfaltete eine bundesstaatliche Vision, die die Errichtung einer nationalen Regierung (*federal government*) zum Ziele hatte. Diese neu einzurichtende Bundesregierung wurde im Medium einer staatsrechtlichen Konstruktion in Beziehung zu den Einzelstaaten gesetzt. Hinter dieser Abgrenzung einer *staats*rechtlichen von einer *völker*rechtlichen Konstruktion verbirgt sich die gesamte innovative Kraft dieses Verfassungsentwurfes im Hinblick auf eine Staatsformenlehre. Noch die Konföderationsartikel handelten die föderalen Beziehungen zwischen den Einzelstaaten im Modus alteuropäischer bündischer Formen ab, wenn der Kontinentalkongress als Institution zwischen den souverän bleibenden Einzelstaaten ein reiner nichtständiger Abgesandtenkongress ohne nennenswerte exekutive und judikative Funktionen bleibt. In dieser Form passte die Konföderation in die hergebrachte Staatslehre: Die Einzelstaaten verbleiben im imaginierten Zustand völkerrechtlicher Souveränität, die sie gegen den Kontinentalkongress eifersüchtig verteidigen. Der Kontinentalkongress erreichte seinerseits mit der Gesetzgebung nicht die Bürger, sondern nur die Einzelstaaten, die es wiederum als ihr souveränes Recht betrachteten, jedem vom Kontinentalkongress verabschiedeten Gesetz nur solange Folge leisten zu müssen, wie es nicht ihren einzelstaatlichen Interessen zuwiderlief oder sie dieses Gesetz aus anderen Gründen nicht für notwendig oder einsichtig hielten.

---

5 Gesetze gelten dann nicht mehr, wenn die Macht missbraucht wird und Machtmissbrauch ist Montesquieu zufolge „[...] eine ewige Erfahrung [...]" (Montesquieu 1992, S. 213, XI, 4).

Dem setzten die Autoren der Federalist Papers ein radikales Konzept von popularer Souveränität entgegen. In der Vorstellung vom Volk als Ursprung und Quelle aller Macht und einzig legitimer Instanz, die gemeinsam darüber beschließen kann, eine Regierung mit bestimmten Aufgaben zu betrauen, findet sich bereits das Konzept amerikanischer Volkssouveränität.[6] Dieses Konzept ist bestechend einfach und im Vergleich zu zeitgenössischen europäischen Souveränitätskonzepten erfreulich unterkomplex. Mit anderen Worten: es ist politisch handhabbar. Zum einen sagt es etwas darüber aus, wer die Regierung bestimmt und zum anderen sagt es etwas darüber aus, was Gegenstand gemeinsamer Beschlüsse ist. Der Träger der Souveränität und damit der legitime Entscheidungsträger über den Zuschnitt der Regierung ist das Volk. In einer dualen Demokratie, wie Ackerman die Vereinigten Staaten charakterisiert, tritt dieses Volk in zwei verschiedenen Rollen auf (Ackerman 1995). Zum einen als Wahlvolk seiner Repräsentanten und zum anderen als souveräner Gesetzgeber der Prinzipien seiner Regierungen auf den verschiedenen Ebenen vom *local government* über das *state government* bis zum *federal government*.

Diese Form volkssouveräner Aufgabenzuweisung an die verschiedenen bundesstaatlichen Ebenen klingt insgesamt recht unspektakulär. Zwei Punkte sind jedoch von besonderer Bedeutung: Zum einen führte der vollkommen anders geartete Begriff der Fürstensouveränität zu einer spezifischen Form der Aufgabenteilung in bündischen Strukturen. Ist nämlich nicht das Volk Träger der Souveränität, sondern ein Fürst, so bedeutete beispielsweise die Übertragung einer Aufgabe an die „Reichsregierung", dass Hoheitsträger der „Reichsregierung" auf dem Territorium der Fürsten agierten, um beschlossene Reichsgesetze auch auszuführen, ohne aber ihre Hoheit von den Fürsten abgeleitet zu haben. Um diesem Widerspruch aus dem Weg zu gehen und den Fürsten ihre Vorstellung von Souveränität zu lassen, wurde bspw. im Bismarckreich keine bundesstaatliche Aufgabenteilung nach Materien, sondern nach Kompetenzen eingeführt. Die Fürsten geben so einige Gesetzgebungskompetenzen an den Reichstag ab, behalten dafür aber die Administrationskompetenz. So einigen sie sich zwar auf gemeinsame Gesetze im Rahmen bündischer Institutionen. Ausgeführt werden diese Gesetze allerdings von jedem Fürsten eigenverantwortlich und ohne nennenswerte Einmischung des Reiches. Zum anderen liegt mit einer volkssouveränen Aufgabenzuweisung auch die Reichweite und Tiefe dieser Zuweisung in der Hand des Verfassungsgebers. Regierungen bekommen damit keine Souveränität verliehen, sondern nur noch begrenzte Aufgaben zugewiesen. Souveränität wird daher in Aufgabenbündel aufgespalten und zwischen den einzelnen Regierungen verteilt.

Mit dem Modell republikanischer Bundesstaatlichkeit verbindet sich daher nicht nur eine andere Auffassung vom Begriff der Souveränität, sondern daraus folgend

---

6 Vgl. zu einer quellenreichen Darstellung der Entwicklung des spezifisch amerikanischen Verständnisses der Volkssouveränität als Recht der Selbstregierung gegenüber dem unterdrückenden Mutterland Reibstein 1972.

auch eine anders geartete Aufteilung und Zuweisung von Aufgaben im Bundesstaat zwischen den einzelnen Ebenen der Staatlichkeit. Schließlich bleibt zu erwähnen, dass auch der Konfliktaustrag innerhalb des Bundes einen anderen Modus annimmt, der direkt mit dem Wechsel vom konföderalen Völkerrecht zum föderalen Staatsrecht zusammenhängt: Während dem föderalen Staatsrecht als Verfassungsrecht eine gerichtsförmige Institution zur Verfügung steht, die im Modus des Rechts Konflikte innerhalb des Bundes entscheidet, fehlt im konföderalen Völkerrecht eine allgemein akzeptierte Institution der Rechtsprechung, die Streitfälle entscheiden kann. Für Bundesstaaten in republikanischer Tradition bedeutet dies, dass Streitfälle vor einem politischen Gremium ausgetragen werden und damit die gesamte Bundeskonstruktion in ihrem Bestand nicht auf die Fragilität eines politischen Kompromisses unter ehrsüchtigen Fürsten angewiesen ist.

Souveränität und monarchische Bundesstaatlichkeit in der Reichsstaatslehre

Die Reichsstaatslehre der Kaiserzeit setzt die Diskussion um die typologische Einordnung der staatlichen Gewalt auf dem Gebiet des ehemaligen Alten Reiches fort. Inzwischen haben sich jedoch einige empirische, theoretische und epistemologische Veränderungen eingestellt. Die Entwicklungen auf dem amerikanischen Kontinent geben ein anschauliches, und dennoch kaum rezipiertes Beispiel für den republikanischen Bundesstaat. Allein Georg Waitz gelingt es 1853, die Schriften von Alexis de Tocqueville konstruktiv zu verarbeiten und in einen Zusammenhang mit den politischen Entwicklungen seit dem Scheitern der Paulskirchenverfassung zu stellen. Waitz' Betrachtungen zum Wesen des Bundesstaates geraten zwar in den darauffolgenden zwanzig Jahren zu einer dominanten Position. Sie werden jedoch dann nicht mehr mitgetragen, als sich die Reichsverfassung von 1871 nicht als Anwendungsfall geteilter Staatlichkeit und geteilter Souveränität herausstellt. Max Seydels einsamer, aber gewichtiger Widerspruch von 1872/73 gegen die Bundesstaatstheorie von Waitz ist nicht allein bayerischem Eskapismus zuzuschreiben, sondern vielmehr auch ein erneuter Einspruch gegen den Verstoß der Souveränitätsdoktrin in einer Bodinschen Tradition, die jede Konzeption geteilter und zusammengesetzter Staatlichkeit mit sich bringt. In epistemologischer Hinsicht gelangt die Reichstaatslehre mit dem juristischen Positivismus zu neuen Ufern. Die rein formale Betrachtungsweise der Normen der Reichsverfassung geht an der Bundesstaatstheorie nicht unberührt vorüber. Paul Laband konstruiert ein allseits akzeptiertes System juristischer Begriffe, aber verdeckt damit, dass auch er nicht in der Lage ist, das zentrale Problem geteilter Staatlichkeit im monarchischen Bundesstaat zu lösen, ohne die Grundpositionen der Souveränitätsdoktrin anzutasten. Die Lage der Reichsstaatlehre ist daher prekär. Angesichts einer Reichsverfassung, die, um die politischen Spannungen zwischen den Fürsten einzufangen, keine Rücksicht auf die Befindlichkeiten des auf Logik und Systematik zielenden juristischen Befindens nimmt, bleibt ihr nichts anderes übrig als die Flucht in die Dogmatik.

Georg Waitz rezipiert durch die Amerikabände von Alexis de Tocqueville die Entwicklungen der Idee der Bundesstaatlichkeit auf dem neuen Kontinent. So bedient er sich zunächst der Begriffe des republikanischen Bundesstaatsmodells. Er hat sich jedoch auch den „Realien" des Deutschen Bundes nach 1848 zu stellen und versucht daher, die Monarchie in einen republikanisch geprägten Bundesstaatsbegriff zu integrieren. Kern der Konstruktion einer Wesensbestimmung des Bundesstaats ist somit *erstens* die volkssouveräne Geltungsgrundlage für die Kreation eines Bundesstaates. *Zweitens* entwickelt Waitz dabei einen Begriff von der Staatensouveränität, der sich offensiv von der Unteilbarkeitsdoktrin verabschiedet. Das Ergebnis ist ein aus zwei staatlichen Ebenen zusammengesetzter Bundesstaat, der, um angemessen in einem monarchischen Kontext funktionieren zu können, einer ganz bestimmten Logik der Aufgabenteilung zwischen den staatlichen Ebenen folgen muss.

Dieses Nebeneinander selbstständiger staatlicher Ebenen setzt sich in einen Gegensatz zur herrschenden Auffassung. Danach war bislang der Ort der unteilbaren Staaten- oder Fürstensouveränität das Unterscheidungskriterium zwischen Bundesstaat und Staatenbund. Befand sich die Souveränität bei den Einzelstaaten, so handelte es sich um einen Staatenbund. Befand sich aber die Souveränität bei einer zentralen Einheit über den Einzelstaaten, so nahm diese gleichzeitig den Charakter staatlicher Gewalt an. Diese Staatsform wurde dann, so Waitz, Bundesstaat genannt. Diese Auffassung verwirft er jedoch:

> Wir sagen gerade entgegengesetzt, nur da ist ein Bundesstaat vorhanden, wo die Souveränität nicht dem einen und nicht dem anderen, sondern beiden, dem Gesamtstaat (der Centralgewalt) und dem Einzelstaat (der Einzelstaatsgewalt), jedem innerhalb seiner Sphäre zusteht (Waitz 1853, S. 501).

Souveränität wird also teilbar und nur noch an die Wahrnehmung übertragener Aufgaben gebunden. Mehr noch: Souveränität wird begrifflich identisch mit der Erledigung von staatlichen Aufgaben. Sie wird in Aufgabenbündel zerlegt, deren einer Teil nationaler und einheitlicher Erledigung zugeführt wird und deren anderer Teil einer „eigenthümlichen Gestaltung nach stammesmässigen oder localen Verschiedenheiten" (Waitz 1853, S. 500) offen bleibt.

Im monarchischen Kontext gerät ein solcher Bundesstaat jedoch sehr schnell in schwieriges Fahrwasser: Viel zu leicht könnte sich die Auffassung durchsetzen, dass die monarchisch verfassten „Einzelstaaten in die Stellung von Unterthanen kommen" (Waitz 1853, S. 526) und nur noch zu ausführenden Organen des gesamtstaatlichen Willens werden. Daher muss die Selbstständigkeit der Einzelstaaten und des Gesamtstaates besonders gewahrt bleiben. Die geschichtlich zu beobachtende Lösung und theoretisch mit Montesquieu begründete Einsicht in dieses Problem wäre eine republikanische Homogenitätsklausel für den Bundesstaat, womit das Untertanenproblem der einzelstaatlichen Fürsten radikal beseitigt werden würde. Dies sei jedoch aufgrund der traditionell gewachsenen Bindung des deutschen Volkes an seine Fürstenhäuser nur schwer möglich (Waitz 1853, S. 525). Könne also die monarchische Staatsform nicht beseitigt werden, müsse eben die „falsche Doctrin" (Waitz 1853, S. 525) von der Souveränität fallen.

Dieses Postulat unterschätzt jedoch die Beharrungskräfte der Reichsstaatslehre. Die Theorie von Waitz überdauert kaum den Beginn des Kaiserreichs von 1871. Max Seydel führt die Diskussion um den Bundesstaatscharakter der Reichsverfassung zurück zu den Grundlagen des Souveränitätsbegriffes. In seinem Kommentar zur Reichsverfassung greift er auf den juristischen Stoff zurück und es ist darauf hingewiesen worden, dass sein Beharren auf der Unteilbarkeit der Souveränität nicht zuletzt auch zu einem strategisch günstigen Ergebnis für die staatsrechtliche Stellung Bayerns im neuen Reich führte (Stolleis 1992, S. 288–289). Seydel kann in einem Bund, der unter souveränen Fürsten geschlossen wird, keine Gründung eines Bundesstaates erkennen, sondern allenfalls die Errichtung eines Staatenbundes. Die Vorbehaltsrechte der Einzelstaaten gegenüber der Bundesgewalt lassen so praktisch erkennen, was mit dem Souveränitätsbegriff Bodinscher Prägung aus theoretischer Perspektive zwingend erkannt werden muss: Die deutschen Einzelstaaten haben sich zu einem Staatenbunde zusammengeschlossen, nicht aber zu einem Bundesstaat.

Max Seydel geht davon aus, dass der Bundesstaatsbegriff ein juristisch nicht haltbarer Begriff ist. Damit setzt er sich in einen wirksamen Gegensatz zur Lehre von der geteilten Souveränität. Ausgangspunkt seiner juristischen Konstruktion ist der Begriff des Staates. Soll der Bundesstaat als eine Ausprägung des Staates bezeichnet werden können, so muss die wesentliche Eigenschaft des Staates auch im Bundesstaat vorhanden sein. Seydel führt dazu die gesamte Diskussion seit Georg Waitz auf den Begriff des Staates zurück. Dieser findet die entscheidende Bestimmung seines Wesens im Begriff der Staatsgewalt, die Seydel austauschbar zu den Begriffen Staatshoheit und Souveränität setzt (zur Definitionsfrage des Begriffes Seydel 1872, S. 190). Wesentlich für einen Staat ist daher, dass er als höchste Form menschlicher Gemeinschaft keine andere Gemeinschaftsform – auf dem gleichen Gebiet über die gleichen Menschen – über oder neben sich dulden kann. „Es ist also vor Allem Staat neben Staat für dasselbe Gebiet nicht denkbar, weil eine *doppelte* Einigung eine contradictio in adiecto ist" (Seydel 1872, S. 188, Hervorhebung im Original, StS). Dieser Staat als höchste Form menschlicher Gemeinschaft tritt in eine Willensbeziehung zu seinen Untertanen auf seinem Gebiet. Ein solcher Wille kann nur souveräner, höchster Wille sein. Seydel folgt damit dem Bodinschen Souveränitätsbegriff in seinen zentralen Merkmalen. So müssen erstens die Untertanen im Staat „von einem einheitlichen höchsten Willen beherrscht sein" (Seydel 1872, S. 189, Hervorhebung im Original, StS). Zweitens ist es, analog zu Bodin, durchaus denkbar, dass dieser höchste Wille auf den Willen von Vielen, Mehreren oder Einem zurückgeht. Drittens steht dieser auf die Herrschaft gerichtete Wille in einem Mittel-Zweck-Verhältnis zum Staat. Er steht als Fürstenwille außerhalb des Staates und ergreift diesen als vorstaatliche Größe. Damit reduziert sich – analog zu Bodin – das theoretische Zugeständnis aristokratischer und demokratischer Souveränität allein auf den pragmatisch handhabbaren einheitlichen personalen Träger einer Fürstensouveränität. Zusammengefasst bedeutet dies, dass der Staatsbegriff nach Abzug aller irrelevanten Bestimmungsfaktoren ohne den Souveränitätsbegriff nicht denkbar ist. „Begrifflich nothwendig aber ist, dass dieser Wille ein einiger, einheitlicher sei: denn wo er gespalten ist, verliert er sein Wesen" (Seydel 1872, S. 189). Das bedeutet auch, wo kein einheitlicher Wille ist, da ist auch kein Staat.

Dieses Ergebnis verwandelt Seydel dann in ein staatsrechtliches Axiom und wendet es gegen den Begriff des Bundesstaates. Dort, wo sich dieser Wille des Staates bemächtigt, ist auch die Staatsgewalt als „suprema potestas" (Seydel 1872, S. 190) vorhanden und damit rechtlich fassbar. Als solche ist sie „*das* höchste Recht am Staate, [...] nicht die Summe einer aufzählbaren Menge von einzelnen Hoheitsrechten", und vor allem als Spitze gegen die Waitz'schen Aufgabenbündel gedacht, kein „leerer Name für ein Quantum Rechte" (Seydel 1872, S. 190–191, Hervorhebung im Original, StS). Staatsgewalt oder Souveränität ist damit nicht nur ein einheitlich auftretender, unteilbarer Wille. Sie ist auch unbegrenztes Verfügungspotenzial über den Staat. Sie kann nicht in Aufgabenbündel zerlegt werden und daher auch nicht in einem endgültigen Akt zwischen zwei staatlichen Ebenen verteilt, das heißt begrenzt werden. „Es ist gerade der Inhalt der Souveränetät, dass sie keinen bestimmten Umfang hat [...]. Die Souveränetät darf innerhalb des Staatsgebietes, das sie beherrscht an keine Grenzmarke stossen, wo ihr ein Gleichberechtigter Halt zuruft; sie ist nicht mehr die Staatsgewalt, wenn sie nicht die ganze Staatsgewalt ist" (Seydel 1872, S. 202, Hervorhebung im Original, StS).

Max Seydel schließt daher, dass der Begriff vom Bundesstaat, so wie ihn die Staatslehre seit der Studie von Waitz benutzt, ein staatsrechtliches Unding ist. Das Deutsche Reich ist entweder dem Staatenbund oder dem Einheitsstaat zuzuordnen. Sämtliche Merkmale der Reichsverfassung zeigen aber, dass die Souveränität der Einzelstaaten erhalten bleibt. „Konsequent deutet er das Deutsche Reich von 1871 als einen Staatenbund, eine Deutung, die jedenfalls dem Gründungsvorgang des Reichs exakt entsprach" (Stolleis 1992, S. 288). So schließen die Fürsten einen Bund souveräner Staaten zur Erledigung gemeinsamer Aufgaben. Mit dem Verfassungsvertrag überweisen sie begrenzte Hoheitsrechte zur Ausübung an die gemeinsam wahrgenommene Bundesgewalt. Im Bundesrat üben die Fürsten ihre gemeinsame Staatsgewalt aus. Einige wenige Hoheitsrechte werden an das Bundespräsidium mit dem Kaiser an der Spitze überwiesen, der diese Hoheitsrechte für den Bund im Namen der verbündeten Fürsten ausübe.

Mit Max Seydel wird die theoretische Reflexion um den Bundesstaat in der Reichsstaatslehre wieder auf ihre Anfänge bei Jean Bodin zurückgeführt. Dieser Zustand ist das Ergebnis logisch stringenter Analysen, die zugleich und angesichts der Reichsverfassungsrealität unbefriedigend bleiben mussten. Erst der staatsrechtliche Positivismus von Paul Laband konnte hier eine die juristische Disziplin überzeugende Schneise schlagen. Mit seinem mehrbändigen Staatsrecht des Deutschen Reiches, erstmals 1876 erschienen und in mehreren Auflagen überarbeitet und erweitert, verwirft er die bestehenden Theorien zur Gestalt des Kaiserreiches und konstruiert eine eigene Bundesstaatstheorie. Laband löst aber das Problem der Bodinschen Souveränität nicht. Er verdeckt nur hinreichend erfolgreich die Probleme des Begriffes, die dieser notwendigerweise in einem konstitutionellen, demokratischen und bundesstaatlichen Kontext verursacht.

Laband geht zunächst davon aus, dass es sich beim Kaiserreich um einen Bundesstaat handelt. Theoretisch muss daher eine Frage reflektiert werden: Wenn es sich beim Reich um einen Bundesstaat handeln soll, liegt dann die Souveränität tatsächlich beim Gesamtstaat, oder wie Laband formuliert: bei der Reichsgewalt und wenn ja, wie ist diese Reichsgewalt und die von ihr ausgeübte Souveränität beschaffen? Da Laband sich bereits festgelegt hat, dass es sich beim Reich um einen Bundesstaat handelt, liegt die Souveränität folglich auch bei der Reichsgewalt (Laband 1901, S. 85–86). Zu diesem Schluss kommt er über die Frage nach der Kompetenz-Kompetenz. Geht man diesem Problem nach, so stoße man unweigerlich auf die eine Instanz in einem zusammengesetzten Staat, die in der Lage ist, die Verteilung der Herrschaftsrechte ohne Beschränkung durch eine andere Gewalt zu ändern. Den positiven Bestimmungen der Reichsverfassung zufolge ist dies die Reichsgewalt. Denn ihr scheint mit dem Art. 78 jene Kompetenz übertragen zu sein, die Herrschaftsrechte im Reich zu nehmen oder zu geben (Laband 1901, S. 86–88). Fraglich bleibe dann nur noch, wer die Reichsgewalt innehat. Träger der Reichsgewalt sind, so Laband in einem beschwichtigenden Zug, dann doch die Einzelstaaten. Sie sind aber nicht als Einzelstaaten souverän, sondern nur in der Gesamtheit ihrer Willensbildung und nur soweit, wie sie einen Anteil an der Willensbildung der Reichsgewalt haben (Laband 1901, S. 90–94). In der Reichsgewalt soll damit wohl die Verfasstheit des Reiches als eine aristokratische Republik zum Ausdruck kommen.

Daher ist das Reich selbst das Subjekt der Reichsgewalt. Seine Mitglieder sind die einzelnen Staaten und nicht die Bürger. Träger der Souveränität sind die Einzelstaaten in ihrer Gesamtheit und Kraft ihrer Mitwirkung am Reich. Somit ist auch nicht der Kaiser souverän. Seine Stellung ist bei Laband vielleicht am besten damit zu umschreiben, dass er als *primus inter pares* allein wegen seiner hervorgehobenen Stellung als preußischer König die Reichsgewalt leitet. Jedoch sind im Gegensatz zu Seydel ebenso wenig die Fürsten souverän. Denn die Fürsten sind nicht als Privatpersonen in das Reich eingetreten, sondern nur vermittels ihrer Staaten (Laband 1901, S. 91–93). Daher sind die Einzelstaaten im Reich auch nicht als Staaten souverän. Im Reich sind sie lediglich nicht-souveräne Staaten. Souverän sind sie stattdessen nur dann, wenn sie als Gesamtheit an der Willensbildung der Reichsgewalt mitwirken. „Der Einzelstaat ist dem Reiche gegenüber [...] nicht souverän, [...] auch nicht ‚innerhalb seiner Sphäre' souverän. Aber der Einzelstaat ist an dieser über ihm stehenden Gewalt mitbeteiligt [...]. *Die deutschen Staaten sind als Gesamtheit souverän*" (Laband 1901, S. 95–96, Hervorhebung im Original, StS).

Ein besonders augenscheinlicher Unterschied zwischen Seydel und Laband besteht schließlich darin, dass bei Seydel die Fürstenmacht begrifflich noch eine zentrale Stellung einnimmt, indem sie als Trägerin der Staatsgewalt den Einzelstaaten voraus geht und ihnen Wille und Richtung verleiht. Bei Laband dagegen tritt der Begriff der Fürstenmacht zugunsten des Einzelstaates und des Begriffs der juristischen Staatspersönlichkeit vollkommen in den Hintergrund. Dies ist nicht allein auf stilistische Gründe zurückzuführen. Es handelt sich vielmehr um eine veränderte Semantik, in der bereits der Wandel in der Auffassung von der Gestalt des Reiches als Bundesstaat reflektiert wird. So ist dann auch für Laband das Subjekt der Staatsgewalt nicht mehr der Fürst. Stattdessen wird der Staat selbst als juristische Person gedacht, die als fiktionalisierte Person zugleich Inhaberin der Staatsgewalt ist und somit jeden außerrechtlichen Bezug zu einer souveränen Gewalt unnötig werden lässt. Gegen Vertreter vorstaatlicher Souveränitätskonzepte gerichtet, behauptet Laband dann auch: „Alles, was man für die juristische Konstruktion und wissenschaftliche Durchbildung des Staatsrechts durch die Personifikation des Staates gewinnt, opfert man sofort wieder auf, wenn man den Monarchen oder das Volk oder wen sonst für das Subjekt der Staatsgewalt, für den eigentlichen Souverän erklärt" (Laband 1901, S. 89–90).

Mit diesem Aspekt seiner Bundesstaatstheorie ist Laband schließlich an der kontroversesten Auffassung seiner Staatslehre angelangt: der juristischen Persönlichkeit des Staates. So ist „das Subjekt der Staatsgewalt der Staat selbst" (Laband 1901, S. 89). Jeder Versuch, jenseits des Staates eine Instanz zu kreieren – wie dies beispielsweise Seydel macht –, die dann Inhaber der Souveränität ist, zerstört die juristische Konstruktion der juristischen Person des Staates. Als politische Frage ist der Inhaber der Souveränität ohnehin eine Frage, die jenseits der juristischen Erkenntnis liegt. Daher ist es verständlich, wenn Laband an der Konstruktion der juristischen Staatsperson festhält, zumal sich damit die Frage der Staatsgewalt, zu der sich die Frage der Souveränität juristisch transformiert, so elegant lösen lässt. Dagegen einen Träger jenseits des Staates zu identifizieren und diesen in die juristische Begriffskonstruktion hineinzuziehen, heißt dann auch, die Wissenschaftlichkeit aufzugeben: „Denn man entzieht dadurch dem Staat eben das, was ihn im Rechtssinn zur Person macht, nämlich die Eigenschaft, Subjekt von Rechten zu sein, man macht ihn zum Objekt eines fremden Rechts oder löst ihn auf in ein Aggregat von Befugnissen eines Menschen oder einer Vielheit von Menschen" (Laband 1901, S. 90).

Laband kennzeichnet schließlich die besondere Aufgabenteilung zwischen Reich und Einzelstaaten dahingehend, dass die „Durchführung und Handhabung der Reichsgesetze" (Laband 1901, S. 96) bei den Ländern liegt, weil dies in der Natur der Sache der Selbstverwaltung liegt, die ihr Recht aus traditionellen Gründen ableitet: So „wurzeln diese Rechte der Einzelstaaten nicht im Willen des Reiches und sind nicht aus der Machtfülle des Reiches abgeleitet, sondern sie haben ihren positiven Grund in der historischen Thatsache, daß die Einzelstaaten älter sind als das Reich, daß sie souveräne Gemeinwesen waren, bevor das Reich gegründet worden ist" (Laband 1901, S. 100).

Laband findet also für die spezifische Form der Aufgabenteilung im Reich eine traditionale Erklärung. Er beruft sich auf das Herkommen, wenn die Einzelstaaten die Durchführung der Reichsgesetze selbst übernehmen. Indem diese Aufgabenteilung als eine historische und damit der Reichsverfassung vorausgehende definiert wird, soll sie der Änderbarkeit durch die Reichsgewalt entzogen sein. Auch hier bleibt jedoch wieder der Versuch aus, diese besondere Form der staatlichen Aufgabenteilung auf das monarchische Bundesstaatsmodell zurück zu führen. Man muss daher erneut betonen, dass es sich um den spezifischen Typus der Fürstensouveränität handelt, der hier das entscheidende Moment bildet. Dieser Typus wird jedenfalls soweit juristische Konstruktion, dass er sich die Frage gefallen lassen muss, was er noch mit der empirischen Reichsverfassung gemein hat. Solange der Versuch unternommen wird, den faktisch vorhandenen monarchischen Bundesstaat mit dem Konzept der Souveränität in Bodinscher Tradition zu erklären, muss sich eine jede Erklärung, die auf der Unteilbarkeit der Fürstensouveränität beharrt, in Widersprüche verstricken oder relevante Teile des Staats- und Verfassungslebens aussparen. Rückblickend lässt sich daher festhalten: „Die von Laband befürwortete Souveränität der ‚verbündeten Regierungen' sprach nicht nur dem demokratisch-nationalen Element der Reichsverfassung Hohn, sondern war künstlich und in ihren Konsequenzen für das Reich kaum durchzuhalten" (Schefold 1993, S. 437).

Und dennoch gelangt die Reichsstaatslehre mit Paul Laband zu einer herrschenden Meinung in der Frage der Bundesstaatlichkeit des Deutschen Reiches. Die Souveränität wird in den Staat hineingezogen, der als Subjekt seiner eigenen Herrschaftsrechte vorgestellt wird. Staatlichkeit kennzeichnet sich durch Herrschaftsausübung, so dass Einzelstaaten wie Reichsgewalt gleichermaßen als Staat zu bezeichnen sind. Erstere sind nicht-souveräne Staaten, letztere ist als souveräne Reichsgewalt ebenfalls Staat.

Schluss

Paul Laband bleibt mit seiner Lösung innerhalb des Bodinschen Paradigmas von der Souveränität. Seine Leistung besteht darin, die Fürstensouveränität mit der Einführung der juristischen Persönlichkeit des Staates modifiziert zu haben. Gleichwohl bleibt die Souveränität konzeptionell an die Doktrin von der Unbegrenztheit, Unteilbarkeit und Unübertragbarkeit gebunden. Für eine theoretische Reflexion der Idee der Bundesstaatlichkeit ist dies jedoch eine nur schwer zu nehmende Hürde. Mit der republikanischen Bundesstaatstradition kann nachvollzogen werden, wie der Souveränitätsbegriff rekonzeptualisiert werden könnte, um mit der Idee der Bundesstaatlichkeit kompatibel zu werden. Geht man noch weiter zurück, zeigen schon Johannes Althusius und Ludolf Hugo Anknüpfungspunkte für theoretisch fruchtbare Einsichten in die Problematik der Souveränität. Hugo beispielsweise ging schlicht von der

Realität zweifacher, sich überlappender Regierungen als staatsrechtliches Faktum aus. Jedoch erweist sich das Konzept der Souveränität sowohl für die Reichspublizistik, als auch für die Reichsstaatslehre als besonders attraktiv, auch dann noch, wenn es darum geht bundesstaatliche Reichverfassungsrealität nach 1871 zu verarbeiten. So bleibt es Hugo Preuß überlassen, die Problematik des Souveränitätsbegriffes als unlösbar für eine juristische Behandlung einzuordnen. Die Souveränität ist die *„radix malorum"* (Preuß 1999, S. 98) der Reichsstaatslehre. Sie entstamme einer längst vergangenen Epoche und sei das Kennzeichen des Absolutismus gewesen, genau wie die Vasallität das Kennzeichen des Feudalstaates gewesen sei. Für die bundesstaatliche Reichsverfassung ist die Souveränität ein Anachronismus: „Damit trug man in die Konstruktion eines eigenartig modernen Staatsgebildes ein völlig heterogenes und incommensurables Begriffselement hinein, an welchem sich alle Versuche einer principiellen Erfassung mit logischer Notwendigkeit zerschlagen mussten" (Preuß 1999, S. 92). Aufgabe der Staatsrechtslehre kann es daher nicht sein, den Begriff einer Zeit aufzupropfen, in der er nur als Fremdkörper wahrgenommen werden kann. Stattdessen ist „die Eliminirung des Souveränitätsbegriffs aus der Dogmatik des Staatsrechts" (Preuß 1999, S. 92) endgültig durchzuführen, um die Gestalt des Deutschen Reiches begrifflich aufzuschlüsseln.

Literatur

Ackerman, Bruce 1995: We the People. Band 1: Foundations, Cambridge, Mass.

Althusius, Johannes 2003: Politik. Übersetzt von Heinrich Janssen. In Auswahl herausgegeben, überarbeitet und eingeleitet von Dieter Wyduckel, Berlin.

Bodin, Jean 1981: Sechs Bücher über den Staat. Band 1: Buch I–III [1583]. Übersetzt und mit Anmerkungen versehen von Bernd Wimmer. Eingeleitet und herausgegeben von Peter C. Mayer-Tasch, München.

Denzer, Horst 1994: Samuel Pufendorf und die Verfassungsgeschichte, in: Samuel Pufendorf: Die Verfassung des Deutschen Reiches [1667]. Herausgegeben und übersetzt von Horst Denzer, Frankfurt a. M., S. 279–322.

Denzer, Horst 1994: Samuel Pufendorf und die Verfassungsgeschichte, in: Samuel Pufendorf: Die Verfassung des Deutschen Reiches [1667]. Herausgegeben und übersetzt von Horst Denzer, Frankfurt a. M., S. 279–322.

Dieter Wyduckel 1988: Althusius – ein deutscher Rousseau? Überlegungen zur politischen Theorie in vergleichender Perspektive, in: Karl-Wilhelm Dahm, Werner Krawietz, Dieter Wyduckel (Hrsg.), Politische Theorie des Johannes Althusius. Rechtstheorie Beiheft 7, Berlin, S. 465–493.

Hoke, Richard: Hippolithus a Lapide, in: Michael Stolleis (Hrsg.), Staatsdenker in der Frühen Neuzeit, München, S. 118–128.

Hoke, Rudolf 1998: Die Reichsständische Reichspublizistik und ihre Bedeutung für den Westfälischen Frieden, in: Olaf Moorman van Kappen, Dieter Wyduckel (Hrsg.), Der Westfälische Frieden in rechts- und staatstheoretischer Perspektive. Rechtstheorie 29, Sonderheft Westfälischer Frieden, Berlin, S. 141–152.

Hüglin, Thomas O. 1991: Sozietaler Föderalismus. Die politische Theorie des Johannes Althusius, Berlin.

Hugo, Ludolf 2005: Zur Rechtsstellung der Gebietsherrschaften in Deutschland [1661]. Übersetzt von Yvonne Pfannenschmid, Münster.

Jastrow, Ignaz 1882: Pufendorfs Lehre von der Monstrosität der Reichsverfassung. Ein Beitrag zur Geschichte der deutschen Einheit, in: Zeitschrift für preussische Geschichte und Landeskunde 19, S. 333–406.

Koch, Bettina 2005: Zur Dis-/Kontinuität mittelalterlichen politischen Denkens in der neuzeitlichen politischen Theorie. Marsilius von Padua, Johannes Althusius und Thomas Hobbes im Vergleich, Berlin.

Laband, Paul 1901: Das Staatsrecht des Deutschen Reiches. Band I, 4. Aufl., Tübingen.

Link, Christoph 1995: Dietrich Reinkingk, in: Stolleis, Michael (Hrsg.): Staatsdenker in der Frühen Neuzeit, München, S. 78–99.

Montesquieu, Charles de 1992: Vom Geist der Gesetze, Band I. Übersetzt und herausgegeben von Ernst Forsthoff [1951], Tübingen.

Pfannenschmid, Yvonne 2005: Ludolf Hugo (1632–1704). Früher Bundesstaatstheoretiker und kurhannoverscher Staatsmann, Baden-Baden.

Preuß, Hugo 1999: Gemeinde, Staat, Reich als Gebietskörperschaften. Versuch einer deutschen Staatskonstruktion auf Grundlage der Genossenschaftstheorie [1889]. Unveränderter Nachdruck, Dillenburg.

Pufendorf, Samuel 1994: Die Verfassung des Deutschen Reiches. Herausgegeben und übersetzt von Horst Denzer, Frankfurt a. M.

Reibstein, Ernst 1972: Volkssouveränität und Freiheitsrechte. Texte und Studien zur Politischen Theorie des 14.–18. Jahrhunderts. Band 2, München, S. 289–339.

Schefold, Dian 1993: Hugo Preuß. Von der Stadtverfassung zur Staatsverfassung der Weimarer Republik, in: Helmut Heinrichs, Harald Franzki, Klaus Schmalz, Michael Stolleis (Hrsg.), Deutsche Juristen jüdischer Herkunft, München, S. 429–453.

Seydel, Max 1872: Der Bundesstaatsbegriff. Eine staatsrechtliche Untersuchung, in: Zeitschrift für die gesamte Staatswissenschaft 28 (2/3), S. 185–256.

Stolleis, Michael 1988: Geschichte des öffentlichen Rechts in Deutschland. Erster Band: Reichspublizistik und Policeywissenschaft 1600–1800, München.

Stolleis, Michael 1992: Geschichte des öffentlichen Rechts in Deutschland. Zweiter Band: Staatsrechtslehre und Verwaltungswissenschaft 1800–1914, München.

von Gierke, Otto 1981: Johannes Althusius und die Entwicklung der naturrechtlichen Staatstheorien. Zugleich ein Beitrag zur Geschichte der Rechtssystematik [1880]. 7. unveränderte Auflage, Aalen.

Waitz, Georg 1853: Das Wesen des Bundesstaates, in: Allgemeine Monatsschrift für Wissenschaft und Literatur, S. 494–530.

Wyduckel, Dieter 1984: Ius Publicum. Grundlagen und Entwicklung des Öffentlichen Rechts und der deutschen Staatsrechtswissenschaft, Berlin.

Maik Herold

„Politische Bibel" oder „Fetzen Papier"?

Die Idee der Verfassung in der Dritten Polnischen Republik

Der Stellenwert einer Verfassung für die Stabilität politischer Ordnungen ist gemeinhin umstritten. Zwar gilt die Verabschiedung einer Verfassung generell als das Ereignis, mit dem die Geschichte einer politischen Ordnung ihren Anfang nimmt, mit dem eine politische Gemeinschaft sich als solche konstituiert und entlang ihrer Ordnungsvorstellungen organisiert, doch ist mit einer neuen Verfassung weder das Gelingen dieses Neuanfanges gesichert, noch ist umgekehrt ein politischer Neuanfang zwingend auf eine Verfassung angewiesen. Die Frage, ob die Verfassung bei der Generierung von Autorität, Stabilität und Legitimität einer politischen Ordnung als entscheidende Ressource fungiert, scheint dabei nicht nur von der Qualität ihres Textes, sondern vor allem davon abzuhängen, wie die Umstände ihrer Entstehung im Nachhinein beschrieben, bewertet und möglicherweise verklärt werden. So steht einerseits im Fall der Vereinigten Staaten die anhaltende Fortexistenz der weltweit ältesten, noch geltenden geschriebenen Verfassung in einem bemerkenswerten Gegensatz zu den tief greifenden Transformationen, die die amerikanische Gesellschaft in den vergangenen 200 Jahren erfahren hat. Seit ihrer Verabschiedung im Jahre 1787 entwickelte sie sich nicht nur in staatsrechtlicher Hinsicht zur unangefochtenen Grundlage der politischen Ordnung, sondern auch zum sakralen Kern des politischen Selbstverständnisses und zentralen Erinnerungsort einer typisch amerikanischen Zivilreligion. Ihre Ingeltungsetzung wird rückblickend mit dem ursprünglichen Akt der Konstituierung des amerikanischen Volkes als geeinter und selbstbestimmt handelnder Souverän gleichgesetzt, die Hintergründe, Handlungsabläufe und Zwischenschritte ihrer Entstehung heute als Spannungsbögen eines nationalen Gründungsmythos überhöht.[1]

Dass eine solche Entwicklung aber nicht ohne Weiteres zu erwarten ist, zeigt – ebenfalls seit Ende des 18. Jahrhunderts – das Beispiel Frankreichs. Dort setzte sich spätestens ab 1793 eine Vorstellung durch, die der Verfassung die Idee eines „Volkes" bzw. einer „Nation" als metaphysisch bestimmte soziale Einheit voranstellte. Aufgabe der Verfassung war es demnach, über geeignete Formen, Prozeduren und Institutionen die Souveränität der Nation zu garantieren, ihren politischen Gestaltungswillen festzuhalten, und diesem Willen gleichzeitig dauerhaft seine Artikulation zu ermöglichen. In der Folge musste die Verfassungsidee in der französischen Tradition eine gewisse Entwertung ihres Anspruches auf letztverbindliche Legitimi-

---

1 Vgl. Vorländer 1987; Gebhardt 1987. Zur Bedeutung der Verfassung für die amerikanische Zivilreligion vgl. v.a. Levinson 2011; Bellah 1967.

tätsstiftung hinnehmen und trat hinter andere Konzepte zurück. Jenseits des immer wiederkehrenden Verweises auf die Menschen- und Bürgerrechtserklärung von 1789 wurden die einzelnen Verfassungen der französischen Geschichte deshalb von vornherein „einem übergreifenden nationalen bzw. republikanischen Traditionszusammenhang nachgeordnet, dessen Inhalte durch die Texte zwar variiert" wurden und sich darin widerspiegelten, „die jedoch mit der Verfassung als Institutionalisierungsform keine notwendige und dauerhafte Verbindung" eingingen (Schulz 2004, S. 72).[2] Insbesondere im Vergleich mit den USA verlor in Frankreich in der Folge die Idee der Verfassung derart an Bedeutung, dass „schließlich jedermann bei der bloßen Erwähnung einer Verfassung an mangelnden Realitätssinn dachte, an eine Überbetonung des formal Juristischen im Bereich der Politik" (Arendt 2000, S. 161 f.).

Diese, an der amerikanischen und der französischen Tradition beispielhaft illustrierte, höchst unterschiedliche Rolle, die eine Verfassung bei der Fundierung und Legitimierung einer politischen Ordnung spielen kann, zeigt sich bis in die Gegenwart – etwa, als nach dem Fall des „Eisernen Vorhanges" und dem Ende des Ost-West-Konfliktes 1989 die Staaten Mittel- und Osteuropas neue politische Selbstständigkeit erlangten und im Zuge der sogenannten „dritten Welle" der Demokratisierung (Huntington 2001) in weiten Teilen der vormals „Zweiten Welt" zahlreiche neue Verfassungen entstanden. Ob die Verfassung dabei – wie im amerikanischen Fall – als „politische Bibel des Staates" (Thomas Paine) oder doch eher – wie im französischen Fall – lediglich als „Fetzen Papier" (Ferdinand Lassalle) bewertet wurde, kann nur mit Blick auf ihren symbolischen Stellenwert in der jeweiligen politischen Kultur erklärt werden.[3] Vor diesem Hintergrund erscheint insbesondere der Fall Polens interessant. Denn obwohl nach 1989 in fast allen Staaten Mittel- und Osteuropas an Vorbilder aus der eigenen Geschichte – meist aus der Zeit zwischen den Weltkriegen – angeknüpft werden konnte, war es insbesondere Polen, das auf eine bis ins späte 18. Jahrhundert zurückreichende republikanische Verfassungstradition zurückgreifen konnte und diese zugleich als wichtigen Teil seiner nationalen Identität begriff. Im Frühjahr 1989 verfügte Polen außerdem über eine vergleichsweise schlagkräftige Oppositionsbewegung, die nicht nur gut organisiert und gesellschaftlich verankert war, sondern die auch bereits langjährige Erfahrungen im koordinierten Widerstand gegen das kommunistische Regime gesammelt hatte. Welche Rolle kam

---

2 Für die Abgeordneten der Nationalversammlung von 1791 bedeutete dies, das sie, „statt Gründer oder gründende Väter zu werden, die Ahnherren von Generationen von Politikern und Fachleuten wurden, die sich mit umso größerer Vorliebe mit dem Ausdenken aller möglichen Konstitutionen beschäftigten, je weiter sie von der Macht und dem Einfluss auf den wirklichen Gang der Dinge entfernt waren". Ihre Revolutionsverfassung vom 3. September 1791 etwa, so schildert es Hannah Arendt, hatte „ihr Ansehen im Volk bereits eingebüßt", bevor „sie auch nur in Kraft getreten war" (Arendt 2000, S. 161).

3 Diese „symbolische Dimension" der Verfassung und ihre Prägung in unterschiedlichen politisch-kulturellen Kontexten wurde in den letzten Jahren systematisch erforscht. Vgl. nur Gebhardt 1999; Vorländer 2002; Brodocz 2003.

also der Verfassungsidee in der politischen Kultur Polen zu und welche Wirkungen entfaltete dies auf die Verfassungsgebung nach 1989?

Diese Frage soll im Folgenden geklärt werden. Zunächst wird dazu kurz auf die polnische Verfassungsgeschichte eingegangen (1) und das besondere Verhältnis der Ideen von Verfassung, Staat und Nation skizziert (2). Anschließend gilt es, anhand seiner politisch-kulturellen Prädispositionen den Verfassungsdiskurs in Polen nach 1989 zu charakterisieren (3), bevor eine kurzes Fazit den Blick auf anhaltende Debatten über die legitimatorische Basis der Verfassung vom 2. April 1997 richtet (4).

Die polnisch-litauische Verfassung vom 3. Mai 1791 und ihr Erbe

Als im Sommer 1989, nach dem überraschend deutlichen Erfolg der Solidarność-Bewegung bei den Parlamentswahlen am 4. und 18. Juni, klar wurde, dass die zuvor am „Runden Tisch" getroffene Vereinbarung einer geregelten Machtteilung zwischen kommunistischer Führung und Opposition durch die politische Entwicklung überholt und damit de facto obsolet geworden war, standen bald Überlegung über eine vollständige Revision der noch geltenden, kommunistischen Verfassung von 1952 auf der politischen Agenda.[4] In der Folge begannen nicht nur die beiden Kammern des Parlaments, der von der Opposition dominierte Senat und der zwischen den politischen Lagern geteilte Sejm, sondern auch zahlreiche Interessen- und Expertengruppen an jeweils eigenen Entwürfen zu arbeiten.[5] Als Tag der Verabschiedung der neuen Verfassung war dabei der 3. Mai 1991 fest eingeplant, denn an diesem Tag jährte sich die Verabschiedung der sogenannten „Maiverfassung" von 1791 exakt zum 200. Mal.

Diese Verfassung der polnisch-litauischen Adelsrepublik (Rzeczpospolita Obojga Narodów) gilt nicht nur als die erste polnische Verfassung der Geschichte, sondern

---

4 Dem Abkommen von Runden Tisch entsprechend sollte das politische System der Volksrepublik Polen ursprünglich in eine Art gelenkte Demokratie überführt werden. Die Macht der kommunistischen Eliten sollte dabei mithilfe einer Quotenregelung gewahrt bleiben. Nach ihr wurden der regierenden Polnischen Vereinigten Arbeiterpartei (PZPR) 65 % der Sitze im Sejm garantiert. Außerdem wurde der Staatsratsvorsitzende und erste Sekretär der PZPR, General Wojciech Jaruzelski, der 1981 das Kriegsrecht verhängt hatte, am 19. Juli 1989 in das neu geschaffene Amt des Staatspräsidenten gewählt. Die ersten teilweise freien Wahlen am 4. und 18. Juni 1989 endeten aber dennoch mit einem regelrechten Desaster für das kommunistische Regime, in dessen Verlauf die Solidarność-Bewegung im Sejm alle möglichen und im Senat 99 der 100 Sitze gewann. Zu den Verhandlungen am Runden Tisch vgl. Osiatyński 1996; Kubik 2008. Zu den begleitenden Geheimverhandlungen im außerhalb Warschaus gelegenen Dorf Magdalenka, vgl. Dubiński 1990.
5 Zu den zahlreichen Verfassungsentwürfen, die zwischen 1989 und 1991 von den Verfassungsausschüssen der beiden Parlamentskammern Sejm und Senat sowie von einzelnen Parteien und Expertengruppen erarbeitet wurden vgl. Kallas 1992.

auch als die erste moderne Verfassung Europas. Sie war entstanden als progressiv-reformorientierte Kräfte im vereinigten polnisch-litauischen Reichstag die vorübergehende Lockerung der russischen Vorherrschaft nutzten und am 3. Mai 1791 – vier Monate vor der französischen Verfassung vom 3. September 1791 – nach der US-amerikanischen Verfassung von 1776 die weltweit zweite moderne Verfassung verabschiedeten. Die machtpolitische Mittellage des polnischen Territorium, die systematische politische Intervention der angrenzenden Großmächte Russland und Preußen, das permanente Ringen zwischen monarchisch, aristokratisch und bürgerlich-republikanisch orientierten Kräften und die unübersichtliche, fragmentierte und zum Teil anarchisch anmutende politische Lage im Inneren, hatte in Polen im 18. Jahrhundert eine Gemengelage geschaffen, in der – aus Sicht vieler, auch ausländischer Beobachter – verfassungspolitische Neuerungen erprobt werden konnten.[6] So hatte bereits im Jahre 1770 die sog. Konföderation von Bar – ein nationalistisch und antimonarchisch orientierter Adelsbund – mit Graf Michał Wielhorski einen Vertreter nach Paris entsandt, um dort von dem in Polen populären Jean Jacques Rousseau einen Entwurf für eine neue Verfassung zu erbeten. Als geheimes Dossier wurden seine „Considérations sur le gouvernement de Pologne et sur sa réformation projetée" 1771 an die Auftraggeber übergeben und 1782 schließlich posthum veröffentlicht.[7]

Als „Gesetz über die Regierung" (Ustawa Rządowa) der „Königlichen Republik der polnischen Krone und des Großfürstentums Litauen" griff die Verfassung von 1791 tatsächlich zentrale Ideen der europäischen Aufklärung auf. Sie wandelte die polnisch-litauische Union in eine konstitutionelle Erbmonarchie um und legte die Dynastie der Wettiner unter dem regierenden Kurfürsten von Sachsen erneut als polnisches Königshaus fest. Gleichzeitig aber berief sie sich – unter Verwendung des aus dem französischen Kontext entnommenen Begriffes der (polnischen) „Nation" – explizit auf das Prinzip der Volkssouveränität, garantierte eine Gewaltenteilung zwi-

---

6 So hatte das Königtum nach dem Ende der sächsisch-polnischen Personalunion 1763 seine Machtbasis verloren, der ständisch geprägte Reichtag (Sejm) hingegen war als gesetzgebende Instanz etabliert und der niedere polnische Landadel über die Landtage stark in die politische Führung integriert. Die polnisch-litauische Adelsrepublik vermittelte dennoch das Bild eines Landes „ohne staatliche Verwaltungsorgane, mit einer unterentwickelten Wirtschaft, unzureichenden Steuereinnahmen, dezentralisierten und von einzelnen Magnatenfamilien beherrschten Machtzentren und einer Armee, die den Erfordernissen der Zeit weder qualitativ noch zahlenmäßig gewachsen war" (Pufelska 2013, S. 242–244). Zur Verfassungsentwicklung in Polen um 1800 vgl. Pleitner/Tenzer 2006; Reinalter/Leisching 1997.

7 Auch Rousseau sieht darin in Polen einen gewissen revolutionären Geist am Wirken: „Je vois tous les Etats de l'Europe courir à leur ruine. Monarchies, Républiques, toutes ces nations si magnifiquement instituées, tous ces beaux Gouvernemens si sagement pondérés, tombés en décrépitude menacent d'une mort prochaine ; & la Pologne, cette région dépeuplée, dévastée, opprimée, ouverte à ses agresseurs, au fort de ses malheurs & de son anarchie, montre encore tout le feu de la jeunesse ; elle ose demander un Gouvernement & des lois, comme si elle ne faisoit que de naître. Elle est dans les fers, & discute les moyens de se conserver libre ! elle sent en elle cette force que celle de la tyrannie ne peut subjuguer" (Rousseau 1782, S. 419).

schen Legislative, Exekutive und richterlicher Gewalt, verlangte das Mehrheitsprinzip bei Entscheidungen im Sejm, kodifizierte bereits im ersten Abschnitt die Freiheit und Toleranz der religiösen Bekenntnisse, gebot die Einrichtung eines auf das Volk vereidigten Heeres als „bewaffnete Macht der Nation" und gestand dem Monarchen vor allem repräsentative Aufgaben zu.[8]

Derartige Stichworte sorgten bei den europäischen Monarchen, die sich gerade auf ein gemeinsames Vorgehen gegen das revolutionäre Frankreich vorbereiteten für Bestürzung, provozierten vor allem aber im benachbarten Russland unter Katharina II. eine rasche Reaktion. Die Entstehung der ersten konstitutionellen Monarchie Europas, mit einer politischen Organisation, „die besser als die englische" sei, stellte aber auch aus der Sicht des westlichen Nachbarn eine Gefahr dar, drohte die damit entstandene Konstellation doch auf kurz oder lang „der preußischen Monarchie einen Todesstoß" zu versetzen (Maćków 1998, S. 42). Weder Russland noch das bis dato auf eine strategische Allianz mit Polen sinnende Preußen waren an der Entstehung eines handlungsfähigen republikanischen Staatswesens in ihrer Mitte interessiert. So wurde die politische Entwicklung in Polen einer der unmittelbaren Gründe für eine russische Intervention zugunsten der Gegner der politischen Reformen, die schließlich mit der Gründung der Konföderation von Targowica im April 1792 und dem Einmarsch russischer Truppen endete. Nach zwei erneuten „Polnischen Teilungen" 1793 und 1795 und dem damit verbundenen Verschwinden eines eigenständigen polnischen Staatswesens bis zum Ende des Ersten Weltkrieges, stand das Territorium des ehemaligen „Adelsrepublik" in der Folge unter russischer, preußischer und österreichischer Herrschaft sowie zwischen 1807 und 1815 als „Herzogtum Warschau" unter französischer Verwaltung.

Erst im 20. Jahrhundert ergab sich die Möglichkeit, an die eigene Verfassungstradition wieder anzuknüpfen. In der Ende 1918 entstandenen „Zweiten Polnischen Republik" vollzog sich dabei allerdings ein schrittweiser Wandel der staatsrechtlichen Grundlagen, hin zu einer Stärkung von Exekutive und Präsidentenamt. So wurde die eher liberal geprägte Verfassung vom 17. März 1921 („Märzverfassung") bereits im Mai 1926 nach einem erfolgreichen Militärputsch des Marschalls Józef Piłsudski im „nationalen Sinne" novelliert und im April 1935 schließlich durch eine autoritär geprägte Konstitution („Aprilverfassung") ersetzt. Nach dem Zweiten Weltkrieg beriefen sich die polnischen Kommunisten dann zunächst ebenfalls auf die demokratischen und republikanischen Grundsätze der polnischen Verfassungstradition (provisorische „Kleine Verfassung" vom 19. Februar 1947), bevor schließlich am 22. Juli 1952 die von Stalin persönlich korrigierte, „sozialistische" Verfassung der Volksrepublik Polen in Kraft gesetzt wurde (Maćków 1998, S. 45).

---

8 Vgl. den Wortlaut der Verfassung von 1791, in deutscher Übersetzung verfügbar unter http://www.verfassungen.eu/pl/verf91-i.htm, letzter Abruf: 02.10.2014.

Verfassung, Staat und Nation in Polen

Aufgrund dieser besonderen historischen Konstellation erfuhr die Verfassungsidee in Polen eine besondere politisch-kulturelle Einordnung. Einerseits konnte sich eine strikte gedankliche Trennung zwischen Nation und Staat etablieren. Der damit korrespondierende, als grundlegend empfundene Gegensatz zwischen Regierenden und Regierten, zwischen staatlichen Institutionen und der Bevölkerung wird unter dem Schlagwort des „My i oni" („wir" und „sie") oft als typisches Merkmal des politischen Selbstverständnisses in Polen beschrieben.[9] Seine Ursprünge werden vor allem auf die prägende historische Erfahrung der polnisch sprachigen Bevölkerung Mittel- und Osteuropas zurückgeführt, die sich jahrhundertelang mit wechselnden staatlichen Ordnungen konfrontiert sah, dessen Repräsentanten und Institutionen als Vertreter „einer fremden und der polnischen Tradition, Sprache, Kultur und Konfession gegenüber feindlich eingestellten Obrigkeit" erlebt wurden. Die überlieferte Aufstandstradition des 19. Jahrhunderts, die versuchte Marginalisierung in den deutschen und russischen Kaiserreichen, die Unterdrückung und Verfolgung während der nationalsozialistischen Okkupation und die sowjetische Bevormundung in der Zeit der Volksrepublik Polen, all diese Episoden der polnischen Geschichte führten im politischen Denken zur Verfestigung und Verinnerlichung dieser konsequenten Trennung zwischen staatlicher Ordnung auf der einen und nationaler Gemeinschaft auf der anderen Seite (Mildenberger 1998, S. 76). Noch in den 1980er-Jahren gelang es auch deshalb weite Teile der Bevölkerung in einer oppositionellen Massenbewegung zu vereinen, weil nach verbreiteter Vorstellung die herrschende Elite der Polnischen Vereinigten Arbeiterpartei (PZPR), ihre Ideologie und die institutionelle Ordnung der sozialistischen Volksrepublik lediglich als aktuellste Ausprägung einer jahrhundertealten Tradition der Fremdherrschaft aufgefasst wurden. Auch der demokratische Umbruch nach 1989 wurde in diesen Deutungsrahmen integriert, die Machtübernahme durch die Opposition als Befreiung von fremder Unterdrückung und die neue politische Ordnung als lang ersehnte Vereinigung von Nation und Staat inszeniert. Vor diesem Hintergrund kam es am 22. Dezember 1990 im Warschauer Königsschloss zu einer feierlichen Zeremonie, welche in besonderer Weise die scheinbaren Kontinuitätslinien der polnischen Geschichte betonen und die Legitimität der neuen politischen Ordnung symbolisieren sollte: Der letzte Präsident der bis dato noch immer in London residierenden polnischen Exilregierung, Ryszard Kaczorowski, übergab die Präsidentschaftsinsignien der Polnischen Republik der Zwischenkriegszeit an Lech Wałęsa, den ersten, frei gewählten Staatspräsidenten der nunmehr „Dritten" Polnischen Republik.[10]

---

9 Vgl. etwa Garsztecki 1999, S. 135 ff.

10 Die damit zum Ausdruck gebrachte Ausklammerung der Volksrepublik Polen aus der Reihe legitimer Regime der polnischen Geschichte sollte bereits durch die Zählung der Republiken unterstreichen werden. Demnach wählte man für die neuen politischen Verhältnisse nach 1989 be-

Der klaren Trennung zwischen „Nation" und „Staat" auf der einen Seite stand auf der anderen Seite jedoch eine enge Bindung nationaler Emanzipationshoffnungen an die Idee der Verfassung gegenüber. Als eine Art Gründungsdokument einer „Nation ohne Staat", blieb gerade die historische Maiverfassung von 1791 über die Jahrhunderte im kollektiven Gedächtnis der polnisch-sprachigen Bevölkerung Mittel- und Osteuropas erhalten. Als Erinnerungsort wurde sie zum Symbol der historischen Erfahrung von politischer Unabhängigkeit und zum Fluchtpunkt der auf die Zukunft gerichteten Hoffnungen auf ein Ende der „Fremdherrschaft" und die Wiedererlangung nationaler Selbstbestimmung. Umkehrt entwickelte sich damit nicht ein spezifisches, durch eine Verfassung begründetes polnisches Staatswesen, sondern die, vor allem ethnisch und kulturell definierten Bestimmungsmuster polnischer Nationalität zum dominierenden Deutungsrahmen der eigenen Verfassungsgeschichte. Jenseits ihres rechtlichen Gehaltes und ihrer politischen Funktion wurde die Idee der Verfassung zum nationalen Symbol. Nicht nur die Regelung der Staatsorganisation, sondern auch die möglichst glaubhafte Verkörperung der eigenen kollektiven Identität galt folglich auch nach 1989 als vornehmste Aufgabe einer neuen „Konstytucja".

Historisch betrachtet, konnte diese enge Verbindung zwischen Verfassung und Nation allerdings mindestens in zweifacher Hinsicht interpretiert werden.[11] Auf der einen Seite betonten insbesondere intellektuelle Kreise immer wieder das bürgerlich-republikanische und auf Toleranz ausgerichtete Erbe von 1791. Die eigene Verfassungstradition sah man in diesem Sinne tief in der europäischen Aufklärung verwurzelt. Sie verbürgte die Zugehörigkeit Polens zur transatlantischen Wertegemeinschaft, betonte das Bekenntnis zu individuellem Verantwortungsbewusstsein, stellte das moralische Monopol der katholischen Kirche offensiv infrage und suchte die eigene politische Zukunft vor allem in der Hinwendung nach Westeuropa. Die eigene Nationalgeschichte wurde dabei vornehmlich in eine universalhistorische Perspektive eingeordnet, nach der die eher progressiv orientierten Polen stets durch monarchisch, autoritär oder gar totalitär verfasste Großmächte im Osten und Westen bedroht und unterdrückt worden waren. Insbesondere im Zuge der blutigen Niederschlagung der Streikbewegung Ende 1981 kam es – auch unter Verweis auf positive Erinnerungen an die II. Republik der Zwischenkriegszeit – zu einer deutlichen Aufwertung und Emanzipation dieses bürgerlich-liberalen Selbstverständnisses innerhalb der Solidarność-Bewegung. Nach dem Ende der kommunistischen Herrschaft galt es in dieser Perspektive dann für die, im Westen kaum gewürdigte, polnische Traditionslinie des Kampfes für Freiheit und Bür-

---

wusst die Bezeichnung „Dritte Republik" (III. Rzeczpospolita), die damit unmittelbar auf die „Zweite Republik" (II. Rzeczpospolita) der Zeit zwischen 1918 und 1939 folgte.

11 Diese entsprechen zwei oft beschriebenen idealtypischen Mustern der Selbstbeschreibung polnischer Identität. Sie werden in der Literatur als unterschiedliche „visions of nationhood" (Zubrzycki 2001, S. 638 ff.), „politisch-kulturelle Deutungsparadigmen" (Brier 2009, S. 76 f.) oder gar „gegensätzlichen Zivilisationen" (Krasnodębski 1999, S. 97) bezeichnet und mit idealtypischen Unterscheidungen zwischen „bürgerlichen" und „ethnischen" Einheitsvorstellungen (etwa bei Brubaker 1992) assoziiert.

gerrechte nun wiederum selbst ein gewisses „Zivilisationsdefizit" aufzuholen und mithilfe einer entsprechenden konstitutionellen Grundlage dem eigenen Erbe gerecht zu werden (vgl. Herold 2013, S. 496 f.).

Im Gegensatz dazu stand eine Deutung der eigenen Geschichte, die die Verfassung von 1791 vor allem als historisches Zeugnis der erstmaligen Konstituierung Polens als kulturelle und moralische Einheit verstand. Dabei spielte insbesondere die Religion eine entscheidende Rolle. „Umgeben von protestantischen (Preußen, Schweden), christlich-orthodoxen (Russland) oder betont atheistischen (Sowjetunion) Großmächten" hatte sich, insbesondere im 19. Jahrhundert eine Art „Symbiose zwischen Katholizismus und polnischer Identität" entwickelt, bei der die katholische Kirche als institutioneller Verwalter nationaler Identitätsbestände und als gewichtiger Fürsprecher politischer Autonomiebestrebungen fungierte. Auch in der kommunistischen Volksrepublik blieb diese Sonderrolle erhalten. Nach den Beschlüssen des Zweiten Vatikanischen Konzils in den 1960er-Jahren sowie der Ausrufung des Kriegsrechts 1981 diente die Kirche entsprechend als sicherer Zufluchtsort, lebhafter Ideengeber und organisatorische Stütze der regimekritischen Opposition. Die katholische Theologie lieferte darüber hinaus ein Vokabular, mit dessen Hilfe sich die marxistische Ideologie des kommunistischen Regimes hinterfragen ließ. Entsprechend gezielt vermochte es die polnische Gewerkschaftsbewegung durch die Verwendung christlich-katholischer Symbolik, traditioneller Wertvorstellungen und quasi-religiöser Heilsversprechen sich als Repräsentant der „wahren" polnischen Identität darzustellen.[12]

Wem gehört die Verfassung? Der Verfassungsdiskurs nach 1989 als Frage der Identität

Beide Varianten der Interpretation polnischer Identität – das „bürgerlich-republikanische" und das „national-katholische" Narrativ – konkurrierten im Laufe der polnischen Geschichte immer wieder um die Deutungshoheit und verbanden in unterschiedlicher Weise die eigene kollektive Identität mit der Idee der Verfassung als Prinzip politischer Selbstorganisation. Die Maiverfassung von 1791 blieb dabei der gemeinsame historische Referenzpunkt, sowohl für die Vorstellung von einer polnischen Nation als *Kulturgemeinschaft*, als auch einer Nation als *Gemeinschaft freier Bürger*. Insbesondere Solidarność gelang es vor 1989 die Hoffnungen und Erwartungen beider Narrative zeitweise auf sich zu projizieren und dabei sowohl als Bewegung einer sich konstituierenden polnischen „Zivilgesellschaft" als auch als politischer Arm eines erstarkenden

---

12 Herold 2013, S. 496 f.; Brier 2009, S. 109 ff.; Kubik 1994, S. 183 ff.

polnischen Nationalismus zu agieren.[13] In der politischen Praxis der Verfassungsgebung nach 1989 führte dies jedoch unweigerlich zu Problemen, denn hier entfalteten
die unterschiedlichen Deutungsparadigmen zum Teil gegenläufige Anforderungsprofi-
le an eine neue Konstitution.

Da die neu entstandene III. Rzeczpospolita – im Gegensatz zu ihren Vorgän-
gern – explizit als Staat der polnischen Nation verstanden wurde und dieser Staat auf
einer selbstgeschaffenen Verfassung gründen sollte, musste diese Verfassung nach
Meinung Vieler in erster Linie die historisch definierte Identität dieser Nation spezifi-
zieren (Zubrzycki 2001, S. 637). Die lang ersehnte freiheitliche Konstitution könne
daher, so wurde noch 1996 im Verfassungsausschuss der Nationalversammlung
gefordert, nicht einfach „aus dem Nichts" entspringen oder lediglich von irgendei-
nem politischen Willen abgeleitet werden, sondern müsse ganz bewusst das reich-
haltige Erbe der polnischen Kultur aufgreifen und fortsetzen.[14] Eine exakte Bestimmung dieser eigenen Kultur, Tradition und Identität schien folglich am Anfang des
Weges hin zu einer angemessenen und nachhaltigen Fundierung der politischen
Ordnung zu stehen.

In der politischen Praxis schien diese Logik ebenso klar, wie verhängnisvoll illu-
sorisch, denn sie sorgte letztlich dafür, dass der Verfassungsdiskurs von einer zum
Teil emotional geführten Debatte um die eigene Identität überlagert und damit die
eigentliche Verfassungsgebung ein ums andere Mal verzögert wurde. Bereits die
Frage, ob eine bestimmtes Gremium in einer bestimmten personellen Zusammensetzung überhaupt als Konstituante fungieren, in seiner Arbeit also die nationalen Tra-
ditionsbestände „wahrheitsgemäß" auslegen und damit den Willen des polnischen
Volkes angemessen zum Ausdruck bringen könne, war oft in höchstem Maße umstritten. Politische Interessengegensätze und Positionsdifferenzen wurden dementsprechend immer wieder ins Grundsätzliche verlagert oder als Kompetenzfragen
verhandelt. Nicht der Inhalt eines konkreten Entwurfes, sondern die Frage, „wem die
Verfassung eigentlich gehöre" und wer aus prinzipiellen Erwägungen das Recht
besaß, an ihr mitzuarbeiten, wurde zum zentralen Thema der politischen Auseinandersetzung (Osiatynski 1997, S. 68). Selbst bei konkreten Überlegungen zur Gestaltung des politischen Systems – etwa der Frage nach dem Einfluss des Staates im
sozio-ökonomischen Bereich oder der Frage, welches Regierungssystem den aktuellen politischen Herausforderungen am besten gerecht werde – stellte die vermeintliche Kongruenz oder Inkongruenz bestimmter Vorschläge mit den nationalen Traditi-
ons- und Identitätsbeständen ein wichtiges Argument dar (Herold 2013, S. 493).

---

13 In der späteren Bewertung wurde – vor allem von westlichen Beobachtern – die letztere Seite
allerdings gelegentlich ausgeblendet. Vgl. dazu etwa die Argumentation von Carpenter 1999,
S. 333 ff.

14 „Uważamy wreszcie, że konstytucją nie jest znikąd, z naszej woli, tylko jest kontynuacją dzie-
jową dorobku, świadomości, kultury i tradycji prawnej narodu polskiego." (Kancelaria Sejmu 1997,
S. 123: Beitrag von Piotr Andrzejewski vom 27.11.1996).

Worin der inhaltliche Kern dieser polnischen Identität aber letztlich bestand, darin herrschte, gerade mit Blick in die eigene Vergangenheit, keine Einigkeit. So lag ein besonderes Charakteristikum der Verfassung von 1791 etwa in einer relativ umfassenden Regelung der religiösen Frage – die explizite Herausstellung des katholischen Glaubens als Teil des nationalen Bekenntnisses, bei gleichzeitiger Betonung einer prinzipiellen Religionsfreiheit und einer staatlichen Schutzgarantie anderer Konfessionen. Während das bürgerlich-liberale Lager die Quintessenz dieser Formulierungen vor allem durch Prinzipien wie Toleranz, Weltoffenheit und die Achtung von Vielfalt zum Ausdruck gebracht sah, hielten konservative Kräfte eine deutliche Hervorhebung des Katholizismus für das entscheidende Alleinstellungsmerkmal polnischer Verfassungstradition. Für erstere schien demnach vor allem ein liberaler und weltoffener Liberalismus in der polnischen Identität verwurzelt – ein Liberalismus, der nicht nur durch die Verfassung von 1791, sondern auch durch den Regierungsstil früherer polnischer Monarchen und die überlieferte Mentalität der Bevölkerung historisch verbürgt wurde. Eine neue Verfassung, die dieses nationale Erbe achten wolle, dürfe folglich nicht auf einen „Kirchenstaat" zielen, sondern müsse sich an den „Standards der europäischen Zivilisation" orientieren (vgl. Mazowieki 1997 sowie Szmajdziński 1997). Nach Ansicht des konservativen Lagers hingegen, werde durch derartige Behauptungen gerade der heimliche Versuch unternommen, die polnische Nation „als moralisch, kulturell und sprachlich gestaltende Kraft" durch die „utopische" Vorstellung einer Bürgergesellschaft zu verdrängen und auf diese Weise den gerade überwundenen „primitiven Marxismus" durch einen ähnlich primitiven „Positivismus" zu ersetzen. Man müsse vielmehr akzeptieren, dass es in Polens Geschichte „bestimmte Fakten" gebe, „die nicht interpretiert werden" könnten. Einer dieser Fakten sei, dass Polen sowohl sein Wertesystem als auch seine Verfassungsgesetzgebung ausschließlich auf „christlichen Werten" gegründet habe. Keine Verfassung zu haben, erschien unter diesen Umständen weniger fatal, als eine „falsche" Konstitution in Geltung zu setzen, denn diese würde für die Polen faktisch den erneuten Verlust ihrer Unabhängigkeit bedeuten (vgl. Słomka 1997; Grzeskowiak 1997; Gąsienica-Makowski 1997; Krzaklewski 1997).

Angesichts dieser Logik begannen bis zur Verabschiedung der Verfassung am 2. April 1997, vor allem aber im Vorfeld des abschließenden Referendums am 25. Mai 1997, immer schrillere und kompromisslosere Parolen die Debatte zu dominieren. Durch die Identitätsfrage überlagert geriet der Verfassungsdiskurs zu einem „Streit um Prinzipien", zu einem „Streit über die Quellen der rechtlichen Normen und Werte" und über ihren Stellenwert im Leben von Individuen und Gemeinschaft" (Olesky 1997). Für manchen Beobachter entstand dabei der Eindruck eines „Kriegs der Welten" (Wojna swiatow) zwischen den „christlich-national-patriotischen" Verteidigern der einfachen Leute, ihres Glaubens und Vaterlandes, ihrer Werte und Familien auf der einen und einer verhängnisvollen Allianz aus Liberalen, Kommunisten, Freimaurern, Juden, Relativisten, Atheisten und Postmodernen auf der anderen Seite (Smolar 1997, S. 18). Einige Vertreter der katholischen Kirche warnten mit Blick auf den aus ihrer Sicht inakzeptablen Verfassungsentwurf, der im Februar 1997 abschließend in der Nationalversammlung diskutiert wurde, gar vor einem drohenden neuen Totalitarismus.[15] Dass es Vielen dabei tatsächlich „ums Prinzip" ging, zeigte sich auch nach Inkrafttreten der Verfassung – etwa als einige Abgeordnete der rechts-konservativen „Wahlaktion Solidarność" (AWS) nach ihrem Wahlsieg im Oktober 1997 im Plenarsaal des Sejm ein großes Kruzifix aufhängten, und zwar, „um unnötige Diskussionen zu vermeiden" heimlich in der Nacht. Als am nächsten Morgen mehrere liberale und sozialdemokratische Abgeordnete dies mit Verweis auf das in der neuen Verfassung festgeschriebene Prinzip der weltanschaulichen Neutralität des Staates kritisierten, verwiesen der neugewählte Sejmmarschall Maciej Plazyński und seine Kollegen von der AWS ebenfalls auf die Verfassung, nämlich auf die darin garantierte Freiheit der Kritiker, bei entsprechenden Missempfindungen das Parlament jederzeit zu verlassen (Mildenberger 1998, S. 82). Das Kreuz hängt bis heute über der Innenseite des Eingangsportals.

Fazit: Auf dem Weg in die IV. Rzeczpospolita?

Zur Generierung von Autorität, Stabilität und Legitimität können politische Ordnungen auf ganz unterschiedliche Leitideen zurückgreifen. Während in den USA seit 1787 vor allem die Verfassung als Gründungsurkunde, Rechtskodex und zentraler Erinnerungsort die politische Einheit verkörperte und bis heute auf den historisch-mythischen Ursprung von Nation und staatlicher Ordnung zurückverweist, waren es im republikanischen Frankreich die Ideen von Republik und Nation, welche als Leitideen die politische Gemeinschaft konstituierten und umgekehrt zu einer gewissen Entzauberung der Verfassungsidee führten. In Polen wiederum stand mit Blick auf die eigene historische Erfahrung nicht eine bestimmte Konstitution, sondern vielmehr die in die Zukunft gerichtete Hoffnung auf selbstbestimmte Verfassungsgebung im Mittelpunkt des politisch-kulturellen Selbstverständnisses. Zwar fungierte damit auch hier seit dem 18. Jahrhundert die Idee einer sprachlich, ethnisch und kulturell (sowie im polnischen Fall auch religiös) definierten Nation als wichtigste Ressource politischer Legitimitätskonstruktion, doch war diese in ihrer spezifisch polnischen Aneignung untrennbar mit dem Akt des „Sich-selbst-eine-Verfassung-Gebens" – als performativer Akt kollektiver Selbstvergewisserung und politischer Emanzipation – verbunden. Ähnlich wie in den USA erlangte deshalb auch hier die Idee der Verfas-

---

15 „The same lay ideology that has been imposed on us over the years assumes today the name of liberalism and nihilism. As the East before, now also the West demands that Poland accept full social, political, ideological, as well as religious liberalism. Thus we face, now, a new form of totalitarianism" (Jozef Michalik, Erzbischof von Przemyśl, zit. nach Michnik 1998, 67).

sung einen hohen symbolischen Stellenwert für die politische Konstituierung der nationalstaatlichen Ordnung.

Im Zuge des friedlichen Umbruchs 1989 bot sich schließlich die einmalige Chance, diese Vision in die Tat umzusetzen und den seit Ende des 18. Jahrhunderts, mit kurzer Unterbrechung zwischen den beiden Weltkriegen, anhaltenden Zustand fremder Bevormundung mit einer eigenverantwortlichen und damit dezidiert „polnischen" Verfassungsgebung zu beenden. Diese Chance angemessen zu nutzen wurde alsbald zur politischen Obsession, die keine Nachlässigkeiten duldete, dabei aber an den konkreten Verfassungsgebungsprozess in vielerlei Hinsicht unerreichbar hohe Ansprüche stellte. Spätestens nach der Parlamentswahl von 1993, bei der ein Großteil des politisch stark fragmentierten rechtskonservativen Lagers den Wiedereinzug ins Parlament verpasste und sich daraufhin als außerparlamentarisches Wahlbündnis (AWS) neu formieren musste, wurde die Verfassungsfrage von der Frage nach den Kernbeständen polnischer Identität überlagert. Die Folge war, dass sich der eigentliche Verfassungsgebungsprozess immer weiter verzögerte. Auch der 3. Mai 1991, der 200. Jahrestag der Verfassung von 1791, war als Termin bekanntlich nicht eingehalten worden. Als es am 2. April 1997 schließlich gelang, eine neue Konstitution in der Nationalversammlung zu verabschieden und im anschließenden Referendum am 25. Mai 1997 mit einer knappen Mehrheit von 52,7 % der Stimmen zu bestätigen, galt diese nicht als Gründungsdokument der neuen III. Republik, sondern als ein umstrittenes politisches Projekt einer linksliberalen Parlamentsmehrheit.[16]

Die enge Verknüpfung von Verfassungs- und Identitätsdiskurs auf der einen Seite sowie die sozio-kulturelle Spaltung des Landes in ein sozialliberales und ein katholisch-konservatives Lager auf der anderen Seite haben bis heute dazu beigetragen, die Herausbildung einer gemeinsam geteilten Deutung über die Entstehung der III. Republik zu verhindern. Die Ereignisse von 1989, der polnische Beitrag zum Niedergang des Kommunismus, die Tatsache, dass die Revolution von 1989 friedlich vollzogen werden konnte, die erfolgreiche Verabschiedung der Verfassung von 1997 – rund um die Welt wurden diese Anlässe oft gewürdigt und gefeiert. In Polen aber konnte keines dieser Ereignisse sich bisher zu einem gemeinsam geteilten Fundament einer nationalen Erinnerungskultur und zum Kern eines auf die Verfassung bezogenen Gründungsmythos entwickeln (Kubik/Linch 2006, S. 31). Im Gegenteil: Während für die einen das Jahr 1989 den Sieg über den Kommunismus, die Befreiung aus jahrzehntelanger Fremdherrschaft und eine Rückkehr zu den eigenen, westeuropäisch geprägten Traditionslinien von Aufklärung, Rechtsstaatlichkeit und Demokratie markierte, wurde für die anderen mit dem Abkommen am Runden Tisch, dem „Deal" mit den alten Machthabern, diese Anknüpfung an die verfassungshistorischen Ursprünge von 1791 gerade verfehlt. Für viele Polen steht der Runde Tisch daher noch heute als Sym-

---

16 Zu den Umständen dieser Verfassungsgebung vgl. Herold/Wandan 2014; Chruściak 1997; Gebethner 1997; Wyrzykowski 2001.

bol einer „unvollendeten Revolution", eines „Sündenfalls" der Oppositionsbewegung von 1989, die letztlich ihr moralisches Scheitern bewirkte. Dementsprechend habe nach 1989 – ausgehend von der Allianz von „Roten" und „Pinken" am Runden Tisch und der anschließenden „Politik des Schlussstriches" des ersten nichtkommunistischen Ministerpräsidenten Tadeusz Mazowiecki – ein alles beherrschendes „Netzwerk" (układ) Lustration und Dekommunisierung des Landes systematisch verhindert, die Korruption kontinuierlich gefördert und einen echten Elitenwechsel ausgeschlossen (Wilkiewicz 2007, S. 5). Gerade die Tatsache, dass in Polen die Nachfolger der ehemaligen sozialistischen Arbeiterpartei schließlich zu den politischen „Müttern" und „Vätern" der neuen Verfassung wurden, fügte sich in diese Deutung ein und verstärkte die Vorbehalte gegenüber der neuen Ordnung zusätzlich.

Dementsprechend bald nach 1997 wurden im konservativen Lager Forderungen laut, die unter dem Schlagwort der „IV. Republik" nach einer umfangreichen Novellierung der gerade erst verabschiedeten Verfassung verlangten. Während des Wahlkampfs im Jahre 2005 etwa wurde der Begriff von der Partei „Recht und Gerechtigkeit" (PiS) unter ihrem Spitzenkandidaten Jarosław Kaczyński forciert und mit der Aussicht auf eine moralische Erneuerung der Gesellschaft sowie der Errichtung eines stärker präsidentiell orientierten Regierungssystems verbunden (vgl. Wilkiewicz 2007, S. 5). Als propagandistisch aufgeladene Losung erinnert die Sehnsucht nach einer „IV. Republik" bis heute aber auch daran, dass es im Kontext der politischen Kultur Polens, vor dem Hintergrund der geschilderten symbolischen Rolle der Verfassungsidee als Sinnbild nationaler Selbstvergewisserung, vermutlich keinem denkbaren Verfassungsdokument gelingen kann, die mit ihm verbundenen Erwartungen zu erfüllen. Als geplante „politische Bibel der Nation" musste deshalb auch die Verfassung vom 2. April 1997 in den Augen vieler Polen zwangsläufig nur als behelfsmäßiger, austauschbarer „Fetzen Papier" erscheinen.

Literatur

Arendt, Hannah 2000: Über die Revolution, München, Zürich.

Bellah, Robert N. 1967: Civil Religion in America, in: Daedalus 96:1, S. 1–21.

Brier, Robert 2009: Culture and Constitutional Politics in the Polish Transition to Democracy. Solidarity's Legacy to Poland's Third Republic, in: Dariusz Aleksandrowicz, Stefani Sonntag, Jan Wielgohs (Hrsg.), The Polish solidarity movement in retrospect. A story of failure or success?, Berlin, S. 88–127.

Brier, Robert 2009: The Roots of the „Fourth Republic". Solidarity's Cultural Legacy to Polish, in: East European Politics and Societies 23, 1, S. 63–85.

Brodocz, André 2003: Die symbolische Dimension der Verfassung. Ein Beitrag zur Institutionentheorie, Wiesbaden.

Brubaker, Rogers 1992: Citizenship and nationhood in France and Germany, Cambridge.

Carpenter, Michael 1999: Civil Society or Nation? Re-evaluating Solidarity Ten Years after the Revolution, in: Polish Sociological Review 127, S. 333–351.

Chruściak, Ryszard 1997: The constitution of the Republic of Poland of 2 april 1997. The course of parliamentary work from 1995–1997, in: Droit Polonais Contemporain 1–4, S. 163–176.

Dubiński, Krzysztof 1990: (Hrsg.) Magdalenka. Transakcja epoki. Notatki z poufnych spotkań Kiszczak – Wałsa, Warschau.

Garsztecki, Stefan 1999: Die polnische politische Kultur. Kontinuität und Wandel, in: Zdzisław Krasnodębski (Hrsg.), Kulturelle Identität und sozialer Wandel in Osteuropa. Das Beispiel Polen, Hamburg, S. 131–168.

Gąsienica-Makowski, Andrzej 1997: Rede vor der Nationalversammlung am 25.02.1997, verfügbar unter http://orka2.sejm.gov.pl/Debata2.nsf, letzter Abruf: 02.10.2014.

Gebethner, Stanisław 1997: The 1997 Referendum on the Constitution in Poland. The Controversies and the Compromise, in: Droit Polonais Contemporain 1/4, S. 135–162.

Gebhardt, Jürgen 1999: (Hrsg.) Verfassung und politische Kultur, Baden-Baden.

Gebhardt, Jürgen 1987: Verfassungspatriotismus. Anmerkungen zur symbolischen Funktion der Verfassung in den USA, in: Manfred Hättich (Hrsg.), Zum Staatsverständnis der Gegenwart, München, S. 111–130.

Grzeskowiak, Alicja 1997: Rede vor der Nationalversammlung am 24.02.1997, verfügbar unter http://orka2.sejm.gov.pl/Debata2.nsf, letzter Abruf: 02.10. 2014.

Herold, Maik 2013: Ordnungsbegründung als politisch-kultureller Deutungskampf. Der Verfassungsdiskurs im demokratischen Polen nach 1989, in: Hans Vorländer (Hrsg.), Demokratie und Transzendenz. Die Begründung politischer Ordnungen, Bielefeld, S. 473–507.

Herold, Maik/Solongo Wandan 2014: Verfassungsgebung jenseits der Konstituante. Solidarność und die politische Mobilisierung in Polen 1993–1997, in: André Brodocz, Dietrich Herrmann, Rainer Schmidt, Daniel Schulz, Julia Schulze Wessel (Hrsg.), Die Verfassung des Politischen. Festschrift für Hans Vorländer, Wiesbaden, S. 271–285.

Huntington, Samuel P. 1991: The Third Wave. Democratization in the Late Twentieth Century, Norman.

Kallas, Marian 1992: (Hrsg.) Projekty Konstytucyjne 1989–1991, Warschau.

Kancelaria Sejmu 1997: Komisja Konstytucyjna Zgromadzenia Narodowego. Biuletyn XLI, Wydawnictwo Sejmowe, Warschau.

Krasnodębski, Zdzisław 1999: Modernisierung und Zivilisierung in Polen: Tradition und Gegenwart, in: Zdzisław Krasnodębski (Hrsg.), Kulturelle Identität und sozialer Wandel in Osteuropa. Das Beispiel Polen, Hamburg, S. 69–108.

Krzaklewski, Marian 1997: Rede vor der Nationalversammlung am 25.02.1997, verfügbar unter http://orka2.sejm.gov.pl/Debata2.nsf, letzter Abruf: 02.10. 2014.

Kubik, Jan 1994: The Power of Symbols against the Symbols of Power. The Rise of Solidarity and the Fall of State Socialism in Poland, University Park.

Kubik, Jan 2008: The Polish Round Table of 1989. The Cultural Dimension(s) of the negotiated Regime Change, in: Michael D. Kennedy u. a. (Hrsg.), Negotiating radical change. Understanding and extending the lessons of the Polish Round Table, Ann Arbor, S. 88–109.

Kubik, Jan/Amy Linch 2006: The Original Sin of Poland's Third Republic. Discounting ‚Solidarity‘ and its Consequences for Political Reconciliation, in: Polish Sociological Review 153, 1, S. 13–34.

Levinson, Sanford 2011: Constitutional Faith, Princeton.

Mazowieki, Tadeusz 1997: Rede vor der Nationalversammlung am 24.02.1997, verfügbar unter http://orka2.sejm.gov.pl/Debata2.nsf, letzter Abruf: 02.10.2014.

Michnik, Adam 1998: Church and State in Eastern Europe. The Clean Conscience Trap, in: East European Constitutional Review 7, 2, S. 67–74.

Mildenberger, Markus 1998: Zwischen Konsens und Polarität. Zur Entwicklung der demokratischen politischen Kultur in Polen, in: Jochen Franzke (Hrsg.), Polen. Staat und Gesellschaft im Wandel. Beiträge zur Debatte, Berlin, S. 76–86.

Olesky, Józef 1997: Rede vor der Nationalversammlung am 25.02.1997, verfügbar unter
http://orka2.sejm.gov.pl/Debata2.nsf, letzter Abruf: 02.10.2014.

Osiatynski, Wiktor 1996: The Roundtable Talks in Poland, in: Jon Elster (Hrsg.), The Roundtable
Talks and the Breakdown of Communism, Chicago, S. 21–69.

Osiatynski, Wiktor 1997: A Brief History of the Constitution, in: East European Constitutional Review
6, 2/3, S. 66–76.

Pleitner, Berit/Eva Tenzer 2006: Polen, in: Peter Brandt, Martin Kirsch, Arthur Schlegelmilch (Hrsg.),
Handbuch der europäischen Verfassungsgeschichte im 19. Jahrhundert. Band 1. Institutionen
und Rechtspraxis im gesellschaftlichen Wandel, Bonn, S. 546–600.

Reinalter, Helmut/Peter Leisching 1997: Die polnische Verfassung vom 3. Mai 1791 vor dem Hintergrund der europäischen Aufklärung, Frankfurt a. M.

Rousseau, Jean-Jacques 1782: Considérations sur le gouvernement de Pologne et sur sa réformation
projetée, in: Collection complète des œuvres de Jean-Jacques Rousseau. Tome premier, Genf.

Schulz, Daniel 2004: Verfassung und Nation. Formen politischer Institutionalisierung in Deutschland und Frankreich, Wiesbaden.

Słomka, Adam 1997: Rede vor der Nationalversammlung am 24.02.1997, verfügbar unter
http://orka2.sejm.gov.pl/Debata2.nsf, letzter Abruf: 02.10.2014.

Smolar, Aleksander 1997: Wojna swiatow, in: Gazeta Wyborcza 124, 30.05., S. 18.

Szmajdziński, Jerzy 1997: Rede vor der Nationalversammlung am 24.02.1997, verfügbar unter
http://orka2.sejm.gov.pl/Debata2.nsf, letzter Abruf: 02.10.2014.

Vorländer, Hans 2002: (Hrsg.) Integration durch Verfassung, Wiesbaden.

Vorländer, Hans 1987: Forum Americanum. Kontinuität und Legitimität der Verfassung der Vereinigten Staaten von Amerika 1787–1987, in: Jahrbuch des öffentlichen Rechts der Gegenwart 36,
S. 451–488.

Wilkiewicz, Zbigniew 2007: Gibt es eine IV. Republik Polen?, in: Aktuelle Ostinformationen 39:1/2,
S. 4–16.

Wyrzykowski, Mirosław 2001: Legitimacy: The Price of a Delayed Constitution in Poland, in: Jan
Zielonka (Hrsg.), Democratic consolidation in Eastern Europe, Oxford, S. 431–454.

Einzelprobleme im Überblick

Daniel Schulz
Hat der Verfassungspatriotismus eine Zukunft?

Die Vorstellung, dass eine Verfassung mehr sein kann als eine rechtliche Norm, dass sie für ihre dauerhafte Geltung der soziomoralischen Einbettung in konfliktive Interpretations- und Deutungsdiskurse bedarf, dass sie gar zum identitätsstiftenden Moment eines Gemeinwesens aufsteigen könne – diese Vorstellung wird in der Bundesrepublik Deutschland mit dem Begriff des Verfassungspatriotismus verbunden. Für die politikwissenschaftliche Untersuchung konstitutioneller Ordnung ist der Begriff damit Indikator eines Problemzusammenhanges: Am Beispiel der Bundesrepublik und ihrer verfassungszentrierten Debatte um die nationale Identität zeigt sich paradigmatisch die Schwierigkeit, eine positiv gesatzte Rechtsordnung in eine durch gesellschaftliche Diskurse und Praktiken verstetigte Ordnung des Politischen zu transformieren.

Die Frage ist dabei zunächst, ob der bundesrepublikanische Verfassungspatriotismus seinem Selbstbild entsprechend als universales Modell oder nicht doch eher als historischer Sonderfall behandelt werden sollte. Ähnlichkeiten zum amerikanischen Modell und seiner zivilreligiösen Verfassungsverehrung bestehen durchaus, wenngleich die Gemeinsamkeiten schon in der symbolischen Formsprache konstitutioneller Ordnung enden, fehlt doch in der Bundesrepublik der im amerikanischen Gemeinwesen so augenfällige Pathos weitgehend. Unter welchen Bedingungen aber kann ein Konzept allgemeine Geltung entwickeln, dessen Genese weitgehend mit dem Kontext der alten Bundesrepublik identisch zu sein scheint? Fasst man diese Frage nicht in erster Linie als eine Frage der politischen Ethik, sondern der empirischen Analyse konstitutioneller Geltungsvoraussetzungen, so lässt sich mit dem Verfassungspatriotismus auf das Problem der symbolischen Verfassungsdimension verweisen. Im verfassungspatriotischen Modellfall beschreibt sich das Gemeinwesen im Medium der Verfassung selbst – auf die Frage, was die politische Gemeinschaft ausmacht, werden konstitutionelle Antworten gegeben. Das solchermaßen entworfene Selbstbild ist jedoch nicht als umfassende und abschließende Darstellung der gesellschaftlichen Ganzheit entworfen, sondern bleibt auf einen ganz bestimmten Ausschnitt des Gemeinwesens beschränkt: Es bildet ab, was sich die Bürger gegenseitig an Rechten anerkennen und formuliert ein Projekt der demokratischen Autonomie. Die Verfassung wird also nicht allein als normative Referenz für die staatlichen Organe und ihre Akteure relevant, sondern entwirft auch den politischen Vorstellungshorizont der Bürger. Die Verfassung kann so zum Medium der Selbstverständigung und zum politischen Möglichkeitsraum werden. Eine solche Bedeutungstiefe der Verfassung wäre dann etwas anderes als eine bloße Verrechtlichung von Politik, wenn die Verfassung selbst als ein symbolischer Speicher von politischen Ordnungsvorstellungen und Leitideen fungiert, die im politischen Konflikt als Legitimierungsressourcen dienen. Eine solche Verfassung hätte damit keine rein limitierende, sondern ebenso eine politikermöglichende und damit genuin konstitutive Funktion.

1

Der Begriff des Verfassungspatriotismus ist eine Prägung der deutschen Nachkriegszeit. Es war Dolf Sternberger, der einen Leitartikel für die FAZ am 23. Mai 1979 zum dreißigsten Jahrestag der Verkündigung des Grundgesetzes mit dem Begriff überschrieb. Hinter dem Begriff steht die Überlegung, dass das „Vaterland" ein politischer, über die Verfassung zu bestimmender Begriff ist.[1] Gegen das „tödliches Vaterland", das im Kern auf der Bereitschaft des Bürgers beruht, für das Vaterland zu sterben – die beherrschende, vorbildliche Figur ist nicht der Bürger, sondern der Soldat – stellt Sternberger das lebendige Vaterland, das erst durch die aktive und positive politische Gestaltung seiner Bürger realisiert wird: Die Bürgertugenden wie die Selbstbestimmung, das Gespräch und die Besonnenheit treten an Stelle der soldatischen Tugenden Disziplin, Befehlsgehorsam und heroischer Opferwille (Sternberger 1980, S. 29 f.).

Die Polis als Lebensform einer besonderen Gemeinschaft ist damit im republikanischen Bild der lebenden Verfassung für den modernen Staat vergegenwärtigt. Die institutionelle Frage der Verfasstheit gesellschaftlicher Praxis dominiert so den Ansatz Sternbergers. Er untersucht, wie es möglich ist, dass eine Gesellschaft unter der Bedingung der Freiheit und Gleichheit politisch handelnd auf sich selbst einwirken kann. Umschreibung für diesen Zusammenhang ist die „lebende Verfassung" (Sternberger 1956), der dazugehörige Komplex soziokultureller Überzeugungen und Werthaltungen der Bürger ist der Verfassungspatriotismus.

Der Bürger darf nach dem Verständnis Sternbergers nicht lediglich über seine Rechtsposition verstanden, sondern er muss von der sittlichen Komponente der Politik her definiert werden. In der Form des Liberalismus, die diese sittliche Komponente unterschlägt, begegne man der „schmächtigen Gestalt des nichts als rechtlichen Bürgers" (Sternberger 1956, S. 21). Somit ist auch das Verständnis der rechtlich verkörperten Verfassungsprinzipien bei Sternberger nicht in einer wertmäßigen Neutralität gegenüber Auffassungen vom „guten Leben" zu suchen, sondern Recht und „gute Verfassung" können hier nur als untrennbare Einheit verstanden werden. Dies erklärt sich nicht zuletzt aus Sternbergers gleichzeitig republikanischer und antitotalitärer Grundüberzeugung, nach der es neben den liberalen Abwehrrechten und ihrer atomisierenden Tendenz auch der festen Verankerung des Individuums in das Gemeinwesen und seiner Teilhabe an den gemeinsamen Werteüberzeugungen bedarf. Daher findet sich bei Sternberger eine stark ausgeprägte Skepsis der Reduktion von Politik auf Recht: „Politik, als Rechtlichkeit verstanden, trennt in der Tat den Bürger vom Menschen und liefert ihn zudem am Ende aus an die vervielfachte Mächtigkeit der tausendfüßigen, tausendarmigen und tausendäugigen Leviathane, der Kollektivwesen, mögen sie historisch als Staaten oder Parteien auftreten" (Sternberger 1956, S. 21).

---

1 Eine ausführlichere Darstellung der unter den Abschnitten 1. und 2. dargestellten Positionen findet sich in Schulz 2004, S. 253 ff.

Das Recht wird daher bei Sternberger zunächst als eine die Traditionen und das politisch-sittliche Ethos auflösende, vereinzelnde Kraft verstanden. Die Rechtsordnung allein ist somit nicht in der Lage, eine verfassungspatriotische politische Kultur zu entwickeln und zu stabilisieren. Der Verfassungspatriotismus generiert sich damit nicht über die konstitutionelle Garantie von Freiheiten und Grundrechten, sondern über eine „tieferliegende" sittliche Ordnung. Damit aber droht die Verhärtung des vagen Ethos-Begriffes zu einer objektivistischen Wertordnung, die es durch die „Staatsfreunde" gegen potenzielle Feinde zu verteidigen gilt. Die wehrhafte Verfassung ist dann jedoch nicht mehr jener kleinste gemeinsame Nenner, auf dessen Grundlage sich der politische Prozess abspielt, sondern sie droht zum politischen Instrument der definitionsmächtigsten gesellschaftlichen Gruppe zu werden.

2

In den achtziger Jahren wurde der Begriff von Jürgen Habermas aufgenommen. Bereits zuvor hatte Habermas mit seinen Überlegungen zu einer Form kollektiver und personaler Identität jenseits von überkommenen Traditionsmustern die spezifische bundesrepublikanische Konstellation reflektiert, in der nach dem Traditionsbruch des Nationalsozialismus und des Holocausts eine radikale Neubesinnung und ein Austausch gesellschaftlicher Leitideen stattgefunden hatte. An die Stelle der solchermaßen entwerteten nationalen Tradition sollte eine Form der abstrakt begründeten, rational reflektierten Identität treten, in der insbesondere die aus der Geschichte entwachsene Verantwortung den kritischen Maßstab zur Bewertung kollektiver Identitätsformen stellte. Eine solche posttraditionale Identität erlaubte gerade der Bundesrepublik, jenseits der delegitimierten Nation und den nur schwach ausgebildeten eigenen liberalen Traditionen, eine Form kollektiver Selbstbeschreibung zu finden, die den Koordinaten von Westbindung und Demokratie entsprach.

Die Berufung auf den Verfassungspatriotismus als einer kollektiven, postkonventionalen und reflexiven Identität erfolgte dann im Kontext einer öffentlichen Debatte in der zweiten Hälfte der 1980er-Jahre. Im sogenannten Historikerstreit ging es in erster Linie um die Frage der „Einzigartigkeit der nationalsozialistischen Judenvernichtung", darüber hinaus speiste sich die Kontroverse allerdings vor allem aus der Frage nach dem Verhältnis der Bundesrepublik zur Geschichte des deutschen Nationalstaates (vgl. die Dokumentation Piper 1991). Anlass war ein Beitrag des Historikers Ernst Nolte in der FAZ, in dem der Nationalsozialismus als eine Reaktion auf den Bolschewismus beschrieben wurde und der Holocaust in Relation mit dem stalinistischen Gulag gestellt wurde (Nolte 1986). Diese Debatte um den Holocaust war eingebettet in eine Debatte über die identitätsbildende Kraft der Geschichte in der Bundesrepublik (Stürmer 1986).

Habermas wandte sich dabei vor allem gegen die Herstellung falscher Kontinuität und hob den Traditionsbruch durch den von Deutschen verübten Holocaust hervor.[2] Anstelle einer ungebrochenen Aneignung der entwerteten Traditionen bieten sich für Habermas die Prinzipien der rechts- und sozialstaatliche Demokratie als Grundlage einer kollektiven Identität. Dabei geht es ihm in erster Linie um eine Transformation des deutschen Selbstverständnisses von einer homogenen, ethnisch definierten Volksnation zu einer multikulturellen, politisch definierten Staatsbürgernation. Post-national wäre ein solches Gemeinwesen insofern, als es eine besondere Verkörperung universaler Prinzipien darstellt. Zu überwinden ist der Begriff der Nation, welcher sich in Abgrenzung zur westlichen „Zivilisation" verstand. Die Abgeschlossenheit nach außen ist dagegen in einem post-nationalen Gemeinwesen nicht absolut, sondern die eigene Identität stellt lediglich die besondere Ausprägung eines gemeinsamen und übergreifend gültigen Geltungszusammenhanges dar. Die in der Verfassung garantierten Grundrechte ebenso wie die konstitutive Stellung der Menschenwürde sind in universalen Menschenrechten begründet. Damit wird auch dem in der deutschen staatsrechtlichen Tradition so zentralen Souveränitätsdogma eine Absage erteilt. Der Einfluss supranationaler Normen ist somit nicht als unzulässige Einmischung in die inneren Angelegenheiten zu verstehen, sondern er hat eine konstitutive Bedeutung für die offene Staatlichkeit der Bundesrepublik. Mit dem Inkrafttreten des Grundgesetzes hat die Bundesrepublik Anschluss an diesen politischen Universalismus des Westens gefunden. Dieser drückt sich in der völkerrechtlichen Geltung der Menschenrechte aus, die für die Verfassungsordnung des Partikularstaates einen direkten Maßstab darstellen. Habermas hält daher fest: „Der einzige Patriotismus, der uns dem Westen nicht entfremdet, ist ein Verfassungspatriotismus" (Habermas 1987, S. 135). Kultur (im weitesten, unpolitischen Sinn) und staatliche Politik haben sich in dieser Perspektive soweit von einander differenziert, dass die Legitimität des Verfassungsstaates nicht mehr unmittelbar durch die Zugehörigkeit zu einer Kulturgemeinschaft gegeben ist. Beim Verfassungspatriotismus handelt es sich dagegen um „einen abstrakter gewordenen Patriotismus, der sich nicht mehr auf das konkrete Ganze einer Nation, sondern auf abstrakte Verfahren und Prinzipien bezieht" (Habermas 1987, S. 173).

3

Hat der Verfassungspatriotismus eine Zukunft? Die von Sternberger und Habermas aufgeworfene Diskussion über die Verfassung als eine identitätsstiftende Ordnung des Gemeinwesens schien nach der Wiedervereinigung überholt und drohte zwischenzeit-

---

2 Habermas 1987, S. 142. Vgl. zum Holocaust als negativen Gründungsakt bundesrepublikanischer Identität Giesen 1993, S. 236 ff.

lich gar durch eine „Rückkehr zur Nation" verdrängt zu werden. Als „post-nationale" Identität schien es sich tatsächlich um ein Konzept mit kurzem Atem zu handeln, wurde doch in den neunziger Jahren verstärkt ein Wiederanknüpfen an die zwischenzeitlich nur unterbrochene Tradition deutscher Nationalstaatlichkeit diskutiert. Aber auch wenn der Begriff für eine allseits geteilte Selbstbeschreibung zu kontrovers bleibt, so kommt er doch der Realität des deutschen Selbstverständnisses in der wiedervereinigten Bundesrepublik doch immer noch recht nahe. Dass dabei auf ganz unterschiedliche Bedeutungsvarianten abgehoben werden kann, zeigt Jan-Werner Müller in seinem dem Verfassungspatriotismus gewidmeten Essay (Müller 2010).

Müller unterscheidet verschiedene Dimensionen des Verfassungspatriotismus nach den jeweiligen Entstehungskontexten: Während Sternbergers „Schutz-Patriotismus" als Teil des Diskurses einer wehrhaften Demokratie in der jungen Bundesrepublik gelten kann und in der inneren Gesinnung des Bürgers den einzig wahrhaften Verfassungsschutz erkennt, so hat der „Schuld-Patriotismus" von Habermas die Vergangenheitsbewältigung als zentralen Bestandteil der bundesrepublikanischen Identität auf den Begriff gebracht (Ebd., S. 38). Anders aber als bei Sternberger ist der zentrale Akteur bei Habermas nicht mehr der Bürger, sondern der Intellektuelle. Sein Verfassungspatriotismus beruht also nicht auf einem generalisierten Bürgergeist, sondern leidet als Professorentraum an einer elitären Schlagseite (Ebd., S. 42). In der systematisierenden Rekapitulation Müllers ist der Verfassungspatriotismus Ausdruck eines Verfassungsverständnisses, das als „Quelle des politischen Vertrauens der Bürger untereinander" und zugleich als eine Ressource der „zivilen Selbstermächtigung" verstanden werden kann (Ebd., S. 64). Verfassungspatriotismus ist somit ein „Janus-Begriff" (Ebd., S. 65), ein zentraler Bezugspunkt einer lebendigen Verfassungskultur (Ebd., S. 70), in der die Beziehung der Bürger zueinander im Mittelpunkt steht.

Müllers Abgrenzungsversuch des Verfassungspatriotismus von „Staatsanbetung" und „Zivilreligion" (Ebd., 91 ff.) blendet jedoch aus normativen Gründen einen analytisch wichtigen Aspekt vorschnell aus. Wenn die Verfassung zu einem „transzendenten, zu einem, wenn man so will, unverfügbaren normativen Objekt" gerät, dann stuft Müller dieses Phänomen als „normativ problematisch" ein, und stellt dem die Idee entgegen, „dass Verfassungspatriotismus als demokratische Praxis sich auch immer wieder selbst erneuern kann" (Ebd., S. 97; zur Kritik an einem spezifisch juristischen Diskurs der normativen Sakralisierung auch Dreier 2013). Diese Kritik hat ihr wahres Moment dort, wo sie sich gegen die aktiven, normativ für notwendig erklärten Sakralisierungswünsche einer traditionellen Staatsrechtslehre stellt, in der staatliche Ordnung ohne numinose Hilfskonstruktionen und Beistand des Religiösen als defizitär eingestuft wird. Jenseits einer solchen normativen Wünschbarkeit jedoch kann die konstitutionelle Behauptung von Transzendenz gleichwohl zu den zentralen, kulturwissenschaftlich und institutionentheoretisch zu analysierenden und empirisch beschreibbaren Mechanismen der Geltungserzeugung gezählt werden, mit der sich institutionelle Ordnungen dauerhaft stabilisieren und einen Nimbus der Unhinterfragbarkeit erlangen (Vorländer 2013). Das „Aeternitätsparadox moderner

Verfassungsgebung" (Graf 2006, S. 74) verweist darauf, dass mit der Verfassung zugleich die politische Ordnung verfügbar gestellt wird – dass aber umgekehrt für die Stabilisierung dieser neuen Ordnung die Verfassung als unverfügbar und unantastbar behauptet wird, um ihr Dauer zu verleihen. Die Selbsterneuerung demokratischer Praxis bleibt davon unberührt, ist es doch gerade die konstitutionelle Verfasstheit der Demokratie, die eine solche Praxis erst ermöglicht. Von einem solchen Sinn für die Paradoxie konstitutioneller Ermöglichung durch die Behauptung von Unverfügbarkeit zehrt auch der Verfassungspatriotismus und gewinnt so gegenüber einer Verkürzung auf „rationale" Identitätsmodelle, ohne dadurch in eine normativ herbeigewünschte, zivilreligiöse Verklärung verfallen zu müssen. Dass der Verfassungspatriotismus lediglich „Ersatzmythos" sei, nicht mehr „als eine notdürftige Behelfskonstruktion", mit der „weder narrative Variationen noch ikonische Verdichtungen, geschweige denn rituelle Inszenierungen" einhergehen (Münkler 2009, S. 483), muss daher nicht zwangläufig auf jedes Verständnis dieses Begriffes zutreffen.

Literatur

Dreier, Horst 2013: Säkularisierung und Sakralität. Zum Selbstverständnis des modernen Verfassungsstaates, Tübingen.
Giesen, Bernard 1993: Die Intellektuellen und die Nation, Frankfurt a. M.
Graf, Friedrich-Wilhelm 2006: Moses Vermächtnis. Über göttliche und menschliche Gesetze, München.
Habermas, Jürgen 1987: Eine Art Schadensabwicklung, Frankfurt a. M.
Müller, Jan-Werner 2010: Verfassungspatriotismus, Berlin.
Münkler, Herfried 2009: Die Deutschen und ihre Mythen, Berlin.
Nolte, Ernst 1986: Vergangenheit, die nicht vergehen will, FAZ, 6. Juni.
Piper, Ernst Reinhard 1991: Historikerstreit. Die Dokumentation der Kontroverse um die Einzigartigkeit der nationalsozialistischen Judenvernichtung, 8. Aufl., München u. a.
Schulz, Daniel 2004: Verfassung und Nation. Formen politischer Institutionalisierung in Deutschland und Frankreich, Wiesbaden.
Sternberger, Dolf 1956: Lebende Verfassung, Meisenheim am Glan.
Sternberger, Dolf 1980: Staatsfreundschaften, Frankfurt a. M.
Stürmer, Michael 1986: Geschichte in einem geschichtslosen Land, FAZ, 25. April.
Vorländer, Hans 2013: Transzendez und die Konstitution von Ordnungen. Eine Einführung in systematischer Absicht, in: ders. (Hrsg.), Transzendenz du die Konstitution von Ordnungen, Berlin, Boston.

Siegfried Weichlein
Der Verfassungseid und die Verfassung der Eide

Dass ein Eid auf die Verfassung abgelegt werden kann, impliziert Aussagen über den Charakter der Verfassung wie auch über die politische Bedeutung des Eides. Verfassungen kommen zustande und erhalten Gültigkeit, weil sie sich auf das imaginäre Subjekt eines Volkes und seine Souveränität, sich selbst eine Ordnung geben zu können, berufen. Hergestellt wird diese Legitimität durch Wahlen zu einer verfassungsgebenden Versammlung, ratifiziert zumeist durch eine Volksabstimmung – so das ideale Modell. Der Eid auf die Verfassung fügt dem nichts hinzu. Als performativer Akt stellt er die Selbstbindung eines Amtsträgers auf die Verfassungsordnung her. Aus dem Blick der politischen Ämterordnung konsekriert er einen einzelnen in eine überpersönliche Ämterstruktur hinein, die dadurch affirmiert wird, und macht ihn zum Amtsinhaber. Der Staat verankert durch den Eid seine Institutionen im Gewissen der Bürger. Dass der Verfassungseid bindet, hängt nicht zuletzt an der Freiwilligkeit der Gehorsamsleistung, die über die rein formale Ebene hinaus andere Dimensionen der „Fügsamkeit" (Max Weber) als das bloße Gehorchen evoziert. Ohne Freiwilligkeit kann der Eid nicht wirken (Conze 2013, S. 358).

Historisch gesehen dient der Verfassungseid „maßgeblich zur Konstruktion des politischen Raums". Er ist ein Ritual, das relativ stabile Verhaltenserwartungen in einem Sozialsystem, beim Verfassungseid in einem politischen System absichert und gilt daher in der älteren Theorie als „vinculum societatis".[1] Seine politische Bedeutung erhält der Verfassungseid vor allen Dingen in Zeiten politischen Umbruchs. Der Verfassungseid stabilisiert Erwartungen in die Dauerhaftigkeit einer Ordnung. Verfassungseide sind daher „Spiegelbild(er) der verfassungsgeschichtlichen Entwicklung" (Friesenhahn 1928, S. X). Neuvereidigungen nach politischen Systemwechseln dienen dem Zweck, die Bindung an etwas Neues auf Dauer zu stellen. Der Verfassungseid setzt das Neue seinerseits symbolisch-rituell durch (Stollberg-Rilinger 2005, S. 21).

Der politische Eid impliziert Aussagen über das Verhältnis von Religion und Politik. Paolo Prodi nennt ihn das „Sakrament der Herrschaft" (Prodi 1997). Die Rechtsordnung eines politischen Systems wird dadurch „zusätzlich auf der religiösen, moralischen, sittlichen Ebene abgesichert. [...] Die Geltung des rechtlichen Sollens wird im Eid auf eine apriorische prärechtliche Ordnung zurückgeführt" (Widder 1974, S. 704). Als dieser religiöse Bezug nach der Aufklärung zusehends schwand, trat der Charakter eines Vertrags im politischen Eid stärker hervor. Die Treue zur politischen Ordnung wurde zum Eidesinhalt.

---

1 Andres/Schwengelbeck 2005, S. 27 f.; Widder 1974, S. 703; Maurer 2010, S. 302 f. Vgl. zur Thematik des politischen Eides die Arbeiten von Friesenhahn 1928; Conze 2013, Weichlein 2011. Speziell zum Verfassungseid vgl. Bock 2006 .

Politische Eide wie der Verfassungseid werden als promissorische Eide von assertorischen Eiden bei Gericht unterschieden, die der Wahrheitsfindung dienten. Das eidliche Versprechen bezog sich bei den frühen Verfassungseiden des 19. Jahrhunderts darauf, sich nicht verfassungsfeindlich zu verhalten. Die ersten modernen Verfassungen sollten so in ihrem Bestand garantiert werden. Die betreffenden Bestimmungen fanden sich daher im Abschnitt „Gewähr der Verfassung" (Titel X der Bayerischen Verfassung von 1818, Abschnitt VII der Reichsverfassung von 1849). Verfassungseiden kam eine Abwehrfunktion zu, um die neue politische Ordnung gegen reaktionäre und monarchische Umsturzversuche abzusichern. Sie waren Sicherungsmittel neben anderen Bestandsgarantien wie qualifizierten Mehrheiten, wiederholten Abstimmungen, erhöhten Quoren, der Beschwerde der Stände, der Ministeranklage oder der Gründung eines Staatsgerichtshofes (Bock 2006, S. 170 f.). Das zielte besonders auf die Versuche der Monarchen, die Verfassungen wieder abzuschaffen oder in ihrem Sinne zu revidieren. Süddeutsche Liberale forderten schon früh, aber ergebnislos den Verfassungseid des Heeres, um dieses Herzstück monarchischer unumschränkter Souveränität in die Verfassungsordnung einzubinden.

Alle Kommentatoren waren sich indes einig, dass die Verfassungseide letztlich keine hinreichende Sicherheit gegen den monarchischen Umsturz boten. Dafür sollte die Staatsgewalt und in erster Linie der Monarch selbst durch die hohe öffentliche Sichtbarkeit des Eides religiös, moralisch und psychologisch an die Verfassungsordnung gebunden werden. Weil der Verfassungseid als Surrogat für die rechtliche Verbindlichkeit wirkte, ließ Arthur Schopenhauer den Philalethes 1856 in seinen „Parerga und Paralipomena" sagen:

> Der Eid ist die metaphysische Eselsbrücke der Juristen: sie sollten sie so selten, als irgend möglich, betreten. Wenn es aber unvermeidlich ist, da sollte es mit größter Feierlichkeit, nie ohne Gegenwart des Geistlichen, ja, sogar in der Kirche, oder in einer dem Gerichtshofe beigegebenen Kapelle, geschehn (Bock 2006, S. 177. Schopenhauer 1988 [1851], S. 375).

Damit war der rituelle und zeremonielle Charakter der Eidesleistung auf den Punkt gebracht. Eidesleistungen wie die Verfassungseide waren öffentlich. Ihnen gingen Belehrungen voran. Verfassungseide waren Zeremonien und verbreiteten eine feierliche und quasi-sakrale Aura. Die Publizität der Eidesleistung appellierte an die natürliche Furcht vor der Verachtung bei den Eidleistenden genauso wie an die allgemeine öffentliche Schande im Falle des Eidbruches. Denjenigen, die den Verfassungseid leisteten, sollte es so schwer wie möglich gemacht werden, ihr Versprechen zu marginalisieren und verfassungswidrig Politik zu machen. Implizit schwang in diesem „Akt hoher Bewusstheit" das Recht auf Widerstand gegen einen Eidbrecher mit (Bock 2006, S. 173 f.). Theodor Fontane läßt 1878 in seinem Roman „Vor dem Sturm", der in den Befreiungskriegen spielt, den alten Vitzewitz über den König sagen: „Trennt er sich von ihm oder läßt er sich von ihm trennen durch Schwachheit oder falschen Rat, so löst er sich von seinem Schwur und entbindet mich des meinen" (Fontane 2011, S. 258).

Was dies tatsächlich bedeutete, musste die Praxis zeigen. Absetzbar waren sie bei Eidesbruch nur in der liberalen Theorie. Selbst in Verfassungskonflikten mit den Ständen wahrten alle Monarchen das Gesicht und rechtfertigten ihre Politik verfassungsrechtlich. In Braunschweig erklärte der Fürst 1827 und im Königreich Hannover der König 1837 die Verfassung für ungültig und verweigerten den Eid. Folgerichtig lehnten die Stände in beiden Staaten den Huldigungseid ab, der normalerweise auf den Verfassungseid folgte (Maurer 2003, S. 733). In Preußen leistete mit Friedrich Wilhelm IV. erstmals ein König am 6. Februar 1850 den nach Artikel 54 vorgeschriebenen Verfassungseid. Das Militär wurde von der Eidesleistung in Preußen ausdrücklich ausgenommen.

Im liberalen Staatsrecht blieben dennoch Vorbehalte gegen den Verfassungseid erhalten. Theodor Welcker und Moritz Ludwig Peter von Rönne wiesen auf die faktische Wirkungslosigkeit der Verfassungseide hin, denen keine Sanktionsgewalt zur Seite stand. Außerdem würden bei wiederholten Systemwechseln – Griechenland und Frankreich waren Beispiele – die Beamten lediglich aus Opportunismus den Verfassungseid ablegen, auf den man im Ernstfall nicht zählen konnte. Verfassungseide entfalteten eine nur mehr moralische, aber keine politische Bindungswirkung, was durch ihre oft vagen Formulierungen verstärkt wurde, die Raum für allerlei Interpretationen boten (Bock 2006, S. 174 f.). Hinzu kamen die durchgängigen Probleme mit den religiösen Eidesformeln, die zuerst konfessionell, im Kaiserreich allgemein religiös und in der Weimarer Republik fakultativ religiös waren.[2] Die Baptisten und Mennoniten verweigerten aus biblisch motivierten Gründen (Mt 5,34) die Eidesleistung gänzlich.

Den Verfassungseid legten im 19. Jahrhundert Staatsoberhäupter, vorwiegend Monarchen, Staatsbürger, Abgeordnete und Beamte ab. Der Untertaneneid sicherte Loyalität zu einem Zeitpunkt, als es noch keine gefestigten konstitutionellen Institutionen gab. Er diente der Absolutismusprävention. Die Reichsverfassung von 1849 verzichtete dagegen auf einen Staatsbürgereid und glaubte sich des Gehorsams und der Wertschätzung der Bürger sicher. Die Vorstellung, dass sich der Verfassungsstaat gegen seine Feinde schützen muss, hat in der „wehrhaften und streitbaren Demokratie" des 20. Jahrhunderts ihre Fortsetzung gefunden. Abgeordnete legten einen Eid auf die Verfassung ab, weil sie das Staatsganze repräsentierten und in der Regel ein freies Mandat besaßen. Das freie Mandat und die Gesamtrepräsentation boten nicht nur den verfassungstreuen Abgeordneten die Möglichkeit zur Mitarbeit, sondern ihren Gegnern auch die Möglichkeit, die Verfassung von innen auszuhöhlen. Der Verfassungseid steckte den Rahmen der politischen Arbeit des Parlaments ab (Bock 2006, S. 184 f.; Friesenhahn 1928, S. 64–82).

Der Verfassungseid des Heeres blieb dagegen die große Ausnahme bis 1919. Dass die militärische Dienstpflicht der Wehrpflichtigen in einem Verfassungsrahmen statt-

---

2 Zur Problematik der Säkularisierung des politischen Eides vgl. Weichlein 2011.

finden sollte, blieb ein politisches Dauerthema im 19. Jahrhundert mit dem Höhepunkt im preußischen Verfassungskonflikt 1859 bis 1866. Die Liberalen konnten sich damit nicht durchsetzen. Bereits das Wiener Schlussprotokoll von 1834 bestimmte in seinem Art. 24: „Die Regierungen werden einer Beeidigung des Militärs auf die Verfassung nirgends und zu keiner Zeit stattgeben." Die preußische Verfassung von 1850 schloss den Verfassungseid in Art. 108 Abs. 2 bis 1918 definitiv aus: „Eine Vereidigung des Heeres auf die Verfassung findet nicht statt." Damit blieb – bis auf ganz wenige und kurzzeitige Ausnahmen[3] – das Heer ein Vorrecht der Monarchen. Erst die Weimarer Republik verpflichtete die Angehörigen der Wehrmacht auf einen Verfassungseid.

Der Beamteneid war ein Verfassungseid und sicherte ein Treueverhältnis zum Monarchen und die Beobachtung der Verfassung (Friesenhahn 1928, S. 83–97). Die Komplexität der gleichzeitigen Loyalität gegenüber König und Verfassung schlug sich in der Form des Beamteneides nieder. Im Kaiserreich war er dreiteilig:

> Ich, N.N., schwöre zu Gott dem Allmächtigen und Allwissenden, dass Seiner Königlichen Majestät von Preußen, meinen Allergnädigsten Herrn,
> ich untertänig, treu und gehorsam sein
> und alle mir vermöge meines Amtes obliegenden Pflichten nach meinem besten Wissen und
>   Gewissen genau erfüllen,
> auch die Verfassung gewissenhaft beobachten will,
> so wahr mir Gott helfe.

Der Reichsbeamteneid in seiner Fassung vom 14. August 1919 hatte ebenfalls eine dreiteilige Form:

> Ich schwöre
> Treue der Verfassung,
> Gehorsam den Gesetzen
> und gewissenhafte Erfüllung meiner Amtspflichten.

Die Treue gegenüber der Verfassung von Weimar meinte ihre Beobachtung, was nach Reichsinnenminister Eduard David der Gewissensfreiheit der Beamten geschuldet war, die vom Arbeitgeber zu achten sei. „Das eidliche Treuegelöbnis zur Verfassung enthält nur die Bedeutung, dass der Beamte sich verpflichtet, in seiner Tätigkeit als Beamter die Verfassungsbestimmungen genau zu beobachten" stand bis 1926 auf der Rückseite des Vereidigungsnachweises. Der Staat von Weimar akzeptierte damit den Gewissensvorbehalt seiner Beamten sobald es um die Loyalität zur Verfassung ging

---

3 Kurzzeitige Verfassungseide gab es in den Verfassungen von Anhalt-Dessau 1848 § 79 IX, Baden Gesetz vom 7. Juni 1848, Gotha 1849 § 19, Kurhessen 1831 § 156, Mecklenburg-Schwerin 1849 § 189, Oldenburg 1849 Art. 229, Österreich 1848 Art. 59 und in der preußischen oktroyierten Verfassung von 1849 § 118, Reuß jüngere Linie 1849 § 121, Waldeck 1849 § 140. Außerdem war der Verfassungseid in der Verfassung der Frankfurter Paulskirche in Art. 14 vorgesehen; ders., S. 99. Vgl. Polley 1982, S. 271–287.

(Weichlein 2011, S. 416 f.). Schon hier zeigte sich die problematische Loyalität der Beamten zur Republik, die auf der Beobachtung, nicht aber der aktiven Aufrechterhaltung der Verfassung basierte.

Der Beamteneid entwickelte sich – ähnlich wie der Militär- oder Fahneneid – vom persönlichen Treueeid zum abstrakten Verfassungseid. Der Verfassungseid der Beamten nahm den Weg von der Loyalität gegenüber einer Person zu einem demokratischen Beamtenethos getragen vom inneren Nachvollzug der Verfassungsordnung. Der Verfassungseid des 19. und 20. Jahrhunderts sollte den Treuebegriff – gerade in Beamtenschaft und Militär – entpersonalisieren, was im Großen und Ganzen erst in der Bundesrepublik erreicht wurde. Der Beamteneid war nach 1949 nüchterner und kam ohne den Treuebegriff aus: „Ich schwöre, das Grundgesetz für die Bundesrepublik Deutschland und alle in der Bundesrepublik geltenden Gesetze zu wahren und meine Amtspflichten gewissenhaft zu erfüllen (so wahr mir Gott helfe)" (§ 56 BGB).[4]

Es zeichnen sich mehrere Perspektiven der Forschung zum politischen Eid ab. Methodisch ist in jüngster Zeit immer wieder auf die Bedeutung der Performanz des Eides und der Konsekrierung in eine Ämterstruktur hinein hingewiesen worden. Der Eid ist so gesehen ein Sprechakt. Das wirft Fragen der Philosophie und der Linguistik zu den „fatalen Sprachen" auf: in welchem Verhältnis stehen Eid, Fluch, Segen und Bitte? Wie hängen sie zusammen, worin unterscheiden sie sich in ihrer performativen Struktur? (Friedrich/Schneider *2009*; Prodi 1997, Agamben 2010)

Der politische Eid hat zudem das Interesse der modernen Religionsgeschichte gefunden. Die Frage der Säkularisierung des Eides und seiner Eidesformeln wirft prinzipielle Fragen nach dem Verhältnis von Religion und Politik, aber auch nach der Reichweite der Säkularisierung auf. Dahinter steht die Beobachtung, dass nicht die Eidesformel „so wahr mir Gott helfe", sondern vielmehr der Akt des Schwörens selbst den religiösen Charakter der Eide ausmacht. Es war daher nur konsequent, dass das Bundesverfassungsgericht am 11. April 1972 dem Rechnung trug und die „bürgerliche Bekräftigung" aufwertete, um niemanden zu einem religiösen Akt zu zwingen. Der Verfassungseid bleibt dem höheren politischen Personal wie dem Bundespräsidenten und den Mitgliedern des Bundeskabinetts vorgeschrieben. Diese schwören nicht mehr die Treue, sondern „das Grundgesetz und die Gesetze des Bundes zu wahren und zu verteidigen", was einen weitaus aktiveren Sinn besitzt als das ältere Befolgen oder Beachten.

---

4 Im Soldateneid blieb der Treuebegriff abgeschwächt erhalten: „Ich schwöre, der Bundesrepublik Deutschland treu zu dienen und das Recht und die Freiheit des deutschen Volkes tapfer zu verteidigen, so wahr mir Gott helfe".

Literatur

Agamben, Giorgio 2010: Das Sakrament der Sprache: eine Archäologie des Eides; (Homeo Sacer II.3), Berlin.

Bock, Dennis 2006: Der Eid auf die Verfassung im deutschen Konstitutionalismus, in: Zeitschrift der Savigny Stiftung für Rechtsgeschichte (Germanistische Abteilung) 123, S. 166–217.

Conze, Vanessa 2013: Treue schwören. Der Konflikt um den Verfassungseid in der Weimarer Republik, in: Historische Zeitschrift 297, S. 354–389.

Fontane, Theodor 2011: Vor dem Sturm. Roman aus dem Winter 1812 auf 13 (Hrsg.), Christine Hehle, Berlin.

Friedrich, Peter/Manfred Schneider 2009: (Hrsg.) Fatale Sprachen. Eid und Fluch in Literatur- und Rechtsgeschichte, München [u. a.].

Friesenhahn, Ernst 1928: Der politische Eid, Bonn (Neudruck Bonn 1979).

Maurer, Hartmut 2003: Die Verfassungsgewähr im konstitutionellen Staatsrecht des 19. Jahrhunderts, in: Heinrich de Wall u. Michael Germann (Hrsg.), Bürgerliche Freiheit und christliche Verantwortung. Festschrift Christoph Link, Tübingen, S. 725–750.

Polley, Rainer 1982: Die Vereidigung des kurhessischen Volkes auf die Verfassungsurkunde vom 5. Januar 1831, in: Hessisches Jahrbuch für Landesgeschichte 32, S. 271–287.

Prodi, Paolo 1997: Das Sakrament der Herrschaft. Der politische Eid in der Verfassungsgeschichte des Okzidents, Berlin.

Schopenhauer, Arthur 1988: Parerga und Paralipomena II (1851), § 174, in: Arthur Schopenhauer, Sämtliche Werke, Parerga und Paralipomena II, Hrsg. von Arthur Hübscher, Band 6, Mannheim: Brockhaus, 1988.

Weichlein, Siegfried 2011: Religion und politischer Eid im 19. und 20. Jahrhundert, in: Harald Bluhm u. a. (Hrsg.), Ideenpolitik. Geschichtliche Konstellationen und gegenwärtige Konflikte, Berlin, S. 399–420.

Tine Stein
Der Verfassungsbegriff der römisch-katholischen Kirche

1

Bei aller Anerkennung ihrer spezifischen und nach ihrem Selbstverständnis sakra-
mentalen Gestalt ist auch die Kirche ein Herrschaftsverband, der von Machtbeziehun-
gen geprägt und folglich auf machthemmende und -balancierende Elemente angewiesen ist.[1] Im demokratischen und an die Menschenrechte gebundenen Staat wird diese
Machthemmung in der Regel in einer Verfassung verbürgt, mit der ein besonderes
institutionelles Arrangement zwischen den staatlichen Organen und zwischen Staat
und Bürger rechtlich auf Dauer gestellt wird. Die Verfassung als eine rechtliche Rah-
menordnung des Politischen kann generell als eine Institution zur Einhegung von
Macht in menschlichen Herrschaftsverbänden gelten. Die römisch-katholische Kirche
verfügt aber nicht über ein eigenes urkundliches Dokument, das als Rechtstext die
Beziehungen ihrer Mitglieder, ihre Rechte und Pflichten sowie die Kompetenzen der
institutionellen Einheiten dieser Organisation ordnet – sie weist mithin keine Verfassung im formellen Sinne auf. Die Bemühungen um eine solche „lex ecclesiae fundamentalis", die im Zuge der Reformanstrengungen des Zweiten Vatikanischen Konzils
unternommen wurden, sind von Johannes Paul II. als oberstem Gesetzgeber der Kirche nicht aufgegriffen worden (Boelens 2001; May 2000, S. 41 f.). Darin kann durchaus
eine Verfassungspolitik gesehen werden, freilich eine negatorische – die gewaltentei-
lende Wirkung der Verfassung und ihre Freiheitsverbürgungen, die jedem anspruchsvollen Begriff von Verfassung inhärent sind, sind für die katholische Kirche durch ihre
Regierungsspitze politisch nicht gewollt worden. Eine Verfassung im materiellen Sinne weist die Kirche als Institution mit einer annähernd seit ihren Anfängen bestehenden Rechtstradition allerdings durchaus (II) auf und für diese werden hinsichtlich
ihrer aktuellen Ausgestaltung erhebliche Reformen angemahnt (III).

2

Eine der treffendsten Kennzeichnungen der institutionellen Verfasstheit der katholischen Kirche stammt von Carl Schmitt, der sie einst als „Complexio oppositorum"

---

1 Das Folgende stellt eine komprimierte und für den Zweck dieser Veröffentlichung überarbeitete
Fassung der Abhandlung „„Complexio oppositorum'. Die Verfassungsstruktur der römisch-katholischen Kirche aus politikwissenschaftlicher Perspektive", erschienen in: Zeitschrift für Politik, Heft 3,
59. Jg. 2013, S. 263–294, dar.

bezeichnete, um die Gegensätzlichkeit ihrer institutionellen Prinzipien zu erfassen: einerseits in ihrer Führungsstruktur eine autokratische Monarchie, andererseits als Selektionsmechanismus für ihre personelle Spitze eine demokratische Wahl durch die Kardinäle, ohne Rücksicht auf Stand und Herkunft des zu erwählenden Hauptes der katholischen Christenheit; einerseits der Rationalismus einer rechtlich verfassten Ämterstruktur für die Bischöfe, Priester und Diakone, andererseits aber das Charisma des göttlichen Auftrages für die in den Ämtern wirkenden Personen (Schmitt 1925, S. 11 ff.). Ein zeitgenössisches Urteil aus sozialwissenschaftlicher Perspektive ist das des Bielefelder Soziologen Franz-Xaver Kaufmann, der aus Anlass des Missbrauchskandals die katholische Kirche als eine soziale Institution mit pathogenen Strukturen charakterisiert, deren zentralistisches und monokratisches Selbstverständnis als Organisation von einem absolutistischen, ja höfischen Geist geprägt sei.[2] Wie nicht nur Kaufmann betont hat, ist dieses Selbstverständnis gegenüber der Gegenwart inkongruent geworden, da die sich in der zweiten Hälfte des 20. Jahrhunderts durchsetzenden Leitbilder für das menschliche Zusammenleben Demokratie und Menschenrechte sind.[3] Widersprechen aber diese Leitbilder, die weltliche politische Ordnungen strukturieren, nicht dem Proprium der katholischen Kirche als einer sozialen Institution, die ihren Ursprung auf eine göttliche Stiftung zurückführt und deren Legitimitätsgrundlage daher kategorial von modernen Institutionen wie der des demokratischen Rechtsstaates verschieden ist? Diese Frage verlangt zunächst eine knappe Beantwortung, denn andernfalls würde die kritische Analyse der Verfassungsstruktur mit dem Ziel ihrer Reform sich den Vorwurf einhandeln, Maßstäbe an die Kirche anzulegen, die dieser grundsätzlich fremd sind. In der Tat sind die weltlich-politische Herrschaft des demokratischen Staates und die auf das kommende Reich Gottes verweisende und hinarbeitende Kirche in Bezug auf ihren Zweck und ihre Legitimitätsbasis zwei grundverschiedene menschliche Organisationsformen. Die Kirche macht keinen Souveränitätsanspruch und auch keine Handlungsvollmacht aus sich heraus und aus eigenem Recht geltend, sondern sieht ihre Existenzberechtigung in der göttlichen Stiftung liegend und in dem göttlichen Auftrag, der ihr durch Jesus Christus vermittelt worden ist (Ratzinger 2005, S. 20). Für ihr Selbstverständnis ist entscheidend, dass zwei Elemente analytisch zu unterscheiden sind, die aber „eine einzige komplexe Wirklichkeit" bilden, wie es in der Kirchenkonstitution des Zweiten Vatikanischen Konzils *Lumen Gentium* heißt: nämlich ein menschliches und ein göttliches Element.[4] Als sichtbare Gemeinschaft der Gläubigen bildet die Kirche ihrem Selbstverständnis nach eine mit hierarchischen Organen ausgestattete Gesellschaft (*societas*) und eine geistliche Gemeinschaft (*communio*), die mit himmlischen Gaben beschenkt ist und auf das kommende Reich Gottes hin geordnet ist. Die Mitglieder dieses besonderen Verban-

---

2 Kaufmann 2010, S. 8 und ausführlich ders. 2011, S. 128–174. Siehe auch ders. 1978, S. 12
3 Kaufmann 2011, S. 137. Siehe hierzu auch Heimbach-Steins 2005, S. 282 u. 293.
4 Lumen Gentium, Ziffer 8 (abgedr. in Rahner/Vorgrimler 1966, S. 130).

des, also das Volk Gottes als Gemeinschaft der getauften Gläubigen, können daher nicht über den Zweck des Verbandes verfügen. Ein Analogieschluss vom Volk Gottes auf die Souveränität des Volkes im demokratischen Verfassungsstaat im Sinne einer Bestimmung der Quelle und des Trägers der Herrschaftsgewalt sowie des Inhalts der Gesetze kann daher nicht gezogen werden.

Strukturell gibt es allerdings gewichtige Parallelen zwischen Staat und Kirche: beide Institutionen sind als juridische Herrschaftsverbände organisiert, in denen einzelne Personen als Amtsträger gegenüber anderen Herrschaft ausüben und für ihre Anordnungen mit Fügsamkeit rechnen können sollen – im Sinne der Kennzeichnung Max Webers ist die Kirche wie der Staat darauf aufgebaut, dass psychischer respektive physischer Zwang ausgeübt wird, um die Ordnung zu garantieren (Weber 1980, Kap. I, § 16). Das Vorenthalten heilsnotwendiger Sakramente durch die kirchlichen Amtsträger gegenüber den Gläubigen kann nach Weber als das funktionale Äquivalent für das staatliche Monopol physischer Gewaltsamkeit angesehen werden. Neben der Spendung und dem Empfang der Sakramente ist für die Erlangung des Heils auch die sittliche Lebensführung, im Sinne des Anspruches, der vom Wort Gottes an den Menschen ausgeht, zentral (Ratzinger 2005, S. 19). Das Lehramt des Papstes übt hier eine orientierende Funktion aus. Indem der Papst wie auch die Bischöfe die Worte des Evangeliums, auch angesichts der Herausforderungen der Zeit, auslegen, entfalten sie eine Glaubens- und Sittenlehre, die für die Gläubigen insgesamt Verbindlichkeit in Form des religiösen Gehorsams beansprucht.

Diese Verbindlichkeit kann auch rechtliche Form annehmen und in den Codex Iuris Canonici (CIC) eingehen, der 1983 neu promulgiert wurde (de Waal/Muckel 2009, Rz.19). Der CIC ist eine formelle Rechtsquelle, die ihren Ursprung im gesetzgebenden Willen menschlicher Rechtssetzung hat und zu der auch die durch den kirchlichen Gesetzgeber gebilligte gewohnheitsmäßige Übung der Menschen gehört. Zum Kirchenrecht zählt neben dem CIC auch das auf den göttlichen Gesetzgeber zurückgehende Recht. Es wird unterschieden in das Naturrecht (ius divinum naturale), womit jene aus der Natur des Menschen als Person ableitbaren Rechte des Menschen gemeint sind, die allen Menschen kraft Vernunft erkennbar sind, und das positive göttliche Recht (ius divinum positivum), was sich aus der Offenbarung und der christlichen Überlieferung her- bzw. ableitet. Hier bedarf es einer konkretisierenden Kontextualisierung, die den geschichtlichen Umständen Rechnung trägt. Was nun im einzelnen eine klare göttliche Vorgabe ist, ist aber nahezu immer umstritten, derzeit etwa im Fall der Unauflöslichkeit der Ehe und der Ordination von Frauen. Versteht man das Kirchenrecht als „de(n) Inbegriff jenes Rechts, das die Kirche aufgrund der in Jesus Christus geschehenen Offenbarung als ihre verbindliche Lebensordnung versteht und entsprechend ihrem Glaubensverständnis in freier Selbstbestimmung ausgestaltet",[5] wird auch deutlich, dass das göttliche Recht der

---

5 Aymans 2004, Sp. 515. Vgl. zu der „eher theologischen Orientierung des Kirchenrechts" im Unterschied zu einer „eher juristischen Orientierung" Hense 2006, S. 90 f.

Offenbarung die menschliche Rechtssetzung des kirchlichen Gesetzgebers zugleich legitimiert und auch limitiert (De Waal/Muckel, 2009, Rz. 24). Insofern ähnelt es von der Funktion her der Verfassung in der weltlich-politischen Ordnung, kommt dieser bekanntlich im Wesentlichen die Aufgabe zu, die Träger der politischen Herrschaft – auch den Gesetzgeber – zu legitimieren und zu begrenzen.

Im Mittelpunkt der materiellen Verfassung der römisch-katholischen Kirche steht als Ordnungsprinzip die Hierarchie und als Autoritätsprinzip die Primatialgewalt des Papstes. Hierarchie als binnenkirchliches Gliederungsprinzip wird heute für die Kirche so verwandt wie auch für weltlich-politische Ordnungen und meint folglich: auf eine Spitze hin orientiert, wobei die jeweils niederen Gliederungsebenen gegenüber der je höheren Ebene und schließlich gegenüber der obersten Spitze hinsichtlich der Kompetenzen und der Autorität der Ämter nachgeordnet sind. Nach dem Codex von 1983 wird der Bischof der Kirche von Rom als „Haupt des Bischofskollegiums, Stellvertreter Christi und Hirte der Gesamtkirche" angesehen, weshalb er „kraft seines Amtes in der Kirche über höchste, volle, unmittelbare und universale ordentliche Gewalt (verfügt), die er immer frei ausüben kann" (can 331). Mit der „vollen Gewalt" verbindet sich die Befugnis des Leitens, Lehrens und Heiligens des Papstes (Jurisdiktionsprimat und Lehramt). Unter der Leitungsgewalt ist die Aufgabe der Regierung der Kirche zu verstehen: der Papst ist der oberste kirchliche Gesetzgeber, der für jeden Gläubigen verpflichtende Gesetze erlassen kann und auch die Lehrinhalte bestimmt; er ist der Inhaber der obersten Exekutivgewalt, die er selbst oder durch die von ihm beauftragten Behörden der römischen Kurie ausübt; und er ist der oberste Richter, der persönlich oder durch beauftragte Gerichte alle Streitfälle rechtskräftig entscheiden kann, auch als letzte Instanz, der über die ja für Gläubige höchst heilsrelevante Frage der Exkommunikation entscheidet. Die römisch-katholische Kirche verfügt also über eine monistische Gewaltenstruktur ohne Ansätze von Gewaltenteilung. Unter dem Attribut der Unmittelbarkeit der Gewalt ist zu verstehen, dass der Papst ohne Einschaltung von anderen Gremien tätig werden kann. Universal bezeichnet den Radius der päpstlichen Gewalt, der einerseits in territorialer Hinsicht global ist, also alle Diözesen umfasst, andererseits auch alle weiteren kirchlichen Gliederungen in Gestalt der Teilorganisationen umfasst. Die Durchsetzung der Primatialgewalt in den Ortskirchen erfolgt neben der Arbeit der römischen Kurie auch mit Hilfe des päpstlichen Nuntius vor Ort und den sogenannten Ad-Limina-Besuchen der Bischöfe, die dem Papst alle fünf Jahre über ihre Diözese zu berichten haben.[6] Auch die Kontrolle der Neuberufungen von Professorinnen und Professoren an katholischen Fakultäten dient diesem Zweck. Die Höchstgewalt schließlich wird seit der Rechtssetzungspraxis von Johannes Paul II. explizit dem Papst zugeordnet, nicht aber dem Papst und dem Kollegium der Bischöfe gemeinsam.

---

6 Vgl. hierzu v. a. das grundlegende Werk über Struktur und Politik des Vatikan aus der Feder des Jesuiten und Politikwissenschaftlers Reese 1998, S. 335 ff. u. 344 ff.

Dass der Papst heute allein Inhaber der höchsten Gewalt ist und von seiner Stellung im Gefüge der römisch-katholischen Kirche über eine Machtfülle verfügt wie kein absolutistischer Monarch der frühen Neuzeit, ist ein Ergebnis kontingenter Prozesse. Kirchengeschichtlich gesehen ist das 19. und frühe 20. Jahrhundert der relevante Zeitraum gewesen, in dem die Kirche als Reaktion auf die Modernisierung und auch auf den Verlust weltlicher Macht sich zu einer streng zentralistischen und hierarchischen Organisation entwickelte, mit einer Machtfülle des Papstes, die mit Blick insbesondere auf die ersten tausend Jahre der Kirche und ihrer synodalen Struktur keineswegs typisch für das Papsttum ist.[7] Während also das Zweite Vatikanische Konzil im ausgehenden zweiten Jahrtausend sich demgegenüber in vielen Texten bemühte, den geänderten Rahmenbedingungen entsprechend die Kirche in die „Heutigkeit" (aggiornamento) zu tragen, was für die innerkirchliche Struktur Kollegialität, einen gewissen Pluralismus und Autonomie der Ortskirche bedeutete, hat sich diese konziliare Reformanstrengung nach innen aber nicht durchgesetzt.[8]

Das wird insbesondere an zwei Punkten deutlich. Einmal zeigt die Praxis der Bischofsbestellung in den Pontifikaten von Johannes Paul II. und Benedikt XVI., dass dem Willen der Laien und der Ortskirchen bestenfalls eine verfahrensbeteiligende, nie aber eine entscheidende Funktion zukommt – ganz anders als in der Praxis der Kirche des ersten Jahrtausends (hierzu ausführlich Hartmann 1990 und knapp ders. 2010, S. 13 ff.). Die Regierungspraxis in den vergangenen Jahrzehnten lässt einen Kriterienkatalog erkennen, wonach nur solche Kandidaten eine Chance auf das bischöfliche Amt haben, die keine von der römischen Lehrmeinung abweichenden inhaltlichen Vorstellungen vertreten, insbesondere hinsichtlich der Aspekte Aufrechterhaltung des Pflichtzölibats, Ablehnung der Frauenordination, Ablehnung künstlicher Empfängnisverhütung und Kritik der Homosexualität (dazu Reese 1998, S. 333 f.). Das Verfahren der Bischofs- und Kardinalswahl ist einer der wesentlichen Gründe für die wachsende Entfremdung zwischen Rom und den Ortskirchen (Reese 1998, S. 334).

---

7 Vgl. ausführlich für die Zeit ab dem Konzil von Trient Lill 2006; vgl. dazu knapp Kaufmann, Kirchenkrise, S. 130 ff. Kaufmann führt aus, dass die entsprechenden Denkmuster für die „heilige Ordnung" zwar bereits mit dem zu Beginn des zweiten Jahrtausends im „dictatus papae" von Papst Gregor VII. im Jahr 1075 gelegt worden seien. Die kirchenweite Durchsetzung war aber erst Ergebnis des Ersten Vatikanischen Konzils mit der dort erfolgten Dogmatisierung des Unfehlbarkeitsprinzips und des Jurisdiktionsprimats. Kaufmann resümiert: „Damit wurde eine neue Tradition geschaffen, die sich selbst von Anfang an als unwandelbar versteht, was jedoch historisch gebildeten Menschen heute nicht mehr zu vermitteln ist" (Kaufmann 2011, S. 133).
8 Vgl. hierzu Lill 2006, der in Kapitel 8 zeigt, wie die Prinzipien der Kollegialität, der Mitverantwortung und der grundsätzlichen Gleichheit aller Christen, mit der das Zweite Vatikanum die Klerikerkirche zu einer Christenkirche verwandeln wollte, seit Ende der 70er-Jahre durch eine Gegenströmung im Vatikan und Episkopat zurückgenommen wurde und wird. Für Lill beginnt hier eine Restaurationsphase unter Papst Johannes Paul II., der mit Hilfe des Chefs der Glaubenskongregation, Kardinal Ratzinger, einen Neo-Zentralismus durchgesetzt hat.

Ein weiterer Punkt betrifft die in den beiden vergangenen Pontifikaten noch verschärften Anforderungen an die Gehorsamspflicht der Gläubigen: Im canon 752 ist festgelegt, dass den lehramtlichen Verkündigungen des Papstes oder des Bischofskollegiums in Glaubens- und Sittenfragen ein „religiöser Verstandes- und Willensgehorsam" entgegenzubringen ist (Böckenförde 2006). Es wird gefordert, es sei alles zu meiden, was einer verkündeten Lehre nicht entspricht. Damit wird die Kritik an lehramtlichen Äußerungen in der Öffentlichkeit prinzipiell ausgeschlossen (Böckenförde 2006, S. 487). Zudem werden alle katholischen Christen mit „gerechter Strafe" bedroht, die die Positionen des Lehramts in Glaubens- und Sittenfragen „hartnäckig zurückweisen".[9] Zu diesen Positionen zählen für den Vatikan also nicht nur die unfehlbaren Lehrentscheidungen, sondern alle Äußerungen des päpstlichen Lehramts, das heißt etwa die zum Ausschluss der Priesterordination für Frauen.

Zusammenfassend weist also die materielle Verfassung der katholischen Kirche eine absolute Wahlmonarchie ohne Gewaltenteilung aus; sie ist zentralistisch und hierarchisch organisiert; der Zugang zu Weiheämtern ist exklusiv gestaltet, da nur Männern offen stehend, die bereit sind, zölibatär zu leben; die Mitglieder werden zu Gehorsam rechtlich verpflichtet, ohne dass dem ein entsprechender Rechtsschutz gegenübersteht. Der Inhaber der obersten Gewalt ist an kein formell-geschriebenes Recht gebunden, nicht kontrollierbar und steht in keinem Verantwortungsverhältnis gegenüber einem Kollegialorgan oder denjenigen, die ihn gewählt haben. Diskursive Verfahren zur Austragung inhaltlicher Dissense können nicht notiert werden.

3

Angesichts ihrer auch theologisch begründeten Befürwortung der Menschenrechte, wonach diese Rechte jedem Menschen als Person unterschiedslos und gleich von Gott gegeben sind, befindet sich die katholische Kirche in einem performativen Selbstwiderspruch: während sie diese für Staaten einfordert, zieht sie aber aus deren Universalität keine Konsequenzen für die eigene Sozialgestalt. Die Reformüberlegungen der materiellen Verfassung der katholischen Kirche richten sich im Wesentlichen auf drei Komplexe, die dem Abhilfe schaffen sollen.[10]

1. Die „Rechtspflicht zum Glauben" (Konrad 2010, S. 88 f.), die sich nicht nur auf die göttliche Offenbarung, sondern auch auf die Inhalte des Lehramts richtet, gilt

---

9 www.vatican.va/holy_father/john_paul_ii/motu_proprio/documents/hf_jp-ii_motu-proprio_ 30061998_ad-tuendam-fidem_ge.html.
10 Heimbach-Steins 2014; siehe auch Heimbach-Steins/Kruip/Wendel 2011. Die Debatte über eine im weitesten Sinn demokratisch und rechtsstaatlich inspirierte Reform hat mit dem Zweiten Vatikanischen Konzil Mitte der sechziger Jahre ihren Anfang genommen, vgl. als Rückblick Maier 2005; vgl. auch ebd. das „Nachwort des Verlages" mit einem Literaturbericht zum Thema Demokratie und Kirche.

es im Sinne der Anwendung der Gewissensfreiheit auch innerhalb der Kirche zu reformieren. Ernst-Wolfgang Böckenförde hat in diesem Zusammenhang betont, dass die Kirche im Unterschied zum Staat nicht auf der Beziehung zwischen Gesetz und äußerem Gehorsam, sondern als lebendige Glaubensgemeinschaft auf der Beziehung von „traditio" und „receptio" beruhe. Damit ist gemeint, dass ein Nexus besteht zwischen „Autorität und Vertrauen auf der einen, innerer Folgebereitschaft auf der anderen Seite, einer Folgebereitschaft freilich, die eigenes Denken und dadurch vermittelte Einsicht nicht ausschaltet, sondern aufnimmt. [...] Deshalb ist begründete Kritik keineswegs ausgeschlossen, sie ist öffentlich möglich und kein Mangel an Glaubenssinn" (Böckenförde 2006, S. 485).

2. Auch wenn die Kirche nicht als Demokratie im Sinne der Verwirklichung des Prinzips der Volkssouveränität zu organisieren ist, verlangt doch die Gleichheit der Gläubigen im Gottesvolk und die mit der Taufe gegebene generelle Befähigung der Teilnahme am Amt Christi eine grundsätzlich andere Stellung der Laien und der Ortskirche: Laien sollten gegenüber Klerikern nicht als die nachrangig Gläubigen gesehen werden, die bloß gewissermaßen Konsumenten der Sakramente sind, sondern die eine eigene Stellung inne haben und Aufgabe wahrnehmen, was sich auch in synodalen Beratungs- und Entscheidungsstrukturen widerspiegeln sollte.[11] Auch das in der katholischen Soziallehre entwickelte Prinzip der Subsidiarität sollte die innere Verfasstheit der Kirche zugunsten der stärkeren Autonomie der Ortskirche innerhalb der Universalkirche strukturieren.

3. Schließlich sollten die Vorteile einer formellen Verfassung auch für die Kirche wahrgenommen und ihre Struktur in einem entsprechenden Dokument ausgewiesen werden, das dann nicht nur den kirchlichen Gesetzgeber rechtlich bindet, eine belastbare Form von Rechtssicherheit durch eine innerkirchliche Verwaltungsgerichtsbarkeit einführt, sondern auch die Rechte, die nach christlicher Lehre dem Menschen von Gott in gleicher Weise gegeben sind, auch für die Sozialgestalt der Kirche wirksam zur Geltung bringt. Das käme freilich einer konstitutionellen Revolution gleich.

Literatur

Aymans, Winfried 2004: Artikel „Kirchenrecht", in: Stephan Haering, Heribert Schmitz (Hrsg.), Lexikon des Kirchenrechts, Freiburg.

Böckenförde, Ernst-Wolfgang 2006: Über die Autorität päpstlicher Lehrenzykliken – am Beispiel der Äußerungen zur Religionsfreiheit, in: Ders., Kirche und christlicher Glaube in den Herausforderungen der Zeit. Beiträge zur politisch-theologischen Verfassungsgeschichte 1957–2002. 2., erw. Aufl., fortgef. bis 2006. Münster, S. 471–489.

---

11 Wenn Hans Maier davon spricht, dass die Kirche heute *in* der Demokratie lebt, das heißt in einer Umwelt, die eben demokratisch ist, dann heißt dies auch, den Anspruch der Urteilsbildung durch alle Mitglieder der Kirche mit einzubeziehen. Vgl. Maier 2005, S. 69.

Boelens, O. 2001: Synopsis „Lex Ecclesiae Fundamentalis", Leuven.

de Waal, Heinrich/Stefan Muckel 2009: Kirchenrecht. Ein Studienbuch, München.

Hartmann, Gerhard 1990: Der Bischof. Seine Wahl und Ernennung, Graz.

Hartmann, Gerhard 2010: Wählt die Bischöfe. Ein Vorschlag zur Güte und zur rechten Zeit, Kevelaer.

Heimbach-Steins, Marianne/Gerhard Kruip/Saskia Wendel 2011: (Hrsg.) Kirche 2011: Ein notwendiger Aufbruch. Argumente zum Memorandum, Freiburg.

Heimbach-Steins, Marianne 2005: Subsidiarität und Partizipation in der Kirche, in: dies. (Hrsg.), Christliche Sozialethik, Bd. 2, Regensburg, S. 281–313.

Heimbach-Steins, Marianne 2014: (Hrsg.) Jahrbuch für Christliche Sozialwissenschaften 55: Menschenrechte in der katholischen Kirche, Münster.

Hense, Ansgar 2006: Katholizismus und Rechtsordnung, in: Horst Dreier, Eric Hilgendorf (Hrsg.), Kulturelle Identität als Grund und Grenze des Rechts. Akten der IVR-Tagung vom 28.–30. September 2006 in Würzburg. Archiv für Rechts- und Sozialphilosophie: Beiheft 113 (Stuttgart), S. 69–128.

Kaufmann, Franz-Xaver 1978: Kirche begreifen. Analysen und Thesen zur gesellschaftlichen Verfassung des Christentums, Freiburg.

Kaufmann, Franz-Xaver 2010: Moralische Lethargie in der Kirche, in: Frankfurter Allgemeine Zeitung (FAZ) v. 26.04., S. 8.

Kaufmann, Franz-Xaver 2011: Kirchenkrise. Wie überlebt das Christentum?, 3. Aufl., Freiburg.

Konrad, Dietmar 2010: Der Rang und die grundlegende Bedeutung des Kirchenrechts im Verständnis der evangelischen und katholischen Kirche, Tübingen.

Lill, Rudolf 2006: Die Macht der Päpste, Kevelaer.

Maier, Hans 2005: Vom Ghetto der Emanzipation – wieder gelesen, in: ders., Joseph Ratzinger, Demokratie in der Kirche. Möglichkeiten und Grenzen, 2. Aufl., Limburg/Kevelaer (erstmals 1970), S. 93–99.

May, Georg 2000: Art. „Kirchenrechtsquellen I", in: Theologische Realenzyklopädie. Studienausgabe Teil 2, Bd. 19, hrsg. v. Gerhard Müller, Berlin, New York.

Rahner, Karl/Herbert Vorgrimler 1966: Kleines Konzilskompendium, Freiburg, S. 123–197.

Ratzinger, Joseph 2005: Demokratisierung der Kirche?, in: ders., Hans Maier, Demokratie in der Kirche. Möglichkeiten und Grenzen, Kevelaer u. a. 2. Aufl. (erstm. 1970), S. 7–46.

Reese, Thomas J. 1998: Im Inneren des Vatikan. Politik und Organisation der katholischen Kirche (mit einem Nachwort von Otto Kallscheuer), Frankfurt a. M.

Schmitt, Carl 1925: Römischer Katholizismus und politische Form, 2. Aufl. Stuttgart (Nachdruck 2. Aufl., 2002).

Weber, Max 1980: Wirtschaft und Gesellschaft, Tübingen.

Marcus Llanque
Verfassungskompromisse

Wenn Verfassungen die politische Ordnung nicht nur spiegeln, sondern auch in eine Fassung bringen, ordnen sollen, liegt der Gedanke nahe, die Verfassung möglichst aus einem Guss zu fertigen und sie also nur einem einzelnen Verfassungsgeber zu überlassen. Machiavelli stellte mit Blick auf die Entstehung Roms die Maxime auf, dass Verfassungen nur von Einzelpersonen erstellt werden sollten, weshalb es seiner Ansicht nach völlig berechtigt war, dass Romulus seinen Bruder Remus tötete, um die Aufgabe der Verfassunggebung alleine in Angriff nehmen zu können (Machiavelli, Discorsi I 9). Ähnlich argumentierte Rousseau, der sich unter dem Gesetzgeber der Grundgesetze einer Republik vor allem eine einzelne, alle anderen überragende Persönlichkeit wie Lykurg oder Jean Calvin vorstellte (Rousseau, Contrat Social I 7). Die dahinter stehende Argumentation lässt sich auch so zusammen fassen: je weniger Kompromisse geschlossen werden müssen, desto besser ist die Verfassung, je weniger Personen an der Verfassunggebung beteiligt sind, desto weniger Kompromisse müssen geschlossen werden.

Auf der anderen Seite steht das aristotelische Summierungsprinzip (Aristoteles, Politik III 11), dem zufolge es klüger ist, möglichst viele Akteure an den Beratungen zu beteiligen: zum einen muss man schon um des Friedens willen alle Betroffenen beteiligen, zum anderen behauptet Aristoteles, die Summe der Fähigkeiten und Kenntnisse auch mittelmäßig geschulter Personen sei immer der geringeren Zahl von Fachleuten überlegen. Die Verfassunggebung der modernen Verfassungen folgte in der Regel dem aristotelischen Prinzip, gerade die erfolgreichen Verfassungen waren Ergebnisse ganzer verfassunggebender Versammlungen.

Mit der Anzahl der beteiligten Personen und der Unterschiedlichkeit der von ihnen vertretenen Interessen und Präferenzen ergibt sich der Umstand, dass alle modernen Verfassungen Kompromisse sind oder an wesentlichen Stellen Kompromisse enthalten. Oft wurden Kompromisse geschlossen, um nicht das Gesamtunternehmen der Verfassunggebung scheitern zu lassen. Der Umstand der Kompromisshaftigkeit der Verfassung ließe erwarten, dass sie keine starken Bindungen zum compositum mixtum des Endergebnisses der Beratungen aufkommen lassen. Das kann am Ende zu Bürgerkriegen führen, wie das US-amerikanische Beispiel zeigt, es kann aber auch der Kompromisscharakter in Vergessenheit geraten, wie das Beispiel des Grundgesetzes zeigt.

Auch wenn im öffentlichen Sprachgebrauch die Kompromissfähigkeit eine der immer wieder angerufenen demokratischen Tugenden ist, hat der Kompromiss einen schlechten Leumund. Carl Schmitt hat seine berüchtigte Abwertung des politischen Kompromisses am Beispiel der Verfassung vorgenommen. Der „dilatorischer Formelkompromiss" (Schmitt 1928, S. 29–36, S. 54, S. 118) ist der Ausdruck dafür, dass die verantwortlichen Akteure zu wichtigen politischen Grundsatzentscheidungen unfähig sind und dies hinter gemeinsamen Formeln verbergen. Schmitt beschuldigte vor allem den Liberalismus einer Geisteshaltung, die substanziellen Fragen ausweicht.

Während man die Kompromissfeindlichkeit Schmitts mit seiner Liberalismus-Feindlichkeit erklären könnte, lässt sich die gegenwärtige Kritik aus Ethik und Rechtstheorie am Kompromiss, die im angelsächsischen Sprachraum erfolgt, nicht so ohne weiteres marginalisieren. Avishai Margalit möchte vor allem den „rotten compromise" vermeiden, dessen Paradigma der Kompromiss der europäischen Mächte mit Hitler im Münchener Abkommen von 1938 gewesen sei (Margalit 2010, S. 10). Der Rechtstheoretiker Ronald Dworkin möchte sog. „chequeboard compromises" vermeiden, worunter er Kompromisse in Prinzipienfragen versteht. Seiner Ansicht darf es keine Kompromisse darüber geben, welches Gerechtigkeitsprinzip zur Anwendung kommen soll, hier dürfen keine Machtfragen eine Rolle spielen. Ist hingegen die prinzipielle Frage entscheiden, kann man in der weiteren Umsetzung Kompromisse machen (Dworkin 1986, S. 179). In dem Urteil „Planned Parenthood v. Casey" findet sich die Festlegung des Supreme Court, in seinen Entscheidungen keine Kompromisse in Prinzipienfragen machen zu dürfen:

> The Court must take care to speak and act in ways that allow people to accept its decisions on the terms the Court claims for them, as grounded truly in principle, not as compromises with social and political pressures having, as such, no bearing on the principled choices that the Court is obliged to make" (Planned Parenthood v. Casey (plurality opinion) 505 U.S. 833). Man kann hier mit Mary Ann Glendon sagen: „the language of rights is the language of no compromises (Glendon 1991, S. 9).

Demgegenüber gibt es eine dem Kompromiss weitaus offenere Forschung.[1] Neben der älteren Forschung von Martin Greiffenhagen (Greiffenhagen 1999) ist hier vor allem Klaus Günther zu nennen, der sich auch mit Kompromissen in Verfassungsfragen beschäftigt hat (Günther 2006). Für ihn sind Kompromisse Möglichkeiten des „Dissensmanagements", die er nach Idealtypen und unter dem Gesichtspunkt des deliberativen Zustandekommens differenziert. Günther unterscheidet u. a. den dilatorischen Formelkompromiss mit hartem Dissens vom quantitativen Verteilungskompromiss mit weichem Dissens, ferner den quantitativen Kompensationskompromiss mit weichem und hartem Dissens im Unterschied zum qualitativen Kompensationskompromiss, ferner den Personalkompromiss mit weichem und hartem Dissens und schließlich den komplexen Paketkompromiss mit hartem und weichem Dissens. Hiergegen ist aber mit James Tully einzuwenden, dass Deliberationen nicht per se zu bindenden Ergebnissen kommen können, sondern nur unter Zugrundelegung miteinander vereinbarer politischer Kulturen, denn es kann sehr unterschiedliche Auffassungen dar-

---

1 Fumurescu 2013, allerdings ohne Bezugnahme auf Verfassungskompromisse. Das gilt auch für ähnliche Bände wie etwa Pennock/Chapman 1979 oder Dobel 1990: Verfassungskompromisse bleiben hier unerwähnt.

über geben, was als rational, was als fair und was als tragfähiger Kompromiss gilt (Tully 2002, S. 223).

Eine ganz andere Frage ist, ob sich und aus welchen Gründen Kompromisse als tragfähig erwiesen haben und warum. Ein gelungenes Beispiel für einen Verfassungskompromiss ist der Ehard-Menzel-Kompromiss bezüglich des Grundgesetzes 1949. Die strittigsten Fragen betrafen die Finanzverfassung im Föderalismus und die Stellung der zweiten Kammer im Gesamtgefüge der Legislative. Zur Debatte stand nach dem Vorbild der USA das Senatsmodell mit unmittelbar gewählten Abgeordneten oder eine Länderkammer mit Delegationen der Landesregierungen (dem heutigen Bundesrat).

Für die Mitglieder des Parlamentarischen Rates in Rücksprache mit den Parteileitungen war immer auch die Einschätzung einflussreich, welche Verfassungsvariante die Machtverhältnisse zwischen den großen politischen Blöcken auf welche Weise beeinflusste. Im Falle der Auseinandersetzung zwischen Bundesratsmodell und Senatsmodell verliefen die Konfliktlinien aber quer durch die Parteien. Zwei Argumentationslinien prallten aufeinander: das politische Denken in den Bahnen administrativer Exekutiven sowie Ideen über sen senatorischen Politiker-Typus nach amerikanischen Vorbild. Wer die Senatslösung für die 2. Kammer anstrebte, wollte verhindern, dass die Länderregierungen und mit ihnen die dahinter stehenden Bürokratien zu stark zur Geltung kamen; ferner wurde mit dem Senat die Möglichkeit der Entstehung eines Politikertypus erhofft, der sich gegenüber den Einflüssen der Parteitaktiken als resistent erweisen könnte.

Die entsprechenden Diskussionen wurden bereits im Herrenchiemseer Verfassungskonvent geführt. Von den Befürwortern des exekutivisch-administrativen Prinzips setzte sich Adolf Süsterhenn von der CDU und seinerzeit bekannter Anhänger des Naturrechts am ausführlichsten mit den Argumenten für den Senat auseinander. Er wandte sich gegen den angeblichen Vorzug der Senatslösung, wonach der Senat die Ansammlung eines bestimmten Politikertypus (des „senatorischen Typus") ermögliche, der zum parteipolitisch abhängigen Akteurstyp ein Gegengewicht darstellen könnte (Süsterhenn 1991). Der von den Vertretern des Senatsmodells gepriesene Akteurstypus des Senators lasse sich nicht aus USA nach Deutschland importieren: das würde einen Wandel im Wahlrecht voraussetzen, eine Umbildung des Parteiwesens und die Existenz einer bereits funktionierenden demokratischen Tradition. Hinzu komme, dass Senatoren über gewisse Ressourcen verfügen müssen, um zum einen persönlich unabhängig genug zu sein und zum anderen an alle Informationen zu gelangen, die für ihre Tätigkeit zentral sind. Dies sei in Deutschland nicht vorhanden und wenn, dann nur beim Bundesratsmodell, wo die Vertreter der Landesregierungen ihrerseits über die materiellen und personalen Ressourcen der jeweiligen Landesexekutiven verfügen. Süsterhenn unterstützte daher eine föderal organisierte Länderkammer, für die auch spreche, dass „der Staat nicht nur die additive Summe der Individuen sondern die organische Zusammenfassung natürlicher Sozialgebilde, insbesondere der politischen Gebietskörperschaften" ist (Süsterhenn 1991, S. 195).

Diese Position vertrat Süsterhenn am 11. August in der Plenarsitzung des Verfassungkonventes auch mündlich. Für den Bundesrat sprach die Erwartung, dass sich dort die „sachlichen Interessen" durchsetzen würden und so ein Gegengewicht zu den parteipolitischen Tendenzen der Parlamente bilden kann, die geprägt sind von ideologischen und parteitaktischen Gesichtspunkten (Verfassungskonvent 1981, S. 129). Dieser Auffassung widersprach der Sozialdemokrat Herrmann Brill heftig. Ihm schien es, als wollten die Bundesratsanhänger sagen, dass die Parlamente „der Sammelplatz aller Bösewichte des Parteiwesens" sei und der Bundesrat bzw. sein gegenwärtig praktiziertes Vorbild, der Bizonen-Länderrat, „die Inkarnation aller Weisheit und Güte" (Verfassungskonvent 1981, S. 132). Brill ging es um die Sicherstellung, dass ein von Parteiapparaten unabhängiger Politikertyp in den Senat gelangt, wo ihm dann auch, wiederum nach amerikanischem Vorbild, ein großzügiger Apparat zur persönlichen Verfügung gestellt werden sollte. Im Unterausschuss III des Verfassungskonventes war Brill zunächst relativ isoliert, aber das Senatsmodell wurde im Konvent von einigen aufgenommen, es wurde dann zu einem Eckpunkt der sozialdemokratischen Fraktion im Parlamentarischen Rat und es fand auch bei der CDU, wenigstens bei den Abgeordneten der CDU aus der britischen Besatzungszone zahlreiche Anhänger, u. a. bei Konrad Adenauer.

Der zwischen dem bayerischen Ministerpräsidenten Hans Ehard und dem sozialdemokratischen Innenminister Nordrhein-Westfalens, Walter Menzel, ausgehandelte Kompromiss sah eine Kammer der Landesregierungen vor, die nicht gleichberechtigt mit dem Bundestag ist, sowie eine Stärkung des Bundes in Finanzfragen. Die beiden Politiker verknüpften also die Frage der 2. Kammer mit der Finanzverfassung, die gleichfalls stark umstritten war. Nur mangels überzeugenderer anderer Pläne bildete der Ehard-Menzel-Kompromiss die Grundlage für die Entscheidungen des Parlamentarischen Rates. Der Kompromiss wurde also nicht in der verfassungsgebenden Versammlung gefunden. Die scharfen Debatten um Sinn und Zweck des Bundesrates und der Kompromisscharakter seines Zustandekommens haben in der weiteren verfassungspolitischen Debatte des Grundgesetzes aber kaum mehr eine Rolle gespielt.

Das amerikanische Senatsmodell, das im Verfassungskonvent und im Parlamentarischen Rat diskutiert wurde, auf der Grundlage einer demokratischen Wahl durch die Bürger war nicht ursprünglicher Bestandteil der amerikanischen Verfassung, sondern wurde erst durch eine Verfassungsänderung 1912 eingeführt (17. Amendment); vorher wurden die U.S.-Senaten von den Parlamenten der Einzelstaaten gewählt. Der Senat in der ursprünglichen US-Verfassung war seinerseits Ergebnis eines Kompromisses, des „Connecticut compromise", der jedem Staat zwei Delegierte im Senat zubilligte, wodurch die kleineren Staaten (Rhode Island!) gegenüber den bevölkerungsstärkeren überrepräsentiert waren. Die US-Verfassung von 1787 beruhte insgesamt auf mehreren Kompromissen. Neben dem genannten „Connecticut compromise" ist auch der „President election compromise" zu nennen, wonach zwar die Wahl durch die Bürger erfolgt, hier aber das electoral college zwischengeschaltet ist, weil man den Populismus fürchtete. Ferner ist der „Massachusetts compromise" zu nennen, der die Lücke der fehlenden bill of rights in der Verfassung schloss. Diese Lücke bereitete der Verfassung im Ratifizierungsprozess erhebliche Widerstände, so dass man sich darauf einigte, nach Billigung der Verfassung sofort eine bill of rights zu beschließen, wobei noch fraglich war, ob als Verfassungszusatz, wie dies dann tatsächlich geschah, oder als Änderung der Verfassungsartikel selbst. Schließlich ist der unten noch näher diskutierte „slavery compromise" zwischen den Nord und den Südstaaten hervorzuheben. Die Gründer der amerikanischen Verfassung einte kein Konsens, aber die Fähigkeit zum Kompromiss (Robertson 2013).

Schon in der Zeit der Verfassunggebung durchzog die Sklaverei-Linie die Gründerstaaten und trennte den Süden vom Norden, der zwar zu diesem Zeitpunkt auch noch die Sklaverei kannte, diese aber grundsätzlich überwinden wollte, wogegen die Südstaaten die Sklaverei überwiegend beibehalten wollten. Die hier sichtbar werdenden Konfliktlinien ließen sich nur im sog. „three-fifths-compromise" überwinden: bei der Zählung der Bevölkerung, die für die Anzahl der Repräsentantensitze pro Staat im Kongress maßgeblich ist, werden nicht nur freie Bürger, sondern auch 3/5 aller anderen, wie es im Verfassungstext heißt, damit also vor allem: Sklaven gezählt.

Der „slavery compromise" war nur der Beginn einer Reihe von verfassungspolitischen Balanceakten, um die Spannungen zwischen den Süd- und den Nordstaaten nicht eskalieren zu lassen. Der legislative Missouri-Kompromiss von 1850 war der Versuch, angesichts der zunehmenden Erweiterung der Union nach Westen das labile Gleichgewicht zwischen den sklavenhaltenden und den sklavenfreien Staaten aufrecht zu erhalten, denn die meisten neuen Staaten hatten keine Sklaven und selbst wenn das der Fall war, so wehrten sich die Nordstaaten vehement gegen ihre Zulassung zur Union. Der Umstand der Existenz von Sklavenstaaten war ihrer Meinung nach ausschließlich den Zeitumständen der Gründung geschuldet, bedeutete aber keine Akzeptanz von Sklavenstaaten als einer dauerhaften Alternative. Der Missouri-Kompromiss bestand darin, keine neuen Sklavenstaaten nördlich der Mason-Dixon-Linie zu dulden. Die Balance ging aber dennoch verloren, der Kompromiss trug nicht mehr und es kam zum Bürgerkrieg (Eisgruber 2001, S. 209). Dessen Resultat war das 14. Amendment von 1868, dass den ursprünglichen Verfassungstext änderte und die 3/5-Klausel auslöschte.

Ist daher der „slavery compromise" von 1787 als „rotten" im Sinne von Margalit einzuschätzen? Neben der ethischen Frage nach der Akzeptanz der Sklaverei und der rechtstheoretischen nach der Kompromittierung von Gerechtigkeitsfragen durch den Einfluss von Machtfragen, kann man hier auch eine verfassungspolitische Sichtweise anlegen. Diesen Weg ist Richard Bellamy gegangen. Für Bellamy stellt die Verfassung nicht primär ein Basisrecht oder eine Grundnorm dar, sondern sie ist Ausdruck und Teil des politischen Prozesses (Bellamy 2007, S. 5). In verfassungspolitischen Fragen geht es nie um reine Prinzipienfragen oder reine Gerechtigkeitsfragen, sondern diese werden stets in konkreten Kontexten erörtert, zu welchen die politischen Rahmenbedingungen gehören. Gerade weil Uneinigkeit in Fragen des Rechten und des Guten herrscht, wird eine politische Kollektiventscheidung nötig. Die Verfassung schafft hierfür einen bestimmten Rahmen, der zugleich selbst Gegenstand des politischen Disputs ist. Verfassungspolitik ist insofern auch nur Politik und steuert notwendig auf Kompromisse zu (Bellamy 2007, S. 133). Das bedeutet aber deswegen nicht, dass sie Entscheidungen niederen Ranges sind. Bellamy wehrt sich gegen die unter Juristen verbreitete Ansicht, Kompromisse seien Ergebnisse eines machtpolitischen „bargain" und führten notwendig zur Verwässerung der darin angesprochenen Prinzipienfragen. Demgegenüber erkennt Bellamy in vielen Kompromissen die ehrliche Suche nach einer gemeinsamen Entscheidungsgrundlage. Unterschiedliche Personengruppen, die sich nicht nur durch ihre Interessen, sondern auch durch ihre Werte, mit welchen sie sich identifizieren, unterscheiden, können um des Kompromisses Willen nicht einfach vor Machtfragen kapitulieren. Umso anspruchsvoller sind die Anforderungen an die Beratungen der Kompromisse, um unter solchen Rahmenbedingungen zu einer gemeinsamen verbindlichen Lösung zu finden. Erfolgreiche Kompromisse sind also gerade keine Verkürzungen der Sachfragen, sondern komplexe Entscheidungen, die auf „combining public reasoning with the balance of power" beruhen (Bellamy 2007, S. 241).

Mit diesem Verständnis lässt sich beispielsweise die Weimarer Verfassung nicht einfach als schädlicher Kompromiss diffamieren, sondern als komplexe und zunächst auch erfolgreiche Lösung für ein Land, das in politischer wie gesellschaftlicher Hinsicht zutiefst gespalten war (Finn 1991, S. 144). Die Verfassung als Arbeit am politischen Kompromiss zu begreifen, erlaubt es auch, einen anderen Blick auf schwierige und oft ergebnislose Debatten zu werfen, die für komplexe politische Gebilde eine Verfassung zu finden suchen (Bellamy/Schönlau 2004).

In verfassungspolitischer Hinsicht erlaubt ein Kompromiss die weitere Kooperation der in Grundsatzfragen im Dissens befindlichen Akteure. Der Kompromiss ist die Entscheidung, trotz fehlenden Konsenses zu einer gemeinsamen Entscheidung zu kommen und diese trotz der Ablehnung einzelner ihrer Aspekte im Ganzen zu tragen. Daran bemisst sich die Bewertung über Erfolg oder Misserfolg eines Kompromisses. Überdeckt er nur eine labile Machtbalance, trägt er nicht lange. Wiegt die durch den Kompromiss eröffnete Kooperation dagegen das Zurückweichen in Prinzipienfragen auf, wird auch ein Kompromiss in Fundamentalfragen nachhaltig wirken können.

Literatur

Bellamy, Richard/Justus Schönlau 2004: ‚The Good, the Bad and the Ugly: The Need for Constitutional Compromise and the Drafting of the EU Constitution', in: Lynn Dobson, Andreas Føllesdal (eds.), Political Theory and the European Constitution, London (Routledge) 2004, S. 57–71.

Bellamy, Richard 2007: Political Constitutionalism. A Republican Defence of the Constitutionality of Democracy, Cambridge.

Dobel, J. Patrick 1990: Compromise and Political Action. Political Morality in Liberal and Democratic Life, Savage/Md.

Dworkin, Ronald 1986: Law's Empire, London.

Eisgruber, Christopher L. 2001: Constitutional self-government, Cambridge/Mass.

Finn, John E. 1991: Constitutions in Crisis. Political Violence and the Rule of Law, Oxford.

Fumurescu, Alin 2013: Compromise. A Political and Philosophical History, Cambridge.

Glendon, Mary Ann 1991: Rights Talk. The Impoverishment of Political Discourse, New York.

Greiffenhagen, Martin 1999: Kulturen des Kompromisses, Opladen.

Günther, Klaus 2006: Politik des Kompromisses. Dissensmanagement in pluralen Gesellschaften, Wiesbaden.

Margalit, Avishai 2010: On Compromise and Rotten Compromises, Princeton.

Pennock, J. Roland/John W. Chapman 1979: (Eds.) Compromise in Ethics, Law, and Politics (Nomos Bd. 21), New York.

Robertson, David Brian 2013: Original Compromise. What the Constitutional Framers were really thinking, Oxford.

Schmitt, Carl 1928: Verfassungslehre, München/Leipzig.

Süsterhenn, Adolf 1991: Der Bundesrat als Angelpunkt (Rheinischer Merkur vom 28.8.1948), in: ders., Schriften zum Natur-, Staats- und Verfassungsrecht, hg. von Peter Bucher, Mainz, S. 203–207.

Tully, James 2002: The unfreedom of the moderns in comparison to their ideals of constitutional democracy, in: Modern Law Review, Bd. 65, S. 204–228.

Verfassungskonvent 1981: Der Parlamentarische Rat 1948–1949. Akten und Protokolle, hg. vom Deutsche Bundestag und dem Deutschen Bundesarchiv: 11 Bände Boppard 1985–1995, Bd. 2: Der Verfassungskonvent auf Herrenchiemsee, bearbeitet von Peter Bucher.

Verzeichnis der Autorinnen und Autoren

Oliviero Angeli
Wissenschaftlicher Mitarbeiter am Institut
für Politikwissenschaft
Technische Universität Dresden

André Brodocz
Professor für Politische Theorie
an der Universität Erfurt

Petra Dobner
Professorin für Systemanalyse und
Vergleichende Politikwissenschaft
Universität Halle

Maik Herold
Wissenschaftlicher Mitarbeiter am Institut
für Politikwissenschaft
Technische Universität Dresden

Jörn Ketelhut
Wissenschaftlicher Mitarbeiter am Institut
für Politikwissenschaft
Helmut Schmidt Universität Hamburg

Oliver W. Lembcke
Vertretungsprofessur für das politische
System der Bundesrepublik Deutschland
Friedrich Schiller Universität Jena

Marcus Llanque
Professor für Politikwissenschaft
(Politische Theorie), Universität Augsburg

Karsten Malowitz
Lehrbeauftragter am Institut für
Politikwissenschaft und Japanologie
Universität Halle

Robert Chr. van Ooyen
Hochschullehrer für Staats- und
Gesellschaftswissenschaften an der
Fachhochschule des Bundes, Lübeck

Clemens Reichhold
Doktorand am Walter Rathenau Kolleg
Potsdam

Steven Schäller
Wissenschaftlicher Mitarbeiter am Institut
für Politikwissenschaft
Technische Universität Dresden

Rainer Schmidt
DAAD-Gastprofessor an der Universidade de
São Paulo (USP) auf dem von
Martius-Lehrstuhl für Deutschland- und
Europastudien

Daniel Schulz
Privatdozent für Politikwissenschaft an der
Technischen Universität Dresden

Grit Straßenberger
Privatdozentin für Politikwissenschaft an der
Humboldt-Universität zu Berlin

Tine Stein
Professorin für Politikwissenschaft mit
Schwerpunkt Politische Theorie
Christian-Albrechts-Universität zu Kiel

Thorsten Thiel
Koordinator des Leibniz-Forschungsverbundes
„Krisen einer globalisierten Welt"
Hessische Stiftung Friedens- und
Konfliktforschung, Frankfurt a. M.

Christian Volk
Juniorprofessor für Politische Theorie und
Ideengeschichte, Universität Trier

Florian Weber
Wissenschaftlicher Mitarbeiter im Rektoramt
der Friedrich-Schiller-Universität Jena

Siegfried Weichlein
Professor für Europäische und Schweizerische
Zeitgeschichte an der Universität Fribourg

Sabrina Zucca-Soest
Wissenschaftliche Mitarbeiterin am Institut
für Politikwissenschaft
Helmut Schmidt Universität Hamburg

www.ingramcontent.com/pod-product-compliance
Lightning Source LLC
Chambersburg PA
CBHW080128270326
41926CB00021B/4399